인터넷 환경의
지식시스템

이재규 · 최형림 · 김현수 편저

법 영 사

머 리 말

사람은 이 세상에 태어나면서부터 환경으로부터 지식을 습득한다. 그리고 습득된 지식을 바탕으로 사고하고 문제를 해결하며, 끝없이 학습을 통하여 지식을 수정하고 확장한다. 오늘날과 같은 급속한 변화의 시대에는 지식의 수명은 더욱 짧아지고, 새로운 지식의 교류와 학습이 더 중요해지고 있다. 이러한 인간의 욕구 속에서 사람과 같은 지적능력이 있는 컴퓨터를 소유하고자 하는 바람은 인공지능 분야를 출범시켰다. 사람과 같이 사물을 볼 수 있고, 책을 읽고 이해할 수 있고, 듣고 대화할 수 있고, 스스로 학습할 수 있는 그런 기계를 염원하게 된 것이다. 인공지능 연구는 많은 업적을 쌓았다고도 볼 수 있지만, 창조주가 우리를 어떻게 만들었는지 이해조차 되지 않는 부분이 많다는 오묘함을 깨닫게 된 것이 더 크다고 할 것이다.

그럼에도 불구하고 인공지능 연구의 결과는 1980년도에 지식기반시스템(Knowledge Based System) 구조의 전문가 시스템(Expert System)을 낳았고, 우리나라에서는 KAIST에서 UNIK이란 연구용 도구를 개발하게 되었다. 1990년대에는 대규모의 데이터웨어하우스로부터 의사결정에 사용할 수 있는 수준의 지식을 도출할 수 있는 데이터마이닝 기법을 체계화하게 되었다. 초기에는 인공지능의 자동학습기법과 신경회로망은 통계분석기법과 전혀 다른 목적인 줄 알았다. 그러나 대량의 자료에 기반한 귀납적 학습은 결과적으로 통계적 분류 및 예측 방법과 같은 목적을 추구하게 됨을 깨닫게 되었고, 이 두 분야는 데이터마이닝 기법으로 통합되게 된 것이다.

1990년 후반에 우리의 생활에 찾아온 인터넷과 웹기술은 정보 및 지식 관리의 새로운 장을 열었다. 광범위한 정보 검색은 일상생활의 수단이 되었고, 모든 기업은 인터넷을 기반으로 정보를 관리하게 되었다. 내가 만들지 않은 지식이 온 세상에 넘쳐나는 상황에서는 새로운 지식을 만드는 것만큼이나 인터넷상에 존재하는 정보를 검색하고 공유하는 것이 중요해졌다. 이 단계에서 사용되는 지식은 데이터베이스나 전문가 시스템에서 다루던 정형화된 규칙이나 객체이기보다는, 자연어나 영상으로 된, 사람이 이용하기 쉬운 웹페이지가 주종을 이루게 된다. 이는 지식 표현의 목적이 전문가시스템이 아닌 사람 중심으로 선회함을 뜻하며, 지식은 정형화되기 보다 사람이 직접 이해하기 쉽도록 자연어로 된 웹페이지가 주된 지식 베이스가 되었음을 뜻한다.

전자상거래 등의 목적으로 웹페이지를 개발할 것인지, 추론기능을 가진 전문가시스템을 개발할 것인지의 선택에는 오랜 시간이 걸리지 않았다. 전문가 시스템은 항상 지식의 습득과 유지관리가 어려웠는데, 웹기반의 지식은 그런 부담이 적으므로 웹기반의 지식은 폭발적으로 확산되었고 검색포털은 지식베이스의 중심이 되었다. 완전한 자동추론기능을 제공하지 못할지라도 정확한 지식만 제공되면, 웬만한 문제는 이 지식을 기반으로 사람이 스스로 추론을 하는 형태로 지식시스템은 발전하게 된 것이다. 이런 상황에서는 지식시스템의 설계에서 어떤 문제와 지식을 자동추론될 수 있도록 개발하는 것이 경제적 효과가 있는 것인지의 판단이 필요하게 되었다.

이러한 시점에 노나카 교수가 기업의 지식을 컴퓨터에 저장된 지식으로 제한하지 않고 사람의 두뇌에 저장된 경험적 지식의 중요성을 강조하였다. 이런 암묵적 지식과 코드화된 형식지의 상호 작용과 구성원 간의 지식공유의 중요성은 지식 집약적 기업 현장에서 공감하게 되었다. 이런 연구에 관심을 가진 학자들은 이 분야를 지식경영(Knowledge Management)이라고 이름 붙였는데, 이들은 새로운 기술적 요소를 개발하거나 인공지능 분야에서 개발한 지식기반 시스템과의 접목보다는 조직의 구성원들에게 어떻게 동기부여를 하여야 지식을 공유하게 될 것인지에 대한 행태적 연구에 더 비중을 두었다. 이 과정에서 지식경영을 돕는 도구로서 지식경영시스템(Knowledge Management System)이 상용화되었는데, 이 도구들은 조직내의 다양한 형태로 표현되어 있는 지식을 기업포털에 일관성 있게 정리하여 두고, 이에 대한 검색기능을 제공하는 형태를 띠게 되었다.

이런 상황에서 지식기반시스템과 지식경영시스템은 어떻게 통합되는 것이 바람직할 것인가? 이를 통합한 구조는 어떠해야 할 것인가? 기업 전반적 지식경영기법은 어떠해야 할 것인가? 이러한 문제는 역사적으로 다른 배경으로 발달해온 지식기반시스템과 지식경영시스템이 상호 보완적 구조로 통합함으로써 그 해답을 찾을 수 있을 것이다. 그러기에 이를 통한한 구조의 이름을 어떻게 부르는 것이 좋겠는가 고심하게 되었는데, 이 책의 편저자들은 **지식시스템(Knowledge System)**이란 이름을 선택하였다. 그리고 지식시스템의 또 다른 특징은 인터넷 환경에서 지식기반시스템과 지식경영시스템이 운영된다는 점이다. 그래서 이 책의 이름을 「**인터넷환경의 지식시스템**」이라고 하였다.

인터넷환경에서의 지식기반시스템 연구자들은 두 가지 축의 새로운 시도를 하고 있다. 하나는 지식기반시스템이 사람에 의해 사용되는 것이 아니라, 시스템 상호간에 대화할 수 있도록 자동화하기 위한 에이전트(Agent)로의 개발이고, 다른 하나는 이런 에이전트들이 인터넷공간에서 필요한 정보를 잘 찾을 수 있도록 전문 용어의 정의를 체계화하여 자동검색의 기능을 효과적으로 지원하고자 하는 시맨틱 웹(Semantic Web)에 관한 연구이다. 이런 현안들을 포괄한 책을 만드는 것이 이 책의 편집 목표이다.

이러한 취지에서 각 장을 구성하게 되었는데, 지식경영시스템 관점에서는 지식기반시스템의 유산이 가장 큰 비중을 차지하게 되었고, 지식기반 시스템의 도구로 UNIK를 활용할 수 있도록 안내하고 교육과 연구목적으로 이 도구를 공개하였다. 지식경영시스템은 4장에 정리하였고, 에이전트는 15장, 시맨틱 웹은 17장에 각각 정리하였다.

이 책은『전문가시스템 원리와 개발』(법영사)에 그 뿌리를 두고 있다. 그러므로 이 책은 전문가시스템이나 지식기반시스템의 강의 목적으로 사용하기에 적합할 것이다. 그러나 앞에서 언급한 바와 같이 전문가시스템의 개발에만 국한된 시각을 넘어선 기업의 지식경영을 어떻게 수행해야 하며, 새로운 인터넷 환경에서 어떻게 대응해야 할 것인지를 설명하고자 하였다.

방대한 내용의 변화를 한 사람의 저자가 감당하기 어려워서 지식시스템 분야의 주제별로 탁월한 전공 교수들로 필진을 구성하였다. 여러 저자가 공저를 함에는 장점도 있고 단점도 있다. 장점이라면 각 주제에 대해 가장 정통한 내용을 다룰 수 있음이고, 각 장이 서로 연결된다고 해도 가급적 독립성을 유지하도록 구성된다는 점이다. 이런 면에서 각 장의 주제를 순서에 구애되지 않고 학습하기에는 이 구성이 장점이 있다. 그러나 그 장점은 바로 단점이기도 하다. 모든 장이 하나의 철학으로 기록된 흥미진진한 연결성이 결여될 것이라는 점을 인정하지 않을 수 없다.

이 책의 뒤안에는 지난 20년간 필진들의 치열한 나날의 숨결이 숨어 있다. 고단한 밤, 동료와 진지한 대화. 그 밤들이 필진들의 가슴에 새겨져 있을 것이다. 우리는 이 책의 필진이 있음에 감사한다. 왜냐하면 가장 연장자가 은퇴를 한다고 해도 이 필진들이 더욱 발전시켜 나갈 수 있는 공동체로 살아 있기 때문이다. 공동편집자인 최형림 교수와 김현수 교수에게 감사드리고, 모든 공저자들의 정성에 감사를 드린다. 그리고 이 원고를 오래 참고 기다려 주신 법영사 고준영 사장님께 감사드린다.

우리의 인생이 하나님을 기쁘시게 하는 것이 되기를 간절히 소망한다. 그러기에 우리가 한 모든 일이 하나님께서 사랑하신 독자들에게 도움이 되기를 바란다.

“**여호와를 경외하는 것이 지식의 근본**”이라고 성경의 잠언에 기록한 솔로몬의 교훈과 같이 성경은 창조주로 말미암은 사람의 시작과 끝에 관한 지식의 근본을 가르쳐 준다. 그러나 이 책은 지식관리를 통한 생활의 편의를 위한 도구에 관한 책일 뿐이다. 그러므로 지식의 근본이 더욱 필요한 분은 이 책을 잠시 덮고, 성경을 펼치시기를 권하는 것이 참된 지식 경영자의 기본자세이어야 할 것이다.

2006년 5월

편저자들을 대신하여

이 재 규

차 례

제1장 서 론

제2장 지식표현

제3장 추 론

제4장 지식경영시스템(KMS)

제 7 장 정방향추론 시스템 구축 도구

제 8 장 논 리

제 9 장 탐 색

제 10 장 제약기반 문제해결 방법론

제 11 장 지식획득과 모델링

제 12 장 기계학습

제 13 장 신경회로망

제 14 장 데이터마이닝과 웹마이닝

제 15 장 에이전트

제 16 장 지식시스템 개발

제 17 장 시맨틱 웹

제 1 장

서 론

학습목표

- 지식의 개념을 이해한다.
- 데이터, 정보 그리고 지식의 차이점을 이해한다.
- 지식시스템의 기본개념을 이해한다.
- 지식시스템의 기본구조를 이해한다.
- 지식관리에 인공지능의 응용에 대해 이해한다.

저자소개

이재규, 한국과학기술원 테크노경영대학원 교수, jklee@kgsm.kaist.ac.kr

최형림, 동아대학교 경영정보과학부 교수, hrchoi@dau.ac.kr

김현수, 동아대학교 경영정보과학부 교수, hskim@dau.ac.kr

차 례

1.1 지식의 정의와 유형

1.1.1 지식의 정의

정보화 사회 혹은 지식사회로 접어들면서 지식(knowledge)을 경영활동에 적용하여 생산성 향상을 도모하고 있다. 지식이 주된 자산인 경영컨설팅 회사들은 국제적인 경험적 지식망을 어떻게 갖추었나에 따라 경쟁력이 좌우된다. 이런 기업에서는 지식이 자본과 노동보다도 더 중요한 경제요소로 인식되고 있다. 이처럼 지식이 중요시되면서 지식관리(Knowledge Management)를 위한 많은 연구가 학계 및 산업계에서 활발히 진행되고 있다.

Nonaka(1994)는 지식이란 정당화된 진정한 신념(Justified true belief)이라고 정의하면서, 정보는 인간의 지(知)의 흐름(flow)을 말하고 지식은 지(知)의 축적된 형태를 의미한다고 하였다. Drucker[8]는 지식이란 검증된 진리라고 정의할 수 있으며, 상황에 따른 인간의 인지적 활동에서의 축적을 통해 생성되는 것으로, 일하는 방법을 개선하거나 새롭게 개발하거나 또는 기존의 틀을 바꾸는 혁신을 단행해서 부가가치를 높이는 것이라고 정의하여 지식의 실행적 측면을 강조하고 있다. 이는 지식이 인식, 해석, 분석, 이해 등의 인지적 활동을 거치면서 경험이나 상황과의 결합으로 보다 가치 부가적이고 활용 라이프 사이클이 긴 지식이 창출된다는 것과 유사한 의미이다[2].

지식에 관한 또 다른 견해인 인식론으로서의 구성주의는 지식을 다음과 같은 특성으로 설명하고 있다. 첫째, 지식은 인식의 주체에 의해 구성되어지는 것으로 Duffy와 Jonassen[9]은 지식이 우리와 독립되어 존재하는 것이 아니라, 우리가 세상에 부여하는 것이라고 한다. 다시 말해, 지식이라는 것은 절대적인 가치 불멸의 지식이 아니라 개인들에 의해 주관적으로 구성되는 것이다. 둘째, 지식은 상황적이다. Collins, et al.[6]에 의하면 지식은 상황 안에서 일어나며 상황과 긴밀한 상호관련성을 형성한다고 한다. 마지막으로 지식은 공유(collaboration)를 통해 형성된다. 각 개인의 주관적 인식과 상황에 따라 형성된 지식이 타인들과의 협력을 통하여 서로 공유되며, 이런 상호

작용 속에서 타당성이 검토되어 지식으로 형성되는 것이다[17]. 그러므로 지식이라는 것은 학습자가 인식, 해석, 분석 및 이해 등의 인지적 활동을 통하여 얻은 사전의 경험을 바탕으로 새롭게 주어진 외부의 학습상황에 맞도록 자신의 인지구조를 동화(assimilation)하고, 조절(accommodation)하며, 타인과의 공유를 통하여 나타나는 학습 활동의 산물로 정의될 수 있다.

지식의 구분에서 자주 등장하는 용어는 데이터(data), 정보(information) 그리고 지식(knowledge)이다. 이들 간의 차이점은 [그림 1-1]과 <표 1-1>에서 보여 주고 있다.

데이터는 어떤 상황에 대한 불연속적이고 객관적인 사실로서 사건, 상황 또는 상태를 설명, 분석, 이해하는데 필요한 문자, 숫자, 기호의 단편적 조합으로 대개 업무처리의 구조적인 기록이라고 할 수 있다. 예를 들면, 주식 거래에 있어 특정 회사의 날짜별 주가와 거래량에 대한 기록은 데이터라 할 수 있다.

반면, 정보는 관찰이나 측정을 통해 수집된 데이터를 실제 문제에 도움이 될 수 있도록 해석하고 정리한 것을 의미한다. 주식 거래의 예에서, 수집된 주가와 거래량에 대한 데이터를 차트로 정리하고 5일, 10일 이동 평균선과 비교하는 등 의사결정에 도움이 될 수 있도록 정리한 것이 정보이다.

지식은 정보가 자신의 경험과 주어진 상황에 결합되어 타당한 행동 기준으로 전환된 앎의 내용을 말한다. 주식 거래의 예를 들어 정보와 지식의 차이를 정리해 보자. 위의 예처럼 주가와 거래량에 대한 기술적 분석에 도움이 되는 정보를 제공받는다 하더라도, 그 정보만으로는 투자에 대한 의사 결정을 바로 내리기는 쉽지 않다. 기술적 분석 자료와 더불어 투자자 자신의 과거 투자 경험과 주식시장을 둘러 싼 정치, 경제, 사회적인 상황을 같이 고려하여야만 올바른 투자를 할 수 있는 것이다. 이렇듯, 외부에서 수동적으로 주어진 정보를 자신의 경험과 주어진 상황에 따라 주체적으로 가공, 재구성, 축적하여 행동 판단의 기준으로 삼는 앎의 내용을 지식이라 할 수 있다. 이러한 지식은 행동으로 옮겨져 유용한 가치 창출로 이어질 때 지식으로서의 진정한 의미가 부여된다. 그러므로 행동하지 않는 지식은 가치 있는 지식이라 볼 수 없는 것이다.

[그림 1-1]

데이터, 정보 그리고 지식의 차이

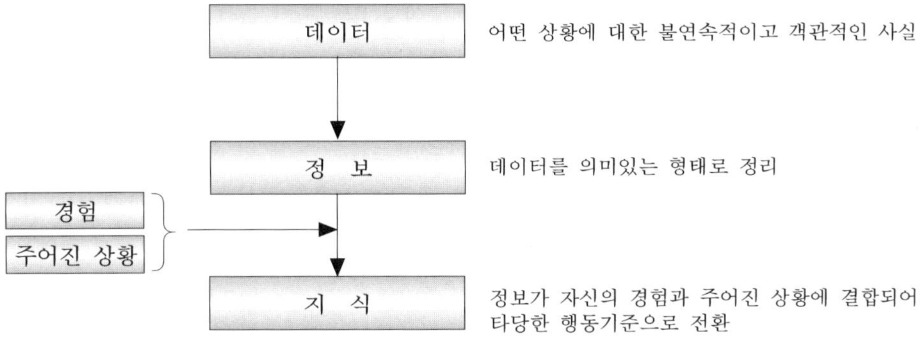

<표 1-1>

데이터, 정보 그리고 지식의 차이

구 분	자 료	정 보	지 식
구조화	쉬움	단위 필요	어려움
객관성	객관적, 단순관찰	중간, 가공 필요	주관적
기계화/ 계량화	쉬움	합의 필요	어려움
전파	쉬움	오류 발생	어려움
부가가치 창출	적음	중간	많음
학습	관련 없음	관련 없음	학습의 결과물
의사결정	관련 적음	객관적 사용	주관적 사용
신념	관련 없음	관련 없음	관련됨, 특정 관점
행동	관련 없음	관련 없음	많음
의미	적음	있음	많음

〈자료원 : 오재인외 2인(2000), p.64〉

1.1.2 지식의 유형

지식의 유형은 지식의 형태, 보유 주체, 존재 형태, 데이터 유형 그리고 환경적 요구에 따라 구분할 수 있다.

(1) 지식의 형태별 분류 : 암묵지와 형식지

Nonaka는 지식을 크게 암묵지(Tacit Knowledge)와 형식지(Explicit Knowledge)로 나누었다[15]. 암묵지란 그 내용을 언어나 부호로 표현하기 곤란하고 구성원의 행동과 머릿속에 체화되어 있는 지식을 의미한다. 스킬, 노하우, 행동 판단의 기준, 조직 문화 등 내면적으로 깊숙이 가지고 있고 개개인만이 가지고 있는 지식을 말하는데, 이 지식은 유형화해서 다른 사람에게 전달할 수 없는 특징이 있다. 반면에 형식지는 그 내용을 언어나 부호로 표현 가능한 유형화된 지식으로, 규정집, 매뉴얼, 데이터베이스, 보고서, 파일 등의 형태로 기술되어 있는 지식을 말한다.

암묵지는 정보시스템 등을 통한 공유와 학습이 곤란하고 지식 보유자와의 직접 접촉과 경험 학습을 통해 공유와 전파가 가능하다. 형식지는 데이터베이스 등 정보시스템을 통해 효율적으로 공유가 가능하다. 한 통계에 의하면 기업 내 존재하는 지식은 80%의 암묵지, 20%의 형식지로 구성되어 있다고 한다. 형식지는 모방이 가능하고 기업간 이전이 용이하므로 지속 가능한 경쟁 우위의 요인으로 작용하기 어려운 경우가 많이 있다. 따라서 기업이 보유하고 있는 암묵지의 결합체가 진정한 의미의 핵심역량에 보다 크게 기여한다고 할 수 있다.

<표 1-2>

형식지와 암묵지

형식지	암묵지
- 언어로 표현 가능한 객관적 지식 - 언어를 통해 전달 - 언어를 통해 습득된 지식 - 전수가 상대적으로 쉬움 - 컴퓨터 매뉴얼	- 언어로 표현할 수 없는 주관적 지식 - 은유를 통한 전달 - 경험을 통해 몸에 밴 지식 - 전수하기 어려움 - 자전거 타기

(2) 지식의 보유 주체별 : 개인적 지식과 조직적 지식

업무진행 과정에서 각 조직 구성원이 개별적으로 습득한 지식으로 공유되지 않고 있는 개인적인 지식과 공식적인 문서작업 등을 통해 조직에 체화되어 구성원이 공유/활용 가능한 가치 있는 지식의 집합인 조직적 지식이 있다. 지식관리시스템은 개인적 지식을 지식지도 등의 체계적 관리를 통해 조직적 지식으로 변환한다.

(3) 지식의 존재 형태별 : 디지털 지식과 아날로그 지식

그룹웨어 또는 데이터베이스관리시스템(이하 DBMS) 등의 시스템에서 관리되고 있는 지식 외에도 개인 컴퓨터, 디스켓, CD-ROM 등에 디지털화되어 있는 지식과 개인적으로 알고 있는 지식 또는 문서, 자료 등의 산출물 형태로 관리되고 있는 아날로그 지식 등이 있다.

(4) 데이터 유형 : 정형정보와 비정형정보

정형정보는 숫자, 문자 등의 기호화된 정보로 레코드 형태의 정보 집합이다. 이러한 정형정보는 대부분의 기업에서는 DB 시스템으로 관리하고 있어 쉽게 검색, 열람이 가능하다. 비정형정보는 이미지, 그래픽, 음성정보, 영상정보 등의 정보로 기업 내 상당 정보는 이러한 비정형 데이터로 존재하고 있어 지식관리시스템이 더욱 강조되고 있다.

(5) 환경적 요구 : 생성적 지식과 적응적 지식

지식을 환경적 요구관점에서 분류할 때, 조직의 문제를 정의하고 해결하기 위해 계속적으로 실험하고 피드백을 주는 것을 강조하고 시스템적 사고, 비전공유, 개인적 숙달지식, 팀 학습, 창조적 긴장을 요구하는 생성적 지식과 현재의 문제를 해결하는 것에 초점을 둔 적응적 지식으로 구분할 수 있다.

1.2 지식시스템의 개념

지식 없이 어떤 조직도 생존할 수 없으며, 지식의 생성과 활용은 조직 생존의 핵심적인 것이 되었다. 소위 지식 근로자(Knowledge worker)가 등장하여 조직 내의 모든 종업원들이 지식을 생성하고 활용하는 주체가 되고 있으며, 조직에서 지식의 중요성은 날로 증가하고 있다. 지식시스템(KS: Knowledge System)은 지식기반시스템(KBS: Knowledge

Based System)과 지식관리시스템(KMS: Knowledge Management System 또는 지식경영시스템)이 결합된 형태의 시스템이라 할 수 있으며, 조직에서 지식의 획득, 저장, 공유 및 활용 과정에 있어서 웹페이지 뿐만 아니라 정형화된 지식기반시스템을 이용하는 구조를 말한다([그림 1-2] 참고).

[그림 1-2]

지식시스템의 개념

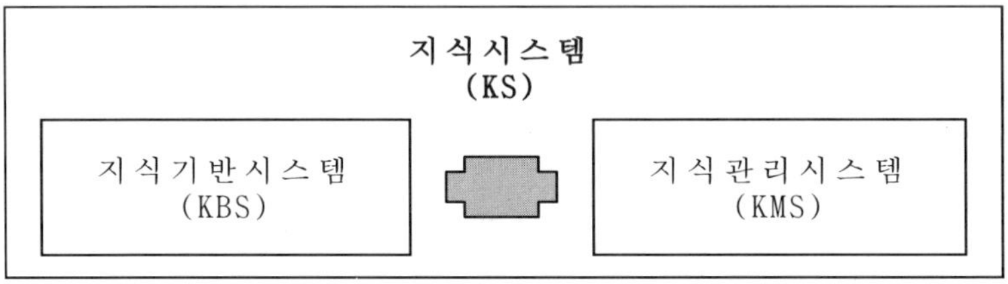

지식기반시스템에 대한 개념은 관점에 따라서 다르게 정의될 수 있다. 첫째, 인간 중심으로 지식기반시스템을 정의하는 것으로 인간의 지식을 컴퓨터 시스템으로 모방하는 인공지능(AI: Artificial Intelligence)의 한 분야라고 인식하는 것이다. 둘째, 지식기반시스템의 구조에서 그 특징의 관점에서 보면, 지식기반시스템은 지식베이스(Knowledge Base), 추론엔진(Inference Engine), 지식공학도구(Knowledge Engineering Tool) 그리고 사용자 인터페이스(User Interface)의 네 가지 구성요소로 구성되어 있다. 이중에서 지식베이스와 추론엔진이 지식기반시스템의 기본요소이다. 셋째, 조직의 지적자산을 관리하기 위해 조직에서 활용하는 정보기술을 총칭하는 것이며, 이러한 정보기술에는 전문가시스템(Expert System), 그룹웨어(Groupware), 데이터웨어하우스(Data Warehouse), 인트라넷(Intranet)이 전부 포함된다. 이는 지식기반시스템을 지식을 다루는 것으로 제한하지 않고 일반적 정보시스템을 이용하는 것과 같이 간주한 개념이라 할 수 있다[12].

여기에서는 지식기반시스템을 "전문가 수준에서의 문제 해결을 위한 지적 능력을 갖는 소프트웨어 체계"라고 정의한다. 그럼 과연 전문가는 비전문가와 비교해서 무엇이 다른가? 지식기반시스템 연구의 관점에서 전문가는 "전문지식을 기억하고 있고, 논리적 추론능력에 따라 결론을 도출하며, 설득력 있는 설명능력이 있는 사람"으로 정의한다면, 지식기반시스템은 이와 같은 지식관리능력이 있는 소프트웨어를 모델로 삼게 될 것이다. 지식기반시스템에서 정의한 전문가는 아무 도구도 가지고 있지 않다고 가정한다. 그러나 실제 전문가는 의사결정의 지원 도구를 사용한다. 계산기나 계량적 모형(예, 최적화 모형, 통계분석 모형 등)을 사용하면서 의사결정을 하는 것이다. 그러므로 "도구를 사용하는 전문가"로서의 지식기반시스템은 지식에 입각한 추론뿐만 아니라 계량 분석기법을 포괄한 추론기능이 갖추어져야 할 것이므로 지식기반의 기능으로만 제한된 시스템일 수는 없다.

한편 지식관리시스템은 조직내 지식자원의 가치를 극대화하기 위하여 통합적인 지식관리 프로세스를 지원하는 정보기술 시스템으로 정의한다[2]. 이러한 지식관리시스템의 역할은 조직내 지식자원을 관리 가능한 형태로 바꾸어 이를 효율적으로 활용하여 지식자원의 가치를 극대화하고 개인의 지식 역량의 개발을 지원하는 것에 있다. 지식관리 프로세스는 지식획득, 지식저장 그리고 지식공유/활용의 3단계로 정의할 수 있다. 지식획득은 자료 혹은 정보의 지식화와 암묵지의 형식화 과정을 포함한다. 지식 저장은 창출된 지식이 검증, 분류, 등록의 활동을 통하여 지식베이스에 저장되어 공유되기까지의 프로세스를 나타내는데 여기에 등록된 지식은 조직 지식으로서 조직의 관리를 받게 된다. 지식공유/활용은 지식에 접근하고, 업무 수행을 위해 지식을 활용하는 프로세스이다.

지식시스템의 장점은 그 지식을 일관성 있게 적용할 수 있으며, 사람과 같이 수명의 한계도 없고, 지식을 쉽게 복사·이동시킬 수 있다는 점을 들 수 있겠다. 그러면 지식시스템이 잘 개발되었을 때는 전문가를 대체할 수 있을 것인가? 예를 들어서 영업사원이나 보험설계사의 역할을 인터넷 등을 통한 지식시스템이 대신할 수 있을 것인가? 기능적인 관점에서는 인터넷상에서 사람의 기능을 대신 할 수 있을 것으로 보인다. 왜냐하면 이와 같은 역할에는 사람의 일반적인 시각, 청각, 촉각 등의 인식기능이나 광범위한 상식이 필요하지 않기 때문이다. 그러나 의료진단과 같이 광범위한 인식기능과 상식이 필요한 역할을 수행하는 의사나 법률가의 역할을 지식시스템이 대체할 수는 없고, 단지 그들의 역할의 일부를 대체하며 지원하게 되어 이런 경우에는 전문가를 대체하기보다 전문가를 보조하는 역할을 하게 된다.

1.3 지식시스템의 구조

구체적인 지식시스템의 구조는 필요에 따라 다양하게 조정될 수 있겠지만 전형적 모형은 [그림 1-3]과 같다. 지식베이스(knowledge base)에 지식을 제공하고 관리하는 책임자를 지식관리자 혹은 지식공학자(knowledge engineer)라 한다. 지식관리자는 그 자신이 개발 대상의 문제에 관한 전문가일 수도 있지만 일반적으로 다른 전문가로부터 지식을 추출하거나 전문자료를 활용하여 지식베이스의 표현형식으로 지식을 코드(code)화시키는 역할을 수행한다. 지식시스템을 구성하고 있는 각각의 기능에 대해 살펴보면 다음과 같다.

(1) 지식획득기능

지식획득(knowledge acquisition)은 기존 지식베이스에 저장된 지식과 새로 입력되는 지식과의 관계(중복, 상충 등)를 자동적으로 점검해 주는 기능이며 지식시스템에서 핵심적인 부분이라 할 수 있다.

(2) 추론기능

추론(inference)은 이미 알고 있는 사실과 지식으로부터 새로운 사실을 유추해 내는 것을 말한다. 주어진 문제의 해결을 위해 지식베이스에 있는 규칙들을 탐색 및 추론과 통제(control)를 하는 지식시스템에서 가장 중요한 부분이며, 새로운 지식을 추론하기 위해 규칙들을 어떻게 적용할 것인가를 결정하는 규칙해석기(interpreter), 규칙들의 적용순서를 결정하는 스케줄러(scheduler)로 구성되어 있다.

(3) 설명기능

설명기능(explanation)은 사용자에게 질문을 한 이유, 결론에 도달한 방법 등에 대해 설명하는 기능을 담당한다.

(4) 학습기능

학습기능(learning)은 과거의 사례로부터 자동학습(Machine Learning)

을 통해 지식을 생성하는 것을 말한다. 과거 사례가 직접 이용되기도 하는 사례기반 추론(Case-based Reasoning) 시스템도 많이 보급되고 있다.

[그림 1-3]
지식시스템의 구조

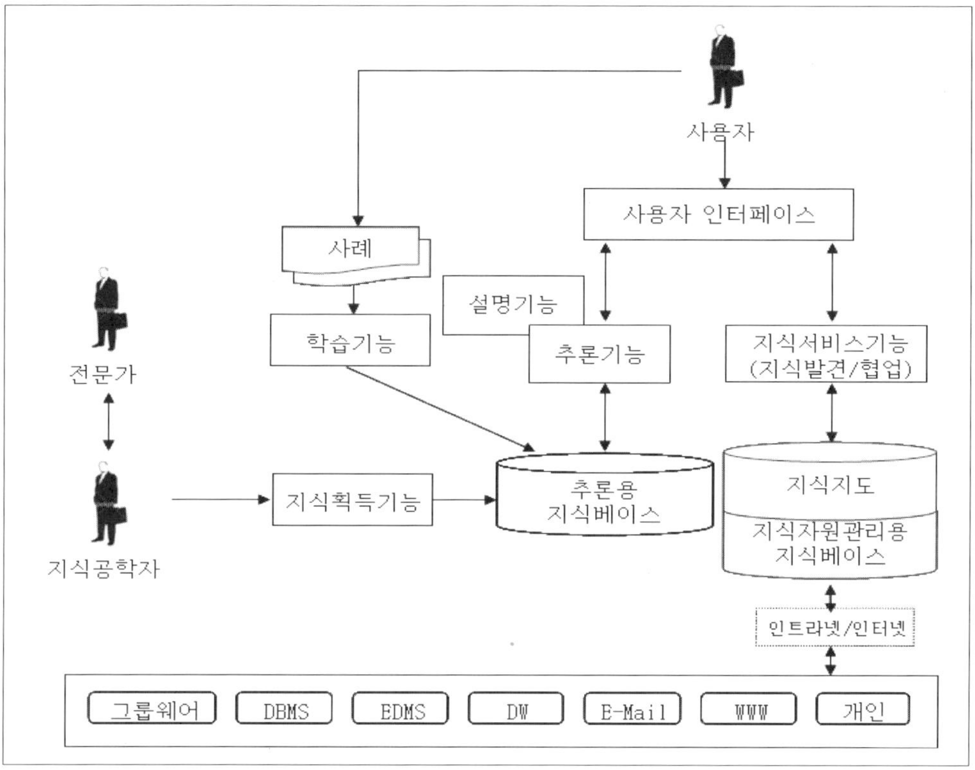

(5) 지식지도

지식지도(Knowledge Map)는 조직 차원의 지식을 누구나 쉽게 찾아볼 수 있고, 전체적인 구성을 이해하는데 도움이 되도록 정보기술을 활용하여 조직의 지식체계를 논리적으로 표현한 것으로 'Know-Where'에 해당되는 메타지식(Meta-Knowledge)에 해당된다. 지식지도에서는 다음과 같은 사항이 고려된다.

- 조직의 특성이나 환경에 따라 지식의 유형별, 주제별, 위치별 등 다양한 형태로 작성하는 것을 고려한다.
- 분야별 전문가 검색이 가능하고 조직이 보유한 기술과 정보를 파악할 수 있어야 하고, 새로운 조직원들에게 업무에 필

요한 정보나 업무 관련자들을 연결한다.

- 개인화된 지식지도 구성이 가능하고 다양한 뷰(view) 형태로 지식을 볼 수 있도록 지원한다.

(6) 지식베이스

지식베이스(Knowledge Base)는 두 가지 형태로 분리하여 볼 수 있는데 하나는 지식기반시스템에서 일컫는 추론용 지식베이스로 추론을 위해 지식을 규칙이나 프레임 등의 방법으로 표현하여 저장해 두는 곳이다. 지식의 표현 메커니즘 내지는 지식표현 언어의 도움을 받아 정형화된 지식구조를 갖는다.

다른 하나는 지식관리시스템의 주요 요소로서 다양한 지식원천(knowledge source)으로부터 수집된 조직의 지식[1]이며 이러한 방대한 지식베이스를 효과적으로 관리하기 위한 기술 즉, 지식저장기술, 인덱싱 기술, 백업 기술, 접근 보안 기술, 버전제어, 지식객체의 이력관리기술 등을 포함한 것이다(본서 제4장 참조).

(7) 지식서비스기능

지식서비스기능(Knowledge Service)는 관리되고 있는 지식을 사용자가 효과적으로 사용할 수 있도록 지원해 주는 기능을 담당하며, 검색, 사용자 관리, 지식 유통, 전문가 검색 그리고 협업을 위한 각종 기능을 담당한다. 지식관리기능은 크게 지식발견기능과 협업기능으로 구성된다. 지식발견기능은 사용자가 지식지도, 검색엔진, 인공지능기법 등을 활용하여 원하는 지식을 찾을 수 있도록 지원하는 서비스이다. 지식베이스의 지식 내용을 사용자가 지식지도를 활용하여 검색할 수 있도록 지원한다. 또한 전문검색(full text search), 통합 메타 검색, 동의어 검색, 결과 내 검색, 자연어 검색, 패턴 매칭(pattern matching) 등의 다양한 수준의 검색 기능을 제공한다.

협업기능은 유사한 또는 공통된 관심사 또는 작업하고 있는 복수의 구성원들이 상호간에 정보 또는 지식을 교류하면서 공통된 목적을 달성하는 것을 지원하는 서비스로, 주로 그룹웨어, 워크플로우, 전자문서관리시스템 등을 지식관리에 적극적으로 활용하도록 하는 기능이다. 이 기능은 Nonaka가 주장하는 암묵적 지식의 교류 또는 지식의 표출화 과정에 중요한 개념으로 부각되고 있다. 커뮤니티(community), 메시징(messaging), 네트워크 회의, 공동작업 등의 다양한 지식 공유도구(knowledge sharing tool)를 활용하여, 동질의 업무나 관심사를 가진 사용자들이 지식을 전달하고 획득하도록 함으로써 조직 내 지식공유가 확대되고 지식창출이 이루어지도록 한다.

(8) 사용자 인터페이스

사용자 인터페이스는 사용자에게 보여 지는 기능을 담당하며, 지식 포털(knowledge portal)과 통합메시징시스템(unified messaging system) 등을 통해 사용자가 지식을 활용할 수 있는 창구 역할을 담당하며, 사용자 특성에 따른 서비스를 제공하기 위한 기능이 제공되어야 한다. 예를 들면, 지식 포털은 조직 내에 흩어져 있는 각종 지식을 효율적으로 검색하고 접근의 편리성을 제공하는 웹 기반의 통합 인터페이스를 제공함으로써 언제 어디서나 원하는 지식을 획득하도록 한다.

1.4 지식시스템의 역사

지식시스템의 이론적 연구는 60년대의 초기 인공지능 연구까지 거슬러 올라갈 수 있겠지만, 본격적인 보급은 80년 중반의 퍼스널컴퓨터 보급과 때를 같이 한다고 볼 수 있다. 80년대 중반에는 주로 미국에서 개발된 LISP 언어, PROLOG 언어, LISP으로 개발된 규칙기반 도구 및 프레임 기반도구가 개별적으로 보급되었고 MYCIN과 같은 시스템이 연구 개발 목적으로 실험실에서 개발되었다. 미국은 주로 LISP 기반으로 발전한 반면, 유럽과 일본은 PROLOG 중심으로 발전되었다. PROLOG 중심의 연구들은 기업화수준의 응용시스템을 개발하지 못한 한계점을 드러냈다. 80년대 후반에는 LISP으로 개발된 시스템이 데이터를 모두 주기억장치에서 저장해야 되는 한계점과 처리속도가 늦은 점 때문에 현장사용 목적의 시스템은 거의 대부분 C언어 기반 시스템으로 대체되었다. 이와 함께 규칙과 프레임이 통합적으로 지원되는 복합적 도구(hybrid tool)로 기능이 확장되었다.

그러나 지식시스템 도구 판매에서 지식기반관점에만 초점을 맞춘 회사들은 경영에 어려움을 겪게 되었다. 왜냐하면 현실문제는 지식기반을 필요로는 하지만 [그림 1-2]과 같이 지식기반만으로는 해결되기 어렵기 때문이다. 그래서 응용 경험을 바탕으로 한 고장진단 등과 같은 특수분야용 전용도구(domain specific tool)로 발전하게 되었는데 이 분야는 90년대에 고도의 성장을 거듭했다. 이와 아울러 사례기반도구가 보급되고, 사례로부터 규칙생성 등의 지식생성 시스템들이 많이 보급되었다. 90년대 초에는 특히 자동학습의 기능을 갖춘 신경회로망 기반시스템이 많이 보급되었다. 90년대 중반이후 기업에서 지식을 전략적 경쟁요소로 인식하기 시작하면서 지식관리에 지식기반 시스템이 접목되기 시작하였다.

1.5 지식관리에 인공지능의 활용

인공지능(Artificial Intelligence)은 인간의 지능적 활동—사고, 시각, 청각, 자연언어—을 컴퓨터에서 재현시키고자 하는 연구활동이다. 그러므로 인공지능은 인간의 지능활동을 관찰하는 과학이자, 이를 컴퓨터에서 구현하고자 하는 공학이라고 볼 수 있다. 인공지능의 순수이론가에게는 다른 분야에서도 그러하듯이 그 연구결과가 현실세계에 어떤 기여를 하든지 큰 관심이 없다. 그래서인지 인공지능 연구가 산업계에서 80년대 초에 기대했던 것만큼의 현실문제 해결에 직접 사용된 경우가 많지 않다.

지식 공유 및 개인이 소유한 지식을 조직의 지식으로 전환하는 등의 지식관리를 위한 기초적인 분야에 인공지능이 활용되어진다. 지식관리의 가장 중요한 영역은 지식의 획득과 표현이다. 지식관리자는 전문가가 보유한 암묵적 지식을 지식습득기법을 활용해서 지식베이스를 구축하게 된다. 지식발견(Knowledge Discovery)과 데이터/텍스트 마이닝(Data/Text Mining)은 지식베이스에 새로운 지식을 쌓을 수 있도록 지원한다. 지식베이스에 지식을 표현하기 위해서 일반적으로 지식분류(Knowledge Taxonomy)와 지식 매핑(Knowledge Mapping)이 지식 베이스를 구축하기 위한 프레임워크로 제공된다. 획득된 지식(규칙, 사례, 스크립트, 객체, 의미망 등)을 표현하는 방법은 인공지능을 이용하여 지식시스템을 구축하는데 활용된다.

지식시스템에서 에이전트는 정보검색과 탐색에 주며, 새로운 지식을 창출하기 위해 여러 형태의 지식을 종합하는 기능을 제공한다. 또한 에이전트를 이용한 적응형 워크플로우 시스템(Adaptive Workflow System)형태로 지식관리를 위해 이용되기도 한다. 제한된 범위내에서 자연어와 음성인식기술은 지식관리를 위한 사용자 인터페이스에 활용될 수 있다. 지식관리의 주요 기능인 지식 분배(Knowledge Distribution)는 지식을 사용하고 활용할 수 있도록 조직의 내외부로 지식을 전송하게 된다. 이처럼 제공된 지식은 관리자, 사원, 고객, 이해관계자 등이 전송받은 지식을 이용하게 된다. 지능형 에이전트는 지식, 전자우편, 웹 페이지를 분석하는데 적용된다. 이렇게 분석된 내용은 쉽게 읽을 수 있도록 적합한 형태의 보고서로 만들어진다. 데이터마이닝과 지식 발견은 지식 베이스에서 추세(trends), 관계(relationship), 새로운 지식을 귀납적으로 추론하도록 도와준다. 이러한 것은 이미 마케팅과 재무분야에 널리 사용되고 있다. 지식관리에서 공통된 주제나 관심사에 대해 공유하는 커뮤니티(Online community)는 지식을 공유하고 분배하는데 활용된다. 특히 지식은 웹을 통하여 어느 곳이던지 유통되게 된다.

또한 여러 인공지능기법들이 지식시스템에 다음과 같은 역할을 수행하는데 활용될 수도 있다.

- 지식 검색의 지원 및 향상
- 개인 또는 그룹에게 필요한 지식의 파악
- 지식이 지식저장소에 제공되거나 그곳으로부터 불려질 때, 그 지식에 대한 상대적인 중요도의 결정을 지원
- 의미 있는 관계 및 지식을 파악하기 위한 전자메일, 문서 그리고 데이터베이스에 대한 정밀 검색을 지원
- 데이터의 패턴 정의
- 기존 지식을 활용하여 미래의 결과 예측
- 지식으로부터 조언 제공
- 지식시스템에서 자연어 또는 음성 명령어를 인식하는 사용자 인터페이스 제공

1.6 본서의 구성

지식시스템의 교육은 이론, 응용, 도구 사용이 조화된 가운데 효과를 거둘 수 있도록 구성되어 있다. 각 장별 선후 관계의 구성은 [그림 1-4]와 같다. UNIK의 교육용 소프트웨어를 이용하면 지식시스템 개발도구를 자유롭게 실습할 수 있을 것이다(참고사이트 참조).

[그림 1-4]
본서의 구성

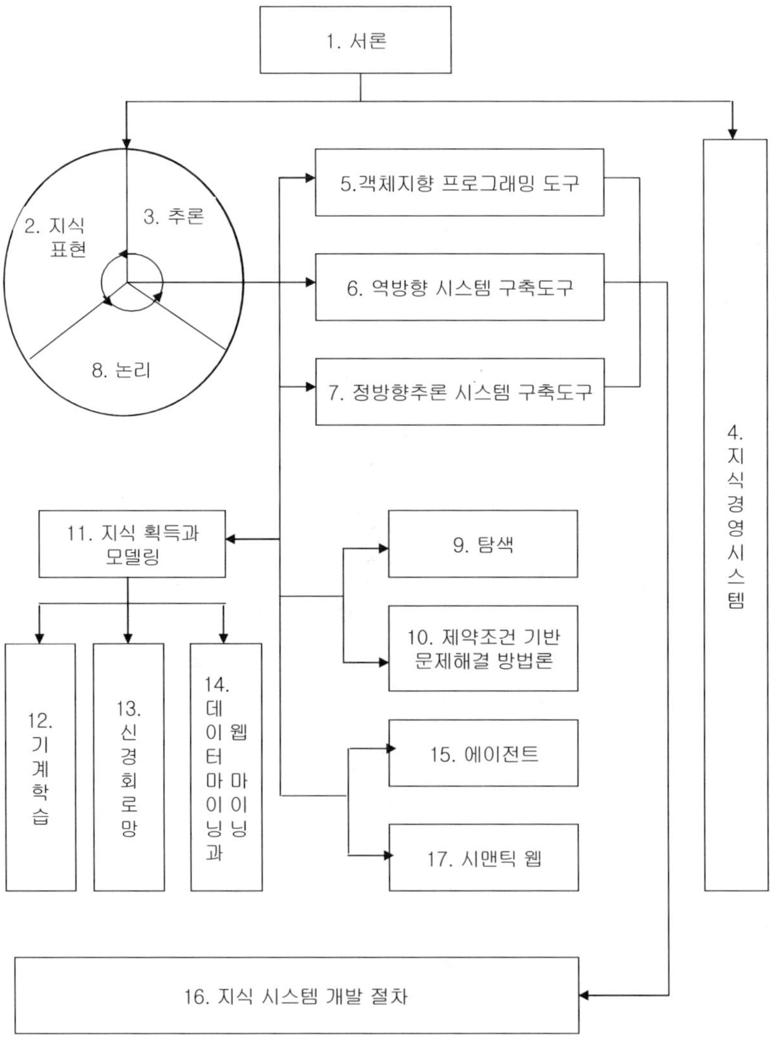

제2장(지식 표현)에서는 규칙 · 의미망 · 프레임 · 논리 · 객체 등의 지식 표현의 개념을 설명하였고, 제3장(추론)에서는 규칙을 기반으로 한 논리적 추론, 역방향 및 정방향 추론, 사례기반 추론 및 불확실성 하에서의 추론 개념을 설명하였다. 제4장(지식경영시스템)에서는 조직에서의 지식관리프로세스와 지식경영(관리)시스템을 설명한다. 제2장과 제3장 및 뒤에서 설명할 제8장(논리)을 숙지하고 나서 지식시스템 개발도구와 연계하여 구체적 실습을 하고 싶으면, 제5, 6, 7장에서 각각 프레임, 역방향 추론, 정방향 추론의 도구인 UNIK-FRAME, UNIK-BWD, UNIK-FWD를 중심으로 공부할 수 있다.

제8장은 논리의 이론을 설명하였고 이는 지식표현 중 논리를 이용한 지식표현을 보다 자세히 설명한 부분이 된다. 제9장은 탐색을 통해 해집합을 구하는 방법론을 소개하고 있고, 유전 알고리즘도 이 장에서 소개한다. 탐색은 전문가의 지식이 존재하지 않을 때 탐색공간을 찾아 해를 제공할 수 있는 방안이 된다. 제10장은 제약조건기반 하의 문제를 해결하는 방법론으로 CSP, CLP등을 설명한다. 제11장은 지식 획득의 단계, 방법 및 모델링을 다룬다. 그리고 제12장은 기계학습의 주요 방법인 결정나무학습, 가설공간의 탐색 및 확률적 추론에 의한 방법 등을 설명하였다. 신경회로망은 그 중요성에 비추어 기계학습과별도로 제13장에서 다루었다. 제14장은 데이터마이닝과 웹 마이닝에 대한 기본 개념과 방법에 대해 설명하고, 제15장은 에이전트 및 그 활용에 대해 설명한다.

제16장은 지식시스템의 개발 절차를 일반정보시스템과 대비하면서 제시하였다. 제17장은 시맨틱 웹으로서 웹을 통해 의미 있는 정보를 표현하는 기법을 배운다.

주요용어

- 지식시스템(Knowledge System)
- 지식기반시스템(Knowledge Based System)
- 지식관리시스템(Knowledge Management System)
- 지식공학자(Knowledge Engineer)
- 지식획득(Knowledge Acquisition)
- 지식발견(Knowledge Discovery)
- 데이터마이닝(Data Mining)
- 텍스트마이닝(Text Mining)
- 에이전트(Agent)

연습문제

1. 데이터, 정보 그리고 지식과의 차이점에 대해 설명하시오.
2. 지식에 대해 정의하시오.
3. 지식의 유형에 대해 설명하시오.
4. 지식시스템에 대해 정의하시오.
5. 지식시스템의 구조에 대해 소개하시오.
6. 지식시스템의 역사에 대해 간략하게 설명하시오.
7. 지식관리에 있어 지능시스템(Intelligent System)의 향후 기대되는 역할에 대해 논하시오

참고문헌

[1] 김영걸, 지식경영과 지식자원 관리, 이재규 외(편), 경영정보시스템원론 제2판, 법영사, 2005.

[2] 김영걸, 유성호, 이장환, "성과측정체계와 업무 프로세스를 기반으로 한 지식전략계획 수립 방법론에 관한 연구," 제3회 지식경영학술심포지엄, 1999.

[3] 김주희, 유성호, 김영걸, "지식관리시스템 성과에 영향을 미치는 요인에 관한 탐색적 사례 연구," 제6회 지식경영학술심포지엄, 2001.

[4] 오재인, 안상형, 유석천, 경영과 정보시스템, 박영사, 2000.

[5] 임규건 외 3인 공역, e-Business 시대를 위한 경영정보시스템, 사이텍미디어, 2003. (Turban, E., McLean, E. and Wetherbe, J., *Information Technology for Management: Transforming Business in the Digital Economy*, John Wiley & Sons, 2001).

[6] Collins, A., Brown, J. S. & Newman, S. E., "Cognitive Apprenticeship:

Teaching the Craft of Reading Writing, and Mathematics," In L. B. Resnick(Ed), *Knowing, Learning, and Instruction: Essays in Honor or Robert Glaser*, Hillsdale, NJ: Ealbaum, 1989.

[7] Davenport, T.H. and Prusak, L., *Working Knowledge: How Organizations Manage What They Know*, Boston: Harvard Business School Press, 1998.

[8] Drucker, P. F., "The Theory of Business," *Harvard Business Review*, September-October, pp. 5~104, 1994.

[9] Duffy, T., D. Jonassen, "Constructivism: New Implications for Instructional Technology," *Educational Technology* 31(5). pp. 7~11, 1991.

[10] Fowler, A., "The Role of AI-based Technology in Support of the Knowledge Management Value Activity Cycle," *Journal of Strategic Information Systems*, Vol.9, pp. 108~128, 2000.

[11] Giarratano, J. C. and G. D. Riley, *Expert Systems: Principles and Programming*, 4th ed., Thomson Learning, 2004.

[12] Hendriks, P.H.J. and Vriens, D.J., "Knowledge-based Systems and Knowledge Management: Friends or Foes?," *Information & Management*, Vol.35, pp. 113~125, 1999.

[13] Jonassen, D., "Designing Constructivist Learning Environments," In C. M. Reigeluth(Ed.), *Instructional-design Theories and Models, Vol. II: New Paradigm of Instructional Theory*, New Jersey: Lawrence Erlbaum Associates Publishers, pp. 215~339, 1999.

[14] Liebowitz, J., "Knowledge Management and Its Link to Artificial Intelligence," *Expert Systems with Applications*, Vol.20, pp. 1~6, 2001.

[15] Nonaka I. and Takeguchi, H., *The Knowledge Creating Company*, Oxford University Press, 1995.

[16] Nonaka I., A "Dynamic Theory of Organizational Knowledge Creation", *Organization Science*, p. 115, 1994.

[17] Savay, J. and Duffy, T., "Problem Based Learning: An Instructional Model and Its Constructivist Framework", *Educational Technology*, Vol.35, No.5, pp. 31~38, 1995.

[18] Tsui, E., Garner, B. J., and Staab, S., "The Role of Artificial Intelligence in Knowledge Management", *Knowledge-Based Systems*, Vol.13, pp. 235~239, 2000.

[19] Turban, E., Jae K. Lee, and David King, *Electronic Commerce: A Managerial Perspective 2006*, Prentice Hall, 2006.

[20] Turban, E., J. E. Aronson and Ting-Peng Liang, *Decision Support Systems and Intelligent Systems*, 7th ed., Prentice Hall, 2005.

참고사이트

UNIK	http://dragon.yonsei.ac.kr/~yusong/redist/unikbc31.zip
BRINT	www.brint.com
UT AUSTIN	www.bus.utexas.edu/kman
KM Forum	www.km-forum.com
Boston KM Forum	www.kmworld.com

제 2 장

지식표현

학습목표

- 지식의 정의, 지식의 표현 수준과 해석에 따라 분류해 본다.
- 지식표현법 중에 대표적인 규칙, 논리, AND/OR 그래프, 의미망, 프레임 등을 학습한다
- 그 외 복합적인 지식표현, 그래프, 웹을 이용한 최근의 지식표현법을 소개한다.

저자소개

김현수, 동아대학교 경영정보과학부 교수, hskim@dau.ac.kr

차 례

2.1 서 론

지식시스템 특히 지식기반시스템에서의 지식베이스는 가장 중요한 요소 중의 하나이다. 따라서 이러한 지식을 어떻게 저장하고 표현하는가 하는 것은 가장 기본적인 과제라고 할 수 있다. 본 장에서는 우선 지식의 정의에 대해 살펴보고, 지식의 형태와 의미상의 분류, 그리고 지식 표현을 위한 제반기법에 대해 살펴보기로 한다. 여기에는 규칙을 이용한 지식 표현을 비롯하여, 의미망, 프레임, 논리, 그래프 및 웹을 이용한 지식 표현 기법이 포함된다.

2.2 지식의 형태와 구조

2.2.1 지식이란?

지식과 추론기능이 합쳐져서 지식기반시스템이 만들어진다고 할 만큼 지식이란 지식기반시스템의 가장 중요한 요소이며, 획득된 지식을 어떻게 효율적이면서 효과적으로 표현·저장하는가 하는 것은 바로 지식기반시스템의 성능과 직결되는 문제이다. 따라서 이러한 지식이 과연 무엇인지를 우선적으로 규명할 필요가 있다. 지식의 포괄적인 정의에 대해서는 이미 1장에서 설명이 자세히 되어 있지만 그러나 지식이란 마치 사랑이 무엇인가라고 물을 때 여러 가지 차원과 수준에서 답할 수 있듯이 지식도 여러 가지 차원과 수준에서 정의내릴 수 있다. 본 절에서는 지식기반시스템의 구축이란 관점에서 지식을 살펴보면, 일반적으로 지식이란 데이터(data), 정보(information), 사실(facts)들과 같은 의미로 사용되기도 하지만 지식이란 "정보를 보다 체계화하고 개념화한 것"으로 볼 수 있다. 여기서 개념화란, 정보를 구조화함으로써 사람으로 하여금 보다 쉽게 이용할 수 있게 하고 이해 가능하도록 하는 것을 말한다. 또 다른 측면에서 지식을 정의하면, "컴퓨터가 지능적으로 작동하는 데 필요한 정보로서 사실, 믿음, 문제를 해결하는 방법, 절차, 개념의 정의 등을 포함하며 또한 이것들간의 관계

(relationships)"를 말한다. 지식기반시스템에서의 지식은 그저 저장되어 있는 것이 아닌 해결하고자 하는 목적을 이루도록 사용될 수 있어야 된다. 따라서 지식을 이용하여 원하는 바 목적을 이루기 위한 성과를 올릴 수 있어야 한다.

지식 표현이란 이러한 지식을 컴퓨터와 사람이 동시에 이해할 수 있는 형태로 나타내는 것을 말하며 합목적적, 즉 목적달성에 부합되는 구조를 가져야 할 뿐만 아니라 추론의 효율성, 지식 획득의 용이성, 저장의 간결성 및 표현의 정확성, 다양성 등을 갖추어야 한다.

2.2.2 지식의 표현수준과 형태

지식 표현방법은 인간의 일상언어와 컴퓨터언어와의 표현구조 사이의 어느 중간에서 타협점을 결정하게 된다. 만약 인간의 언어, 즉 자연언어로만 표현한다면 아직 컴퓨터에 의한 자연어의 처리가 완벽하지 못하므로 구현 불가능하고, 반면 컴퓨터의 입장에서 지식을 컴퓨터언어의 알고리즘과 자료구조로만 표현하면 그 또한 인간이 이해하기가 어렵기 때문이다. 이러한 중간 절충안이 규칙이나 프레임, 의미망, 그래프, 술어논리 형태 등이다. 이러한 표현을 위한 전문적인 컴퓨터 언어, 예를 들면 LISP, PROLOG 등이 개발되어 있다. 또한 웹이 보편적으로 사용됨에 따라 하이퍼링크(Hyperlink)를 지원하는 마크업 언어(Markup Language)도 지식표현의 한 축을 담당하게 되었다. 메타데이터 정의를 위한 RDF(Resource Description Framework)는 의미망에 기초하고 있고, 웹에서의 온톨로지(Ontology)를 표현하기 위한 OIL(Ontology Inference Layer)는 의미망과 술어논리 그리고 마크업 언어를 보다 확장한 표현방식을 가지고 있다. 여러 가지 형태의 지식표현기법이 등장하고 있지만 궁극적으로 지식표현이란 책을 집필하듯 비구조적이며 서술적으로 나타내기보다는 구조화와 체계화를 이루어야 컴퓨터에 의해 쉽게 구현될 수 있고, 추론 및 검색이 용이해진다.

이러한 각 방법을 논하기 앞서 먼저 인간의 관점에서 지식 표현에서의 여러 가지 문제점을 논의하도록 하자.

(1) 지식의 표현수준

먼저 지식에는 표현력의 명확성 및 추상성에 따라 여러 가지 수준(level)이 있을 수 있는데, 예를 들어 추상성이 높은 표현의 경우를 보도록 하자.

"날씨가 추우면 실내를 따뜻하게 하라."

날씨가 추우므로 우리가 이 추위를 견디기 위해서는 실내를 따뜻하게 해야 할 것이다. 만약 이러한 지식이 없다면, 추워도 어찌할 줄 모르고 떨고 있을 수밖에 없을 것이다. 그러나 이 지식으로는 어느 정도가 추운 것인지, 어떻게 하면 실내가 따뜻해지는지를 알 수가 없다. 다음의 예를 보도록 하자.

"날씨가 영하로 떨어지면, 난방기구를 가동시켜라."

여기서 춥다라는 것의 구체적인 척도로서 영하의 온도로 표현하였고, 실내를 따뜻하게 하기 위한 방법으로 난방기구를 가동시켜라라고 되어 있다. 이는 보다 구체적이며 실제 조작할 수 있는 수준인 데 비해 앞의 지식은 포괄적인 성격이 강하다. 물론 이보다 더 구체적인 지식은 "전기난로의 스위치를 켜라" 또는 "보일러 스위치를 켜라"와 같이 구체적인 난방기구의 명칭과 함께 구비되어 있는 상황에 따라 작동법을 명시하는 것일 것이다. 또 다른 예를 보자.

"철수는 영화를 좋아한다."

철수는 영화를 좋아한다는 개략적인 표현에서 보다 구체적으로 그 횟수나 정도를 나타낼 수 있다.

"철수는 일주일에 2편 이상 볼 정도로 영화를 매우 좋아한다."

이처럼 같은 의미를 지닌 지식이라도 표현의 구체성의 수준에 따라 그 내용이 달리 표현될 수 있다.

(2) 표면지식과 심층지식

지식이 단순히 조작적인 최종 결과만으로 표현되는 경우가 있는데 이를 표면지식(surface knowledge) 또는 피상적 지식(shallow knowledge)이라 한다. 표면지식은 특정 영역의 문제를 해결하는 데 사용되는, 경험에 의해 생성된 탐색적(heuristic) 지식으로 해당 영역에 관한 구체적 사실이나 이론을 포함하기도 한다. 다음과 같은 예를 보자.

"지진이 발생하면 대나무 숲으로 들어가라."

위의 예는 왜 지진이 발생하면 대나무 숲으로 들어가는지에 대한 이유는 알 수 없다. 그러나 대나무 숲으로 들어가는 것이 지진으로부터 생명을 보호하는 아주 좋은 방법이라는 것은 틀림없다. 또 다음 예를 보자.

"여름이 되면 태풍이 분다."

왜 여름이면 태풍이 부는지에 대해서는 나타나 있지 않아도 여름이면 꼭 태풍이 부는 것임에는 틀림없다. 이와 같이 표면지식은 그 배경 속의 깊은 의미나 이유는 없이 구체적인 문제를 해결하는 최종적 방법이나 사실, 이론을 나타낸다. 지식기반시스템을 개발할 경우 이러한 표면적 지식을 이용하면 구축하기 쉽다는 장점이 있다. 표면지식의 한 종류가 휴리스틱 지식(Heuristic knowledge)이다. 휴리스틱은 경험에서 생성된 실용적인 지식이다. 그러나 반드시 그 효과를 보장해 주는 것은 아니다. 표면지식의 이러한 장점이 있지만, 그러나 왜 그렇게 해야만 하는지, 또는 왜 그렇게 되는지에 대한 원인, 이유에 대해서 설명을 하기 위해서는 심층지식(deep knowledge)이 필요하다. 심층지식은 표면지식에 대한 상대적인 개념으로 사용되며 기본적인 이론, 원리, 공리, 사실 등을 포함한다. 위의 첫번째 지식에 대한 심층지식은 다음과 같다. 지진은 진동을 일으키며, 그 진동으로 인해 땅이 갈라지거나 가옥, 구조물의 붕괴를 일으킨다. 그러나 대나무는 뿌리가 매우 질기고 많이 뻗어 있기 때문에 진동에 쉽게 넘어지지 않고 또한 땅이 갈라지는 것을 막아주기 때문이다. 이와 같은 심층지식에 의해 표면지식의 타당성에 관한 내부적 원인 및 이유를 설명할 수 있다.

심층지식이 없이 표면지식으로만 지식기반시스템을 작성할 경우, 표면지식을 설명했던 심층지식의 가정들이 환경의 변화나 시간이 지남에 따라 성립되지 않으면 표면지식은 더 이상 성립되지 않을 위험이 있다. 따라서 지식베이스의 정확성을 유지하기 위해서는 현재의 상황이 표면지식을 설명하는 심층지식의 가정들과 일치하는지를 항시 검토해야 한다. 시간에 따라 동적으로 변하는 분야라든지, 12장에서 설명될 자동학습으로 학습된 지식인 경우 이러한 불일치가 일어나기 쉽다. 자동학습의 경우, 생성되는 지식이 주로 표면적인 특성과의 관계만을 관찰하여 생성된 지식일 경우가 많기 때문이다.

(3) 지식의 내용에 의한 해석적 분류

지식은 그 수행하는 바 의미, 내용의 해석에 따라 다음과 같은 여러 가지 형태로 분류될 수 있다.

① 문제를 해결하는 절차(Procedure)

어떤 상황이나 조건에 대해 의도하는 목적을 이루기 위한 명령, 행위, 절차 등을 규정하여 놓은 것을 말한다. 다음의 예를 보자.

"불이 나면 소방서에 신고하라."

이것은 불이 난 상황에 대해 어떤 행동을 하여야 할 것인가에 대한 지식을 나타낸 것이다. 이것은 어떻게(how) 할 것인가에 대한 것을 말한다. 이것을 프로시저적(procedural) 또는 절차적 지식이라고 한다.

② 논리적 암시(Implication)

이것은 조건에 의해 어떤 결과가 논리적으로 암시됨을 의미한다. 다음의 예를 보자.

"그가 살아 있다면 숨을 쉴 것이다."

논리적 암시는 논리를 이용한 지식 표현의 핵심이 된다.

③ 증거로부터 가설의 설정

이것은 특정 증거로부터 잠정적으로 통용될 수 있는 가설을 제시하는 것으로, 여기서의 가설이란 이론이나 진리가 아니라 경험과 관찰에 의해 설정된 것으로 불확실성을 내포하고 있다. 다음의 예를 보자.

"안경을 낀 학생은 공부를 잘한다."

이 예는 안경을 꼈다는 사실로부터 공부를 잘 할 것이다라는 가설을 설정한 것이다.

이상의 ①, ②, ③ 세 가지 형태의 지식들을 외부적으로 표현할 때에는 모두 다음 장에 언급되는 규칙형태인 IF~THEN으로 나타낼 수 있으나 그 해석적인 측면은 모두 다르다는 것을 보여 준다.

④ 개념의 정의

백과사전식으로 어떤 개념의 정의, 특징을 서술하는 경우이다. 다음의 예들을 보자.

"설치류란 포유류의 한 목(目)으로 송곳니가 없고 앞니가 발달하여 물건을 잘 썬다. 소형으로 초식성이며, 겁이 많으나 민첩하고, 번식력이 강하다(토끼, 쥐 따위가 여기에 해당함)."

"김철현 : 그는 대학생이고 키 1m 70cm에 약간 뚱뚱하고 곱슬머리이다. 수영을 좋아하고 주말에는 꼭 등산을 한다."

이러한 지식은 개념간의 대소에 따라 서로간의 포함관계를 계층적 또는 네트워크 형태로 나타낼 수 있고, 특정 개념의 구체적인 예를 포함할 수 있다.

설치류 ⊂ 포유류
설치류의 예 : 토끼, 쥐

이러한 지식은 나중에 언급할 프레임을 이용한 방법으로 표현하기가 용이하다.

⑤ 제약조건

이는 제약식처럼 특정 문제에 대한 해를 구하는 데 있어서 고려해야 할 제약조건을 정의하는 지식이다.

"컴퓨터 구입은 2백만원 이내에서 하라."
"서쪽 사면은 등산로가 없는 절벽이기 때문에 갈 수 없다."

문제해결(problem solving)을 위한 절차적 지식과 함께 사용될 수 있으며, 탐색(search)형태의 문제기술을 위한 지식 표현에 이용된다.

⑥ 원인-결과

사실과 사실간의 관계를 규정함에 있어 서로의 인과관계를 나타낸다. 다음의 예를 보자.

"쓰레기가 많아지면 병원균이 증가한다."

위의 예는 병원균의 증가가 쓰레기 발생량의 증가로 야기된다는 것을 나타내고 있다. 위의 지식도 ②의 논리적 암시와 같이 규칙 형태로 표현될 수 있다. 그러나 근본적으로 다른 점은 논리적 암시의 경우 대우(Modus Tollens)가 성립하지만 이 경우에는 성립되지 않는다는 것이다. 즉, IF A THEN B이면 IF (NOT B) THEN (NOT A)가 성립하나(②의 예에 의하면, "그가 숨을 쉬지 않으면 그는 살아 있지 않다"가 성립된다) 원인과 결과에서는 이러한 추론이 성립되지 않는다는 것이다. 즉, "병원균이 증가하지 않으면 쓰레기가 줄어든다"라고 할 수가 없다. 또한 논리적 암시에서는 A가 부정이라고 해서 B도 부정이라고 할 수 없다. 다시 말하면 IF A THEN B 일 때 IF (NOT A) THEN (NOT B)는 성립하지 않는다. 그러나 원인-결과에서는 A라는 원인자가 부정되면 그에 따른 결과도 부정된다. 즉, 쓰레기가 줄면 이로 인해 병원균도 감소하게 되는 것이다.

⑦ 선언적 지식

어떤 사실적 명제의 선언형태를 취한다. 다음의 예들을 보자.

"한국의 수도는 서울이다."
"갑돌이는 갑순이를 좋아한다."
"갑순이는 여자이다."

이러한 지식은 나중에 설명할 의미망(Semantic Net)이나 객체-특성-값(OAV: Object-Attribute-Value) 형태로 표현하기 용이하다.

(4) 지식에 관한 지식

메타지식(Metaknowledge)은 일반적인 지식의 범주에 속하지는 않지만 지식에 관한 지식(Knowledge about Knowledge)으로서 지식베이스가 커지고 복잡해질 때 지식의 추론이나 관리를 효율적으로 수행하기 위해 사용되는 지식이다. 예를 들어, 은행의 대출여부를 자문해 주는 지식기반시스템이 있을 경우, 경기상황이 극도로 악화되어 지식베이스의 일부를 운영되지 못하게 해야 할 필요가 있는데 이러한 관리를 메타 지식이 수행할 수 있다. 또한 두 개의 상충된 지식이 동시에 수행되는 상황이 발생될 때 그 중 어느 것을 선택할지를 이러한 메타 지식을 이용하여 결정할 수 있다.

2.3 지식 표현

본 절에서는 현재 많이 사용되고 있는 지식 표현 방법인 규칙, 의미망, 프레임에 대해 살펴본다. 그러나 이 세 가지 지식 표현 방법을 채택하여야만 지식기반시스템이라고 불리는 것은 절대 아니다. 지식 표현 방법은 지식기반시스템이 해결하고자 하는 목적에 부합되며 지식 획득, 추론, 문제해결에 효율적 형태라면 그것이 어떤 형태이든 상관이 없다. 보다 다양한 형태의 지식 표현은 2.3.4절~2.3.7절에서 다루겠다.

2.3.1 규칙을 이용한 지식 표현

규칙은 가장 널리 알려진 지식 표현 방법 중의 하나이다. 이는 IF 문장과 THEN 문장으로 연결된 형태를 취하며 IF 구문의 조건이 만족되거나 발생한 상태이면 THEN 구문이 수행되거나 논리적으로 참이 되는 형태이다. 이를 생성규칙(production rule)이라고도 한다. 1971년 Newell과 Simon이 인간의 문제해결(problem solving) 방식의 많은 부분이 규칙형태로 표현될 수 있음을 밝힘으로써 규칙은 인간 지식의 표현방식으로 자리잡기 시작했다. 대부분의 현존하는 지식들이 상황(또는 조건)과 이에 따른 행동(또는 결론)의 형태를 띠고 있기 때문에 규칙형태가 적합한 지식 표현 수단으로 널리 사용되고 있다. 그러나 형태는 다같이 규칙의 모양을 취하고 있으나 실제 지식의 해석적 분류는 다음과 같이 다를 수 있다.

(1) 규칙의 형태와 규칙의 해석적 분류

다음은 규칙으로 표현된 지식들의 예를 보여 준다.

① IF 불이나면
THEN 소방서에 신고하라.

② IF 권력에 야심이 있는 재력가라면
THEN 정계에 진출할 것이다.

③ IF 송곳니가 있는 포유류이면
THEN 그것은 육식동물이다.

④ IF 밤을 세워 일하면
THEN 다음날 피곤하다.

위의 예에서 모양은 모두 IF-THEN 의 형태를 띠고 있으나 각 규칙은 의미적으로 다음과 같이 해석될 수 있다.

① IF 상황 THEN 행동
② IF 전제 THEN 결론
③ IF 증거 THEN 가설
④ IF 원인 THEN 결과

규칙형태의 지식에서의 추론은 어느 규칙의 IF문장이 만족되면 THEN문이 사실로서 나타나고 다시 이 THEN문의 내용을 IF문으로 하는 다른 규칙을 또 트리거(trigger) 함으로써 이루어진다. 그러나 규칙에 의한 표현은 대표적인 지식 표현 방법이지만 컴퓨터의 입장에서는 IF 문장이 만족되는지의 여부를 판단하기 위해서 단순히 패턴 매칭을 이용하게 된다. 즉, 앞의 ④의 예에 나타난 IF 문을 "밤을 세워 일하면"을 "밤에 안자고 일하면"으로 바꾼다면 같은 의미의 지식이라도, 의미론적으로는 식별능력이 없고 문자적 비교 능력만 갖춘 수준의 컴퓨터 입장에서는 전혀 다른 규칙으로 인식하는 것이다. 이 경우 글자 한 자 안 틀리고 서로 일치되어야만 동일한 IF 문 또는 THEN 문으로 간주되는 것이다. 현재 대부분의 지식기반시스템은 이 수준으로 작동되고 있다. 지식기반시스템의 문자적인 조건절 비교는 주요한 문제점이 되고 있다. 이러한 점은 자칫 지식의 중복성이나 충돌 또는 오류를 불러일으킬 수 있다. 이러한 문제를 해결하는 방안으로 의미론(semantics)을 기술하는 것이다. 예를 들어 "사람"이나 "인간"은 같은 뜻이며 사과는 과일에 속한다는 것이다. 따라서 과일을 먹을 경우나 사과를 먹을 경우를 같은 조건으로 간주하도록 하는 것이다. 이 부분에 대해서는 시맨틱 웹(Semantic Web)에서 보다 심도있게 논의되고 있다.

규칙의 표현은 IF-THEN 대신에 다음과 같이 "⇒" 기호를 이용하여 표현되기도 한다.

송곳니가 있는 포유류이다 ⇒ 그것은 육식동물이다

이를 더욱 축약하여 "송곳니가 있는 포유류이다"를 A로, "그것은 육식동물이다"를 B로 보아 위의 규칙을 A ⇒ B 라는 기호 형태로 나타낼 수 있다. 그리고 AND 나 OR 또는 NOT 등을 이용하여 문장을 보다 명확히 할 수 있다. 예를 들어, 위의 IF문장 "송곳니가 있는 포유류이다"라는 사실은 두 가지 증거, 즉 "송곳니가 있다"와 "포유류이다"로써 구성되어 있다. 따라서 다음과 같이 표현하는 것이 개별적인 증거를 더욱 부각시키는 표현이 될 것이다.

송곳니가 있다 AND 포유류이다 ⇒ 그것은 육식동물이다

또 다른 예는,

동물이 깃털이 있다 OR(동물이 난다 AND 동물이 알을 낳는다)
⇒ 새이다

위의 표현은 "동물이 깃털이 있거나 날면서 알을 낳으면"이라는 하나의 통합된 문장으로 표현하여 그 만족여부를 판단하는 것보다는 더 구조적이다. 따라서 전체 문장의 만족여부를 판단하는데 있어서 오류를 줄일 수 있다. 즉, 어떤 사실을 확인하기 위해 복합적 내용을 하나의 질문으로 표현하기보다는 그 내용을 각각 분리하여 하나하나씩 질문하는 것이 보다 정확한 대답을 유도할 수 있을 것이다.

NOT이 조건문에 붙을 수도 있다. 그러나 이와 같은 방법은 잘 사용되지 않는다. 왜냐하면 보통 같은 의미라면 되도록 NOT을 사용하지 않는 것이 그 문장의 만족여부를 판단하기가 용이하기 때문이다. 다음의 예를 보자.

NOT (남자이다) ⇒ 아기를 낳는다

위의 규칙과 "여자이다 ⇒ 아기를 낳는다"를 비교하여 어느 것이 더 이해하기 쉬운 규칙인지를 보라.

결론에 NOT이 있는 경우는 IF 문장에서와 같이 반대말로 직접 표현하는 것이 바람직하다. 다음의 규칙을 보자.

여자이다 ⇒ NOT (아기를 못 낳는다)

이 규칙은 다음과 같이 표현하는 것이 더 명확할 것이다.

여자이다 ⇒ 아기를 낳는다

그렇다고 NOT이 전혀 필요없다는 것은 아니다. 만약 NOT이 없다면 어떤 사실의 부정에 해당하는 사실을 다시 만들어야 하는 경우가 생길 수 있기 때문이다. 예를 들어 다음과 같은 규칙이 있다고 하자.

털이 있다 ⇒ 포유류이다
털이 없다 ⇒ 치타가 아니다

이 두 가지 규칙을 사용하고 있는 지식기반시스템이 있다고 하자. 첫번째 규칙에 의해 사용자에게 해당 동물이 털이 있는지 질문을 한다고 했을 때, 사용자가 털이 있다는 것에 "No"라고 대답하였다고 하자. 그런데 두번째 규칙으로 가면 이제는 털이 없다는 것의 진위에 대해 질문을 하게 될 것이다. 이러한 중복적인 질문은 털이 있다의 부정이 털이 없다라는 사실을 지식기반시스템이 모르기 때문에 발생하는 현상이다. 이 경우 만약 NOT 을 써서 두번째 규칙을 다음과 같이 표현한다면 중복적인 질문을 피하게 될 것이다.

NOT (털이 있다) ⇒ 치타가 아니다

이미 앞에서 "털이 있다"는 부정되었기 때문에 "NOT(털이 있다)"가 참이 되어 치타가 아니다라는 결론이 자동으로 도출되게 되는 것이다.

THEN문장에도 AND나 OR나 NOT을 사용할 수 있다.

심한 지진이 나면 ⇒ 건물이 무너진다 AND 땅이 갈라진다

즉, 하나의 조건에 의해 여러 결과가 함께 또는 동시에 일어날 때 결론에 AND를 쓸 수 있다. 그런데 OR는 규칙의 신뢰성을 떨어뜨리는 느낌을 주기 쉽기 때문에 가급적 사용하지 않는 것이 바람직하다.

줄무늬가 있는 동물이다 ⇒ 호랑이이다 OR 얼룩말이다

이렇게 결론에 OR가 있으면 이것도 되고 저것도 된다는 식이므로 차라리 보다 정확한 규칙으로 대체하는 것이 더 바람직하다. 그러나 다음과 같이 여러 가지 대체안 중 하나를 선택해도 되는 경우에는 OR표현이 적절할 수도 있다.

여기서 A 지역을 가려면 ⇒ B, C, D 지역을 순서대로 경유해서 간다 OR F, D, B 지역을 순서대로 경유해서 간다

결국 NOT이나 OR든 그것을 사용함으로써 지식 표현을 보다 정확하고 간결하게 할 수만 있다면 적절하게 사용하는 것이 바람직하다.

(2) 규칙의 문장에서 대상과 술어의 분리

규칙의 사용에 있어서 IF문이나 THEN문에서 지시하는 대상에 대한 언급과 대상의 조건, 상태를 나타내는 표현이 서로 중첩 또는 생략되어 있는 경우가 있다. 예를 들어 다음과 같은 규칙을 보자.

줄무늬가 있다 ⇒ 얼룩말이다

위의 규칙은 약간 오해의 소지를 일으킬 수 있다. 다시 말하면 줄무늬가 있는 새인지, 벽지인지, 옷인지 등의 대상에 대한 지적이 없는 것이다. THEN문을 보아서 그것이 동물 또는 더 정확히 초식동물을 대상으로 지정한 것이라고 미루어 짐작할 수 있을 뿐이다. 이 규칙을 보다 정확히 표현하면 다음과 같이 쓸 수 있다.

어떤 초식동물에 줄무늬가 있다 ⇒ 그 초식동물은 얼룩말이다

이 규칙에서 가리키는 대상은 초식동물이며 그 초식동물이 줄무늬를 갖는 특징이 있을 경우에는 그 초식동물은 얼룩말이라는 것이다. 여기서 IF문에서 가리키는 초식동물과 THEN문에서 가리키는 초식동물은 같은 대상을 일컬음은 말할 것도 없다. 따라서 이를 기호적으로 표현하면,

줄무늬(x) ⇒ 얼룩말(x)

라고 할 수 있다. 여기서 x라는 변수를 사용하였는데 이는 구체적인 하나의 초식동물을 대신하는 것이다. 그런데 그 대상이 하나의

초식동물에 대해서 성립되는 것이 아니라 모든 초식동물에 다 적용될 수 있는 것이므로 앞에다 “All” 이란 뜻의 전체정량자 ∀를 붙여,

(∀x) (줄무늬(x) ⇒ 얼룩말(x))

으로 표현할 수 있다. 다시 말하면 어떤 초식동물 x에 줄무늬가 있으면 그런 대상 모두는 얼룩말이다라는 의미이다. 만약, 우리가 변수 x를 단지 초식동물이 아닌 보다 일반적인 대상으로 상정한다면 다음과 같이 표현할 수 있다.

(∀x) ((초식동물(x) ∧ 줄무늬(x)) ⇒ 얼룩말(x))

여기서 ∧기호는 AND를 나타낸다. 규칙에서 나타나는 문장을 이렇게 보다 정교히 표현하면 제8장에서 설명될 술어계산(Predicate Calculus)이 된다. 따라서 술어계산에서는 규칙을 구성하는 문장의 표현에 대상을 지칭하는 변수 사용을 허용함으로써 보다 의미를 명확히 하고자 한다. 그러나 이러한 술어계산은 그 사용범위가 진위를 구분할 수 있는 명제에 국한된다. 즉, 규칙의 내용이 논리적 암시일 경우에만 술어계산적 표현을 사용할 수 있다. 그러나 술어계산적 표현은 단순 규칙표현에 비해 그 의미를 보다 논리적으로 명확히 표현할 수 있고 술어계산의 구조를 이용하여 독특한 추론방법을 사용할 수 있다.

(3) 규칙의 AND/OR 그래프 표현

AND/OR 그래프란 규칙의 조건 및 결론관계와 AND/OR 관계를 그래프 형태로 나타내는 것이다. 만약 여러 규칙이 있는데 이들이 모두 같은 THEN 문을 갖는다고 하자. 예를 들어 다음과 같은 규칙을 보자.

동물이 젖이 있다 ⇒ 포유류이다
동물이 털이 있다 ⇒ 포유류이다

이를 앞에서 언급한 논리적 연결사인 OR를 이용하여 다음과 같이 하나의 규칙 형태로 표현할 수 있다.

동물이 젖이 있다 OR 동물이 털이 있다 ⇒ 포유류이다

또 다른 방법은 시각적인 효과를 더해주는 그래프형태로 표현하는 방법이다. 즉, 노드로써 각 문장을 나타내고 호로서 IF와 THEN 관계를 표현하는 것이다. 위의 예는 다음 [그림 2-1]과 같이 나타낼 수 있다.

[그림 2-1]

AND/OR 그래프에서의 OR표현

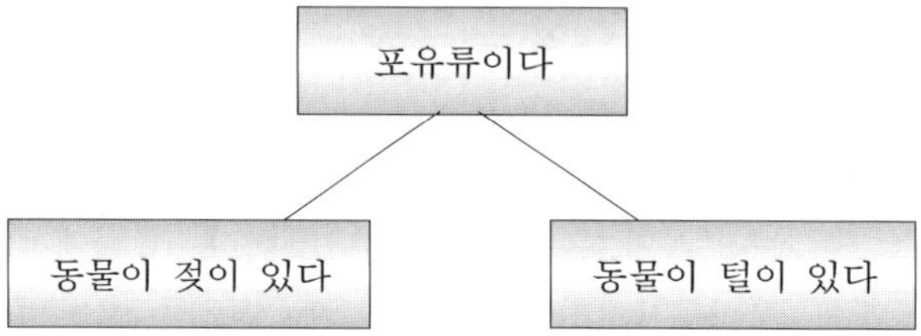

또한 IF문에 AND가 있는 다음과 같은 규칙이 있다고 하자.

포유류이다 AND 발굽이 있다 ⇒ 초식동물이다.

이는 다음 [그림 2-2]와 같은 형태의 그래프로 표현될 수 있다.

[그림 2-2]

AND/OR 그래프에서의 AND 표현

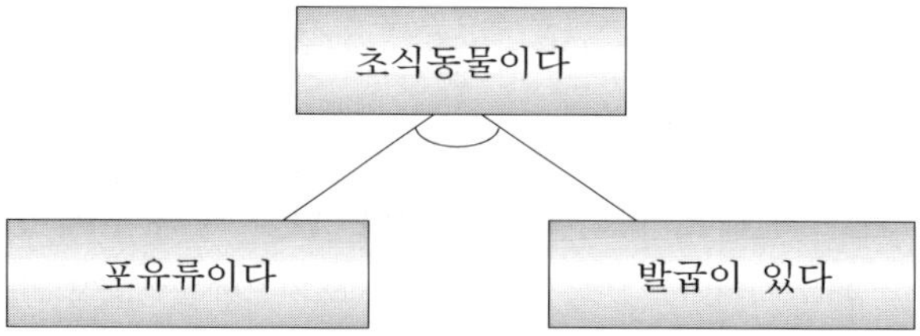

이와 같이 AND와 OR의 연결사를 이용하는 규칙형태를 표현한 그래프를 AND/OR 그래프라고 한다. AND/OR 그래프를 이용하면 서로 산재해 있는 규칙들의 집합을 하나의 구조로 조감할 수 있으며 각 문장간의 논리적인 관계를 쉽게 파악할 수 있다. 다음은 동물원 예제 규칙들로서 일곱 가지의 동물들을 구분하는 예제지식이다. 이 예제지식은 앞으로 본서에서 자주 인용될 예제지식이 될 것이다. 이를

AND/OR 그래프형태로 표현해 보면 다음 [그림 2-4]와 같다.

규칙만을 나열한 경우보다 지식 전체의 논리적 구조를 조망하기가 훨씬 쉽다. 실제로 새로운 규칙을 삽입하거나 기존의 규칙을 수정 또는 삭제할 경우, 규칙간의 중복(동일한 규칙의 존재)이나 모순(같은 조건임에도 결론이 다른 규칙의 존재)이 발생할 위험성이 있다. AND/OR 그래프는 이러한 문제를 해결하는 대안이 될 수 있으며 지식 편집자가 쉽게 지식을 수정할 수 있도록 할 수 있게 한다.

이 동물원 예제의 AND/OR 그래프도 예제 규칙과 함께 앞으로 본서에서 자주 인용될 것이다.

[그림 2-3]

동물원 예제 규칙

규칙 1
IF 동물이 털이 있다
THEN 포유류이다

규칙 2
IF 동물이 젖이 있다
THEN 포유류이다

규칙 3
IF 동물이 깃털이 있다
THEN 새이다

규칙 4
IF 동물이 난다 AND 동물이 알을 낳는다
THEN 새이다

규칙 5
IF 동물이 포유류이다 AND 고기를 먹는다
THEN 육식동물이다

규칙 6
IF 동물이 포유류이다 AND 송곳니가 있다 AND 날카로운 발톱이 있다 AND 눈이 전방을 향해 있다
THEN 육식동물이다

규칙 7
IF 동물이 포유류이다 AND 발굽이 있다 AND 되새김질을 한다
THEN 초식동물이다

규칙 8
IF 육식동물이다 AND 황갈색이다 AND 검은 점이 있다
THEN 치타이다

규칙 9
IF 육식동물이다 AND 황갈색이다 AND 검은 줄무늬가 있다
THEN 호랑이이다

규칙 10
IF 초식동물이다 AND 긴 다리와 긴 목을 가지고 있다 AND 황갈색이다 AND 검은 점이 있다
THEN 기린이다

규칙 11
IF 초식동물이다 AND 흰색이다 AND 검은 줄무늬가 있다
THEN 얼룩말이다

규칙 12
IF 새이다 AND 날지 못한다 AND 긴 다리와 긴 목을 가지고 있다 AND 검은 색과 흰색으로 구성돼 있다
THEN 타조이다

규칙 13
IF 새이다 AND 날지 못한다 AND 헤엄을 친다 AND 검은 색과 흰색으로 구성되어 있다
THEN 펭귄이다

규칙 14
IF 새이다 AND 잘 난다
THEN 갈매기이다

[그림 2-4]

동물원 예제의 AND/OR 그래프

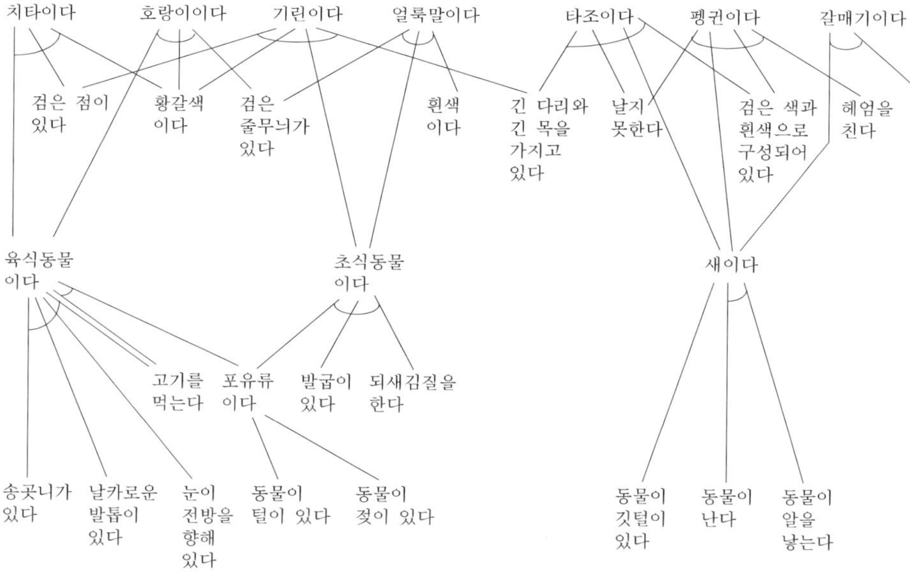

2.3.2 의미망을 이용한 지식 표현

의미망(Semantic Net)은 인간의 연관 기억의 심리학적 모형을 근거로 하고 있다. 의미망은 특정 객체나 개념을 표현하기 위한 노드(node)와 노드간의 관계를 표현하기 위한 호(arc)로 구성되는 네트워크 구조로서, 1960년대 주로 자연어처리의 모형화에 응용되어 왔다. 노드는 객체(object), 개념(concept), 사건 등을 표현하고 호는 노드간의 관계를 나타낸다. 방향을 나타내는 화살표가 있는데, 추상적으로 낮은 개념에서 상위의 개념으로 향한다. 호에는 호가 연결하는 두 개 노드 사이의 관계의 성질을 표현하는 관한 라벨(label)이 붙는다. 의미망을 이용하면 개념의 정의나 개념간의 관계 등을 표현하기가 좋다. 많이 사용되는 호의 종류에는 is-a 호가 있다. is-a 호는 하나의 개념이 다른 개념의 부분집합(subset), 하위유형(subtype), 하위 클래스(subclass) 또는 특수화(specialization) 된 것일 때 사용되며 그 상위개념은 상위 클래스(superclass)가 된다. 다음 [그림 2-5]는 이러한 is-a 호로 표현된 의미망의 예를 보여 준다.

[그림 2-5]

is-a 호와 AKO호를 이용한 의미망

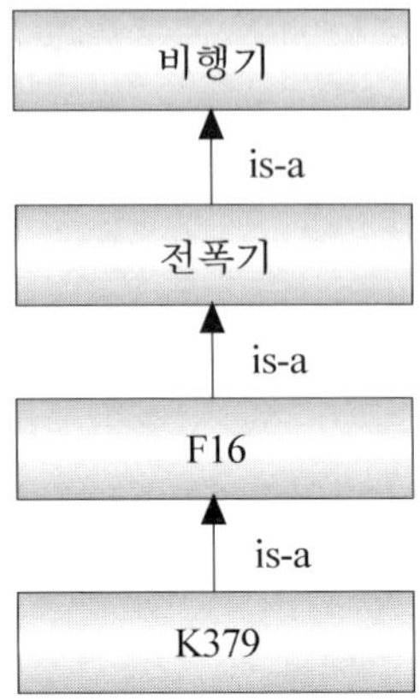

전폭기는 비행기의 한 종류이며, F16은 전폭기이다. is-a 관계는 이행성(transitivity)이 있으므로 위에서 명시적으로 나타나 있지 않더라도 K379기는 비행기이다라는 뜻을 유추할 수 있다. 의미망의 단점 중의 하나는 호의 이름에 어떤 명확한 표준이 없다는 것이다. is-a외에도 instance-of나 a-kind-of가 쓰일 수 있다. instance-of는 하위 개념이 상위 개념의 인스턴스(instance)일 경우 사용하고, a-kind-of(AKO)는 하위개념도 하나의 포괄적인(generic) 종류를 나타낼 때 사용할 수 있다.

has-part는 하나의 개념이 다른 개념의 일부를 구성하는 구성물일 경우 사용될 수 있다. 다음 [그림 2-6]은 이러한 has- part의 사용예를 보여 주고 있다.

[그림 2-6]

has-part 호를 이용한 의미망

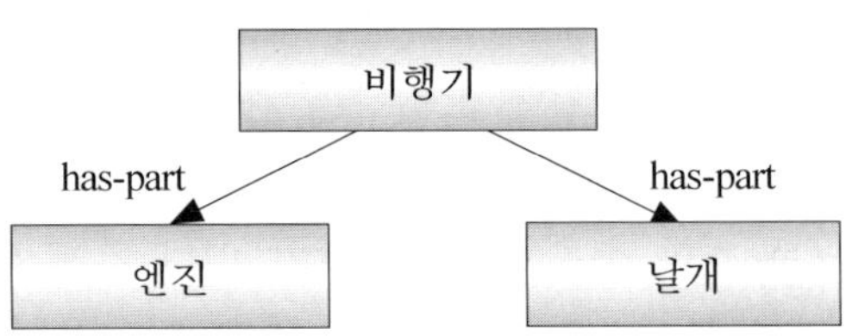

의미망에서는 이행성으로 인해 똑같은 노드를 중복적으로 나타내지 않아도 표현되기 때문에 표현의 중복을 피할 수 있어 궁극적으

로 지식의 양을 줄일 수 있다. 예로써 [그림 2-7]의 의미망에서 비행기의 하위 개념들 – 전폭기, 여객기 등 – 에 대해서 중복적으로 엔진이라는 노드를 나타내지 않더라도 엔진을 한 부분으로 갖게 됨을 알 수 있다. 마찬가지로 F16과 F18 또한 비행기이므로 엔진을 가지고 있음을 알 수 있다. 또한 더 나아가 공기흡입구도 가지고 있음을 알 수 있다. 이것을 상속(inheritance)이라고 한다.

[그림 2-7]

의미망의 예

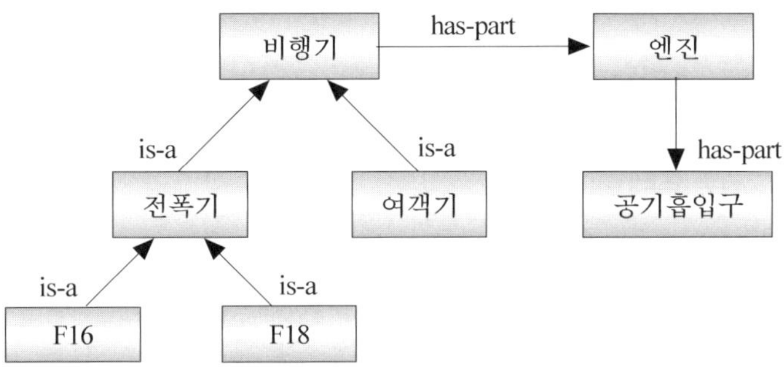

그 외에도 여러 가지 형태의 의미망을 구축할 수 있다. 아래의 예는 “창수라는 소년이 진돗개인 흰색의 바둑이에 5월 5일 먹이를 주었다”는 내용을 의미망으로 구축해 본 것이다. 아래의 예에서 볼 수 있듯이 의미망은 자연어를 표현하는 데 매우 유용하다는 것을 알 수 있다.

[그림 2-8]

자연어를 표현한 의미망

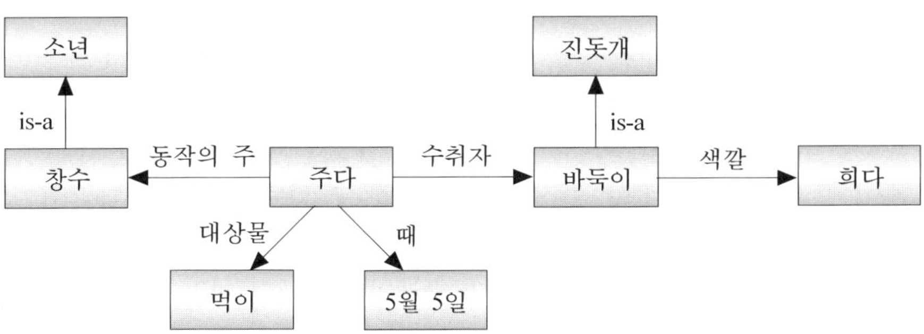

이렇듯 의미망은 이해하기 쉽고 표현이 유연하다는 장점이 있으나 노드의 구조가 단순함으로 말미암아 어느 객체에 딸린 속성(property)들도 여느 객체와 같이 독립된 노드들로써 표현되어야 한다. 따라서 각 노드가 담고 있는 정보의 양이 적기 때문에 조금만 문제가 복잡해져도 의미망을 검색하는 데 시간이 너무 오래 걸리게 되는 단점이 있다. 현재 이러한 의미망을 표현하기 위해 사용되는 언어로는 PROLOG가 있는데 의미망은 쉽게 PROLOG로 표현될 수 있다. 이러한 언어를 쓰게 되면 개별적으로 지식입력을 하더라도 전체적인 연결 구조를 유지하게 해 준다.

2.3.3 프레임을 이용한 지식 표현

(1) 프레임(Frame)

의미망은 노드의 구조가 너무 간단하여 복잡한 표현의 경우 의미망의 노드수가 늘어나 검색시간이 길어진다는 단점이 있다. 이에 비해 프레임은 노드의 구조를 보다 체계화한 것으로 볼 수 있다. 영화의 한 장면을 기억할 때, 우리는 정보들을 보다 구조화하여 하나의 틀을 만들어 기억하게 된다. 예를 들어 영화의 어떤 장면 중 주인공이 어느 집 앞에 있는 장면이 있다고 하자. 이때 집의 크기, 창문의 위치, 배경하늘, 정원의 형태, 배경음악 등을 하나의 틀로서 기억한다. 그리고 집안으로 들어가는 장면에서 현관의 크기, 초인종의 소리 등이 떠오르고 다시 주인공이 안으로 들어갔을 때 거실의 탁자, 벽걸이 장식, 마루 등의 모습이 한 화면으로 연상된다. 이렇듯 영화의 한 장면처럼 프레임이란 "어떤 대상, 객체에 대한 여러 개의 상황정보들을 하나의 구조화된 틀로서 표현할 수 있는 자료구조"이다. 프레임에는 대상의 특성에 대한 기술적인 정보뿐만 아니라 프레임에서의 정보 추출 방식까지도 규정되어 있다.

구체적으로 보면 프레임을 이용한 표현도 궁극적으로 의미망과 흡사한 구조를 가지고 있음을 알 수 있다. 의미망은 노드와 호로서 표현되는 데 비해, 단지 여기서는 노드 대신에 프레임을 사용한다는 것이 다른 점이다. 하나의 프레임의 구조는 여러 개의 슬롯(slot)으로서 구성된다. 슬롯은 프레임이 나타내고자 하는 대상의 하나하나의 특성들을 나타낸다. 각 슬롯은 이러한 특성들의 값을 저장한다. 예를 들어 나의 퍼스널컴퓨터란 프레임에는 모델명, CPU, 캐시메모리, 하드디스크 콘트롤러 타입 등의 속성이 있을 수 있고, 이를 위해 각각의 슬롯이 생성되어 각 특성들의 값인 GK51P-6100, 펜티엄 IV, 512MB, EIDE, 100GB, 컴택 등이 슬롯에 들어가게 된다.

프레임의 구조는 마치 파스칼과 같은 프로그램 언어의 레코드 구조나 제6장에서 설명될 프라퍼티 리스트(property list)를 갖는 LISP의 아톰(atom)과 유사하다.

[그림 2-9]

나의 퍼스널컴퓨터 프레임

모델명	GK51P-6100
CPU	펜티엄 IV 2.4GHz
메인메모리	512MB
하드디스크 콘트롤러 타입	EIDE
HDD	100GB
제조업체	컴택
슬롯	값

위와 같은 단일 프레임들이 모여 프레임간의 계층적 구조 또는 관계를 표현할 수 있다. 다음 [그림 2-10]의 예를 보자.

여기서 is-a는 의미망에서의 is-a와 같은 관계이름이고 instance-of는 특정 프레임의 구체적인 인스턴스(instance)를 가리킨다. 다시 말하면 instance-of 는 추상적인 의미의 개념을 하나의 구체적으로 존재하는 객체로서의 예를 말한다. 이러한 is-a나 instance-of란 호를 사용하여 프레임간의 관계를 나타낸다.

프레임을 이용한 지식 표현에서 매우 중요한 특징은 is-a를 비롯한 관계들은 프레임간의 개념상속(inheritance)의 특징을 갖는다는 것이다. 개념상속이란 "하위 프레임은 상위 프레임의 슬롯값을 상속받는다"는 것을 말한다. [그림 2-10]의 예에서 PC 펜티엄은 퍼스널컴퓨터와 is-a 관계이므로 PC 펜티엄에 용도라는 슬롯이 없더라도 "용도는 개인용"이라는 정보를 퍼스널컴퓨터 프레임으로부터 상속받는다. 이

때 상위 프레임으로부터 슬롯을 상속받을 때, 그 값까지도 함께 상속받는데 이것은 하위 프레임의 입장에서 보면 해당 슬롯의 기본 값 또는 결장값(default value)이 된다. [그림 2-10]에서 역상으로 표현된 슬롯과 값들은 상속받은 것임을 가리킨다. 하위 프레임에서 다른 대체값이 없으면 이것을 자신의 슬롯값으로 받아들이나, 만약 하위 프레임 고유의 값이나 예외적인 값이 있다면 이것은 상속되는 값에 우선하게 된다. 그림에서 TKX-P570H 프레임이 CPU라는 슬롯을 상속받았으나 그 값은 보다 구체적인 값으로 대체될 수 있다.

[그림 2-10]

퍼스널컴퓨터에 관한 프레임

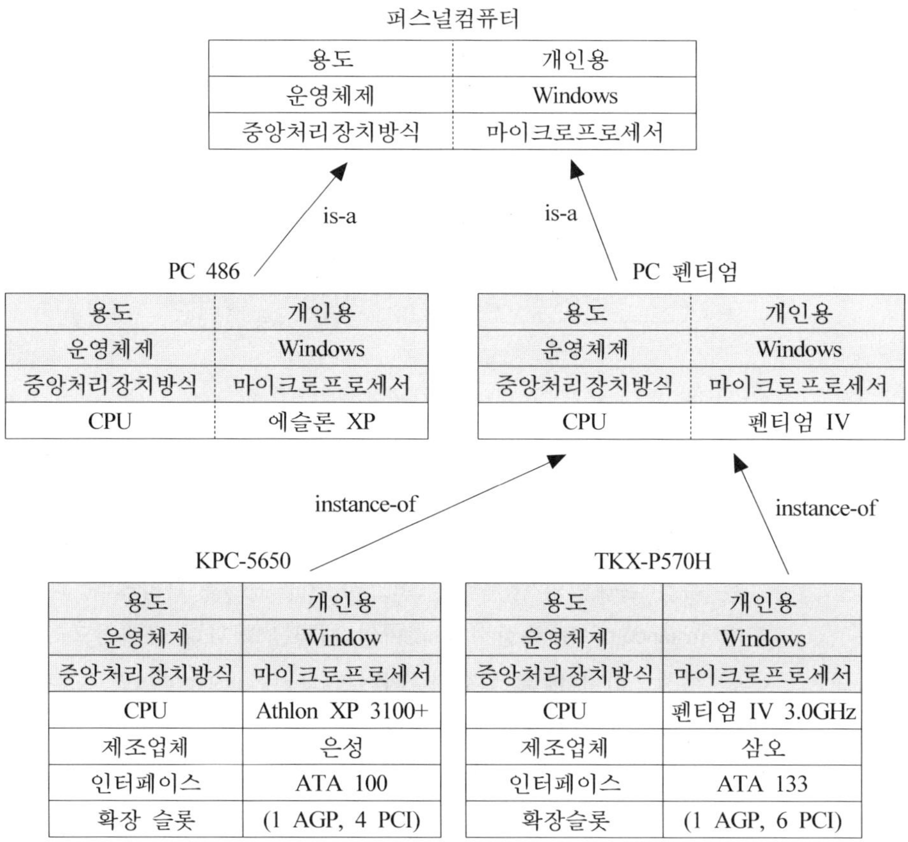

is-a나 instance-of 외에도 필요한 관계를 임의로 설정할 수 있다. 그러나 모든 관계에 상속이 적용되는 것은 아니다. is-a나 instance-of와 같이 명확히 프레임간의 상하관계를 규정하는 관계에만 상속특성이 부여된다.

또 다른 예를 보자. [그림 2-11]과 같은 담보대출이란 프레임이 있을 경우, 보다 구체적인 담보대출건에 관한 것은 위의 담보대출을 상위 프레임으로 하는 is-a나 instance-of의 관계를 설정하여 새로운 프레임을 형성하면 위의 담보대출에 관한 다섯 가지 슬롯을 공통적으로 상속받을 수 있다. 갑-담보대출은 대출자 갑에 대한 대출기록으로 담보대출의 하나의 인스턴스이다. 담보대출 프레임의 이자율 연 10%와 대출기간 1년, 담보의 종류에서 부동산은 모든 담보대출 인스턴스를 위한 기본값으로 사용될 수 있다.

[그림 2-11]

담보대출에 관한 프레임(역상으로 표현된 슬롯은 상속받은 슬롯을 나타냄)

담보대출

대출액	
이자율	연 10% (기본값)
대출기간	1년 (기본값)
담보의 종류	부동산 (기본값)
월 상환액	

instance-of

갑-담보대출

대출일	2002.12.12
담당대출직원	김갑술
대출액	10,000,000
이자율	연 10%
대출기간	1년
담보의 종류	부동산
월 상환액	916,660

대출자 →

갑

주민등록번호	590304-1056431
주소	서울 종로
소유 부동산	건물
직업	유통업자
재산	4억 3천

이상에서 예로 든 프레임을 살펴보면, 어떤 대상이나 객체에 관한 정적 또는 선언적 표현만을 다룰 수 있는 것처럼 보이나 프레임은 절차적 정보도 함께 표현할 수 있다. 이는 하나의 프레임에 하나 이상의 절차(procedure)가 붙을 수 있기 때문이다. 이 절차는 각 슬롯의 값이 추가(if-added) 또는 삭제(if-removed) 되었을 때나 슬롯의 내용이 요구(if-needed) 되었을 때 자동적으로 수행되게 된다. 이러한 절차에는

다음과 같은 종류가 있다.

① 첨가시 수행되는 절차(If-added Procedure): 슬롯에 새로운 값이 저장되면 수행된다.
② 삭제시 수행되는 절차(If-removed Procedure): 슬롯의 값이 삭제되면 수행된다.
③ 필요시 수행되는 절차(If-needed Procedure): 슬롯에 값이 요구되었으나 해당 슬롯이 비어 있는 경우 수행된다.

우리는 이러한 절차를 디몬(Demon)이라 부르기도 한다. 즉, 디몬은 특정 값 또는 데이터의 변경, 첨가 등의 변동사항이 생겼을 때 그와 연계되어 자동적으로 수행되는 절차(procedure)를 말한다. 디몬은 특정 값에 붙어 있는 탐지기 또는 센서처럼 작동된다. 만약 이 탐지기가 해당 값의 변화를 탐지하였다면 즉각 추가적인 계산이나 행동을 불러일으키는 것이다. 위의 예에서는, 월상환액 계산은 구체적인 값을 입력하는 것이 아니라 대출액과 대출기간, 이자율값을 이용한 계산공식인 디몬을 수행케 하여 월 상환액의 값을 결정하게 한다. 따라서 이 디몬이 수행되는 시점은 대출액이나 이자율, 대출기간의 값 어느 하나라도 변동이 생겼을 때이다. 따라서 대출액, 이자율, 대출기간 이 세 개의 슬롯에 월 상환액을 계산하여 그 값을 월 상환액 슬롯에 저장시키는 디몬이 붙어야 한다. 디몬이 사용되는 예는 이외에도 다음과 같은 경우가 있을 수 있다.

① 어떤 일이 발생하였을 경우 특정 데이터를 필요로 하는 모의실험의 경우
② 일이 진행되고 있는 동안 자동 메일전송
③ 하위 예산사용내역으로부터의 비용의 합산
④ 허락받지 않은 접근이나 수정의 방지

이상에서 기술한 프레임기반 지식 표현에 대한 특성을 정리하여 보면 다음과 같다.

① 노드와 호로서 구성된 네트워크 형태. 노드는 프레임이며 호는 프레임간의 관계를 나타낸다.
② 프레임은 하나의 대상, 객체의 상태나 특성을 기술하기 위해

여러 개의 슬롯을 두며 이 슬롯에 해당 값을 저장한다. 이 슬롯값으로 다른 프레임 이름이 사용될 수도 있다.

③ 각 슬롯에는 슬롯값의 추가, 삭제, 변경, 요구 등이 일어날 때 어떠한 행위가 이루어져야 할지를 규정한 절차(procedure)가 붙을 수 있다.

④ 프레임간의 계층적 구조형성과 상속이 이루어질 수 있다.

(2) 프레임과 스키마

일반적으로 프레임이란 이름 대신 스키마(Schema)라고 부르기도 하여 보통 스키마를 프레임과 비슷한 개념으로 사용하고 있다. 그러나 본서에서는 스키마를 프레임보다 더 넓은 개념으로 보고자 한다. 스키마는 원래 심리학에서 나온 용어인데 과거의 반응이나 경험에 의해 생성된 생물체의 지식 또는 반응체계로서 환경에 대해 적응하고 대처하도록 하는 역할을 담당한다. 이러한 스키마를 가지고 있기에 주위환경에 대해 체계적인 대응을 할 수 있다. 만약 이러한 스키마가 없다면 생물체는 외부에서 자신에게 주어지는 자극이 무작위와 우연, 또는 아무런 이유없이 자신에게 닥쳐오는 사건들처럼 보이게 될 것이다. 음식을 대했을 때 음식의 맛, 배부름 등의 과거 지식과 반응에 대한 결과를 알기에 인간은 거의 무의식적으로 이에 대처할 수 있다. 또한 어떤 특정 인물, 물건 등에 대해서도 그에 알맞은 반응을 보일 수 있다. 스키마는 어떤 대상에 대한 유형화된 체계와 과거 행동 또는 반응에 대한 결과들로서 적극적으로 자극에 대해 반응할 수 있도록 지원해 준다. 이러한 스키마를 지식 표현의 한 양식으로 구현한 것을 프레임으로 볼 수 있다. 참고로 데이터베이스 분야에서도 릴레이션(relation) 또는 데이터베이스의 구조정의를 스키마라고 부르고 있다.

(3) 프레임과 객체지향

객체지향표현과 프레임표현방법간의 관계에 대해 설명하면, 프레임표현은 객체지향표현의 선구자적인 위치에 있다고 할 수 있다. 즉 속성으로 사물의 여러 특성을 표현할 수 있다든지, 상속기능과 절차 첨부기능은 모두 오늘날 객체지향표현 기능의 일부이다. 객체지향

기법은 다음과 같은 여러 분야에서 나름대로의 필요성 때문에 부각되어 왔다.

• 인공지능분야

보다 포괄적인 지식 표현을 위해 프레임 지식 표현으로써 상속과 절차첨부 등 객체지향표현개념을 제공하였다.

• 소프트웨어 공학 및 시스템 분석

모듈설계에 응용하여 소프트웨어 재사용과 사후관리비용을 절감하기 위해 도입되고 있다.

• 프로그래밍 언어

객체지향기법을 구현할 수 있는 기본 도구의 개발필요성이 대두되고 있다.

이외에도 시스템 시뮬레이션 모델링기법과 컴퓨터 그래픽스분야에서도 객체지향기법을 도입하고 있다.

이제 객체지향표현기법의 개략적인 조망을 먼저 해보고 프레임과 객체지향기법간의 관계를 논의하겠다.

① 클래스 추상화

우리가 어떤 시스템을 모형화하여 프로그래밍 작업을 수행하려면, 우선 관련된 객체를 파악하여 대상 문제와 관련된 사항들만을 추출하는 과정－추상화 과정－으로부터 출발하게 된다. 객체지향 프로그래밍에서의 추상화과정은 대상 문제와 관련된 객체를 선택하고, 객체들이 갖는 속성들을 파악하는 것이다. 유사한 속성들을 갖는 객체들은 동일한 클래스(class)로 묶을 수 있다. 예를 들어, 은행에서 대출을 받고자 하는 갑, 을, 병이라는 세 사람이 있다고 하자. 이들은 각기 다른 사람이지만 은행의 대출업무와 관련한 이해관계가 있다는 공통점이 있다. 이 경우에는 개개의 대출 희망자 객체들을 “개인 응모자”라는 하나의 클래스로 분류할 수 있다. 이처럼 클래스 추상화과정은 대상 문제와 개발하고자 하는 시스템의 성격에 따라 객체들의 분류가 달라지게 되므로 지식공학(knowledge engineering)의 주요 단계가 된다.

② 클래스의 계층적 구조

객체지향 프로그래밍에서의 클래스들은 계층적인 구조를 갖게 된다([그림 2-12] 참조). 상위계층으로 갈수록 클래스의 의미는 보다 일반적인 내용이 되며, 하위계층으로 갈수록 보다 구체적인 내용을 갖게 된다. [그림 2-12]에서 개인대출신청자와 법인대출신청자클래스는 가장 하위계층의 클래스들로서 대출신청자를 상위 클래스로 갖고 있다. 대출신청자클래스는 다른 신용카드신청자 및 법인카드신청자클래스와 함께 개인고객이라는 클래스의 하위 클래스를 이루게 된다. 일반적으로 한 개의 클래스가 복수의 상위 클래스를 가질 수도 있다. [그림 2-12]에서 법인카드클래스는 개인고객과 법인고객이라는 두 개의 상위 클래스를 갖고 있음을 알 수 있다. 객체클래스계층의 효과적인 설정을 위해서는 대상 문제를 객체지향적인 분석과 설계관점에서 파악하고 분석해야 한다.

[그림 2-12]

객체지향 프로그래밍에서의 클래스 계층

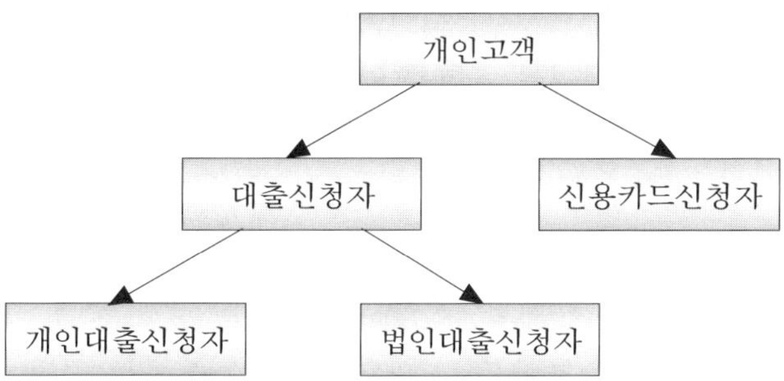

③ 상속(Inheritance)

하위계층에 있는 클래스는 상위 클래스로부터 공통적인 속성들을 상속받을 수 있다. 상위 클래스는 공통적인 속성들을 갖게 되고, 하위 클래스는 상위 클래스로부터 상속받은 공통속성 외에도 고유의 속성들을 가질 수 있다. 이는 프레임 지식 표현에서 이용되고 있는 상속 개념과 동일한 것이다. 만일 어떤 클래스가 여러 상위 클래스를 갖고 있다면, 모든 상위 클래스로부터 정보를 상속받을 수 있는데, 이를 복수상속(multiple inheritance)이라고 한다.

④ 클래스의 인스턴스로서 객체

클래스는 유사한 객체들의 집합적 개념으로서 이용되는 반면, 실제 지식베이스나 프로그램을 운용할 경우에는 클래스에 속한 개개 객체들간의 상호작용에 의해 결과가 도출된다. 이를 위해 해당 클래스의 인스턴스로 불리우는 클래스에 속한 개개 객체들은 클래스의 고유한 속성은 물론 상속된 속성들을 갖게 된다. 예를 들어, 갑이라는 객체가 [그림 2-12]에서의 개인대출신청자클래스의 인스턴스로서 정의하고자 한다면 다음과 같은 인스턴스 생성문장을 이용해야 한다. 객체지향 프로그래밍언어에 따라 인스턴스 생성양식은 다소 다를 수 있다.

갑 :=new "개인대출신청자"

⑤ 행위자(Methods)

클래스는 객체들의 속성뿐만 아니라 이 속성들을 이용하여 특정한 일들을 수행할 수 있는 함수문을 가질 수 있는데, 이 함수문을 행위자라고 한다. 그러므로 어떤 클래스의 인스턴스 객체가 생성되면, 그 객체는 데이터 표현을 위한 속성과 프로시듀어 또는 함수문 정의를 위한 행위자를 모두 갖게 되는 것이다. 예로써 갑이라는 객체가 "개인대출신청자"클래스의 인스턴스로서 생성되었다면, 그 객체는 개인대출신청자로서의 속성을 모두 갖게 될 뿐만 아니라 대출신청 관련한 일들을 수행할 수 있는 함수문을 갖게 된다. 즉, 갑은 대출 신청인의 속성을 보일 뿐만 아니라 신청인으로서 행위를 하게 되는 것이다. 그러므로 행위자를 클래스에 첨부함으로써 실제 문제를 보다 더 잘 표현할 수 있게 되는 것이다.

시스템상에서 행위자를 구현하는 방법은 여러 가지가 있을 수 있다. 함수문이나 프로시듀어는 물론 IF-THEN 형태의 규칙을 이용할 수도 있다. 행위자를 이용하여 수리계산이나 입출력 기능, 인스턴스 객체의 생성 및 객체간의 의사소통 기능 등을 수행하게 된다. 객체지향 프로그래밍에서는 클래스간의 의사소통은 행위자를 이용한 인스턴스간의 메시지 전달로서만 가능하다. 클래스의 속성과 마찬가지로 행위자도 상위 클래스로부터 하위 클래스로 상속이 이루어진다.

⑥ 캡슐화(Encapsulation)

하나의 객체는 소프트웨어로서 구현하는 관점에서 상태 데이터와 행위자가 캡슐화된 모듈이라고 볼 수 있다. 캡슐화는 바로 모듈화

(modularization)와 정보은폐(information hiding)를 의미한다. 참고로 모듈화란 복잡한 시스템을 보다 작은 단위의 여러 개의 자기 내포적 개체(모듈)로 분화시키는 것을 말하며, 정보은폐란 사용자에게 모듈의 상세 구현 내용을 숨김으로써 보다 높은 자료 추상화(data abstraction)의 실현을 말한다.

개개 객체는 서로 독립되어 있으며, 객체간의 의사소통은 오직 메시지전달에 의해서만 이루어진다. 이러한 캡슐화과정은 대규모의 복잡한 소트트웨어 개발프로젝트에서 시스템 설계 및 개발의 주요 기법으로 응용될 수 있다. 캡슐화는 프레임에서는 다루지 않은 부분으로, 프로그램 언어에서 발전해 온 객체지향기법으로 인해 강조되고 있다.

이상에서 살펴본 객체지향기법의 특성에는 프레임에서 나타나고 있는 기능, 예를 들어 상속, 계층화, 행위자 등 공통된 점이 많이 나타나고 있다. 상속 · 계층화는 양자간 같은 개념으로 사용되고 있으며, 행위자는 프레임의 절차에 대응된다 할 수 있다. 그러나 객체지향기법은 프레임과는 달리 클래스와 인스턴스개념을 두어 프레임의 분류를 보다 세분화하였다. 그 외 캡슐화는 메시지 전달에 의한 객체간의 정보전달을 강조하는 객체지향 쪽에서 강조되고 있다. 이러한 사실들로 미루어 볼 때 프레임도 객체지향기법의 하나라고 볼 수 있다. 그러나 프레임은 인공지능에서 지식 표현의 한 방법으로 나타나 객체지향기법에 영향을 미쳤고, 객체지향기법은 소프트웨어 공학분야 등에서 프로그래밍 방법론 관점에서 발전된 것이 여러 분야, 예를 들어 인공지능, 데이터베이스, 시스템 분석 등에 영향을 미쳤다고 볼 수 있다. 그런데 프레임과 객체는 그 뿌리는 달라도 서로 같은 개념을 표현하고 있다고 볼 수 있으며, 오늘날 객체(object)라는 표현이 보편화됨에 따라 프레임도 객체라고 부를 수 있다. 또한 객체지향 데이터베이스에서는 데이터의 저장구조로 관계형 데이터베이스에서의 릴레이션(relation)이 아닌 객체를 사용하는데 이때 이 객체지향 데이터베이스의 객체와 지식 표현에서의 프레임은 상호 제한적 호환구조로서 상호변환과정을 거쳐 자료를 교환할 수 있겠다.

2.3.4 복합적 지식 표현

문제의 특성에 따라서는 하나의 표현방법만으로는 표현하기 어려운 경우가 있다. 이때는 여러 가지 표현방법을 혼합하여 복합적 지식 표현(hybrid knowledge representation)을 구축할 수 있다. 본 절에서는 지금까지 언급한 지식 표현의 방법을 서로 복합시켜 보다 적절히 문제를 해결하는 지식 표현방법을 소개한다. 앞으로 지식기반시스템이 실험용 프로토타입의 형태에서 보다 현실적인 현장활용시스템으로 발전하는 과정에서 점차 이러한 복합적 지식 표현의 방법이 단일 지식 표현방법보다 많이 사용될 것이다. 본 절에서는 프레임과 규칙의 혼합적 표현에 대해 소개한다.

규칙기반 지식베이스는 규칙의 수가 많아지면 지식을 분류, 검색하기가 어렵게 된다. 따라서 규칙들을 그것의 내용이나 다른 기준에 의해 정리해 두는 것이 필요하다. 이를 위해서 프레임을 이용하여 규칙들을 분류해 둘 수가 있다. 규칙의 프레임 내에서의 표현은 IF 슬롯과 THEN 슬롯을 이용할 수 있다.

다음은 주식투자를 위한 기업의 가치분석을 위한 평가지식을 프레임과 규칙의 혼합형태로 나타낸 것이다. 기업가치분석에는 성장잠재력분석과 자산가치분석 그리고 배당투자유망이라는 세 가지 하위분석단계가 있고 이를 각각 프레임으로 만들어 구체화라는 관계로 엮었다. 여기서 다시 성장잠재력분석의 보다 구체적인 분석단위로 첨단기술개발이 활발한지 또는 연구개발투자가 활발한지를 알아볼 수 있는데, 이들을 구체화란 관계로 성장잠재력분석 프레임에 관련시켰다. 여기서 성장잠재력분석이라는 프레임은 다른 슬롯은 가지고 있지 않고 다만 지식을 내용적으로 분류하는 기준으로 사용되고 있다. 첨단기술개발 프레임에는 구체적으로 특정 기업을 조건으로 하여 이의 평가등급을 규칙형태로 제시하고 있다. 이에 대한 이유 등은 별도의 슬롯을 만들어 저장할 수 있다. 규칙베이스를 그 내용적 분류정보와 이들 분류의 계층적 상하관계를 프레임 구조를 통해 구현하므로 지식베이스의 검색과 수정 및 미비된 지식의 발견이 보다 용이해진다. 이와 같은 혼합형 표현은 UNIK-FRAME 등 프레임 구축용 도구를 사용하면 가능하다. 또한 프레임형태를 잘 이용하면 제약, 최적화모형

등도 프레임형태로 표현 가능하기 때문에 규칙 외에도 다양한 형태의 지식과 프레임과의 혼합표현이 가능하다.

[그림 2-13]
프레임과 규칙의 혼합 표현의 예

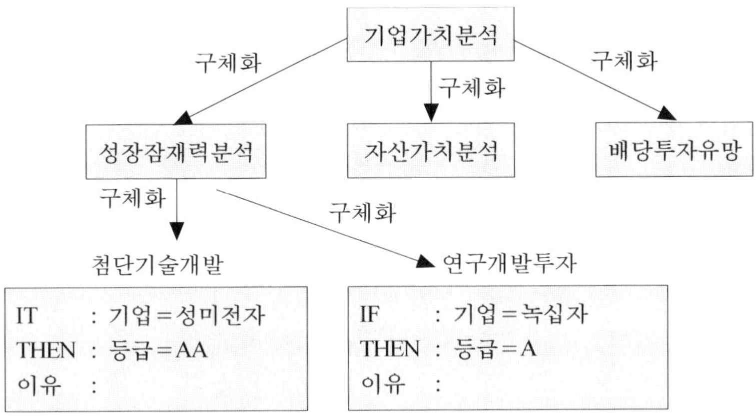

2.3.5 논리를 이용한 지식 표현

제8장에서 언급될 명제계산과 술어계산 등은 바로 지식 표현의 한 방법으로 사용될 수 있고, 전절에서 소개한 규칙형태도 외견상 명제논리의 한 표현방식으로 생각할 수 있다. 자세한 것은 제8장 논리를 참고하기 바란다.

2.3.6 그래프를 이용한 지식 표현

앞에서 규칙표현을 도형적으로 묘사한 것을 AND/OR 그래프라 한 바 있다. 그래프는 기본적으로 노드(node)와 호(arc)로서 구성되며 그 모양에 따라 방향그래프, 트리, 네트워크 등으로 분류된다. 그래프로 지식을 표현하면 다른 형태보다 전체적인 지식의 모습을 조망하기가 쉽다. 그래서 최종적으로 구현될 지식의 형태는 규칙 혹은 프레임이라 해도 이를 사용자 또는 지식입력자의 편의성을 고려하여 그래프형태로 표현하기도 한다.

앞서 설명된 의미망도 그래프의 일종이라 볼 수 있고, 그 외에도

넷(net), 다이어그램(diagram), 맵(map), 그래프 또는 한글로 망, 도 등으로 끝나는 이름을 가진 지식 표현 기법은 보통 그래프로 구현된 것으로 보면 된다.

2.3.7 웹 기반 지식표현

웹은 이제 모든 정보시스템과 정보기술의 중심으로 자리잡고 있다. 따라서 지식기반시스템 또한 웹의 기술적 영향을 벗어날 수 없으며 웹이 추구하는 기본 흐름을 따라가지 않으면 그 사용이 매우 제한적일 수밖에 없게 되었다. 웹의 등장과 급속한 성장으로 인하여 웹을 통해 제공되는 정보의 양은 엄청나며, 그 종류도 뉴스, 상품정보, 영화 스케줄, 각종 동영상 자료 등 매우 다양하다. 실로 웹은 엄청난 정보를 가진 자원의 보고라 할 수 있다.

지식기반시스템의 어려운 문제점 중의 하나인 지식의 획득에 있어서의 병목현상에 직면한 개발자들은 웹 환경에서의 자발적인 정보 축적현상을 눈여겨 볼 필요가 있다. 그러나 지금까지의 웹은 사람만이 찾고자 하는 의미를 이해하고 사람이 직접 정보를 찾아 나서야 하는 형태로써, URI(Uniform Resource Identifier)를 다양한 자원에 단지 매핑함으로써 항해가능한 공간이었다. 웹에서 URI는 정보공간에서 길을 찾기 위한 일종의 표시 또는 포인트로써 링크를 만드는 단순한 형태의 기술이었다. 결국, 무한한 정보의 보고인 웹에서 원하는 정보를 정확하게 얻기란 쉬운 일이 아니었다.

이러한 문제를 해결하기 위해 지금까지 여러 분야에서 다양한 연구와 시도가 이루어져 오고 있다. 웹 기반에서 지식을 저장, 표현, 검색, 관리하기 위한 시도와 접근은 마크업 언어인 HTML(Hyper Text Markup Language), SGML(Standard Generalized Markup Language), XML (eXtensible Markup Language)로 이어져 왔으며, 인터넷상에서 정보를 처리하는 연구는 에이전트 등의 분야와 접목되었고, 현재에는 시맨틱 웹(Semantic Web)으로 진화되어 왔다.

시맨틱 웹은 웹을 보다 지능화하여 웹에서의 검색이나 서비스를 보다 인간이 용이하게 수행하고자하는데 그 목적이 있다. 웹 기반 지식 표현과 시맨틱 웹에 대해서는 각기 4장과 17장에서 소개될 것이다. 시맨틱 웹은 기존의 지식기반시스템이 지녔던 특정 도메인 중심의 단일 시스템의 한계를 벗어나 분산화와 지식의 재사용을 가능케 한다는 의미에서 앞으로 중요한 연구 위치를 차지하리라 예상된다.

2.4 맺음말

본 장에서는 지식기반시스템의 기본이 되는 지식 표현을 위한 기법을 소개하였다. 기본적 지식 표현으로 규칙과 의미망 그리고 프레임에 대해 소개하였고, 그 외에 이들 지식 표현을 복합적으로 결합할 수도 있으며, 그래프 또는 논리 등을 사용하여 표현할 수도 있다. 또한 웹이 정보기술의 표준으로 자리잡으면서 웹 상에서의 지식표현 또한 중요한 연구주제가 되고 있다. 웹은 분산화와 정보와 지식의 재사용을 가능케 한다는 의미에서 기존 단일 시스템의 방법론을 탈피하고 있다.

지식 표현은 대상문제에 따라 가장 적합한 표현을 사용해야 할 것이며, 반드시 특정 표현방식을 써야만 지식기반시스템이라고 불리워지는 것은 아니다. 이제 이러한 지식을 바탕으로 어떻게 추론하는지에 대한 내용을 제3장에서 다루기로 한다. 프레임 형태의 지식 표현의 실습은 제5장에서 다루게 될 것이다. 그리고 규칙형태의 지식 표현과 이에 대한 추론은 제6장과 제7장에서 각각 다루게 된다.

주요용어

- 표면지식(surface Knowledge)
- 심층지식(deep Knowledge)
- 메타지식(Metaknowledge)
- 지식표현(knowledge representation)
- 생성 규칙(Production Rule)
- 술어계산(Predicate Calculus)
- AND/OR 그래프
- 의미망 (Semantic Net)
- 특수화(specialization)
- 상위클래스(superclass)
- 이행성(transitivity)
- 인스턴스(instance)
- 속성(property)
- 상속(inheritance)
- 복수상속(multiple Inheritance)
- 프레임(Frame)
- 디몬(Demon)
- 슬롯(slot)
- 스키마(schema)
- 클래스(class)
- 행위자(methods)
- 캡슐화(encapsulation)
- 정보은폐(information hiding)
- 추론(inference)
- 시맨틱 웹(Semantic Web)

연습문제

1. 특정 문제영역을 선택하여 여러 가지 지식 표현기법을 이용하여 지식베이스를 구축해 보라.
2. 복합적 지식 표현이 더 적절한 경우의 예를 들어보라.
3. 프레임과 객체지향에서의 객체와의 차이점을 기술하라.
4. 형식적으로는 규칙형태의 표현이라도 그 의미적 차이점을 예를 들어 설명하라.
5. 규칙형태의 지식을 나열한 것과 이를 AND/OR 그래프로 나타내었을 때의 각기 장점은 무엇인가?

6. 규칙형태의 지식을 입력할 때 규칙형태로 바로 입력하는 것과 그래프형태로 입력하는 방식의 차이는 어떠하겠는가?

7. 객체지향기법을 이용한 지식 표현을 어떤 대상에 대해 구현해 보시오.

참고문헌

[1] 김화수 · 고순주, 인공지능의 이론과 실제, 집문당, 1993.

[2] 이재규 외, UNIK을 이용한 전문가시스템의 개발, 법영사, 1996.

[3] 정환묵, 해설중심 인공지능, 동일출판사, 1993.

[4] 한국전산원, SGML-XML-EDI 통합 및 연계방안, 1999.6.

[5] Adams, J. B., "Probabilistic Reasoning and Certainty Factors," In Buchanan, B. G., & Shortliffe, E. H. (Eds.), *Rule Based Expert Systems*, Addison-Wesley, 1984.

[6] Aikins, J. S., "A Representation Scheme Usning Both Frames and Rules" In B. G. Buchanan and E. H. Shortliffe, (Eds.), *Rule Based Expert Systems*, Addison-Wesley, 1984.

[7] Blair, G., J. Gallagher, D. Hutchison and D. Shepherd, eds., *Object-Oriented Languages*, Systems and Applications, John Wiley & Sons, 1991.

[8] Davis, R. and B. G. Buchanan, "Meta-Level Knowledge," In B. G. Buchanan and E. Shortliffe, (Eds.), *Rule Based Expert Systems*, Addison-Wesley, 1984.

[9] Giarratano, J. C. and G. D. Riley, *Expert System: Principles and Programming*, 4th ed., Thomson Learning, 2004.

[10] Mylopoulos, J. & J. H. Levesque, "An Overview of Knowledge Representation," In M. L. Brodie, J. Mylopoulos, and J. W. Schmidt (Eds.), *On Conceptual Modeling*, Springer-Verlag, 1984.

[11] Newell, Allen & H. A. Simon, *Human Problem Solving*, Prentice-Hall, 1972.

[12] Patterson, D. W., *Introduction to Artificial Intelligence and Expert Systems*, Prentice-Hall, Englewood Cliffs, N. J., 1990.

[13] Rich, E., *Artificial Intelligence*, McGraw-Hill, 1983.

[14] Rober J. Glushko, Jay M. "Tenenbaum, Bart Meltzer, An XML Framework for Agent-based E-commerce," *Communications Of The ACM*, pp. 106～114, 1999.

[15] Shafer, G., *A Mathematical Theory of Evidence*, Princeton University Press, 1976.

[16] Shapiro, S. C., ed., *Encyclopedia of Artificial Intelligence*, Wiley & Sons, 1987.

[17] Smith, R., *Collins Dictionary of Artificial Intelligence*, Great Britain: Harper

Collins Publishers, 1990.

[18] Torsun, I. S., *Foundations of Intelligent Knowledge-Based Systems*, Academic Press, 1995.

[19] Trippi, R. R. and J. K. Lee, *State-of-the-Art Portfolio Selection*, MA: Probus Publishing Co., 1992.

[20] Turban, E., Jae K. Lee and David King, *Electronic Commerce: A Managerial Perspective 2006*, Prentice Hall, 2006.

[21] Turban, E., J. E. Aronson and Ting-Peng Liang, *Decision Support Systems and Intelligent Systems*, 7th ed., Prentice Hall, 2005.

[22] Waterman, D. A., *A Guide to Expert Systems*, Addison-Wesley, 1986.

[23] *XML Web Documents Scratch*, Jess Liberty / QUE, 1999.

[24] Zahedi, F., *Intelligent Systems for Business Expert Systems with Neural Networks*, Wadsworth Publishing, Belmont, Calif., 1993.

제 3 장

추 론

● 학습목표

- 논리를 이용한 연역추론, AND/OR 그래프를 이용한 정방향추론과 역방향 추론의 방법을 배운다
- 사례기반 추론의 장점과 방법에 대해 배운다
- 확신도와 확률적 기법 및 퍼지이론을 이용한 불확실성하에서의 추론방법을 배운다

● 저자소개

김현수, 동아대학교 경영정보과학부 교수, hskim@dau.ac.kr

차 례

3.1 서 론

추론(inference)이란 이미 알고 있는 사실과 지식으로부터 새로운 사실을 유추하여 내는 것을 말한다. 지식기반시스템이 다른 시스템과 다른 점 중의 하나가 바로 이러한 추론을 할 수 있는 능력이 있다는 것이다. 추론의 한 예를 들어 보자. 바둑이는 늘 자기 집에 있거나, 그렇지 않으면 뒷마당에 있다고 하는 지식이 있다. 그리고 바둑이가 지금 자기 집에 없다는 사실을 알았다. 이러한 지식과 사실을 토대로 바둑이는 뒷마당에 있음을 추론해 낼 수 있다(이것은 나중에 설명할 명제논리에서의 추론 규칙에 바탕을 두고 있다). 일반적으로 추론이라 하면 위의 예처럼 논리적 바탕 위에 유추해 내는 것을 먼저 생각할 수 있으나, 추론을 보다 광범위하게 해석하여 주어진 지식 표현상에서 원하는 결론이나 해답을 도출하기 위한 모든 작업으로 볼 수 있다. 심지어 지식 표현이 테이블이건 그래프나 프레임이건, 그 안에서 우리가 원하는 새로운 사실이나 결론 등을 도출해 내는 모든 과정을 바로 추론이라 볼 수 있다. 따라서 추론을 어떤 특정한 형식에 국한하지 않고 때로는 탐색의 형태로 때로는 계산의 형태로 나타나게 할 수도 있다. 추론은 지식의 표현과 밀접한 관련이 있다. 지식 표현의 방식이 추론방식을 결정하기 때문이다. 본 장에서는 여러 가지 형태의 지식 표현과 연결하여 그에 따른 추론방법을 고찰해 보기로 한다.

3.2 연역 추론

일반적으로 논리를 이용한 지식 표현에서 많이 사용되는 것이 명제논리이다. 명제논리는 진위를 판단할 수 있는 명제들로 구성된다. 지식 표현으로 많이 사용되는 규칙도 그 의미가 논리적 암시(logical implication) 라면 명제계산에 바탕을 두고 있다. 본 절에서는 이러한 규칙형태의 지식 표현에 대한 기본추론방식들을 소개한다.

3.2.1 Modus Ponens

Modus Ponens는 라틴어가 어원인데 "way"란 뜻인 modus와 "assert"란 뜻의 ponere가 합성된 말이다. modus ponens는 규칙형 지식베이스에서의 가장 기본적인 추론방식인데 "A ⇒ B"와 같은 규칙이 있고, 또 그 전제가 되는 A가 사실일 때 결론 B를 내리는 것을 말한다.

A ⇒ B
A

결론 : B

다음과 같은 진술식이 있다고 하자.

"어떤 동물이 새이다 ⇒ 그 동물은 알을 낳는다."

이때 어떤 동물이 새라면 우리는 그 동물은 알을 낳음을 알 수 있다. 이를 명제논리에서의 항진문(Tautology) – 그 구성 명제의 진위에 관계없이 항상 참이되는 논리적 결합문 – 형태로 쓰면,

((A ⇒ B) AND A) ⇒ B

이고 이것은 항상 참이 된다.

이의 증명을 진리표형태로 나타내면 <표 3-1>과 같다.

<표 3-1>

Modus Ponens의 진리표

A	B	A → B	(A → B) AND A	((A → B) AND A) → B
T	T	T	T	T
T	F	F	F	T
F	T	T	F	T
F	F	T	F	T

위의 표에서 A 와 B 가 참이든 거짓이든 ((A ⇒ B) ∧ A) ⇒ B는 항상 참임을 알 수 있다. 또한 보다 더 축약된 방법으로 modus ponens의 진리표를 작성하면 <표 3-2>와 같다.

<표 3-2>

축약된 A ⇒ B, A, B에 관한 진리표

		전 제		결 론
A	B	A → B	A	B
T	T	T	T	T
T	F	F	T	F
F	T	T	F	T
F	F	T	F	F

여기서 A ⇒ B와 A가 참이면 B도 참임을 알 수 있고, A가 참이나 규칙 A ⇒ B가 거짓이면 결론 B 도 거짓임을 알 수 있다. 예를 들어 다음과 같은 잘못된 규칙이 있다고 하자.

"어떤 동물이 새이다 ⇒ 그 동물은 새끼를 낳는다."

이때 어떤 동물이 새이면 이 규칙이 거짓이므로 그 동물은 새끼를 낳지 않음을 알 수 있다. 또한 A ⇒ B가 참일 때 조건문이 거짓이면 결론에 대한 진위는 불명확함을 알 수 있다. 즉 다음과 같은 참인 규칙이 있을 때,

"어떤 동물이 새이다 ⇒ 그 동물은 알을 낳는다."

어떤 동물이 새가 아니면 그 동물이 알을 낳는지 알을 안 낳는지는 불명확하다. 즉, 알을 낳는다라는 명제가 참일 수도 거짓일 수도 있다. 즉, 뱀은 새는 아니지만 알을 낳고, 사자는 새도 아니고 또한 알도 낳지 않는 것이다.

명제논리에서는 그 진술들이 항상 참이나 거짓 중 하나의 값을 가지고 있어야 한다. 그러나 실제로 해당 조건이 참인지 거짓인지 모르는 상태, 즉 미확인 또는 未知(unknown) 상태인 경우가 많다. 이때는 그 결론 또한 미확인의 상태가 된다. 이러한 경우 추론은 더 이상 진행될 수가 없다. 즉, 결론에 대해 참인지 거짓인지에 대한 아무런 확답을 할 수 없기 때문이다. 또한 이미 진행된 추론 과정에서 앞서 추론에 사용되었던 사실이나 조건이 더 이상 참이 아님을 알았을 때, 예를 들어 어떤 동물이 처음엔 새로 알았으나 자세히 살펴보니 새가 아님이 밝혀지면, 앞에서 소개된 진위표에 따라 해당 규칙에 의해

modus ponens에 의해 이미 추론된 결과의 진위값도 달라져야 한다.

3.2.2 Modus Tollens

Modus Tollens(대우)의 Tollens는 “deny”란 뜻의 라틴어 tollere에서 온 것이며, modus tollens는 규칙의 결론이 거짓일 때 그 조건 또한 거짓이라고 추론하는 것이다. 이는 다음과 같이 나타낼 수 있다.

A ⇒ B
NOT B

결론 : NOT A

다음의 예를 보자.

대출 신청자의 자격요건이 맞다 ⇒ 대출을 승인받는다.
NOT (대출을 승인받는다).

결론 : NOT (대출 신청자의 자격요건이 맞다).

즉, 대출신청자의 자격요건이 맞으면 대출을 승인받을 때, 만약 대출을 승인받지 못했다면 그 신청자는 자격요건이 맞지 않는다라고 결론내리는 것이다. modus tollens에 관한 진리표는 다음과 같다.

<표 3-3>

축약된 A ⇒ B, NOT A, NOT B에 관한 진리표

A	B	전 제		결론
		A → B	NOT B	NOT A
T	T	T	F	F
T	F	F	T	F
F	T	T	F	T
F	F	T	T	T

위의 표에서 A ⇒ B와 NOT B가 참이면 NOT A임을 알 수 있다. 그러나 A ⇒ B가 맞으나 NOT B가 거짓이면 NOT A는 참이 될 수도 있고, 거짓일 수도 있음을 알 수 있다.

3.2.3 삼단논법

삼단논법은 연쇄규칙(chain rule)이라고도 하며 결론부분과 조건부분이 서로 같은 두 개의 규칙을 연쇄시켜 새로운 규칙을 도출해 낸다. 즉, A ⇒ B와 B ⇒ C가 있으면 A ⇒ C라는 규칙을 만들 수 있다. 이는 다음과 같이 나타낼 수 있다.

A ⇒ B
B ⇒ C

결론 : A ⇒ C

다음의 예를 보자.

깃털이 있다 ⇒ 새이다
새이다 ⇒ 알을 낳는다

이러한 진술식으로부터 "깃털이 있다 ⇒ 알을 낳는다"라는 규칙을 도출해 낼 수 있다.

또 다른 예를 보자.

그는 소크라테스이다 ⇒ 그는 사람이다
그는 사람이다 ⇒ 그는 죽는다

이 두 가지 진술식으로부터 "그는 소크라테스이다 ⇒ 그는 죽는다"라는 것을 도출해 낼 수 있다. 그리고 여기서 그는 소크라테스이다라는 진술이 참이면 modus ponens에 의해 그는 죽는다라는 결론을 얻을 수 있다.

이는 다음과 같은 벤 다이어그램(Venn Diagram)으로 나타낼 수 있다.

[그림 3-1]

소크라테스에 대한 삼단논법의 벤 다이어그램

소크라테스는 사람에 포함되며 또한 사람은 죽을 수밖에 없는 생물에 속한다. 따라서 소크라테스는 죽는 것이다. 삼단논법은 보통 대전제, 소전제, 그리고 결론으로 나타낸다. 위의 소크라테스에 관한 삼단논법을 다시 표기하면 다음과 같다.

대전제 : 모든 사람은 죽는다
소전제 : 소크라테스는 사람이다
결　론 : 소크라테스는 죽는다

이와 같은 표현은 명제논리로써 나타낼 수는 없다. 왜냐하면 명제계산에는 문장의 내부구조가 없어서 정량자나 독립변수(argument)를 사용할 수 없기 때문이다. 따라서 이를 술어계산의 형태로 표현하면 다음과 같다. 여기서 ∀는 "All"이란 뜻의 전체정량자이다.

(∀x) (사람이다(x) ⇒ 죽는다(x))
사람이다(소크라테스)

위의 두 개의 전제로부터 첫번째 판명문의 x 대신에 소크라테스를 대입하면 "사람이다(소크라테스) ⇒ 죽는다(소크라테스)"와 같은 진술문이 도출되고 여기서 modus ponens에 의해 "사람이다(소크라테스)"라는 사실로부터 "죽는다(소크라테스)"라는 결론을 얻을 수 있다. 이외에도 다음과 같은 명제논리형태에서의 추론 규칙이 있다.

① A ⇒ B

결론 : NOT B ⇒ NOT A

이것은 modus tollens를 규칙형태로 표현한 것이다.

② A OR B
NOT A

결론 : B

예) 바둑이는 집에 있거나 뒷마당에 있다
바둑이는 집에 없다

결론 : 바둑이는 뒷마당에 있다

③ NOT (NOT A)

결론 : A

부정의 부정은 긍정이다.

④ NOT (A AND B)

결론 : (NOT A) OR (NOT B)

⑤ NOT (A OR B)

결론 : (NOT A) AND (NOT B)

명제논리나 규칙에서 주로 사용되는 이상의 추론 규칙은 패턴 매칭에 기반을 두고 있다. 예를 들어, modus ponens에서 A는 A ⇒ B에서의 A와 구문적으로 완전히 일치가 되어야 한다. A가 여러 단어로 구성된 문장일 수도 있지만 이것이 분해될 수는 없다. 예를 들어, '피보험자의 두 눈의 시력을 완전, 영구히 잃어버렸다'와 '피보험자는 장님이 되었다'를 같은 명제로서 인식하지 못한다. 따라서,

피보험자는 두 눈의 시력을 완전, 영구히 잃어버렸다 ⇒
피보험자는 제1급 장해 상태이다

라는 규칙이 있을 때 "피보험자는 장님이 되었다"라는 문장이 주어졌다고 결론인 "피보험자는 제1급 장해상태이다"를 추론하지 못한다. 왜냐하면 위의 규칙의 조건이 "피보험자는 장님이 되었다"라는 사실과 패턴 매칭이 되지 않기 때문이다. 이러한 사실은 규칙형태의 지식표현에서 반드시 주의해야 할 점이다.

3.2.4 추론의 예

앞서 소개한 동물원 예제를 가지고 규칙표현 지식베이스에서의 추론의 예를 살펴보도록 하자.

다음과 같은 규칙이 있다고 하자.

ⓐ IF 포유류이다
AND 맹수이다

AND 황갈색이다
AND 검은 반점이 있다
THEN 그 동물은 치타이다

ⓑ IF 포유류이다
AND 맹수이다
AND 황갈색이다
AND 줄무늬가 있다
THEN 그 동물은 호랑이다

ⓒ IF 고기를 먹는다
THEN 맹수이다

ⓓ IF 털이 있다
THEN 포유류이다

그리고 어떤 동물이 다음과 같은 사실을 가지고 있음을 알고 있다.

ⓔ 고기를 먹는다
ⓕ 털이 있다
ⓖ 검은 반점이 있다
ⓗ 황갈색이다

사실 ⓔ와 ⓒ번 규칙의 조건을 매치시키면 다음의 결론이 도출된다.

ⓘ 맹수이다

사실 ⓕ와 ⓓ번 규칙의 조건을 매치시키면 다음의 결론이 도출된다.

ⓙ 포유류이다

도출된 사실 ⓘ, ⓙ와 나머지 주어진 사실 ⓖ, ⓗ 그리고 규칙 ⓐ으로부터 그 동물은 치타이다라는 결론을 얻을 수 있다. 그런데 이렇게 추론하는 과정에서 규칙의 수가 많을 경우, 제시된 사실과 매치되는 조건문을 가진 규칙을 찾는 과정이 오래 걸릴 수 있다. 이러한 과정은 일종의 탐색과정으로 인식할 수 있다. 따라서 규칙들이 아무런 순서없이 나열된 상태에서 드러난 사실과 조건문이 매치되는 규칙을 전체탐색법으로 찾으면 매우 비능률일 수 있으므로 트리 또는 그래프 형태로 규칙들을 구조화한 후 여기서 깊이우선탐색이나 너비우선탐색 등의 방법을 사용하는 것이 좋다. 이러한 방법에 대해서는 다음의 역방향 추론과 정방향 추론에서 설명하겠다.

3.3 AND/OR 그래프에서의 추론

서너 개의 규칙과 사실로부터의 추론은 매우 간단하지만, 실제로 수많은 규칙과 사실로부터 추론을 한다는 것은 해당 사실에 매치되는 규칙과 그 규칙의 결론부를 조건문으로 갖는 규칙을 찾는 것으로 상당한 시간이 걸리는 일이 된다. 따라서 규칙형태의 지식베이스를 그저 규칙의 집합으로 볼 것이 아니라 조건부와 결론부가 서로 매치되는 연쇄구조와 조건부의 AND와 OR의 논리적 결합을 고려하여 전체 규칙베이스를 구조화하여 상황에 따른 추론의 경로를 미리 설정해 놓아 추론의 효율성을 높이고자 하는 것이 AND/OR 그래프이다. 이러한 AND/OR 그래프에서도 그 추론 방법은 기본적으로 명제논리에 근거를 두고 있지만, 특별히 역방향 추론과 정방향 추론 방법이 있다.

3.3.1 역방향 추론(Backward Chaining)

연쇄(chain)란 각각의 문제와 그것의 해답을 연결하는 모든 추론 과정들의 집합을 말한다. 그리고 어떤 가설에서 추론을 시작하여 이 가설을 지지하는 사실을 역으로 추적해 가는 추론을 역방향 추론이라 한다. 이 추론의 시작점을 목표(goal)라고 하며, 추론의 방향은 이 목표를 지지하는 하위 목표 또는 사실들이 참인지를 알아보는 방향으로 진행된다. 예를 들어, 앞의 동물원 예제에서 어떤 동물이 치타인지를 알고 싶다고 하면 질문 또는 추론의 목표는 치타이고 이것은 지식에서 "THEN 치타이다"라는 결론이 참인지 아닌지를 밝히고자 하는 것이다. 따라서 추론의 시작은 "THEN 치타이다"를 결론으로 하는 규칙의 THEN 부분부터 시작하여 거꾸로(역방향) 추론이 진행되어 그 규칙의 조건부분이 참인지를 알아보게 된다.

예를 들어 다음과 같은 규칙이 있다고 하자.

ⓐ A ⇒ C
ⓑ D ⇒ E
ⓒ B AND C ⇒ F
ⓓ E OR F ⇒ G

[그림 3-2]는 이러한 규칙을 AND/OR 그래프로 표현한 것이다.

[그림 3-2]

역방향 추론의 예시를 위한 AND/OR 그래프

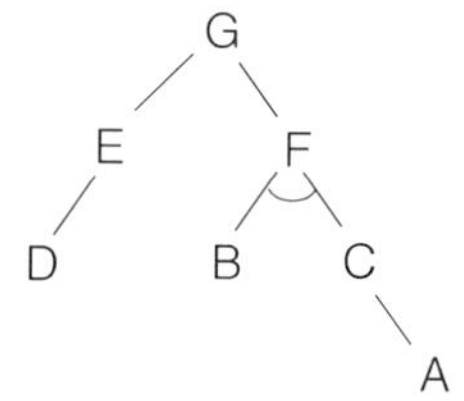

목표는 G가 참인지를 알아보는 것이라 하자. 역방향 추론에서는 G를 결론부로 삼는 규칙이 있는지를 살펴본다. ⓓ번 규칙이 그것이므로 다시 ⓓ번 규칙의 조건부를 본다. G가 참이 되기 위해서는 ⓓ번 규칙의 조건부인 E나 F가 참이 되어야 한다. 이때 E와 F중 어느 쪽을 먼저 다음의 목표로 삼는가를 결정해야 하는데 보통은 깊이우선탐색 방법에 따라 진행되게 되어 E가 다음의 목표가 된다. 추론기관은 다시 E가 결론부인 규칙이 있나를 살펴본다. ⓑ번 규칙이 그것이므로 이제 현재의 목표는 ⓑ번 규칙의 조건부인 D가 된다. 추론기관은 다시 D를 결론부로 하는 규칙이 있나를 살펴본다. 그러한 규칙이 없으므로 사용자에게 D가 참인지를 질문한다. 만약 사용자가 D가 참이라고 대답하였다면 규칙 ⓑ에 의해 E도 참이라고 결론짓고 계속하여 ⓓ번 규칙에 의하여 G는 참이라고 결론짓는다.

그러나 만약 사용자가 D를 거짓이라고 한다면 E는 참이라고도 거짓이라고도 할 수 없게 된다(앞절의 modus ponens 단원을 참조). 더 이상 E를 통해서는 결론에 도달할 수 없으므로 추론기관은 F로 되돌림 추적(backtracking)하여 F를 다시 목표로 삼는다. F는 ⓒ번 규칙의 결론이고 B와 C가 AND 연결되어 있어 둘 다 필요하므로 이들 둘이 현재의 목표가 된다. B는 더 이상 자신을 결론부로 갖는 규칙이 없으므로 추론기관은 사용자에게 B의 진위를 물어본다. 만약 사용자가 거짓이라고 대답하면 C의 진위에 상관없이 ⓒ번 규칙의 조건은 거짓이 되고 이러한 경우 추론기관은 G가 참이라고 결론짓는데 실패하게 된다.

그러나 B를 참이라고 사용자가 대답한다면, 이제는 C가 참인지를 살피게 된다. C는 ⓐ번 규칙의 결론부이므로 추론기관은 A를 새로운 목표로 삼는다. 더 이상 A를 결론부로 하는 규칙이 없으므로 A의 진위여부를 사용자에게 물어 보게 된다. 사용자가 A를 참이라고 대답한다면 ⓐ번 규칙에 의해 C가 참이 되고, 다시 ⓒ번에 의해 F가 참, 그리고 ⓓ번 규칙에 의해 G가 참이 된다.

앞 절에서 사용된 동물원 예제 중의 일부를 AND/OR 그래프로 표현하면 다음과 같다.

[그림 3-3]

역방향 추론의 예시를 위한 AND/OR 그래프

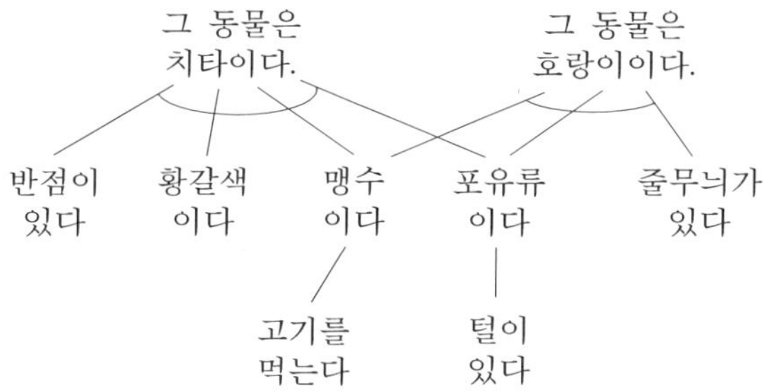

여기서 사용자가 어떤 동물이 치타인지 호랑이인지를 알고 싶을 때 역방향 추론에서는 먼저 해당 동물이 치타라고 가설을 세우고 치타와 관련된 증거를 찾게 된다. 위의 AND/OR 그래프상에서는 "그 동물은 치타이다"라는 노드가 먼저 목표가 되는 것이다. 이 목표 노드와 연결된 자식(children) 노드들은 모두 AND로 연결되어 있는데 이들 노드의 내용에 따라 해당 동물에 반점이 있는지, 황갈색인지, 맹수인지, 포유류인지를 살펴보게 된다. 이 중 하나라도 참이 아니면 해당 동물이 치타라는 결론은 내릴 수 없게 된다. "반점이 있다"와 "황갈색이다"라는 데 사용자가 참이라고 대답하였다면 "맹수이다"를 다시 목표로 삼아 참인지를 살펴보게 되는데 이를 알기 위해 다시 하위노드인 "고기를 먹는다"에 관해 참인지를 사용자에게 질문하게 된다. 사용자가 참이라고 대답하면 "맹수이다"라는 것이 참이 되고 다시 포유류인지를 살펴보게 된다. 그리고 포유류인지를 알기 위해 다시 "털이 있다"가 참인지를 질문하게 된다. 여기서도 참이라고 대답하면 "포유류이다"가 참이 되고 그 동물은 "치타이다"라는 결론에 도달하게 된다. 이렇게 역방향 추론은 목표를 선정한 후 추론의 순서를 결정하므로 이를 목표지향적(goal driven) 추론방식이라고도 한다.

3.3.2 정방향 추론(Forward Chaining)

정방향 추론에서는 사용자가 추론하고자 하는 문제와 관련하여 알고 있는 모든 사실들을 먼저 제공하여야 한다. 그러면 추론기관은 각각의 사실과 지식베이스에 있는 규칙들의 조건부분과 매치하여 일치하는 규칙을 찾아 해당 규칙을 수행하고 그 규칙의 결론부분을 참으로 밝혀진 새로운 사실로서 추가한다. 이러한 과정은 추론기관이 더 이상 지식베이스에 있는 규칙들의 조건부분과 사실들과의 매치로서 새로운 결론을 내릴 것이 없을 때까지 진행된다. 앞에서 언급한 [그림 3-2]의 AND/OR 그래프를 보자. 만약 A와 B가 참이라는 사실로 주어진다면 추론기관은 A를 이용하여 ⓐ번 규칙으로부터 C를 참이라 하고, B와 C를 이용하여 ⓒ번 규칙으로부터 F를 참이라 하고 계속 G를 참이라 한다. 이와 같은 과정이 [그림 3-4]에 나타나 있다.

[그림 3-4]

정방향 추론의 진행의 예시

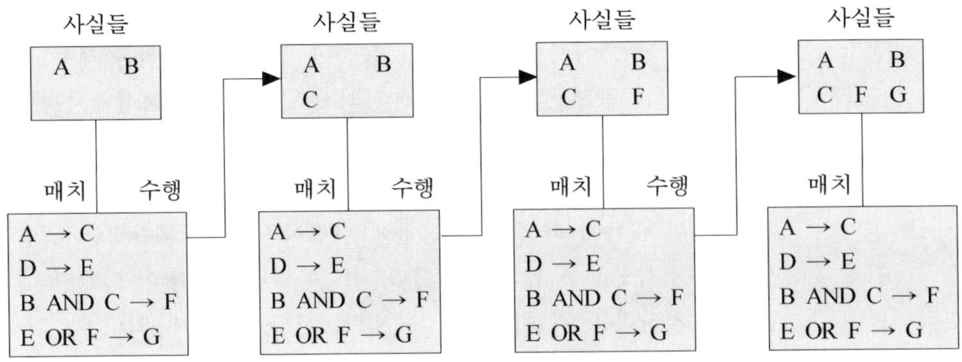

정방향 추론은 사실이 주어짐에 따라 추론이 형성되므로 데이터 구동적(data driven)이라 한다.

3.3.3 혼합형 추론(Hybrid Chaining)

혼합형 추론 방법은 정방향 추론과 역방향 추론을 혼합하여 사용하는 것이다. 이를 양방향 추론이라 부르기도 한다. 실제로 이들 두 가지 추론 방법을 같이 사용해야 되는 경우가 많다. 예를 들어, 철호라는 사람이 차를 몰다가 경찰차가 사이렌소리를 내며 뒤쫓아오는 것을 알았다고 하자. 철호는 이 사실로부터 경찰차는 자기차나 또는 다른 차를 세우러 온다는 것을 정방향 추론에 의해 추리할 것이다. 즉, 경찰차에 대한 최초의 사실이 두 가지 가능한 결론을 도출해 낸 것이다. 만약 경찰차가 철호의 차 옆으로 다가와서 서라는 신호를 보내면 다른 차가 아닌 자신의 차를 세우려 한다는 것으로 결론지을 것이다. 그런 다음 자신의 차를 경찰이 세우려 한다는 결론을 두고 왜 경찰이 자신의 차를 세우는지에 대한 이유를 역방향 추론으로 추론을 할 것이다. 즉, 경찰이 자신의 차를 세우는 데 대해 이유가 될 하위가설들을 설정할 것이다. 예를 들어 과속, 신호위반, 도난차량, 깜박이고장 등의 하위가설을 두고 이들 중 어느 것이 맞는지를 알기 위해 각각의 가설에 대해 이를 지지할 증거를 찾을 것이다. 또 다른 예를 들어 보자. 의료진단을 위한 지식이 있을 때, 증상을 알고 있고 이로부터 병명을 알고 싶을 때는 정방향 추론을 사용하고, 병명은 알고 있으나 이로부터 생기는 증상을 알고 싶으면 역방향 추론이 사용될 수 있다.

3.4 사례기반 추론

3.4.1 사례기반 추론(Case-based Reasoning)

법관이 지난 사건에 대한 판례를 통해 당면한 사건에 대해 판단을 내리듯이, 인간은 과거의 사례나 경험에 비추어 현재의 문제를 인식하고 유형화하여 해결책을 내놓을 수 있다. 이를 위해서는 현재의 당면문제가 과거에 나타났던 사례나 경험과 일치하는지 여부를 살피고 일치하면 과거의 해결책에 비추어 답을 낸다. 만약 정확히 일치하지 않더라도 과거의 사례나 경험은 현재의 문제에 부분적인 해결책을 제시할 수 있다. 사례기반 추론은 이러한 인간의 지적 활동을 모델화한 것으로, 과거문제로부터 얻은 상황 경험이나 지식을 사례 데이터베이스로 구축하여 어떠한 상황이나 문제가 발생하면 기존의 사례 데이터베이스에서 가장 똑같거나 또는 가장 유사한 사례를 선택하여 그 사례가 제시하는 해결책으로 현 문제에 대한 답을 제시한다.

그러나, 이는 규칙베이스 지식기반시스템에서의 정방향 추론과 같이, 주어진 지식베이스 공간에서 추론하는 것과는 다르다. 규칙베이스 지식기반시스템의 추론방식은 사용자로부터 문제에 대한 세부사항이나 혹은 질문과 대답을 통해 입력을 받아 이를 토대로 규칙베이스에서의 관련된 규칙간의 연쇄(chaining)를 통해 해답에 도달한다 ([그림 3-5] 참조).

[그림 3-5]

규칙베이스 지식기반시스템에서의 규칙의 연쇄에 의한 문제풀이

문제입력 → 규칙 1 → 규칙 2 → 규칙 3 → 규칙 4 → 해 답

이러한 추론의 문제점은 만약 똑같은 문제가 다시 주어져도 규칙베이스 지식기반시스템은 똑같은 양의 작업(추론)을 하여 같은 결론에 도달할 것이다. 즉, 한번 제시된 해답을 도출한 연쇄를 저장하여 재활용하지는 않는 것이다. 그리고 규칙베이스에서 제공하는 지식의 적용 영역을 벗어나는 문제에 대해서는 전혀 도움을 줄 수가 없다. 이러한 문제에 대해서는 다시 지식을 보충하여야만 해결 가능하게 된다.

그러나 인간 전문가와의 대담을 통해 일반적인 규칙과 근본적인 문제 해결 지식을 추출함에 있어서 매우 많은 함정이 도사리고 있다. 그 한 이유는 일반적으로 사람들은 문제를 해결하는 원리적인 지식(규칙)을 밝혀 내기보다는 단순히 과거, 그와 관련된 사례를 얘기하기 쉬워하기 때문이다. 지식 베이스는 시간의 흐름에 따라 수정, 보완되지 않으면 그 지식기반시스템은 사장되기 쉬운데, 지식 자체를 새로

이 작성하여 보완하기보다는 새로운 사례들을 보충하는 것이 보다 간편할 수 있다.

마지막으로, 규칙베이스의 문제점은 규칙베이스 시스템에서는 그 지식을 마련하고 또 유지하는 데 많은 시간과 노력이 든다는 것이다. 이는 전문가로부터 지식을 추출하는 작업은 매우 노동집약적인 일이며, 규칙과 규칙은 서로 긴밀히 연결되어 있어서 새로운 규칙을 입력한다는 것은 매우 힘든 디버깅 작업과 같기 때문이다.

사례기반 추론은 지식으로부터 추론하는 방식과는 다른 접근방법을 가진다. 과거의 사례를 바탕으로 문제를 해결하기 때문에 비록 문제가 복잡하더라도 이미 해결된 사례를 통해 해를 빨리 도출할 수 있다. 그러므로 지식이 잘 파악되지 않은 대상영역에 있어서도 사례로서 추론을 가능하게 한다. 그리고 정확히 일치되는 사례를 발견할 수 없다면 가장 유사한 사례를 변형하여 새로운 문제를 해결하도록 할 수 있으며 이렇게 해결된 사례는 다시 새로운 사례로서 저장되게 된다. 사례기반 추론에서의 추론과정은 다음 그림과 같이 표현될 수 있다.

[그림 3-6]

사례기반 추론과정

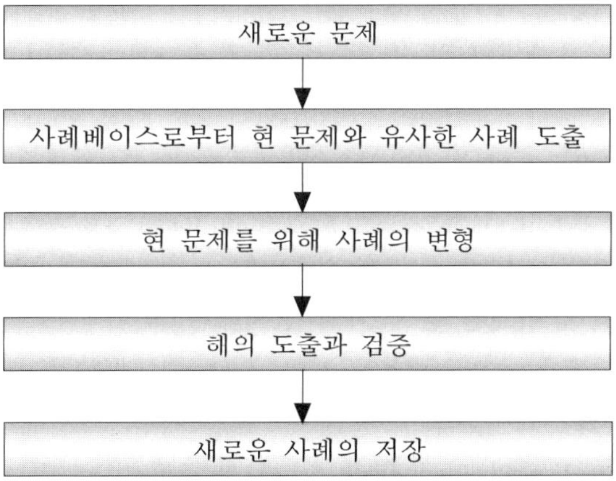

사례기반 추론에 있어 고려되어야 할 사항은 다음과 같다.

(1) 사례의 표현

사례를 어떻게 표현할 것인지를 결정하는 것이 중요하다. 사례는 간단히 표현하면 특정 상황을 묘사하는 여러 특성(feature)들의 리스트가 될 수 있다. 이러한 사례는 보통 술어, 프레임 또는 데이터베이스의 레코드 형태로 표현된다. 사례는 보통 다음과 같은 3가지 구성으로 이루어진다.

① 문제의 기술
② 이 문제에 대한 해결의 기술
③ 이 해결방법의 적용으로 인한 결과

문제의 기술의 경우 시스템의 목적에 맞는 모든 정보를 포함하는 것이 될 것이다. 예를 들어, 시스템의 목적이 환자의 병명의 진단에 있다면, ①에 해당하는 정보는 환자의 모든 증상과, 각종 검사에 대한 결과들이 될 것이고 ②는 이러한 정보를 토대로 내린 병명일 것이다. 만약 정확한 사례들만을 고려한다면 ③의 부분이 필요 없을지도 모르나 실패한 경우의 사례도 포함시켜 이에 따른 설명이나 피드백을 ③에서 기술함으로써 향후 유사한 실패의 가능성을 줄이는데 도움이 될 수 있을 것이다.

(2) 사례의 인덱싱(Indexing)

가장 유사한 사례를 신속히 도출하는 것이 사례기반 추론시스템의 주요 성능지표가 된다. 인덱스란 어떤 사례가 가장 해당 문제의 해결에 가장 적절한지를 밝혀준다. 이를 위해서는 해당 문제와 기존의 사례가 얼마나 유사한지를 측정하여 인덱싱하여야 할 것이다. 이러한 사례의 유사성을 결정하는 가장 간단한 방법으로는 먼저 각 특성간의 비교를 통해 가장 일치되는 특성이 많은 사례를 고르는 것이다. 예를 들어, 현재의 상황 특성 중 여섯 개가 일치되는 사례가 네 개 일치되는 사례보다 선호되는 것이다. 그러나 상황에 따라 어떤 특성의 비중이 다른 여러 특성보다 오히려 커지는 경우 단순히 일치되는 개수만으로는 판단하기 어렵게 된다.

일반적으로 유사성을 측정하는 공식은 다음의 형태가 될 수 있다.

$$\frac{\sum_{i=1}^{n} w_i * f(a_i, b_i)}{\sum_{i=1}^{n} w_i}$$

여기서 w_i는 특성 i의 중요도의 비중을 말하며, 함수 f는 유사성 측정 함수이며 a_i와 b_i는 각기 새로운 사례(즉 주어진 문제)와 기존의 사례의 i번째 특성값을 말한다.

다른 인덱싱 방법으로 ID3(제12장 기계학습에서 설명됨)와 같은 귀납적(inductive) 알고리즘을 이용하여 사례를 트리형태로 분류할 수도 있다. 각 사례의 결과를 가장 잘 변별할 수 있는 특성을 기준으로 계층적으로 사례를 분류해 놓으면 사례의 탐색속도가 우수하고 자동적이며 객관적으로 사례의 인덱싱이 가능하다. 그러나 이러한 방법을 사용하기 위해서는 충분한 양의 사례가 확보되어야만 정확하게 변별력있는 특성을 찾아낼 수 있다.

또한 사례를 인덱싱하는 또 하나의 방법은 지식을 이용하는 것인데 이러한 지식에 의해 어떠한 특성이 가장 유사한 사례를 도출하는데 중요한지를 결정하는 것이다. 만약 왜 이 사례가 유사하다고 도출되었는지에 대해 설명할 수 있는 지식이 존재하고 표현될 수 있다면 이는 매우 유용한 방법이 될 수 있다.

(3) 사례의 변형(Adaptation)

만약 주어진 문제에 대한 적절한 사례가 없다면 기존의 사례를 변형하여 주어진 문제상황의 요구에 일치되게 하여야 한다. 이러한 변형의 방법은 모든 문제마다 달라질 수 있으므로 일률적인 틀을 적용할 수는 없다. 보통 변형을 위한 모델이나 지식형태로써 사례의 변형방향을 결정하고 있다. 이러한 변형모델 또는 규칙(지식)을 이용해 도출된 사례를 현재 주어진 문제의 조건들을 충족시키는 사례로 변형하게 된다. 사례의 자동변형은 사례기반 추론의 핵심연구주제로서 부각되고 있다.

(4) 학습과 일반화

새로운 문제(사례)에 대해 해를 적용한 결과를 검증하여 실제 정확한 결과와 차이가 발견된다면 그 차이점을 보완하고 개선한 사례를 기존의 사례 베이스에 추가, 보완하여 인간의 경험의 축적과 같은 학습이 일어나게 할 수 있다. 또한, 사례가 축적되면서 사례의 일반적 요소를 추출해 대상문제의 중요특성을 포함하는 전형적인 사례로 저장함으로써 사례기반 추론 시스템이 해결할 수 있는 문제의 대상영역을 보다 넓힐 수 있다.

이상에서 사례기반추론의 개념을 살펴보았고, 이제 사례기반추론의 적용분야를 알아보겠다. 사례기반추론은 사실 사례화 할 수 있는 모든 분야에 적용될 수 있다 하겠다. 설계 디자인이나 일정계획 분야에서도 기존의 도면이나 일정계획을 사례화 하여 추론할 수 있다. 여기서는 가장 대표적으로 거론되는 적용사례인 컴팩(Compaq) 컴퓨터 회사의 SMART(Support Management Automated Reasoning Technology) 시스템을 들어 보겠다. 이 시스템의 목적은 고객들의 각종 문의 전화에 대한 고객지원에 있다. 여기에는 제품에 대한 소개부터 컴퓨터의 기술적 문제 해결까지 다양한 고객의 질문을 정확하게 답변해 주는 것이 포함된다. SMART 시스템의 문제해결과정은 다음과 같다.

먼저 고객으로부터 전화가 오면 상세한 내용을 SMART 시스템에 입력하게 된다. 이로부터 기존의 사례 베이스에서 가장 유사한 사례를 찾게 된다. 만약 입력정보가 부족하면 시스템은 보다 정확한 사례의 범위를 확인하기 위해 사용자에게 물을 질문을 생성한다. 운영자는 이를 사용자에게 질문하여 추가적인 대답을 시스템에 입력하게 된다. 만약 사례의 일치도가 80%의 기준을 넘으면 해당 추출된 사례를 고객에게 설명해 준다. 이 시스템은 컴팩의 대 고객 지원 서비스를 효율적으로 개선시켜 빠른 시간안에 정확한 정보를 고객들에게 지원해 줄 수 있게 하였다. 뿐만 아니라 고객지원담당사원에 대한 훈련도구로서도 이용되어 신입사원에 대한 심도있는 기술적 지식과 생산성을 증진시키는데 이용되고 있다. 컴팩은 더 나아가 이를 사용자가 직접 실행시킬 수 있는 시스템(QUICKSOURCE)을 개발하여 사용자들에 배포하였다. 이는 지식 출판(knowledge publishing)의 한 예가 될 수 있을 것이다.

이 절에서는 앞 절에서 설명한 추론방식 외에 다른 여러 가지 추론방식들에 대해 언급하겠다.

3.5 여러 가지 추론 방식

3.5.1 메타지식에 의한 추론

이미 제2장에서 언급했듯이 메타지식은 지식에 관한 지식으로, 추론을 할 때 어느 규칙을 먼저 추론할 것인지 탐색의 순서를 결정하는데 사용될 수 있다. 그리고 메타지식은 상황에 따라 지식베이스의 특정한 부분을 추론의 대상에서 제외할 수도 있다. 또한 어떠한 추론 방법을 택할 것인지도 결정할 수 있다. 그리고 메타 지식은 지식끼리 상충되어 서로 다른 결론을 내려야 할 경우 그것을 어떻게 조정할지를 결정하는데 사용될 수 있다.

3.5.2 비단조추론(Nonmonotonic Reasoning)

일반적으로 논리에서 사실이 주어지면 그에 따라 새로운 정리가 도출되고 또 이 도출된 정리로 인해 또 다른 정리 또는 사실이 나타난다. modus ponens나 삼단논법 등은 계속적으로 사실이나 공리를 증가시킨다. 따라서 이렇게 진위가 밝혀진 사실이나 새로운 정리의 수가 계속적으로 늘어나는 연역추론 과정을 단조(monotonic)하다라고 한다. 반면에 한번 밝혀진 사실이 취소된다든지 또는 다른 사실과 상충되어 어느 하나가 거짓으로 판명된다든지 또는 시간이 지남에 따라 어떤 사실이 더 이상 효력이 없다든지 하여 판명된 공리의 수가 항상 늘어나지만은 않고 오히려 줄어들 수도 있는데, 이러한 연역추론시스템을 비단조(nonmonotonic)하다라고 하고 이러한 추론을 비단조추론이라 한다. 예를 들어 항공기식별시스템에 나타난 여러 가지 증거로 봐서 현재 우리나라 상공으로 다가오는 항공기는 보통 민간여객기로 판명되었으나 그 후 여러 가지 추가적인 증거들로 인해 그것은 민간여객기가 아니라 적의 전폭기로 판명되는 경우 단조추론만 가능한 경우에는 이를 다룰 수 없으나 비단조추론의 경우에는 이와 같이 이미 추론된 사실을 다시 번복하는 것을 가능케 한다. 이것은 한번 결론난 것을 부정해 본다거나 "What If" 분석을 통해 특정 사실이 참이 아니라면 어떠한 결론을 다시 내릴 수 있는가 등을 알아볼 때 유용하다. 그러나 이러한 비단조성(nonmonotonicity)을 부여하기 위해선 추론된 결론이나 규칙마다 그것을 정당화하는 근거가 됐던 다른 사실이나 규칙과의 의존관계를 파악하고 있어야 한다. 따라서 어떠한 사실이 무위로 되었을 때 그것으로 인해 정당화되었던 관련사실들이 함께 무위로 되어야 한다. 이렇게 사실과 사실들을 정당화하는 근거를 토대로 사실들의 진위를 관리하는 것을 진위유지(truth maintenance)라고 한다. 또한 어떤 사실에 대한 정당성이 확실히 밝혀진 것에 근거를 둔 것이 아니라 어떤 가정(assumption)에 근거해 이루어질 수도 있다. 이런 경우 해당 가정이 더 이상 신빙성이 없는 것으로 밝혀지면 그것에 기초를 두고 추론되었던 결론들도 함께 수정되어야 한다. 또한 이러한 비단조추론은 어떤 사실에 대해 확실한 근거가 아직 없는 경우 달리 대안이 없으면 특정 사실을 임시적으로 인정하는 경우에도 필요하다. 이러한 것을 특별히 기본값추론(default reasoning)이라 한다. 예를 들어, Tweety라는 새가 있을 때 달리 Tweety에 대한 정보가 없으면 이 새는 날 수 있다고 보는 것이다. 그러나 나중에 알고 보니 Tweety가 펭귄으로 밝혀졌다면 Tweety는 날 수 있다는 것은 틀린 사실이 되는 것이다. 이렇게 뚜렷이 반박할 다른 증거가 없는 경우 임시로 어떤 결론을 내리는 것이다. 이는 주어진 지식이 모든 상황에 다 정확한 해답을 줄 수 없는 경우가 있기 때문이다. 이는 정보의 부재 등으로 일어난다. 이러한 경우 인간이 상식에 의해 추론하듯 기본값추론을 적용할 수 있다.

IF X가 새 THEN X는 날 수 있다

라는 기본적 지식으로서 기본값추론을 할 수 있다. 또 다른 예를 보자. 어떤 집에 화재경보가 울렸다. 이러한 경우 그 집에 불이 났기 때문이라고도 할 수 있지만 지진이 일어나서일 수도 있고 아이들이 장난을 친 것일 수도 있는 것이다. 그러나 달리 특별한 증거나 정보가 없는 한 "IF 화재경보가 울리면 THEN 화재가 났다"라는 규칙을 작동하여 임시적으로 그 집에 화재가 난 것으로 결론지을 수 있다. 그러나 이러한 기본값추론은 나중에 보다 정확한 증거가 수집되는 대로 부정될 여지가 얼마든지 있는 것이다. 이렇게 기본값추론도 한번 추론된 결과가 나중에 번복될 수 있다는 점에서 비단조추론에 포함된다.

그 외에 비단조추론의 부류에 속하는 것으로 자기인식추론(autoepistemic reasoning)이 있다. 자기인식추론이란 추론자가 자신의 불완전한 세계에 대한 지식을 토대로 추론할 수 있게 하는 것이다. 다시 말하면 "나는 p라는 것을 모른다(또는 믿지 않는다) 그러므로 q는 사실이다(q를 추론한다)"와 같은 형태의 추론이다. 예를 들어 "나는 내 형에 대해 전혀 모른다. 고로 나의 형은 존재하지 않는다"와 같다. 이는 형이 존재하였다면 내가 그를 알았어야 한다는 것에 기초한다. 이러한 자기인식추론도 비단조추론의 하나인 것은 나중에 p가 사실이라는 것이 판명되었다면, q는 더 이상 결론지을 수 없게 되기 때문이다.

3.6 불확실성하에서의 추론

3.6.1 불확실성의 원천

실제로 지식이 확실하여 애매함이 없이 정확한 경우는 오히려 드물어 지식에는 거의 필연적으로 불확실성(uncertainty)이 내포되어 있다. 따라서 수학적 논리와 같이 오직 참이냐 거짓이냐만을 다루는 결정적(deterministic)인 방법으로는 실제로 발생하는 불확실성을 제대로 나타낼 수는 없다. 불확실성이란 "판단이나 의사결정에 필요한 적절한 정보의 부족"이라 할 수 있다. 불완전한 정보나 애매한 정보, 잘못된 정보 등은 판단이나 의사결정에 있어서 불확실성을 증대시킨다. 우리는 지금까지 모든 지식에 불확실성이 없는 경우만 가정하여 오직 논리적 추론으로써 명제나 사실의 참, 거짓을 명확하게 결정지을 수 있는 경우만 생각했다. 이러한 상황에서 일어나는 추론을 정확한 추론(exact reasoning)이라 한다. 그러나 실제로는 어떠한 사실이나 지식에 대한 확실성이 100%라고 하는 경우는 극히 드물다. 따라서 불가피하게 제기되는 불확실성을 표현하고 처리할 수 있는 기능이 지식기반시스템에는 포함되어 있지 않으면 그 지식기반시스템이 처리할 수 있는 영역은 매우 한정될 수밖에 없을 것이다. 그렇다면 불확실성이 야기되는 이유는 무엇인가.

첫째, 지식의 불완전성(incompleteness), 즉 전문가로부터 얻은 지식자체의 완전성의 결여이다. 즉, 있어야 될 정보의 결여로 말미암아 정확한 결론을 내릴 수 없는 상황일 때 발생한다. 이를 다시 설명하면 규칙형태의 조건부와 결론부 사이의 상호관계가 확실히 설정되지 않은 경우이다. 즉, IF A THEN B라는 형태에서 A라는 조건부가 성립되었다고 해서 B가 성립된다는 것이 확실히 보장되지 않는 것이다. 이는 대상에 대한 전문지식의 부족이나 부실한 지식획득으로써 야기될 수도 있고, 문제영역자체가 이미 불확실성을 내포하고 있는 경우일 수도 있다. 전자의 경우는 병에 대한 진단영역에서 전문적인 의사의 자문없이 지식을 만든 경우가 해당되며, 후자의 경우는 내년의 부동산 경기예측이나 10일 후의 주가예측처럼 문제자체가 알려지지 않은 수많은 요인에 의해 결정되기 때문에 완전한 지식을 구축하는 것이 불가능한 경우이다.

둘째, 지식 표현의 애매성(vagueness) 또는 모호함(ambiguity)이다. 지식의 표현이 자연어로 표현될 경우 인간이 사용하는 애매한 용어가 포함될 수밖에 없으며 이렇게 될 경우 표현의 애매함으로 인해 내용이 여러 가지로 해석될 가능성이 있다. 예를 들어 다음과 같은 지식 표현을 보자.

> 키가 어느 정도 크고 안정된 직장을 가진 20대 후반의 남자는 A 타입의 배우자를 원한다."

여기서 "어느 정도," "안정된," "후반" 등의 표현은 해석하는 사람에 따라 구체적으로 다른 값을 가질 수 있다. 이러한 애매성을 일으키는 단어로는 많다, 적다, 크다, 작다, 길다, 짧다와 같이 양을 나타내는 형용사와 매우, 약간, 어느 정도, 거의 등 양을 나타내는 부사가 있다. 이러한 표현들은 실제로 해당되는 측정 수치로써 대응되어야 한다. 예를 들어, 170cm 이상을 "키가 크다"라고 본다든지, 180cm 이상을 "매우 크다"라고 보는 것이다. 또한 28세부터 29세를 "20대 후반"이라고 하는 것이다. 보다 자세한 내용은 퍼지집합이론에서 설명하도록 한다. 또한 이외에도 안정된, 아름다운, 웅장한, 빼어난 등의 주관적 판단을 나타내는 형용사가 지식에 포함될 경우 그 해석에 있어서 더욱 애매함이 증대될 수 있다. 따라서 안정된 직장이라는 범위를 국영기업체나 교육기관 중 3년 이상 근무 중인 직장과 같이 구체적으로 대응될 수 있어야 한다.

셋째, 지식의 오류(incorrectness)이다. 논리적 오류나 전문지식의 부족 등으로 말미암아 잘못된 지식을 생성한 경우이다. 예를 들어, 지금까지 A라는 기계가 고장이 나지 않았기 때문에 A라는 기계는 앞으로도 고장이 나지 않는다라고 추론한다면 오류가 된다.

넷째, 측정의 오류(errors of measurement)이다. 지식자체는 아무런 불확실성이 없는 것처럼 보이나 실제로 이것을 특정한 대상에 적용시킬 때, 규칙의 조건과 실제 대상과의 연계에서 오류가 발생할 수 있다. 즉 "IF A THEN B"라는 규칙에서 A라는 조건을 실제사실이나 대상과 결부시킬 때 생기는 측정이나 적용에서의 오류이다. 예를 들어, 2억 이상인 부동산 담보를 제공할 수 있는 자에게 대출을 하라고 했을 때, 부동산을 시가로 평가할 것인지 공시지가로 할 것인지에 따라 해당 지식의 적용여부가 달라질 것이다. 또 다른 예로서 주가의 패턴이 "Head & Shoulder"의 형태가 발생하면 주가가 떨어진다라는 지식이 있을 때, 주가의 패턴인식에서 사람의 주관적 경험이 반영되어 사람마다 현재의 패턴에 대한 판단이 다를 수가 있다. 또한 소음인이면 성격이 꼼꼼하다라고 한다면 누가 소음인인지에 대한 판단이 각자 다르다면 이 규칙의 적용에 오류가 발생할 수 있다.

이상에서 살펴보았듯이 불확실성은 여러 가지 원인으로 발생되는데 본 장에서는 이러한 불확실성을 어떻게 표현하고 처리하는지에 대한 문제를 다루고자 한다.

3.6.2 확률적 접근법

확률적 표현으로 지식의 불확실성을 나타내는 경우는, 예를 들어 내일 비올 확률이 80%라든지 이 병에 걸리면 5명 중 1명꼴로 사망한다라는 것이다. 확률은 불확실성을 수량적으로 표현이 가능하게 한다. 확률의 고전적 정의는 다음과 같다.

사건(event) H가 발생될 확률 P(H)는

$$\frac{\text{사건 H에 속하는 원소의 수}}{\text{표본공간(sample space)의 전체 원소의 개수}}$$

단, 표본공간의 원소는 모두 발생될 가능성이 다 같아야 한다. 이러한 확률은 다음과 같은 공리로써 정의할 수 있다.

- 확률 P(H)는 0과 1사이의 값이다.
  $0 \le P(H) \le 1$
- 모든 발생가능한 사건들의 확률의 합은 1 이다.
  $\sum P(H_i) = 1 \, \forall i$
- 상호 배타적인(mutually exclusive) k개의 사건이 일어날 확률은 각각의 발생확률의 합이다.
  $$P(H_1 \cup H_2 \cup \cdots \cup H_k) = \sum_{i=1}^{k} P(H_i)$$

그리고 지식기반시스템에서 중요한 확률의 특성은 어떤 사건(또는 가설)과 그 사건의 여집합(complement)이 발생할 확률의 합은 1이다라는 것이다.

$$P(H) + P(\neg H) = 1$$

그리고 확률값을 측정하는 데에는 다음과 같은 방법이 사용될 수 있다.

첫째, 모든 발생가능한 사건들을 알고 있고 또한 모든 사건들이 동일한 발생 가능성을 갖고 있다면, 전통적인 확률정의대로 사건 H가 발생할 확률 P(H)는 n/N, 즉 사건 H에 속하는 원소의 수 n을 발생가능한 모든 원소의 수 N으로 나눔으로써 사전적으로 계산될 수 있다. 즉, 주사위 눈이 1이 나올 확률 1/6은 그 주사위가 정육면체라면 주사위를 던져 보지 않고서도 계산될 수 있다.

둘째, 사전적인 계산이 불가능할 경우 실험이나 경험적인 데이터를 통하여 사후적으로 확률을 추정할 수 있다. 즉, P(H)는

$$\lim_{N \to \infty} \frac{f(H)}{N}$$

으로 계산된다. 여기서 f(H)는 N번의 실험(관찰)에서 사건 H가 발생한 횟수를 나타낸다. 물론 실제적으로 실험 또는 관찰의 횟수를 무한대로 할 수는 없기 때문에 P(H)의 근사값으로 측정될 것이다.

셋째, 첫째와 둘째의 경우와 달리 관심 있는 사건에 대해 실험이 불가능하거나 과거에 그런 사건이 반복적으로 나타난 사례가 없는 경우, 예를 들어 새로운 장소에 유전을 개발할 경우 유전이 발견될 확률을 계산하는 경우에는 주관적인 확률값을 산정한다. 즉, 전문가의 경

험이나 판단, 의견 또는 믿음을 확률의 값으로 나타내는 것이다. 즉, P(H)는 사건 H가 일어나리라고 믿는 정도(degree of belief)를 나타내는 것으로 이는 전통적인 의미의 확률이 아니다. 그러나 이러한 주관적 확률은 지식기반시스템에서 매우 유용하다. 왜냐하면 지식기반시스템이 주로 전문가의 주관적 판단을 기초로 지식을 구성하기 때문이다.

이제 규칙과 결부하여 확률적 불확실성을 나타내 보자. 어떤 규칙의 조건부를 증거(evidence) 그리고 결론부를 가설(hypothesis)이라고 해석할 경우,

IF < 증거 > THEN < 가설 >

로 나타내지면 여기에 불확실성을 확률로써 나타내면,

IF < 증거 > THEN < 가설 > WITH 확률 P

라는 형태로 나타낼 수 있다. 이는 규칙의 조건부에 있는 증거가 참으로 관찰되면 가설 H도 참일 정도는 확률 P라고 할 수 있다는 것이다. 이러한 확률의 개념을 이용한 불확실성의 처리방법 중 가장 대표적인 것이 베이지안(Bayesian) 확률이론인데 다음은 베이지안 확률이론에 대해 살펴보기로 하자.

임의의 증거 E가 주어졌을 경우 가설 H가 참인 확률은 조건부확률(conditional probability) P(H|E)로써 나타낼 수 있다. 조건부 확률은 정의에 의해

$$P(H|E) = \frac{P(E \cap H)}{P(E)} \quad \cdots\cdots (식\ 3\text{-}1)$$

이며, 여기서 $P(H \cap E)$는 H와 E가 동시에 발생할 확률이다. 그런데 확률의 곱셈법칙에 따라

$$P(E \cap H) = P(H|E)P(E) = P(E|H)P(H) \quad \cdots\cdots (식\ 3\text{-}2)$$

이므로 (식 3-1)은 다음과 같이 쓸 수 있다.

$$P(H|E) = \frac{P(E|H)P(H)}{P(E)} \quad \cdots\cdots (식\ 3\text{-}3)$$

또한, 확률의 분할법칙을 따르면

$$\begin{aligned} P(E) &= P(E \cap H) + P(E \cap \neg H) \\ &= P(E|H)P(H) + P(E|\neg H)P(\neg H) \quad \cdots\cdots (식\ 3\text{-}4) \end{aligned}$$

이다. 여기서 ¬H는 H의 여사건(H가 아닌 사건)을 가르킨다. (식 3-4)를 (식 3-3)에 대입하면 (식 3-3)은,

$$P(H|E) = \frac{P(E|H)P(H)}{P(E|H)P(H) + P(E|\neg H)P(\neg H)} \quad \cdots\cdots\cdots\cdots \text{(식 3-5)}$$

이 된다. (식 3-5)는 베이즈정리(Bayes Theorem)의 특수한 경우이다. 만약 상호 배타적(mutual exclusive)인 가설 H_1, H_2, …, H_n이 있다면 (식 3-5)를 확장하여

$$P(E) = \sum_{j=1}^{n} P(E \cap H_j) = \sum_{j=1}^{n} P(E|H_j)P(H_j) \quad \cdots\cdots\cdots\cdots \text{(식 3-6)}$$

이고 E가 주어졌을 때 i번째 가설 H_i의 조건부확률 $P(H_i \mid E)$는 다음과 같다.

$$P(H_i|E) = \frac{P(E|H_i)P(H_i)}{\sum_{j=1}^{n} P(E|H_j)P(H_j)} \quad \cdots\cdots\cdots\cdots \text{(식 3-7)}$$

(식 3-7)을 베이즈 정리라 한다.

베이지안 확률론에서는 $P(H_i)$를 사전확률(prior probability), $P(H_i \mid E)$를 사후확률(posterior probability)이라 한다. 사전확률은 증거 E를 관찰하기 전의 가설 H_i가 참일 확률이고 사후확률은 증거 E를 관찰하고나서의 H_i가 참일 확률이다. (식 3-7)을 이용하여 $P(H_i)$와 $P(E \mid H_i)$의 확률이 주어진다면 사후확률 $P(H_i \mid E)$를 얻을 수 있다. 이제 베이즈정리를 이용하여 사후확률을 구해보는 예를 살펴보겠다.

특정 지역에 유전이 있을 확률을 $P(H_1)$ 라고 하고, 유전이 없을 확률을 $P(H_2)$라 할 때 이들 사전확률이 다음과 같이 주었다고 하자.

$$P(H_1) = 0.6 \quad P(H_2) = 0.4$$

유전발견의 중요한 도구 중 하나는 폭발물을 이용한 인공지진에 의한 탐사(지진탐사)이다. 이 폭발음이 울리는 소리를 여러 지점에서 포착하여 전파속도, 음파의 변형도 등을 토대로 해당 지역의 지질구조가 유전이 있을 구조로 되어 있는지를 파악하게 된다. 그러나 이 방법이 100% 적중되는 것은 아니다. 그러나 과거 이 지진탐사방법을 사용해 본 결과 다음과 같은 조건부확률(conditional probability)을 갖는다고 가정하자. E는 지진탐사결과 유전이 있다는 반응을 나타내는 기호이다.

$P(E \mid H_1)=0.8$: 유전이 있는 지역에서 지진탐사를 한 결과 유전이 있다는 반응을 보일 확률

$P(E \mid H_2)=0.1$: 유전이 없는 지역에서 지진탐사를 한 결과 유전이 있다는 반응을 보일 확률

이때, $P(H_1 \mid E)$과 $P(H_2 \mid E)$는 다음과 같이 계산된다.

$$\begin{aligned} P(H_1|E) &= \frac{P(E|H_1)P(H_1)}{P(E|H_1)P(H_1)+P(E|H_2)P(H_2)} \\ &= \frac{(0.8)(0.6)}{(0.8)(0.6)+(0.1)(0.4)} \\ &= 12/13 = 0.923 \end{aligned}$$

$$\begin{aligned} P(H_2|E) &= \frac{P(E|H_2)P(H_2)}{P(E|H_1)P(H_1)+P(E|H_2)P(H_2)} \\ &= \frac{(0.1)(0.4)}{(0.8)(0.6)+(0.1)(0.4)} \\ &= 1/13 = 0.077 \end{aligned}$$

여기서 지진탐사의 실험정보가 유전이 있다는 반응을 보인 증거가 유전이 있을 확률을 사전확률 값 0.6에서 사후확률 값 0.923으로 높여주었고 유전이 없을 확률은 0.4에서 0.077로 낮아진 것을 볼 수 있다. 이는 지진탐사라는 증거가 결론에 대한 불확실성을 낮게 한 것이라 할 수 있다.

또한 Odds와 Likelihood ratio를 이용하여 사후확률을 계산할 수도 있다. 이는 사후확률에 대한 의미가 주관적인 믿음의 정도를 나타낼 때 유용하다. Odds란 내기에서 건 돈의 비율과 같은 뜻으로, A라는 자동차가 시동이 걸릴 것인가에 대해서 걸린다는 쪽의 확률이 90%, 안 걸린다는 쪽의 확률이 10% 라면 9 : 1의 비율로 시동이 걸린다는 쪽으로 돈을 건다는 것이다. 다시 말하면, 누가 1,000원을 내고 시동이 안 걸린다는 쪽으로 내기를 했다면 우리는 9,000원을 내고서라도 시동이 걸린다는 쪽으로 내기를 할 수 있다는 것이다. 이를 식으로 표현하면 다음과 같다.

$$\text{Odds} = \frac{\text{이길 확률}}{\text{질 확률}}$$

그리고 이것이 특정 사건 H와 연관되어 H가 발생하면 이긴다고

할 때,

$$\text{Odds} = \frac{P(H)}{P(\neg H)} = \frac{P(H)}{1-P(H)}$$

또한 Odds를 먼저 안다고 했을 때, 위 식으로부터

$$P(H) = \frac{\text{Odds}}{1+\text{Odds}}$$

로 계산할 수 있다. 예를 들어, Odds 값이 9라는 것은 사건 H가 일어날 확률을 90%로 간주할 수 있다는 것이다. 부호 O( )를 이용하여 Odds를 표현한다면, H에 대한 사전 Odds는,

$$O(H) = \frac{P(H)}{P(\neg H)}$$

증거 E가 주어졌을 때 H에 대한 사후 Odds는,

$$O(H|E) = \frac{P(H|E)}{P(\neg H|E)}$$

로 정의된다. 이때도

$$O(H|E) = \frac{P(H|E)}{1-P(H|E)}$$

이므로

$$P(H|E) = \frac{O(H|E)}{1+O(H|E)}$$

라고 할 수 있다. 따라서 사후 Odds를 측정할 수 있으면 사후확률이 계산된다. 이는 사전확률 P(H)나 P(E | H)를 미리 추정하지 않더라도 사후확률을 계산할 수 있게 하므로 보다 실용성이 있다. 위의 유전문제에 적용시키면 지진탐사의 실험정보가 유전이 있다는 반응을 보였을 경우 유전이 있으리라는 것과 없으리라는 것의 Odds 값이 12로 주어진다면, 즉 다시 말하면 유전이 있다는 것에 없다는 것보다 12배의 돈을 걸 수 있다면 유전이 있다는 사후확률은 12/13이 되는 것이다. 또한 사후 Odds는 Likelihood ratio를 이용하여 다음과 같이 구할 수 있다.

간단한 베이즈 이론으로부터

$$P(H|E) = \frac{P(E|H)P(H)}{P(E)} \quad \cdots\cdots \text{(식 3-8)}$$

이고,

$$P(\neg H|E) = \frac{P(E|\neg H)P(\neg H)}{P(E)} \quad \cdots\cdots \text{(식 3-9)}$$

인데 (식 3-8)을 (식 3-9)로 나누면,

$$\frac{P(H|E)}{P(\neg H|E)} = \frac{P(E|H)P(H)}{P(E|\neg H)P(\neg H)} \quad \cdots\cdots \text{(식 3-10)}$$

Likelihood ratio LR(H|E)를 다음과 같이 정의하면

$$LR(H|E) = \frac{P(E|H)}{P(E|\neg H)}$$

(식 3-10)은 다음과 같이 표현될 수 있다.

$$O(H|E) = LR(H|E)O(H) \quad \cdots\cdots \text{(식 3-11)}$$

이는 사후 Odds를 추정하기 힘든 경우 사전 Odds와 Likelihood Ratio를 이용하여 사후 Odds를 추정할 수 있다. 앞의 석유탐사 예에서는,

$$LR(H|E) = \frac{P(E|H)}{P(E|\neg H)} = 0.8/0.1 = 8$$

즉, 유전이 있는 지역에서 지진탐사 실험결과 유전이 있다는 반응을 보일 것에 유전이 없는 지역에서 지진탐사 실험결과 유전이 있다는 반응을 보인다는 것보다 8배의 돈을 걸 수 있다는 것이다. 또한 해당 지역에서 유전이 있다는 것과 없다는 것에 3:2의 비중을 둘 수 있으므로,

$$O(H) = \frac{P(H)}{P(\neg H)} = 0.6/0.4 = 3/2$$

이 두 값으로써 사후 Odds는

$$O(H|E) = 8 \times (3/2) = 12$$

이고, 따라서 지진탐사반응 결과 유전이 있다고 나왔을 때 유전이 있을 사후확률은,

$$P(H|E) = 12/(1+12) = 12/13$$

로 계산된다.

이제 또 다른 예로써 투자의사결정과 관련하여 적용된 예를 들어보겠다. 먼저 다음과 같은 데이터가 있다고 하자.

산 업	수 익 률		합 계
	높다(≥ 30%)	낮다 (< 30%)	
전자산업	40	10	50
기 타	50	100	150
합계	90	110	200

위의 2 차원 평면의 빈도수 표는 200 개의 주식으로부터 얻은 데이터이다. 이제 각 가설 H, H´와 증거 E, E´가 다음과 같다고 하자.

가설 H = 수익률이 높다

가설 H´ = 수익률이 낮다

증거 E = 전자산업이다

증거 E´ = 전자산업이 아니다

만약에 개별 주식에 대한 아무런 정보가 없다면 어떤 주식을 선택했을 때 기대되는 수익률에 대한 확률은 다음과 같이 사전확률로써 얻어진다.

P(높다) = 90/200 = 0.45

P(낮다) = 1 − P(높다) = 0.55.

만약 주식이 속한 산업을 안다면 (식 3-11)을 이용할 수 있다. 먼저 사전 Odds는 다음과 같이 계산된다.

O(높다) = P(높다)/[1 − P(높다)]

= (90/200)/[1 − 90/200]

= 0.8181.

Likelihood ratio는,

LR(높다/전자산업) = P(전자산업|높다)/P(전자산업|낮다)

= (40/90)/(10/110)

= 4.888

따라서 (식 3-11)에 의해,

O(높다|전자산업) = LR((높다/전자산업)O(높다)

= (4.888)(0.8181)

= 3.996

이를 사후확률로 전환하면,

P(높다|전자산업) = 3.996/(1 + 3.996)

= 0.8006.

그러므로 어떤 주식이 전자산업에 속한다는 사실로 인해 수익률이 높을 확률은 0.45에서 0.80으로 30% 이상 증가하였다.

또한 기업이 수출위주의 기업이냐 내수위주의 기업이냐에 대한 추가적인 정보가 있고 그에 대한 빈도수 표가 다음과 같다고 하자.

시장	수 익 률		합계
	높다(≥ 30%)	낮다 (< 30%)	
수출	50	30	80
내수	40	80	120
합계	90	110	200

앞에서와 같은 방법으로 사후확률은 다음과 같이 계산된다.

LR(높다|수출) = P(수출|높다)/P(수출|낮다)

= (50/90)/(30/110)

= 2.037

그러므로,

O(높다|전자산업, 수출)

= LR(높다|수출)LR(높다|전자산업)O(높다)

= LR(높다|수출)O(높다|전자산업)

= (2.037)(3.996)

= 8.14.

그리고

P(높다|전자산업, 수출) = 0.8907

이제 수출위주와 전자산업이란 두 가지 정보를 알았을 때의 높은 수익률이 발생될 사후확률은 0.45에서 0.8907로 늘어났다.

이제 하나의 증거 E가 아닌 여러 개의 증거들로 규칙의 조건부가 이루어졌을 경우를 생각해 보자. 이때의 사후확률은 다음과 같다.

$$P(H_i|E_1 \cap E_2 \cap \ldots \cap E_k) = \frac{P(E_1 \cap E_2 \cap \ldots \cap E_k | H_i)P(H_i)}{\sum_{j=1}^{n} P(E_1 \cap E_2 \cap \ldots \cap E_k | H_j)P(H_j)} \quad \cdots\cdots (식\ 3\text{-}12)$$

여기서 $P(E_1 \cap E_2 \cap \cdots \cap E_k | H_j)$를 추정하여야 하는데, 바로 추정이 불가능하다면 (식 3-12)에서 나온 확률의 곱셈법칙을 확장하면 다음을 얻을 수 있다.

$$P(E_1 \cap E_2 \cap \cdots \cap E_k | H_j) = P(E_1 | E_2 \cap \cdots \cap E_k \cap H_j)P(E_2 | E_3 \cap \cdots \cap E_k \cap H_j)\cdots P(E_k | H_j) \quad \cdots\cdots (식\ 3\text{-}13)$$

그러나 위의 식을 이용하려면 증거들과 가설간의 조건부확률들을 다시 추정해야 한다. 이것은 상당히 복잡한 문제이다. 만약 증거 E_i들간에 조건부독립(conditionally independent) 관계가 유지된다면 (식 3-13)은 다음과 같이 보다 간단하게 표현될 수 있다.

$$P(E_1 \cap E_2 \cap \cdots \cap E_k | H_j) = P(E_1 | H_j)P(E_2 | H_j)\cdots P(E_k | H_j) \quad \cdots\cdots (식\ 3\text{-}14)$$

조건부독립이라는 것은 H_j를 알고 있는 상황에서 어떤 증거들을 관찰한 것이 그와 다른 증거의 관측에 아무런 영향을 미치지 못한다는 것을 의미한다. 그러나 조건부독립이라는 가정이 어느 분야에나 늘 해당되지는 않기 때문에 적용에 제한이 있다. 또한 조건부독립이라는 가정하에서도 하나의 새로운 증거 E_i가 추가되면 $P(E_i | H_1)$, …, $P(E_i | H_n)$을 추가로 추정해야 한다. 따라서 규칙이 많다면 이에 포함된 증거와 가설의 수도 많다는 것이고 이에 따라 추정해야 할 요소들은 더욱 많아지게 된다.

이상과 같은 베이지안 접근법은 이론적으로는 잘 정리되어 있으나 실제로 적용할 경우 사전확률 $P(H_j)$와 조건부 확률 $P(E_i | H_j)$을 알고 있어야 하며, 각 증거들이 조건부독립을 만족하거나 또는 각 증거들 사이의 조건부확률을 알아야 한다. 따라서 이 접근법은 확률적 추

정이 용이하거나 복잡하지 않은 영역의 문제해결에만 유용하게 사용될 수 있다.

3.6.3 확신도(Certainty Factor)

IF E THEN H라는 규칙에서 E라는 증거가 있음에도 H라는 결과가 100% 나오지 않을 경우, 앞에서 확률적 방법론을 이용하여 이를 $P(H|E)$라는 조건부확률로 표현할 수 있다고 하였다. 또한 이 조건부확률은 베이즈정리를 이용하여 다음과 같이 구할 수 있다.

$$P(H_i|E) = \frac{P(E|H_i)P(H_i)}{\sum_{j=1}^{n} P(E|H_j)P(H_j)}$$

그러나 이러한 베이지안 접근법은 이론적으로는 매우 명확하나 실제 문제에 적용함에 있어 여러 가지 문제점이 발생될 수 있다.

첫째, 조건부확률 $P(H_i|E)$를 알기 위해 사전확률 $P(H_j)$와, 조건부확률 $P(E|H_j)$를 알아야 한다. 예를 들어, E가 환자의 몸에 나타나는 증상이고 H_i가 질병이라 하자. 어떤 증상 E가 있을 때 어떤 병 H_i일 확률 $P(H_i|E)$를 알기 위해서는, 각 질병들의 사전확률 $P(H_j)$와 질병 H_j임을 알고 있을 때 증상 E가 나타날 확률 $P(E|H_j)$가 주어져야 하나 현실적으로 이들에 대한 데이터가 부족한 경우가 많다.

둘째, 위의 식에서 각 질병들 H_i는 서로 배타적인, 즉 $P(H_i \cap H_j) = 0$ 이어야 하나 어떤 환자의 경우 두세 가지의 질병이 동시에 나타날 수 있기 때문에 이러한 상호 배타적이어야 한다는 가정이 만족되지 않을 수 있다.

셋째, 새로운 증상들이 추가될 때 $P(H_i|E_1 \cap E_2 \cap \cdots \cap E_n)$을 구하기 위해서는 더욱 복잡한 증상들간의 조건부확률들이 주어져야 한다. 그리고 이를 간단히 하기 위한 증상들간의 조건부독립이라는 가정, 즉 $P(E_i|E_j \cap H_k) = P(E_i|H_k)$이 적용되지 않을 수도 있다.

넷째, 확률의 정의상 $\sum P(H_i) = 1$이어야 하는데, 새로운 질병이 추가된다면 이들 사전확률값과 또 이러한 새로운 질병과 관련된 각 증상들의 조건부확률값을 새로이 추가시켜야 하며, 따라서 기존의 규칙들과 관련된 조건부확률값을 새로이 수정해야 하는 복잡한 과정을 거쳐야 한다.

다섯째, 확률값의 추정에 있어서 부족한 데이터 등으로 인해 사전적인 계산이나 사후적인 실험으로 여러 확률값을 구할 수 없는 경우 주관적 확률값을 추정할 수 있다. 이때 확률값은 전문가의 확신의 정도를 나타내게 된다. 그러나 이 경우에는 다음과 같은 문제가 발생할 수 있다. 세 가지 증상 E_1, E_2, E_3가 모두 사실일 때 H라는 질병이라는 것을 0.7의 정도로 가능성이 있다고 어느 전문가가 제시했다고 하자. 이는 조건부확률로 표현하면 다음과 같다.

$$P(H|E_1 \cap E_2 \cap E_3) = 0.7$$

여기서 0.7은 주관적 확률값이다. 그러나 그렇다고 해서 아래의 식과 같이 3가지 증상 모두 사실일 때 질병 H가 아닐 가능성에 대한 확신이 0.3이라고 이야기할 수 있는 것은 아니다.

$$P(\neg H \mid E_1 \cap E_2 \cap E_3) = 0.3$$

0.3이라는 것은 확률의 공리상 $P(H \mid E)+P(\neg H \mid E)=1$이기 때문에 계산된 것이다. 따라서 이것이 성립되지 않는다는 것은 0.7이라는 값이 확률값이 아니라는 것을 의미한다. 위와 같은 공리가 성립되지 않는 이유는 0.7이라는 부분에 대해선 질병 H라고 확신하나 그렇다고 0.3만큼 질병 H가 아니라고 확신한다는 것은 아니기 때문이다. 이것은 확신과 불신이 따로 취급되어야 함을 의미한다. 0.3은 단지 모르는(unknown)부분이다. “모른다” 또는 “무시한다”는 것과 적극적으로 “부정(refute)한다”는 것은 다른 개념이다. 확률의 공리를 따른다면 0.7 만큼 질병 H라고 확신해야 하고, 또 동시에 0.3만큼 질병 H가 아니라고 확신해야 한다. 만약 이렇게 확신과 불신이 동시에 존재한다면 차라리 확신의 강도를 낮추어 표현해야 될 것이다. 즉, 0.4만큼으로 확신을 줄여야 할 것이다. 만약 0.7로서 그대로 둔다면 나머지 0.3은 불신이 아니라 단지 생각할 수 없는, 또는 모르는 영역일 뿐이다.

확신도(certainty factor)는 앞에서 제기된 바와 같은 실제적인 문제를 해결하기 위한 확률적 접근방법의 대체안으로서 MYCIN을 개발하는 과정에서 Shortliffe와 Buchanan(1975)가 고안한 방법이다. 이들은 엄청난 양의 확률값 추정과 확률적 공리와 가정을 만족해야만 하는 확률이론이 실제 적용되기 어려운 문제에 있어, 비확률적이며 비정형적인 방법을 채택하였다. 비록 그것이 이론적으로는 떨어진다 해도 해당 영역의 전문가들이 오랫동안 사용해 온 그들의 판단과정을 잘 모형화할 수 있다면 보다 유용하지 않겠느냐는 것이다.

확신도는 확신의 정도(degree of confirmation)를 나타내며 다음과 같이 확신(belief)과 불확신(disbelief)의 차로써 표현된다.

$$CF(H, E) = MB(H, E) - MD(H, E)$$

여기서

CF는 증거 E가 주어졌을 때 가설 H에 대한 확신도,

MB는 E로 인한 H에 대한 증가된 확신의 정도(measure of increased belief),

MD는 E로 인한 H에 대한 증가된 불확신의 정도(measure of increased disbelief)를 말한다.

확신도는 확신과 불확신을 결합하여 하나의 수로 표현하는 방법이다. 확신의 정도와 불확신의 정도는 다음의 확률형태로 표현될 수 있다.

$$MB(H, E) = \begin{cases} 1 & P(H) = 1\text{인 경우} \\ \dfrac{\max[P(H|E),\ P(H)] - P(H)}{1 - P(H)} & \text{그 외의 경우} \end{cases}$$

$$MD(H, E) = \begin{cases} 1 & P(H) = 0\text{인 경우} \\ \dfrac{P(H) - \min[P(H|E),\ P(H)]}{P(H)} & \text{그 외의 경우} \end{cases}$$

위 식에서의 MB의 의미는 사전적으로 가설 H가 지지되지 않는 영역 1-P(H)와 증거 E를 통해 증가된 확신과의 비율이다. 또한 MD는 사전적으로 가설 H가 지지되는 영역 P(H)와 E로 말미암아 줄어든 확신과의 비율이다. 위 식을 다시 쓰면,

$$MB(H, E) = \begin{cases} 1 & P(H) = 1\text{인 경우} \\ \dfrac{\max[P(H|E),\ P(H)] - P(H)}{\max[1, 0] - P(H)} & \text{그 외의 경우} \end{cases}$$

$$MD(H, E) = \begin{cases} 1 & P(H) = 0\text{인 경우} \\ \dfrac{\min[P(H|E),\ P(H)] - P(H)}{\min[1, 0] - P(H)} & \text{그 외의 경우} \end{cases}$$

가 된다. max[1, 0]은 항상 1이고, min[1, 0]은 항상 0이다. 위와 같이 쓴 것은 MB와 MD간의 대칭성을 보여 주기 위함이다. 하나의 증거 E

로 말미암아 같은 H에 대해 동시에 확신과 불신의 증가를 가질 수 없기 때문에, MB(H, E)>0이면 MD(H, E)=0이고, MD(H, E)>0이면 MB(H, E)=0이다. 만약 증거 E가 가설 H와 독립적이면, MB(H, E)=MD(H, E)=0이 된다.

각각의 값의 범위는 다음과 같다.

$$0 \leq MB \leq 1$$
$$0 \leq MD \leq 1$$
$$-1 \leq CF \leq 1$$

CF는 주어진 어떤 증거로 인한 확신의 순증가도를 의미한다. CF>0이라는 것은 MB-MD>0으로써 주어진 증거는 가설에 대한 확신을 증가시켰고, CF=1이라는 것은 증거로 인해 가설이 명백히 증명되었다는 것이고, CF=0일 때는 두 가지 경우가 있는데 MB=MD=0인 경우, 어느 것도 확신할 수 없는 것이고, MB=MD>0인 경우는 확신이 불확신에 의해 상쇄되었다는 것이다. CF가 음의 값을 가진다는 것은 가설이 부정이라는 확신이 더 크다는 것이다.

CF=0.7이라는 것은 확신이 불확신보다 70% 크다는 것이다. 결국 MB와 MD 각각의 값이 중요한 것이 아니라 이 둘의 차가 중요하다.

예를 들어 다음의 경우 모두 같은 CF값을 가진다.

$$CF = 0.7 = 0.7 - 0.0 = 0.8 - 0.1, \cdots$$

MB와 MD가 동시에 0이 아닌 경우는 같은 가설에 대해 다수의 증거로 인해 발생할 수 있다. 예를 들어 E+ 와 E−가 있을 경우, E+는 H에 대한 확신을, E−는 H에 대한 불신을 증가시키는 증거라고 하면, 같은 H에 대하여 E+로 인해 MB(H, E+) > 0이고 동시에 E−로 인해 MD(H, E−) > 0이 될 수 있다.

확신도(Certainty Factor)에서는 어떤 증거로 인해 가설을 CF(H, E)만큼 확신한다고 해서 그 가설의 불확신 정도가 1−CF(H, E)를 의미하지 않는다. 즉,

$$CF(H, E) + CF(\neg H, E) \neq 1$$

이다. 이는 증거 E가 H에 대해 CF(H, E)만큼 확신을 증가시켰다고 해

서, 1-CF(H, E) 만큼 H가 아니라는 확신을, 즉 불신을 증가시켰다고 보지 않는다. 이것은 확률론에서의 공리와는 다른 면이다.

확신도에서는 다음 식이 성립한다.

$$CF(H, E) + CF(\neg H, E) = 0$$

위 식의 의미는 어떤 증거로 인해 가설 H의 확신도가 증가된 만큼 H가 부정이라는 것에 대한 확신은 그만큼 줄어든다는 것이다. 예를 들어, 어떤 학생이 학점 A를 받음으로써 졸업에 대한 확신이 70% 증가하였다면 졸업을 못하리라는 것에 대한 확신은 70%만큼 줄어든 것으로 생각할 수 있기 때문이다.

$$CF(H, E) = 0.7 \qquad\qquad CF(\neg H, E) = -0.7$$

이제는 MB와 MD에 관한 성질을 알아보겠다. E+는 가설 H를 지지하는 현재까지 수집된 증거들의 집합이고, E−는 H를 불신하는 현재까지 수집된 증거들이라고 하자.

(1) 증거에 수집에 따른 확신과 불신의 증가

① MB(H, E+)는 H에 대한 지지 증거들이 점점 발견될수록 1에 가까이 점점 증가하며, H를 논리적으로 확실히 확신케 하는 증거가 있을 때, 그리고 그 때에만 MB는 1이 된다.

② MD(H, E−)는 H에 대해 불신을 증가시키는 증거들이 점점 발견될수록 1에 점점 가까이 증가하고, H를 논리적으로 확실히 부정하는 증거가 있을 때, 그리고 그 때에만 MD는 1이 된다.

③ $CF(H, E-) \le CF(H, E+ \wedge E-) \le CF(H, E+)$

(2) 절대적 확신과 절대적 불신

① 증거 E+로 인한 MB(H, E+)=1이면 불신의 증거 E−가 어떠한 정도이든 MD(H, E−)=0이다. 따라서 CF(H, E+)=1이다.

② 증거 E−로 인한 MD(H, E−)=1이면 확신의 증거 E+가 어떠한 정도이든 MB(H, E+)=0이다. 따라서 CF(H, E−)=−1이다.

③ MB(H, E+)=MD(H, E−)=1인 경우는 모순이고, 따라서 CF 는 정의가 안된다.

(3) 연속적으로 추가되는 증거

① $MB(H, E_1 \wedge E_2) = \begin{cases} 0 & MD(H, E_1 \wedge E_2)=1\text{일 경우} \\ MB(H, E_1)+MB(H, E_2)(1-MB(H, E_1)) & \text{나머지 경우} \end{cases}$

② $MD(H, E_1 \wedge E_2) = \begin{cases} 0 & MB(H, E1 \wedge E2)=1\text{일 경우} \\ MD(H, E_1)+MD(H, E_2)(1-MD(H, E_1)) & \text{나머지 경우} \end{cases}$

(4) 교환법칙(Commutativity)

E_1이 E_2보다 먼저 관측된 증거라고 한다면,

① $MB(H, E_1 \wedge E_2)=MB(H, E_2 \wedge E_1)$

② $MD(H, E_1 \wedge E_2)=MD(H, E_2 \wedge E_1)$

③ $CF(H, E_1 \wedge E_2)=CF(H, E_2 \wedge E_1)$

증거의 발견된 순서는 가설의 확신과 불신에 영향을 미치지 않아야 한다.

지금까지는 E가 확실하다는 가정하의 CF(H, E)만을 생각했다. 그러나 E에도 불확실성이 존재한다면 다시 말해 만약 E자체에 관한 확실성이 1이 아니라면 규칙 IF E THEN B의 확신도 CF(H, E)는 다음과 같이 CF(H, e)로 대체되어야 한다.

$$CF(H, e) = CF(H, E)CF(E, e)$$

CF(E, e)는 규칙의 조건인 증거 E의 확신도는 또 달리 관측된 전제증거인 e로 표현된다는 것을 보여 준다. 여기서 CF(E, e)=1이라면 CF(H, E)만으로 H의 증거 E로 인한 확신도가 표시된다. 위의 식을 다시 쓰면,

$$CF(H, e) = (MB(H, E) - MD(H, E)) \cdot \max(0, CF(E, e))$$

여기서 max를 쓴 것은 $CF(E, e)<0$인 것은 모두 0으로 보겠다는 의미이다.

조건부를 구성하는 증거가 여러 개로 구성되어 있다고 하자. 다음과 같이 조건문이 세 개의 증거의 AND 결합형태인 규칙이 있다면,

IF E_1 AND E_2 AND E_3 THEN H

이때

$$CF(H,E) = CF(H, E_1 \wedge E_2 \wedge E_3) = 0.7$$

$$MB(E_1, e) = 0.5,\ MD(E_1, e) = 0,\ CF(E_1, e) = 0.5$$

$$MB(E_2, e) = 0.6,\ MD(E_2, e) = 0,\ CF(E_2, e) = 0.6$$

$$MB(E_3, e) = 0.3,\ MD(E_3, e) = 0,\ CF(E_3, e) = 0.3$$

이라고 할 때,

$$\begin{aligned} CF(E,e) &= CF(E_1 \wedge E_2 \wedge E_{3,} e) \\ &= MB(E_1 \wedge E_2 \wedge E_3, e) - MD(E_1 \wedge E_2 \wedge E_{3,} e) \\ &= \min\,(MB(E_1, e),\ MB(E_2, e),\ MB(E_3, e)) - \\ &\quad \max\,(MD(E_1, e),\ MD(E_2, e),\ MD(E_3, e)) \\ &= \min\,[0.5,\ 0.6,\ 0.3] - 0 \\ &= 0.3 \end{aligned}$$

$$\begin{aligned} CF(H,e) &= CF(E,e)\ CF(H,E) \\ &= 0.3 \cdot 0.7 \\ &= 0.21 \end{aligned}$$

또 다른 확신도 결합의 형태는 두 개의 규칙이 동일한 가설을 결론으로 할 때 나타난다. 이 두 개 규칙의 확신도를 각각 CF_1과 CF_2 라고 하면 같은 가설을 결론으로 하는 이 두 개 규칙의 결합된 확신도는 다음과 같다.

$$\text{결합 } CF(CF_1,\ CF_2) = \begin{cases} CF_1 + CF_2(1 - CF_1) & \text{두 개 CF 모두} > 0 \\ \dfrac{CF_1 + CF_2}{1 - \min(|CF_1|, |CF_2|)} & \text{두 개의 부호가 다를 때} \\ CF_1 + CF_2(1 + CF_1) & \text{두 개 CF 모두} < 0\text{일 때} \end{cases}$$

세 개 이상의 CF를 결합할 때는 먼저 두 개를 결합한 후 그 결과에 세번째 CF를 결합하는 식으로 결합하면 된다. 예를 들어, 두 개의 CF가 각각 $CF_1 = 0.21$, $CF_2 = 0.5$일 때 이 둘의 결합은,

$$\text{결합 } CF(CF_{1,} CF_2) = 0.21 + 0.5(1 - 0.21) = 0.605$$

이다. 또한 세번째 규칙이 같은 가설을 결론으로 하되 $CF_3 = -0.4$ 라면

$$\text{결합 CF}(0.605, -0.4) = \frac{0.605 - 0.4}{1 - \min(|0.605|, |-0.4|)}$$
$$= \frac{0.205}{1 - 0.4}$$
$$= 0.34$$

이다.

이제 확신도의 장단점에 대해 논해 보기로 하자. 확신도는 확률이론(probability theory)과 확신이론(confirmation theory)에 기본을 둔 임의적인 접근방법이다. 계산이 간단하고 쉽게 접근할 수 있어 MYCIN 외에도 여러 지식기반시스템에서 채택하고 있다. 그러나 다음과 같은 경우 사후확률과는 상치되는 현상을 야기할 수 있다.

$P(H_1) = 0.8 \qquad P(H_2) = 0.2$

$P(H_1|E) = 0.9 \qquad P(H_2|E) = 0.8$

이라고 할 때, CF의 정의에 의해 CF를 계산하면,

$CF(H_1, E) = 0.5 \qquad CF(H_2, E) = 0.75$

이다. 여기서 사후확률이 높은 쪽이 오히려 확신도는 떨어짐을 볼 수 있다. 이것은 확신도가 확신의 증가율(혹은 감소율)이지 절대적인 확신의 정도를 나타내는 것이 아니기 때문이다.

또한 "IF e THEN i 와 "IF i THEN H라는 연쇄적인 규칙이 있을 때, 각각의 불확실성을 사후확률로 표현하였을 경우 일반적으로 다음과 같은 식이 성립한다.

$P(H|e) \neq P(H|i) \cdot P(i|e)$

이 식이 성립하는 것을 다음의 밴다이어그램을 통해 알 수 있다.

[그림 3-7]

P(H | e)≠P(H | i) P(i | e)의 밴다이어그림

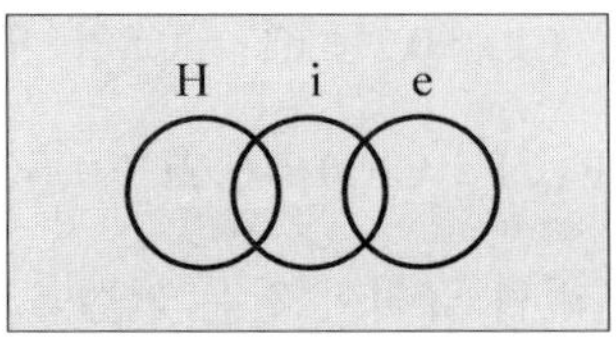

위의 그림에서 P(H | i)>0, P(i | e)>0이나 P(H | e)=0임을 알 수 있다. 그러나 불확실성을 확신도로 표현하였을 경우,

$$CF(H, e) = CF(H, i)CF(i, e)$$

로 계산된다. 이는 불확실성의 전파(propagation)에 대한 계산은 쉬우나 추론의 경로가 긴 경우 최종결론에 대한 확신도의 값은 매우 낮아지는 현상이 발생할 수 있음을 의미한다.

3.6.4 퍼지집합과 퍼지논리

명제논리는 오직 참과 거짓이라는 두 개의 값만을 다룬다. 그러나 실제는 참과 거짓으로 명확히 확정지을 수 없는 경우가 많다. 한편으로는 참이면서도 또한 거짓일 수가 있다. 예를 들어, 어느 고객의 신용이 좋다라고 했을 때 만약 신용평가에 불확실성이 내재되어 있다면 신용이 좋다 · 아니다라고 단정적으로 말하기 힘들다. 또한 신용평가에 점수제를 도입해 71점에서 100점 만점까지를 신용이 우수하다고 하자. 그렇다면 70점을 맞은 고객은 신용이 우수하지 않다고 할 것인가? 또한 고객평가에서 순자산이 4,000만원 이상을 적당하다고 볼 때 3,999만 9천원은 적당치 못한 자산규모라고 할 것인가? 그 외에 키가 크다, 날씨가 덥다, 시험이 어렵다 등 자연어의 표현에 그 뜻이 애매한 경우가 많다. 앞의 1절에서 불확실성의 원천에서 언급하였던 지식 표현의 애매성을 해결할 방법이 필요하다. 이러한 문제인식을 토대로 1965년 Zadeh[22]에 의해 퍼지집합에 관한 이론이 처음 제시되어 퍼지명제나 규칙을 다루기 위한 퍼지논리로 발전해 왔다.

(1) 퍼지집합이론

기존의 집합이론에 의하면 집합과 집합과의 구분이나, 어떤 원소가 집합에 속하는지의 여부가 단정적이다. 즉, 속하든지 그렇지 않다면 속하지 않은 것이다. 이것을 소속함수(membership function)로 표현하면 다음과 같다.

$$\mu_A(x) = \begin{cases} 1 & \text{if and only if } x \in A \\ 0 & \text{if and only if } x \notin A \end{cases}$$

이 소속함수는 전체집합 X의 원소를 {0, 1}로 대응시킨다. 그러나 퍼지집합에서는 어떤 원소가 집합에 속하는지 속하지 않는지를 단정적으로 다루지 않는다. 대신 원소가 집합에 속하는 정도에 따라 소속함수값 $\mu_A(x)$를 0과 1사이의 임의의 값으로 대응시킨다.

예를 들어 "충분한 수입"이라는 집합을 생각해 보자. 월 400만원은 "충분한 수입"이라는 집합에 소속값 1로 속하고 월 320만원은 0.75로 속한다고 할 수 있다. 이를 다음과 같이 소속함수값과 수입액의 쌍으로 된 집합으로 나타낼 수 있다. 우리는 이를 퍼지집합이라 부른다.

충분한 수입 = { 0/80만원, .125/160만원, .50/240만원, .875/280만원, 1/320만원 }

여기서 "/ " 표시는 나눗셈표시가 아니라 수입액과 그의 소속함수값을 분리시키는 표시이다.

이것을 그래프로 그리면 다음과 같은 S자형 그래프를 그릴 수 있다.

μ_A : x → [0, 1]

[그림 3-8]

"충분한 수입"이란 퍼지집합의 소속함수

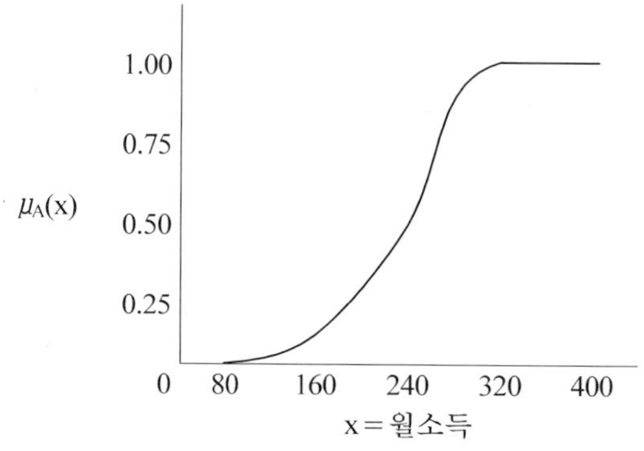

또 다른 예로 성적을 수, 우, 미, 양, 가로 분류한다고 하자. 여기서 "미"라고 하는 퍼지집합을 다음과 같이 표시할 수 있다.

미 = { 0/50점, .25/60점, .75/65점, 1/70점, 1/80점, .75/85점, .25/90점, 0/100점 }

그래프로 나타내면 다음과 같은 종 모양이 된다.

[그림 3-9]

"미"라고 하는 퍼지집합의 소속함수

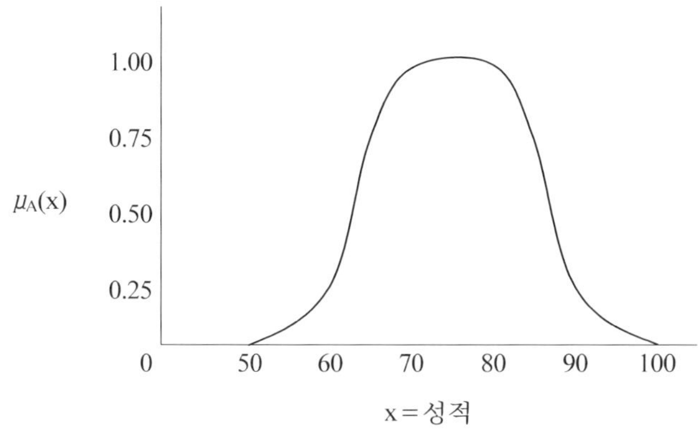

퍼지집합이론에서도 ¬(NOT), ∧(AND), ∨(OR) 등의 논리연산자를 사용할 수 있다. 이들은 각각 퍼지 여집합, 퍼지 교집합, 퍼지 합집합 연산으로 불리우기도 한다. 먼저 A의 여집합에 대한 원소의 소속함수값은 $\mu_{\neg A}(x) = 1 - \mu_A(x)$로 정의된다.

[그림 3-10]

여집합의 소속함수의 예

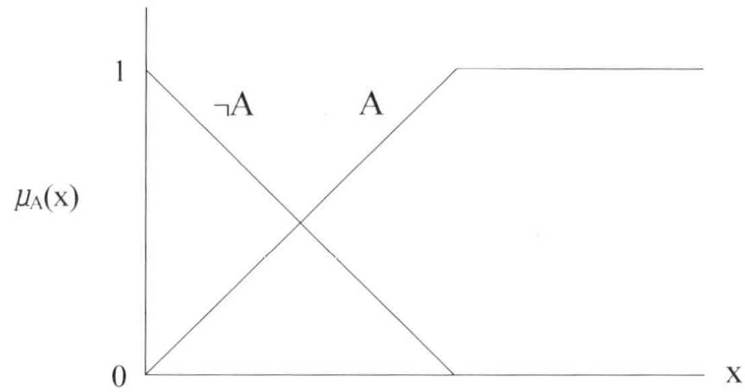

다음의 예를 보자.

¬충분한 수입={ 1/80만원, .875/160만원, .50/240만원, .25/320만원, 0/400만원 }

여기서 240만원은 충분한 수입에도 속하고, NOT(충분한 수입)에도 균등히 속할 수 있다는 것을 알 수 있다. 이것은 퍼지집합의 독특하면서도 중요한 특성이다. 즉, 서로 반대되는 성격을 동시에 만족하는 영역을 인정하는 것이다. 400만원은 NOT(충분한 수입)에는 속하지 않음을 알 수 있다.

한편 AND 연산자는 두 개의 집합에서 공통된 원소의 소속함수값 중에서 작은 값을 선택한다.

$$\mu_A \wedge \mu_B(x) = \min[\mu_A(x),\ \mu_B(x)]$$

만약 낮은 수입의 집합이 다음과 같으면,

낮은 수입 = { 1/80만원, .95/160만원 .80/240만원, .30/320만원, .05/400만원 }
¬충분한 수입 ∧ 낮은 수입 =
{ 1/80만원, .875/160만원 .50/240만원, .25/320만원, 0/400만원 }

OR 연산자는 두 개의 집합의 모든 원소를 취하고 각 원소의 소속함수값은 두 개의 소속함수값 중 큰 값을 선택한다.

$$\mu_A \vee \mu_B(x) = \max[\mu_A(x),\ \mu_B(x)]$$

충분한 수입 ∨ 낮은 수입 =
{ 1/80만원, .95/160만원 .80/240만원, .30/320만원, .05/400만원 }

이외에도 다른 특수 연산자들이 있다.

집중화(concentration) 연산자 CON은 소속함수값에 제곱을 취함으로써 1이외의 값을 보다 낮추는 효과를 준다. 이는 기존의 집합에서 "매우"라는 수식어를 첨가시킬 때 사용된다.

$$\mu_{con(A)}(x) = (\mu_A(x))^2$$

예로써 다음과 같이 "키가 크다"라는 집합이 있을 때 "키가 매우 크다"라는 집합은 이들 소속함수값에 제곱을 취한 집중화로써 구할 수 있다.

키가 크다 = { .125/150cm, .5/160cm, .875/170cm, 1/180cm, 1/190cm }
키가 매우 크다 = { .016/150cm, .25/160cm, .765/170cm, 1/180cm, 1/190cm }

집중화의 반대연산자로 팽창(dilation)이라는 연산자 DIL은 소속함수값에 0.5승(제곱근)을 취함으로써 1이외의 값을 보다 증가시키는 효과를 준다. 이는 기존의 집합에서 "약간" 또는 "어느 정도"라는 수식어를 첨가시킬 때 사용된다.

$$\mu_{DIL(A)}(x) = (\mu(x))^{0.5}$$

위에서 살펴본 "키가 크다"라는 집합으로부터 "키가 약간 크다"라는 집합을 DIL연산을 사용하여 다음과 같이 도출해 낼 수 있다.

키가 약간 크다 = { .353/150cm, .707/160cm, .935/170cm, 1/180cm, 1/190cm }

(2) 퍼지관계

이제는 두 개 이상의 집합의 원소간의 관계에 대해 살펴보자. 관계라고 하는 것은 집합 A, B가 있을 때 $x \in A$, $y \in B$이면 (x, y)의 모임으로 볼 수 있다. 예를 들어, 두 학급이 있는데 각 학급은 3명의 학생들로 구성되어 있다고 하자. 즉, A라는 학급에는 {a, b, c}라는 3명의 학생이 있고, B라는 학급에는 {d, e, f}라는 학생들로 구성되어 있다고 하자. 이 중 두 학급구성원간에 친구라는 관계를 만족하는 것은 {(a, d), (c, f)}라면 이 집합은 친구라는 관계집합이 된다. 물론 A, B라는 두 개의 집합으로 구성된 이항관계(binary relation)에 반드시 국한시킬 필요는 없다. 세 개 이상의 집합간의 관계가 이루어질 수 있고, 또한 동일한 집합내에서 관계일 수도 있다. 위의 예에서 A 와 B 가 동일한 집합이라면 같은 반에서의 친구관계를 알고 싶을 경우일 것이다. 앞 절에서 일반적인 집합을 소속함수로써 표시할 수 있었듯이 관계 R도 다음과 같은 소속함수 μ_R로써 나타낼 수 있다.

$$\mu_R(x,y) = \begin{cases} 1 & \text{if and only if } (x, y) \in R \\ 0 & \text{if and only if } (x, y) \notin R \end{cases}$$

소속함수 $\mu_R(x, y)$는 두 개의 집합 A, B로부터 형성되는 곱집합(cartesian product) A×B로부터 {0, 1}로 대응시킨다. 즉, 위의 예에서 A×B = {(a, d), (a, e), (a, f), (b, d), (b, e), (b, f), (c, d), (c, e), (c, f)}의 각 원소인 순서쌍이 관계 R = {(a, d), (c, f)} 에 속하면 1, 아니면 0 인 소속함수값을 갖게 된다. 그런데 퍼지관계에서는 순서쌍 (x, y)가 R에 소속되는 정도를 0 에서 1 사이의 값으로 표현한다. 즉, 보통의 관계에서의 소속함수는,

$$\mu_R : A \times B \rightarrow \{0,\ 1\}$$

이나 퍼지관계에서의 소속함수는,

$$\mu_R : A \times B \rightarrow [0,\ 1]$$

이다. 그리고 특별히 퍼지관계에서의 μ_R값은 소속의 정도라기보다는 관계의 강도라고 해석할 수 있다. 위의 예에서 $\mu_R(a,\ d)=1.0$, $\mu_R(c,\ f)=0.7$이라고 하면 a와 d는 완전한 친구 사이이나 c와 f는 친구이기는 하지만 a, d 사이보다는 약한 친구관계이다. 이러한 퍼지관계는 다음과 같은 퍼지관계행렬로 나타낼 수 있다.

[그림 3-11]
퍼지관계행렬의 예

A \ B	d	e	f
a	1	0	0
b	0	0	0
c	0	0	0.7

(3) 퍼지논리

고전논리에서는 논리식(logic formula)의 값으로 0 또는 1의 값만 취할 수 있다. 그러나 퍼지논리에서는 논리식의 값이 구간 [0, 1] 사이의 값을 가질 수 있도록 확장된 퍼지수식(fuzzy expression)을 다룬다. 퍼지논리는 명제의 진위가 명확하지 않은 경우의 근사추론(approximate reasoning)에 사용될 수 있다. 퍼지논리에서는 명제의 진리값이 0과 1 사이의 값을 갖는다. 명제는 참과 거짓이라 불리우는 집합에 속하는 정도를 나타내는 소속함수값으로 진위를 표현한다.

즉, "갑은 충분한 수입이 있다"는 명제는 참 집합에의 소속함수값을 0.8 가질 수 있는데, 이를 참값(truth value)이라고도 한다. 그런데 이 참값을 다른 각도로 다음과 같이 해석할 수도 있다. 즉, "충분한 수입"이란 퍼지집합의 소속함수가 바로 이 명제의 참값을 결정한다고 할 수 있다. 즉, 퍼지명제의 형태가 "x is F" 일 때, x의 성질을 나타내는 F가 퍼지집합이면 이 명제를 퍼지술어(fuzzy predicate)라 하고, 이 퍼지집합 F의 소속함수값이 $\mu_F(x)$이면 이는 객체 x가 성질 F를 만족하는 정도라고 해석할 수 있어 이 명제의 참값$=\mu_F(x)$라고 할 수 있다.

예를 들어, 명제 A와 B가 있으며, 이들이 각각 참값 $\mu(A)$, $\mu(B)$를 갖는다고 할 때 다음식이 성립된다.

$$\mu(\neg A) = 1-\mu(A)$$
$$\mu(A \wedge B) = \min[\mu(A),\ \mu(B)]$$
$$\mu(A \vee B) = \max[\mu(A),\ \mu(B)]$$
$$\mu(A \rightarrow B) = \mu(\neg A \vee B) = \min[1,\ 1-\mu(A)+\mu(B)]$$

고전논리에서는 $A \wedge \neg A = 0$이고 $A \vee \neg A = 1$이나 퍼지논리에서는 이러한 관계가 성립되지 않는다.

A의 참값이 (0, 1) 사이의 값을 갖는 명제라면,

① $\mu(A \wedge \neg A) = \min(\mu(A),\ \mu(\neg A)) = \min(\mu(A),\ 1-\mu(A))$

$$= \begin{cases} \mu(A) & \text{if } 0<\mu(A) \leq 0.5 \\ 1-\mu(A) & \text{if } 0.5 \leq \mu(A)<1 \end{cases}$$

$\therefore\ 0<\mu(A \wedge \neg A) \leq 0.5$

따라서 $\mu(A \wedge \neg A) \neq 0$

② $\mu(A \vee \neg A) = \max(\mu(A),\ \mu(\neg A)) = \max(\mu(A),\ 1-\mu(A))$

$$= \begin{cases} a & \text{if } 0.5 \leq \mu(A)<1 \\ 1-a & \text{if } 0<\mu(A) \leq 0.5 \end{cases}$$

$\therefore\ 0.5 \leq \mu(A \vee \neg A)<1$

따라서 $\mu(A \vee \neg A) \neq 1$

이제 퍼지논리를 이용한 근사추론의 과정을 살펴보자. 고전논리에 바탕을 둔 modus ponens에서는 if A then B라는 규칙이 있으면 이를 수행하기 위해서 반드시 이 규칙의 조건부에 있는 명제 A와 완전히 동일한 명제가 사실(fact)로서 존재해야 하며 또한 A나 B의 진리값은 0이나 1이 되어야 한다. 그러나 이에 반해 Zadeh가 제시한 일반화된 modus ponens에 의하면 다음과 같은 인간의 인지적 추론 과정에 부합하는 추론을 하고자 한다.

규칙 : 키가 큰 사람은 몸무게가 무겁다
사실 : 철수는 키가 약간 크다

새로운 사실 : 철수는 몸무게가 약간 무겁다

이는 "키가 크다"와 같은 퍼지술어를 다루고 있는데, 규칙의 조건부와 완전히 동일하지 않은 사실이 주어지더라도 자연스럽게 추론을 가능케 한다. 그러나 이를 위해서는 약간의 복잡한 과정을 거쳐야 한다. 먼저 자연어로 표현된 규칙과 사실로부터 주목변수(focal variable)의 가능성분포(possibility distribution)를 구하고, 이를 추론 규칙을 이용해 결론의 가능성분포를 구한 다음, 이를 다시 언어근사(linguistic approximation)를 이용해 자연어로 표현된 새로운 사실을 도출해 낸다. 여기서 먼저 주목변수(focal variable)란 지식베이스에서 주목하고 있는 객체를 말하는데 위의 예에서는 '키'나 '몸무게'를 말한다. 여기에 주목변수가 취할 수 있는 값인 크다, 무겁다와 같은 언어변수(linguistic variable)가 결합되어 위의 문장을 형성하고 있다.

따라서 이를 바탕으로 위의 문장을 다시 표현하면 다음과 같다.

키가 큰 사람은 몸무게가 무겁다 → If X is F then Y is G

여기서

X = 키(사람)
F = 크다
Y = 몸무게(사람)
G = 무겁다

철수는 키가 약간 크다 → X is F*

여기서

X = 키(철수)
F* = 약간 크다

철수는 몸무게가 약간 무겁다 → Y is G*

여기서

Y = 몸무게(철수)

G* = 약간 무겁다

여기서 F, G 등은 주목변수에 제약적 역할을 하는 퍼지집합이다. 여기서 제약이라는 것은 주목변수의 분포 중에 퍼지집합 G로 표현된 제약을 만족하는 정도에 따라 위 문장의 참값이 결정된다는 것을 의미한다. 위의 문장을 주목변수와 언어변수를 이용하여 다시 쓰면 다음과 같다.

X is F → Y is G
X is F*

Y is G*

여기서 X가 퍼지집합 F에 속하는 정도인 $\mu_F(x)$의 X에 대한 분포를 가능성분포(possibility distribution) $\Pi_X = F$라 하자. 이는 X가 퍼지집합 F를 만족하는 가능성의 정도를 나타낸다. 예를 들어, 키가 180cm 가 '크다'라는 퍼지집합에 속할 소속함수값이 1이라면, 이는 다시 말해 X = 180cm 일 때 '크다'라는 퍼지집합이라고 할 가능성이 1이라는 것이다. 즉,

$$\pi_X(u) = \text{Poss}\{X = u\} = \mu_F(u)$$

가능성이란 확률과는 다른 개념이다. 예를 들어, "철수는 아침에 X개의 계란을 먹는다" X={1, 2, …}라는 문장이 있다. 여기서 철수가 먹는 계란의 개수 X의 가능성분포 $\Pi_X(u)$와 확률분포 $P_x(u)$를 다음과 같이 나타낼 수 있다.

u	1	2	3	4	5	6	7	8
$\Pi_x(u)$	1	1	1	1	.8	.6	.4	.2
$P_x(u)$	.1	.8	.1	0	0	0	0	0

가능성분포는 철수가 쉽게 먹을 수 있는 계란 개수를 표현한 것으로 한 개에서 네 개까지는 쉽게 가능하며, 어떤 경우는 다섯 개까지 가능하나 그 가능 정도(쉬운 정도)는 1보다는 작고, 여덟 개까지도 가능하나 그 가능성, 즉 쉬운 정도(degree of ease)는 더욱 작아진다. 반면에 확률분포는 실제로 어느 기간(예를 들어 100 일간) 동안 철수가

아침에 먹은 계란의 개수의 분포를 구한 것으로 실제로 철수는 네 개 이상 먹은 적은 없다는 것이 위 표에서 나타난다. 위의 표에서 나타나듯이 가능성분포는 확률분포처럼 합이 1일 필요가 없다. 그리고 가능성이 높다고 반드시 확률이 높은 것은 아니나 가능성이 낮으면 확률 또한 낮음을 알 수 있다. 이제 이러한 위의 예에 대한 가능성분포를 구한다. 이를 다음과 같이 나타내자.

X is 크다 → Π_X = 크다
Y is 무겁다 → Π_Y = 무겁다
if X is 크다 then Y is 무겁다 → $\Pi_{(Y|X)} = H$

여기서 $\Pi_{(Y|X)}$는 X가 주어졌을 때 Y의 조건부 가능성분포 (conditional possibility distribution)이고 H는 다음과 같이 F와 G로써 정의된다.

$$\mu_H(u,v) = 1 \wedge (\ 1-\mu_F(u) + \mu_G(v))$$

여기서 u와 v는 각 X와 Y가 취할 수 있는 값 중의 하나이며, μH : UxV → [0, 1]은 H의 소속함수이고 U와 V는 각기 X와 Y가 취할 수 있는 전체집합이다. 또한 μ_F : U → [0, 1]과 μ_G : V → [0, 1]은 각기 F와 G의 소속함수 값이다. 따라서 다음과 같은 식이 성립한다.

$$\begin{aligned} \pi(Y|X)(u,v) &= \mathrm{Poss}\{Y=v|X=u\} \\ &= 1 \wedge (1-\mu_F(u) + \mu_G(v)) \end{aligned} \quad \cdots\cdots \text{(식 3-15)}$$

이제 명제 p_1과 p_2를 다음과 같이 정의한다.

p_1 = If X if F then Y is G
p_2 = X is F*

여기서 F, G, F*는 모두 퍼지집합이다.
앞에서 보인 가능성분포로 각 명제를 나타내면,

$p_1 \rightarrow \Pi_{(Y|X)} = H$
$p_2 \rightarrow \Pi_X = F^*$

이러한 사실과 규칙의 결합을 통한 추론의 결과 Y의 가능성분포는 다음과 같이 도출된다.

$\Pi_Y = H \circ F^*$

이를 다시 표현하면 다음과 같다.

$$\mu_Y(v) = \sup_u(\mu_H(u,v) \wedge \mu_F{*}(u))$$
$$= \sup_u(\mu_F{*}(u) \wedge (1-\mu_F(u) + \mu_G(v)))$$

이렇게 하여 결론은 다음과 같이 유도된다.

X is F → Y is G
X is F*

Y is H ○ F*

이러한 과정을 일반화된 modus ponens라 한다.

이제 마지막으로 이와 같이 추론된 가능성분포로부터 가장 유사한 표현용어를 찾아내는 언어근사(linguistic approximation)를 통해 결론을 자연어로 표현하게 되면 근사추론이 완성된다.

이제 F(키가 크다)와 G(몸무게가 무겁다)의 가능성분포가 다음과 같다고 하자.

F = { 0.1/150cm, 0.3/160cm, 0.7/170cm, 0.9/180cm, 1.0/190cm }
G = { 0.1/40Kg, 0.3/50Kg, 0.7/60Kg, 0.9/70Kg, 1.0/80Kg }

또한 X is (키가) 크다 → Y is (몸무게가) 무겁다라는 규칙이 있다고 하자. 이의 조건부 가능성분포 $\pi_{(Y|X)}(u,v) = 1 \wedge (1 - \mu_F(u) + \mu_G(v))$는 다음과 같다.

몸무게가 무겁다 키가크다	(40Kg) 0.1	(50Kg) 0.3	(60Kg) 0.7	(70Kg) 0.9	(80Kg) 1.0
(150cm) 0.1	1.0	1.0	1.0	1.0	1.0
(160cm) 0.3	0.8	1.0	1.0	1.0	1.0
(170cm) 0.7	0.4	0.6	1.0	1.0	1.0
(180cm) 0.9	0.2	0.4	0.8	1.0	1.0
(190cm) 1.0	0.1	0.3	0.7	0.9	1.0

여기서 F*(키가 약간 크다)의 가능성 분포를 위 F의 가능성 분포

에 각기 제곱근을 취하여 다음과 같이 산출하였다.

F* = { 0.316/150cm, 0.547/160cm, 0.836/170cm, 0.948/180cm, 1.0/190cm}

여기서 $\mu_F*(u) \wedge (1 - \mu_F(u) + \mu_G(v))$를 구하면 다음과 같다.

몸무게 키가약간크다	(40Kg)	(50Kg)	(60Kg)	(70Kg)	(80Kg)
(150cm) 0.316	0.316	0.316	0.316	0.316	0.316
(160cm) 0.547	0.547	0.547	0.547	0.547	0.547
(170cm) 0.836	0.4	0.6	0.836	0.836	0.836
(180cm) 0.948	0.2	0.4	0.8	0.948	1.0
(190cm) 1.0	0.1	0.3	0.7	0.9	1.0

최종적으로 $\mu_Y(v) = \sup_u(\mu_H(u,v) \wedge \mu_F*(u)) = \sup_u(\mu_F*(u) \wedge (1 - \mu_F(u) + \mu_G(v)))$

를 구하면 다음과 같다.

G* = { 0.547/40Kg, 0.547/50Kg, 0.836/60Kg, 0.948/70Kg, 1.0/80Kg }

이것은 자연어로 표현한다면 "몸무게가 약간 무겁다"로 언어근사될 수 있다.

3.7 맺음말

본 장에서는 지식 표현과 함께 지식기반시스템의 기본이 되는 추론을 위한 기법을 소개하였다. 추론의 기반은 크게 논리와 탐색에 두고 있다. 탐색에 근거를 둔 역방향 추론과 정방향 추론은 다시 6장과 7장에서 구체적인 도구를 이용하여 학습할 것이다. 또한 논리를 이용한 추론은 8장에서 그리고 탐색은 9장에서 보다 심도있게 다루어 질 것이다.

논리나 탐색이 모두 해당 분야에서 방대한 이론과 체계를 가지고 있는 만큼 그를 이용한 추론의 기법 또한 다양하다 할 것이다. 인공지능 분야의 상당 부분이 이러한 논리와 탐색에 기반을 두어 학문의 체계를 확대하고 있다고 해도 과언이 아니다. 본 장에서는 매우 기본적인 추론의 방식만을 언급하였으며 실제 복잡한 문제에 있어서는 보다 심도있는 논리와 탐색을 이용하여 결론과 해답을 도출하여야 할 것이다.

그러나 주목할 것은 지식기반시스템이란 지식을 이용하여 이러한 탐색과 논리를 통한 추론의 짐을 덜게하고자 하는 시스템이라고도 볼 수 있다. 한가지 간단한 예를 들어보자. 만약 우리가 어떤 산의 정상으로 가는 경로에 대한 "지식"이 있다면 우리는 쉽게 정상을 찾아 갈 것이다. 그러나 이러한 지식이 없다면, 수많은 경로를 탐색하여 정상을 찾아가야만 할 것이고 그 때 드는 노력과 비용은 매우 클 것이다. 또 다른 예를 들어 보자. 우리가 인생에서 처음 겪는 문제에 당면했을 때, 많은 고민과 생각—즉, 추론—을 하여 문제를 해결하게 되겠지만, 성숙하고 경험이 생기면서 상대적으로 많은 추론없이 문제를 해결할 것이다. 지식기반시스템은 지식을 통하여 이러한 추론의 짐을 덜어 보자는 것이고, 따라서 지식의 질—정확한 결론과 해답을 제공하는 정도—이 높아질수록 추론은 상대적으로 간단해 질 것이며, 지식이 질이 떨어지고 많은 정보를 주지 못하면, 추론이 복잡해지거나 심지어 해답을 얻지 못하는 특징을 가진다고 할 수 있다.

때로는 특정 문제에 있어 필요한 지식을 얻는 것이 불가능하기 때문에 고도의 추론—이 경우 추론이라는 용어 대신, 탐색 또는 알고리즘 등의 용어를 사용하는 것이 나을 것임—이 필요하므로 이 경우 지식기반시스템은 인공지능 분야의 탐색 알고리즘 프로그램과 유사하게 보일 수가 있다.

또한 반대로 양질의 지식을 얻을수록 지식기반시스템은 마치 지식베이스 그 자체처럼 보일 것이다. 왜냐하면 추론기능이 거의 필요없이 지식기반시스템의 하는 일은 필요한 지식을 추출(retrieve)하는 정도의 추론—마치 데이터베이스가 질의처리를 하는 것과 같은—을 할 것이기 때문이다. 특히, 프레임에 기반을 둔 지식기반시스템은 객체지향데이터베이스(object-oriented database)의 질의처리과정과 다를 것이 없는 추론기능을 수행할 것이다.

그러나 일반 데이터베이스와 지식기반시스템이 다른 것은 지식기반시스템은 데이터베이스처럼 단순히 데이터나 사실을 보여주는 것이 아닌 문제를 해결하는 시스템이라는 것이다. 그리고 고도의 탐색이 필요한 경우에도 문제를 해결하는 과정에서 휴리스틱이나 기존의 해결된 문제의 해답이나 얻는 과정을 지식으로 축적, 저장시켜 향후 탐색의 부담을 줄일 수가 있다면 단순 알고리즘 프로그램이 아닌 지식기반시스템이라고 할 수 있을 것이다.

또한 본 장에서는 지식의 불확실성을 표현하는 여러 가지 방법과 불확실성하에서의 추론방법을 살펴보았다. 가장 고전적인 방법은 확률적 접근법이다. 확률적 접근법은 사건의 발생이 아주 빈번하여 사전확률이나 조건부확률 등의 값이 충분히 추정되어 있을 경우 유용하게 사용할 수 있다. 그러나 데이터의 부족 때문에 주관적으로 확률값을 추정할 수밖에 없다면 확률적 접근법의 제반 공리와 가정이 지켜지지 않을 수 있다.

이를 보완하기 위해 다소 인위적이지만 보다 현실적인 확신도 접근법을 사용할 수 있다. 확신도는 믿음의 정도를 긍정과 부정으로 나누어 이의 합성으로 확신의 정도를 나타낸다. 이는 현재 규칙형태로 표현된 지식의 불확실성 표현에 널리 사용되고 있다.

지식의 불완전성으로 인한 불확실성과 지식에 사용되는 술어—크다, 아름답다 등—자체의 애매함으로 인한 불확실성은 구별되어야 한다. 이를 위해서 퍼지집합이론이 사용될 수 있다. 퍼지집합이론에서는 지식으로 표현되는 각종 술어를 퍼지집합으로 인식하고, 주목변수값이 이 퍼지집합에 속하는 정도를 소속함수로서 나타낸다. 그러나 퍼지집합은 용어상의 애매함을 주목변수가 언어변수에 소속되는 정도의 분포형태로 표현함으로 인해 지식자체의 불확실성을 표현하는 것은 더욱 어렵게 된다. 왜냐하면 지식자체의 불확실성은 두 언어변수의 조건부 가능성분포로써 표현되기 때문이다.

이러한 불확실성의 표현문제는 지식기반시스템의 구현에 있어 어려운 문제로 사용자들에게 여겨지고 있다. 사용자들에게는 조건부 확률 0.7, 확신도 0.7 또는 소속함수를 정확히 이해하고 추정하여 사용한다는 것이 매우 부담이 되는 것이다. 사용자들에게 가장 이해되기 쉬운 방법은 자연어로서 지식을 표현하는 것인데, 이런 관점에서 본다면 퍼지집합론적 접근이 이러한 요구에 가장 근접하는 것으로 볼 수 있다. 왜냐하면 확률적 접근이나 확신도 이론이 명시적으로 각종 추정치를 숫자로 나타내야 하는데 비해 퍼지집합이론은 이러한 추정치를 분포형태로 나타내고 이러한 분포는 삼각형, 종형, S자 형태 중 우리의 직관에 적합하다고 판단되는 것을 선택하여 사용하면 되기 때문이다.

불확실성의 표현 방법은 결국 문제의 성격에 따라 달리 채택되어야 할 것이다. 즉, 매우 정확성을 요하는 문제의 경우에는 확률론적 표현법을 채택하고, 반면 자연어 형태로 표현되고 그 불확실성의 정도에 대한 정확한 추정이 필요치 않는 경우에는 퍼지집합이론을 이용할 수 있다 하겠다.

주요용어

- 추론(inference)
- 연역추론
- 논리적 암시(logical implication)
- Modus Ponens
- Modus Tollens
- 삼단논법
- 역방향 추론(Backward Chaining)
- 정방향 추론(Forward Chaining)
- 혼합형 추론(Hybrid Chaining)
- 사례기반추론(Case-based Reasoning)
- 메타 지식(Metaknowledge)
- 비단조추론(Nonmonotonic Reasoning)
- 불확실성(uncertainty)
- 베이즈 정리
- 사전확률(prior probability)
- 사후확률(posterior probability)
- Odds
- 사후 Odds
- Likelihood Ratio
- 확신도(Certainty Factor)
- 퍼지집합
- 퍼지논리
- 퍼지관계
- 소속함수(membership function)
- 주목변수(focal variable)
- 가능성분포(possibility distribution)
- 언어근사(linguistic approximation)

연습문제

1. 사례기반 추론과 규칙베이스 시스템에서의 추론과의 차이점을 말해 보시오.
2. 명제논리에서의 기본적인 추론방식을 말하시오.
3. 삼단논법의 진리표를 작성하시오.
4. 추론에서 패턴 매칭이 어떻게 일어나는가?
5. 지식의 추론 분석에 있어 AND/OR 그래프가 왜 유용한가?
6. 정방향 추론과 역방향 추론의 차이를 말하시오.
7. 탐색이 지식기반시스템에서 어떻게 쓰일 수 있는가?
8. 비단조추론의 필요성을 말하시오.
9. 메타 지식에 의한 추론이 무엇인지 말하시오.
10. 지식기반시스템과 알고리즘을 구현한 프로그램과의 차이를 말해 보시오.
11. 불확실성의 원천은 무엇인가?
12. 주관적 확률이란 무엇인가?
13. 사전확률과 사후확률의 차이는 무엇인가?
14. 퍼지집합과 보통집합과의 차이는 무엇인가?
15. 간단한 규칙형 지식을 만들고 각 불확실성 표현 방법을 이용해 추론해 보시오.
16. 각 불확실성 표현법이 잘 적용되는 영역을 들어 보시오.

참고문헌

[1] 이광형 · 오길록, 퍼지이론 및 응용(I , II), 홍릉과학출판사, 1991.

[2] 이재규 외, UNIK을 이용한 전문가시스템의 개발, 법영사, 1996.

[3] Acron T. and S. Walden, “SMART: Support Management Cultivated Reasoning Technology for Compaq Customer Service,” *Proceedings of AAAI92.* Cambridge, MA: AAAI Press/MIT press, 1992.

[4] Adams, J. B., “Probabilistic Reasoning and Certainty Factors,” In Buchanan, B. G., & Shortliffe, E. H., *Rule Based Expert Systems*, Addison-Wesley, 1984.

[5] Barletta, R., “An Introduction to Case-Based Reasoning,” *AI Expert*, August, pp. 43~49, 1991.

[6] Doyle, J. “A Truth Maintenance System,” *Artificial Intelligence*, 12, pp. 231~272, 1979.

[7] Giarratano, J. C. and G. D. Riley, *Expert Systems: Principles and Programming*, 4th ed., Thomson Learning, 2004.

[8] Harrison, P. R. and J. G. Kovalchik, “Expert Systems and Uncertainty” In J. Liebowitz, (Ed.), *The Handbook of Applied Expert Systems*, CRC Press, 1998.

[9] Ketler, K., “Case-Based Reasoning: An Introduction,” *Expert Systems With Application*, vol. 6, pp. 3~8, 1993.

[10] Klir, G. J. and T. A. Folger, *Fuzzy sets, Uncertainty, and Information*, Prentic Hall, 1988.

[11] Kolodner, J., *Case-Based Reasoning*, Morgan Kaufmann Publishers, San Mateo, CA, 1993.

[12] Ong, L. S. and A. D. Narasimhalu, “Case-Based Reasoning,” In J. Liebowitz (Ed.), *The Handbook of Applied Expert Systems*, CRC Press, 1998.

[13] Shafer, G., *A Mathematical Theory of Evidence*, Princeton University Press, 1976.

[14] Shortliffe, E. H. and B. G. Buchanan, “A Method of Inexact Reasoning,” *Mathematical Biosciences*, vol. 23, pp. 351~379, 1975.

[15] Shortliffe, E. H. and B. G. Buchanan, “A Model of Inexact Reasoning in Medicine,” In Buchanan, B. G., & Shortliffe, E. H., *Rule Based Expert Systems*, Addison-Wesley, 1984.

[16] Siler, W. and J. J. Buckley, *Fuzzy Expert Systems and Fuzzy Reasoning*, John Wiley & Sons, 2004.

[17] Torsun, I. S., *Foundations of Intelligent Knowledge-Based Systems*, Academic Press, 1995.

[18] Trippi, R. R. and J. K. Lee, *State-of-the-Art Portfolio Selection*, MA: Probus Publishing Co., 1992.

[19] Turban, E., J. K. Lee, and David King, *Electronic Commerce: A Managerial Perspective 2006*, Prentice Hall, 2006.

[20] Turban, E., J. E. Aronson and Ting-Peng Liang, *Decision Support Systems and Intelligent Systems*, 7th ed., Prentice Hall, 2005.

[21] Waterman, D. A., *A Guide to Expert Systems*, Addison-Wesley, 1986.

[22] Zadeh, L. A., "Fuzzy Sets," *Information and control*, 8, pp. 338~353, 1965.

[23] Zahedi, F., *Intelligent Systems for Business Expert Systems with Neural Net Works*, Wadsworth Publishing, 1993.

[24] Zimmermann, H. J., *Fuzzy Set Theory and Its Applications*, Kluwer-Nijhoff Publishing, 1985.

제 4 장

지식경영시스템(KMS)

학습목표

- 다양한 지식의 정의를 살펴보고, 지식경영시스템에서 사용되는 지식에 대해 정의
- 지식의 분류를 살펴보고, 창출과 변화과정 이해
- 조직에서의 지식의 공유 방법과 공유하기 위한 조직문화의 변화방향 및 지식표현 방법이해
- 지식경영에 대해 정의하고, 지식경영을 위한 순환과정 이해
- 지식의 저장 유형에 대해 분류하고, 정보기술과 지식경영의 관계이해
- 지식경영시스템의 정의, 특징 및 필요성에 대한 이해
- 지식경영을 위해 필요한 정보기술의 이해
- 지식경영시스템의 소프트웨어 분류 및 동향 이해
- 지식경영시스템을 구축하기 위한 방법론의 이해
- 지식경영시스템의 성공요인의 이해
- 지식경영시스템의 유형별 구축 사례 소개

저자소개

강주영, 아주대학교 e-비즈니스 학부 교수, jykang@ajou.ac.kr

이현정, 성균관대학교 경영연구소 연구교수, hjlee5249@yahoo.com

차 례

4.1 서 론

지식기반 사회 환경에서의 지식은 다른 어떤 생산 요소보다 기업 경쟁력의 주요 요소가 되었다. 즉, 지식기반 사회에서 기업의 생존 및 성공여부는 다른 기업에 비해 얼마나 차별화되는 지식을 보유하고 있는가에 달려 있다고 볼 수 있다. 인터넷과 유비쿼터스의 등장으로 세계시장이 단일화되고, 또 언제 어디서든 정보와 지식의 공유 및 획득이 용이해 졌다. 지식을 적제적소에 활용할 수 있는 기업이 지식을 창출하고, 공유함으로써 조직의 지식역량을 확대하여 지식경영을 실천 할 수 있다. 국내에서도 많은 기업들이 지식경영을 기업경쟁력의 주안점으로 인식하고, 지식경영 도입을 위한 노력하고 있으며, 삼성, 현대, LG, 대우, SK 등의 대기업을 중심으로 해서 중소기업으로 빠르게 확장되고 있다.

지식이 데이터나 정보와 구별되는 특징 중 하나는 진화이며 진화하는 지식은 지식경영의 근간이 된다. 지식을 활용한 지식경영 실현을 위한 보다 적극적인 수단의 한 예로서 지식경영(관리)시스템(Knowledge Management System)의 구축을 예로 들 수 있다. 지식경영시스템은 조직의 지식을 체계적이고 효과적으로 관리하고, 개인의 잠재적 지식을 형상화하여 조직적 지식으로 추출하고, 또한 이러한 지식을 조직원 각자의 관심과 필요에 맞추어 공유할 수 있는 플랫폼을 제공한다.

본 장에서는 다음과 같은 관점에서 지식경영시스템을 살펴보기로 한다. 첫째, 지식경영을 위한 지식의 정의와 창출 및 변환과정 및 조직에서의 지식에 대해 살펴본다. 둘째, 지식경영시스템에서 지식경영의 순환과정과 구조 및 프로세스에 대해 살펴보고, 지식의 저장 유형 및 정보기술과 지식경영의 관계를 살펴본다. 셋째, 이러한 지식경영시스템에 대해 지식경영시스템의 정의 및 기본구조, 지식경영시스템을 구축하기 위해 필요한 정보기술, 그리고 지식경영시스템의 구축방법론 및 성공요인에 대해 알아보도록 한다.

4.2 지식이란

4.2.1 지식의 정의

(1) 지식정의의 다양화

지식에 관한 정의는 1장에서도 언급하였으나 지금까지 인식론, 철학 및 심리학 등의 다양한 분야의 많은 문헌들로부터 정의되어 왔다. 지식의 사전적 의미는 사물에 관한 똑똑한 의식과 그것에 대한 판단 또는 알고 있는 내용 또는 그 범위를 일컫는다. 철학적으로는 지식의 개념은 정당화된 지식의 신념을 말하고, Brooking[12]에 의하면 지식은 진실과 믿음, 전망과 개념, 판단과 예상, 방법론과 노하우로 구성된다고 본다. 1990년대 들어 Nonaka[18, 19]는 기억하고 있는 것에서부터 개념, 법칙, 이론, 가치관, 세계관에 이르기까지의 추상적으로 지식을 정의하였다. 오랫동안 지식에 대한 다양한 정의들이 존재해 왔고, 이를 한가지로 정의하는 것은 쉽지 않다.

지식은 시간이 지남에 따라 정보가 축적이나 소멸의 과정을 거치면서 진화하는 것을 내포하며, 그 안에 수많은 경험과 내재된 능력 등을 포함한다. 예를 들어 지적 자산은 지식의 또 다른 표현으로 재무적인 가치도 포함할 수 있다. 보험업, 금융업 등등의 몇몇 산업에서는 지식의 재무상의 가치를 평가하려는 노력을 기울여 왔으나, 실제적으로 지식의 가치를 어떤 방법으로도 평가하기란 아직까지 쉬운 일은 아니다.

시간이 지남에 따라 경험 따위에 근거해 진화하는 지식은 데이터나 정보 및 여러 상황 등과의 연결고리를 확장해 가는 특징이 있다. O'Dell[20]에 의한 지식의 간단한 정의에 의면 지식은 유기적인 고리에 의해 연결된 살아있는 정보들의 집합체라 볼 수 있다.

(2) 데이터, 정보 및 지식의 유형

정보기술 관점에서 지식은 데이터나 정보와는 매우 구분되는 개념이다. Watson[24]과 MacFadden[17]의 정의에 의하면, 데이터는 특별한 목적으로 가공되지 않은 것을 일컬으며, 예를 들어 사실(facts)로서 길이, 넓이, 크기, 양, 두께들과 같이 측정치(measurement) 및 통계치(statistics) 등과 같은 것들의 집합체라 볼 수 있다. 정보는 데이터가 목적에 맞게 가공(processed)되거나 구성(organized)된 것으로, 시간적 흐름에 따라 추론되어진 데이터 또는 원시데이터로부터의 정확성에 근거해 가공된 자료 등이 그 예이다. 지식은 낱낱개의 자료들의 단순한 집합이 아닌 정보들 간의 전후관계 등의 관계성 등의 명확한 정의를 포함한다고 볼 수 있다. 즉, 지식은 문제 해결을 위한 경험적 정보들과 이들 간의 인과적 관계 등을 포함한다. 그러나 정보에는 문제를 해결할 수 있는 능력은 포함하고 있지 않다. 예를 들어 같은 문제해결에 직면한 두 사람이 있을 때, 그 결과는 각자의 경험과 훈련도 및 관점에 따라 다르다. 즉 같은 데이터나 정보가 있을 지라도, 어떠한 지식을 이용했는가에 따라 그 결과는 다를 수 있으며 또한 성패를 좌우할 수도 있다.

이러한, 정보화 사회에서 조직은 점점 더 데이터, 정보 및 지식을 중요한 자산의 일부로 취급하고 있으며, 지식은 앞 서술한 바와 같이 데이터나 정보에 비해 보다 의미 있는 자산으로 인정되고 있다.

<표 4-1>은 데이터, 정보 및 지식 각각의 예를 보여준다. 즉 업무를 통해 쌓인 지식이나 경험에 의한 지혜는 지식으로 통합되어 사용될 수 있다.

<표 4-1>

데이터, 정보 및 지식 형태의 예

종 류	형 태
데이터(Data)	숫자(Numbers), 단어(Words), 넓이, 길이, 양, 등
정보 (Information)	완성된 문장(Full Statements) 요약된 데이터(Summary Statements) 데이터의 조합(Combinations of Words and Numbers) 숫자의 집합(Aggregate Numbers)
업무지식 (Business Intelligence)	단어(Words) 문장(Statements) 숫자의 집합(Aggregate Numbers) 업무규칙(Rules)
지혜 (Wisdom)	다양한 지식(Multiple Knowledge) 내재(Internalized) 통합적인 실행(Integrated into all actions).

〈자료원: Turban, McLean, and Wetherbe, 2002.〉

[그림 4-1]은 데이터, 정보와 지식의 관계를 도식화 한 형태이다. 지식은 데이터 또는 정보 등의 유기적인 결합체라 볼 수 있다.

[그림 4-1]

데이터, 정보 및 지식의 관계도

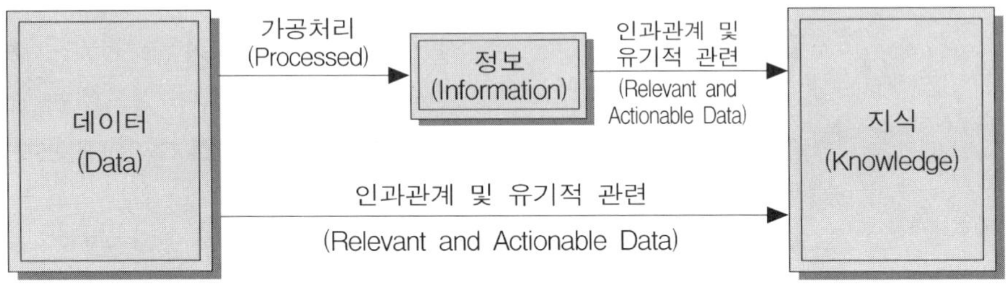

〈자료원: Turban, McLean, and Wetherbe, 2002〉

[그림 4-2]

지식의 단계적 변환관계

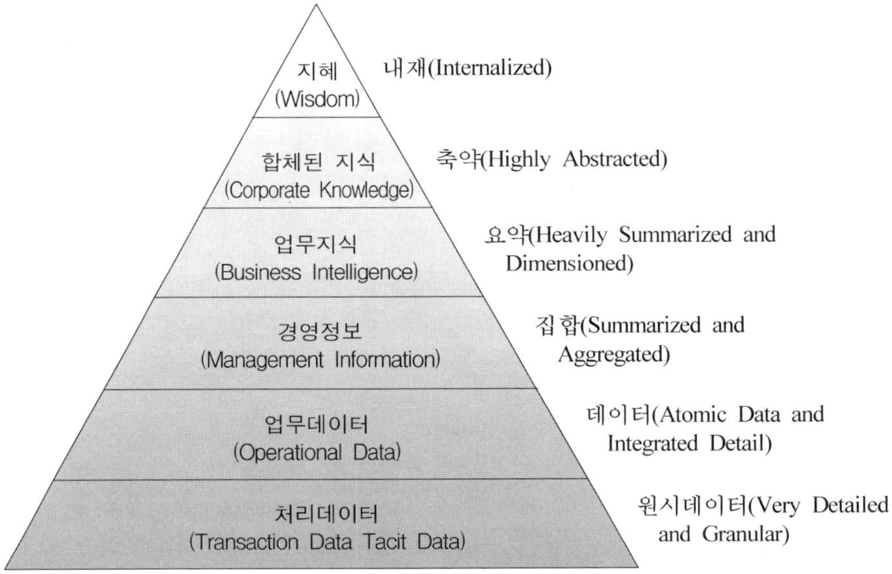

〈자료원: Turban, McLean, and Wetherbe, 2002〉

[그림 4-2]는 지식의 변환관계를 다단계적으로 나타낸다. 모두 6단계로 구분할 때 가공되지 않은 원시데이터와 요약에서부터 축약의 과정을 거쳐 내재된 지혜 형태로 이르게 됨을 알 수 있다.

4.2.2 지식의 분류 및 창출과 변환과정

(1) 지식의 분류

Polanyi[22]는 처음으로 암묵적(tacit) 지식과 형식적(explicit) 지식에 대해 정의하였다. 그에 의하면 암묵지는 경험적이고, 주관적이며, 인식적인 지식을 일컫고, 형식지는 보다 객관적이면서, 이성적, 기술적 지식(데이터, 정책, 프로시져, 소프트웨어, 다큐먼트 등)을 의미한다고 한다.

Nonaka[18]는 개인적이거나, 형식화하기 어려운 지식을 암묵지라 정의하였다. 즉, 언어로 표현은 힘들지만 개인, 집단, 조직 등의 각각에서 개인적인 경험, 표상된 이미지, 숙련된 가능, 조직문화, 풍토 등의 형태로 존재한다고 한다(언어로 나타내기 어려운 주관적, 신체적인 아나놀그의 지식을 포함). 반면 형식지는 언어나 구조로 표현될 수 있는 형태로 존재하는 지식을 의미한다.

Nonaka[19]의 지식분류에 의하면 형식지와 암묵지의 특성은 다음과 같다.

1) 형식지 특성

- 언어로 표현 가능한 객관적 지식
- 언어를 통해 전달 가능
- 언어를 통해 습득된 지식
- 전수가 상대적으로 쉬움
- 예, 매뉴얼, 제품 사양, 문서, 데이터베이스, 화학식 등의 공식, 컴퓨터 프로그램 등

2) 암묵지 특성

- 언어로 표현할 수 없는 주관적 지식
- 은유를 통한 전달
- 경험을 통해 몸에 내재된 지식
- 전수하기 어려움
- 예, 자전거 타기 등의 개인적인 경험, 이미지, 또는 숙련된 가능, 조직문화, 풍토 등

3) 형식지와 암묵지의 관계의 특성

- 개인은 형식지화 할 수 있는 것 이상으로 많은 암묵지를 갖고 있음
- 암묵지가 형식지로 전환되어야 공유하기가 쉬움
- 모든 암묵지가 형식지로 전환되기 어려움
- 암묵지와 형식지의 상호작용이 계속 반복되면서 조직의 지식으로 확대가능

(2) 지식의 창출과 변환과정

지식의 창출은 지식을 획득, 공유, 표현, 결합, 전달하는 과정을 말한다. 지식의 변환이란 암묵지와 형식지의 상호작용을 거치면서 창출되며, 개인의 지식은 사회적 프로세스를 통해서 창조됨과 동시에 집단에 의해 공유되는 지식이며, 새로운 지식 개념의 근원이 된다. 이러한 상호작용과 변환 과정을 거치면서 기술이나 제품으로 변환되고, 지식은 기업의 경쟁우위 확보에 구심점 역할을 하게 된다.

Nonaka[19]의 지식변환 과정은 환 형태의 순환과정을 거친다. 다음은 Nonaka[19]의 4가지 기본적 지식변환 유형을 보여준다. 이 과정은 순차적으로 반복을 통해 여러 번 일어나게 되며, 개인의 지식 창조에서 시작해서 집단, 조직의 차원으로 나선형으로 회전하면서 공유되고 발전해 나가는 창조의 과정이다.

1) 지식변환 유형

- 사회화(Socialization): 암묵지에서 암묵지로의 변환, 신체가 지식을 습득
- 외부화(Externalization): 암묵지에서 형식지로의 변환, 생각이나 기술을 언어나 글로 표현
- 종합화(Combination): 형식지에서 형식지로의 변환, 표현된 지식들의 종합화
- 내면화(Internalization): 형식지에서 암묵지로의 변환, 언어나 글로 표현된 지식을 습득

[그림 4-3]

노나카의 지식변환

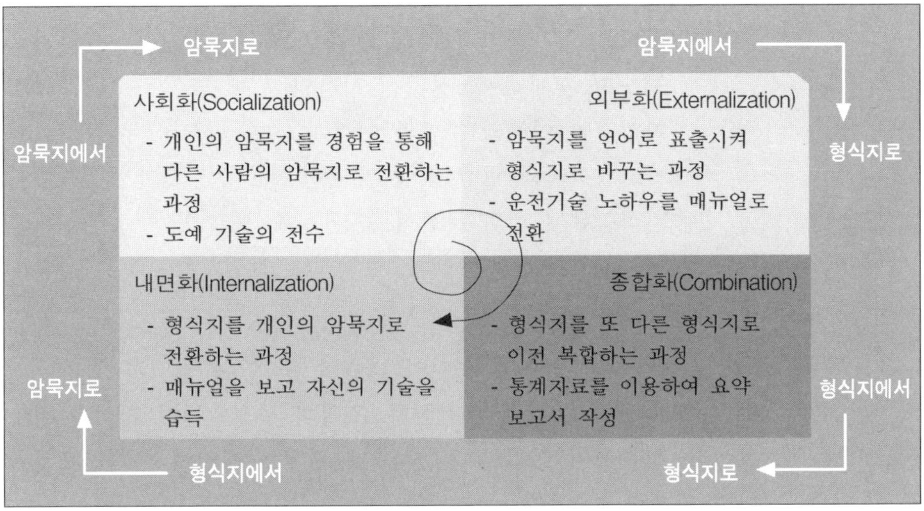

〈자료원: Nonaka, 1998〉

4.2.3 조직과 지식

(1) 조직에서의 지식과 공유

최근 수년간 기업은 물리적 자재 중심의 경영에서 지적 자산 기반 경영에 중점을 두게 되었다. 그러나 발전의 가속화 및 사회의 유동성의 심화와 함께 기업 입장에서 가치 있는 지식을 소유한 조직원은 쉽게 조직을 떠나게 되고, 따라서 조직원과 함께 조직원이 가지고 있는 가치 있는 지식도 조직을 벗어나게 된다. 즉 지식경영의 목적은 사람이 소유한 가치 있는 지식을 지속적으로 확보하는 데 있다. 전통적 방식의 기업경영은 기업 환경의 급속한 변화에 대처하는 데는 한계를 드러냈으며, 기업의 확장과 조직원의 잦은 이동으로 인해 협업을 위한 도구나 의견교환 및 지식의 공유에 대한 요구가 팽배되었다. 따라서 기업 및 조직의 경쟁에서 생존을 위한 전략이 요구되고, 이에 대해 기업 내에 지식이나, 기업이 소유하는 분산되어 있는 지식을 모아 체계화하는 작업이 기업의 가치를 향상에 주요역할을 하게 되었다. 그러나 실질적으로 지식을 공유하기에는 다음과 같은 몇 가지 한계점들이 지적되고 있다.

지식공유의 한계점

- 지식경영을 위한 기술의 부재
- 지식을 공유하고자 하나, 방대한 양의 지식을 공유하기 위해 모으고 체계화 할 물리적 시간의 부재
- 지식경영 이해의 부족과 이점에 대한 인식의 부재
- 최고경영자의 확신 및 지원 부족
- 지식공유에 대한 문화적 공감 부족 등

(2) 지식과 조직문화

지식경영의 성패는 조직이 학습할 수 있는 능력과 얼마나 저장할 수 있는지의 능력에 근간한다. 조직의 구성원들이 지식을 서로 교환하고, 학습하여 협업할 수 있을 때 지식은 개인에서 개인으로 전달되고 진화할 수 있다.

DiBella[15]는 조직을 과거의 경험으로부터 학습할 수 있는 능력에 기반한 유기적 조직체(Learning Organization)라고 했다. 기업이 성장하기 위해서는 먼저 학습이 요구되고, 학습에 기반한 유기적 조직체를 구축하기 위해 다음 3가지가 먼저 해결되어야 한다고 보았다. 유기적 조직체를 위한 통찰(vision), 의미(meaning or what) 및 방향 등이 명확히 정의되어야 한다. 운영(management or how)은 학습에 기반한 유기적 조직체가 목적을 달성하기 위해 기업이 어떻게 해야 하는 지를 정의한다. 마지막으로 실제 학습 정도에 대한 완성도를 측정 및 평가하기 위한 기준(measurement or assessing) 마련이 요구된다.

조직에서 지식저장소(Organizational Memory)는 학습에 기반한 지식의 축적, 표현, 조직의 지식 공유 등을 통해 유기적 조직체 구축을 위해 반드시 필요하다. 그러나 실제적으로 기업데이터의 10-20%만이 저장되어 활용되어지고 있다. 즉, 저장된 과거의 암묵적·형식적 지식과 경험은 개인이 문제에 직면했을 때 해결에 대한 해결점을 제공할 수 있을 뿐 아니라, 새로운 지식을 창출하고, 가용한 형태로의 지식으로 진화시킬 수 있는 점에서 아직 지식 활용에 많은 문제점이 있다.

마지막으로 조직적 학습(Organization Learning)은 조직의 행동에 잠재적으로 영향을 미칠 수 있는 새로운 지식이나 통찰의 발견이다. 이것은 조직의 구성원들이 조직의 인식 시스템, 저장소 등을 공유할 수

있을 때 가능하다.

통합된 지식저장소는 지식경영 성공을 위한 지름길이 되며, 또한 정보기술은 학습에 기반한 유기적 조직체와 경영의 구심점으로 지식경영을 가속화시킬 수 있는 매개체임에 틀림이 없다[11]. 조직의 형태는 점점 가상화되고 있으며, 이러한 조직환경에서 학습에 기반한 유기적 조직체를 위한 효과적인 지식저장을 위한 방법론의 개발이 요구되고 있다. 또한 지식경영이 성공하기 위해서는 기술과 함께 지식경영을 위한 조직 문화의 변화도 매우 중요하다.

(3) 조직에서의 지식표현

조직에서 다루어지는 지식은 다음과 같은 다양한 형태로 표현될 수 있다. 데이터베이스에 쌓여진 데이터, 서류형태의 정보, 개념이 표상화 된 그림이나 그래픽 형태의 정보, 업무 프로시저, 프로세스 등의 지식, 개개인에게 내재된 경험적 지식 및 훈련이나 교육 및 학습 등으로 전달되는 지식으로 볼 수 있다.

[그림 4-4]

조직의 지식표현

〈자료원: Turban, McLean, and Wetherbe, 2002〉

4.3 지식경영

4.3.1 지식경영

Davenport(1998)에 의하면, 실질적으로 지식경영시스템의 목적을 다음의 4가지로 정의했다. 지식저장소의 창출, 지식접근 방법의 향상, 지식 환경의 진보 및 자산으로서의 지식이다. 다음은 지식경영의 순환과정과 지식경영의 구조 및 프로세스에 관해서 살펴보기로 한다.

(1) 지식경영의 순환과정

지식경영은 [그림 4-5]에서와 같이 모두 6단계로 이루어진다. 지식은 순환과정을 거치면서, 시간이 지남에 따라 계속적으로 새롭게 변환되고 진화한다. 지식 순환의 6단계는 다음과 같다.

- 지식의 창출(Creative Knowledge)

지식을 적용하는 새로운 방식의 발견이나, 적용 지식의 진보, 외부의 지식이 기존의 지식에 합치되어 새로운 지식이 생겨난다.

- 지식의 획득(Knowledge Capture)

새롭게 생겨난 지식은 가치 있는 형태로 정의되어야 하며, 표현 가능해야 한다.

- 지식의 정제(Refine Knowledge)

새로운 지식은 적용 가능해야 한다. 즉 내재된 지식은 외부적으로 표출이 가능해야 한다.

- 지식의 저장(Store Knowledge)

유용한 지식은 일정형식으로 저장 가능해야 하며, 조직의 구성원들에 의해 사용 가능해야 한다.

- 지식의 관리(Disseminate Manage)

새롭게 갱신된 지식의 정확성 및 지식들간의 정보의 일치성에 대한 관리가 이루어져야 한다.

- 지식의 보급(Disseminate Knowledge)

지식은 지식을 필요로 하는 조직 구성원 누구나, 언제, 어디서든 사용가능 한 형태로 만들어져 있어야 한다.

[그림 4-5]

지식경영의 순환과정

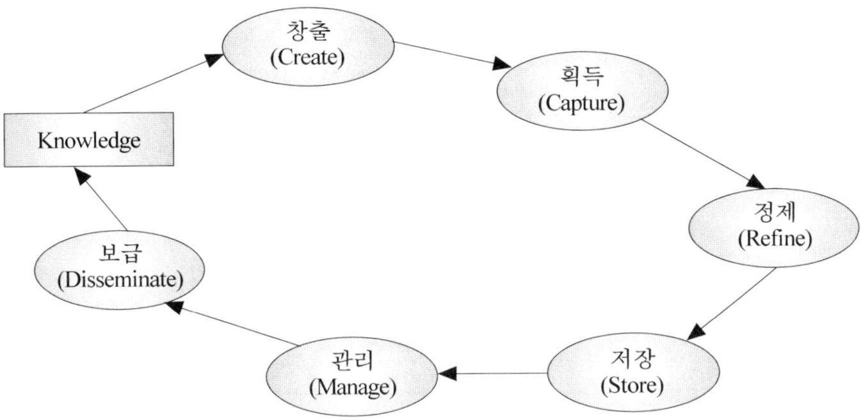

〈자료원: Turban, McLean, and Wetherbe, 2002〉

즉, 지식은 순환과정을 거쳐 진화되고, 보급된 지식은 개인에 의해 새롭게 발전되어, 창출된다. 여타의 자산과 달리 지식은 사용에 의해 소멸되지 않으며, 새롭게 변화되고 시간이 지남에 따라 성장 및 진화한다.

(2) 지식경영의 구조 및 프로세스

지식경영의 구조는 데이터계층, 지식관리 계층 및 지식표현 계층으로 나누어 볼 수 있다. 각각의 구성요소는 다음과 같다.

1) 지식경영의 구조

- 데이터 계층

외부자원(external sources), 웹에서의 자원(Web repository), 전자우편(e-mail), 서류(text repository), 미디어(media) 및 소프트웨어 엔지니어링 자원(software engineering repository) 등이 있다.

- 지식관리 계층

지식 획득, 정제, 저장, 보급, 표현의5단계의 지식관리 프로세스로 구성된다.

- 지식표현 계층

지식을 교환하고 공유하기 위한 방법 및 매개체들로 구성된다.

[그림 4-6]

지식경영의 구조

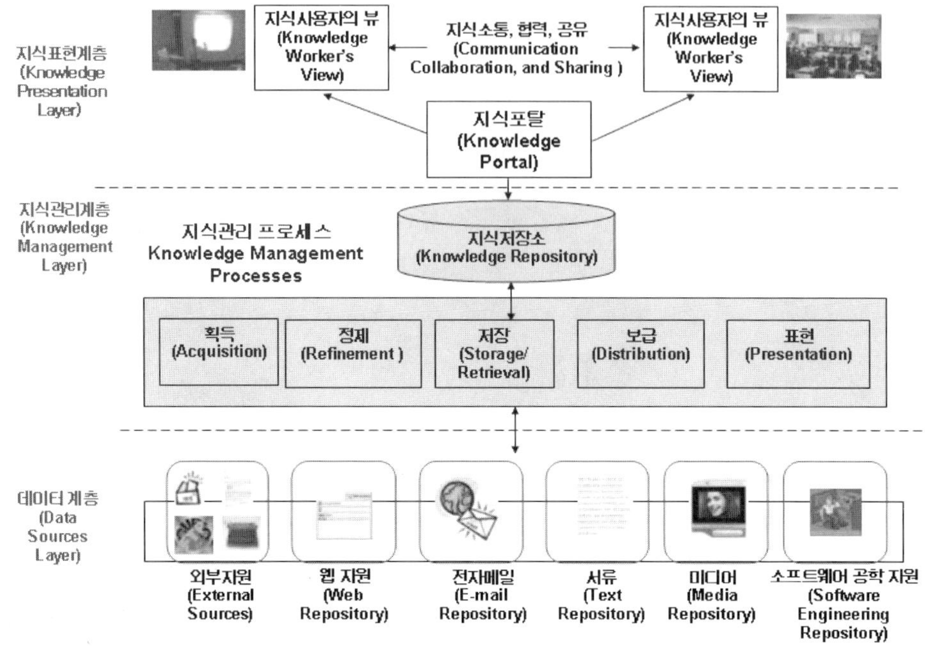

〈자료원: Turban, McLean, and Wetherbe, 2002〉

2) 지식경영을 구성하는 프로세스

지식경영을 구성하는 기술적 요소들은 다음과 같다.

• 획득(Acquisition)

지식의 획득은 전문적 지식이나 전문분야 지식, 업무규칙 및 외부의 자원 등과 이를 획득하기 위한 정책으로 구성된다.

• 정제(Refinement)

원시데이터의 정제 및 메타데이터 생성, 개념의 표현, 데이터마이닝과 이에 대한 분석 및 통합, 데이터의 진화 등이 이에 해당된다.

• 저장 및 검색(Storage/Retrieval)

지식을 분류에 따라 인덱싱 저장하고, 개념, 저자 및 내용 등에 따라 검색 가능하도록 하고, 이러한 지식의 보안에 관한 사항 등으로 구성된다.

• 보급(Distribution)

XML과 같은 표준형식에 맞게 정리된 지식은 인터넷, 지식포탈 등을 통해 보급된다.

• 표현(Presentation)

지식은 사용하는 개인의 선호도에 따라 정리될 수 있고 사용되어지며, 또한 새롭게 창조된다.

다음은 지식경영을 구성하는 기술적 요소들은 도식화 한 형태이다.

[그림 4-7]

지식경영을 구성하는 프로세스

획득 (Acquisition)	정제 (Refinement)	저장 및 검색 (Storage/ Retrieval)	보급 (Distribution)	표현 (Presentation)
• 전문적 지식 (Expertise) • 분야모형 (Domain Mode) • 업무규칙 (Business Rules) • 소유자원 (Ownership Data Sources) • 정책(Politics) • 외부 자원 및 형식 (External Sources and Formats)	• 데이터 정화 (Data Cleansing) • 메타데이터 (Metadata Tagging/indexing) • 개념의 표출 (Concept Formulation) • 데이터마이닝 및 분석 (Data Mining, Analysis and Integration) • 가치데이터 창출 (Nugget creation and Indexing) • 진화(Evolution)	• 지식 저장 및 첨자화 (Storage and Indexing of Knowledge Nuggets) • 주제 및 개념 기반 검색 (Concept-based Retrieval) • 저자, 내용 등의 검색(Retrieval Author, Content, Threads, etc.) • 지식의 보안 (Knowledge Security)	• 인터넷 (Internet) • 지식포탈 (Knowledge Portals) • 표준형식 및 XML(Standard Formats & XML Metatags • 보급(Active Subscriptions) • 지식공유 및 토론그룹 (Knowledge Sharing Via Discussion Groups)	• 개인포탈 (My Portal.com) • 개인의 선호도에 따른 지식표현 (User Profiles for dynamic tailoring of links and topic weights) • 지식창출 및 갱신 (Knowledge creation, annotation and update)

〈자료원: Turban, McLean, and Wetherbe, 2002〉

3) 지식경영을 구성하는 프로세스

지식경영을 위해 요구되는 기술적 구성요소에는 다음과 같은 종류들이 있다.

- 네트워크 기술(Network Management)
- 다큐멘트 관리기술(Document Management)
- 탐색 기술(Search and Retrieval)

- 데이터 관리 기술(Data Management)
- 전자출판 기술(Electronic Publishing)
- 그룹웨어 기술(Groupware)
- 워크플로우 기술(Workflow)
- 헬프데스크 및 데이터 프로세싱 기술(Help Desk and Data Processing)
- 정보제공 기술(Reporting)

4.3.2 지식 저장소(Knowledge Repository)

(1) 지식저장의 유형

지식을 저장하는 유형으로는 조직에서의 지식저장 유형과 일반적 지식저장 유형으로 살펴볼 수 있다.

1) 조직에서의 지식저장 유형

- 지식 망 모델(Knowledge Network Model)

지식 망 모델은 개인의 지식을 외부적으로 표출하거나 분류하려는 노력보다는 개인과 개인이 개별적으로 접촉해서 서로 가치 있는 지식을 교환할 수 있는 개인간 접촉 고리를 설정하는 모델이다. 전화회사의 전화번호부 등이 그 예에 해당한다. 기업들이 지식경영의 초기에 이 모델을 많이 이용했으며, 상대적으로 비용이 적게 들고, 이용과 구현이 쉽다라는 장점이 있다.

- 지식 저장소 모델(Knowledge Repository Model)

지식 저장소 모델은 지식경영을 위해 가장 일반적으로 사용되는 모델이다. 지식저장과 사용은 개인이 획득한 지식을 저장소에 저장하고(Person-to-Repository), 지식 사용자는 저장소로부터 저장된 지식을 추출하여 사용(Repository-to-Person)하는 두 단계로 이루어진다. 지식 저장소에는 내면적, 외면적 형태의 지식 저장이 모두 가능하다. 예를 들어, 내면적 지식은 전문가에게 내재된 암묵지에 해당하는 것으로 특별한 저장 형식 없이 저장된다. 외면적 지식은 정해진 표준형식에 맞게 저장된다.

- 혼합 모델(Hybrid Model)

혼합 모델은 지식 망 모델과 지식 저장소 모델의 혼합된 형태로 기업에서 현재 가장 많이 사용되고 있는 모델이다. 초기에는 형식지에 비해서 암묵지는 지식저장소에 저장하기 쉽지 않았다. 그러나 저장된 암묵지는 지식 사용자들에 의해 반복적으로 사용되면서, 시간이 지남에 따라 갱신되고 새롭게 창출되며 진화하였다. 궁극적으로 진화된 지식은 진정한 지식경영 모델의 요소가 되었다.

2) 지식의 일반적 저장 유형

• 데이터베이스(Database)

데이터베이스는 표준저장형식을 가지고 데이터를 저장하는 모델이다. 종류에는 관계형, 네트워크, 계층형, 객체지향 데이터 모델이 존재한다. 지식에 대한 탐색이 쉽고, 지능적 데이터베이스 도구들도 지원되나, 데이터베이스의 저장방식에 따라 저장될 수 있는 지식의 종류가 적다는 단점이 있다.

• 데이터웨어하우스(Data Warehouse)

데이터웨어하우스는 지식경영의 목적에 부합하는 주요데이터를 저장하고, 할 수 있는 대량 저장소라 볼 수 있다. 특히 고객관계관리(CRM)분야에서 많이 이용되고 있다.

• 특화된 구조적 데이터베이스(Specially Structured Database)와 전자문서(Electronic Documents)

특화된 구조적 데이터베이스는 로터스(Lotus)/도미노(Domino)서버에서 개발된 것으로 노츠(Notes)데이터베이스 구조를 이용한다. 제록스(Xerox)의 다큐쉐어(DocuShare)와 같은 전자문서는 전자문서관리를 위해 개발되었다. 구조적 데이터베이스와 전자문서는 암묵지를 저장하는데 유용하도록 개발되었다.

3) 컨설팅 사와 지식 저장소

컨설팅 회사는 지식 저장소의 선두주자라 할 수 있다. 대표적으로는 액센추어(Accenture), 언스트 앤 영(Ernst & Young), 및 KPMG 등이 있다. 이들은 하나 이상의 지식센터를 운영하고 있으며, 매일 24시간 사용 가능하다. 이들 지식경영시스템은 언제나 인터넷을 통해 추출 및 사용 가능하다.

앞서 살펴 본 바와 같이 다양한 지식 저장소 형태들이 존재하며,

이들은 지식경영을 위한 각각의 장, 단점들을 가지고 있다. 현재는 데이터마이닝 기술과 인공지능 기술이 데이터베이스, 데이터웨어하우스 및 전자문서 관리에 응용되고 있다. 다음 기회에 이에 대해 자세히 살펴보기로 한다.

(2) 정보기술과 지식경영

지식경영을 위한 지식저장 모델들의 중요성은 증가하고 있다. 그러나 실제적으로 이러한 지식 저장소를 구축하고, 관리하는 일이 쉽지는 않다. 이러한 지식 저장소는 지식경영을 위한 정보기술의 집합체라 볼 수 있다. 또한 올바른 지식경영을 위해서는 지식관리 전담요원이 요구된다. 지식경영을 위한 정보기술의 주요 구성요소들은 다음과 같다.

- 지식교환 기술(Communication Technology)

필요한 지식을 획득하고 전문가와의 접촉할 수 있는 기술

- 지식협력 기술(Collaboration Technology)

그룹작업을 수행할 수 있는 지식을 제공하는 기술

- 지식저장 기술(Storage Technology)

지식을 획득, 저장 및 관리하는 기술

4.4 지식경영시스템

4.4.1 개 요

지식경영(관리)시스템(KMS: Knowledge Management System)은 기업의 이윤 극대화, 손실 최소화, 경쟁력 확보를 위해 개발된 것으로 기존의 업무시스템에서 발생하는 정형화 데이터뿐만 아니라, 개인이나 조직이 보유한 비정형화된 암묵적 지식(tactic knowledge)을 코드화된 지식(codified knowledge)으로 전환하여 보관하며, 관련된 외부의 데이터를 영입하였다가 필요한 경우 기업 내 구성원들이 언제든지 활용할 수 있게 하는 시스템이다. 세계적인 IT 전문 리서치 기관인 IDC에서는 KM을 아래와 같이 정의하고 있다[16]. “조직원, 업무프로세스, 기술을 평가하여 생산성을 향상시키기 위해 적절한 시점에 적절한 조

직원에게 적절한 정보를 제공할 수 있도록 솔루션을 개발하는 것이다. 이들 KM 솔루션에는 크게 소프트웨어와 서비스가 있으며, 서비스는 컨설팅(consulting), 구현(implementation), 운영(operations), 유지관리(maintenance), 교육 · 훈련(training) 등을 포함하고, 소프트웨어는 다시 구축의 기본을 이루는 정보구축 소프트웨어, 협업지원 소프트웨어, 비즈니스 소프트웨어 등의 KM Infrastructure소프트웨어와 그 기반환경을 바탕으로 확장 구축되는 EKP, EIP, ICM advanced search 등의 KM 액세스 소프트웨어로 구성된다." [그림 4-8]은 지식경영 솔루션의 분류를 보여주고 있다[6].

[그림 4-8]

지식경영 솔루션의 분류

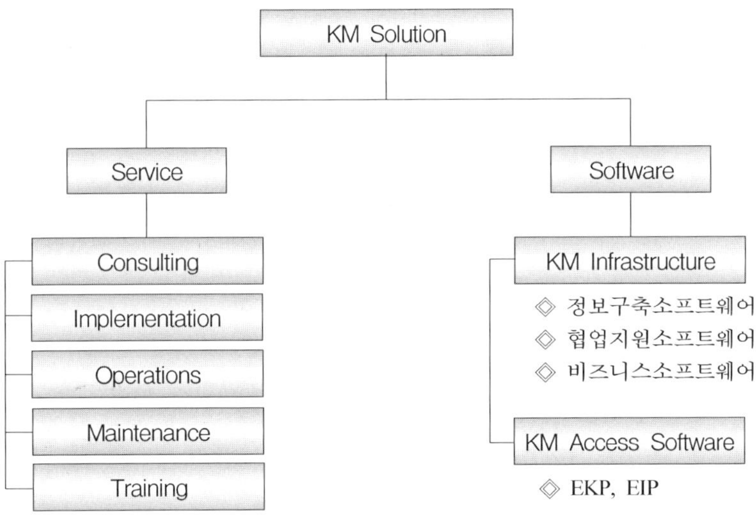

〈자료원: 손소현, 2001〉

지식경영시스템은 '90년대에는 주로 검색, 그룹웨어, 전자문서관리(EDMS) 등 솔루션 단위별로 구축되었으나, 2000년대 접어들면서 인터넷 및 인트라넷 환경 하여 통합 및 분산 솔루션으로 전환되고 있다. 이에 따라 기존 정보 및 지식의 저장, 검색에만 한정된 DBMS와 검색툴 뿐만 아니라 그룹회의와 연동, 화상회의 기술, 이메일 등 다양한 정보기술이 접목되고 있다.

4.4.2 지식경영시스템을 위한 정보기술

(1) 지식경영기술의 환경

지식경영기술의 목표는 지식 교환을 위한 [그림 4-9]와 같은 연결된 환경을 생성하는 것이다. 이 연결된 환경은 집단의 기억(Corporate Memory)을 기술적으로 구체화하는 것으로 직원의 숙련 기술과 경험, 연구 개발물, 특허 권리증과 고객·생산자와 경쟁자에 대한 정보와 같은 지적 중요한 자산을 포함하는 지식의 복잡한 거미줄과 같다[21].

[그림 4-9]

지식교환을 위한 연결환경

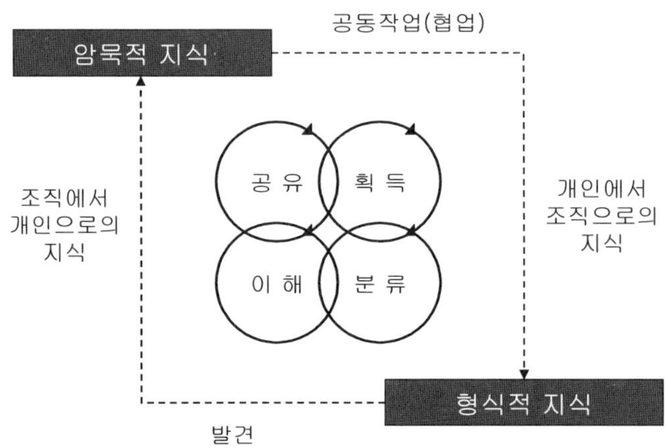

〈자료원: Ovum, 1999〉

따라서, 지식경영시스템은 사람과 정보 시스템 사이의 연결만큼이나 사람들간의 연결과 협업을 촉진시켜야 하며 암묵적, 형식적 지식의 교환과 변환을 지원하여야 한다. 다음은 지식경영시스템이 갖추어야 할 기능들을 나열한 것이다[21].

- 지식 공유(Sharing)

전자우편이나 인터넷은 네트워크 기반의 커뮤니케이션의 융통성 있는 형태로 제공할 수 있는 기술을 가능케 하는 중요한 수단이 된다. 가상 공동체는 네트워크상의 공유공간에서 구성원들이 공유 자원을 관리하여 특별한 이슈나 작업을 함께 수행하기 위하여 네트워크 기반 회의, 전자 회의 등의 수단을 적절히 사용할 수 있어야 한다.

• 지식 획득(Capture)

지식의 획득은 네트워크 공동체에서의 지식 공유의 효과적인 방법인 전자 우편 토의나 쓰래드 토론 그룹 방법을 통하여 이루어진다. 획득된 지식은 유형의 지식으로 변환되어 기존의 관계형 데이터베이스 관리시스템이나 노츠 데이터베이스와 같은 정보관리시스템의 특정한 형태로 저장된다.

• 지식 분류(Classification)

지식 분류는 개인이나 조직 측면 모두에서 지식 생성 과정에서의 필수적인 단계인데, 획득된 유형의 지식을 개인이 사용할 수 있는 지식으로 만드는 과정 사이를 연결하는 수단이 된다. 따라서 지식 분류는 특별한 주제에 대하여 모든 지식 자원들을 포함할 수 있도록 보편적(universal)이어야 하며, 일부의 물리적 형태에 제약받지 않게 논리적(logical)이어야 한다. 또한 사용자가 필요로 하는 정보를 쉽게 찾을 수 있도록 도와 줄 수 있어야(navigable)한다. 지식 분류 과정 자동화의 가장 단순한 레벨은 문서에 대한 기본 메타데이터(저자나 마지막 수정 날짜 등)를 자동으로 획득하는 것이고 좀 더 나은 레벨은 문서에 대한 키워드 태깅이나 문서 요약을 자동으로 제공하는 것이 가능하다. 이러한 지식 분류 도구들은 사람들의 시간과 노력을 덜어주고 넓은 범위의 방대한 소스들을 획득할 수 있게 한다.

• 지식 이해(Understanding)

지식을 다시 무형의 것으로 만드는 지식 이해는 유형의 지식을 획득하는 지식 공유에 대한 반대편에 있다. 지식 이해를 돕기 위해서는 비전문사용자가 집단 기억의 내용을 쉽게 항해하여 찾을 수 있어야만 한다. 데이터웨어하우스나 인터넷의 방대한 양의 데이터를 다룰 때, 데이터마이닝 기술과 같은 도구가 요구된다.

(2) 지식경영시스템의 구조 및 기술요소

지식경영시스템은 연결된 환경 내에서 지식 공유, 획득, 분류, 이해와 같은 지식 교환의 과정들이 지원될 수 있도록 구성되어야 한다. 따라서, 지식경영시스템의 구성요소들은 지식경영을 위한 연결환경 내에서 다음과 같은 서비스를 지원할 수 있어야 한다[21].

- 협업(Collaboration) 서비스: 지식 공유를 위한 환경을 제공함.
- 발견(Discovery) 서비스: 사용자가 집단 기억에 있는 정보를 검색하고 분석(이해)하는 데 도와줌.
- 저장(Repository) 서비스: 획득된 지식에 대한 정보 관리 기능 제공
- 맵(Map) 서비스: 지식 분류를 위한 집단 스키마를 제공함.

위의 서비스를 지원할 수 있도록 Ovum에서는 [그림 4-10]와 같이 여러 계층구조로 지식경영시스템의 구조를 제시하였다.

[그림 4-10]

지식경영시스템의 구조도

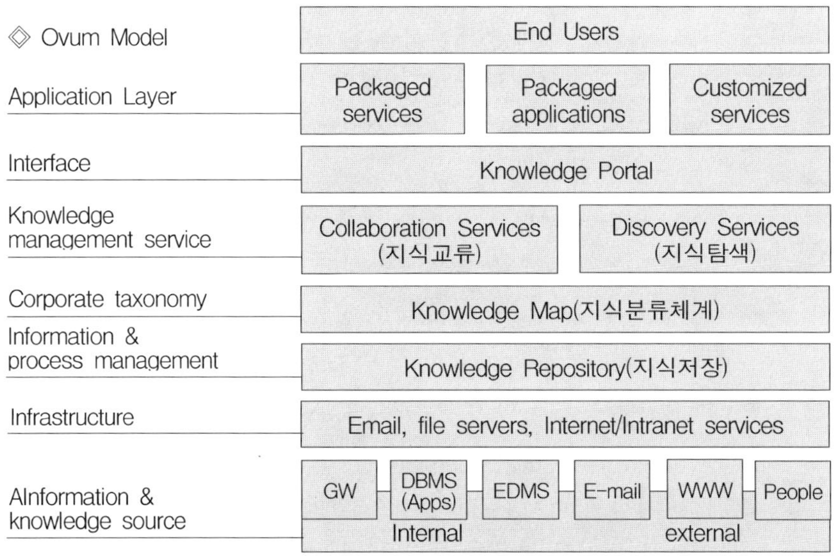

〈자료원: Ovum, 1999〉

Ovum[21]이 제시한 지식경영시스템의 구조를 좀 더 통합하여 한국전자통신연구원에서 제안한 구조도는 [그림 4-11]과 같다. [그림 4-11]에서와 같이 지식경영시스템은 지식이 저장·처리되고 있는 지식원천(Knowledge Source)과 이들 분산된 지식원천의 정보·지식 등을 연계·통합하기 위한 통신인프라(Communication Infra), 연계·통합한 대용량 정보를 시스템적으로 고속으로 처리하여 저장·관리하기 위

한 지식베이스(Knowledge Bases), 정보 · 지식을 활용하기 쉽도록 체계적으로 저장 · 관리하기 위한 지식맵(Knowledge Map), 궁극적으로 사용자에게 직접 보여지는 사용자 인터페이스(User Interface), 사용자 인터페이스를 보다 원활히 서비스하기 위해 백본으로 처리되는 소프트웨어인 지식서비스(Knowledge Service)로 구성된다.

[그림 4-11]

지식경영시스템의 공통구조도

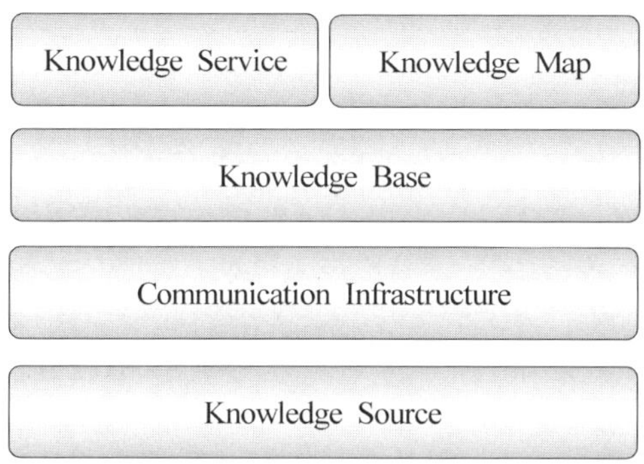

〈자료원: 손소현, 2001〉

국내외 지식경영에서 공통적으로 사용된 요소 기술들을 [그림 4-13]의 구조도에 근거하여 정리하면 <표 4-2>와 같다[6].

1) 사용자 인터페이스(User Interface)

사용자에게 직접 보여지는 인터페이스 부분의 기술인 사용자 인터페이스 기술에는 시공간의 제약을 무너트린 웹 브라우저 기술이 대표적이며, XML, SGML등의 구조화된 문서기술을 사용함으로써 타 지역 지사 및 정부 부처와의 자동화된 통합 문서 관리가 가능하도록 유도할 수도 있다. 최근에는 무선인터넷이 활성화됨에 따라 이동전화나 PDA 등 소형무선단말기를 통해 인터넷자료를 활용할 수 있는 WAP(Wireless Application Protocol)과 전용브라우저인 WML(Wireless Markup Language) 등의 활용도 검토되고 있다.

HWP, DOC, PPT, PDF, ELX 등 텍스트기반 콘텐츠를 보기 위한 개별 뷰어 어플리케이션을 설치하지 않고도 개인 사용자가 언제든지

<표 4-2>

지식경영시스템의 구성 아키텍처별 필요한 기술요소

기술요소	내 용
User Interface	웹브라우저, 통합부여, 각종 미디어 플레이어, 클라이언트 사이드의 각종 컴포넌트 및 플러그인 기술, 지식 포탈 기술
Knowledge Service	푸시 & 에이전트 서비스, 협업서비스, 전문 검색 서비스, 개인별 지식경영서비스 지원 기술
Knowledge Map	원하는 지식 요소의 위치를 직관적으로 파악할 수 있도록 지식 요소를 간략하게 구조화하는 기술
Knowledge Base	다양한 지식 저장 기술 및 인덱싱 기술, 백업 기술 및 지식단위별, 접근유형별, 사용자나 가상 그룹별 보안기술
Communication Infrastructure	기간 시스템, 웹 시스템 등과 같은 사내외 정보 자원과의 연계 및 통합을 위한 통신 기반 기술
Knowledge Source	워크플로우, 기간 시스템, 전자상거래 시스템, 고객관리 시스템, 실적 자료를 분석 예측하기 위한 데이터 웨어하우징, 비정형정보를 지원해 주는 전자 문서 관리 서비스(EDMS), 전 조직원간의 정보공유를 위한 그룹웨어, 메일서버, 파일시스템, 웹사이트, 데이터베이스 등의 정보를 연계및 통합 활용하기 위한 기술

〈자료원: 손소현, 2001〉

볼 수 있도록 주로 사용하는 약 200여 종의 각종 문서를 지원하는 클라이언트 독립적인 통합 뷰어 기술도 필요하다. 또한, 멀티미디어 콘텐츠를 실행하기 위한 각종 Media Player, Client-Side 컴포넌트 및 Plug-In 기술이 필요하다.

사용자 인터페이스는 최근 지식 포탈의 형태로 발전해 나가고 있는데, 지식포탈이란 지식의 활용도를 높이기 위하여 포털개념의 지식전달 체계를 의미하는 것이다. 또한, 지식 포탈은 사용자의 선호도에 따라 개인화된 지식환경을 제공할 수 있어야 하므로 사용자 정의를 통한 지식맵의 개인화 및 지식 필터링 기술, 개인별 뷰제공 및 agent 기술 등이 요구된다[6].

2) 지식 서비스(Knowledge Service)

정보를 수집한 그대로 보여주는 것은 아무런 의미가 없다. 정보는 가공/협업을 통해 의미있는 지식으로 만들어 서비스하는 것이 중요하다. 이를 위한 기술로는 인터넷이 확산됨에 따라 다양한 형태의 정보와 다양한 플랫폼에 저장된 정보로부터 사용자가 원하는 의도를 정확하게 파악하여 원하는 정보만을 수집/통합/서비스하는 기능을 가지는 차세대 지식기술로 에이전트 서비스가 최근 각광을 받고 있으며, 이동에이전트, 멀티에이전트, 지능형 에이전트, 정보검색 에이전트, 전자상거래 에이전트, 보조 에이전트 등이 있다. 그 외 협업 서비스, 텍스트 기반의 검색을 지원하는 전문검색 서비스(full-text retrieval service), 이미지/동영상 검색을 지원하는 VIR(Visual Information Retrieval) 검색, VOD/AOD 서비스 기술, 개인별로 분산된 지식경영을 위한 SDI 서비스 기술, 정보생성을 지원하는 Report 지원기술, 자연어 입력에 대해 색인 및 검색이 가능하도록 지원하는 형태소분석(morphology analysis), 구문분석(phrase analysis), 의미분석(semantic analysis) 등의 자연어처리 기술, 다양한 외국어문서에 대해 번역/통합색인/검색이 가능하도록 지원하는 다중언어번역/통합 기술 등이 있다[6].

3) 지식 맵(Knowledge Map)

지식 맵은 사용자가 이용할 수 있는 지식 자원들을 각종 지식이 저장된 물리적인 형태나 장소와는 독립적으로 문제해결에 도움이 되는 체계로 지식을 분류해 놓은 것이다. 지식 맵을 구축하기 위해서는 지식을 먼저 분류한 후 분류된 체계에 따라 지식을 수집해야 할 수 있어야 하므로 방대한 양의 문서들을 클래스들로 묶는 문서 자동 분류를 위한 클러스터링(clustering) 기술과 강력한 검색기술이 요구된다. 지식 맵이 구축된 후 이를 쉽게 사용할 수 있도록 하기 위해 정보 소스들의 논리적 전체 뷰(view)를 제공하여 사용자가 쉽게 지식 정보를 찾아갈 수 있도록 하는 로드맵과 같은 여러 가지 시각적인 기술을 사용하는데, 이를 위하여 계층적 디스플레이나 컬러, 3D 디스플레이 기법과 같은 기술이 요구된다. 기 지식 맵의 종류에는 기업에서 다루고 있는 지식분야별로 체계를 정리한 Container Map, 키워드 중심으로 지식을 정리한 Keyword Map, 정보소스 제공처별로 정리한 Resource Map 등이 있다[6].

4) 지식베이스(Knowledge Base)

지식베이스 기술은 정보를 저장하는 것과 관련된 기술이다. 분산 환경으로부터 수집된 정보를 통합 색인하는 기술, 문서버전관리를 시스템 차원에서 처리하여 문서관리의 중복 및 혼란을 막아주는 Vaulting 기술, 문서관리시스템과 클라이언트 응용프로그램을 결합시키기 위한 국제 표준안(ODMA, DMA, WFMC 등)의 활용, 문서 뿐 아니라 멀티미디어 객체를 포함한 모든 객체의 시스템 차원의 이력관리, 버전제어, 백업 및 복구, 상이한 데이터베이스의 통합기술, 외부 유출이 되지 않도록 간단하게는 사용자 인증, Windows NT와 통합된 보안기술 등에서부터 디지털서명, 디지털인증, Secure Sockets Layer(SSL), E/SMTP, SASL 등 최신 암호 표준활용 등의 보안 기술이 포함된다[6].

5) 통신인프라(Communication Infrastructure)

지식경영의 골격은 네트워크 파일 시스템을 통한 공유된 자원에 대한 액세스나 전자우편을 통한 메시지 교환의 수단과 같은 정보기술 인프라구조 상에서 구축된다. 현재 국내 지식경영 시장은 각각 독립적으로 제공되고 있던 지식경영 솔루션들을 하나로 묶어 패키지로 서비스하는 것이 주요 추세이다. 이를 위해 기존시스템과 정보자원의 연계 및 통합, 사람과 정보자원과의 연계 등을 지원하기 위한 통신기반 기술, 지식을 가진 사람과 지식을 필요로 하는 사람과의 중개역할을 하는 비디오 컨퍼런스 기술 등이 필요하다[6].

6) 지식원천(Knowledge Source)

지식경영시스템에서 사용하는 지식은 특성상 포맷이 다양하고 다양한 형태로 존재하며 분산되어 있고 비정형적이며 지속적으로 변동, 추가, 소멸되는 특성을 가지고 있다. 따라서, 다양한 지식 포맷을 활용하려면 포맷변환 기술이 필요하며 지식통합 기술이 필요하다. 즉, Groupware(Notes, OpenMail, etc)에서부터 DBMS(DB Harvester), EDMS(DocsOpen, Documentum, etc), WWW(Web Robot), SAP, PDM, NewsFeed에 이르기까지 다양한 지식원천을 통합할 수 있어야 하고 작업자들이 지식입력을 쉽게 할 수 있도록 지원하는 기술이 필요하다[6].

(3) 지식경영시스템에서의 인공지능의 역할

인공지능 방법론은 전문지식을 식별하여 지식을 자동, 반자동으로 추출해내며 자연어처리 인터페이스를 제공해주고 지능형 에이전트(Intelligent Agent)를 이용하여 고급검색을 제공할 수 있다. AI 방법론 중 특히 전문가시스템, 신경망, 퍼지논리, 지능형 에이전트 기술이 지식경영시스템에서 다음의 역할을 지원하기 위해 이용된다[23].

- 지능형 에이전트를 이용하여 지식 검색 기능을 향상시킨다.
- 사용자 프로파일을 활용하여 개인과 그룹에 맞는 지식을 검색하여 알려주며 지식의 상대적인 중요성을 결정하는데 도움을 준다.
- E-mail, 문서, 데이터베이스에서 지식 검색 시 의미적으로 서로 관계가 있는 지식을 검색하도록 도와준다.
- 데이터에 들어 있는 패턴을 식별한다.
- 현재 지식을 이용하여 미래의 결과를 예측한다.
- 지식을 이용하여 문제해결에 필요한 조언을 제공한다.
- 지식경영시스템을 위해 자연어처리 또는 음성 인식 사용자 인터페이스를 제공한다.

위의 인공지능 방법들 중 특히 지능형 에이전트 기술을 이용하면 외부시스템과 능동적인 연계가 가능하다. 지능형 에이전트는 외부환경의 변화에 대해 능동적으로 대처하여 자기가 맡은 업무를 수행하는 컴퓨터 프로그램으로서, 자율성, 의사소통기능, 학습기능 및 능동성을 가지는 것으로서 지식경영시스템에서 다음의 역할을 수행할 수 있다[22].

- 지식 획득(Knowledge Acquisition) Agent
- 웹사이트나 컴퓨터 파일과 같은 다른 정보 원천으로부터 정보 수집
- 전문지식의 원천으로부터 지식을 추출하고 이를 지식베이스로 전달
- 추출된 지식은 지식 엔지니어(전문가시스템을 전문적으로 개발하는 지식공학자) 및 전문가에 의해 분석되어 적합한 위치에 전달됨
- 지식검증(Knowledge Validation) Agent
- 지식간 중복 또는 충돌이 없는지 검사

4.4.3 지식경영시스템 소프트웨어의 분류

IDC 정의에 따르면 지식경영시스템 소프트웨어는 [그림 4-12]와 같이 크게 두 가지로 구분될 수 있다[16].

첫째, KM Infrastructure로 KM 솔루션의 플랫폼 기능을 하는 소프트웨어이다. KM Infrastructure에는 기업내 비정형적인 데이터들을 관리하는 플랫폼(Document and Content Management)과 기업의 정형적인 데이터를 관리하는 플랫폼(Data Warehousing Management) 등이 포함되며, 협업(collaboration) 기능을 제공하는 그룹웨어, 그리고 의사소통을 지원하는 다양한 메시징 기술이 포함된다.

둘째, KM Access Software는 KM Infrastructure를 기반으로 구성된 정보의 데이터베이스에 이용자가 접근할 수 있도록 하는 소프트웨어를 지칭한다. 이러한 KM 소프트웨어에는 조직원의 지식을 추출하여 정리하는 Intellectual Capital Management와 기업정보포탈로 불리우는 Enterprise Portal(이하 EIP) 등이 포함된다. 특히, 최근에 웹을 통해 기업 내외부 관계자에게 맞춤화된 지식정보를 보여주는 EIP가 부상하고 있다.

[그림 4-12]

지식경영 소프트웨어 솔루션의 동향

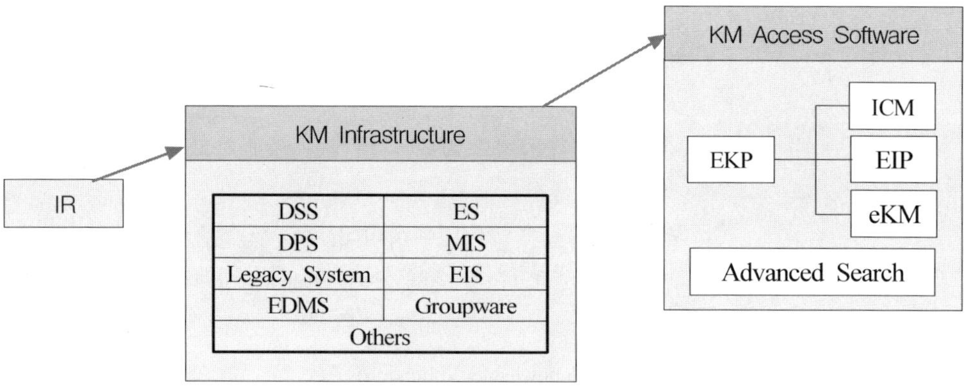

IR: Information Retrieval
ES: Expert System
MIS: Management Information System
eKM: Internet Knowledge Management
DSS: Decision Support Systems
EIS: Executive Information Systems
EIP: Enterprise Information Portal
EDMS: Electronic Document Management System
DPS: Data Processing System
EKP: Enterprise Knowledge Portal
ICM: Intellectual Capital Management

〈자료원: 손소현, 2001〉

또한, 지식경영소프트웨어를 플랫폼 유형별로 분류해보면 CCT (Collaboration Computing Tool), EDMS(Electronic Document Management System), FTR(Full Text Retrieval)기반의 KMS로 분류된다. 초기의 EDMS/ CCT 제품들은 특화된 기능들을 가지고 있었으나, 점차 제품의 기능이 확장되며, 타 업무영역 제품의 기능을 통합하여 제품의 분류 경계가 점차 모호해 지고 있다. 그리고 이러한 제품들을 기업의 특성에 맞게 구현하여 기업경쟁력 제고에 활용하였을 때 KMS라 볼 수 있다. KMS는 EDMS/CCT의 기능을 넘는 여러 통합 기능을 가진 제품을 지칭하기도 하지만 또한 EDMS/CCT를 KMS라 할 수 있다. 이번 장에서는 이러한 지식경영소프트웨어를 유형별로 자세히 살펴본다.

(1) CCT(Collaboration Computing Tool)

CCT란 기업활동에 필요한 정보/지식 등을 공유하고 서로 교환하여 공통의 업무 수행을 지원하는 그룹웨어시스템으로 한 담당자에서 다른 담당자로 전달되는 문서, 정보의 흐름을 자동화하는 시스템이다. CCT를 사용하여 기업에서는 결재, 전자 메일 등 통신 업무, 사내 게시 등 효과적인 공지 업무, 동호회 운영, 공식문서포맷의 공시 또는 공유, 소규모의 지식베이스 운영, News 그룹 운영을 통한 토론문화 활성화, 문서의 최초 작성, 회람, 결재작업을 할 수 있다. 또한, 게시판, 결재작업 후 장기간 보관이 필요한 문서는 EDMS에 문서를 이관하여 보관 관리할 수 있으며 프로젝트의 수행 과정에서 발생되는 문서의 유통 등을 수행할 수 있다.

CCT의 기능은 의사전달력과 상호작용정도에 따라 [그림 4-13]와 같이 분류될 수 있다.

(2) EDMS(Electronic Document Management System)

EDMS(Electronic Document Management System, 문서관리시스템)는 업무효율화 등을 위해 다양한 형태의 문서와 자료를 그 생성에서부터 폐기에 이르기까지 전체 생명주기(life cycle)에 걸쳐 일관성 있게 전자적으로 통합관리하기 위한 시스템을 말한다. 기업의 네트워크 구축이 일반화되고, 정보화가 어느 정도 성숙 단계에 접어들면서 정보 공유의 필요성이 심각히 대두되고 있으며, 정보의 경영자원화 차원에서 정보의 효율적인 관리 및 이용이 주요한 경영과제로 등장하면서,

[그림 4-13]

CCT의 기능분류

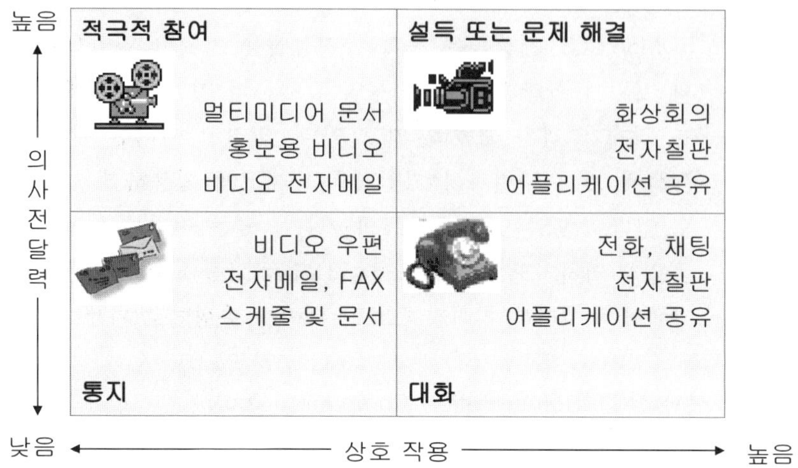

일반 종이를 대체하는 전자 문서가 기업의 중요한 업무 수단의 하나로 등장하고 있다. 실제로 기업 내에서 필요한 정보가 회사의 각 부서나 팀 또는 개인별로 산재해 있으며, 심지어 자료를 모아 관리하는 부서에서도 이러한 정보를 체계적으로 수집, 분석, 분류하여 운영하는 것이 어렵기 때문에 원하는 정보를 찾으려면 많은 시간과 노력을 들여야 하는 점들이 부각되면서 EDMS에 대한 요구가 발생하게 되었다[4].

EDMS에서는 사무환경에서 업무처리 시 발생하는 워드프로세서, 스프레드시트, 전자우편, 웹 문서와 같은 텍스트 기반의 문서를 비롯하여 이미지, 도면, 오디오, 비디오 등 전자화된 모든 형식의 문서를 관리하고 있다. EDMS는 이들 문서들을 체계화된 절차에 따라 통합 관리하여 조직의 구성원들이 공유할 수 있도록 하며, 필요한 문서를 쉽고 빠르게 검색하여 업무에 활용할 수 있도록 하고, 조직의 정보 자원 축적, 업무 효율 향상, 정보의 보안관리를 실현하고 있다[4].

EDMS의 구성요소는 자료의 형태와 구축목적에 따라 크게 전자문서 관리시스템(EDM), 이미지문서 관리시스템(Document Imaging), 컴퓨터출력물 관리시스템(COLD), 워크플로우(Workflow) 관리시스템과 같이 크게 4가지로 구분할 수 있다[4].

• 전자문서 관리시스템

전자문서 관리시스템은 전자문서를 관리하는 시스템으로서 비정형문서를 저장, 검색, 활용한다는 측면에서는 이미지문서 관리시스템과 동일한 기능을 수행하지만, 문서 자체에 대한 내용을 기반으로 한 검색 및 문서 내용을 수정할 수 있다는 점에서 차이가 있다.

• 이미지문서 관리시스템

이미지문서 관리시스템은 이미지의 내용 자체를 기반으로 한 해석이나 관리보다는 내용이나 문서의 유형에 관계없이 대용량의 비정형 문서를 효율적으로 저장, 검색할 수 있는 기능을 수행한다.

• 컴퓨터출력물 관리시스템

컴퓨터출력물 관리시스템은 정형화된 정보들을 대용량의 광디스크에 저장 · 관리하고, 이를 활용하기 위하여 색인, 검색, 조회하는 기능을 수행한다. 이는 입력과정을 제외하고는 대부분의 기능이 이미지문서 관리시스템과 동일하지만 기본문서의 형식이 텍스트를 기반으로 하고 있기 때문에 전문검색과 같은 독립적인 기능을 가지고 있다.

• 워크플로우 관리시스템

워크플로우(Workflow)는 "조직 내에서 공통의 비즈니스 목표를 달성하기 위해 작업그룹 내에 속하는 둘 이상의 구성원에 의해 순차적 혹은 동시에 수행되는 작업들의 흐름"으로 정의하며, 통상적으로 이를 관리하는 시스템을 워크플로우 관리시스템이라 한다. 워크플로우의 일반적인 예는 주문서 접수, 설계 변경, 결재 및 품의 처리, 시스템 관리, 프로젝트 관리 등이 있다.

EDMS는 위와 같이 분류되는데, 이러한 EDMS시스템의 주요기능을 살펴보면 다음과 같다[4].

• 버전관리(Version Control)

버전관리 기능은 시스템에 저장된 문서의 변경이력을 관리하는 기능을 말한다. 문서를 반입할 때, 새로운 버전으로 하면 반입하기 이전의 문서에 대한 정보가 버전정보에 기록된다. 시스템에서의 버전관리는 문서파일 단위로 이루어진다. 각 시스템에 따라 주버전(primary version)뿐만 아니라 부버전(secondary version)을 관리하기도 한다. 주버전은 최종버전을 반출(check-out)하여 문서내용을 변경한 후 반입

(check-in)하였을 경우에 생성되며, 부버전은 중간버전을 반출/반입하였을 경우 생성된다.

- 반입/반출(Check-in/out)

반입/반출 기능은 문서의 동시변경에 의한 문서내용에 대한 무결성((integrity)을 보장하기 위한 기능이다. 즉, 문서내용을 변경하고자 하는 사용자가 문서를 반출하면, 다른 사용자는 반출된 문서를 다시 반출할 수 없도록 하고, 반출한 사용자가 문서를 변경한 후 반입을 한 후에 해당문서를 반출할 수 있도록 한다. 시스템에 따라서는 동시반출을 허용하고 반입시에 부버전을 생성하도록 하여 동시반입에 의한 문서의 무결성 훼손을 방지하기도 한다.

- 문서이력관리

시스템에서 문서는 일반적으로 등록, 수정, 조회, 보관, 폐기 등의 과정을 거치게 된다. 이 때 문서는 수 차례에 걸쳐 변경이 일어난다. 이러한 변경사항 등을 저장하여 사용자에게 제시하는 것을 문서이력 관리라고 한다. 모든 문서는 생성으로부터 수정, 삭제까지 문서의 이력추적이 가능하다. 문서의 접근권한이 없는 사용자의 접근시도도 이력으로 남을 수 있다. 저장된 이력은 보안적인 측면에서 매우 강조된다.

- 보안관리

EDMS의 또 다른 핵심 기능이 보안기능이다. 단순 파일관리시스템에서는 기반 운영체제(Operating System) 또는 DBMS에서 제공하는 보안기능만을 사용하고 있으나, EDM 시스템에서는 각각의 문서와 사용자에 대해 여러 단계의 보안체계를 구축할 수 있어 보다 안전한 정보관리가 가능하다. EDM 시스템에서의 보안은 문서파일 접근제어, 문서속성 접근제어, 폴더접근 권한제어, 시스템사용 권한제어 등에 의해 이루어진다.

- 문서관리

EDMS는 문서 관리를 위해 문서의 분류체계 관리 및 문서의 생명주기 관리를 지원한다. 먼저, EDMS는 문서의 특성에 따라 문서를 대 · 중 · 소 분류체계에 따라 문서를 계층적으로 분류한다. 문서의 분류체계는 일반적으로 조직의 부서체계에 따라 정의되는데, 조직상의 변동에 유연하게 반응할 수 있도록 폴더관리 기능을 지원해야 한다. 두 번째로 문서 생명주기 관리는 문서의 버전이나 보존기간에 따른 자동문서 이관 또는 폐기기능을 제공하며, 시스템에 따라 이를 수동 또는 자동적으로 지원하기도 한다.

• 문서검색

EDMS의 가장 중요한 목적은 원하는 문서를 적시에 정확히 검색하여 활용할 수 있는 것이다. 일반적으로 EDMS에 저장된 문서를 검색하는 방법으로는 다음과 같이 크게 4가지 방법이 있다.

- 탐색(Tree 구조검색)

  탐색방법은 문서의 분류체계(tree 구조)를 순회하면서 원하는 문서를 검색하는 방식으로 문서가 속한 폴더와 파일명을 알고 있을 경우 효과적인 검색수단이 될 수 있다. 이 방법은 대체로 윈도우즈 탐색기 검색방법과 유사하며, 어떤 제품은 윈도우즈 탐색기 안에 통합되어 지원되기도 한다.

- 단순검색

  이 방법은 주로 제목, 작성자, 작성일자, 주석 등 문서 등록시 사용자가 부여한 문서속성이나 문서의 내용을 대상으로 주제어(keyword)를 사용하여 문서를 검색한다.

- 복합검색

  문서의 속성이나 전문 주제어를 대상으로 관계 연산자와 부울 연산자를 이용하여 원하는 문서의 조건을 상세히 기술하여 문서를 검색하는 방법으로 탐색방법과 혼합하면 효과적으로 문서를 검색할 수 있다.

- 전문검색

  전문검색(full text retrieval) 엔진이 포함된 EDM의 경우 사용자가 정의한 문서색인(문서제목, 작성자, 작성일, 소속부서, 문서번호 등)에 의한 검색뿐만 아니라, 문서 내에 포함된 정보를 통한 검색도 지원된다.

• 복제

복제(replication) 기능은 다중 서버간 분류 체계, 문서정보 등을 복사하여 공유하는 기능으로서, 이 기능을 이용함으로써 지역적으로 분산된 다중 서버간에 자원을 공유하고 검색시 성능을 향상시킬 수 있다.

• 백업 및 복구

EDMS는 문서의 색인정보를 DBMS에 저장하고, 실제파일은 파일시스템에 저장한다. 따라서 백업이 일관성 상태를 유지하게 해야 하고, 이를 위해서는 데이터베이스와 백업을 동시에 백업해야 한다. 데이터베이스와 파일시스템의 백업은 전체 백업과 점진적 백업을 할 수 있다. 전체 백업은 대용량 저장장치에 복사하며, 점진적 백업은 이전에 백업한 날짜 이후에 변경이 일어난 파일들만을 백업한다. 보다 진보된 EDMS에서는 파일시스템 백업 외에 문서보존관리(archiving)를 지원하여 효과적인 문서보존 기능을 제공한다.

복구는 백업의 형태에 따라 달라진다. 전체 백업의 경우에는 가장 최근의 백업본을 이용하여 체계를 복구할 수 있으며, 점진적 백업의 경우에는 가장 최근의 전체 백업본과 그 이후의 점진적 백업본을 이용하여 복구한다.

• 문서보존(Archiving)

문서보존 기능은 주로 MOD, CD, DVD 등의 광디스크(Optical Disk)로의 저장을 의미하며, EDMS가 저장하고 있는 실제문서에 관한 보다 안정적이고 효과적인 보존체계를 구성할 수 있도록 지원한다.

이는 문서의 물리적 보관장소를 최초로 생성될 때 위치하는 디스크어레이 또는 서버의 Internal HDD에서 MOD/CD/DVD Jukebox 등의 타 저장장치로 이관시키며, 이 과정에서 RDBMS상의 물리적인 위치정보도 함께 자동적으로 변경되도록 처리한다.

이 기능을 갖출 경우, 파일시스템에 대한 백업은 불필요하게 되는데, 테이프 등 어떠한 백업 매체보다도 문서보존 매체가 안정성을 보장하기 때문이다.

과거 EDMS가 단순히 아날로그 형태의 문서를 저장하고 검색하는 소극적인 형태였다면 현재의 EDMS는 인트라넷 기반 그룹웨어, 메시징 백본 시스템 등과 병합하는 광의의 정보기반시스템이며, 미래에는 지식경영시스템(KMS)의 핵심 요소로서 기업내 고객관리시스템(CRMS), 데이터웨어하우스, 전자적자원관리(ERP), 전자상거래의 데이터를 관리하는 수준으로까지 발전할 것이다.

(3) FTR기반의 KMS

FTR(Full Text Retrieval)은 [그림 4-14]에서와 같이 여러 정보시스템 및 DB에 분산 저장되어 있는 정보/지식들을 한번의 사용자 쿼리(Query)로 원하는 결과의 검색을 지원하는 도구로서 각 정보시스템(Web Site, DBMS, Groupware, EDMS 등)에 분산된 정보/지식을 위한 지식 Directory와 Knowledge Warehouse를 대상으로 한 Directory Browsing과 전문 검색 기능을 의미한다.

[그림 4-14]

FTR을 이용한 검색결과 예

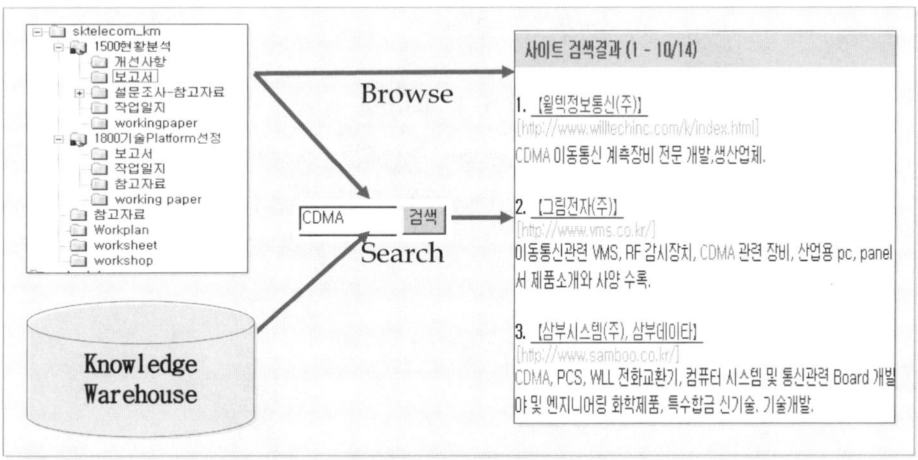

〈자료원: Hummingbird, 2002〉

FTR기반의 KMS는 지식을 Knowledge Map을 이용하여 분류하는데, Knowledge Map은 [그림 4-15]과 같이 Spider Agent에 의해서 수집된 정보/지식을 논리적으로 조직화하는 도구로서 사용자에게 논리적인 관점으로 지식 구조를 탐색하면서 원하는 지식을 찾을 수 있는 Navigator 역할을 수행한다. 자동 분류 도구는 Spider Agent에 의해서 수집된 정보/지식을 Knowledge Map에 자동 분류하는 기능을 수행하여 수작업에 의한 노력과 분류 오류를 줄일 수 있도록 한다.

[그림 4-15]

Knowledge Map

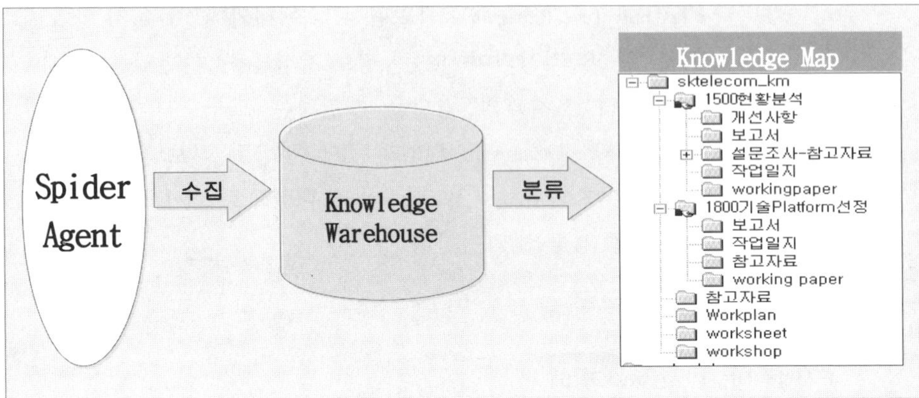

〈자료원: Hummingbird, 2002〉

Spider Agent는 [그림 4-16]과 같이 지정된 정보시스템(Internet/Intranet Web Sites, File System, DBMS, Groupware DB 등)에서 지식/정보를 자동 수집하여 Search Engine을 위한 색인 DB(Knowledge Warehouse)를 생성하고 미리 정의된 분류구조에 분류하는 기능을 수행하는 프로그램이다.

[그림 4-16]

Spider Agent

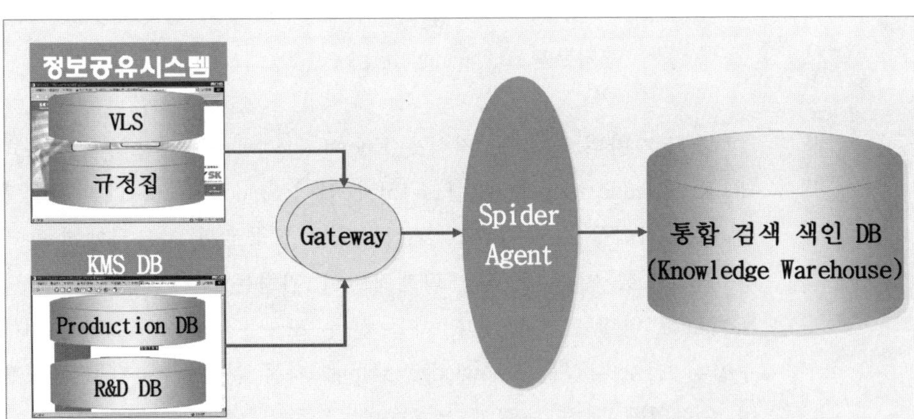

〈자료원: Hummingbird, 2002〉

FTR기반의 KMS는 위와 같은 Spider Agent, Knowledge Map을 이용하여 기업내의 지식을 자동으로 분류하고 체계화 시켜 기업의 구성원이 조직이 보유하고 있는 유형, 무형의 지식을 효과적으로 창출, 관리, 공유함으로 해서 생산성을 향상하려는 지식경영의 기본틀을 지원하는 소프트웨어라고 할 수 있다.

FTR기반의 KMS는 KM 기본 Process를 충실하게 지원하고 Customizing기간을 충분하게 확보하면, 조직의 지식경영 프로세스에 맞는 시스템 개발가능하며 다양한 형태의 통합적 지식검색 및 외부 정보 수집 기능을 포함하는 장점이 있다. 반면에 기업에 따라 Customizing이 필요하고 새로운 지식 원천을 추가할 필요가 있는 경우에는 프로그램을 추가로 개발해야 하며 지식의 분류가 초기에 고정되어 개발되므로 프로그램 유지보수 비용이 많이 드는 단점이 있다. 따라서 FTR 기반의 KMS는 초기 개발비용을 크게 들이지 않고 지식을 수집하는 단계에서 활용된다면 아주 유용할 것이며 추후 충분한 개발시간을 걸쳐 customizing을 한다면 기업요구에 맞는 시스템으로 발전할 수 있을 것이다.

또한, FTR기반의 KMS 솔루션이 지식을 분류하고 필요한 지식들을 다른 원천으로부터 수집하여 기업의 business context에 맞게 분류하고 Taxonomy를 정하는 기능은 FTR기반의 KMS 솔루션들만이 갖고 있는 부분이나, CCT 솔루션들의 기능은 KMS나 EDMS에서도 제공해주는 제품들이 많이 존재한다. EDMS 또한 타 솔루션 제품들과 특화될 만한 기능들을 갖고 있지 못하며, KMS솔루션에서 문서관리의 기능을 제공해주고 있다. 결국 KMS는 기존의 CCT기능과 EDMS기능을 포함하며, 지식의 분류, 저장 및 획득기능이 추가되어진 솔루션이라고 할 수 있다.

(4) EIP(Enterprise Information Portal)

EIP(Enterprise Information Portal)이라는 용어가 처음 등장한 것은 1998년 11월 메릴린치(Merrill Lynch)가 발간한 보고서에서 EIP란 기업내부와 외부정보를 통합해 이용자가 단일 게이트웨이를 통해 중요한 의사결정을 내리는데 필요한 맞춤정보를 제공하는 애플리케이션이라고 정의를 내리면서부터다. 특히 최근 B2B, B2C 등 기업간, 기업 대 고객간 전자상거래의 발달로 인해 기업내 솔루션간의 통합 모델이 모색되기 시작했고, 이는 EAI(Enterprise Application Integration)로 가시화되고 있다. 또한 KMS를 기반으로 운영되었던 기업 내 정보 공유 모델 역시 더 나아가 기업 데이터베이스로의 접근, 각종 기업 애플리케이션과의 자료 교환과 검색을 가능케 하는 등 기업 애플리케이션과 기업 정보 저장소의 단일 접점을 만들어내는 방향으로 진행되고 있다. [그림 4-17]와 같이 지금까지 시스템 통합을 위한 노력과 정보 공유를 통해 협업 시스템을 가능케 하려는 시도가 합쳐진 결정체가 바로EIP(Enterprise Information Portal)라는 개념이다[2, 14].

EIP의 등장과 더불어 부상하고 있는 기능은 이용자 개개의 특성에 맞춘 개인화서비스이다. 위의 시스템 통합과 정보 통합이 EIP의 기초작업이라면 개인화 서비스는 이렇게 작업된 결과를 효과적으로 보여주는 방법론이다. 이러한 EIP가 갖춰야 할 요소는 크게 3가지로 구분된다. 첫 번째는 기업 내 정보의 통합이다. 여기에는 기존기업 내 데이터베이스 형태로 저장되어 온 정형 데이터와 각종 사내 문서, 보고서, 도면, 웹 검색 자료 등 비정형 자료까지 포함하는 개념이다. 두 번째는 기존의 시스템과의 통합이다. 이는 기업내 정보를 하나로 통

[그림 4-17]

EIP를 통한 정보와 시스템의 통합

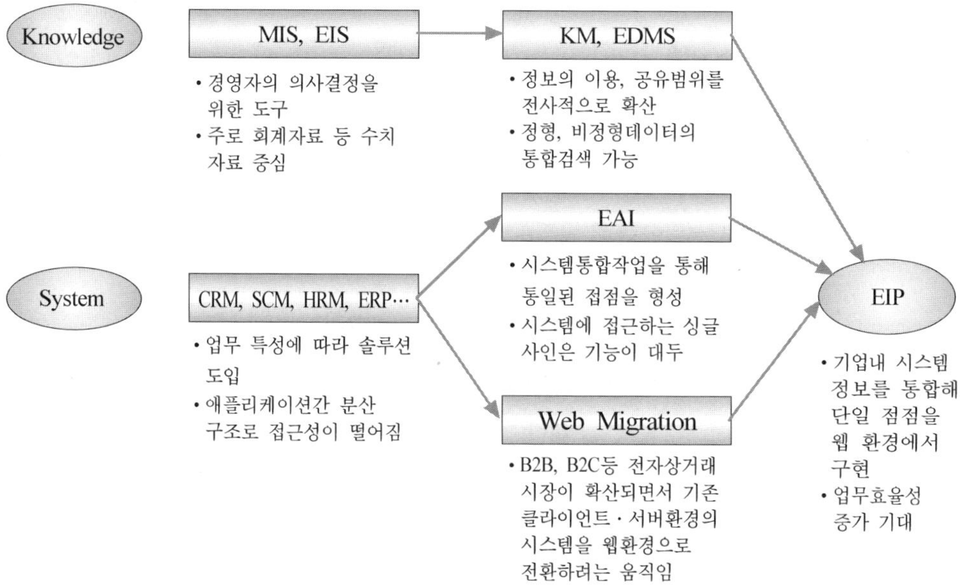

〈자료원: Desmond Scully, 2001〉

합하기 위한 필수적인 작업으로 기존의 DB와의 연계, CRM, SCM 등 이미 도입했던 시스템과의 통합 작업이 필요하다. 세 번째는 이를 이용자가 활용할 수 있는 툴의 개발이다. 앞서 설명한 개인화 서비스가 대표적인 예다. EIP 구축을 통해 하나로 통합된 정보 중 자신에게 필요한 정보만을 선택할 수 있는 기능과 통합된 기존의 사내 시스템에 접근할 수 있는 단일 접점, 즉 싱글사인온의 구현, 그리고 이용자의 업무 특성과 권한에 따른 접근 권한 등 보안 설정 등이다.

4.4.4 지식경영시스템의 구축방법론

본 장에서는 앤더슨 컨설팅사가 여러 회사의 지식경영 프로젝트를 수행하면서 쌓은 경험과 업무 수행 절차들을 분석하여 이를 토대로 새로운 지식 경영 구축방법론을 개발한 방법론에 기반하여 지식경영시스템의 구축방법론에 대해 기술한다[5].

지식경영시스템의 첫 번째 단계는 지식경영 프로젝트를 성공리에 마칠 수 있도록 프로젝트 팀을 구성할 때 고려되어야 할 사항, 즉 프로젝트를 개시하기 전에 준비되어야 할 사항들을 정의하는 '지식경영 프로젝트 시작준비' 단계이다. 두 번째 단계는 본격적으로 프로젝트에 착수해서 단기간 내에 지식경영 도입효과가 큰 핵심주제를 선정하는 '핵심주제 선정' 단계이다. 세 번째 단계는 선정된 핵심주제 분야에서 경쟁력 있는 지식요소들이 무엇인가를 파악하고 이러한 지식요소들을 사용자들이 원활하게 공유할 수 있도록 지식 프로세스 및 지식 데이터베이스를 설계·개발하며, 사내에 현존하는 지식들을 수집·정제하는 '핵심주제 지식경영 구축' 단계이다. 네 번째 단계는 이렇게 단기간 내에 구축된 핵심주제 대상의 지식경영시스템을 사용자들에게 오픈하여 실제로 운영하고 그 과정에서 각종 경로를 통해 피드백을 취합한다. 그리고 시스템에 운영함에 있어서, 핵심주제에 대한 운영조직을 만들어 실제 상황과 똑같이 운영하는데 이 시점을 '핵심주제 지식경영 정착' 단계라 한다. 다섯 번째 단계는 시스템을 운영하면서 프로세스 측면, 콘텐츠 측면, 시스템 측면, 운영 측면 등에서 각종 피드백을 수집·취합함으로써 알게 된 문제점이나 이슈들을 전사적으로 반영하여 정비하고 대대적인 'To-Be 지시경영 모델을 수립하는' 단계이다. 마지막인 여섯 번째 단계는 전사 지식 경영 모델이 수립된 후 그 모델에 제시된 각종 개발대상 주제의 중요도 및 시급성을 기준으로 우선순위에 따라 새롭게 프로젝트팀을 보강하여 전사지식경영시스템을 구축하는 '전사 확산' 단계이다. [그림 4-18]은 지식경영 프로젝트 수행단계를 보여주고 있고, [그림 4-19] 전략, 프로세스, Contents, 정보기술, 변화관리 관점에서 지식경영 프로젝트 수행 단계별로 어떠한 업무가 수행되어야 하는지를 보여주고 있다[5].

[그림 4-18]

지식경영 프로젝트 수행단계

〈자료원: 김창은, 2002〉

[그림 4-19]

지식경영방법론

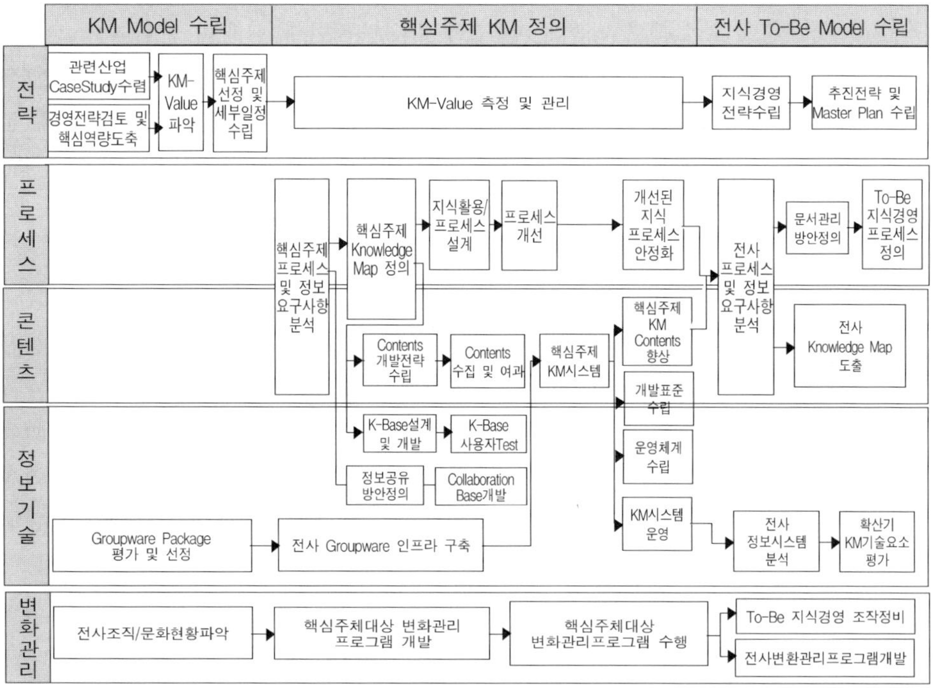

〈자료원: 김창은, 2002〉

처음부터 모든 것을 미리 분석하고 예상해서 프로젝트를 수행하면 투입한 시간과 노력에 비해 그 효과가 매우 적을 수 있다. 따라서 핵심이 되는 주제를 선정하여 그 주제를 중심으로 단기간 내에 시스템을 일단 구현해보고, 구현된 시스템을 운영하는 과정에서 발생하는 문제들, 즉 사전에 미처 예측하지 못한 현상들을 파악하여 그 시스템에 다시 반영함으로써 해당 조직의 지식경영이 진정으로 나아가야 할 방향을 정한 후 그것을 다시 전사차원으로 확산시키는 방법이 바람직하다.

(1) 핵심주제 선정

지식경영의 효과를 가장 핵심적으로 보여줄 수 있는 주제를 선택하여 그것을 단기간에 시각화하는 것이 좋다. 따라서, 핵심주제 선정을 지식경영시스템 구축 과정에서 가장 먼저 수행한다. 이 단계에서는 전략적으로 중요한 핵심주제를 선정하고 그것을 어떤 식으로 구현해갈 것인가를 결정하는 것이 주목적이므로 핵심주제의 선정은 해당 회사의 경영전략 및 핵심역량에 근거를 두고 결정해야 한다. 또한 선진기업들의 지식경영 적용방법, 효과 및 교훈 등을 수집, 정리해봄으로써 자사의 지식경영 구축방향에 도움을 줄 수 있는 아이디어를 얻어 세부 일정 수립 시에 반영하는 것이 좋다. 지식경영시스템은 다양한 이해 관계자가 발생하게 되므로 변화관리 계획을 수립하여 지식경영 프로젝트의 수행가치에 대한 설득력을 갖추도록 준비한다.

(2) Knowledge Map 개발

Knowledge Map개발은 앞에서 선정된 핵심주제를 지식경영시스템으로 구현하기 위한 첫 번째 실행작업이다. 이 난계에서는 직원들의 수행업무를 규명하고, 그들이 업무수행 시에 활용하는 지식이 무엇이고 그것을 어떻게 획득하고 있으며, 또 업무가치를 높이기 위해서 필요함에도 불구하고 현재 놓치고 있는 지식은 무엇인지를 파악하여 지식체계를 Knowledge Map으로 개념화하는 작업이 이루어진다. Knowledge Map이란 업무수행에 필요한 지식 요소를 정의 · 분석 · 분류하여 도표형태로 쉽게 표현한 그림을 말한다. 이 단계에서는 지식경영의 성과 측면에서 현재 수준 및 상황을 이해할 수 있도록 지식경영 성과지표를 개발하는 작업을 병행하여 직원들의 지식활동 및 마인드와 수행 현황을 주기적으로 모니터링 한다.

(3) 지식활용 및 공헌 프로세스 설계

이 단계에서는 직원들의 업무수행 과정에서 지식활용 및 공헌이 자연스럽게 이루어질 수 있도록 프로세스를 설계하는 작업이 이루어진다. 우선 직원들이 업무수행 중에 어떻게 지식을 획득하고 공유하며, 적용하고 생성하는지에 대한 지식 프로세스를 정의한다. 그리고, 이를 좀더 조직 차원으로 확장시켜서 적용해보면, 전사적 지식경영의 체계적 활성화를 위한 전략 프로세스를 정의하고, 산재되어 있는 지식을 발굴·수입하여 사용자들에게 가치있는 자료가 될 수 있도록 정제하여 제공하며 필요에 따라서는 교육 및 지식경영 성과평가를 수행하는 제반 활동들을 정의할 수 있다.

이러한 정의를 바탕으로 하여 핵심주제에 대한 지식경영시스템을 설계하고 구축하는 작업을 수행한 후 지식 DB를 설계해야 하는데 지식 DB 설계시의 기본방향은 사용자가 원하는 지식을 쉽게 찾을 수 있도록 공유하고자 하는 지식을 쉽게 등록할 수 있도록 설계하는 것이다. 업무 수행에서 요구되는 지식은 소위 명시적 지식과 암묵적 지식의 형태를 모두 가지고 있으므로 지식 DB도 각 유형별 특성이 잘 반영되어 활용과 등록이 효과적으로 이루어질 수 있도록 설계되어야 한다. 지식 DB 설계 후에는 앞서 정의된 지식들이 사용자간에 원활히 공유될 수 있도록 기능적 방안을 정의하는 작업을 수행한다. 이를 위해, 워크플로우 및 공동작업을 지원할 수 있는 기능적 서비스도 함께 고려하여 단계적인 전략에 따라 구현한다.

(4) 콘텐츠 수집 및 정제

이 단계에서는 파악된 지식요소들을 실제로 발굴, 수집해서 지식경영시스템에 채워넣는 작업이 수행된다. 그리고, 주로 사내의 직원들이 소유하고 있는 지식을 수집하는데 작업초점이 맞추어진다. 이 작업은 전략을 수립하는 '콘텐츠 개발전략 수립' 단계와 전략에 따라 실행하는 '콘텐츠 개발 실행'단계로 나뉘어 진다.

먼저 '콘텐츠 개발전략 수립' 단계에서는 파악된 지식요소들을 실제로 발굴·수집해서 지식경영시스템에 채워넣기 위한 전략을 수립한다. 이 작업의 핵심성공요소는 현업부서의 적극적인 참여에 있다. 따라서 콘텐츠 개발전략을 수립할 때는 현업부서의 참여를 이끌 수 있는 담당 팀장을 참여시키는 것이 바람직하다. 둘째로, '콘텐츠 개발 실행'이란 콘텐츠 개발전략에 따라 실제로 자료를 수집해서 지식경영시스템에 이관하는 작업이다. 수집된 자료는 지식으로서 가치가 있는 것을 골라내는 선별작업과, 선별된 자료를 사용자들이 원활히 공유할 수 있도록 다듬는 정제작업을 통해 지식 DB로 이관된다. 그 지식이 업무를 수행하는 데 도움을 줄 것인지 여부를 해당 분야의 전문가로부터 검증받아야 한다. 하지만 내용물 자체에 대한 정제는 시간을 요하는 작업이므로 작업시간과 정제활동 간의 보상관계를 잘 고려하여 정제수준을 사전에 정의하는 것이 바람직하다. 아울러 이 단계에서 중요하게 고려되어야 할 부분은 등록된 자료에 대한 보안이다.

(5) 핵심주제 시스템 오픈 및 검토

개발된 지식경영시스템은 전사원에게 오픈하여 자유롭게 사용하도록 한다. 그리고 프로젝트팀은 시스템을 운영하는 과정에서 발생하는 각종 문제점이나 이슈, 사용자 피드백 등을 수시로 검토하여 전사 지식경영시스템을 구축할 때 반영한다. 지식경영시스템의 특성상 시스템 오픈의 의미는 단순히 시스템 그 자체를 오픈하는 것 이상의 의미를 가진다. 지식경영시스템은 그 중요성이 큰데도 불구하고 강제성을 띠고 있지 않으므로 오픈과 동시에 사용자의 적극적인 활용을 이끌어내기 위한 다양한 방안을 강구해야 한다.

(6) 전사 지식경영 시스템 구축 및 오픈

이것은 핵심주제에 대해 수행했던 시스템 구축작업을 전사로 확산하여 전사 지식경영시스템을 구축하는 단계이다. 이 단계는 핵심주제에 적용된 작업단계와 똑같지만 작업대상이 전사로 확대된 단계이다. 이 단계에서 수행되어야 할 업무는 크게 다음과 같다.

- 전사프로세스 및 정보 요구사항 분석

프로세스 및 정보 요구사항 분석 작업을 수행하여 전사 Knowledge Map을 도출하기 위한 기본자료를 수집한다.

- 전사 Knowledge Map 도출

전사수준의 주요 지식요소 및 지식 사용자들을 정의하고 각 지식요소간의 연관관계를 결정하는 작업을 수행한다.

- 전사 지식 DB 설계

전사 Knowledge Map을 현실화하는 작업으로서 우선순위에 따라 단계적으로 구현해 나간다.

- 전사 지식경영시스템 오픈

정보공유방안 수립, 콘텐츠 수집 및 정제활동을 통해 전사 지식경영시스템 구축이 완료되면 사용자 테스트를 통한 최종 검증 후 시스템을 전사에 오픈하고 모니터링 할 수 있는 시스템을 개발해 놓는다.

- 지식경영시스템 정착

지식경영시스템은 강제성을 띠지 않기에 사용자들이 그 필요성을 인식할 수 있도록 홍보 및 교육활동, 각종 보상 및 평가제도 수립, 프로세스 개선, 지식경영조직 구성, 사내 지식활동의 베스트 모델 발굴, 지식활동 습관화를 유도하기 위한 주기적인 이벤트활동 등을 통해 지식경영시스템이 정착될 수 있도록 한다. 아울러 지식경영시스템의 콘텐츠를 검토하여 빈약한 부분을 개선하고 지식이 원활히 흘러다닐 수 있도록 시스템을 개선하고 지식 프로세스를 안정화 시켜야 한다.

- 프로세스의 안정화

새롭게 설계되어 실행되는 지식 프로세스는 대개 기존의 업무에 추가적인 활동이 요구되는 경우가 많으므로 프로세스 개선과 함께 변화관리 활동이 병행되어야 한다.

- 지식 콘텐츠 향상

일정기간 동안 집중적으로 지식을 수집하면 방대한 양의 자료가 쌓이는데 이 중 공유할 만한 자료를 추려내는 일에 많은 인력과 시간, 노력이 요구된다. 따라서, 콘텐츠 향상을 위해서는 콘텐츠 관리에 전담조직을 구성하여 업무와 연관된 자료를 구분하고, 그 자료를 사용자 입장에서 이해하기 쉽도록 내용을 재정리하고 비슷한 자료를 통합하는 작업, 그리고 업무에 필요하지만 현 시스템에는 없거나 부족한 부분을 파악해 필요지식을 발굴하거나 새롭게 지식을 추가하는 작업, 연관된 지식을 서로 링크를 해주는 작업 등을 수행하여야 한다.

• 지식경영시스템의 운영

지식경영시스템 운영은 크게 모니터링 작업과 사용자와의 커뮤니케이션을 통한 피드백 파악 그리고 시스템 오류 수정 및 기능개선 작업 등으로 이루어진다. 이러한 작업이 체계적으로 수행될 수 있도록 운영 전담조직을 구성하여 운영해야 한다.

4.4.5 지식경영시스템의 성공요인

지식경영시스템의 성공을 위해 가장 중요한 것은 지식의 창조이다. 여기서 지식창조란 조직 구성원이 개개인의 지식함양을 의미하는 것이 아니라 조직지식(Organizational Knowledge)의 창출을 의미한다. 지식창조는 각 개인의 두뇌와 손끝에 채화되어 숨어있는 지식, 즉 암묵지를 조직이 공유할 수 있는 형식지로 전환시키는 과정으로 정의할 수 있다. 바로 이점이 지식경영시스템을 좌우하는 핵심성공요인으로 여겨지고 있다. 이를 위해 기업내부에서는 조직 내 외부에 흩어져 있는 암묵지들을 형식지로 전환시키는 방법에 대해 많은 시도와 연구를 해 왔다. 조직 내부에 흩어져있는 지식만을 모으는 것도 결코 쉬운 일이 아니며, 이를 위해서는 다양한 과점에서 총체적인 접근이 필요하다.

우선, 지식을 공유하는 기업문화를 창출하는 것이다. 지식경영의 성공적 체제를 이룩하기 위해서는 개인은 물론이고 부서나 팀이 자기들의 업무결과로 얻어진 새로운 지식이 있다면 이것을 공유하기를 바라는 다른 팀이나 팀원들에게 기꺼이 제공해 주는 일이 무엇보다도 우선되어야 한다는 문화의 조성이 절실하게 요청된다.

둘째는 지식을 효과적으로 발굴하고 활용할 수 있는 제도와 조직구조를 정비하는 것이다. 사실, 대부분의 기업은 이미 기존의 조직 내에 각자의 필요에 따라 형식적 또는 비형식적인 다양한 지식 공유가 시행되고 있거나, 그를 위한 시스템이 존재하기 마련이다. 다만 그러한 것들이 인적, 공간적 측면에서 극히 제한적인 교류에 그치고 있어 다소 폐쇄적이거나 배타적인 한계를 갖고 있다는 것이다. 따라서 회사는 인사적 평가나 급여적 또는 비급여적인 다양한 보상 방안 등을 적극적으로 개발, 제도화하여 지식의 공유, 활용에 능동적 참여와 활동을 유도해 낼 수 있어야 한다.

마지막으로 지식경영의 촉진제이자 실질적인 도구인 정보기술 인프라를 구축하는 것이다. 조직 안에서의 지식경영 시스템은 조직의 목표를 정확히 이해하고 구조, 절차 및 제도적인 면에서 상당한 융통성이 반영된 시스템이어야 한다.

4.5 지식경영시스템의 유형별 구축사례

동일한 지식경영의 원리가 적용된다 하더라도 실제 구현할 수 있는 시스템의 종류는 다양하며 미래에 대한 고려뿐만 아니라 현실적으로 구축하고자 하는 시스템의 용도별 기능을 충분히 정의해야만 한다. 지식경영시스템의 유형별 구축 사례를 살펴보면 다음과 같다[3].

4.5.1 전문가시스템(Expert System)

현재 구축된 선진 사례의 경우에 특히 대내외 고객을 대상으로 헬프데스크나 콜센터를 운영하는 경우 정해진 범위 내의 질문에 케이스별로 답을 하는 경우에 효율적으로 사용된다. 즉 응답 업무의 경우에는 분명한 모범 답안이 종류별로 있고 이를 답하는 경우 비숙련자도 쉽게 처리하거나, 질문을 하는 당사자가 직접 범위를 좁혀가며 문제를 해결하려면 아주 유용하게 쓰일 수 있다.

전문가시스템의 일환으로 Case-Based Reasoning Tool이 사용되며 피플소프트(PeopleSoft)사의 Support knowledge Base등을 예로 들 수 있다. 의사결정을 도울 수 있는 지원시스템이라기보다 업무의 직접 처리에 목표를 둔 경우로 초기부터 지식 구조의 철저한 구축이 필요하고 갱신도 전문가들을 통해서만 이루어지는 것이 일반적이다.

4.5.2 모범사례 공유 시스템(Best Practice Sharing)

조금 더 발전된 형태로 최근에 많이 구축되는 종류는 'Best Practice Sharing' 시스템으로 주로 SI, 컨설팅 회사, 건설업체 등으로 대표되는 프로젝트를 중심으로 운영되는 조직의 재사용 효율성 제고를 목표로 구축되는 시스템이다. 지식 내용의 품질관리를 위해서는 주제 영역별 일부 '심사관'을 두고 '제안'수준의 내용과 '강력한 사용 권고'수준의 내용을 구분하여 사용자들의 가치 판정을 효율적으로 하게 하는 경우이다.

단순 자료 검색이 아니라 확인된 지식을 재사용하여 업무처리에 재적용하는 과정을 거치므로 Action을 포함한 실제적 지식 전달 시스템으로 볼 수 있다. 처음부터 정답은 없으나 복수의 지식 추천 안이 존재하고 시간이 지날수록 다양해지며 풍부해질 수 있는 시스템으로 발전하게 되도록 사용자의 참여 유도를 할 수 있어야 한다.

Ford 자동차의 경우에도 Best Practice Replication(BPR)로 불리우는 KMS를 운용하고 있다. 공유할 지식을 제공한 사람은 '착한 사마리아인(Good Samaritan)'상을 주고 '지식'을 잘 사용한 사람에게는 '복사꾼(Copycat)'상을 제정해 공유환경의 유도에 힘쓰고 있다. 특히 1명의 웹전문가와 2명의 업무 전문가가 10일 동안 만들어낸 시스템이 9자리 수 효과 즉 천만불 대의 비용절감 효과를 얻은 것으로 평가 할만큼 긍정적인 효과를 얻고 있다.

현재는 텍스트 위주의 내용을 담아 자료로 삼고 있으나 향후에는 정확하고 효율적인 내용 전달을 위해 KMS에 그래픽 및 비디오칩 등 멀티미디어 컨텐츠를 포함시킬 예정이다.

기타 많은 컨설팅 업체 및 건설 관련 회사들이 항상 반복될 수 있는 프로젝트 수행시 조사 설계 시공 철차 등에 대한 재작업 비율을 낮추는데 KMS를 사용하고 있다. 이러한 회사들의 경우는 지식 경영 시스템에 의한 효율 자체가 바로 수익과 연계되기 때문에 가장 활발히 진행되고 있다.

4.5.3 실시간 지식공유 시스템(Real Time Knowledge Share System)

실시간 지식 공유 시스템은 시장의 변화나 고객에 대한 맞춤 형태의 서비스를 신속히 해나가야 하는 모든 종류의 산업에 적용되나 특히 소비자 산업(Retail Service)에서 많이 이용되는 것이 지식 경영 시스템이다. 경쟁적인 시장 상황을 통해 수익이 좌우되는 경우에는 마케팅, 연구 개발, 생산 및 판매가 '시점 관리'를 통해 전체적으로 조화를 이룰 때 경쟁력이 극대화될 수 있다. 이러한 실시간 정보 연계에 의해 현재 시점에 무엇을 해야 하는가에 대해 판단할 수 있는 시스템을 지식경영시스템의 기법을 통해 구축한 경우가 실시간 지식 공유 시스템이다.

W.L Gore(Newark Del.)는 GoreTex로 유명한 회사로 신소재 상품이 소비자의 구매 용도에 얼마만큼 신속히 잘 맞추어 갈 수 있는가가 중요한 경쟁력의 요소이다. 이 회사는 KMS의 주제별 지식 공유 및 조회가 가능한 KMS의 장점을 살려 오랫동안 IT의 숙원이었던 각 부문별 정보공유 시스템을 이루어 냈다. 이 경우는 정보의 재사용 목적 보다는 쉽게 정보 공유를 할 수 있게 해주는 Tool(notes)을 이용하여 상호 의사소통(communication)과 협력(collaboration)을 통해 지식 순환 속도를 빠르게 하는 것만으로도 커다란 생산성의 증대 효과를 얻은 경우이다.

IT를 커뮤니케이션 시스템으로 정의한 이들은 향후 발전 방향으로 모색되고 있는 ERP 시스템과의 연계 및 인트라넷, 회상회의 등 신기술 접목도 정보 공유라는 단순한 부분에 초점을 맞추고 있다.

4.5.4 고객 지식경영 시스템(Customer Knowledge Management System)

메타그룹의 예측에 따르면 2002년까지 구축될 지식경영시스템의 반 수 이상이 고객지식경영시스템이 될 것으로 전망하고 있다. 그 이유는 어느 산업이건 고객의 특성을 경쟁사 보다 정확히 파악하여 대응하는 것이 제일 중요한 과제이기 때문이다. 고객지식경영시스템은 특히 데이터웨어하우스 기법을 이용한 고객 특성분석의 대명사인 데이터베이스 마케팅의 발전된 형태 개념으로 나타나고 있다.

즉 고객 관리의 기법은 최초 평면적인 고객 자료 파일(CIF: Customer Information File)관리의 개념을 넘어 다차원 분석 방식이 가미된 고객 DB마케팅 기법을 이용하면서 상당히 분석적인 고객 관리 기법이 개발되어 왔다. 여기에 비정형 형태로 자료를 쉽게 입력하고도 향후 구조적으로 사용할 수 있는 방법이 가미된다면, 즉 고객마다 일정량의 서술적 표현 입력이 가능하게 하고 이를 향후 검색할 수 있도록 하는 경우 지금까지의 데이터웨어하우스를 이용하는 데이터마이닝 등 고도의 기법을 사용한 경우와는 또 다른 종류의 고객 지식 공유시스템이 구축된다.

입력시 편의성을 더하기 위해 음성 인식 기술을 이용하거나 멀티미디어 자료를 보관하는 방식 등은 구축시 더 고려 할 수 있는 방법이라고 할 수 있다.

대표적인 고객지식시스템은 고객 수가 많은 금융기관 또는 통신 관련 업체들이 구축하는 경우가 많다. 미국의 퍼스트 유니온의 경우는 'Customer Knowledge Marketing System'을 구축했다. 1천 6백만명의 고객 자료를 20가지 이상의 거래정보 소스(계좌 거래, ATM, 자동차 리스기록 등)로부터 취합하여 고객 서비스 및 마케팅 자료로 사용하고 있다. 특히 이 회사는 지난 수십년간 70건 이상의 M&A를 통해 정보의 종류와 양의 급격한 변화 및 연계 시스템의 변화를 겪어 왔는데, 이러한 상황 변화에 능동적으로 대처하고 특히 고객 정보의 효율적인 관리를 위해 지식 경영 개념을 이용하고 있다.

4.6 결 론

지금까지 지식경영 및 지식경영시스템에 대해서 알아보았다. 요약해서 말하자면, 지식경영은 조직을 포함해서 개개인에 내재되어 있는 신념 기술 또는 노하우를 이끌어내어 상호작용을 통한 시너지효과를 극대화시킴으로서 기업의 효율성을 높이는 새로운 경영 패러다임이며, 창출된 지식자산을 획득, 활용, 도입, 전이하는 등의 모든 과정을 정보통신기술을 중심으로 시스템화하여 활용 가능한 형태로 만들며, 이를 토대로 기업 및 조직의 부가가치를 창출하고 경쟁력을 확보하는 경영절차이다. 따라서, '지식경영시스템'이란 조직 내 지식자원의 가치를 극대화하기 위해 통합적인 지식경영 프로세스를 지원하는 정보기술시스템이며 [그림 4-20]과 같이 '지식경영시스템'은 조직 구성원의 지식자산에 대한 자세, 조직의 지식 평가-보상 체계, 지식공유 문화 등 조직차원의 인프라와 통신 네트워크, 하드웨어, 각종 소프트웨어 및 도구 등 정보기술 차원의 인프라를 기본 전제로 하고 있다.

지식경영은 한번 도입하면 끝나는 경영시스템이 아니라 회사가 생존하는 동안 계속 실천해 나가야 하는 지속적인 경영과정이다. 따라서, 지식경영에서 중요한 것은 [그림 4-20]과 같이 기반이 되는 지식경영시스템뿐만 아니라 지식경영과 관련된 문화 역시 매우 중요하다. 많은 기업들이 아직도 지식과 정보, 지식과 데이터, 지식과 문서

[그림 4-20]

통합적인 관점에서의 지식경영시스템의 구조

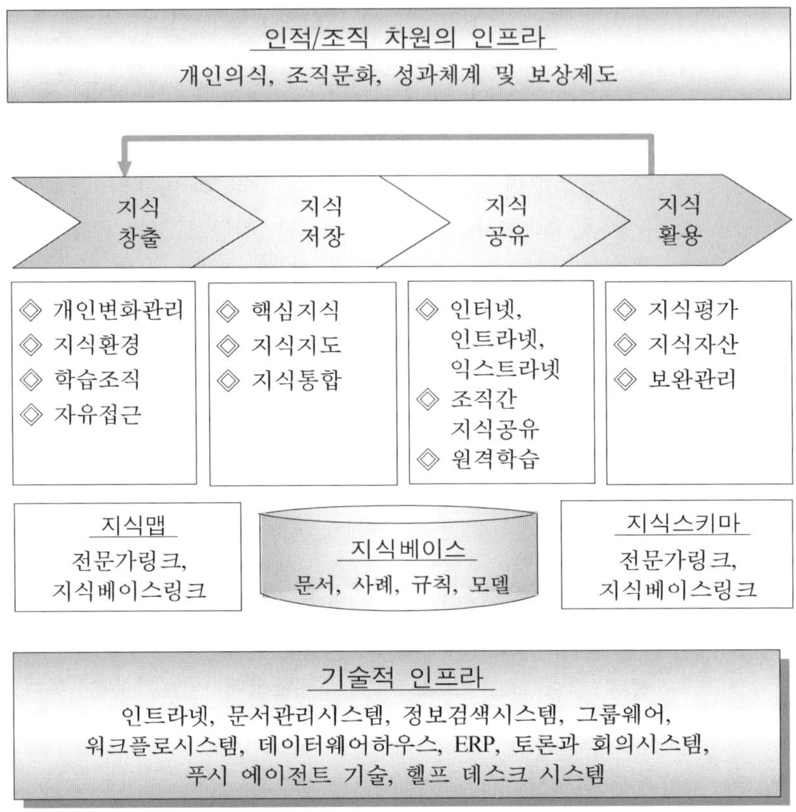

를 개념적으로 명확히 구분하지 못하고 혼용하고 있다. 이럴 경우 검증되지 않은 개인의 아이디어나 의견 또는 단순 데이터들이 조직의 지식베이스에 대량으로 입력될 것이고, 정보와 데이터를 구분하지 못하여 겪었던 정보화 초기의 수많은 시행착오들을 지식경영의 시대에서 되풀이하게 될 것이다. 따라서, 지식경영에서 중요한 것은 기반이 되는 지식경영시스템뿐만 아니라 지식경영과 관련된 문화 역시 매우 중요하므로 개개인에 대한 평가 및 보상제도 도입, 최고지식경영자 선임, 지속적인 학습조직 구성 등 여러 제도를 통해 지식공유 문화를 완전히 정착하는 것이 요구된다. 이러한 기반 하에 전사적 지식요구 분석 및 지식자원 활용현황 진단, 지식경영 프로세스 및 조직의 정립, 지식경영시스템 구축 등이 단계적으로 이루어진다면 성공적인 지식경영이 이루어질 것이다.

주요용어

- 지식(knowledge)
- 데이터(data)
- 정보(information)
- 지식경영(Knowledge Management)
- 지식경영 프로세스(Knowledge Management Process)
- 암묵지(tacit knowledge)
- 형식지(explicit knowledge)
- 지식공유(knowledge sharing)
- 지식경영시스템(Knowledge Management System)
- 지식맵(Knowledge Map)
- 지식저장소(Knowledge Repository)
- 협업(collaboration)
- 지능형에이전트(Intelligent Agent)
- CCT(Collaboration Computing Tool)
- EDMS(Electronic Document Management System)
- 전문검색(Full Text Retrieval)
- Spider Agent
- EIP(Enterprise Information Portal)
- FTR(Full Text Retrieval)
- 전문가시스템(Expert System)
- 모범사례공유시스템(Best Practice Sharing)
- 실시간 지식공유 시스템(Real Time Knowledge Share System)
- 고객 지식경영 시스템(Customer Knowledge Management System)

연습문제

1. 네이터, 정보, 지식의 차이점을 적으시오.
2. 암묵지와 형식지의 차이점 대해 설명하고 지식의 창출과 변환과정에 대해 설명하시오.
3. 지식경영의 순환과정을 설명하시오.
4. 지식경영 프로세스에 대해 설명하시오.
5. 다음의 약자를 풀어쓰시오.
   (1) KMS　　(2) EIP
   (3) EDMS　　(4) FTR
   (5) CCT
6. 지식경영시스템의 구조별 필요기술요소 6가지를 적으시오.

7. 지식경영시스템 소프트웨어는 크게 네 가지로 분류될 수 있다. 네 가지를 적으시오.
8. 다음 중 지식경영시스템을 구축하기 위한 프로젝트 수행 순서를 적으시오.
9. 지식경영시스템이 실제 기업에 적용되었을 때의 유형 네가지를 적으시오.

참고문헌

[1] 가트너 그룹, Knowledge Management Scenario

[2] 가트너 그룹, The Enterprise Protal: Is it Knowledge Management?, 1999.

[3] 김영성, 지식관리시스템의 단계별 추진전략, 경영과 컴퓨터, 1999.

[4] 김종표, 전자문서 관리시스템 기술 및 표준화동향, 한국정보통신기술협회, 1999.

[5] 김창은, 기업의 지식경영 활용사례, 집문당, 2002.

[6] 손소현, 문병주, 이동일, 지식관리의 동향 및 전망, ETRI 지식정보센터, 2001.

[7] 오정숙, Knowledge Management System, 한국전산원, 2001.

[8] 오정숙, "국내 KMS시장 동향", 정보통신정책, 제13권 14호 통권 283호, 2001.

[9] 요거시말호트라, 김성희, LGEDS시스템 지식경영센터, e-지식경영, 2001.

[10] 유영만, 지식경영과 지식관리시스템, 한언출판사, 1999.

[11] Andreu, R., and Ciborra, "Organizational Learning and Core Capabilities Development: The Role of IT," *Strategic Information Systems*, Vol. 5, No. 2, June 1996.

[12] Brooking, *Corporate Memory: Strategies for Knowledge Management*, London: International Thomson Business Press, 1999.

[13] Davenport, T. H., and L. Prusak, *Working Knowledge: How Organizations Manage What They Know*, Boston: Harvard Business School Press, 1998.

[14] Desmond Scully, EIP 최근 동향과 사례 분석, 소프트뱅크리서치 (http://www.sbrresearch.co.kr), 2001.

[15] Dibella, A. J., "Developing Learning Organizations: A Matter of Perspective," *Academy of Management Journal*, Best Papers Proceddings, 1995.

[16] IDC, *Knowledge Management Software Market Forecast and Analysis*, http://www.idc.com, 2000.

[17] Mcfadden, F. R., et al., *Modern Database Management*, Reading, MA: Addison-Wesley, 1999.

[18] Nonaka, I., and H. Takeuchi, *The Knowledge-Creating Company: How Japanese Companies Create the Dynamics of Innovation*, New York: Oxford University Press, 1995.

[19] Nonaka, I., 노나카의 지식경영, 나상억(역), 21세기북스, 1998.

[20] O'Dell, C,. et al., *If Only We Knew What We Know: The Transfer of International Knowledge and Best Practice*, New York: Free press, 1998.

[21] Ovum, *Knowledge Management White Paper*, http://www.ovum.com, 1999.

[22] Polanyi, M., *Personal Knowledge*, Chicago: University of Chicago Press, 1958.

[23] Turban, McLean, and Wetherbe, *Information Technology for Management*, Wiley 2002, 3rd Edition.

[24] Watson, R. T., *Data Management: Databases and Organizations*, New York: Wiley 1998.

참고사이트

Hummingbird http://kr.hummingbird.com/, 2002

제 5 장

객체지향 프로그래밍 도구

학습목표

- 객체지향 프로그래밍의 개념을 이해한다.
- UNIK-FRAME을 이용한 객체지향 프로그래밍 방법을 배우고 실습한다.

저자소개

송용욱, 연세대학교 경영정보학과 교수, yusong@yonsei.ac.kr
서민수, 삼성 SDS SCM 사업단 수석 컨설턴트, ms.suh@samsung.com

차 례

5.1 서 론

객체지향 프로그래밍을 위한 최초의 언어는 1972년 Xerox Palo Alto 연구센터에서 개발된 Smalltalk이다. 이후로 C++, CLOS, Object Pascal, Java 등 수많은 객체지향 프로그래밍을 위한 언어들이 출현하였다. 본 장에서는 객체지향 프로그래밍의 개념을 살펴본 후 인공지능의 프레임(Frame) 이론에 입각한 객체지향 프로그래밍 도구인 UNIK-FRAME을 이용하여 객체지향 프로그래밍의 주요 특성인 객체표현, 클래스와 인스턴스 간의 상속(inheritance), 객체간의 관계생성 및 객체간의 메시지를 통한 절차(procedure)의 수행 등에 관해 알아보도록 한다. 이러한 객체지향 프로그래밍 도구를 이용하여 인간 위주, 모듈화, 재사용, 확장성, 변경성이 용이한 객체지향 패러다임을 시스템 구축시에 손쉽게 구현할 수 있다.

5.2 객체지향 프로그래밍의 개념

객체지향 프로그래밍 개념의 등장은 기본적으로 컴퓨터의 발전 및 인건비의 증가를 배경으로 한다. 컴퓨터 등장 초기 단계에서는 컴퓨터의 가격 및 운영비가 매우 비쌌으므로 컴퓨터의 수행에 최적화된 프로그램이 요구되었다. 따라서, 프로그램 개발과 수정에 드는 시간이나 비용보다는, 만들어진 프로그램이 컴퓨터에서 얼마나 빨리 수행되어 그 결과를 출력할 수 있느냐가 관건이었다. 하지만, 컴퓨터가 발전하면서 컴퓨터 비용이 감소하고, 또 복잡한 프로그램이 많아지면서 상대적으로 프로그램 개발 및 유지보수에 투입되는 인건비가 커지면서, 결과적으로 프로그램 수행시간보다는 프로그램 개발 및 유지보수에서의 비용절감이 더 중요한 문제가 되었다.

프로그램 개발 및 유지보수 시간을 줄이고 그에 따르는 비용을 줄이기 위한 방법론으로 처음 등장한 것이 구조적 프로그래밍(Structured programming) 기법이다. 구조적 프로그래밍에서는 프로그램의 판독성(readability)을 증가시킴으로써 프로그램의 개발을 편리하게 하고 또한 추후 수정을 용이하게 하고자 하였다. 여기서 판독성의 제고를 위해 제시한 두 가지 방법이 모듈화와 제어 구조의 단순화이다. 모듈화는 하나의 큰 프로그램을 여러 개의 상호 독립적인 모듈들로 나눔으로써 전체 프로그램을 이들 모듈간의 상호작용으로 파악하게 하고, 각 모듈의 상세한 기능은 각 모듈 별로 파악하게 함으로써 프로그래머의 사고를 단순화시키는 것을 목적으로 한다(Divide and conquer). 제어 구조의 단순화는 프로그램의 제어 구조 중 점프(jump) 제어 구조 없이 순차(sequence), 분기(division), 반복(repetition) 제어 구조만으로 프로그래밍을 함으로써 프로그램의 수행 흐름을 이해하기 쉽게 하고자 하는 것이다.

하지만, 소프트웨어들이 점점 더 대형화되고, 다른 사람이 개발한 프로그램을 자신이 개발하는 프로그램의 일부로 사용해야 할 필요성이 증가하면서 소프트웨어의 생산성 측면에서 판독성 외에 재사용성(reusability)과 확장성(extensibility)의 개념도 중요하게 되었다. 재사용성이란 다른 사람이 개발한 프로그램 모듈을 큰 변경 없이 자신의 프로그램에 끼워 넣어 사용하는 것이 용이한 것을 말하며, 확장성이란 다른 사람이 개발한 소프트웨어를 자신의 용도에 맞게 확장, 수정하는 것이 용이한 것을 말한다. 기존의 구조적 프로그래밍 개념에서 모듈화의 개념이 이것을 어느 정도 지원하기는 하지만, 다른 사람이 개발한 모듈을 자신이 개발하고 있는 프로그램에 끼워 넣기 위해서는 대부분의 경우에 모듈의 복사만으로는 되지 않고 자신의 프로그램 상황에 맞추어 그것을 판독하고 수정하는 추가적인 작업이 필요하므로, 구조적 프로그래밍 기법은 완전한 의미에서의 확장성과 재사용성을 지원하지 못하고 있다.

확장성과 재사용성의 제고를 위한 방법으로 객체지향 프로그래밍(Object-oriented programming) 기법에서 제시한 것이 자료 중심 사고와 캡슐화(encapsulation), 상속(inheritance) 및 다형성(Polymorphism)의 개념이다. 구조적 프로그래밍 기법에서는 프로그램을 컴퓨터가 할 작업—처리(process)—의 흐름으로 파악한 것에 비하여 객체지향 프로그래밍에서는 프로그램을 상호 작용하는 자료—객체(object)—의 집합으로 파악한다. 프로그램을 작업의 흐름으로 파악할 경우 인간의 인식능력의 한계 때문에 (비록 모듈화에 의하여 그것을 극복하고자 하고는 있지만) 수많은 작업 흐름을 한꺼번에 이해하여 프로그래밍하거나 수정하는 것이 어렵다. 그에 비하여 프로그램의 객체의 집합으로 파악할 경우에는 그 자체로서 하나의 큰 시스템을 여러 개의 상호 작용하는 서브시스템의 집합으로 이해하는 시스템적 사고(System's approach)가 자연스럽게 이루어지기 때문에 전체 프로그램의 이해가 쉽고 따라서 프로그래밍과 수정이 용이하다.

자료 중심 사고의 부산물이 객체지향 프로그래밍에서의 클래스(class)와 인스턴스(instance)의 개념이다. 객체가 객체지향 프로그램의 중심이 되는 '자료'를 일컫는 추상적 개념인 것에 비하여, 클래스와 인스턴스는 객체지향 프로그래밍 언어에서 '객체'를 실현하기 위하여 실질적으로 사용하는 개념이다. 객체지향 프로그래밍 언어에서 클래스는 정수형, 실수형, 문자형 등과 유사하게 객체의 형(type)을 지칭하는 용어이고, 인스턴스는 정수형의 한 변수, 실수형의 한 변수, 문자형의 한 변수 등과 유사하게 클래스의 한 변수를 지칭하는 용어이다. 예를 들어, 어떤 객체지향 프로그램에서 홍길동, 이영희, 김갑돌 등 '사람' 객체에 대한 자료를 프로그래밍하여 사용하고자 한다면, '사람'이라는 클래스를 선언한 후 홍길동, 이영희, 김갑돌을 '사람' 클래스의 변수—인스턴스—로 선언하여 사용하면 된다. 다른 말로 표현하면, 클래스는 부류를 나타내고, 인스턴스는 그 부류의 실존하는 개별 존재를 나타낸다고 볼 수 있다. 다만, 클래스가 정수형, 실수형, 문자형 등과 다른 점은, 정수형, 실수형, 문자형 등이 정수값, 실수값, 문자값 등 단순 자료를 나타내기 위한 것인데 반하여, 클래스는 복수 개의 값과 처리 모듈들로 이루어진 복합 자료를 나타내기 위한 것이라는 점이다. 일반적으로 한 클래스는 복수 개의 정수형, 실수형, 문자형 등의 단순 자료 및 다른 클래스의 인스턴스를 값으로 가짐과 동시에 다른 클래스와의 상호 작용을 위한 처리 모듈들을 갖고 있다. 이러한 값 및 처리 모듈들을 통틀어 '멤버(Member)'라고 부르며, 특히, 멤버 중의 처리 모듈만을 가리켜 '메소드(Method)'라고 부른다.

이 클래스와 인스턴스의 개념에 확장성과 재사용성을 높이기 위하여 부가된 것이 캡슐화(encapsulation), 상속(inheritance) 및 다형성(Polymorphism)의 개념이다. 캡슐화란 클래스의 멤버들에 대한 구체적인 내용—예를 들어 메소드의 구체적인 소스 코드 내용, 내부적으로만 사용하는 변수 등—은 숨기고 이 클래스를 사용하는데 필요한 정보만을 표현하는 것을 말한다. 클래스가 캡슐화되어 있기 때문에 클래스의 사용자는 클래스에 표현된 '사용에 필요한 정보'만을 읽고 거기에 맞추어 클래스를 사용하면 된다. 클래스의 사용과는 무관한 '구체적인 내용'은 별도로 표시되므로 클래스의 사용자는 클래스를 쉽게 이해하여 재사용할 수 있는 것이다.

객체지향 프로그래밍 언어인 Java 언어에서 클래스와 인스턴스를 사용한 예제가 [그림 5-1]에 나타나 있다. 이 프로그램에는 Plane이라는 클래스와 Plane 클래스를 작동시키기 위한 Main 클래스가 선언되어 있다. Plane 클래스에는 width, height 등의 정수형 멤버와 setWidth, setHeight, getArea 등의 메소드가 선언되어 있다. Main 클래스의 main 메소드는 Plane 클래스의 인스턴스로 p를 선언한 후, Plane 클래스의 setWidth, setHeight, getArea 등의 메소드를 작동시켜 사용하고 있다. 캡슐화의 관점에서 보면, width와 height는 내부적으로만 사용하기 위하여 private이라는 키워드를 붙여서 외부로부터 숨기고, setWidth, setHeight, getArea 등의 세 메소드만 외부에서 사용할 수 있도록 public 키워드를 붙여서 그 정보를 표현하고 있다. 따라서, main 메소드에서 Plane 클래스의 인스턴스 p를 사용할 때 외부에 공개된 setWidth, setHeight, getArea 등의 메소드만 사용하고 있음에 유의하기 바란다.

[그림 5-1]

Java 언어에서의 클래스와 인스턴스

```
class Plane
{
    private int width, height;
    public void setWidth(int w) { width = w; }
    public void setHeight(int h) { height = h; }
    public int getArea( ) { return(width * height); }
}

public class Main
{
    public static void main(String args[ ])
    {
        Plane p;
        p.setWidth(3);
        p.setHeight(4);
        System.out.println(p.getArea( ));
    }
}
```

상속과 다형성은 확장성을 위한 개념이다. 상속은 한 클래스의 하위 클래스(derived class)를 선언할 때 이루어진다. 이때, 하위 클래스는 자신의 멤버 외에 자신의 상위 클래스(super class)의 멤버도 자동적으로 갖고 있는 것으로 파악된다. 즉, 하위 클래스의 프로그래머는 상위 클래스의 자료나 메소드를 하위 클래스에 복사할 필요 없이, 단순히 상/하위 클래스라는 선언만 하면 그것이 이루어지게 된다. 따라서, 하위 클래스의 프로그래머는 상/하위 클래스라는 선언만으로 상위 클래스의 모든 내용을 재사용할 수 있으며, 단지 상위 클래스와 다르거나, 변경되는 부분만을 하위 클래스에 프로그래밍 함으로써 상위 클래스를 확장하여 사용하게 되는 것이다. 다형성은 객체 간의 상호작용 시 다른 객체에 의하여 작동되는 객체가 그 인스턴스 별로 다른 형태로 작동—다양한(多) 모양으로(形) 작동—하도록 하는 것을 말하며, 이것은 상속과 연합하여 이루어진다. 다형성의 구체적인 내용에 대해서는 본서의 범위를 벗어나므로 생략하도록 하겠다.

Java 언어에서 상속을 사용한 예제가 [그림 5-2]에 나타나 있다. 이 예제에서 extends 키워드를 사용하여 클래스 Cube는 클래스 Plane의 하위 클래스로 선언되어 있다. 클래스 Cube의 프로그래머는 클래스 Plane의 width, height, setWidth 등의 멤버를 클래스 Cube 내에 복사하여 다시 선언하지 않고 단지 Cube가 Plane의 하위 클래스라는 것만 선언함으로써 Plane의 멤버를 복사한 것과 동일한 효과를 얻고 있다. 즉, depth, setDepth, getVolume 멤버만 선언하고도 main 함수에서 보듯이 Cube의 인스턴스인 c에서 setWidht, setHeight와 같은 Plane 클래스의 멤버를 사용하고 있다.

[그림 5-2]

Java 언어에서의 상속

```
class Plane
{
    private int width, height;
    public void setWidth(int w) { width = w; }
    public void setHeight(int h) { height = h; }
    public int getArea( ) { return(width * height); }
}
```

```
class Cube extends Plane
{
    private int depth;
    public void setDepth(int d) { depth = d; }
    public int getVolume( ) { return(getArea( ) * depth);
}

public class Main
{
    public static void main(String args[ ])
    {
        Cube c;
        c.setWidth(3);
        c.setHeight(4);
        c.setDepth(5);
        System.out.println(c.getVolume( ));
    }
}
```

지금까지 설명한 객체지향 프로그래밍의 개념은 프로그래밍 언어 이외에 데이터베이스 및 인공지능 분야에서도 사용되고 있다. 다만, 프로그래밍 언어와는 다른 특성 때문에 그 개념이 프로그래밍 언어에서와는 다른 모습으로 나타나며, 또한 프로그래밍 언어와 달리 표준화도 덜 되어 있는 상태이다. 예를 들어, 데이터베이스 분야의 경우 객체지향 개념을 구현한 데이터베이스의 종류도 크게 OODB(Object-oriented Database)와 ORDB(Object Relational Database) 등으로 나누어지고, SQL로 표준화된 RDB(Relational Database)와 달리 Query Language도 DBMS (Database Management System)에 따라 서로 다른 상태이다. 인공지능 분야에서도 객체의 개념을 지식의 표현과 처리의 용이성에 초점을 맞추어 인공지능 프로그래밍 도구를 제공하기 때문에 다음 절에서 보는 바와 같이 Java와 같은 일반 목적의 프로그래밍 언어에서와는 다른 모습으로 객체 개념이 나타난다.

5.3 UNIK-FRAME을 이용한 객체지향 프로그래밍

UNIK-FRAME은 지식 표현의 한 방법인 프레임의 선언 및 운용을 통해 객체지향 프로그래밍을 구현할 수 있는 도구이다. 전문가시스템을 개발하는 경우, 선언적인 지식의 표현 및 객체지향의 지식 표현을 필요로 하는 경우, 이를 효과적으로 처리할 수 있는 도구가 UNIK-FRAME이다. UNIK-FRAME을 이용한 프레임의 선언, 정보의 저장 · 추출 및 수정기능을 알아보고, 프레임 클래스와 인스턴스 사이의 정보상속 및 관계정립과 디몬(Demon)을 이용한 객체지향 프로그래밍 기법의 활용에 대하여 알아보도록 하자.

5.3.1 프레임 선언 및 이용

(1) 프레임 선언

프레임은 객체가 갖고 있는 속성(attribute)들을 이용하여 그 객체를 표현하고자 하는 개념이다. 예를 들어, 어떤 사람에 대해서 설명하고자 한다면 우리는 먼저 그 사람이 가진 속성으로써 그를 이해하려는 경향이 있다. 즉, 그 사람의 성별 · 이름 · 키 · 몸무게 · 출신지 · 출신학교 · 취미 · 전공 등 여러 가지의 속성으로써 그 사람을 다른 사람과 차별화하고 있다. 이러한 객체의 속성을 효과적으로 표현할

[그림 5-3]
객체 표현을 위한 프레임의 구성 요소

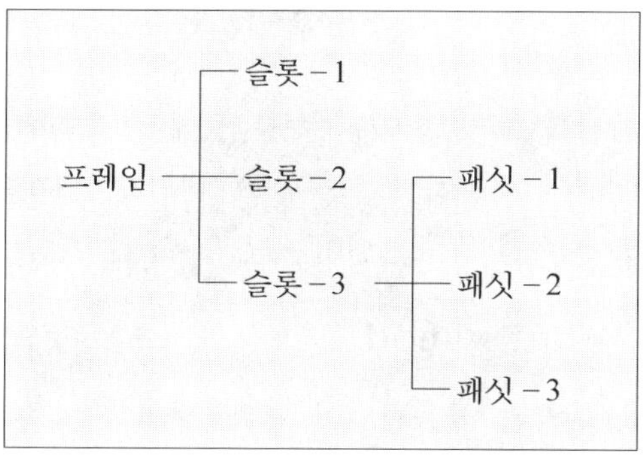

수 있는 것이 프레임으로서, 프레임은 속성을 표시하기 위한 슬롯(Slot) 및 슬롯보다 세분화될 필요가 있는 경우에 이용되는 패싯(Facet) 으로 구성된다. 프레임 선언을 위한 UNIK-FRAME 명령어로는 deframe, deframed, cframe, cframed가 있다.

1) deframe

deframe은 프레임 선언을 위한 가장 대표적인 명령어이다. 사용 문법은 다음과 같다.

```
(deframe  <프레임명>
      ( <슬롯명 1>  <슬롯값 1> <슬롯값 2> … )
      ( <슬롯명 2>  <슬롯값 1> <슬롯값 2> … )
      ( <슬롯명 3>  ( <패싯명 1> <패싯값 1> <패싯값 2> … )
                    ( <패싯명 2>  <패싯값 1> <패싯값 2> … )))
```

다음은 deframe 명령어를 사용하여 김갑돌이라는 사람의 프레임을 표현한 것이다. 김갑돌이라는 사람은 나이, 성별, 키, 몸무게, 취미, 교육 등에 관한 정보를 갖는 하나의 객체로서 표현되어 있다.

```
(deframe kim-gap-dol
  (is-a human)
  (age 30)
  (gender male)
  (height 170)
  (weight 65)
  (hobbies jogging swimming)
  (education  (high-school  Boopyung Busan)
              (university   Hankook)
              (graduate     Daehan))
```

김갑돌이 갖고 있는 속성 중에서 교육에 관련된 education 슬롯은 보다 더 세분하여 고등학교, 대학교, 대학원의 세 가지 패싯으로 구분하여 속성이 표현되어 있음을 알 수 있다.

2) deframed

deframe과 사용방법이 같다. 다만 동일한 이름을 갖는 프레임이 이미 존재하고 있는 경우 그 프레임 및 관련정보를 완전히 삭제하고 새로운 프레임을 생성한다. 반면에 deframe은 동일한 이름을 갖는 프레임이 이미 존재하는 경우 관련되는 슬롯의 값만을 새로운 값으로 변경하게 된다.

(예) deframe 명령어를 이용하여 machine-1 이라는 프레임을 생성한다

```
> (deframe machine-1
    (is-a machine)
    (start-time 10)
    (end-time 20)
    (has-jobs job-1 job-2))

> (deframed machine-1
    (start-time 20))
```

deframed 명령어를 사용하면 machine-1 프레임의 start-time 슬롯값은 20으로 변경되는 반면에, is-a, end-time, has-jobs 슬롯들은 모두 없어지게 된다. 만일 machine-1 프레임의 기존 슬롯들의 값을 보존하면서 start-time 슬롯값만을 변경하고 싶은 경우에는 deframe을 이용하면 된다.

```
> (deframe machine-1
    (start-time 20))
```

이 경우에는 machine-1 프레임의 start-time 슬롯값만이 변경되고 나머지 슬롯값들은 원래대로 유지된다.

3) cframe

deframe과 사용법이 동일하나, 프레임 선언시에 변수명을 이용하고자 할 때 사용하는 명령어이다. 그러므로 변수가 아닌 값들의 앞에는 반드시 '(Quote)기호를 붙여주어야 한다.

(예)

```
> (cframe 'machine-1
    ('is-a 'machine)
    ('start-time start-time)
    ('end-time end-time)
    ('has-jobs 'job-1 'job-2))
```

machine-1 프레임의 start-time 및 end-time 슬롯값은 start-time, end-time이라는 변수들이 갖고 있는 값으로 대치된다. 만일 사전에 start-time, end-time 변수가 정의되어 있지 않은 경우에는 오류(Error)가 발생된다.

4) cframed

cframe과 유사하나 동일한 이름의 프레임이 이미 존재하는 경우, 기존의 프레임을 완전히 삭제하고 새로운 프레임을 생성하게 된다. 즉, cframe과 cframed의 관계는 deframe와 deframed의 관계와 동일한 의미를 갖게 된다.

5) pf

선언된 프레임 내용을 보고 싶은 경우에 이용한다.

```
(pf <프레임명>)
```

(예)

```
> (pf 'kim-gap-dol)
    {{ kim-gap-dol
        is-a: human
        age:  35
        gender: male
        height: 170
        weight: 65
        hobbies: jogging swimming
        education:  (high-school   Boopyung Busan)
                    (university    Hankook)
                    (graduate      Daehan)
    }}
```

(2) 프레임 슬롯값의 추출 및 수정

다음 UNIK-FRAME 명령어들은 이미 선언된 프레임의 특정 슬롯값을 추출하거나 수정하고자 하는 경우에 이용되는 명령어들로서, 사용문법은 LISP 함수문 형태를 갖고 있으며, 함수의 각 인자들은 상수값인 경우에 ' 표시를 해야 한다. ' 표시가 없는 인자는 변수로 인정하여 그 변수의 변수값을 이용하게 된다.

1) get-value

프레임의 해당 슬롯이 갖고 있는 값을 추출하기 위해 이용한다. 만일 슬롯이 여러 개의 값을 갖고 있는 경우에는 첫번째 값을 추출하게 된다.

```
(get-value <프레임명> <슬롯명>)
```

(예)

```
> (get-value 'kim-gap-dol 'age)
  35

> (get-value 'kim-gap-dol 'hobbies)
  jogging
```

슬롯값이 여러 개인 경우 첫번째 값을 돌려준다.

2) get-values

프레임의 해당 슬롯의 모든 값을 추출하는 경우에 이용한다. 이때 추출되는 값들은 리스트(List) 형태로 받게 된다.

```
(get-values <프레임명> <슬롯명>)
```

(예)

```
> (get-values 'kim-gap-dol 'age)
  (35)

> (get-values 'kim-gap-dol 'hobbies)
  (jogging swimming)
```

3) get-facet-value

프레임의 해당 패싯의 값을 추출하는 경우에 이용한다. 만일 패싯이 여러 개의 값을 갖고 있는 경우에는, 첫번째 값을 추출하게 된다.

```
(get-facet-value <프레임명> <슬롯명> <패싯명>)
```

(예)

```
> (get-facet-value 'kim-gap-dol 'education 'high-school)
  Boopyung
```

4) get-facet-values

프레임의 해당 패싯의 모든 값을 추출하는 경우에 이용한다. 이때 추출되는 값들은 리스트 형태로 받게 된다.

```
(get-facet-values <프레임명> <슬롯명> <패싯명>)
```

(예)

```
> (get-facet-values 'kim-gap-dol 'education 'high-school)
  (Boopyung Busan)
```

5) new-value

프레임의 해당 슬롯에 새로운 값을 저장하고 싶은 경우에 이용한다. 기존의 슬롯값들은 없어지게 된다.

```
(new-value <프레임명> <슬롯명> <새로운 값>)
```

(예)

```
> (new-value 'kim-gap-dol 'weight 70)
```

6) new-values

프레임의 해당 슬롯에 새로 저장하고자 하는 값들이 여러 개인 경우에 이용한다. 여러 개의 값들을 리스트 형태로 묶어서 표현한다.

```
(new-values <프레임명> <슬롯명> '(<새로운 값 1> <새로운 값 2> … ))
```

(예)

```
> (new-values 'kim-gap-dol 'hobbies '(hiking skiing))
```

7) new-facet-value

프레임의 해당 패싯에 새로운 값을 저장하고 싶은 경우에 이용한다. 기존의 패싯값들은 없어지게 된다.

```
(new-facet-value <프레임명> <슬롯명> <패싯명> <새로운 값>)
```

(예)

```
> (new-facet-value 'kim-gap-dol 'education 'university 'MIT)
```

8) new-facet-values

프레임의 해당 패싯에 새로 저장하고자 하는 값들이 여러 개인 경우에 이용한다. 여러 개의 값들을 리스트 형태로 묶어서 표현한다.

```
(new-facet-values <프레임명> <슬롯명>
              <패싯명> '(<새로운 값 1> <새로운 값 2> … ))
```

(예)

> (new-facet-values 'kim-gap-dol 'education 'university '(Hankook MIT))

9) add-value

프레임의 해당 슬롯에 있는 기존값들은 그대로 두고, 새로운 값 한 개를 추가하고 싶은 경우에 이용한다.

```
(add-value <프레임명> <슬롯명> <추가되는 값>)
```

(예)

> (add-value 'kim-gap-dol 'hobbies 'traveling)

10) add-values

프레임의 해당 슬롯에 있는 기존값들은 그대로 두고, 여러 개의 값들을 새로 추가하고 싶은 경우에 이용한다.

```
(add-values <프레임명> <슬롯명> '(<추가되는 값 1> <추가되는 값 2> …))
```

(예)

> (add-values 'kim-gap-dol 'hobbies '(traveling reading))

11) add-facet-value

프레임의 해당 패싯에 있는 기존값들은 그대로 두고, 새로운 값 한 개를 추가하고 싶은 경우에 이용한다.

```
(add-facet-value <프레임명> <슬롯명> <패싯명> <추가되는 값>)
```

(예)

> (add-facet-value 'kim-gap-dol 'education 'university 'Harvard)

12) add-facet-values

프레임의 해당 패싯에 있는 기존값들은 그대로 두고, 새로운 여러 개의 값들을 추가하고 싶은 경우에 이용한다.

```
(add-facet-values <프레임명> <슬롯명> <패싯명>
              '(<추가되는 값 1> <추가되는 값 2> …))
```

(예)

> (add-facet-values 'kim-gap-dol 'education 'university '(Hankook MIT))

(3) 삭제 기능

이미 선언된 프레임이나 또는 특정 슬롯, 패싯을 삭제하고 싶은 경우에 이용한다.

1) delete-frame

프레임 전체를 완전히 삭제한다. 일단 삭제된 프레임 정보는 원상복구할 수 없으므로 주의를 요한다.

```
(delete-frame  <프레임명>)
```

2) delete-slot

프레임의 특정 슬롯을 삭제한다. 해당 슬롯 이름 및 값들이 전부 삭제된다.

```
(delete-slot <프레임명> <슬롯명>)
```

3) delete-all-values

프레임의 특정 슬롯의 값들을 전부 삭제한다. 슬롯명은 삭제되지 않는다.

```
(delete-all-values <프레임명> <슬롯명>)
```

4) delete-value

프레임의 특정 슬롯의 값들 중 지정된 값을 삭제한다.

```
(delete-value <프레임명> <슬롯명> <삭제되는 값>)
```

5) delete-values

프레임의 특정 슬롯의 값들 중 지정된 값들을 삭제한다.

```
(delete-values <프레임명> <슬롯명>
        '(<삭제되는 값 1> <삭제되는 값 2> …))
```

5.3.2 프레임 간의 정보상속

일반적으로 문제와 관련된 객체의 종류 및 개수가 많은 경우에는 객체간의 관계를 명확히 설정하기 위해 객체간의 관계를 계층적 구조형태로 표현하는 것이 편리하다. UNIK-FRAME은 객체간의 계층적 구조를 위해 is-a 및 instance라는 특별한 슬롯을 관리하고 있다. is-a 슬롯과 instance 슬롯으로 연결된 프레임간에는 클래스와 인스턴스의 수직관계가 성립되어 상위 클래스 프레임에 있는 정보들은 하위 인스턴스 프레임에 상속될 수 있다. 하위의 프레임이 is-a 슬롯에 의해 상위 클래스 프레임과 관계를 맺은 경우에, 상위 클래스 프레임에는 자동적으로 is-a+INV 슬롯이 생성되고 이 슬롯에 하위 프레임 이름이 저장된다. instance 슬롯에 의해 연결된 경우에는 상위 클래스 프레임에 instance+INV 슬롯이 자동적으로 생성된다. 그러므로 is-a 및 instance 슬롯은 정보상속을 위한 특별한 용법을 갖는 슬롯으로서 매우 유용하게 이용될 수 있다. is-a 슬롯과 instance 슬롯은 동일한 용법을 갖고 있으며, 단지 상위프레임과 하위 프레임간의 관계를 표현하는 의미상의 차이만을 갖고 있다. 즉, 부모와 자식간의 관계를 의미하고자 할 때는 is-a 슬롯을 사용하고, 여러 객체들을 대표하는 대표 클래스의 의미로서 상위 프레임을 이용하고자 하는 경우에는 instance 슬롯을 이용한다.

[그림 5-4]

계층적 구조를 이용한 클래스간의 정보 상속

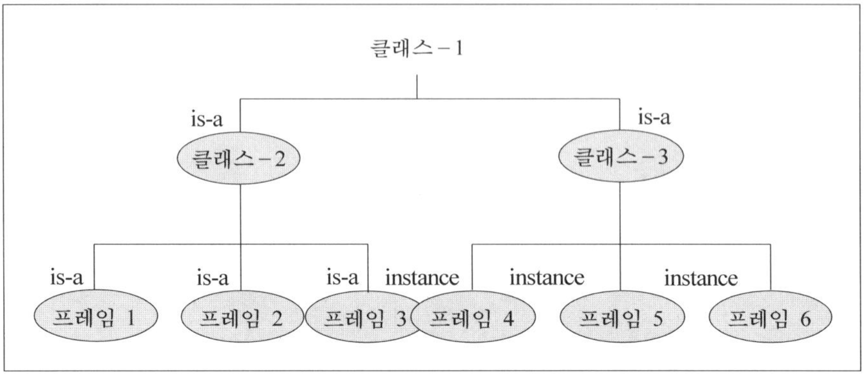

객체간의 정보상속에 관한 개념을 알아보기 위해 UNIK-FRAME을 이용하여 프레임을 생성하고, is-a 및 instance 슬롯을 이용하여 클래스간의 정보 상속관계를 설정한 결과가 [그림 5-5]에 나타나 있다. 이 그림에서 human이라는 상위 클래스 프레임은 is-a 슬롯에 의해 하위 클래스의 man, woman 프레임과 연결되어 있으며, man은 다시 instance 슬롯에 의해 하위 클래스의 kim-gap-dol, hong-gil-dong 프레임과 연결되어 있음을 알 수 있다. woman 클래스 또한 instance 슬롯에 의해 하위 클래스의 lee-gap-soon, lee-young-hee 프레임과 연결되어 있다.

UNIK-FRAME의 슬롯값을 추출하는 명령어를 이용하여 상하위 클래스간의 정보가 상속되는 과정을 알아보자.

```
> (get-value 'kim-gap-dol 'height)
  180
```

kim-gap-dol 프레임의 height 슬롯 속성값이 존재하므로 그 값을 추출하여 돌려준다.

```
> (get-value 'kim-gap-dol 'average-life)
  70
```

kim-gap-dol 프레임은 average-life 슬롯이 존재하지 않으나 is-a 슬롯으로 연결된 상위 클래스 프레임인 man에 해당 슬롯이 존재하므로 상위 클래스의 값이 상속되어 추출된 결과 70을 돌려주게 된다.

```
> (get-value 'kim-gap-dol 'no-of-eyes)
  2
```

[그림 5-5]

is-a 슬롯 및 instance 슬롯을 이용한 클래스간의 정보 상속

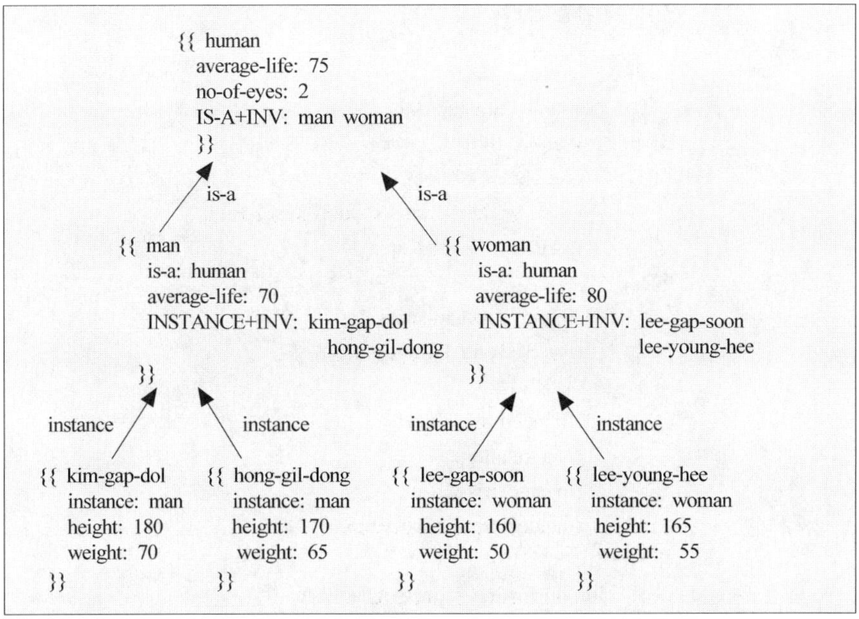

kim-gap-dol 프레임 및 상위 클래스인 man 프레임에는 no-of-eyes 슬롯이 없으나, man 프레임의 is-a 슬롯으로 연결된 상위 클래스인 human 프레임에 해당 슬롯이 존재하므로 그 값을 추출하여 돌려준다.

```
> (get-value 'lee-gap-soon 'average-life)
  80
```

instance 관계는 is-a 관계와 동일한 개념으로 정보가 상속된다.

5.3.3 사용자 정의에 의한 관계 설정

5.3.2절에서 언급한 is-a 및 instance는 상하위 클래스간에 주종관계를 맺고 있어서 일방적인 정보 상속만 가능하다. 이러한 상속 관계만으로는 실제 문제에서 객체들간의 복잡한 관계를 효율적으로 표현하기 어려운 경우가 있다. 그러므로 클래스간의 임의의 관계(relation)를 사용자가 정의할 수 있도록 해 준다면, 객체간의 다양한 관계를 손쉽게 구현할 수 있게 된다. UNIK-FRAME을 이용하여 프레임간의 임의의 관계를 설정하는 과정을 알아보도록 하자. 예를 들어 kim-gapdol과 lee-gap-soon이 부부관계인 것을 표현하고자 한다면, is-a나 instance 관계가 아닌 has-husband 또는 has-wife라는 관계로써 표현하는 것이 자연스럽다.

(예)

```
(deframe kim-gap-dol
  (height 180)
  (weight 70)
  (children kim-chul-soo kim-young-hee)
  (address  Seoul-Korea))

(deframe  lee-gap-soon
  (has-husband kim-gap-dol))

(deframe has-husband
  (is-a relation)
  (inverse has-wife)
  (include ftn-for-inheritance))

int ftn-for-inheritance (char *x)
{
if((!strcmp(x,  "children" ) == 0) ||
  (!strcmp(x,  "address" ) == 0))
    return (1);
else return (0);
}
```

위의 예에서 lee-gap-soon 프레임의 has-husband 슬롯은 사용자가 프레임간의 관계를 정의하기 위해 사용한 슬롯이다. 이 슬롯이 프레임간의 관계를 나타내고 있다는 것을 UNIK-FRAME에서 인식하기 위해서는 이 슬롯과 같은 이름을 갖는 has-husband 프레임을 생성해야 한다. has-husband 프레임은 관계정의를 위한 프레임임을 나타내기 위해 is-a 슬롯에 반드시 relation을 값으로 가져야 한다. 또한 inverse 슬롯은 lee-gap-soon과 has-husband 관계를 갖는 kim-gap-dol에 has-wife 슬롯을 생성해서 lee-gap-soon을 자동적으로 has-wife 슬롯의 값으로 저장해 주는 역할을 한다. 이것은 is-a 슬롯과 is-a+INV 슬롯간의 관계처럼 상호 인덱싱(Indexing) 기능을 제공하기 위한 것이다. include 슬롯은 lee-gap-soon이 kim-gap-dol로부터 상속받을 수 있는 슬롯들을 나타내주기 위해서 이용된다. include 슬롯의 값으로는 반드시 C 함수명을 가르키는 포인터가 와야 하며, C 함수는 별도로 프로그래밍 되어야 한다. 위 예제는 children 슬롯 및 address 슬롯만이 상속될 수 있음을 나타내고 있다.

(예)

```
> (pf 'kim-gap-dol)

    {{ kim-gap-dol
        height: 180
        weight: 70
        children: kim-chul-soo   kim-young-hee
        address:   Seoul-Korea
        has-wife: lee-gap-soon
    }}
```

UNIK-FRAME이 has-wife 슬롯 및 관련값을 자동적으로 생성해준다.

```
> (get-values 'lee-gap-soon 'children)
    (kim-chul-soo  kim-young-hee)
```

lee-gap-soon 프레임에는 children 슬롯이 없으나, has-husband 관계에 있는 kim-gap-dol의 해당 슬롯값을 상속받게 된다.

```
> (get-value 'lee-gap-soon 'address)
   Seoul-Korea

> (get-value 'lee-gap-soon 'weight)
   ERROR:
```

weight 슬롯은 has-husband 프레임의 include 슬롯에 있는 함수에서 상속되지 않는 것으로 되어 있으므로 값을 얻을 수 없다.

5.3.4 디몬을 이용한 객체지향 프로그래밍

UNIK-FRAME은 프레임의 슬롯에 단순한 값만이 아니라 절차(procedure)를 첨부할 수 있는 기능이 있는데 이를 디몬(Demon)이라고 한다. 프레임의 특정 슬롯값에 변화가 발생하면 관련된 절차가 작동하게 되는 디몬기능을 이용하여 객체지향 프로그래밍 기법을 구현할 수 있다. 디몬이라는 것은 앞에 드러나 있지 않고 숨어서 임무를 수행한다는 의미를 갖고 있는데, 이것은 객체 안에 어떤 업무를 수행할 수 있는 절차가 감추어져 있어서, 이러한 절차를 작동시키기 위해서는 해당 객체에 메시지(message)를 보내주어야만 가능하기 때문에 붙여진 이름이다. 즉, 절차 위주의 관점에서 객체 위주의 관점으로 변화되어 객체간의 메시지전달을 통해서 관련객체의 절차가 수행되는 것이다. 객체간의 관계를 설정한 후, 이러한 관계에 의해 특정한 작업이 수행될 필요가 있는 경우에 디몬기능을 이용하면 효과적인 프로그래밍 작업이 이루어질 수 있는 장점이 있다.

UNIK-FRAME을 이용한 디몬 사용법을 알아보도록 하자. 어떤 특정한 프레임의 슬롯에 디몬을 첨부하고자 한다면, 이 슬롯에 해당되는 프레임을 선언하여 디몬 슬롯을 선언해 주어야 한다. 예를 들어, material-1 프레임의 weight 슬롯에 디몬을 첨부하고자 하는 경우에는 다음과 같이 새로운 weight 프레임을 선언하여 weight 슬롯이 디몬이 첨부되는 슬롯임을 명시하여야 한다. 첨부되는 디몬 명은 demon이라는 슬롯의 값으로 명시한다.

(예)

```
> (deframe material-1
    (is-a material)
    (weight 40))

> (deframe weight
    (is-a slot)
    (demon conversion-demon))
```

위의 예에서 material-1 프레임의 weight 슬롯은 값이 40이고 conversion-demon을 디몬으로 갖게 된다. weight 슬롯에 첨부되어 있는 conversion-demon이 언제 수행되며 또한 어떤 역할을 수행하는 것인가에 대한 정보가 다시 정의되어야만 한다. 디몬 작동과 관련하여 다음 네 가지 기능이 정의된다.

(1) 디몬 작동 명령어

슬롯에 첨부되어 있는 디몬을 작동시킬 수 있는 명령어를 제한할 수 있다. 사용가능한 명령어는 get-value, get-values, new-value, new-values, delete-value, delete-values, delete-all-values, add-value, addvalues가 있다. 즉, 이러한 UNIK-FRAME 명령어가 프레임의 특정 슬롯에 대해 수행되었을 때만 해당 슬롯에 첨부되어 있는 디몬이 작동하게 된다. 디몬 작동 명령어는 access 슬롯을 이용하여 정의한다.

(2) 디몬 작동 시기

디몬 작동 명령어와 디몬간의 수행 우선 순위를 결정하게 된다. before, after 두 값을 가질 수 있으며, before인 경우에는 디몬이 먼저 작동된 이후에 디몬 작동 명령어가 수행되며, after인 경우에는 디몬 작동 명령어가 먼저 수행된 후 디몬이 수행된다. 디몬 작동 시기는 when 슬롯을 이용하여 정의한다.

(3) 디몬 작동 효과

디몬이 작동되었을 때 슬롯값에 미치는 영향을 나타낸다. alter-value, side-effect, block 등이 있다. alter-value는 디몬이 부착된 프레임의 슬롯값이 변경됨을 나타내고, side-effect는 디몬이 부착된 프레임의 슬롯이 아닌 다른 프레임 슬롯값을 변경함을 나타낸다. block은 디몬 작동 명령어는 수행이 되지 않고, 오직 디몬 함수만이 작동됨을 나타낸다. 디몬 작동 효과는 effect 슬롯을 이용하여 정의한다.

(4) 디몬 함수

디몬 함수란 디몬이 작동됨에 따라 수행되는 업무자체를 정의하는 함수이다. 디몬 함수의 이름은 action 슬롯을 이용하여 정의하고, 디몬 작동 명령어에 의해 수행되는 디몬 함수 자체는 C언어로 프로그래밍 하여 UNIK의 라이브러리 함수와 함께 컴파일하여야 한다. 예를 들어, 아래 그림에서 EXPR convert_to_pound (char *frame, char *slot, char *demon, char *access, EXPR value) 함수는 C언어 프로그램이며, UNIK의 라이브러리와 함께 컴파일되어 만들어진 수행 파일(.exe)에서 작동한다.

디몬의 사용법을 UNIK-FRAME을 이용하여 알아보도록 하자. 앞에서 정의된 material-1 프레임을 보면, weight 슬롯값이 40으로 lb 단위로 저장되어 있다. 만일 사용자가 kg 단위로 값을 입력하되, 이 값을 lb 단위로 환산해서 저장하고 싶다면 두 가지 방법이 있을 것이다.

한 방법은 사용자가 입력하고자 하는 값을 lb 단위로 환산해서 이 값을 저장하는 방법이다. 다른 방법은 사용자는 kg 단위의 값을 저장하면, material-1 프레임이 디몬 함수를 이용하여 자동으로 lb 단위로 환산하여 프레임에 저장하는 방법이다. 두 번째 방법은 디몬을 이용한 객체지향 프로그래밍 방법이 된다.

(예)

```
(deframe material-1
  (is-a material)
  (weight 40))

(deframe weight
  (is-a slot)
  (demon   conversion-demon))

(deframe conversion-demon
  (is-a demon)
  (access new-value)
  (when before)
  (effect alter-value)
  (action convert_to_pound))

EXPR convert_to_pound (char *frame, char *slot, char *demon,
                                       char *access, EXPR value)
{
  double pound;

  pound=2.2 * gnumval(value, "convert_to_pound");
  return (eofd(pound));
}

> (new-value 'material-1 'weight 20)
  44
```

위의 예에서 사용자가 material-1 프레임의 weight 슬롯의 값을 20kg으로 입력했으나, 디몬 함수가 작동되어 실제로는 44lb로 환산되어 저장됨을 알수 있다. 이와 같이 사용자가 kg 단위로 입력할 경우 자동적으로 lb 단위로 환산해 주는 디몬을 weight 슬롯에 첨부하는 과정 및 수행과정을 상세히 살펴보도록 하자.

material-1 프레임의 weight 슬롯에 디몬을 첨부하기 위해서는 우선 weight 슬롯과 같은 이름을 갖는 프레임을 선언해 준다. 이 weight

프레임은 반드시 is-a와 demon 두 개의 슬롯만을 갖도록 되어 있다. weight 프레임의 is-a 슬롯값은 slot이며 demon 슬롯값으로는 사용자가 원하는 디몬 이름(예제에서는 conversion-demon)을 정의해 주어야 한다. weight 프레임의 demon 슬롯에서 선언된 conversion-demon은 다시 동일한 이름을 갖는 conversion-demon 프레임으로 선언해 주어야 한다. 이 conversion-demon 프레임은 is-a, access, when, effect, action의 다섯 개의 슬롯을 갖게 된다. convesion-demon 프레임의 is-a 값은 demon 이며 다른 슬롯들은 디몬 함수 작동과 관련된 정보를 정의하게 된다. 즉, material-1 프레임의 weight 슬롯에 첨부된 디몬 함수 convert_to_pound는 new-value라는 디몬 작동 명령어에 의해 수행되며, 수행시기는 new-value 명령어가 수행되기 전이다. conversion-demon 프레임의 action 슬롯에 정의된 디몬 함수 convert_to_pound는 C 함수문의 형태로 표현되어 있음을 알 수 있다. 이 디몬 함수는 kg 단위로 전달되는 값을 lb 단위로 돌려주는 역할을 한다.

new-value 명령어에 의해 material-1의 weight 슬롯값이 20kg에서 44lb로 바뀌는 과정을 살펴보면 다음과 같다. new-value가 material-1의 weight 슬롯값에 20을 저장하기 위해 weight 슬롯에 디몬이 첨부되어 있는지 여부를 살펴본다. weight 슬롯은 디몬이 첨부되어 있는 슬롯이므로 디몬 함수의 작동여부를 점검한다. 디몬 작동 명령어가 new-value이므로 디몬 함수가 작동될 수 있으며, 그 작동 시기는 작동 명령어 new-value 수행 이전이다. 그러므로 먼저 디몬 함수 convert_to_pound 를 작동시킨다. 디몬 함수는 사용자가 입력한 weight 슬롯값 20을 value 라는 함수인자로 인식하고 있으므로, 이 값을 이용하여 kg 단위를 lb 단위로 환산한다. 디몬 함수에 의해 lb 단위로 환산된 값이 material-1 프레임의 weight 슬롯값으로 저장되게 된다.

```
> (pf material-1)

{{ material-1
   is-a: material
   weight: 44
}}

> (get-value 'material-1 'weight)
44
```

get-value 명령어는 material-1 프레임의 디몬 프레임인 conversion-demon의 access 슬롯에 포함되어 있지 않으므로 디몬 작동 명령어가 아니다. 그 결과, 디몬이 작동되지 않으므로 원래의 값을 돌려준다.

만일 위의 예제에서 conversion-demon 프레임의 when 슬롯값을 after로 지정하는 경우에는, 디몬 함수가 작동하기 전에 이미 new-value가 이루어지므로 lb 단위로 환산된 값이 저장되지 않고 원래의 kg 값이 저장되므로 의도한 결과가 얻어지지 않는다.

디몬은 프레임의 특정 슬롯값을 변경하는 역할뿐 아니라, 프레임 간의 관계를 따라 다니면서 원하는 절차를 작동시킬 수 있다. 이러한 디몬기능은 디몬이 첨부되어 있는 프레임의 특정 슬롯값을 변경하기 위한 것이 아니고, 관계가 있는 다른 프레임들의 정보를 변경하기 위한 기능이다. 이런 기능을 side-effect라고 한다. 예를 들어, 어떤 기계의 상태가 고장인 경우, 이 기계에 소요되는 재료의 상태를 변화시키기 위한 디몬 작성 예를 살펴보자.

(예)

```
(deframe material-1
  (is-a material)
  (use ok))

(deframe material-2
  (is-a material)
  (use ok))



(deframe machine-1
  (is-a machine)
  (status working)
  (related-material  material-1 material-2))

(deframe status
  (is-a slot)
  (demon breakdown-demon))

(deframe breakdown-demon
  (is-a demon)
  (access new-value)
  (when after)
  (effect side-effect)
```

```
  (action inform_related_material))

EXPR inform_related_material (char *frame, char *slot, char
       *demon, char* access, EXPR value)
{ EXPR material;
  if (issym(value) && strcmp(symbol(value), "breakdown") == 0)
   { for (material = _getvals(frame, "related-material");
       notnull(material); pntnext(material))
       if(issym(material))
            _newsval(symval(material), "use", "stop");
   }
}
```

위의 예제는 machine-1 프레임의 status 슬롯값이 breakdown인 경우에는, machine-1 프레임과 관련된 material-1, material-2의 이용을 중지하기 위한 디몬선언을 보여 주고 있다.

```
> (new-value 'machine-1 'status 'breakdown)
```

new-value가 machine-1 프레임의 status 슬롯에 부착된 디몬의 작동명령어이므로 status 슬롯에 부착된 breakdown-demon이 작동된다. 작동시점이 after이므로 machine-1의 status를 breakdown으로 수정한 후에 inform_related_material 디몬 함수가 수행되어 관련 material의 use 슬롯값을 stop으로 변경한다. inform_related_material 함수도 C언어로 프로그래밍 되어 UNIK 라이브러리와 함께 컴파일되어야 한다.

```
> (pf 'material-1)

  {{ material-1
       is-a: material
       use: stop
  }}
```

주요용어

- 객체(object)
- 다형성(Polymorphism)
- 디몬(demon)
- 상속(inheritance)
- 슬롯(slot)
- 인스턴스(instance)
- 캡슐화(encapsulation)
- 클래스(class)
- 패싯(facet)
- 프레임(Frame)

연습문제

1. 프레임의 구성요소 중 슬롯과 패싯의 차이점 및 용도에 대해 설명하시오.
2. 객체지향 패러다임에서 객체를 표현하기 위해 이용되는 프레임과, 데이터베이스에서 자료를 표현하기 위해 이용되는 레코드와의 차이점에 대해 설명하시오.
3. 객체지향 프로그래밍과 전통적인 절차 위주의 프로그래밍 방식과의 차이점 및 장단점을 설명하시오.
4. 어떤 기계 A는 다음 그림과 같이 세 개의 부품으로 이루어져 있다고 하자. 기계 A의 속성은 기계명, 중량, 용도, 상태이며 각 부품은 부품명, 중량, 용도, 상태의 속성을 갖는다. 기계 A와 부품을 UNIK-FRAME을 이용하여 프레임으로 표현하시오.

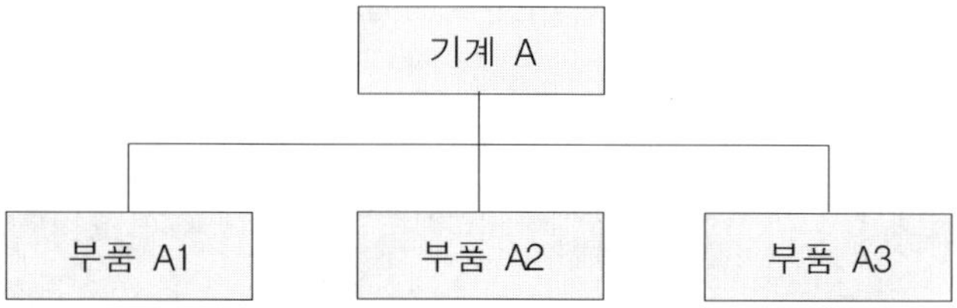

5. 4번의 예제에서 기계 A와 각 부품간의 관계를 has-part 로 정의하고 역관계는 part-of로 정의하고자 한다. UNIK-FRAME으로 이 관계를 표현하시오.
6. 4번의 예제에서, 만일 부품 A1의 상태가 고장이면, 기계 A의 상태도 자동적으로 고장으로 변환될 수 있는 프로그램을 UNIK-FRAME의 디몬명령어를 이용하여 작성하시오.
7. UNIK-FRAME의 디몬 작동 효과의 종류를 나열하고 각각의 용도에 대해 설명하시오.

참고문헌

[1] 이재규 · 서민수 · 오상봉 · 김민용 · 신중철 · 송용욱, "전문가시스템 환경하의 계량적 모델의 사용에 관한 연구: UNIK의 개발 · 연구보고서" N468-3509-7, 과학기술처, 1988.

[2] Bobrow, D. G., and T. Winograd, "An Overview of KRL, a Knowledge Representation Language," *Cognitive Science*, vol. 1, no. 1, 1977.

[3] Booch, G., *Object Oriented Design with Applications*, The Benjamin/Cummings Publishing Co, 1991.

[4] Coad, P., and E. Yourdon, *Object-Oriented Analysis*, Prentice Hall, 1990.

[5] Goldberg, A., and D. Robson, *Smalltalk 80: The Language and Its Implementation*, Addison-Wesley, 1983.

[6] Knaus, Rodfer, "Object-Oriented Shells," *AI Expert*, vol. 5, no. 9, pp. 19~25, 1990.

[7] MacLennan, B. J., *Priciples of Programming Languages: Design, Evaluation, and Implementation*, Holt, Rinehart & Winston, 1987.

[8] Manola, F., "Object-Oriented Knowledge Bases, Parts and Parts II," *AI Expert*, March, pp. 26~36, April, 1990.

[9] Minsky, M., "A Framework for Representing Knowledge," *The Psychology of Computer Vision*, ed. P. Winston, McGraw-Hill, 1975.

[10] Roberts, R. B., and I. P. Goldstein, "The FRL Manual," *Technical Report*, MIT Artificial Intelligence Laboratory, 1977.

[11] Steele, G. L., *Common LISP: The Language*, Digital Press, 1990.

[12] Tello, E. R., *Object-Oriented Programming for Artificial Intelligence : A Guide to Tools and System Design*, Addision-Wesley, 1989.

[13] Touretzky, D, *Common LISP: A Gentle Introduction to Symbolic Computation*, Benjamin Cummings Publishing, 1990.

참고사이트

UNIK http://dragon.yonsei.ac.kr/~yusong/redist/unikbc31.zip

제 6 장

역방향추론 시스템 구축 도구

학습목표

- 역방향 추론의 원리와 추론 과정을 이해한다.
- UNIK-BWD를 이용한 규칙의 표현 및 추론 방법을 알아보고 실습해 본다.
- 웹 기반 추론을 이해하고 웹 기반 역방향 추론 지원 도구를 이용한 웹 기반 추론을 실습해 본다.

저자소개

송용욱, 연세대학교 경영정보학과 교수, yusong@yonsei.ac.kr

차 례

6.1 서 론

전문가시스템의 추론 방법 중에서도 역방향 추론은 가장 기본적인 추론 방법이다. 따라서 대부분의 전문가시스템 구축도구들은 역방향 추론을 지원하고 있다. 현재까지 수많은 전문가시스템 개발도구가 소개되었으며, 그 추세는 점차 단일추론방식의 도구에서 복합적 추론 방식 및 객체지향 도구로까지 발전하고 있다. 그 외에 GUI, 사례기반 추론(CBR), 외부 데이터베이스 접근의 강화, 코드자동생성, 시뮬레이션기능 등 현실세계의 여러 가지 문제를 보다 효율적으로 해결하기 위한 여러 가지 기능이 첨부되고 있다. 따라서 초기의 전문가시스템이란 무엇인가를 구현하기 위해 등장했던 소규모 도구에서 이제는 문제 중심의 도구로 옮겨가고 있는 추세이다. 따라서 역방향 추론만을 위한 독립된 전문가시스템 구축도구로서의 형태는 점차 사라져 가고 있으며, 전체 시스템을 위한 하나의 단위 도구로서 자리하고 있다.

국내에서 개발된 역방향 추론 전문가시스템 개발도구로는 과학기술처의 특정 연구개발사업 지원에 의해 이루어진 한국과학기술원 지능정보시스템 연구실과 쌍용컴퓨터가 공동으로 개발한 SKI 1(1986)과 SKI 2(1988)가 있는데 이 시스템은 윈도우 환경 하의 UNIK-BWD (1993)로 발전하였다.

외국에서 개발된 제품으로는 80년대 초에 인기를 누렸던 INSIGHT 2와 현재 교육용으로 많이 소개되고 있는 VP-EXPERT 등이 역방향 추론전용도구이고, 이외에는 대부분 복합적 도구(Hybrid Tool)들인데 이는 역방향 추론을 비롯한 다양한 기능을 제공하고 있으며 Level 5 Object, ProKappa, ART-IM, Smart Elements, EXSYS Pro, CLIPS 등이 대표적인 복합적 도구들이다. 또한 범용도구가 아닌 특정 문제 중심의 전문화된 도구도 나타났는데, 이에는 실시간 생산관리를 위한 개발도구인 G2, 프로세스 제어와 자동화시스템을 위한 RTworks 등이 있다. 이러한 시스템은 복합적 도구로서의 특징과 함께 특정 문제를 전문적으로 다룰 수 있는 기능까지 갖추고 있다.

본 장에서는 역방향추론의 과정을 설명한 후 PC용으로 사용될 수 있는 역방향 추론 중심 도구인 UNIK-BWD와 웹에서 역방향 추론을 구현하는 방법을 소개하고자 한다. 이해를 돕기 위해 동물원 예제를 사용하여 설명하기로 한다.

6.2 역방향추론 과정

6.2.1 동물원 예제

역방향 추론의 개념을 설명하기 위해서 예로 사용할 동물원 문제를 우선 알아보자. 동물원 문제는 어떤 주어진 동물의 종류를 알아맞추는 문제이다. 동물을 구별하기 위해서는 동물의 특징을 기술한 지식을 이용해서 동물을 식별해 내야 한다. [그림 6-1]은 동물원 문제를 해결하기 위한 지식으로 모두 15개의 규칙으로 구성되어 있으며, 이 규칙으로 맞출 수 있는 동물의 종류는 치이타, 얼룩말 등을 포함해서 7종류이다. 이 규칙들은 동물의 종류를 알기 위해서 우선 포유류인가 조류인가를 구분하고 포유류의 경우는 다시 육식동물, 말굽동물인가를 구분한 후 동물의 색깔이나 신체적 특징들을 이용하여 동물의 종류를 알아내고 있다. [그림 6-1]의 지식은 UNIK-BWD 시스템의 역방향 추론에 사용할 수 있는 지식의 표현형태를 그대로 따른 것이다. 지식의 작성에 대해서는 다음 절에서 자세히 설명할 것이므로, 본 절에서는 규칙의 표현보다는 [그림 6-1]과 같은 규칙의 내용을 가지고 어떻게 역방향 추론을 하는가의 개념을 이해하는데 중점을 두기 바란다.

[그림 6-1]

동물원 문제의 규칙

```
(BWD-RULE 규칙-1
 IF          ("털이 있음" IS TRUE)
 THEN        (동물.강 IS '포유류))

(BWD-RULE 규칙-2
 IF          ("젖을 먹임" IS TRUE)
 THEN        (동물.강 IS '포유류))
```

```
(BWD-RULE 규칙-3
 IF          ("깃털이 있음" IS TRUE)
 THEN        (동물.강 IS '조류))

(BWD-RULE 규칙-4
 IF          ("날수 있음" IS TRUE)
             ("알을 낳음" IS TRUE)
 THEN        (동물.강 IS '조류))

(BWD-RULE 규칙-5
 IF          (동물.강 IS '포유류)
             ("고기를 먹음" IS TRUE)
 THEN        (동물.목 IS '육식동물))

(BWD-RULE 규칙-6
 IF          (동물.강 IS '포유류)
             ("날카로운 이빨" IS TRUE)
             ("발톱이 있음" IS TRUE)
             ("전방을 향한 눈매" IS TRUE)
 THEN        (동물.목 IS '육식동물))

(BWD-RULE 규칙-7
 IF          (동물.강 IS '포유류)
             ("말굽이 있음" IS TRUE)
 THEN        (동물.목 IS '말굽동물))

(BWD-RULE 규칙-8
 IF          (동물.강 IS '포유류)
             ("되새김질을 함" IS TRUE)
 THEN        (동물.목 IS '말굽동물))

(BWD-RULE 규칙-11
 IF          (동물.목 IS '육식동물)
             ("황갈색임" IS TRUE)
             ("검은 점이 있음" IS TRUE)
 THEN        (동물 IS '치이타))

(BWD-RULE 규칙-12
 IF          (동물.목 IS '육식동물)
             ("황갈색임" IS TRUE)
             ("검은 줄이 있음" IS TRUE)
 THEN        (동물 IS '호랑이))

(BWD-RULE 규칙-13
 IF          (동물.목 IS '말굽동물)
             ("긴 목을 가짐" IS TRUE)
```

```
                (“긴 다리를 가짐” IS TRUE)
                (“검은 점이 있음” IS TRUE)
 THEN           (동물 IS '기린))

(BWD-RULE 규칙-14
 IF             (동물.목 IS '말굽동물)
                (“검은 줄이 있음” IS TRUE)
 THEN           (동물 IS '얼룩말))

(BWD-RULE 규칙-15
 IF             (동물.강 IS '조류)
                (“날지 못함” IS TRUE)
                (“긴 목을 가짐” IS TRUE)
                (“긴 다리를 가짐” IS TRUE)
                (“흰색과 검은 색임” IS TRUE)
 THEN           (동물 IS '타조))

(BWD-RULE 규칙-16
 IF             (동물.강 IS '조류)
                (“날지 못함” IS TRUE)
                (“수영을 함” IS TRUE)
                (“흰색과 검은 색임” IS TRUE)
 THEN           (동물 IS '펭귄))

(BWD-RULE 규칙-17
 IF             (동물.강 IS '조류)
                (“잘 남” IS TRUE)
 THEN           (동물 IS '신천옹))
```

예를 들어 [그림 6-1] 중에서 세 개의 규칙 내용을 살펴보자. 규칙-1은 알고자 하는 동물이 털을 가지고 있으면 포유류라고 추론하는 규칙이다. 규칙은 조건과 결론으로 이루어져 있으며, 조건부는 IF라는 예약어로 시작하는 부분에 해당되고, 결론부는 THEN 다음에 있는 부분이다. 규칙-1의 조건부는 털이 있음이 TRUE(참)이라는 하나의 조건문으로 구성되어 있다. IS는 UNIK-BWD 시스템 예약어로써 IS 양쪽의 피연산자가 같은가를 점검하는 관계연산자(relational operator)이다. 결론부 역시 하나의 결론문이 있으며, 결론부에서 예약어 IS의 뜻은 동물.강이라는 변수의 값으로 포유류를 할당하라는 뜻이다. IS는 조건부에서는 같은가를 뜻하는 관계 연산자로 사용되었지만, 결론부에서는 변수에 변수값을 할당하는 할당연산자(assignment operator)로 사용되었다. 연산자에 대한 종류와 자세한 설명은 다음 절에서 자세히 설명하도록 하겠다. 변수 '동물.강'에서 '.'은 프레임이름과 슬롯이름을 구분하기 위한 것으로, 결론문의 정확한 의미는 '동물'이라는 프레임의 '강'이라는 슬롯에 '포유류'라는 값을 넣으라는 것이다. 포유류 앞의 " ' "는 포유류가 변수가 아닌 상수임을 나타내기 위한 것이다. UNIK-BWD 시스템은 프레임 구조를 이용하여 변수와 그 값을 관리하므로, 규칙 내의 변수는 프레임이름이나 프레임과 슬롯이름이 결합된 형태를 갖는다. 규칙 내의 변수와 상수에 대한 표현 역시 다음절에서 자세히 설명한다.

두 번째로 규칙-7을 살펴보자. 조건부가 두 개의 조건문으로 구성되어 있다는 점 이외에는 구성 면에서 규칙-1과 차이가 없다. 규칙-7은 두 개의 조건문을 모두 만족해야 조건부 전체가 만족된다는 의미로, 조건문간의 관계는 and이다. 즉, '동물.강'이 포유류이고 말굽이 있으면, '동물' 프레임의 '목' 슬롯에 '말굽동물'이란 값을 넣으라는 의미이다. 한 가지 주의하여 볼 점은 규칙-1의 결론문이 규칙-7의 첫 번째 조건문과 동일하다는 것이다. 마지막으로 규칙-14를 살펴보면 구조는 규칙-7과 같으며, 첫 번째 조건이 규칙-7의 결론문과 동일함을 알 수 있다. 결론문의 내용은 동물이 얼룩말로 확인되었음을 의미한다. 특별히 결론으로 알고자 하는 사항에 대한 변수를 '결론 변수'라고 하며 동물원 문제에서는 '동물'이 결론변수에 해당된다.

나머지 규칙들도 위에서 살펴본 규칙들과 구조와 내용 면에서 큰 차이가 없다. 한 가지 깨달을 수 있는 점은 [그림 6-1]의 규칙들을 살펴보면, 어떤 규칙의 결론문이 다른 규칙의 조건문으로 다시 나타난다는 점이다. 이같이 동물원 문제의 규칙베이스는 서로 연결관계를 갖고 있는 규칙들로 구성된 하나의 큰 지식 덩어리인 셈이다.

동물원 문제의 규칙 연결관계를 구조화하여 AND/OR 그래프로 나타낸 것이 [그림 6-2]이다. [그림 6-2]를 보면 동물원문제의 규칙들이 어떻게 연결관계를 갖고 있는가를 잘 이해할 수 있다. 그림 편의상 "털이 있음"을 "털"과 같이 내용만 알 수 있도록 생략해서 나타내었다. 위에서 예를 들었던 규칙-1, 규칙-7, 규칙-14가 서로 연결되어 있고, 나머지 규칙들도 모두 서로 연결되어 있어서 하나의 큰 규칙베이스를 이루고 있음을 알 수 있다. 그림에서 조건문을 묶는 호는 AND 관계를 나타내는 표현이다. 그림에서 가장 위에 있는 노드(근노드: root node)는 가상으로 설정한 것으로, '동물'이란 결론변수 들이 있는 노드들을 논리적으로 묶어 놓은 것이다. 그러므로 규칙에서 조건과 결론을 연결하는 인과관계를 나타내는 실선이 아닌 점선으로 표시하였다.

[그림 6-2]

동물원 규칙의 AND/OR 그래프 표현

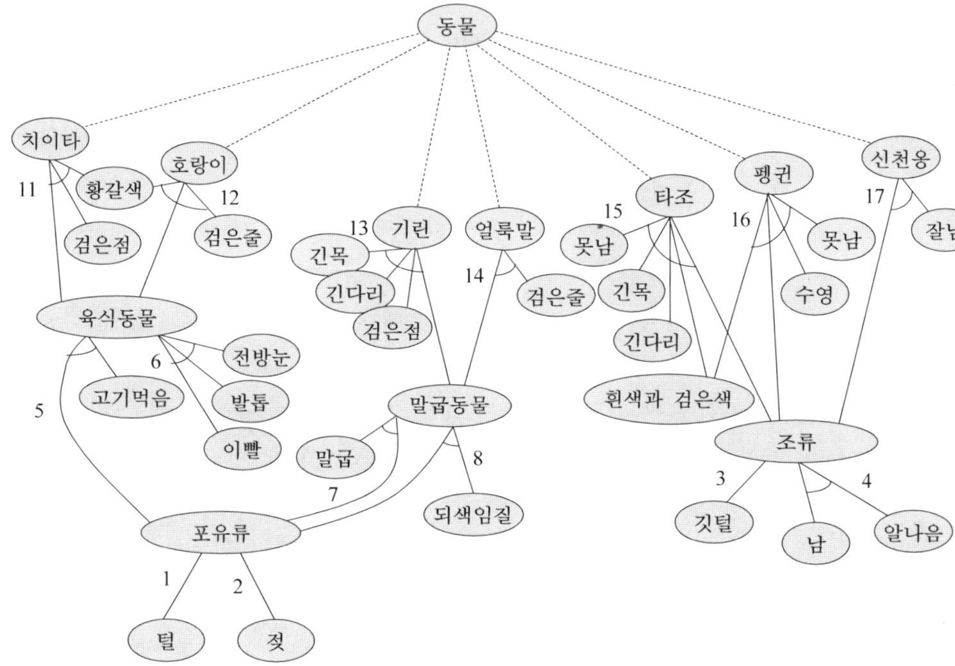

6.2.2 역방향 추론의 원리

역방향 추론의 원리를 [그림 6-2] 동물원 문제의 AND/OR 그래프를 이용하여 설명하겠다. 역방향 추론은 알기를 원하는 목표(goal)를 설정한 후 시작한다. 동물원 문제에서는 동물의 종류를 구별하고자 하는 것이 목적이므로 동물이라는 결론변수를 선택하여 목표를 설정하는 것이 추론의 시작이 된다. [그림 6-2]를 살펴보면 동물이란 결론변수의 값을 얻을 수 있는 노드는 모두 7개로, [그림 6-1]의 규칙-11부터 규칙-17까지의 결론문에 해당된다. 결국, 이들 7개의 노드 중 어느 하나에서 동물이란 결론변수의 값이 할당되면, 목표를 달성하는 것이다. 역방향추론에서는 이들 결론변수가 포함된 노드를 차례로 탐색하면서 추론을 진행하게 된다. [그림 6-2]에서 제일 왼쪽의 치이타라는 값을 얻기 위한 노드를 새로운 하위목표(sub-goal)로 정해서 추론이 진행된다. 치이타라는 값을 얻기 위해서는 세 가지 조건문이 모두 만족되어야 한다(규칙-11). 때문에 첫 번째 조건인 '동물.목 IS '육식동물'의 만족여부를 검토하기 위해서 이 조건을 새로운 하위목표로 삼는다. 육식동물을 만족하기 위해서는 두 개의 규칙(규칙-5, 규칙-6)이 적용될 수 있는데, 규칙-5와 규칙-6의 관계는 OR 관계이다. 다시 말하면, 규칙-5 나 규칙-6의 조건문 중에서 어느 하나만 만족되면 육식동물을 만족하게 된다는 뜻이다. 규칙베이스의 구조를 AND/OR 그래프로 표현하기 좋은 이유도 하나의 규칙 내의 조건문들 간의 AND 관계와, 같은 결론문을 갖는 규칙들 간의 OR 관계로 규칙베이스가 구성되어 있기 때문이다. 규칙-5를 먼저 살펴보면, 육식동물을 만족하기 위해서 두 개의 조건문이 있고, 그 중 첫 번째 조건인 '동물.강 IS '포유류'를 다시 새로운 하위목표로 삼는다. 포유류를 만족하기 위해서는 다시 두 가지 규칙(규칙-1, 규칙-2) 중 어느 하나만을 만족하면 되는 구조이고, 두 규칙은 각각 하나의 조건문밖에 없으므로 두 개의 조건문 중에서 하나만 만족하면 된다. 두 조건("털이 있음", "젖을 먹임")은 더 이상 하위 조건을 갖지 않는 AND/OR 그래프 상의 말단노드(leaf node)이다.

지금까지 추론의 방향은 [그림 6-2]의 AND/OR 그래프에서는 위에서 아래로, 규칙으로 보면 결론부에서 조건부 방향으로 목표 또는 하위목표를 달성하기 위한 조건들을 찾는 방향으로 진행되었다. 규칙 표현에서는 조건부를 만족하면 결론부가 만족되는 방향으로의 표현이었으나, 지금까지 설명한 추론의 방향은 결론부를 만족하기 위한 조건부를 찾아가는 역방향이었고 그래서 이름도 역방향추론으로 붙여졌다. 이제 말단노드인 "털이 있음"이나 "젖을 먹임"에 대해서는 하위조건이 없으므로 사용자에게 물어서 대답을 얻어야 한다. 만약 사용자가 알고자 하는 동물이 털이 있다고 대답하면 규칙-1이 수행되어서, '동물.강'의 값으로 '포유류'가 할당됨과 동시에 규칙-5의 첫 번째 조건을 만족하게 된다. 이제 규칙-5의 두 번째 조건인 "고기를 먹음"을 사용자에게 묻는다. 만약 사용자가 그렇다고 하면, 규칙-5가 수행되어서 '동물.강'에 '육식동물'이 할당된다. 그러나 만약 사용자가

"고기를 먹음"에 대해서 아니라고 대답하면, 규칙-5는 수행될 수 없고, 규칙-6의 수행가능성을 타진하기 위해서 규칙-6의 두 번째 조건인 "날카로운 이빨이 있음"부터 "발톱이 있음", "전방을 향한 눈매"를 차례로 묻는다. 모두 맞다고 대답하면 규칙-6이 수행되어 '동물.강'에 '육식동물'이 할당되며, 규칙-11의 첫 번째 조건을 만족하게 된다. 만약 아니라고 대답한 조건이 하나라도 있어서 규칙-5와 규칙-6이 모두 수행되지 않았다면, 규칙-11의 첫 번째 조건이 만족되지 않고, 규칙-11이 수행될 수 없으므로 동물은 치이타가 아닌 것으로 확인된 것이다. '치이타'라는 하위목표를 달성하지 못하였으므로, 다음으로 규칙-12의 결론문인 '호랑이'를 새로운 하위목표로 삼아서 위와 같은 요령으로 추론이 진행된다.

한 가지 유의할 점은 치이타를 추론하는 중에 이미 얻어진 사실에 대해서는 호랑이를 추론할 때에도 그대로 이용된다는 것이다. 예를 들어, 치이타를 추론하는 과정에서 동물.강의 값으로 육식동물이 할당되었다면, 호랑이를 추론하는 과정에서는 규칙-12의 첫 번째 조건인 육식동물이 만족된 것으로 보고 육식동물에 대해서는 더 이상 추론하지 않는다. 이렇게 기존에 얻어진 사실을 이용하기 위해서는 사실을 유지하는 사실베이스(fact base)를 구축해서 이용해야 한다. 규칙에 포함된 변수와 추론 중에 얻어진 변수값들을 유지하는 것이 바로 사실베이스를 유지하는 것으로서, 추론에서 사실베이스는 중요한 요소가 된다.

6.3 UNIK-BWD

6.3.1 UNIK-BWD의 개요

UNIK-BWD는 한국과학기술원 지능정보시스템 연구실에서 개발한 역방향 추론을 위한 개발도구이다. 이는 UNIK이라는 통합개발도구 중 역방향 추론을 담당하는 단위시스템으로서, 이의 주요 특징은 다음과 같다.

① MS-윈도우상에서 작동하며, 윈도우의 GUI를 이용한다.

② 역방향 추론기능을 제공한다.
③ 규칙과 프레임을 이용하여 지식을 표현한다.
④ 설명기능이 있다.
⑤ 화면상에서 화상정보 및 음성정보를 표현할 수 있다.
⑥ 사용자 정의함수를 불러 쓸 수 있고 UNIK에서 정의하는 기본함수를 쓸 수 있다.
⑦ UNIK-RuleGen으로부터 자동 생성된 규칙을 받아 사용할 수 있다.
⑧ 그룹기반추론기능을 제공한다.
⑨ 파생추론기능을 제공한다.
⑩ "모른다"라는 대답을 처리할 수 있다.

6.3.2 UNIK-BWD의 규칙표현

앞에서 소개한 동물원 예제를 통해 UNIK-BWD의 지식 표현을 설명하겠다.

[그림 6-3]

동물원 예제의 UNIK-BWD용 지식베이스 형태

```
(BWD-RULE 규칙 1
 IF      (IS "동물이 털이 있다" TRUE)
 THEN  (IS 동물.종류 '포유류))

(BWD-RULE 규칙 2
 IF      (IS "동물이 젖이 있다" TRUE)
 THEN  (IS 동물.종류 '포유류))

(BWD-RULE 규칙 3
 IF      (IS "동물이 깃털이 있다" TRUE)
 THEN  (IS 동물.종류 '새))

(BWD-RULE 규칙 4
 IF      (IS "동물이 난다" TRUE)
         (IS "동물이 알을 낳는다" TRUE)
 THEN  (IS 동물.종류 '새))

(BWD-RULE 규칙 5
 IF      (IS 동물.종류 '포유류)
```

```
         (IS "고기를 먹는다" TRUE)
 THEN    (IS 포유류.종류 '육식동물))

(BWD-RULE 규칙 6
 IF      (IS 동물.종류 '포유류)
         (IS "송곳니가 있다" TRUE)
         (IS "날카로운 발톱이 있다" TRUE)
         (IS "눈이 전방을 향해 있다" TRUE)
 THEN    (IS 포유류.종류 '육식동물))

(BWD-RULE 규칙 7
 IF      (IS 동물.종류 '포유류)
         (IS "발굽이 있다" TRUE)
         (IS "되새김질을 한다" TRUE)
 THEN    (IS 포유류.종류 '초식동물))

(BWD-RULE 규칙 8
 IF      (IS 포유류.종류 '육식동물)
         (IS "황갈색이다" TRUE)
         (IS "검은 점이 있다" TRUE)
 THEN    (IS 동물 '치타)
         (dialogue NIL NIL "'cheetah.bmp" "'이 동물은 치타입니다."))

(BWD-RULE 규칙 9
 IF      (IS 포유류.종류 '육식동물)
         (IS "황갈색이다" TRUE)
         (IS "검은 줄무늬가 있다" TRUE)
 THEN    (IS 동물 '호랑이)
         (dialogue NIL NIL "'tiger.bmp" "'이 동물은 호랑이입니다."))

(BWD-RULE 규칙 10
 IF      (IS 포유류.종류 '초식동물)
         (IS "긴 다리와 긴 목을 가지고 있다" TRUE)
         (IS "황갈색이다" TRUE)
         (IS "검은 점이 있다" TRUE)
 THEN    (IS 동물 '기린)
         (dialogue NIL NIL "'kirin.bmp" "'이 동물은 기린입니다."))

(BWD-RULE 규칙 11
 IF      (IS 포유류.종류 '초식동물)
         (IS 흰색이다 TRUE)
         (IS "검은 줄무늬가 있다" TRUE)
 THEN    (IS 동물 '얼룩말)
         (dialogue NIL NIL "'zebra.bmp" "'이 동물은 얼룩말입니다."))
```

```
(BWD-RULE 규칙 12
 IF        (IS 동물.종류 '새)
           (IS "날지 못한다" TRUE)
           (IS "긴 다리와 긴 목을 가지고 있다" TRUE)
           (IS "검은 색과 흰색으로 구성되어 있다" TRUE)
 THEN  (IS 동물 '타조)
           (dialogue NIL NIL "'tajo.bmp" "'이 동물은 타조입니다."))

(BWD-RULE 규칙 13
 IF        (IS 동물.종류 '새)
           (IS "날지 못한다" TRUE)
           (IS "헤엄을 친다" TRUE)
               (IS "검은 색과 흰색으로 구성돼 있다" TRUE)
 THEN  (IS 동물 '펭귄)
           (dialogue NIL NIL "'penguin.bmp" "'이 동물은 펭귄입니다."))

(BWD-RULE 규칙 14
 IF        (IS 동물.종류 '새)
           (IS "잘 난다" TRUE)
 THEN  (IS 동물 '갈매기)
           (dialogue NIL NIL "'seagull.bmp" "'이 동물은 갈매기입니다."))

(BWD-RULE 규칙 15
 IF
   (OR  (IS 동물 '치타)
           (IS 동물 '호랑이)
           (IS 동물 '기린)
           (IS 동물 '얼룩말)
           (IS 동물 '타조)
           (IS 동물 '펭귄)
           (IS 동물 '갈매기))
 THEN  (IS 동물원 예제 TRUE))

;; Dialogue

 (bwd-set-dialogue
           '동물원 예제 "'동물의 모양에 대하여 대답해 주시면 그 동물의
 이름을 알려드리겠습니다." "'안녕하십니까?" "'ani-all.bmp" NIL NIL)
```

BWD-RULE, IF, THEN, ELSE 등은 규칙형태의 지식 표현을 위한 예약어이다. [그림 6-3]에는 안 나타나 있지만 ELSE 문은 규칙의

조건부가 부정될 때 수행하게 된다. 규칙의 조건부와 결론부는 연산자, 변수, 상수로 구성된다.

연산자로는 AND, NOT, OR와 같은 논리연산자가 쓰일 수 있고, 그 외에 IS, ISNOT, <, > 등과 같은 관계연산자, 그리고 +, −, *, / 와 같은 산술연산자가 있다. 또한 IS는 규칙의 결론부에서는 할당 연산자로 쓰인다.

변수는 사실(Fact)을 저장하며 이러한 사실이 변수의 값이 된다. UNIK-BWD에서는 변수이름에 한글사용이 가능하다. [그림 6-3]에서 "동물", "새이다" 등은 변수이다. 만약 변수명에 빈칸(Blank)이 있으면 " "로써 묶어줘야 한다. 예를 들어, "(IS "동물이 털이 있다" TRUE)"라는 조건문의 변수는 "동물이 털이 있다"이고 "IS"는 조건부에선 "="에 해당하는 연산자이므로 "동물이 털이 있다"의 값이 TRUE 인지 여부를 묻는 조건부가 된다. UNIK-BWD에서는 사실들이 프레임 형태로 저장된다. 즉, 변수의 이름이 프레임 이름이 되고 변수의 값은 VALUE 라는 슬롯에 저장된다. 그러나 변수의 이름에 "."이 있을 경우는 (예를 들어 "동물.종류") "." 앞의 문자열을 프레임 이름으로 하고 "." 뒤의 문자열을 슬롯 이름으로 하여 저장된다. 예를 들어, 규칙 2의 결론부의 "동물.종류"의 경우, 변수 중간에 "."이 있으므로 프레임 "동물"의 슬롯 "종류"의 값이 이 변수의 값이 된다.

변수는 그 역할에 따라 세 가지로 분류할 수 있는데, 첫째는 사용자에게 그 값을 물어보아야 하는 것(질문 변수), 둘째는 추론의 결론을 값으로 갖는 것(결론 변수), 셋째는 규칙과 규칙을 연쇄(Chaining) 시켜주는 것(연쇄 변수) 등이다. 규칙의 결론부에는 나타나지 않고 조건부에만 나타나는 변수는 질문변수이고, 반대로 규칙의 조건부에는 나타나지 않고 결론부에만 나타나는 변수는 결론변수이며, 어떤 규칙의 결론부와 또 다른 규칙의 조건부에 나타나는 변수는 그 두 규칙을 연결하는 연쇄변수이다. 예를 들어 [그림 6-3]의 규칙 1의 조건부의 변수 "동물이 털이 있다"는 질문변수이고, 규칙 15의 "동물원 예제"는 결론변수이다. 또한 규칙 1의 결론부의 변수 "동물.종류"는 연쇄변수로서 규칙 1과 규칙 5, 규칙 6, 규칙 7, 규칙 12, 규칙 13, 규칙 14 등과 연쇄시키고 있다.

상수는 변수의 값이 되며 TRUE 와 FALSE 같은 상수예약어와 정수, 실수, 그리고 앞에 "‘"가 붙은 문자심벌 등이 될 수 있다. 이렇게 문자심벌 앞에 "'"를 붙이는 이유는 만약 붙이지 않으면 변수와 혼동이 되기 때문이다. 규칙 1의 결론부의 "(IS 동물.종류 '포유류)"에서 "포유류"는 상수이며 변수 "동물.종류"의 값이 된다. 여기서 주의할 것은 연산자 "IS"는 조건부에 나타날 때와는 다르게 결론부에 올 경우 할당(Assign)을 나타낸다.

변수는 또한 변수가 갖는 값의 형태에 따라서 진위형 변수, 선택형 변수, 표현형 변수로 분류된다. 진위형 변수란 그 변수의 값이 TRUE 또는 FALSE 중에 하나의 형태를 취하는 변수이다. "동물이 털이 있다," "동물이 젖이 있다" 등의 변수가 진위형 변수에 해당한다. 선택형 변수란 그 변수가 취할 수 있는 값의 종류가 한정되어 있는 변수로서 사용자에게 변수의 값을 질문할 경우 그들 중에서 선택하라고 요구하게 되는 변수이다. 예를 들어, 변수 "포유류.종류"는 "육식동물"과 "초식동물"을 값으로 갖는 선택형 변수이다.

표현형 변수는 진위형과 선택형이 아닌 나머지 모든 변수로서 이들은 대개 수치를 값으로 갖게 된다. 예를 들어 "IF (〈 X 10)"에서의 X는 표현형 변수이며 이 값을 질문할 경우 UNIK-BWD는 사용자에게 이 변수의 값을 키보드로 입력해 넣으라고 요구하게 된다.

변수를 이렇게 진위형, 선택형, 표현형으로 나누는 것은 질문의 형태를 UNIK-BWD가 자동적으로 판단하기 위한 것으로서, 진위형 변수의 질문에서는 TRUE와 FALSE 중에 하나를 선택하게 하고 선택형은 각 규칙들을 뒤져 해당 변수에 할당될 수 있는 값들을 모두 찾아 그 중에서 하나를 고르게 한다. 표현형은 사용자가 직접 값을 입력하게 한다. 진위형이나 선택형이냐 등의 판단은 UNIK-BWD가 규칙문장의 유형으로 알아서 판단해주므로 사용자가 그 형태를 명기할 필요는 없다. VP-EXPERT 에서는 각 변수가 선택할 수 있는 값의 종류를 "CHOICES" 라는 명령으로 사용자가 미리 설정해 두어야 하는 것과 비교할 때 UNIK-BWD에서는 지식베이스 작성을 위한 부담이 줄어든다고 할 수 있겠다.

6.3.3 추론 과정

UNIK-BWD의 추론은 초기목표(Initial Goals)의 설정으로부터 시작한다. 초기목표는 결론변수 중에서 선택된다. 동물원 예제에서의 결론변수는 "동물원예제"이므로 이것이 초기목표로 선정되면 규칙 15의 조건문 중 만족되는 것이 있는지를 조사하게 된다. 이를 위해서 규칙 8부터 규칙 14까지의 규칙 중에서 규칙 15의 조건부에 나타난 순서대로 검토하게 된다. 만약 규칙 15가 없다면 어떻게 될 것인가. UNIK- BWD는 규칙 15가 없을 경우 결론변수는 "동물"이 되어 이것으로 초기목표를 설정한다. 이렇게 될 경우 규칙 8부터 규칙 14까지 중 어느 하나가 만족되는 것이 있는지를 순서대로 검토하게 된다. 이 같은 경우 지식의 구성은 [그림 6-2]의 동물원 예제의 AND/OR 그래프와 같게 된다.

규칙 15의 첫번째 조건문인 "(IS 동물 '치타)"인지를 검토하기 위해서는 규칙 8을 검토하게 된다. 또한 규칙 8이 만족되는지를 알아보기 위해서는 "(IS 포유류.종류 '육식동물)"인지를 알아야 한다. 변수 "포유류.종류"는 연결변수로서 규칙 8과 규칙 5, 6, 7 을 연결시키고 있다. 그런데 현재의 하위목표는 변수 "포유류.종류"의 값이 "육식동물"인가를 알고자 하는 것이므로 규칙 5와 규칙 6을 이용하게 된다.

먼저, 규칙 5를 이용하기 위하여 규칙 5의 조건부를 살펴보면 두 개의 조건문이 있다. 첫번째 조건문 "(IS 동물.종류 포유류)"이 사실인가를 알려면 "동물.종류"의 값을 알아야 하는데 이 변수의 값이 아직 알려져 있지 않으며, 또한 연결변수이므로 다시 규칙 1과 규칙 2를 이용해야 한다. 규칙 1을 먼저 이용하기 위하여 조건문을 검토해 보면 변수 "(IS "동물이 털이 있다" TRUE)"의 값을 알아야 하는데 이 값을 아직 모르고 있다. 그런데, 이 변수는 질문변수이므로 사용자에게 화면에서 다음과 같은 질문을 하게 된다.

"동물이 털이 있다"가 참입니까? (예/아니오)

이때 예를 들어, 사용자가 "아니오"라고 대답했다고 하자. 그러면, 규칙 1의 조건부가 거짓이 되므로 이 규칙을 사용할 수 없게 된다. 이를 일반적인 표기로 나타내면 규칙 A ⇒ B가 있을 때 A가 부정이 되면 B는 참인지 거짓인지를 알 수 없게 된다. 이는 명제논리의 진위표에서 A가 거짓인 경우 B가 참이든 거짓이든 규칙 A ⇒ B는 참이라는 사실에서 연유된다. 따라서 "동물.종류"가 포유류임을 확인하기 위해서는 규칙 2의 조건문 "(IS "동물이 젖이 있다" TRUE)"을 검토하게 된다. 이 경우 질문변수인 "동물이 젖이 있다"의 값을 알아야 하므로 사용자에게 질문을 하게 된다. 이때 사용자가 참이라고 대답했다고 하자. 그러면, 규칙 2의 결론부인 "(IS 동물.종류 '포유류)"로부터 변수 "동물.종류"의 값이 "포유류"가 된다.

이제 규칙 5의 두 번째 조건문의 진위여부를 알기 위해서 질문변수 "고기를 먹는다"의 값을 질문하게 된다. 이때 사용자가 거짓이라고 대답하면 규칙 5는 이용할 수 없게 되므로, 규칙 6을 이용하기 위하여 규칙 6의 조건부를 검토하게 된다. 첫번째 조건문 "(IS 동물.종류 '포유류)"을 검토하면 변수 "동물.종류"의 값이 이미 "포유류"라는 것을 알고 있으므로 이 조건문은 참이 된다. 따라서 다음 조건문으로 넘어가서 "송곳니가 있다," "날카로운 발톱이 있다," "눈이 전방을 향해 있다" 등의 값을 차례로 질문하게 된다. 만약 이 중 하나라도 거짓이라고 대답하게 되면 이 규칙은 사용할 수 없게 되므로 규칙 8의 첫 번째 조건문 "(IS 포유류.종류 '육식동물)"의 진위여부를 알 수 없게 되며, 따라서 "(IS 동물 '치타)"라는 목표는 결론을 얻을 수가 없게 된다. 따라서 규칙 15의 두 번째 조건문이 "(IS 동물 '호랑이)"로 추론목표가 넘어가게 된다. 이 경우 "(IS 동물 '호랑이)"가 결론부인 규칙 9를 검토하게 되는데 첫 번째 조건문 "(IS 포유류.종류 '육식동물)"의 진위여부를 알 수 없다. 즉, 대상동물은 포유류임은 알지만 육식동물임은 알 수 없으므로 규칙 15의 세 번째 조건문인 다음 목표 "(IS 동물 '기린)"으로 넘어가게 된다. 그리고 규칙 10의 첫 번째 조건문부터 다시 검토하게 된다.

만약 규칙 6의 "송곳니가 있다," "날카로운 발톱이 있다," "눈이 전방을 향해 있다" 등에 대한 질문의 대답이 모두 참이었다면 규칙 6의 결론부에 의해 "포유류.종류"의 값이 "육식동물"임이 알려지고, 따라서 다시 규칙 8의 나머지 조건문 "(IS 황갈색이다 TRUE)," "(IS "검은 점이 있다" TRUE)"를 검토하기 위해 여기서 나타나는 질문변수들의 값을 질문하게 된다. 만약 사용자가 모두 참이라고 대답하면 규칙 8의 조건부가 참이 되므로 규칙 8의 결론인 "(IS 동물 '호랑이)"가 참이 되고 최종적으로 규칙 15의 "동물원예제"가 참이 되어 추론 과정이 모두 끝나게 된다. 규칙 8의 결론이 참이 될 때 "(dialogue NIL NIL '"cheetah.bmp" '"이 동물은 치타입니다")" 문장이 수행되어 화면에 해당 동물이 치타라는 메시지가 나타나 사용자에게 보이게 된다.

6.3.4 추론 시 사용되는 기능

(1) 모 름

UNIK-BWD에서는 진위형 질문변수를 사용자에게 물을 때 "모름"이라는 답도 할 수 있게 한다. 이것은 그 변수의 값이 참인지 거짓인지 사용자가 알지 못할 때 사용된다. 그러면 UNIK-BWD는 그 변수 값을 모른다고 지정하고 추론을 계속한다. 이것은 아직 질문을 하지 않아서 그 값을 모르는 것과는 상황이 다르다. 아직 질문을 하지 않아 모르는 경우, 그 변수의 값이 필요한 때가 되면 사용자에게 질문하게 되지만, 모른다고 알려진 변수는 그 값을 알아야 할 필요가 있어도 질문하지 않고 모른다는 가정하에 추론을 진행하게 된다. 예를 들어, 동물원 예제의 경우 규칙 1 을 검토하기 위해 "동물이 털이 있다"의 값을 질문하였으나 사용자가 모른다고 대답하였을 경우 결론부의 "동물.종류"가 "포유류"라는 결론을 못 내리게 된다. 그러나, 이것은 동물이 털이 있다의 값을 거짓이라고 대답한 경우와는 또 다름에 유의해야 한다. 만약 규칙 1 에 ELSE부분이 있었다면, 사용자가 "동물이 털이 있다"의 값을 거짓이라고 대답하였을 경우는 ELSE 문을 수행하게 되지만, 모른다고 대답하였다면 THEN 부분과 ELSE 부분 모두 수행하지 않게 된다.

(2) 이 유

추론도중에 왜 이러한 질문을 하는지에 대한 "이유"를 알고 싶을 때 이유 버튼을 누르면 이 질문을 하는 이유, 즉 최종목표로부터 이 질문이 나오게 되기까지의 규칙들의 연결경로를 보여 준다. 예를 들어, 규칙 1의 수행에서 "동물이 털이 있다"라는 질문변수를 질문할 때 "이유" 버튼을 누르면 규칙 1, 규칙 5, 규칙 8, 규칙 15를 보여 주게 된다.

(3) 파생추론

질문의 결과 또는 추론의 결과로 어떤 질문변수나 연결변수의 값을 알게 되었을 때, 이 새로운 사실에 의해 현재 검토하고 있는 규칙이 아닌 다른 규칙의 조건부의 진위여부를 알 수 있게 되었을 경우 그 규칙의 결론부를 수행해야 할 필요가 있을 수 있다. 다음과 같은 네 개의 규칙이 있다고 하자.

(규칙 1) IF A OR B THEN X IS H
(규칙 2) IF C AND D THEN A
(규칙 3) IF E AND F THEN B
(규칙 4) IF C AND NOT D THEN X IS K

이 규칙베이스의 목표는 X의 값이 H인지 K인지를 아는 것이다. 먼저 X가 H인가를 알기 위해서 규칙 1을 검토하고, 다시 연결변수 A에 의해 규칙 2를 검토한다고 하자. 이때 C의 값이 질문해서 참이라는 답을 얻었고, 다음에 D의 값을 질문해서 거짓이라는 값을 얻었다고 하자. 그러면, 현재의 목표상으로는 A의 값을 알 수 없으므로 연결변수 B에 의해 규칙 3을 검토하게 될 것이다. 그러나 그렇게 하기 전에 C가 참이고 D가 거짓이라는 사실로부터 규칙 4에 의해 X가 K라는 결론을 먼저 내릴 수 있을 것이다. 이와 같이 현재 목표상으로는 검토대상이 아닌 규칙이라도 새로이 알게 된 사실을 바탕으로 그 조건부의 진위여부를 파악하여 결론부를 수행하는 것을 "파생추론"이라고 부른다. 파생추론의 수행여부는 규칙에서 미리 선언할 수 있다.

(4) 선택형 변수값의 폐쇄여부

선택형 변수란 그 가질 수 있는 값이 미리 정해져 있는 변수이다. 예를 들어 변수 X의 값으로 A, B, C가 가능하다고 해보자. 그런데 결론부의 ISNOT 할당 연산자의 수행결과 이미 변수 X의 값으로 A와 B는 아니라는 것이 알려졌다고 하자. 이때 X의 값이 C라고 결론을 내릴 수도 있고 그렇지 않을 수도 있다. 이와 같은 경우 변수 X의 값을 C라고 결론 내리는 것은 선택변수 X가 취할 수 있는 값의 범위를 A, B, C라는 세 개의 값으로 국한시켰기 때문이고, X의 값을 C라고 하지 못하고 다른 규칙에 의해 그것을 확인해야 한다면 A, B, C 외에 또 다른 가능값이 존재할 수 있기 때문이다. 이렇게 선택 변수값의 현행 규칙베이스에서 나타난 값으로 국한시키느냐(close) 또는 또 다른 변수값의 존재가능성을 두느냐(open) 하는 여부를 미리 설정할 수 있다.

(5) 그룹기반 추론

그룹기반 추론이란 각 규칙마다 속한 그룹이 있어서, 한 규칙이 속한 그룹이 추론의 대상일 때만 그 규칙이 추론의 대상이 되는 것을 말한다. 따라서, UNIK-BWD에서는 각 규칙마다 소속그룹을 지정하는 방법과, 추론대상그룹을 지정하는 방법을 제공한다. 그룹을 지정하는 방법은 각 규칙의 규칙이름선언 다음에 "[RULE-GROUP 그룹이름]"을 써서 소속그룹을 지정한다.

6.3.5 멀티미디어 대화

UNIK-BWD의 질문부분과 결론부에서 멀티미디어를 사용할 수 있다. 즉, 글자와 그림과 소리를 출력할 수 있다. 비트맵(Bitmap) 파일과 같은 그림파일과 소리를 담은 웨이브(Wave) 파일을 화면에 보여주거나 소리로써 들려 줄 수 있다.

질문부분에서 멀티미디어 출력을 하기 위해서는 질문하는 질문변수에 대해 그 질문내용을 다음과 같이 지정해 주어야 한다.

(bwd-set-dialogue 변수명 글자출력내용 글자출력제목 그림파일 그림출력제목 소리파일)

"변수명"은 질문시 멀티미디어 출력을 할 질문변수의 이름이며, "글자출력"은 질문화면에 나타날 글자들이고, "글자출력제목"은 질문화면의 제목이다. "그림파일"은 그림으로 출력할 비트맵파일 이름이고, "그림출력제목"은 비트맵파일을 출력하는 화면의 제목이며, "소리파일"은 소리를 출력할 웨이브파일 이름이다. 만약 "변수명"을 제외한 항목 중에 해당 사항이 없으면 NIL이라고 써준다.

동물원 예제의 "동물이 털이 있다" 변수에 멀티미디어 출력을 지정하고 싶으면 다음과 같이 명령을 써주면 된다. bwd-set-dialogue 명령의 각 심벌 앞에 "' "가 있음에 유의하라.

(bwd-set-dialogue '"동물이 털이 있다" '"동물이 털이 있습니까?" NIL 'HAIR.BMP '"털" '"HAIR.WAV") bwd-set-dialogue 명령은 질문변수에 멀티미디어 출력을 지정할 뿐만 아니라 결론변수와 추론 시작부, 추론이 실패했을 때(결론변수의 값이 확정되지 못함) 등에도 멀티미디어 출력을 지정할 수 있다. 추론 시작부에 멀티미디어 출력을 붙이면 UNIK-BWD의 실행메뉴의 "수행" 메뉴를 눌렀을 때 지정된 멀티미디어 출력이 나오고, 추론실패에 지정된 멀티미디어 출력은 추론이 아무 결론도 내리지 못하고 실패했을 경우 나온다. 또한 결론변수에 지정된 멀티미디어 출력의 경우는 추론시작 직전 결론변수를 선택했을 경우 나타난다.

결론변수에 대해 멀티미디어 출력을 지정하는 것은 질문변수에 대해 지정하는 방법과 똑같고([그림 6-3]의 bwd-set-dialogue 문 참조), 추론 시작부와 추론 실패 시에 멀티미디어 출력화면을 지정하기 위해서는 각기 "$dialogue.introduction"과 "$dialogue.failure"라는 변수명을 사용함으로써 지정할 수 있다.

6.4 UNIK-BWD 명령어와 실행 방법

UNIK-BWD 역방향 추론기관에 대해 지금까지 설명한 것을 규칙 구문, 인터프리터 명령어, 라이브러리 명령어, 실행화면 메뉴 등으로 나누어 요약하면 다음과 같다.

6.4.1 UNIK-BWD 규칙의 구문

[그림 6-4]

UNIK-BWD 규칙의 표현문법

```
(BWD-RULE rule-name
  "설명문"
  [RULE-GROUP group-name]
  [PRIORITY 정수]
IF
  predicate1
  predicate2
  ...
  predicaten
```

```
THEN
  action1
  action2
  ...
  actionn
ELSE
  action1
  action2
  ...
  actionn)

여기서,
predicate = (operand1 operator operand2 ... operandn),
        UNIK 시스템함수, User-defined Function
action = (operand1 operator operand2 ... operandn),
        UNIK 시스템함수, User-defined Function
operator = NOT, AND, OR, NOR, XOR,
        IS(=), ISNOT(<>), ==, !=, <=, <, >=, >,
        +, -, *, /,
        ASK
operand = predicate(action), variable, constant
```

6.4.2 UNIK-BWD 인터프리터 명령어

명령어	기　　능
Bwd-rule	규칙을 생성한다.
Bwd-rb Bwd-delete-rb	규칙베이스의 규칙들을 보여준다. 규칙베이스를 삭제한다.
Bwd-run	UNIK-BWD로 하여금 추론을 시작하게 한다.
Bwd-set-strategy Bwd-print-strategies	추론전략을 지정한다. 현재의 추론전략들을 보여준다.
Bwd-set-match-rulegroups	매칭에 사용할 규칙 그룹을 지정한다.
Bwd-set-dialogue Bwd-delete-dialogue Dialogue	질문변수의 값을 질문할 때 화면에 나타낼 내용을 지정한다. bwd-set-dialogue 명령에 의해 지정한 내용들을 모두 삭제한다. 지정된 내용을 화면에 나타내 준다.

6.4.3 UNIK-BWD 라이브러리 함수

명령어	기 능
bwdrule	규칙을 생성한다.
bwdrb bwddelrb	규칙베이스의 규칙들을 보여준다. 규칙베이스를 삭제한다.
bwdrun	UNIK-BWD로 하여금 추론을 시작하게 한다.
bwdsetstrategy bwdprintstrategies	추론전략을 지정한다. 현재의 추론전략들을 보여준다.
bwdsetmthrulegroups	매칭에 사용할 규칙 그룹을 지정한다.
bwdsetdlg bwddeldlg	질문변수의 값을 질문할 때 화면에 나타낼 내용을 지정한다. Bwdsetdlg 명령에 의해 지정한 내용들을 모두 삭제한다.

6.4.4 UNIK-BWD 실행 화면과 메뉴

[그림 6-5]에는 UNIK-BWD의 주 메뉴 화면이 나타나 있다. 화일 메뉴를 선택하면 규칙베이스를 적재, 저장, 삭제할 수 있고, 수행 메

[그림 6-5]
UNIK-BWD 주 메뉴

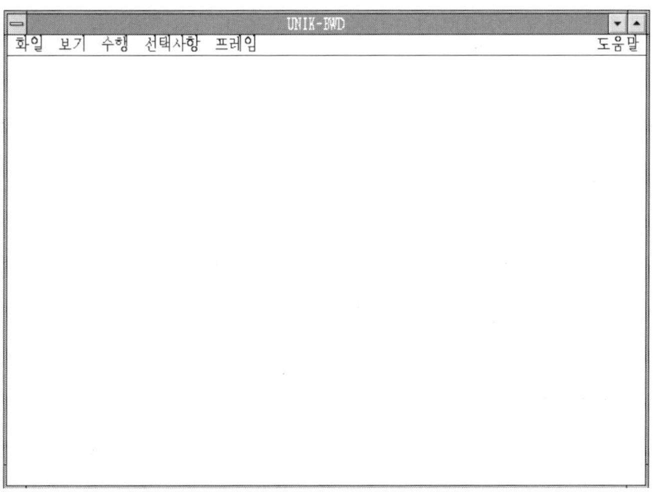

뉴를 선택하면 추론을 수행시킬 수 있으며, 선택사항, 전략 메뉴를 선택하면 수행 전략들을 설정할 수 있다.

6.5 웹 기반 추론

6.5.1 웹 기반 추론 방법

HTML의 하이퍼텍스트(Hypertext) 기능을 이용하면 특별한 역방향 추론 기관 없이 웹 상에 역방향추론을 구현할 수 있다. 예를 들어 [그림 6-6]과 같은 규칙베이스가 있다고 하자.

[그림 6-6]
규칙베이스 예제

```
IF 신호등 IS 빨간색
THEN 서시오

IF 신호등 IS 파란색
THEN 가시오
```

이때 [그림 6-7]과 같은 세 개의 HTML 파일로 [그림 6-8]에서와 같은 웹 사이트를 구성하면, 위의 규칙베이스를 바탕으로 한 역방향 추론을 웹 상에서 구현할 수 있다. [그림 6-8]의 화면 <a>에서 하이퍼텍스트(Hypertext) "빨간색"은 화면 <b>에 하이퍼링크 되어 있고, 하이퍼텍스트 "파란색"은 화면 <c>에 하이퍼링크 되어 있다.

역방향 추론을 구현하기 위해서는 사실(fact)의 입력, 하위목표(subgoal)에 의한 연쇄, 추론결과의 출력 등이 지원되어야 한다. 하위목표에 의한 연쇄는 바로 위에서 이야기한 바와 같이 하이퍼링크에 의해 구현할 수 있으며, 추론결과의 출력은 웹 브라우저가 디스플레이할 HTML 파일을 만들면 된다. 따라서, 남은 문제는 사실의 입력을 지원하는 방안이다. 역방향 추론에서 사실값은 변수에 저장된다. 역방향 추론에서 변수의 형태는 진위형, 선택형, 수치형의 세 가지가 있다. 진위형 변수는 참 또는 거짓의 논리값을 갖는 변수이고, 선택형변수는 미리 정해진 여러 값 중 하나의 값을 갖는 변수이며, 수치형

[그림 6-7]

역방향 추론을 위한 HTML 파일

<table>
<tr><td colspan="2">파일: a.html</td></tr>
<tr><td colspan="2"><HTML>
<HEAD> <TITLE> Decision Tree </TITLE> </HEAD>
<BODY>

 신호등

<BLOCKQUOTE>
<A HREF="b.html"> 빨간색 </A>

<A HREF="c.html"> 파란색 </A>
</BLOCKQUOTE>
</BODY> </HTML></td></tr>
<tr><td>파일: b.html</td><td>파일: c.html</td></tr>
<tr><td><HTML> <HEAD>
<TITLE> Decision Tree </TITLE></HEAD>
<BODY>

<BLOCKQUOTE>
서시오
</BLOCKQUOTE>
</BODY> </HTML></td><td><HTML> <HEAD>
<TITLE> Decision Tree </TITLE></HEAD>
<BODY>

<BLOCKQUOTE>
가시오
</BLOCKQUOTE>
</BODY> </HTML></td></tr>
</table>

[그림 6-8]

WWW상에서의 역방향 추론의 구현

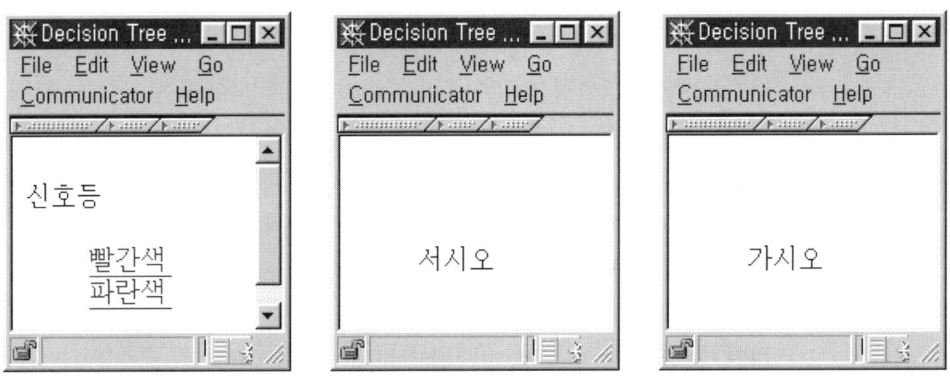

〈a〉 〈b〉 〈c〉

변수는 정수 또는 실수를 값으로 갖는 변수이다. 여기서, 진위형과 선택형 변수는 하이퍼텍스트의 나열에 의해 쉽게 해결된다. 예를 들어 [그림 6-6]의 규칙베이스에서 신호등 변수는 빨간색 또는 파란색을 값으로 갖는 선택형 변수이며 이것은 [그림 6-8]의 화면 <a>처럼 구현된다. 진위형 변수의 경우도 "참"과 "거짓"을 나열하면 된다. 예를 들어 [그림 6-10]의 첫번째 화면은 다음과 같이 진위형 변수가 나타난 규칙들의 조건절을 구현한 것이다.

IF "동물이 털이 있습니까?" IS TRUE
THEN ….

IF "동물이 털이 있습니까?" IS FALSE
THEN …

수치형은 값을 입력 받은 후 계산하여야 하기 때문에 하이퍼텍스트의 단순 나열로는 해결되지 않는다. 가장 간단하고 효과적인 방법은 JavaScript, VBScript 등과 같은 클라이언트 측 스크립트 언어(Client-side Script Language)[1]를 이용하는 것이다. 예를 들어 다음과 같은 규칙이 있다고 하자.

IF total_income >= 0.2 * threshold
THEN pay_tax

IF total_income < 0.2 * threshold
THEN do_not_pay_tax

위 두 규칙에서 total_income과 threshold 변수는 수치형 변수이다. 이 두 규칙은 [그림 6-9]와 같이 JavaScript를 사용하여 HTML 파일에 의해 구현될 수 있다. [그림 6-10]에서 보듯이 규칙의 조건절에 나타나는 모든 변수들의 값은 FORM 태그에서 입력받으며, 입력된 변수를 포함한 수식의 평가 및 이에 따른 하이퍼링크는 SCRIPT 태그 내에서 이루어진다. JavaScript 자체가 하나의 프로그래밍 언어이므로 조건절의 수식이 임의의 모든 수식이 될 수 있다는 것이 이 방식의 또 다른 장점이다. 변수의 형태별로 질문화면을 구성한 예가 [그림 6-10]에 나타나 있다.

---

1) Script 언어란 컴파일러가 아닌 해석기(Interpreter)에 의해 해석되면서 바로 수행되는 프로그래밍 언어를 말한다. 웹 환경에서는 웹 서버 측에서 해석되어 수행되는 스크립트 언어와 웹 브라우저 측에서 해석되어 수행되는 스크립트 언어가 있다. JavaScript와 VBScript는 웹 브라우저 내의 해석기에 의해 수행되어 웹 브라우저에 결과를 표시하는 대표적인 클라이언트 측 스크립트 언어이다.

[그림 6-9]

JavaScript를 이용한 수치형 변수의 구현

```
<HTML>
<HEAD>
    <TITLE> Expression Type </TITLE>
    <SCRIPT LANGUAGE="JavaScript">
     <!--
        function verifyValue(form)
        {
            if (form.total_income.value >= 0.2 * form.threshold.value)
                location="http://iis.kaist.ac.kr/tax.html"
            else
                location="http://iis.kaist.ac.kr/notax.html"
        }
     //-->
    </SCRIPT>
</HEAD>
<BODY>
<FORM NAME="exprform">
다음을 입력하십시오. <BR>
total_income <INPUT TYPE="text" NAME="total_income"> <BR>
threshold <INPUT TYPE="text" NAME="threshold"> <BR>
<INPUT TYPE="button" VALUE="OK" onClick="verifyValue(this.form)">
</FORM>
</BODY>
</HTML>
```

[그림 6-10]

변수 형태별 질문 화면

6.5.2 웹 기반 역방향 추론 지원 도구

웹 기반 역방향 추론을 위한 규칙의 습득, 작성, 점검, 유지관리의 어려움을 해결하기 위해서 만들어진 것으로 웹 기반 역방향 추론 지원 도구인 WeBIS(http://www.waisolutions.com/)가 있다. WeBIS는 전문가가 표현하기 쉬운 그래프형태의 '지식분석도'(Expert's Diagram)를 입력하면, 자동으로 역방향 추론용 웹 사이트를 만들어 준다. 즉, 전문가는 자신의 지식을 지식분석도라는 그래프의 형태로 직접 작성함으로써 자신이 의도한 지식을 쉽게 나타낼 수 있을 뿐만 아니라 빠짐없이 모두 나타낸 것인지도 쉽게 점검할 수 있다. WeBIS는 작성된 지식분석도가 잘못된 부분은 없는가를 스스로 점검하면서, 지식분석도를 규칙의 형태로 변환한 후 추론을 위한 웹 사이트를 생성시킨다.

WeBIS는 다음 [그림 6-11]과 같은 구조를 가지고 있다. 여기서 지식분석도의 작성과 수정부분은 전문가의 지식분석도 작성을 도와주는 편집기의 기능을 한다. 사용자가 지식분석도를 작성함에 따라 내부적으로는 포인터를 이용한 그래프 구조(Graph Structure)가 생성되며, WeBIS는 이 그래프 구조를 이용한다. WeBIS의 또 다른 부분은 웹 사이트를 생성하는 부분으로, 작성된 그래프 구조의 지식분석도로부터 추론용 웹 사이트를 생성하는 기능을 한다. 사용자 입장에서는 지식분석도를 작성한 후 WeBIS 주메뉴 화면에서 '생성'을 선택하기만 하면 된다. 생성된 웹 사이트는 HTML 파일들로 이루어져 있으며, 이것들은 웹 서버에 등록된 후 인터넷을 통하여 웹 브라우저를 이용하여 접근하는 이용자들에게 제공된다.

[그림 6-11]

WeBIS의 전체 구성도

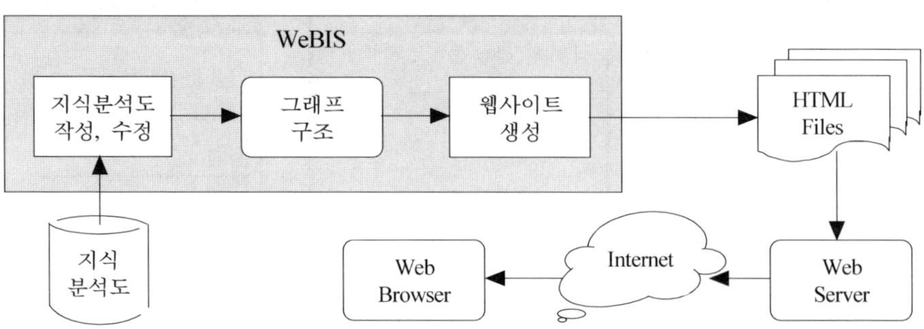

[그림 6-12]

저축자문업무 지식분석도

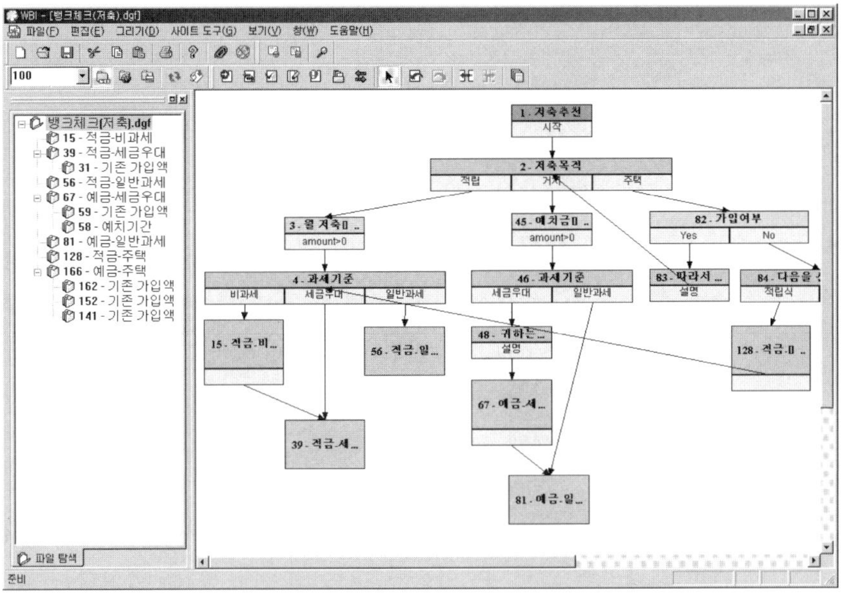

[그림 6-13]

자동 생성된 저축자문 웹 사이트

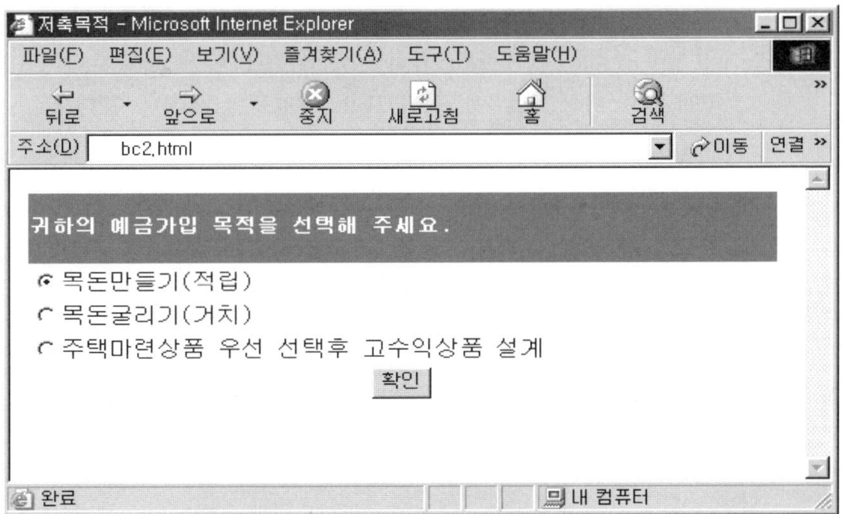

이상에서 살펴본 WeBIS의 추론 웹 사이트 생성 과정을 저축자문업무에 적용하여 지식분석도를 작성하고, 이에 따라 저축자문 웹

사이트를 생성한 예가 [그림 6-12]와 [그림 6-13]에 나타나있다. WeBIS에 대한 구체적인 내용은 http://www.waisolutions.com/을 참조하기 바란다.

6.6 맺음말

지금까지 역방향 추론용 전문가시스템 개발도구로서 UNIK-BWD에 대하여 그 지식 표현의 형태와 추론기능에 대해 살펴보고, 웹에 역방향 추론을 구현하는 방법에 대하여 알아보았다. 지식이 규칙형태로 표현될 수 있고 여러 개의 결론 중 하나를 선택하는 목적으로 작성되어지는 문제에 대해서는 이러한 개발도구들이 매우 유용하게 쓰일 수 있다. 그러나 규칙작성에 있어서 바로 규칙을 입력하는 것은 상당한 노력이 필요하고 입력 오류도 발생하기 쉬우므로 먼저 AND/OR 그래프를 그린 후 이를 토대로 지식베이스를 작성하는 것이 바람직하다. UNIK-BWD의 경우 UNIK-RuleGen이라는 지식입력 지원 도구를 지식작성의 전처리도구로 사용할 수 있으므로 이를 이용해 직접 규칙을 입력하지 않고도 지식베이스를 작성할 수 있다. 마찬가지로, 웹 기반 역방향 추론을 구현하고자 할 때에도 WeBIS를 지식작성의 전처리도구로 사용하면 직접 규칙을 입력하지 않아도 되며, 나아가 WeBIS가 자동으로 추론용 HTML 파일들을 생성해 준다.

주요용어

- 결론문
- 결론변수
- 규칙
- 목표(goal)
- 선택형 변수
- 역방향 추론(Backward chaining inference)
- 연쇄변수
- 조건문
- 진위형 변수
- 질문변수
- 파생추론
- 표현형 변수
- 하위 목표(sub-goal)
- AND/OR 그래프

연습문제

1. UNIK-BWD를 이용하여 각기 특정 분야를 대상으로 전문가시스템을 구축하시오.
2. 위 1 번의 과제에서 구축한 전문가시스템을 웹 기반 추론 방법에 의해서 웹에 구축하시오.
3. 역방향 추론기능을 가지고 있는 개발도구들의 개선점을 지적해 보시오.
4. 파생추론에 대해 설명하시오.
5. 자문과정에서 모르는 질문에 대해 모름이라고 대답할 경우와 거짓이라고 대답할 경우의 추론상 차이점을 설명하시오.

참고문헌

[1] 송용욱, 김우주, 홍준석, "지식분석도를 이용한 지식기반 웹 사이트 자동 생성 도구의 개발," 경영정보학연구, 제13권, 제1호, pp. 213~230, 2003.3.
[2] 한국과학기술원 지능정보시스템연구실, 현장활용을 위한 전문가시스템 개발전략, 1993.
[3] 한국과학기술원 지능정보시스템연구실, UNIK 사용자설명서, 1994.
[4] Friederich, S., M. Gargano, *Expert Systems Design and Development Using Vp-Expert*, John Wiley & Sons, 1989.
[5] Paperback software, *VP-Expert Manual*, 1987.

[6] Pigford, D. V. and G. Baur, *Expert Systems for Business: Concepts and Applications: Featuring Vp-Expert Version 3.1*, 2nd Ed., Boyd & Fraser Pub Co, 1995.

참고사이트

Amzi! URL	http://www.amzi.com/
Applied Logic Systems URL	http://www.als.com/
Attar Software URL	http://www.attar.com/
Blaze Advisor URL	http://www.blazesoft.com/
Bowne Internet URL	http://www.bowneinternet.com/
Brightware URL	http://www.brightware.com/
Exsys URL	http://www.exsys.com/
Gensym URL	http://www.gensym.com/
ILOG Inc. URL	http://www.ilog.com/
Inference URL	http://www.inference.com/
IntelliSystems URL	http://www.intellisystems.com/
JESS URL	http://herzberg1.ca.sandia.gov/jess/
MultiLogic URL	http://www.multilogic.com/
Neuron Data URL	http://www.neurondata.com/
RadNet URL	http://www.radnet.com/
Selectica URL	http://www.selectica.com/
UNIK	http://dragon.yonsei.ac.kr/~yusong/redisk/unikbc31.zip
The Molloy Group URL	http://www.molloy.com/home.html
WAISolutions	http://www.waisolutions.com/
WBI	http://dragon.yonsei.ac.kr/~yusong/redist/WBI.zip

제 7 장

정방향추론 시스템 구축 도구

학습목표

- 정방향 추론의 원리와 추론 과정을 이해한다.
- UNIK-FWD를 이용한 규칙의 표현 및 추론 방법을 알아보고 실습해 본다.

저자소개

송용욱, 연세대학교 경영정보학과 교수, yusong@yonsei.ac.kr
서민수, 삼성 SDS SCM 사업단 수석 컨설턴트, ms.suh@samsung.com

차 례

7.1 서 론

정방향 추론은 역방향 추론과 더불어 전문가시스템의 주요 추론 방법 중의 하나이다. 전문가시스템을 응용하는 분야의 특성에 따라서 추론 방법의 선택이 이루어지게 되는데, 역방향 추론은 진단 및 분류 등의 문제에 주로 이용되는 반면에, 정방향 추론은 설계 및 계획형 문제에 주로 이용된다. 정방향 추론을 위한 전문가시스템 개발도구로는 OPS5, CLIPS, UNIK-FWD 등이 있으며 NEXPERT Object, Kappa, ART-IM, G2, ILOG-Rules 등 대부분의 복합형(Hybrid) 전문가시스템 개발도구는 정방향 추론을 기본적인 추론 방법으로 제공하고 있다. 본 장에서는 정방향 추론이 이루어지는 상세한 과정을 UNIK-FWD를 이용하여 살펴보고자 한다. UNIK-FWD는 기본적으로 OPS5와 유사한 지식 표현방법 및 추론방식을 채택하고 있으며, 메타 규칙이나 복수개 규칙의 동시수행 등의 부가적인 기능을 갖추고 있어서, 실제 문제 해결에 매우 유용한 도구로 이용될 수 있다.

7.2 정방향 추론 과정

일반적으로 정방향 추론은 패턴 매칭(Pattern Matching) – 상충 해소(Conflict Resolution) – 수행(Firing)의 3단계를 반복 수행하게 되는데, 상충 해소를 위한 전략은 전문가시스템 개발도구에 따라 다소간의 차이가 있게 된다. UNIK-FWD와 같은 정방향 추론을 전문적으로 제공하는 전문가시스템 개발도구의 구조가 [그림 7-1]에 나타나 있는데, 크게 작업메모리(Working Memory), 규칙베이스, 추론기관의 세 가지로 구성된다. 작업메모리에는 규칙들의 조건문과 패턴 매칭하기 위한 프레임(Frame) 형태의 데이터가 저장되어 있다. 규칙베이스에는 문제를 해결하기 위한 휴리스틱이 IF-THEN 형태의 규칙들로 구성되어 있다. 여기서 추론기관이 담당하는 역할은 규칙베이스와 작업메모리간의 패턴 매칭을 통해서 문제를 해결해 나가는 것이다. 정방향 추론의 각 단계별 과정을 UNIK-FWD의 추론기관을 통해 알아보도록 하자.

[그림 7-1]

정방향 추론용 전문가시스템 구조

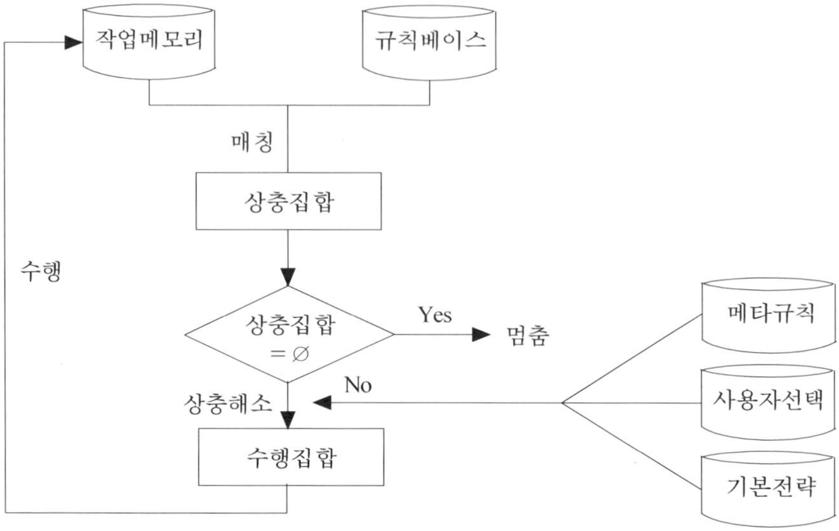

7.2.1 패턴 매칭(Pattern Matching)

어떤 규칙이 갖고 있는 모든 조건문이 만족되는지의 여부를 점검하기 위해서는, 작업메모리에 있는 모든 프레임과 패턴 매칭을 통해 조건문과 매칭되는 프레임을 찾아내야 한다. 만일 어떤 규칙의 조건문과 매칭되는 프레임이 작업메모리에 존재한다면, 그 규칙과 매칭된 프레임은 상충집합에 저장된다. 작업메모리에 있는 프레임은 UNIK-FWD에 의해 정의되는 정방향 추론에 적합한 특별한 구조를 갖게 되는데, 이를 작업메모리 구성요소(Working Memory Element)라고 한다.

7.2.2 상충 해소(Conflict Resolution)

상충집합은 패턴 매칭 결과 서로 매칭된 규칙과 프레임의 짝으로 이루어져 있다. 만일 상충집합이 한 개의 규칙과 그 규칙에 매칭된 한 개의 프레임만으로 이루어져 있다면, 이 집합에는 아무 상충이 없다. 그러나 상충집합에 두 개 이상의 규칙 및 프레임의 짝이 저장되어 있다면, 어느 규칙을 선택하고 또 그 규칙과 매칭된 여러 프레임 중에서 어떤 것을 선택해서 수행하느냐 하는 것이 문제가 된다.

이러한 상충을 해소하기 위한 방법으로 UNIK-FWD는 메타 규칙, 사용자 선택 및 기본(default) 전략 등을 제공하고 있다.

[그림 7-2]

규칙과 프레임간의 패턴 매칭

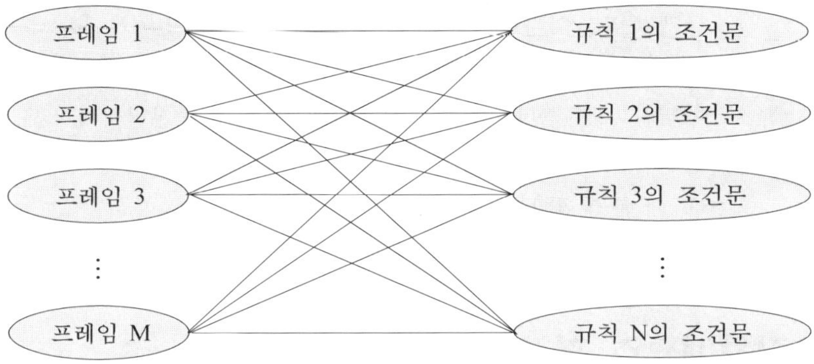

[그림 7-3]

상충해소전략을 통한 수행될 규칙의 선정과정

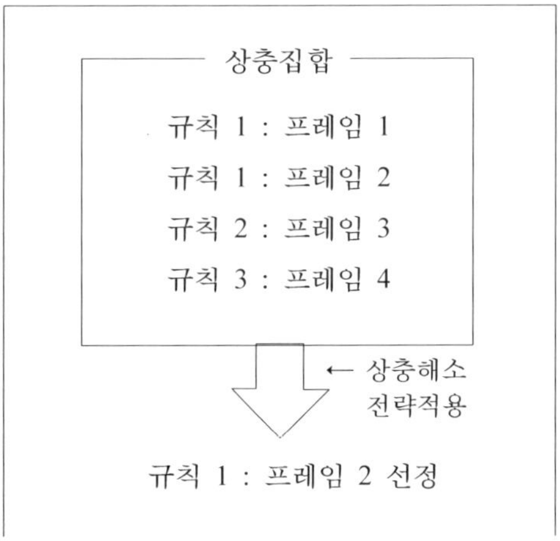

7.2.3 수행(Firing)

상충 해소 전략에 의해 한 개의 규칙 및 그 규칙에 대응되는 프레임의 짝이 선택되면, 그 규칙의 결론문을 수행하게 된다. 규칙의 결론문은 제4장에서 소개된 UNIK-FRAME 명령어를 포함하는 임의의

UNIK 도구 함수문을 이용하여 사용자가 원하는 다양한 기능을 수행할 수 있다. 규칙의 수행결과, 특정 프레임의 슬롯값에 변화가 발생했다면, 새로운 패턴 매칭을 야기시키게 된다.

정방향 추론은 이상의 패턴 매칭, 상충 해소, 수행의 세 가지 과정을 반복하게 되며, 더 이상 패턴 매칭이 이루어지지 않으면 추론을 멈추게 된다. 이러한 정방향 추론은 목표지향적인(goal driven) 역방향 추론에 비해 데이터 지향적(data driven)인 성격을 가지므로 일정계획, 모니터링, 생산통제 등의 문제해결에 적합한 추론방식이다. UNIK-FWD 명령어를 이용하여 작업메모리의 생성, 규칙의 표현방법 및 추론 과정에 대해 상세히 알아보도록 하자.

7.3 작업메모리 형성

일반적으로 패턴 매칭은 프레임과 규칙의 조건문 사이에 이루어진다고 생각할 수 있으나, 패턴 매칭에 소요되는 시간이 시스템 성능에 큰 부담을 주게 되므로, UNIK-FWD에서는 효율적인 패턴 매칭을 위해서 프레임을 작업메모리 구성요소 형태로 변경하여 사용하고 있다. 이러한 변환을 수행하는 명령어가 fwd-make-wm이다. 이 명령어는 UNIK-FWD에게 작업메모리에 들어 있는 프레임들 중에서 어떤 클래스의 프레임들을 정방향 추론을 위한 패턴 매칭에 이용할 것인가를 알려주며, 또한 패턴 매칭에 이용할 슬롯들의 이름을 지정하여 준다. 프레임의 각 클래스마다 각각의 fwd-make-wm 명령어를 사용하여야 한다.

```
(fwd-make-wm <클래스명 1> <슬롯명 1> <슬롯명 2> … <슬롯명 M>)
(fwd-make-wm <클래스명 2> <슬롯명 1> <슬롯명 2> … <슬롯명 N>)
```

UNIK-FWD는 fwd-make-wm에서 선언된 클래스명을 “is-a” 또는 “instance” 슬롯의 값으로 갖고 있는 모든 프레임들을 탐색하여, 작업메모리 구성요소로 변환한다. 이때 각 프레임의 모든 슬롯들의 정보가 변환되는 것이 아니라, fwd-make-wm에 선언되어 있는 슬롯들의 정보만이 작업메모리 구성요소로 변환된다. 프레임 이름은 “frame-name”이라는 슬롯으로 UNIK-FWD가 자동 생성한다. 변환 과정에서는 각 작업메모리 구성요소에 시간꼬리표(time tag)를 부착함으로써 정보의 생성을 시간 순으로 파악할 수 있도록 하고 있다. 시간꼬리표는 1부터 시작하여 새 시간꼬리표를 붙일 때마다 1씩 증가하는 값이다. 이는 추후 추론기관에서의 상충 해소 시 가장 최근에 생성된 작업메모리 구성요소를 파악하는데 이용하기 위함이다.

정방향 추론에 이용하기 위해 fwd-make-wm 명령어를 통해 프레임을 작업메모리 구성요소로 변경하는 과정을 다음의 예를 통해 알아보도록 하자.

```
(deframe mc-1
   (is-a machine)
   (type 4-cam)
   (end-time 20)
   (status working))

(deframe mc-2
   (is-a machine)
   (type 2-cam)
   (end-time 25)
   (status working))

(deframe order-1
   (is-a order)
   (quantity 200)
   (due-date 30))
```

⇩

```
(fwd-make-wm machine end-time status)
(fwd-make-wm order quantity due-date)
```

⇩

```
1 : (MACHINE (frame-name mc-1) (is-a machine)
             (end-time 20) (status working))
2 : (MACHINE (frame-name mc-2) (is-a machine)
             (end-time 25) (status working))
3 : (ORDER   (frame-name order-1) (is-a order)
             (quantity 200) (due-date 30))
```

위의 예에서 machine 및 order 클래스의 프레임들이 정방향 추론을 위해서 fwd-make-wm 명령어를 통해 작업메모리 구성요소로 변환되었음을 알 수 있다. 또한 machine 클래스의 경우 end-time 및 status

슬롯만이 정방향 추론에 이용되기 위해 변환되었음을 알 수 있다. 이러한 fwd-make-wm를 이용하면 방대한 양의 프레임 중에서 정방향 추론에 이용되는 클래스만을 선정할 수 있으므로, 패턴 매칭의 속도를 향상시킬 수 있는 장점이 있다. 작업메모리 구성요소 앞에 부착된 숫자는 시간꼬리표를 의미하는 것으로서, 작업메모리 구성요소로 변환된 시간순에 의해 값이 증가하게 된다.

7.4 규칙표현

UNIK-FWD의 규칙베이스에 저장되는 규칙의 문법적 표현은 다음과 같다.

규칙 표현 문법

```
(FWD-RULE    <규칙 이름>
          "<규칙 설명>"
          [<메타슬롯명 1>  <메타슬롯값>]
          [<메타슬롯명 2>  <메타슬롯값>]
 IF
 (<클래스명 1>
          ^슬롯명 1     <슬롯값 패턴>
          ^슬롯명 2     <슬롯값 패턴>
                 …
          )
 (<클래스명 2>
          ^슬롯명 1  <슬롯값 패턴>
                 …
          )
- (<클래스명 n>
          ^슬롯명 1 <슬롯값 패턴>
                 …
          )
THEN
 (<임의의 UNIK 도구 함수문> <인자1> <인자2> … ))
```

규칙은 크게 조건부분과 결론부분으로 구성된다. 조건부분은 규칙문법의 IF부분으로 여러 조건문으로 이루어져 있으며, 결론부분은 규칙문법의 THEN부분으로 여러 개의 결론문으로 이루어져 있다. 조건부분에서 규칙을 설명하기 위해 사용되는 표현은 다음과 같다.

1) 규칙 이름

사용자가 원하는 규칙이름을 지정한다.

2) 규칙 설명

규칙에 관해 설명이 필요한 경우에 선택적으로 이용한다.

3) 메타슬롯

메타 규칙에서 이용하기 위해 사용하는 슬롯으로서 선택적으로 이용한다.

7.4.1 조건문

개개의 조건문은 패턴 매칭하고자 하는 프레임의 클래스명, 슬롯명 및 슬롯값의 형태로 이루어져 있다. 조건문에서 슬롯값 패턴은 다음과 같은 다양한 형태의 표현양식을 취할 수 있다.

(1) 상수(Constants)

상수는 심볼이나 숫자가 사용될 수 있다. 심볼은 변수인 경우를 제외하고는 항상 홑 따옴표를 첨부해야 한다.

(예)

```
(MACHINE
        ^frame-name 'mc-2
        ^end-time 30)
```

이 조건문은 MACHINE 클래스의 프레임 중에서 프레임 이름이 mc-2이고 end-time 슬롯값이 30인 프레임과 패턴 매칭이 이루어진다.

(2) 변수(Variables)

변수는 슬롯값을 점검하기 위해서가 아니라, 해당 슬롯값을 지정받기(binding) 위해 사용된다. 규칙에서 선언된 변수의 적용범위는 해당 규칙 내에 국한된다. 홑 따옴표가 첨부되지 않은 모든 심볼은 변수로서 인식된다.

(예)

```
(FWD-RULE   Find-machines
  IF
    (MACHINE
            ^frame-name <machine>
            ^end-time > 10
            ^status 'working)
  THEN

    (new-value <machine> 'status 'ready-for-scheduling))
```

상기 예제의 규칙에서는 frame-name 슬롯값으로 변수가 사용되었다. MACHINE 클래스의 프레임 중에서 end-time 슬롯값이 10보다 크고, status 슬롯값이 working인 프레임의 이름을 <machine> 변수에 지정하게 된다. 이 규칙의 조건문이 만족되어 결론문이 수행될 경우에는 <machine> 값을 프레임명으로 갖는 프레임의 status 슬롯값을 ready-for-scheduling으로 변환시키게 된다.

(3) 관계 연산자(Relational Operator)

사칙연산을 위해 사용되는 연산자로서 숫자에 대해서만 적용된다. 사용가능연산자로는 >, >=, <, <=, =, < > 등이 있다. < >는 같지 않음을 의미한다.

(예)

```
(MACHINE
      ^frame-name <mc>
      ^end-time <> 30 )
```

MACHINE 클래스의 프레임 중에서 end-time 슬롯값이 30이 아닌 프레임들은 이 조건문과 매칭된다.

(4) UNIK 도구 함수문

임의의 UNIK 도구 함수문을 슬롯값 패턴으로 이용할 수 있다. UNIK 도구 함수문은 LISP 함수문과 유사한 문법을 갖고 있으며, 반드시 리턴(return)값을 갖고 있으므로 이 값이 nil인가를 점검한다. 만일 리턴값이 nil이면 이 조건문은 만족되지 않는다. 이때 함수의 인자로서 현재의 슬롯값을 전달할 수 있는데 이 경우에 인자는 < >로 표시한다. 관계연산자의 < >와 같은 표식이나 그 의미는 다르다.

(예)

```
(MACHINE
    ^frame-name 'mc-2
    ^end-time (my-unik-function <인자1> <인자2>) )
```

my-unik-function 함수문의 리턴값이 nil이 아니면, mc-2 프레임은 이 조건문과 패턴 매칭된다. my-unik-function 함수문은 사용자가 정의하는 임의의 UNIK 도구 함수문이며 인자를 정의하여 사용할 수 있다. 상기 예제에서 my-unik-function 함수의 첫 번째 인자값으로 mc-2 프레임의 end-time 슬롯값을 전달하고자 하는 경우에는 다음과 같이 사용하면 된다.

```
(MACHINE
    ^frame-name 'mc-2
    ^end-time (my-unik-function < > <인자2>))
                                 ↑
```

이 위치의 인자값으로 mc-2 프레임의 end-time 슬롯값이 전달된다.

(5) OR 관계

OR 관계는 <<'값 1 '값 2 '값 3 >>로 표시한다.

(예)

```
(MACHINE
    ^frame-name <mc>
    ^status << 'working 'ready >> )
```

status 슬롯값이 working 또는 ready 인 모든 MACHINE 클래스의 프레임이 이 조건문과 매칭된다.

(6) AND 관계

슬롯 패턴값으로서 두 개 이상의 조건을 동시에 만족해야 하는 경우 AND 관계를 이용한다. AND 문은 시작에 { 표시를 하고, AND 문이 끝났을 때 } 표시를 해준다.

(예)

```
(MACHINE
    ^frame-name <mc>
```

```
^end-time {  > 100
             < 200 } )
```

end-time 슬롯값이 100 보다 크고 200 보다 작은 MACHINE 클래스의 프레임이 이 조건문과 매칭된다.

(7) 부정문

부정문은 그 문장에 대해 패턴 매칭되는 프레임이 하나도 없을 때 참이 되는 조건문이다. 주로 특정 슬롯이 최소값 또는 최대값을 갖는 프레임을 탐색하는데 이용하게 된다. 부정문은 조건문 앞에 −(Negation) 표시를 하도록 되어 있다.

(예)

```
(FWD-RULE  Find-machine-with-min-end-time
  "end-time 슬롯값이 최소인 기계를 찾는다"
IF
 (MACHINE
      ^frame-name <mc>
      ^end-time <min-end-time>
      ^status   'waiting)
 - (MACHINE
      ^end-time < <min-end-time>)
THEN
 (new-value <mc> 'status 'ready))
```

위의 규칙은 status 슬롯값이 waiting인 MACHINE 클래스의 프레임들 중에서 end-time 슬롯값이 제일 작은 프레임을 선정하게 된다. 첫 번째 조건문에 최소 end-time 슬롯값을 갖는 <mc> 프레임이 매칭되었을 때만이 두 번째의 부정문 조건이 만족하게 된다. 즉, 다른 MACHINE 클래스 프레임들은 <min-end-time> 값보다는 큰 값의 end-time 슬롯값을 가지므로 부정문이 만족되게 된다.

7.4.2 결론문

결론문은 규칙의 조건부분에 있는 조건문들과 패턴 매칭된 프레임들에 대해 행위를 취하게 되는 문장으로서 규칙에서 THEN 기호 다음에 위치하게 된다. 결론문에는 임의의 UNIK-FRAME 명령어를 포함한 UNIK 도구 함수문을 이용할 수 있다.

7.5 메타 규칙 표현

메타 규칙이란 상충집합에 여러 규칙이 존재할 경우, 수행할 규칙을 선택하기 위해 이용되는 규칙을 의미한다. 메타 규칙이 규칙베이스에 기술된 순서에 의해 관련되는 규칙간의 우선순위가 결정된다. 메타 규칙의 표현방식은 다음과 같다.

메타 규칙 표현 문법

```
(FWD-META-RULE   <메타 규칙이름>
   "메타 규칙설명"
IF
   (RULE  ^name  <name>
          ^메타 슬롯1  메타 슬롯값
          ^메타 슬롯2  메타 슬롯값
               ..
        )
THEN
    (FIRE <name>))
```

메타슬롯은 7.4 절에서 설명한 규칙의 조건부분에서 사용되는 메타슬롯과 동일한 이름을 사용한다. 메타 규칙의 이용법을 예를 들어 설명하도록 하자.

(예)

```
(FWD-RULE r1
 [machine-type 2-cam]
IF
 (MACHINE
     ^frame-name <mc>
     ^status 'working)
THEN
 (new-value <mc> 'status 'ready-for-scheduling))
```

```
(FWD-RULE  r2
 [machine-type 4-cam]
IF
 (MACHINE
      ^frame-name <mc>
      ^status 'working)
THEN
(new-value <mc> 'status 'ready-for-scheduling))

(FWD-META-RULE  meta-1
IF
 (RULE
      ^name <name>
      ^machine-type '4-cam)
THEN
  (FIRE <name>))

(FWD-META-RULE  meta-2
IF
 (RULE
      ^name <name>
      ^machine-type '2-cam)
THEN
  (FIRE<name>))
```

위의 규칙베이스에 의해 패턴 매칭된 결과 규칙 r1과 규칙 r2가 동시에 만족되어 상충집합에 존재할 경우, 메타 규칙의 기술된 순서대로 메타 규칙이 적용되어 메타 규칙 meta-1에 의해 규칙 r2가 선택되어 수행된다. 이 예제는 여러 기계가 동시에 이용가능한 경우, 특정형의 기계(이 경우에는 4-cam 형)를 선호하여 우선 이용하고자 할 때 사용하게 된다.

7.6 추론기관

UNIK-FWD는 패턴 매칭-상충해결-수행의 사이클을 반복 수행하는 정방향 추론 과정을 지원하는 추론 기관을 갖고 있다. 일반적으로 정방향 추론은 많은 규칙 및 방대한 데이터의 양으로 인해, 추론 실행 속도가 느리게 되는 단점이 있다. 이를 극복하기 위하여 여러 가지 기법들이 이용되고 있는데, UNIK-FWD 추론 기관이 제공하는 추론 속도 향상을 위한 방법을 설명하고자 한다. 또한 상충해결을 위해 UNIK-FWD가 제공하는 다양한 기능들을 알아보도록 한다.

7.6.1 패턴 매칭

개념적으로 정방향 추론 과정을 살펴보면, 매 추론 사이클마다 모든 규칙을 작업메모리와 패턴 매칭하여 조건문이 만족되는 규칙들을 상충집합에 저장하게 된다고 생각할 수 있다. 그러나 이 방법은 규칙수가 늘어나고 작업메모리가 커지는 경우, 패턴 매칭에 소요되는 시간이 많아져서 추론시간이 매우 느려지게 된다. 이러한 추론시간 지체현상을 해결하기 위하여 RETE 알고리즘이 고안되었다[7]. RETE 알고리즘에서는 정방향 추론의 실행속도를 개선하기 위하여 규칙과 작업메모리간의 네트워크를 형성해서 매 패턴 매칭 과정마다 모든 규칙을 점검하지 않고, 작업메모리상에서 이전 상태에서 변경된 데이터만을 점검하여 이와 관련된 규칙만을 점검하게 된다. RETE 알고리즘은 정방향 추론의 매 추론 사이클마다 변화되는 데이터의 양이 적은 경우에 유용하다. 만일 변화되는 데이터의 양이 많다면 RETE 네트워크 관리 자체가 시스템에 부담을 주게 되므로 실행속도 개선에 오히려 장애가 될 수도 있기 때문이다.

UNIK-FWD는 RETE 알고리즘과 유사한 형태의 규칙과 데이터간의 네트워크 관리기능이 있다. UNIK-FWD는 네트워크 자체의 관리부담을 줄이기 위해 프레임을 클래스 단위로 관리하여 변화된 클래스와 관련되는 규칙만을 패턴 매칭하는 전략을 취하고 있다. 다음의 규칙베이스를 예제로 하여 UNIK- FWD가 패턴 매칭하는 과정을 살펴보도록 하자.

규칙베이스 :

```
(FWD-RULE r1
 IF
   (MACHINE
     ^frame-name <mc>
     ^status 'working)
```

```
 THEN
   (new-value <mc> 'status 'ready))

(FWD-RULE r2
IF
   (MACHINE
     ^frame-name <mc>
     ^status 'ready)
   (ORDER
     ^frame-name <order>
     ^status 'arrived)
 THEN
(new-value <order> 'status 'find-materials))

(FWD-RULE r3
IF
   (ORDER
     ^frame-name <order>
     ^has-materials <material>
     ^status 'find-materials)
   (MATERIAL
     ^frame-name <material>
     ^status 'stock-in)
 THEN
   (new-value <order> 'status 'to-be-scheduled))
```

초기 작업메모리 :

```
(MACHINE (frame-name machine-1)
         (status working))

(ORDER  (frame-name order-1)
        (has-materials material-1)
        (status arrived))

(MATERIAL (frame-name material-1)
          (status stock-in))
```

UNIK-FWD는 위의 규칙베이스를 근거로 하여 정방향 추론을 하기 위한 준비작업으로서 [그림 7-4]와 같은 프레임 클래스와 규칙의 조건부분, 결론부분간의 관계 네트워크를 생성한다.

[그림 7-4]

클래스와 규칙간의 관계 네트워크

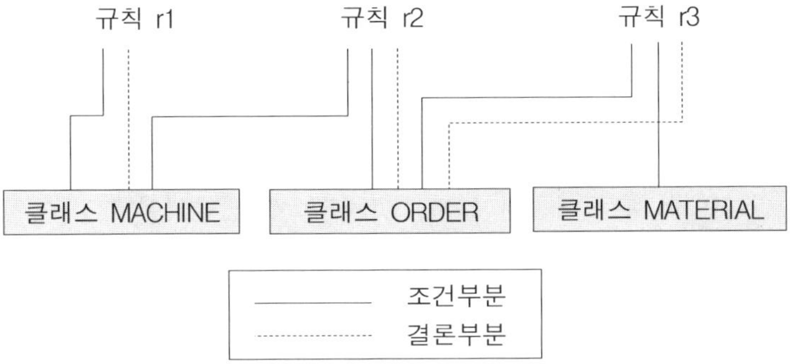

패턴 매칭을 위한 네트워크 생성이 끝난 이후에 정방향 추론을 시작하게 된다. 첫 번째 추론 사이클의 패턴 매칭 과정에서는 모든 규칙과 작업메모리 구성요소간에 매칭이 이루어지며, 그 결과가 상충집합에 저장된다. 위 예제의 경우 모든 규칙을 점검한 결과 규칙 r1과 프레임 machine-1이 다음과 같이 상충집합에 저장된다.

초기 상충집합 :

```
규칙 r1::machine-1
```

상충집합에 한 개의 규칙만이 있으므로 이 규칙은 즉시 수행된다. 다시 다음 추론 사이클을 수행하게 되는데, 패턴 매칭을 하기 전에 규칙 r1에 의해 작업메모리에 어떤 변화가 왔는가를 조사하게 된다. 규칙 r1의 결론문에 의하면 MACHINE 클래스 프레임(이 경우 machine-1)의 status 슬롯값이 working에서 ready로 변화되었음을 알 수 있다.

첫 번째 추론 후 변경된 작업메모리 :

```
(MACHINE (frame-name machine-1)
         (status ready))              ⇐ 규칙 r1에 의해
                                         슬롯값이 변화됨
(ORDER (frame-name order-1)
       (has-materials material-1)
       (status arrived))

(MATERIAL (frame-name material-1)
          (status stock-in))
```

UNIK-FWD는 변화된 클래스를 확인한 후, 이 클래스의 프레임과 조건부분에서 관련되는 규칙만을 찾아서 패턴 매칭에 사용하게 된다. 즉, 이 경우에는 MACHINE 클래스의 프레임이 변화했으므로, 이 클래스와 조건부분에서 관련이 되는 규칙 r1과 규칙 r2만을 패턴 매칭하게 된다. 규칙 r3은 조건부분이 MACHINE 클래스와는 관련이 없으므로 이번 추론 사이클에서는 매칭할 필요가 없기 때문이다. 두 번째 패턴 매칭의 결과로 규칙 r2가 만족되어 다음과 같이 상충집합에 저장된다.

두 번째 상충집합 :

```
규칙 r2::machine-1, order-1
```

이번에도 상충집합에는 한 개의 규칙만이 존재하므로 이 규칙은 즉시 선택되어 결론부분을 수행하게 된다. 규칙 r2의 결론문은 ORDER 클래스의 프레임(order-1)의 status 슬롯값을 arrived에서 find-materials로 변경시키게 된다.

두 번째 추론 후 변경된 작업메모리 :

```
(MACHINE (frame-name machine-1)
             (status ready))
(ORDER   (frame-name order-1)
             (has-materials material-1)
             (status find-materials))      ⇐ 규칙 r2에 의해
                                              슬롯값이 변화됨
(MATERIAL (frame-name material-1)
             (status stock-in))
```

세 번째 추론 사이클에서는 변화된 ORDER 클래스와 조건부분에서 관련되는 규칙 r2와 규칙 r3만을 패턴 매칭하게 된다.

이와 같은 방식으로 UNIK-FWD는 매 패턴 매칭 과정 시에 모든 규칙들을 대상으로 하지 않으며, 작업메모리에 변화가 발생한 클래스와 관련된 규칙만을 패턴 매칭 대상으로 설정함으로써 추론 속도를 향상시키도록 하고 있다.

7.6.2 상충 해소 전략

상충 해소 전략은 상충집합에 여러 개의 규칙과 작업메모리 구성요소의 짝이 존재할 경우, 수행할 한 개의 짝을 선택하기 위해 이용하는 전략이다. UNIK-FWD가 제공하는 기본 상충 해소 전략 및 사용자가 제공하는 메타 규칙에 대해 알아보도록 하자.

(1) 반복 수행 금지

특정 규칙이 만족되어 수행된 경우, 수행된 결과가 그 규칙과 매칭된 클래스의 프레임 슬롯값을 변화시키지 않는다면, 그 규칙은 반복해서 수행되지 않는다. 이는 그 규칙이 수행되어, 다음 추론 사이클에서는 패턴 매칭 대상에서 탈락하기 때문이다. 다음 예를 이용하여 반복 수행 금지의 기본 상충 해소 전략을 알아보도록 하자.

(예) 규칙베이스 :

```
(FWD-RULE r1
IF
  (MACHINE
        ^frame <mc>
        ^status 'working)
THEN

  (print <mc>))
```

작업메모리 :

```
(MACHINE (frame-name machine-1) (status working))
```

만일 규칙베이스에 규칙 r1만이 존재하고 이 규칙이 machine-1 프레임과 패턴 매칭되어 수행되었다면, 다음 추론 사이클에서는 패턴 매칭이 이루어지지 않게 된다. 작업메모리에는 규칙 r1과 매칭될 수 있는 machine-1 프레임이 계속 존재하고 있지만, 규칙 r1의 결론문에서 MACHINE 클래스의 프레임 슬롯값을 전혀 변화시키지 않고 단순히 프레임 이름을 출력한다. 그러므로 규칙과 클래스간의 관계를 관리하는 네트워크에 의해서, 일단 규칙 r1이 수행된 이후의 추론 사이클에서는 규칙 r1은 더 이상 패턴 매칭이 이루어지지 않게 된다. 이 결과 규칙 r1의 무한 반복 수행을 방지할 수 있다.

그러나 경우에 따라서는 사용자가 원하지 않았지만 무한 수행이 발생하는 경우가 있다. 다음의 예제를 참조해 보자.

(예) 규칙베이스 :

```
(FWD-RULE r1
IF
  (MACHINE
       ^frame <mc>
       ^end-time > 10)
THEN
    (new-value <mc> 'status 'ready))
```

작업메모리 :

```
(MACHINE (frame-name machine-1) (end-time 20)
             (status working))
```

상기 규칙 r1은 machine-1 프레임과 패턴 매칭이 이루어지게 되어 결론문을 수행하게 된다. 이 규칙의 결론문에서는 MACHINE 클래스의 프레임 슬롯값(status 슬롯)을 변화시키므로 다음 추론 사이클에서 규칙 r1은 또다시 패턴 매칭 대상이 된다. 그 결과 이 규칙은 무한 패턴 매칭과 수행을 반복하게 된다. 이러한 무한 반복 수행을 방지하기 위해서는 규칙이 특정 프레임과 매칭되어 수행된 이후에는 또다시 매칭되지 않도록 규칙의 조건문을 명확히 해주어야 한다. 위 예제의 경우, 규칙이 수행된 이후에는 machine-1의 status 슬롯값이 변화하므로 이 슬롯을 다음과 같이 규칙의 조건문에 명시하면 된다.

```
(FWD-RULE r1
 IF
   (MACHINE
      ^frame <mc>
      ^end-time > 10
      ^status 'working)   ⇐ status 슬롯 추가

 THEN

      (new-value <mc> 'stauts 'ready))
```

이 경우에는 일단 이 규칙이 수행된 이후에는 machine-1 프레임의 status 슬롯값이 ready로 변화하므로, 조건문과는 패턴 매칭이 이루어지지 않게 된다. 이러한 방식으로 규칙의 조건문에 매칭하고자 하는 프레임의 슬롯값들을 명시해야만 무한 반복 수행을 방지할 수 있다.

(2) 메타 규칙

사용자가 메타 규칙을 사용하는 경우에는, 상충집합에 있는 각 규칙에 대하여 메타 규칙을 적용하여 우선 순위가 제일 높은 한 개의 규칙을 선택하게 된다. 우선 순위는 메타 규칙이 규칙베이스에 기술되어 있는 순서를 따르게 된다. 상세한 내용은 7.5절에 이미 설명한 바와 같다.

(3) 사용자에 의한 해결

메타 규칙이 없거나 아니면 메타 규칙이 있더라도 상충 해소가 완전히 이루어지지 못한 경우에는 사용자에게 선택권을 주게 된다. 예를 들면, 한 개 규칙이 여러 개의 프레임과 매칭되어 상충집합에 저장되어 있다면, 메타 규칙으로는 규칙과 프레임 짝을 선택할 수 없다. 메타 규칙은 규칙간의 우선 순위를 결정하는 것이지 동일한 규칙이 여러 프레임과 짝을 이루는 경우에는 상충 해소를 할 수 없기 때문이다. 이 경우에 시스템은 사용자에게 상충집합의 규칙과 프레임 짝을 보여 주고 선택하도록 되어 있다.

(4) 기본 상충 해소 전략

사용자가 시스템에 상충 해소를 위임할 경우에는, UNIK-FWD는 다음 순서에 의해서 상충 해소를 하게 된다.

1) MEA 전략

규칙의 첫번째 조건문과 매칭된 프레임들의 시간꼬리표를 비교하여 가장 큰 값을 갖는 프레임과 매칭된 규칙을 선택한다. 이는 시간꼬리표가 클수록 최근정보를 반영한다는 전제하에 첫번째 조건문이 가장 중요도가 높다고 판단하는 경우에 이용하게 된다.

2) LEX 전략

규칙의 여러 조건문과 매칭된 모든 프레임들 중에서 시간꼬리표가 가장 큰 프레임과 매칭된 규칙과 프레임 짝을 선택한다.

정방향 추론에서의 규칙의 수행순서는 규칙과 매칭된 프레임들의 값의 변화에 의해 결정되므로 세심한 주의를 요하게 된다. 명확하게 수행순서를 결정하고자 하는 경우에는 수행 순서 결정을 위한 특정 프레임을 생성하여 이용하거나, 프레임의 특정 슬롯을 수행 순서 결정 목적으로 이용하는 방법이 많이 이용되고 있다.

7.7 UNIK-FWD 명령어와 실행 방법

7.7.1 UNIK-FWD 인터프리터 명령어

다음 명령어들을 이용하여 정방향 추론이 진행되는 과정을 살펴볼 수 있다. UNIK-FWD 인터프리터 명령어는 [그림 7-5]에 정리되어 있다.

(1) fwd-cs

상충집합 내용을 보여 준다.

(2) fwd-run

정방향 추론을 시작한다.

(3) fwd-set-strategy

이 명령어는 기본 상충 해소 전략의 선정 및 상충집합의 출력 유무를 결정하기 위해 사용한다. 기본 상충 해소 전략으로서 MEA 또는 LEX를 선택한다. 초기값은 MEA 전략이다.

(예)

```
> (fwd-set-strategy '$INTERRESOLVE 'automatic-mea)
> (fwd-set-strategy '$INTERRESOLVE 'automatic-lex)
```

사용자가 추론 과정을 보다 상세히 알고자 하는 경우에는 $TRACE 값을 1로 주면 매 추론 사이클마다 상충집합의 내용 및 수행되는 규칙을 사용자에게 보여 준다.

(예)

> (fwd-set-strategy '$TRACE 0)
> (fwd-set-strategy '$TRACE 1)

(4) fwd-wm

작업메모리 내용을 보여 준다.

<표 7-1>

UNIK-FWD 인터프리터 명령어

명령어	기 능
Fwd-rule Fwd-meta-rule	규칙을 형성한다. 메타규칙을 형성한다.
Fwd-make-wm Fwd-rb Fwd-wm Fwd-delete-rb Fwd-delete-wm	작업메모리를 만든다. 규칙베이스의 규칙들을 보여준다. 작업메모리를 보여준다. 규칙베이스를 삭제한다. 작업메모리를 삭제한다.
Fwd-activate-wm	한번 추론이 끝난 후 다시 추론을 수행하고자 할 때 사용한다.
Fwd-run	UNIK-FWD로 하여금 추론을 시작하게 한다.
Fire	메타규칙의 행위부에 사용되어 상충해결의 결과 선택된 규칙을 수행하게 한다.
Fwd-set-strategy	추론전략을 지정한다.
Fwd-print-strategies	현재의 추론전략들을 보여준다.

7.7.2 UNIK-FWD 라이브러리 함수

<표 7-2>

UNIK-FWD 라이브러리 함수

명령어	기 능
fwdrule fwdmetarule	규칙을 형성한다. 메타규칙을 형성한다.

명령어	기 능
fwdmkwm fwdrb fwdwm fwddelrb fwddelwm	작업메모리를 만든다. 규칙베이스의 규칙들을 보여준다. 작업메모리를 보여준다. 규칙베이스를 삭제한다. 작업메모리를 삭제한다.
fwdactwm	한번 추론이 끝난 후 다시 추론을 수행하고자 할 때 사용한다.
fwdrun	UNIK-FWD로 하여금 추론을 시작하게 한다.
fwdsetstrategy fwdprintstrategies	추론전략을 지정한다. 현재의 추론전략들을 보여준다.

7.7.3 UNIK-FWD 실행화면과 메뉴

[그림 7-5]은 UNIK-FWD의 주 메뉴 화면이다. “화일” 메뉴를 선택하면 규칙베이스를 적재, 저장, 삭제할 수 있고 또 작업 메모리를 생성, 활성화시킬 수 있다. “보기” 메뉴를 선택하면 규칙베이스의 규칙을 볼 수 있고 편집할 수 있으며, 작업 메모리를 볼 수 있다. “수행” 메뉴를 선택하면 추론을 수행시킬 수 있으며, “선택사항”, “전략” 메뉴를 선택하면 수행 전략들을 설정할 수 있다.

[그림 7-5]

UNIK-FWD 주 메뉴

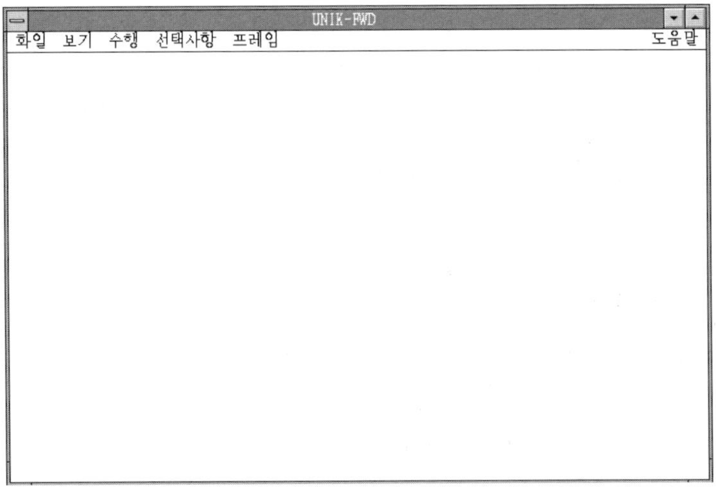

주요용어

- 결론문
- 규칙 (Rule)
- 메타 규칙(Meta-rule)
- 부정문(Negation Statement)
- 상충 해소(Conflict Resolution)
- 수행(Firing)
- 작업 메모리(Working Memory)
- 정방향 추론(Forward chaining inference)
- 조건문
- 패턴 매칭(Pattern Matching)

연습문제

1. 정방향 추론이 적합한 문제 유형을 제시하고 그 이유를 설명하시오.
2. 정방향 추론의 3단계 과정에 대해 설명하시오.
3. 일반적으로 정방향 추론 방식이 역방향 추론 방식보다 추론 시간이 더욱 많이 소요된다고 할 때, 그 이유를 설명하시오.
4. 정방향 추론에서 규칙을 프레임과 직접 패턴 매칭하는 방법과, UNIK-FWD에서 fwd-make-wm 명령어를 통해 프레임을 작업메모리 구성요소로 변환한 후 규칙과 패턴 매칭하는 방법간의 장단점을 비교하시오.
5. 작업메모리 구성요소에 시간꼬리표를 첨부하는 이유는?
6. MEA와 LEX 전략의 차이점 및 각 전략이 유용한 경우를 예시하시오
7. 메타 규칙을 사용하는 이유는?
8. RETE 알고리즘과 UNIK-FWD가 사용하는 패턴 매칭 알고리즘의 차이점 및 장단점을 논하시오.

참고문헌

[1] 이재규 · 서민수 · 오상봉 · 김민용 · 신중철 · 송용욱, "전문가시스템 환경하의 계량적 모델의 사용에 관한 연구: UNIK의 개발 · 연구보고서," N468-3509-7, 과학기술처, 1988.

[2] Brownston, L., R. Farrel, E. Kant, and N. Martin, *Programming Expert Systems in OPS 5: An Introduction to Rule-based Programming*, Addison-Wesley, 1985.

[3] Davis, R., and D. B. Lenat, *Knowledge-based Systems in Artificial Intelligence*, McGraw-Hill, 1980.

[4] Davis, R., and J. King, "An Overview of Production Systems," In *Machine Learning*, Elcock, E. W., and D. Michie, eds., John Wiley, pp. 300~331, 1976.

[5] Davis, R., "Meta-Rules: Reasoning about Control," *Artificial Intelligence*, vol. 15, pp. 179~222, 1980.

[6] Forgy, C.L., *On the Efficient Implementation of Production Systems*, Ph.D. Thesis, Carnegie-Mellon Univ., 1979.

[7] Forgy, C. L., "RETE: A Fast Algorithm for the Many Pattern/Many Object Pattern Match Problem," *Artificial Intelligence*, vol. 19, no. 1, pp. 17~37, 1982.

[8] Georgeff, M. P., "Procedural Control in Production Systems," *Artificial Intelligence*, vol. 18, no. 2, pp. 175~201, 1982.

[9] McDermott, J., and C. Forgy, "Production Systems Conflict Resolution Strategies," In *Pattern-Directed Inference Systems*, D. A. Waterman, and F. Hayes- Roth, eds., Academic Press, 1978.

[10] McDermott, J., "R1: A Rule-based Configurer of Computer Systems," *Technical Report*, Carnegie-Mellon Univ., 1980.

[11] Newell, A., "Production Systems: Models of Control Structures," In Chase, W. G. (ed.), *Visual Information Processing, Academic Press*, pp. 463~526, 1973.

[12] Newell, A. N., J. McDermott, and J. Moore, "The Efficiency of Certain Production System Implementations," In *Pattern-Directed Inference Systems*, Waterman, D. A., and F. Hayes-Roth, eds., Academic Press, 1978.

참고사이트

Amzi! URL	http://www.amzi.com/
Applied Logic Systems URL	http://www.als.com/
Attar Software URL	http://www.attar.com/
Blaze Advisor URL	http://www.blazesoft.com/
Bowne Internet URL	http://www.bowneinternet.com/
Brightware URL	http://www.brightware.com/
Exsys URL	http://www.exsys.com/
Gensym URL	http://www.gensym.com/
ILOG Inc. URL	http://www.ilog.com/
Inference URL	http://www.inference.com/

IntelliSystems URL	http://www.intellisystems.com/
JESS URL	http://herzberg1.ca.sandia.gov/jess/
MultiLogic URL	http://www.multilogic.com/
Neuron Data URL	http://www.neurondata.com/
RadNet URL	http://www.radnet.com/
Selectica URL	http://www.selectica.com/
The Molloy Group URL	http://www.molloy.com/home.html
UNIK	http://dragon.yonsei.ac.kr/~yusong/redisk/unikbc31.zip
WAISolutions	http://www.waisolutions.com/

제 8 장

논 리

학습목표

- 인공지능에서 지식표현과 추론을 위해 보편적으로 사용되고 있는 논리의 중요성과 명제계산 및 술어계산의 기본 개념을 익힌다.
- 명제계산과 술어계산에서 정리를 증명하기 위해 이용되는 도출법을 학습한다.

저자소개

서민수, 삼성 SDS SCM 사업단 수석 컨설턴트, ms.suh@samsung.com

차 례

8.1 서 론

논리는 인공지능 분야에서 가장 기본적인 지식 표현 및 추론을 위한 방법으로 이용되어 왔으며, 특히 유럽과 일본에서 인공지능 연구의 주안점이 되어 왔다. 논리는 기존의 지식으로부터 새로운 지식을 추출하기 위해 수학적 연역법을 이용함으로써, 지식 표현과 추론에 이론적인 기초를 제공하고 있다. 이미 참이라고 알려져 있는 사실로부터 새로운 사실을 유도함으로써, 새로운 사실 또한 참이라는 것을 증명하는 방법을 통해 질문에 대한 대답이나 문제에 대한 해를 유도할 수 있게 된다. 인공지능에서 주로 이용되는 논리는 명제계산(Propositional Calculus) 및 술어계산(Predicate Calculus)으로서 지식 표현 방법이 간단하면서도 강력한 추론방법을 제공하는 수단이 되고 있다. 술어계산을 위한 인공지능 언어인 PROLOG를 통해 실제 문제해결에도 이용되고 있다. 명제계산 및 술어계산이라는 용어 대신에 명제논리 및 술어논리라는 용어도 함께 사용되는데, 본 책에서는 보다 형식적인 형태를 강조하는 의미로 계산이라는 용어를 이용하고 있다. 본 장에서는 명제계산 및 술어계산과 관련한 제반 용어, 추론 규칙 및 추론 과정을 상세히 알아보도록 하자.

8.2 명제계산(Propositional Calculus)

참이나 거짓을 판단할 수 있는 문장을 명제(Proposition)라 하며, 이를 부호로 나타낸 것을 명제부호라 한다. 예를 들어 "물은 상온에서 액체다"라는 문장은 명제이며, A 라는 명제부호로서 이 문장을 표현할 수 있다. 참이나 거짓 그 자체는 진위부호라고 하며, 문장을 연결하는 부호를 연결사라 한다. 연결사로는 ∨, ∧, ¬, ⇒, = 가 있다. 명제계산에서 처리할 수 있도록 정의되어 있는 문장을 판명문(Well Formed Formula)이라 한다. 판명문은 명제부호, 진위부호 및 연결사로만 정의된 문장으로서 어떤 사실을 표현하기 위함이다. 판명문에서 이용할 수 있는 명제계산 문장을 다음과 같이 정의할 수 있다.

명제계산 문장

(1) 모든 명제부호와 진위부호는 각기 문장(Sentence)을 이룬다.
(2) 문장의 부정도 문장이다.
  (예) ¬A, ¬참
(3) 두 문장의 AND 결합(Conjunction)도 문장이다
  (예) $B \wedge \neg B$
(4) 두 문장의 OR 결합(Disjunction)도 문장이다.
  (예) $A \vee C$
(5) 한 문장에서 다른 문장으로의 암시(Implication)도 문장이다.
  (예) $A \Rightarrow C$
(6) 두 문장의 동일시(Equivalence)도 문장이다
  (예) $A = C$

어떤 한 판명문이 주어졌을 때, 이 문장이 참인지 또는 거짓인지를 평가하는 것을 해석(Interpretation)이라고 한다. 명제계산의 기본적인 문장해석은 다음과 같다.

명제계산 해석

(1) 진위부호 참은 항상 참(이하 T로 표시)이며, 진위부호 거짓은 항상 거짓(이하 F로 표시)으로 해석된다.
(2) 부정의 해석
  ¬A는 A명제가 참이면 F이고, A명제가 거짓이면 T이다.
(3) AND 결합의 해석
  $A \wedge B$: A와 B가 모두 참이면 T이고, 아니면 F이다.
(4) OR 결합의 해석
  $A \vee B$: A, B가 모두 거짓이면 F이고, 나머지 경우에는 모두 T 이다.
(5) 암시의 해석
  $A \Rightarrow B$: A가 참이고 B가 거짓이면 F이고, 나머지 경우에는 모두 T이다.
(6) 동일시
  $A = B$: A, B가 어떤 해석하에서도 항상 같은 진위값을 가질 때는 T이며, 다른 진위값을 가질 때는 F이다.

여러 명제계산 문장이 연결사로 연결되어 있는 복합 문장의 해석은 진위표(Truth Table)를 이용하면 명료하게 나타낼 수 있다. 일례로

A ⇒ B 라는 암시문장은 ¬A ∨ B의 OR 결합문장과 같은 진위값을 갖게 되는데, [그림 8-1]과 같은 진위표를 이용하여 두 문장의 해석이 같음을 알 수 있다.

[그림 8-1]

¬A ∨ B 문장의 진위표

A	B	¬A	¬A ∨ B
T	T	F	T
T	F	F	F
F	T	T	T
F	F	T	T

어떤 한 판명문을 모든 해석하에서도 같은 진위값을 갖는 다른 모양의 판명문 형태로 변환할 수 있다. 이러한 변환은 논리적 추론을 수행하는데 매우 유용하게 이용될 수 있다. 부정부호와 연결사의 결합으로 인해 다음 문장들은 각각의 동일한 문장으로 변환될 수 있다. 괄호부호(,)는 문장을 묶어 주는 역할을 하는 것으로 문장의 진위값과는 관련이 없다.

¬(¬A) = A

A ⇒ B = (¬A ∨ B)

de Morgan 법칙 : ¬(A ∨ B) = (¬A ∧ ¬B)

¬(A ∧ B) = (¬A ∨ ¬B)

분배 법칙 : A ∨ (B ∧ C) = (A ∨ B) ∧ (A ∨ C)

A ∧ (B ∨ C) = (A ∧ B) ∨ (A ∧ C)

교환 법칙 : (A ∧ B) = (B ∧ A)

(A ∨ B) = (B ∨ A)

결합 법칙 : (A ∧ B) ∧ C = A ∧ (B ∧ C)

(A ∨ B) ∨ C = A ∨ (B ∨ C)

대치 법칙 : A ⇒ B = (¬B ⇒ ¬A)

8.3 술어계산(Predicate Calculus)

명제계산은 간단한 문제영역에서의 표현 언어로서는 문제가 없으나, 많은 문장을 효과적으로 표현하기 위한 수단으로서는 부족하다는 단점이 있다. 또한 명제계산 문장 내의 각 성분들을 분리하여 이용할 수 있는 방법이 없다. 예를 들어 다음 두 명제계산 문장을 살펴보자.

"모든 사람은 생명의 존엄성을 갖고 있다"
"철수는 사람이다"

명제계산에서는 이러한 문장들로부터 "철수는 생명의 존엄성을 갖고 있다"라는 문장을 유도할 수가 없다. 이는 명제계산에서는 표현상의 제약으로 인해 문장 내의 각 성분을 분리하여, 다른 문장의 성분과 조합하여 이용할 수 없기 때문이다. 이러한 단점을 보완한 논리언어가 술어계산이다. 술어계산에서는 사물들의 관계를 나타내기 위해 술어부호라는 것을 이용하기 때문에 문장의 각 성분을 자유로이 분리하여 사용할 수 있으며, 변수를 이용하여 불특정 다수의 개념 또한 도입할 수 있다. 이처럼 명제계산의 단점을 극복한 논리언어인 술어계산의 문법과 논리적 추론 과정을 상세히 알아보도록 하자.

(1) 술어부호

술어계산 언어는 술어부호 및 항(Term)을 기본 구성 요소로 한다. 술어부호는 사물들의 관계를 표현하기 위해 사용되는 부호이다. 항은 변수부호, 함수부호, 상수부호로서 이루어진다.

예를 들어, "세익스피어가 햄릿을 썼다"라는 문장을 술어계산에서는 다음과 같이 표현할 수 있다.

write(Shakespeare, Hamlet)

이 문장은 술어계산 언어로 이루어져 있는데, write는 술어부호이며, Shakespeare, Hamlet은 상수부호이다. 만일 세익스피어가 쓴 모든 작품을 나타내고자 한다면 다음과 같이 표현할 수 있다.

$\forall$x (write(Shakespeare, x))

이 문장에서 x는 변수부호로서 세익스피어가 쓴 작품을 나타내며, $\forall$는 전체정량자로서 모든 x를 의미한다. 변수부호를 이용하지 않으면 술어계산은 명제계산과 같게 된다.

항의 또 다른 요소인 함수부호를 알아보도록 하자. 어떤 한 실체와 다른 실체간의 지정된 관계를 나타내기 위하여 함수부호를 이용하게 된다. 예를 들면, 어떤 사람의 아버지를 나타내는 관계라면, 항상 그 사람과 아버지의 관계는 1 대 1의 관계가 된다. 함수부호로서 다음과 같이 표현할 수 있다.

father(A), father(B)

이처럼 정해진 개수의 인자를 가지면서, 인자간의 관계를 매핑(Mapping)하는 역할을 하는 것이 함수부호이다.

술어부호와 항으로 구성된 문장을 **기본 문장**(Atomic Sentence or Formula)이라고 하며, 술어계산의 문법에 부합되는 문장을 **판명문**이라 한다. 기본 문장은 판명문이 되며, 여러 기본 문장이 연결사 등으로 복합구성된 문장 또한 판명문이 된다.

술어계산 언어의 각 구성요소와, 실제 문제의 대상 영역(Domain)에서의 실체와 실체간의 관계, 함수간의 관련성을 연관시키는 것을 해석(Interpretation)이라고 한다. 각 술어부호에는 문제 대상 영역에서의 관계가 대응되며, 각 상수부호에는 대상 영역에의 실체가 대응된다. 또한 함수부호는 문제 대상 영역에서의 함수를 나타내게 된다. 그러므로 술어문장에 대한 해석이 완료되면, 우리는 술어계산의 각 문장이 실제 문제의 어떤 상황이나 사실을 나타내고자 하는 것인가를 파악하게 되며, 따라서 술어문장의 참이나 거짓을 판명할 수 있다. 예를 들면, write(Shakespeare, Hamlet)문장에서 write 술어부호를 통해 Shakespeare가 Hamlet을 썼다는 관계가 설정되는 것을 알 수 있으며, 이러한 실체간의 관계 해석을 통해 이 문장의 진위 여부를 평가할 수 있게 된다.

(2) 연결사

기본 문장에 연결사를 이용하여 보다 복잡한 문장을 만들 수 있는데 이러한 복합 문장 또한 판명문이 된다. 술어계산에서 이용되는 연결사로는 ∨, ∧, ¬, ⇒, =로서 명제계산에서의 연결사와 같은 의미와 용법을 갖게 된다. 기본 문장과 기본 문장의 부정(¬)으로만 이루어진 문장을 **논리구**(Literal)라고 하는데, 술어계산의 추론 과정에서 유용하게 이용되는 판명문의 형태이다.

(3) 정량자

문장의 변수부분에 적용되어 그 변수의 적용범위를 나타내는 역할을 하는 것이 정량자로서, 전체정량자 ∀와 존재정량자 ∃의 두 가지가 있다. 정량자의 적용범위는 정량자를 뒤따르는 문장이 된다. 이를 명확히 나타내기 위하여 괄호를 이용한다. 예를 들어, "모든 코끼리는 회색이다"는 문장을 술어언어로 표현하면 다음과 같다.

(∀x) (elephant(x) ⇒ color(x, Gray))

정량자를 갖는 문장의 진위값 평가를 알아보도록 하자. ∀x (P(x))라는 문장의 진위를 평가하고자 한다면, 문제의 대상 영역에 있는 모든 x 에 대해 P(x)가 T값을 가질 때 이 문장은 T가 된다. 마찬가지로 ∃x (P(x))라는 문장을 평가하는 경우에는, 문제의 대상 영역에서 최소한 한 개의 x에 대해 P(x)가 T값을 가질 때 이 문장은 T가 된다. 대상문제의 성격에 따라서는 정량자가 문장에 이용될 경우, 그 문장의 진위값을 평가하는 것이 항상 가능한 것은 아니다. 예를 들어, ∀x (P(x)) 문장에서 x변수에 대응하는 실체가 문제의 대상 영역에서 무한히 존재하는 경우에는, 이 문장의 진위값을 평가하기 위해서는 무한한 시간이 필요하게 되므로 유한시간 내에 결론을 얻을 수 없게 된다.

정량자를 갖는 변수를 제한변수(Bound Variable)라고 하며, 정량자를 갖지 않는 변수를 자유변수(Free Variable)라고 한다. 판명문에 있는 모든 변수가 제한변수인 판명문을 제한판명문이라고 한다.

술어계산에서 정량자가 변수부호에만 적용되고, 술어부호나 함수부호에 대해서는 정량자를 허용하지 않는 경우 이를 **일차 술어계산**(First Order Predicate Calculus)이라고 한다. 예를 들어, (∀P) P(x) 문장은 술어부호 P에 정량자가 적용되므로 일차 술어계산에서는 허용되지 않는 문장이다. 대부분의 모든 논리적인 표현은 일차 술어계산으로 모두 나타낼 수 있으므로, PROLOG와 같은 인공지능 언어들은 일차 술어계산에 근거하고 있다.

(4) 판명문의 진위값

술어계산 문장의 참, 거짓을 판명함으로써, 두 개의 판명문이 동일한지 여부를 평가할 수 있다. 기본적인 판명문의 진위값은 명제계산과 동일한 방식으로 해석될 수 있으나, 명제계산에서 적용되지 않는 정량자가 이용되는 경우에는 다음과 같은 관계가 설정된다.

$$\neg(\exists x)P(x) = (\forall x)(\neg P(x))$$

$$\neg(\forall x)P(x) = (\exists x)(\neg P(x))$$

$$(\exists x)(P(x) \lor Q(x)) = (\exists x)P(x) \lor (\exists y)Q(y)$$

$$(\forall x)(P(x) \land Q(x)) = (\forall x)P(x) \land (\forall y)Q(y)$$

$$(\forall x)P(x) = (\forall y)P(y)$$
$$(\exists x)P(x) = (\exists y)P(y)$$

(5) 추론 규칙

기존의 판명문으로부터 새로운 판명문을 생성하는 과정을 추론 규칙이라고 한다. 추론 규칙에 의해 새로 생성된 판명문이 기존의 판명문 집합과 논리적인 모순이 없어야만, 우리는 그 추론 규칙을 논리계산에서 이용할 수 있다. 이러한 추론 규칙을 위해서 다음과 같은 개념들을 정의해 보자.

어떤 특정한 해석 I가 판명문 집합 S의 모든 판명문에 대해 T 값을 부여할 때, 이 **해석 I는 판명문 집합 S를 만족한다**라고 말한다.

예를 들어, 판명문 집합 $S=\{(\forall x)P(x), (\forall y)P(y)\}$가 있다고 가정하자. 판명문 집합 S에 대하여 특정한 x, y값을 부여하는 것이 하나의 해석이 되며, 이때 S의 두 문장이 모두 참이 된다면 이 해석은 판명문 집합 S를 만족하게 된다. 그러므로 판명문 집합 S를 만족시키는 해석은 대상문제의 성격에 따라서는 무수히 많을 수도 있다.

만일 판명문 집합 S를 만족하는 모든 해석이 판명문 X 또한 만족한다면, 판명문 X는 판명문 집합 S로부터 **논리적으로 유도된다**(Logically Follows)라고 말한다. 예를 들어, P(A)는 $(\forall x)$ P(x)로부터 논리적으로 유도된다라고 말할 수 있다. 또한 $(\forall x)(\forall y)$ $(P(x) \lor Q(y))$

는 {$(\forall x)(\forall y)$ $(P(x) \vee Q(y))$, $(\forall z)$ $(R(z) \vee Q(A))$} 집합으로부터 논리적으로 유도된다라고 말할 수 있다.

어떤 판명문이 다른 판명문의 집합으로부터 논리적으로 유도되었다는 것이 반드시 그 판명문 집합으로부터 추론 규칙을 이용하여 생성되었다는 것을 의미하는 것은 아니다. 그러므로 추론 규칙을 이용하려 한다면, 추론 규칙에 의해 생성된 문장이 기존의 문장으로부터 논리적으로 유도되는지를 평가하는 것이 중요하게 된다.

어떤 추론 규칙이 있을 때, 판명문 집합 S로부터 이 추론 규칙에 의해 생성된 모든 판명문이 또한 S로부터 논리적으로 유도될 수 있을 때, 우리는 이 추론 규칙을 **정당**(Sound)하다고 한다.

어떤 추론 규칙이 주어진 판명문 집합 S에 대해서 논리적으로 유도될 수 있는 모든 판명문을 생성할 수 있다면, 이 추론 규칙은 **완전**(Complete)하다고 한다. 대부분의 경우 설사 완전하지는 않더라도 정당한 추론 규칙을 발견하는 것에 주안점을 두게 된다. 술어계산에서 기본적으로 이용되는 추론 규칙은 제3장에서 언급되었던 Modus Ponens 및 Universal Specialization으로서, 모두 정당한 추론 규칙들이다.

1) Modus Ponens

W1 및 W1 ⇒ W2라는 두 문장이 모두 참일 때, W2문장을 새로 생성하는 추론 규칙을 Modus Ponens라고 한다.

2) Universal Specialization

Universal Specialization 추론 규칙은 $(\forall x)$ $W(x)$ 문장으로부터 $W(A)$ 라는 문장을 생성하는 것을 의미한다. 이때 A는 상수부호이다.

추론 규칙을 이용하여 생성된 새로운 판명문을 **정리**(Theorem)라고 하며, 정리를 생성하기 위해 적용된 추론 규칙의 순서를 **정리의 증명**(Theorem Proving)이라고 한다. 예를 들어 다음과 같은 두 문장으로 정리를 생성하고 증명하도록 하자.

$(\forall x)$ $(W1(x) \Rightarrow W2(x))$,
W1(A)

위의 두 문장을 결합하면 W2(A)라는 새로운 문장을 얻을 수 있으므로, W2(A)는 정리가 되며, 정리의 증명은 W2(A)를 생성하기 위해 적용된 규칙의 순서, 즉 Universal Specialization과 Modus Ponens가 된다.

(6) 단일화(Unification)

Modus Ponens와 같은 추론 규칙을 적용하기 위해서는 두 개의 문장이 문법적으로 서로 동일한 형태를 갖는지를 평가하는 매칭(matching) 기능이 있어야 한다. 명제계산에서는 매칭이 간단하게 이루어질 수 있지만, 술어계산에서는 변수부호가 있으므로 매칭과정이 복잡하게 된다. 이러한 문장간의 매칭을 효과적으로 처리해주는 과정을 **단일화**라고 한다.

두 개의 문장이 동일한 표현이 될 수 있도록 변수부호에 항을 대치하는 것이 단일화 과정인데, 예로써 (∀x) W(x)문장에서 W(A) 라는 문장을 생성하기 위해서는 변수 x에 문제의 대상 영역에 있는 상수부호 A가 할당되어야 한다. 즉, W(x)라는 문장과 W(A)문장이 동일하게 되기 위해서는 x가 A로 대치되어야 한다. 이러한 단일화 과정에서 여러 개의 항이 x에 대치될 수도 있다. 변수를 대응하는 항으로 대체해서 얻어진 표현을 **대치문**이라고 하는데, W(A)는 W(x)문장에서 얻어진 대치문이 된다. 대치문이 기존문장으로부터 얻어지는 과정을 다음의 예를 통해 알아보도록 하자.

P (x, f(y), Z)

라는 문장이 있다고 하자. 만일 x변수를 a변수로 대치하고, y변수를 b변수로 대치한다면 다음과 같은 대치문이 얻어지게 된다.

P (a, f(b), Z)

이때 대치되는 관계를 {a/x, b/y}로 표현하고 이를 단일자(Unifier) s로 표기하면 다음과 같은 관계가 성립하게 된다.

P (a, f(b), Z) = P (x, f(y), Z) s
s = {a/x, b/y}

위의 예에서 나타난 대치관계는 단일화 과정에서 중요하게 이용되는데, 특히 단일자는 다음과 같이 정의된다.

단일자

판명문 집합 {Ei | i = 1, 2, …, n }의 개개 문장 E_i에 적용되어 $E_{1s} = E_{2s} = \cdots = E_{ns}$인 단일자 s가 존재하면 {$E_i$}는 단일화할 수 있다고 하며, s를 {$E_i$}의 단일자라고 한다.

단일자는 판명문 집합의 모든 문장에 대해 동일한 대치문을 생성하는 역할을 담당하게 된다. 예를 들어 다음과 같은 판명문 집합 E가 있다고 하자.

$E = \{E_1, E_2\} = \{ P(x, f(y), B), P(x, f(B), B) \}$

단일자 s를 {A/x, B/y} 로 정의한 후 E의 각 문장에 적용하여 대치문을 얻으면 다음 관계가 성립한다.

$E_{1s} = E_{2s} = P (A, f(B), B)$

그러므로 s는 E의 단일자가 된다.

두 개의 문장이 동일한 형태를 갖는지를 점검하는 단일화 과정을 구현하는 알고리즘을 다음과 같이 정리하였다. 효과적인 알고리즘 구현을 위해서 문장의 형태를 리스트 형식으로 변환해서 이용하도록 하였다. 예로써 P(x, f(A, y)) 문장은 (P x f(A, y)) 형태로 변환하여 처리한다.

단일화 알고리즘

```
UNIFY (E1, E2)
   Case 1 : E1, E2가 모두 상수이거나 빈 리스트일 경우
            if E1 = E2
            then return NIL
            else return Fail

   Case 2 : E1이 변수인 경우
            if E1 occurs in E2
            then return Fail
            else return {E2/E1}

   Case 3 : E2가 변수인 경우
            if E2 occurs in E1
            then return Fail
            else return {E1/E2}
```

```
Case 4 : E1과 E2가 모두 리스트인 경우
         F1 ← E1의 첫번째 원소
         F1R ← E1의 나머지 원소
         F2 ← E2의 첫번째 원소
         F2R ← E2의 나머지 원소

         SUB1 ← unify (F1, F2)
         if SUB1 = Fail
         then return Fail

         G1 ← (F1R)SUB1
         G2 ← (F2R)SUB1

         SUB2 ← unify (G1, G2)

         if SUB2 = Fail
         return Fail

         SUB1과 SUB2의 결합 (SUB1)SUB2를 돌려준다.
```

위에서 정리된 알고리즘을 이용하여, 다음 두 문장을 단일화하는 과정을 살펴보도록 하자.

(parents x (father x) (mother Bill))

(parents Bill (father Bill) y)

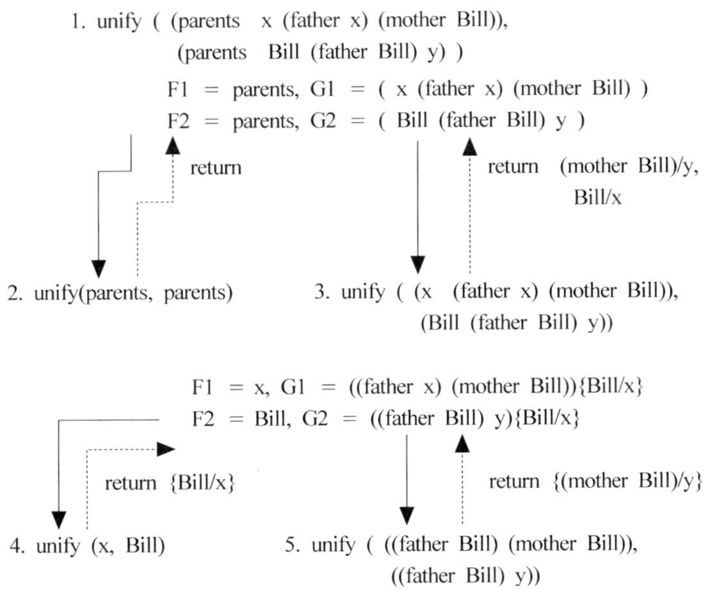

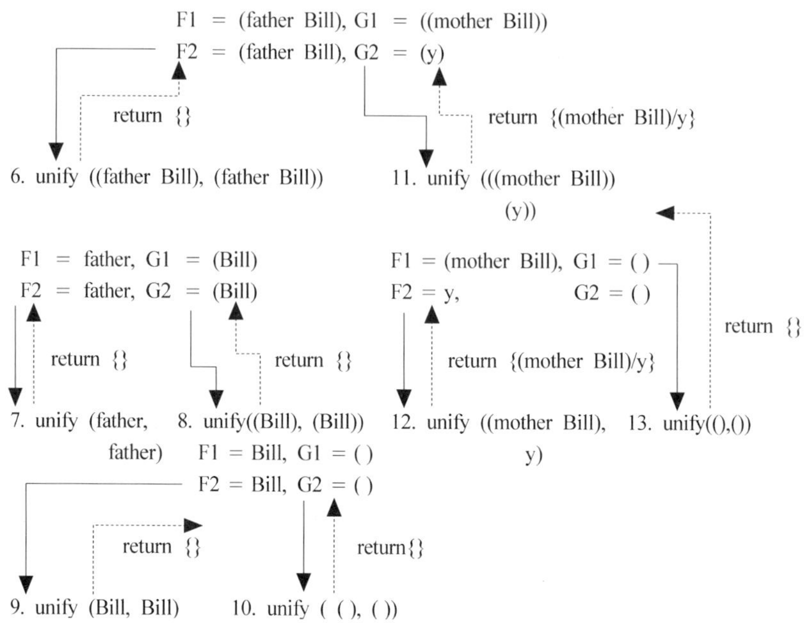

단일화 과정은 하나의 표현과 다른 표현을 패턴 매칭하는 과정과 유사하나, 변수를 포함하므로 패턴 매칭보다 더욱 포괄적인 기능을 갖추고 있다고 말할 수 있다.

8.4 도출법(Resolution)

도출법은 명제계산이나 술어계산에서 정리를 증명하기 위해 이용되는 추론 규칙으로서, 논리구(Literal)의 OR 결합으로만 이루어진 절(Clause)이라고 하는 특별한 판명문의 집합에 적용된다. 도출법 과정은 두 개의 부모절로부터 새로운 절을 생성하는 추론 과정으로서 다음과 같은 단계를 거쳐 이루어지게 된다.

(1) 절(Clause) 집합으로의 변환

절은 논리구의 OR 결합만으로 구성된 판명문을 의미한다. 모든 술어계산의 판명문은 절로 구성된 집합으로 변환할 수 있다. 술어계산의 정리증명을 위해서는 모든 문장을 절의 집합으로 변환하는 것이 필요하므로 이 변환과정을 상세히 살펴보도록 하자.

다음의 술어계산 문장을 절의 집합으로 변환하는 과정을 살펴보도록 하자. 이 때, {, }, [,] 부호들은 문장을 묶기 위해 사용하는 부호로서 괄호부호와 같은 용도로 이용된다.

$$(\forall x) \{ P(x) \Rightarrow \{ (\forall y) \ [P(y) \Rightarrow P(f(x,y))] \wedge \neg(\forall y) \ [Q(x,y) \Rightarrow P(y)]\}\}$$

1) 암시부호 ⇒를 삭제한다.

암시부호가 있는 X1 ⇒ X2 문장을 동일한 ¬X1 ∨ X2 문장으로 대치함으로써, 암시부호를 삭제할 수 있다. 위 예제에서 이 대치가 실행되면 다음 문장을 얻게 된다.

$$(\forall x) \{ \neg P(x) \vee \{ (\forall y) [\neg P(y) \vee P(f(x,y))] \wedge \neg(\forall y) [Q(x,y) \vee P(y)]\}\}$$

2) 부정부호 ¬의 범위를 축소한다.

각 부정부호의 적용범위를 최대 한 개의 기본 문장에만 한정하도록 한다. 이를 위하여 de Morgan 법칙 등을 이용하여 진위값의 변동이 없는 다른 문장으로 변환한다. 위 예제의 경우 de Morgan 법칙을 적용하면 다음과 같은 결과를 얻게 된다.

$$(\forall x) \{ \neg P(x) \vee \{ (\forall y) [\neg P(y) \vee P(f(x,y))] \wedge (\exists y) [Q(x,y) \wedge \neg P(y)]\}\}$$

3) 변수를 표준화한다.

어떤 변수가 정량자에 의해 제한받는 제한변수인 경우, 변수명을 다른 변수명으로 치환하더라도 판명문의 진위값에는 변동이 없다. 각 정량자가 각기 고유한 변수이름을 갖도록 필요한 변수명을 치환한다. 위 예제의 경우에는 y라는 변수명이 전체정량자 및 존재정량자 모두에 이용되고 있으므로, 존재정량자에 이용되는 y변수를 다른 변수명 w로 치환하였다.

$$(\forall x)\{\neg P(x) \vee \{(\forall y) [\neg P(y) \vee P(f(x,y))] \wedge (\exists w) [Q(x,w) \wedge \neg P(w)]\}\}$$

4) 존재정량자 ∃를 제거한다.

다음과 같은 판명문을 살펴보자.

$$(\forall y) \ [\ (\exists x) \ P(x,y) \ ]$$

이 문장은 모든 y에 대해 P(x,y)인 어떤 x가 존재한다는 의미가 된다. 일반적으로 존재정량자는 전체정량자의 범위 내에서 적용하게 되므로 x변수는 y변수에 종속된다고 할 수 있다. 이러한 관계를 Skolem 함수로 표현할 수 있다. Skolem 함수를 이용하여 윗 문장을 다음 문장으로 동일하게 변환될 수 있다.

$$(\forall y)\ P(\ g(y),\ y\ )$$

Skolem 함수 g(y)는 y의 각 값을 문제의 대상 영역에 존재하는 x로 매핑하게 된다.

판명문으로부터 존재정량자를 제거하는 일반적인 방법은 존재정량자에 의해 제한받는 변수를 Skolem 함수로 대치하면 된다. 이때 Skolem 함수의 인자는 전체정량자에 의해 제한받는 변수이며, 함수부호는 기존에 사용되고 있지 않는 새로운 이름을 이용한다. 만일 존재정량자가 전체정량자의 적용범위 내에 있지 않는 경우에는 Skolem 함수는 인자없이 상수만을 사용한다. 예를 들어, $(\exists x)\ P(x)$는 P(A)가 된다. 상수부호 A는 이미 존재하는 값을 가리키게 된다.

3)과정에서 이용되는 예제를 보면, 존재정량자가 w변수에 적용되고 있으므로 Skolem 함수 g(x)를 이용하여 다음과 같이 변환할 수 있다.

$$(\forall x)\ \{\ \neg P(x) \lor \{\ (\forall y)\ [\neg P(y) \lor P(f(x,y))] \land [Q(x,g(x)) \land \neg P(g(x))]\}\}$$

5) 선행정량자(Prenex)형으로 변환한다.

모든 전체정량자를 판명문의 맨 앞으로 이동시켜 각 정량자가 판명문 전체에 적용되도록 한다. 이러한 판명문을 선행정량자형이라고 한다. 정량자가 없는 판명문을 무정량자(matrix)형이라고 한다. 그러므로 선행정량자형은 전체정량자와 무정량자형으로 이루어진 판명문 형태를 가리키게 된다.

$$(\forall x)(\forall y)\ \{\ \neg P(x) \lor \{\ [\neg P(y) \lor P(f(x,y))] \land [Q(x,g(x)) \land \neg P(g(x))]\}\}$$

6) 무정량자형을 論理積 정규(Conjunctive Normal)형으로 변환한다.

어떤 판명문이 유한개수의 절의 AND 결합으로 이루어져 있는 경우 이를 논리적 정규형이라고 한다. 분배법칙 X1 ∨ (X2 ∧ X3) = (X1 ∨ X2) ∧ (X1 ∨ X3)을 이용하여 무정량자형을 논리적 정규형으로 변환할 수 있다.

$(\forall x)(\forall y)\ \{[\neg P(x) \vee \neg P(y) \vee P(f(x,y))] \wedge [\neg P(x) \vee Q(x,g(x))] \wedge [\neg P(x) \vee \neg P(g(x))]\}$

7) 전체정량자 ∀를 삭제한다.

무정량자형에 있는 변수는 모두 전체정량자에 의해서만 제한받게 되므로, 전체정량자를 판명문으로부터 삭제해도 항상 모든 변수는 전체정량자에 의해서만 제한받는 것으로 가정할 수 있다. 그러므로 판명문은 이제 논리적 정규형태의 무정량자형만 남게 된다.

$\{[\neg P(x) \vee \neg P(y) \vee P(f(x,y))] \wedge [\neg P(x) \vee Q(x,g(x))] \wedge [\neg P(x) \vee \neg P(g(x))]\}$

8) AND 부호 ∧를 삭제한다.

X1 ∧ X2를 {X1, X2}로 표현함으로써, ∧부호를 삭제할 수 있다. 이때 X1과 X2는 각각 논리구의 OR 결합으로만 표현된 절이다.

$\{[\neg P(x) \vee \neg P(y) \vee P(f(x,y))],$
$[\neg P(x) \vee Q(x,g(x))],$
$[\neg P(x) \vee \neg P(g(x))]\}$

9) 변수명을 다시 부여한다.

각 절에서 사용되는 변수명을 고유하게 부여한다.

$\{[\neg P(x1) \vee \neg P(y) \vee P(f(x1,y))],$
$[\neg P(x2) \vee Q(x2,g(x2))],$
$[\neg P(x3) \vee \neg P(g(x3))]\}$

1)~9)의 과정을 통해 판명문이 절집합으로 변환되게 된다. 이러한 절집합으로부터 추론 규칙 도출법이 적용될 수 있다.

일차 술어계산에서 사용되는 판명문 중에서 Horn절이라고 불리우는 특수한 형태의 절이 있다. Horn절은 한 개 이하의 긍정적 논리구(Positive Literal)만을 갖는 절을 의미하는데, 긍정적 논리구는 부정부호가 없는 논리구를 의미한다. 예를 들면 P, ¬P ∨ Q, P ⇒ Q는 모두

Horn절의 형태를 갖고 있다. P ⇒ Q 문장은 두 개의 긍정적 논리구를 갖고 있는 형태인 것처럼 보이나, 절 형태로 변환할 경우에는 ¬P ∨ Q가 되므로 Horn절이 됨을 알 수 있다. PROLOG에서 사용되는 문장은 모두 Horn절 형태를 갖고 있다.

(2) 변수부호가 없는 문장에 대한 도출법

어떤 판명문들의 집합으로부터 새로운 판명문을 생성하는 과정을 알아보기 위해 판명문에 변수가 없는 절에 대한 도출법을 알아보도록 한다. 부모절로부터 새로운 절이 생성되면 이 절은 도출절(Resolvant)이라고 하는데, 도출절은 두 부모절의 OR 결합을 취한 다음 상호 짝이 되는 ¬P, P를 제거하면 얻어지게 된다. 예를 들어, A ∨ P 문장과 ¬P ∨ Q 문장이 모두 참이라고 한다면 이 두 개의 절로부터 얻어지는 도출절은 A ∨ Q가 된다. 이러한 도출법 과정은 다음과 같은 설명에 의해 정당함을 알 수 있다.

P가 참 → ¬P는 거짓 → Q가 참
P가 거짓 → A가 참
→ A ∨ Q는 참

(3) 일반적인 절에 관한 도출법

변수를 포함하는 절에 대한 도출법 과정은 우선 변수를 치환하기 위한 단일화 과정이 필요한다. 다음절에서 단일화 과정을 통해 두 개의 문장을 동일한 형태로 바꾸어 놓은 다음에 도출법이 진행되는 과정을 설명하였다.

도출법은 정당한 추론 규칙이다. 즉, 두 개의 부모절로부터 생성된 도출절은 부모절로부터 논리적으로 유도될 수 있다. 도출법이 모순법(Refutation)이라 불리우는 정리 증명 시스템에 사용될 경우에는 완전한 추론 규칙도 될 수 있다. 즉, 어떤 판명문 집합으로부터 논리적으로 유도될 수 있는 모든 판명문을 모순도출법(Resolution Refutation)을 이용하여 그 집합으로부터 생성해낼 수 있는 것이다.

(4) 모순도출법

술어계산에서 정리를 증명하기 위한 방법으로는 크게 두 가지 방법이 있다. 모순을 이용하는 방법과 연역(Deduction)을 이용하는 방법이다. 연역을 이용하는 방법은 3장에서 소개된 전문가시스템의 대표적인 추론방법으로 많이 이용되고 있는 정방향 추론과 역방향 추론이 있다. 모순을 이용한 정리증명방법은 다음과 같다.

만일 판명문 W가 판명문 집합 S로부터 논리적으로 유도될 수 있는 것인지를 증명하려고 한다면, 도출법을 이용하는 시스템에서는 모순에 의해 증명한다. 이때의 증명방법은 다음과 같다. W를 부정한 ¬W를 S집합에 포함시켜서 S'를 생성한다. 이 확장된 S'를 절의 집합으로 변환한 후 도출법을 이용해서 모순(NIL 절로 표현)을 이끌어낸다. 만일 NIL이 얻어지지 않으면 W는 S로부터 논리적으로 유도될 수 없음을 나타낸다.

모순도출법에 의한 증명 과정을 알아보기 위하여, 다음과 같은 사실이 술어계산 판명문으로 표현되어 있다고 하자.

① 읽을 수 있다면 글을 아는 것이다. .... (∀x) [R(x) ⇒ L(x)]
② 돌고래는 글을 알지 못한다. .... (∀x) [D(x) ⇒ ¬L(x)]
③ 돌고래는 영리하다. .... (∀x) [D(x) ⇒ I(x)]
④ 차돌이는 돌고래다. .... D(차돌이)

위의 사실로부터 우리는 다음과 같은 사실을 증명하고자 한다.

ⓐ 차돌이는 읽을 수 없다. .... R(차돌이)
ⓑ 돌고래는 읽을 수 없다. .... (∀x) [D(x) ⇒ ¬R(x)]
ⓒ 영리하더라도 읽지 못하는 경우가 있다. ...... (∃x) [I(x) ∧ ¬R(x)]

ⓐ의 증명은 정방향 및 역방향 추론, 모순도출법에 의해 각각 이루어 질 수 있다. 정방향 추론의 경우, 우선 ④와 ②를 결합하여 ¬L(차돌이)를 유도하게 된다. 유도된 판명문, ¬L(차돌이), 과 ①의 대우 판명문, (∀x) [¬L(x) ⇒ ¬R(x)], 과의 결합에 의해 ¬R(차돌이)를 유도하게 된다. 이때 사용된 추론 규칙은 Modus Ponens, Modus Tollens, Universal Specialization이다. 역방향 추론에 의해 ⓐ를 증명할 경우, ①의 대우 판명문에서 출발하게 된다. ①의 대우 판명문, (∀x) [¬L(x) ⇒ ¬R(x)], 에서 ¬L(차돌이)가 참임을 증명하면 ¬R(차돌이)도 참임이 증명된다. ¬L(차돌이)가 참임을 증명하기 위해서는, ②에서 D(차돌이)

가 참임을 증명하여야 하는데, 이는 ④에서 증명된다. 그러므로 ⓐ는 기존 판명문으로부터 논리적으로 유도된다.

모순도출법으로 ⓐ를 증명하는 경우, 우선 ①~④의 판명문과 ⓐ의 부정문을 다음과 같은 절의 집합으로 변환하게 된다.

$\neg R(x) \lor L(x)$,
$\neg D(y) \lor \neg L(y)$,
$\neg D(z) \lor I(z)$,
D(차돌이)
R(차돌이)

상기의 절 집합에서 두 개의 부모절을 결합해 도출절을 지속적으로 생성하여 궁극적으로 모순(NIL)을 이끌어 내면 ⓐ를 증명하게 된다. ⓐ 증명을 위한 모순도출법 과정은 다음과 같은 반박트리의 형태로 나타낼 수 있다.

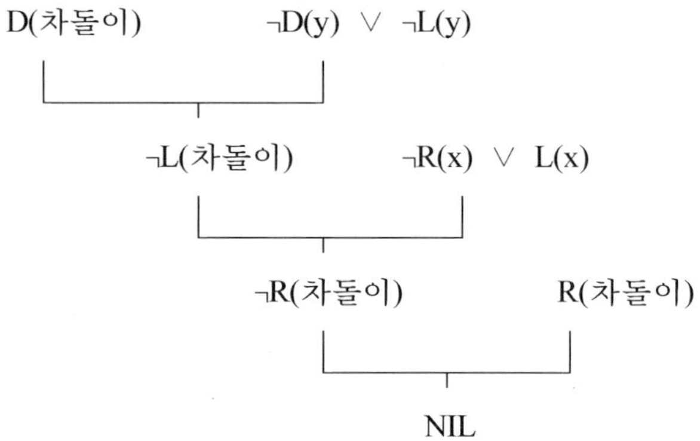

위의 반박트리에서 NIL이 얻어졌으므로 ⓐ가 기존 판명문 집합에서 논리적으로 유도될 수 있음을 보여 주고 있다.

ⓑ의 증명은 삼단논법에 의해 간단히 유도될 수 있다. 즉, ②와 ①의 대우 판명문과를 결합하면 ⓑ를 얻게 된다. 만일, ⓑ를 모순도출법으로 증명하고자 하는 경우에는, 기존 ①~④의 절 집합에 ⓑ의 부정문을 절의 형태로 변환하여 추가한다. ⓑ의 부정문을 절 형태로 변환하면, D(A), R(A)가 얻어지게 된다. A는 Skolem 상수이다. 다음과 같은 반박트리를 이용하여 NIL를 도출하게 된다.

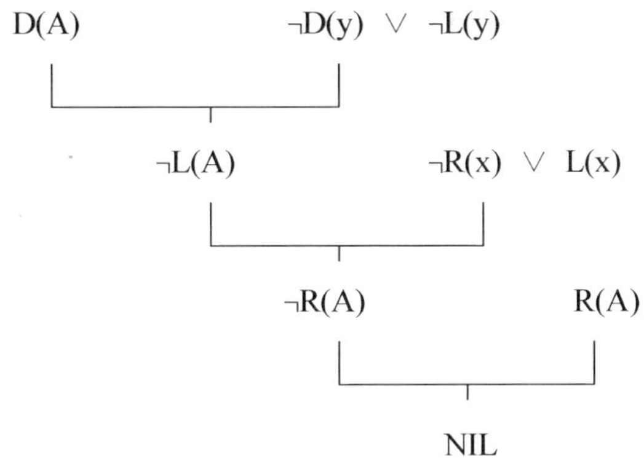

상위 반박트리 결과 NIL이 도출되었으므로 ⓑ가 기존 판명문으로부터 논리적으로 유도될 수 있음이 증명된다.

ⓒ는 연역에 의한 추론 방법으로는 증명하기가 어려운 판명문이다. 모순도출법을 이용하여 증명하도록 하자. 우선 ⓒ의 부정문을 절의 형태로 변형하면, ¬I(u) ∨ R(u)가 얻어지게 된다. 얻어진 절을 기존 판명문 절 집합에 추가하여 다음과 같은 반박트리를 생성하여, NIL을 도출하도록 한다.

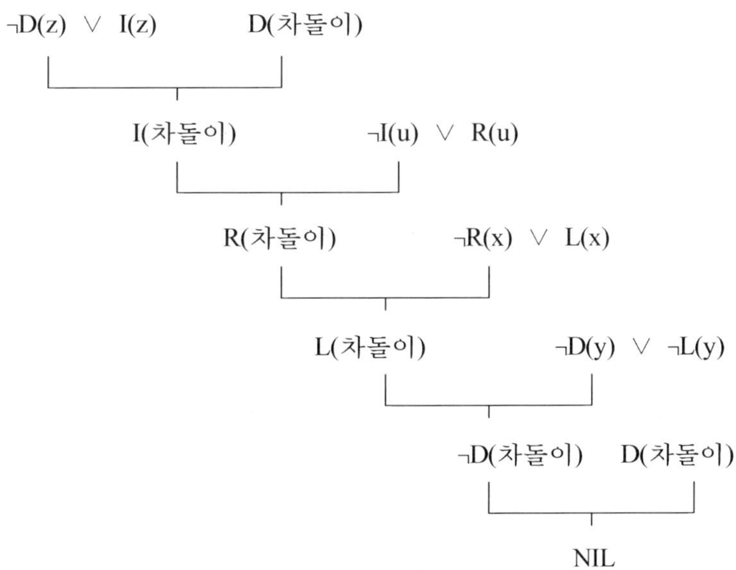

모순도출법에 의해 최종적으로 NIL이 얻어졌으므로 ⓒ는 기존 판명문 집합에서 논리적으로 유도될 수 있음이 증명된다.

8.5 예 제

제3장에서 이용된 동물원 예제 지식을 바탕으로 술어계산을 이용한 추론 과정을 알아보도록 하자. 3.2절의 동물원 예제의 규칙들은 다음과 같은 술어계산 문장으로 변환할 수 있다.

ⓐ [it_is(X, 포유류) ∧ it_is(X, 맹수) ∧ it_is(X, 황갈색) ∧ has(X, 검은 반점)] ⇒ it_is(X, 치타)
ⓑ [it_is(X, 포유류) ∧ it_is(X, 맹수) ∧ it_is(X, 황갈색) ∧ has(X, 줄무늬)] ⇒ it_is(X, 호랑이)
ⓒ eat_meat(X) ⇒ it_is(X, 맹수)
ⓓ has(X, 털) ⇒ it_is(X, 포유류)

또한 어떤 동물 A 에 대한 사실도 다음과 같은 술어계산 문장으로 변환할 수 있다.

ⓔ eat_meat(A)
ⓕ has(A, 털)
ⓖ has(A, 검은 반점)
ⓗ it_is(A, 황갈색)

단일화 과정 및 Modus Ponens 추론 규칙을 이용하여 "동물 A는 치타다"라는 명제를 증명하는 과정을 살펴보자.

ⓔ와 ⓒ의 조건문에 해당하는 판명문을 단일화시킨 후, Modus Ponens 추론 규칙을 적용하면 다음 판명문이 도출된다.

ⓘ it_is(A, 맹수)

마찬가지로 ⓕ와 ⓓ의 추론에 의해 다음 판명문이 도출된다

ⓙ it_is(A, 포유류)

도출된 ⓘ, ⓙ 판명문과 ⓖ, ⓗ 판명문을 이용하여 ⓐ와의 Modus Ponens 추론 규칙에 의해 it_is(A, 치타)라는 결론을 얻을 수 있다.

상기 동물원 예제를 이용하여 술어계산의 또 다른 추론 규칙인 모순도출법에 의한 정리증명 과정을 살펴보도록 하자.

동물원 예제의 규칙은 다음과 같은 술어계산의 판명문으로 표현할 수 있다.

ⓐ (∀X)(it_is(X, 포유류) ∧ it_is(X, 맹수) ∧ it_is(X, 황갈색) ∧ has(X, 검은 반점)) ⇒ it_is(X, 치타))
ⓑ (∀X)(it_is(X, 포유류) ∧ it_is(X, 맹수) ∧ it_is(X, 황갈색) ∧ has(X, 줄무늬)) ⇒ it_is(X, 호랑이))
ⓒ (∀X)(eat_meat(X) ⇒ it_is(X, 맹수))
ⓓ (∀X)(has(X, 털) ⇒ it_is(X, 포유류))
ⓔ eat_meat(A)
ⓕ has(A, 털)
ⓖ has(A, 검은 반점)
ⓗ it_is(A, 황갈색)

우선 증명하고자 하는 판명문을 부정한 ¬it_is(A, 치타) 문장을 상기 참이라고 인정된 판명문 집합에 포함시킨다. 이 확장된 판명문 집합을 절의 집합으로 변환시킨 후 도출법을 이용해서 모순(NIL)을 이끌어 낼수 있으면 it_is(A, 치타) 판명문은 기존 판명문 집합으로부터 논리적으로 유도될 수 있음이 증명된다. 증명하고자 하는 판명문의 부정문은 다음과 같다.

ⓘ ¬it_is(A, 치타)

ⓐ, ⓑ, ⓒ, ⓓ의 판명문은 8.4 절에서 설명된 암시부호의 삭제에 의해 다음과 같은 판명문으로 각각 변환된다.

ⓐ′ (∀X)(¬(it_is(X, 포유류) ∧ it_is(X, 맹수) ∧ it_is(X, 황갈색) ∧ has(X, 검은 반점)) ∨ it_is(X, 치타))
ⓑ′ (∀X)(¬(it_is(X, 포유류) ∧ it_is(X, 맹수) ∧ it_is(X, 황갈색) ∧ has(X, 줄무늬)) ∨ it_is(X, 호랑이))
ⓒ′ (∀X)(¬eat_meat(X) ∨ it_is(X, 맹수))
ⓓ′ (∀X)(¬has(X, 털) ∨ it_is(X, 포유류))

전체정량자를 삭제하면 다음과 같은 무정량자형이 남게 된다.

ⓐ″ (it_is(X, 포유류) ∧ it_is(X, 맹수) ∧ it_is(X, 황갈색)
∧ has(X, 검은 반점)) ∨ it_is(X, 치타)

ⓑ″ (it_is(X, 포유류) ∧ it_is(X, 맹수) ∧ it_is(X, 황갈색)
∧ has(X, 줄무늬)) ∨ it_is(X, 호랑이)

ⓒ″ eat_meat(X) ∨ it_is(X, 맹수)

ⓓ″ has(X, 털) ∨ it_is(X, 포유류)

ⓐ″, ⓑ″식은 de Morgan 법칙에 의해 다음과 같은 판명문으로 변환될 수 있다.

ⓐ‴ it_is(X, 포유류) ∨ ¬it_is(X, 맹수) ∨ ¬it_is(X, 황갈색)
∨ ¬has(X, 검은 반점) ∨ it_is(X, 치타)

ⓑ‴ it_is(X, 포유류) ∨ ¬it_is(X, 맹수) ∨ ¬it_is(X, 황갈색)
∨ ¬has(X, 줄무늬) ∨ it_is(X, 호랑이)

모순도출법을 이용하여 판명문 it_is(A, 치타)가 참임을 증명해 보자. ⓔ와 ⓒ″ 판명문은 도출법에 의해 it_is(A, 맹수) 판명문이 얻어지게 된다. 또한 ⓕ와 ⓓ″ 판명문으로부터 it_is(A, 포유류) 도출절이 유도된다. 이렇게 도출된 판명문과, ⓖ, ⓗ 판명문을 차례로 ⓐ‴ 판명문과 결합하면 it_is(A, 치타)가 유도된다. it_is(A, 치타)와 ⓘ의 ¬it_is(A, 치타) 판명문을 결합하면 NIL이 얻어지게 된다. 모순도출법에 의해 모순을 이끌어 내었으므로 it_is(A, 치타) 판명문은 기존의 판명문 집합으로부터 논리적으로 유도될 수 있음을 증명하였다.

8.6 맺음말

본 장에서는 인공지능에서 기본 지식 표현 및 추론 방법으로 이용되고 있는 논리에 대해서 명제계산과 술어계산을 위주로 살펴보았다. 논리는 지식 표현 방법이 명확하고, 주어진 사실로부터 새로운 가설을 증명하는 추론 방법이 확립되어 있으며, 특히 일차 술어계산은 PROLOG 같은 인공지능 언어의 이론적 밑받침이 되고 있다. 그러므로 데이터베이스로부터 다양한 질의(query)를 통한 사실을 추출하고자 하는 문제나, 기본 개념을 정립하여 문제를 정형화하고자 하는 온탈로지(ontology) 등의 문제 문제에 유용하게 이용될 수 있다. 그러나 일차 술어계산 논리에 의한 지식 표현이나 추론만으로는 해결할 수 없는 매우 비정형적이고 복잡한 양상을 갖고 있는 문제의 경우에는, 다양한 현실 문제 특성에 맞는 복합적 지식 표현 및 추론 방법에 대한 끊임없는 연구가 요구된다고 할 수 있다.

주요용어

- 명제계산(Propositional Calculus)
- 술어계산(Predicate Calculus)
- 단일화(Unification)
- Modus Ponens
- Universal Specialization
- 도출법(Resolution)

연습문제

1. 명제계산과 술어계산의 차이점을 설명하라.
2. 다음 두 문장이 동일함을 증명하라.
   (∃z)(∀x)[P(x) ⇒ Q(z)]
   (∃z)(∃x)[P(x) ⇒ Q(z)]
3. 다음 각 문장들을 단일화하는 과정을 나타내시오. 단일화되지 않는 경우에는 그 이유를 설명하고, 단일화되는 경우에는 단일자를 제시하시오.
   (a) P(x, y), P(a, Z)
   (b) P(x, x), P(a, b)
   (c) ancestor(x, y), ancestor(bill, father(bill))
   (d) F(GabDol, g(x, y)), F(x, g(GabSoon, ChulSoo))
   (e) P(x, a, y), P(z, z, b)
4. 다음 판명문 집합의 단일자를 찾으시오.
   { P(x, z, y), P(w, u, w), P(A, u, u) }
5. 다음 술어계산 문장들을 절 형태로 변환하라.
   (a) (∀x) [P(x) ⇒ P(x)]
   (b) { ¬{(∀x) P(x)}} ⇒ (∃x)[¬P(x)]
   (c) ¬(∀x){ P(x) ⇒ { (∀y)[P(y) ⇒ P(f(x, y))] ∧ ¬(∀y)[Q(x, y) ⇒ P(y)]}}
6. 다음과 같은 문장들이 있다.

• 모든 개들은 동물이다. • 삽살개도 개다. • 모든 동물들은 죽는다.

   (a) 위의 문장들을 술어계산 문장으로 변환하라.
   (b) 술어계산 문장을 절 형태로 변환하라.
   (c) "삽살개도 죽는다" 문장을 모순도출법을 이용하여 증명하라.

7. 다음과 같은 문장이 있다.

> • 철수는 모든 종류의 음식을 좋아한다.
> • 사과는 음식이다.
> • 닭고기도 음식이다.
> • 사람들이 먹고 죽지 않는 것은 모두 음식이다.
> • 갑돌이는 땅콩을 먹었는데 죽지 않았다.
> • 갑순이는 갑돌이가 먹는 것은 무엇이든지 먹는다.

(a) 위의 문장들을 술어계산 문장으로 변환하라.
(b) 역방향 추론에 의해 "철수는 땅콩을 좋아한다"는 것을 증명하라.
(c) 술어계산 문장을 절 형태로 변환하라.
(d) "철수는 땅콩을 좋아한다"는 것을 도출법으로 증명하라.
(e) 도출법을 이용하여 "갑순이가 먹는 음식은 무엇인가?"라는 질문에 대답하시오.

8. 다음 주장에 대해 무엇이 잘못되었는지 지적하고, 이 문제점을 해결하기 위해 논리를 이용하여 표현하시오.

> • 인간은 지구상에 널리 흩어져 산다.
> • 소크라테스는 인간이다.
> • 그러므로 소크라테스는 지구상에 널리 흩어져 산다.

참고문헌

[1] Bledsoe, W. W., "Non-resolution Theorem Proving," *Artificial Intelligence*, vol. 9, 1977.

[2] Boyer, R. S., and J. S. Moore, *A Computational Logic*, Academic Press, 1979.

[3] Chang, C. L., and R. C. T. Lee, *Symbol Logic and Mechanical Theorem Proving*, Academic Press, 1973.

[4] Feigenbaum, E., and J. Feldman, eds., *Computers and Thought*, McGraw-Hill, 1963.

[5] Gallier, J. H., *Logic for Computer Science: Foundations of Automatic Theorem Proving*, Harper and Row Publishers, 1986.

[6] Genesereth, M., and N. Nilsson, *Logical Foundations of Artificial Intelligence*, Morgan Kaufmann, 1987.

[7] Ginsberg, M., *Essentials of Artificial Intelligence*, Morgan Kaufmann, 1993.

[8] Hogger, C. J., *Introduction to Logic Programming*, Academic Press, 1984.

[9] Kowalski, R., *Logic for Problem Solving*, North Holland, 1979.

[10] Loveland, D. W., *Automated Theorem Proving: a Logical Basis*, North-Holland, 1978.

[11] Luger, G. F., and W. A. Stubblefield, *Artificial Intelligence and the Design of Expert Systems*, The Benjamin/Cummings Publishing Co., 1989.

[12] Mandelson, E., *Introduction to Mathematical Logic*, Wadsworth & Brooks/Cole Advanced Books & Software, 1987.

[13] Nakoto, M., *Knowledge and Inference*, Academic Press, 1990.

[14] Newell, A., and H. Simon, *Human Problem Solving*, Prentice Hall, 1972.

[15] Nilsson, N. J., *Principles of Artificial Intelligence*, Tioga, 1980.

[16] Patterson D.W., *Introduction to Artificial Intelligence and Expert Systems*, Prentice-Hall, 1990.

[17] Robinson, J. A., "A Machine-oriented Logic Based on the Resolution Priciple," *Journal of the ACM*, vol. 12, pp. 23~41.

[18] Russell, S. AND P. Norvig, *Artificial Intelligence: A Modern Approach*, 2nd ed., Prentice-Hall, 2003.

[19] Siekmann, J. H., and G. Wrightson, eds., *The Automation of Reasoning : Collected Papers from 1957 to 1970*, vol Ⅰ, Springer-Verlag, 1983.

[20] Siekmann, J. H., and G. Wrightson, eds., *The Automation of Reasoning : Collected Papers from 1957 to 1970*, vol Ⅱ, Springer-Verlag, 1983.

[21] Wos, L., Automated Reasoning, 33 *Basic Research Problems*, Prentice Hall, 1988.

[22] Wos, L., R. Overbeek, E. Lusk, and J. Boyle, *Automated Reasoning : Introduction and Applications*, Prentice-Hall, 1984.

제 9 장

탐 색

학습목표

- 상태 공간의 개념을 이해하고 문제의 해결이 상태 공간에서의 탐색 과정을 통해 이루어질 수 있음을 배운다.
- 상태 공간을 중복이나 누락 없이 체계적으로 탐색하기 위한 기본 전략들을 학습한다.
- 대규모의 상태 공간을 효율적으로 탐색하기 위한 휴리스틱 최적화 기법들을 공부한다.

저자소개

류광렬, 부산대학교 정보컴퓨터공학부 교수, krryu@pusan.ac.kr

서민수, 삼성 SDS SCM 사업단 수석 컨설턴트, ms.suh@samsung.com

차 례

9.1 서 론

인공지능에서는 문제해결을 위한 기본 전략으로서 탐색을 이용한다. 탐색에 의해 문제를 해결하기 위해서는 먼저 대상 문제에 대한 상태공간(state space)을 정의한 후, 상태 공간 내의 초기상태에서 출발하여 여러 상태들을 탐색해 나아가 최종 목표상태, 즉 원하는 해를 찾아야 한다. 상태 공간을 어떻게 정의하고 또한 어떤 탐색방법을 동원할 것인가는 대상 문제의 특성에 따라 달라진다. 예를 들어, 바둑과 같은 게임을 생각해 보자. 양 대국자는 정해진 규칙 하에서 바둑을 승리로 이끌기 위해 여러 가지 경우의 수를 고려한 후 자기에게 유리한 위치에 바둑돌을 놓는 과정을 교대로 반복하게 된다. 이 문제에서는 바둑돌이 놓여 있지 않은 빈 바둑판이 초기 상태가 되며, 바둑돌이 한 개씩 놓임에 따라 새로운 상태로 옮아가게 된다. 새로운 바둑돌을 놓을 때마다 다시 어떤 위치가 좋은 지 즉 어떤 상태로 옮겨가는 것이 좋은지를 평가하게 되고 이 평가를 바탕으로 좋은 탐색 전략을 구사하는 편이 승리하게 된다. 만약 현재 상태에서 옮겨 갈 수 있는 모든 가능한 상태를 전부 평가한 후 가장 좋은 상태를 결정하는 식의 탐색 전략을 구사하려 한다면 이 문제의 경우 상태공간의 방대함 때문에 초고성능의 수퍼컴퓨터를 사용한다 하더라도 제한된 시간 내에 문제를 해결할 수 없게 된다. 그러나 바둑의 명인들은 모든 경우의 수를 다 점검하지 않고도 경험적 판단에 의해 유리한 다음 착점을 비교적 빨리 결정하는 능력을 지니고 있다. 이렇게 문제에 관한 경험적 지식을 이용하는 탐색을 흔히 휴리스틱(heuristic) 탐색이라고 부른다. 본 장에서는 상태 공간 탐색의 기본 개념을 소개한 다음 문제에 관한 지식이 없는 상태에서 할 수 있는 기본 탐색 기법 및 문제의 지식을 활용하는 휴리스틱 탐색 및 최적화 기법들에 관해 알아보기로 한다. 탐색에 대해 보다 깊이 있는 공부를 위해서는 [7, 9, 10]을 참조할 것을 추천한다.

9.2 상태 공간 탐색

상태공간은 그래프(graph)로 쉽게 표현될 수 있다. 즉, 주어진 문제의 각 상태를 그래프 상의 정점(vertex)으로 하고, 어떤 상태 A에서 다른 상태 B로의 전이(transition)가 가능할 경우 그 두 상태에 대응하는 두 정점을 방향성 호(directed edge 혹은 directed arc)로 연결하면 되는 것이다. 두 상태 간의 전이가 가능하다 함은 한 상태에서 어떤 단위 행동(action) 혹은 동작을 수행함으로써 다른 상태로 옮아 갈 수 있음을 의미한다. 사용 가능한 단위 행동의 종류는 주어진 문제에 따라 달라지며 일반적으로 각 상태마다 수행 혹은 적용 가능한(applicable) 행동들도 다를 수 있다. 흔히 단위 행동을 상태 전이규칙이라 부르기도 한다. 그래프를 이용한 상태공간의 정의는 다음과 같다.

상태 공간의 정의

상태 공간은 (V, E, I, G)로 구성된다.
V : 문제에 존재하는 모든 상태에 대응하는 정점들의 집합이다.
E : 정점 간을 연결하는 방향성 호들의 집합으로 각 호는 그 호의 출발 상태와 도착 상태 간에 전이가 가능함을 표시한다.
I : 문제의 초기 상태를 나타내는 집합으로서 V 의 부분집합이다.
G : 문제의 해에 해당하는 목표 상태들의 집합으로서 역시 V의 부분집합이다.

문제를 해결하는 과정이란 결국 I 중의 한 초기 상태에서 출발하여 G 중의 한 목표 상태까지 도달할 수 있는 전이 경로-이를 해 경로라고 함-를 찾아내는 상태 공간의 탐색 과정이라고 볼 수 있다. 탐색을 통한 문제해결의 궁극적 목표는 해 경로를 발견하는 것이고, 해 경로가 여러 개 존재하는 경우 가장 저렴한 해 경로를 어떻게 효율적으로 찾을 것인가 하는 탐색 전략이 중요하게 된다. 예를 들어 [그림 9-1]의 그래프를 보도록 하자. 이 그래프에서의 초기 상태는 A이고, 목표 상태는 E이다. A에서 E로 가는 경로를 찾아보면, 정점의 수가 유한함에도 불구하고 무한개의 경로가 존재함을 알 수 있다. 더욱이 이들 경로 중 $A \to B \to D \to C \to B \to D \to C \to B \to \cdots$의 무한 순환에 빠질 경우 영원히 목표 상태에 도달할 수 없게 된다. 이 문제에서는 목표 상태까지의 최단 경로인 $A \to B \to E$를 찾는 것이 문제해결의 목적이라고 할 수 있으며, 이러한 경로를 효율적으로 찾을 수 있도록 해 주는 탐색 전략의 결정이 문제해결의 열쇠가 된다.

[그림 9-1]

그래프를 이용한 상태 공간의 표현

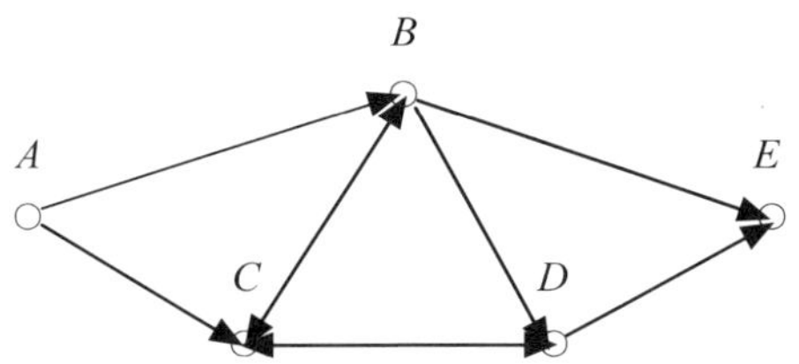

$V \leftarrow \{A, B, C, D, E\}$

$E \leftarrow \{(A, B), (A, C), (B, C), (C, B), (B, D), (C, D), (D, C), (D, E), (B, E)\}$

$I \leftarrow \{A\}$

$G \leftarrow \{E\}$

상태 공간 개념의 이해를 돕기 위한 또 다른 예로서 [그림 9-2]의 8-퍼즐 문제를 보자. 이 퍼즐은 그림 왼쪽의 초기 상태에서 오른쪽의 목표 상태에 도달하기 위해 타일들을 어떻게 이동시켜야 하는지 그 방법을 찾는 게임이다. 이 문제에서 상태 전이를 위한 단위 행동, 즉 상태 전이규칙은 타일을 빈 곳으로 이동시키는 것으로서 그 방향에 따라 왼쪽, 오른쪽, 위쪽, 아래쪽의 네 가지밖에 없으며 상태의 타일 배치 형태에 따라 적용 가능한 전이규칙이 달라진다. [그림 9-2]의 초기 상태에서는 세 방향으로만 타일의 이동이 가능하며 해당 상태 전이규칙들을 적용하면 [그림 9-3]의 중간에 부분에 묘사된 상태들로 이동이 가능하게 된다. 이렇게 일련의 타일 이동을 통해 목표 상태에 도달하는 최단의 해 경로를 찾아내는 것이 이 게임의 목적이다. [그림 9-3]은 초기 상태로부터 탐색 전이규칙을 적용하여 도달할 수 있는 상태들을 모두 보여주는 탐색나무(search tree)의 일부분이다. 탐색을 통한 문제해결에서는 탐색나무를 만들어 가면서 해 경로를 찾게 되는데,

탐색 전략을 어떻게 가져가느냐에 따라 해 경로를 찾는데 소요되는 탐색시간이 달라지며 찾아 낸 해 경로의 질 또한 달라진다.

[그림 9-2]

8-퍼즐 문제

1		3
7	4	6
5	8	2

초기 상태

1	2	3
8		4
7	6	5

목표 상태

상태 전이규칙 : ① 타일을 오른쪽으로 이동
② 타일을 왼쪽으로 이동
③ 타일을 아래쪽으로 이동
④ 타일을 위쪽으로 이동

[그림 9-3]

초기 상태로부터 상태 전이를 통해 도달할 수 있는 상태들을 모두 보여주는 탐색나무의 일부

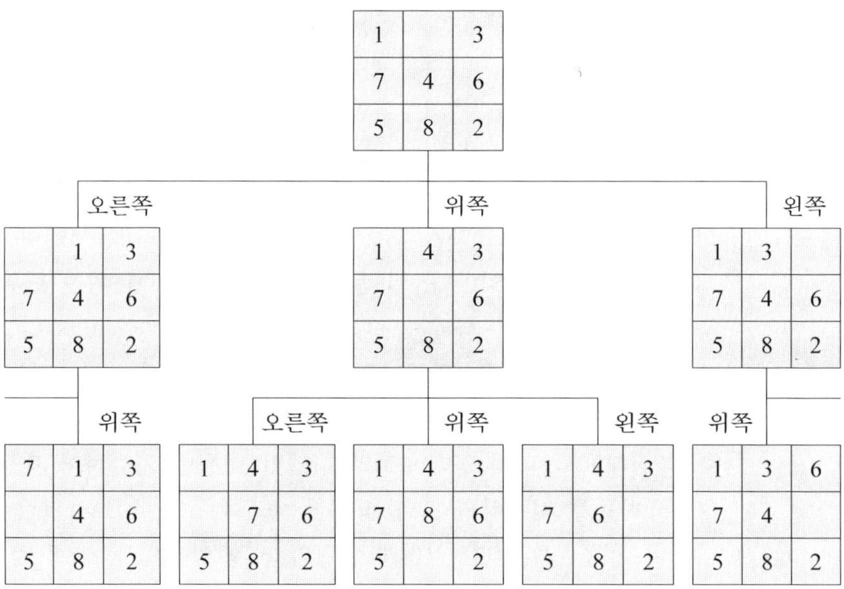

흔히 상태 공간의 탐색을 통해 문제를 해결하고자 할 때 그 소요시간 때문에 문제의 해를 구하기 어려운 경우가 많은데, 대표적인 예로 TSP(traveling salesperson problem)를 들 수가 있다. TSP에서는 한

세일즈맨이 주어진 N 개의 도시 중 임의의 도시에서 출발하여 모든 도시를 한 번씩만 방문한 후 다시 원래 출발도시로 돌아오는 최단 경로를 찾는 것이 목적이다. 단, 각 도시는 다른 모든 도시와 직접 연결되어 있다고 가정한다. 이 경우 출발도시에서 갈 수 있는 다음 도시의 수가 $(N-1)$이고 다시 그 다음으로 갈 수 있는 도시의 수가 $(N-2)$이므로 이런 식으로 계속하면 도시 방문 순서에 대한 총 경우의 수가 $(N-1)!$이 됨을 쉽게 알 수 있다. 따라서 N이 조금만 커져도 모든 경우의 수들을 다 조사한 뒤 최단 경로를 찾는다는 것이 현실적으로 불가능하게 된다. 말하자면 상태 공간의 규모가 N의 증가에 따라 기하급수적으로 증가하므로 단순히 탐색에 의존해서만 문제의 최적해를 구하는 것이 어려워지는 것이다. 이렇게 문제의 탐색 공간이 방대한 경우 우리가 취할 수 있는 접근방안은 문제에 관한 지식을 이용하여 적절한 탐색 전략을 구사하는 것이다. TSP의 해결을 위한 손쉬운 한 방법은 어떤 도시에서든 다음 방문 대상 중 가장 가까운 도시를 선택하여 그리로 이동하는 전략을 택하는 것이다. 이렇게 되면 출발도시에서는 다음 도시 $(N-1)$개를 보고 그 중 가장 가까운 도시로 이동하고 그 다음에는 다시 $(N-2)$개 중 가장 가까운 곳으로 이동하는 식으로 계속하게 되므로 생각해야 할 총 경우의 수가 $(N-1)+(N-2)+\cdot\cdot\cdot+2+1=N(N-1)/2$로 줄어들게 된다. 따라서 N이 웬만큼 커지더라도 문제를 푸는데 그리 많은 시간이 소요되지 않는다. 그러나 이렇게 구한 해가 최적해가 된다는 보장은 없어진다.

대부분 현실세계의 문제들은 방대한 탐색 공간을 가진다. 우리의 과제는 이 탐색 공간을 모두 탐색하지 않으면서 만족할만한 수준의 해를 구할 수 있는 방법을 찾는 것이다. 즉, 가능한 최적에 가까운 해를 적정 시간 내에 찾기 위해서는 어떤 탐색 전략을 구사해야 하는지를 결정하는 것이 중요한 문제가 된다는 것이다.

9.3 기본 탐색 기법

상태 공간을 탐색하는데 있어서 대상 문제에 관한 배경 지식이 특별히 없다면 상태 공간 내의 모든 상태들을 누락 없이 체계적으로 조사해 볼 수밖에 없다. 이러한 경우 사용할 수 있는 기본 탐색 기법으로는 깊이우선탐색(depth-first search)과 너비우선탐색(breadth-first search)이 있다. 이들 탐색에서는 초기 상태에서 출발하여 [그림 9-3]에 보인 바와 같은 탐색나무를 만들어 가면서 탐색을 수행한다. 탐색나무에서 각 노드(node)는 탐색 공간의 한 상태를 표시하며, 그 상태에 전이규칙을 적용함으로써 도달할 수 있는 상태들이 자식 노드(child node)로 만들어져 부모 노드(parent node)에 연결된다. 따라서 탐색나무는 초기 상태에 해당하는 뿌리 노드(root node)로부터 시작하여 노드들이 전개(expand)되고 그 결과 자식노드들이 생성(generate)됨에 따라 계속 커지게 된다. 너비우선탐색과 깊이우선탐색은 새로운 노드를 생성하기 위해 노드를 전개하는 순서가 서로 달라서 탐색나무가 커져가는 모양 또한 서로 달라지게 된다. 탐색나무에서 생성은 되었으나 아직 전개되지 않은 노드들을 흔히 fringe 노드라 부르며 fringe 노드들을 모아둔 리스트를 그냥 fringe라 부르기도 한다.

실제 탐색 알고리즘을 구현하기 위해서는 탐색나무의 각 노드에 여러 가지 정보가 기록되어야 한다. 먼저 그 노드가 표시하는 상태가 무엇인지가 기록되어야 하고, 그 노드의 부모 노드를 가리키는 링크(link) 및 그 노드가 만들어지기 위해 부모 노드의 상태에 적용되었던 전이규칙이 기록되어야 한다. 그리고 경우에 따라서는 뿌리 노드로부터 그 노드에 도달하기까지 적용된 전이규칙들의 총 적용 비용에 해당하는 경로비용(path cost) 등의 정보도 기록된다. 이렇게 되면 일단 목표 상태를 찾았을 때 부모 링크를 따라 뿌리 노드에 도달할 때까지 역추적 함으로써 완전한 해 경로를 파악할 수 있게 되고, 해 경로 상에 어떤 전이규칙들이 어떤 순서로 적용되었는지 등도 쉽게 알 수 있게 된다. 부모 링크는 또한 탐색 도중 새로 생성된 노드가 현재의 해 경로 상에서 이미 거쳐 온 노드들 중의 하나와 같은 것이 아닌지의 여부를 쉽게 파악할 수 있게 해주므로 무한순환에 빠지는 것을 막는 데에도 역할을 한다.

9.3.1 너비우선 탐색(Breadth-First Search)

너비우선탐색은 초기 상태로부터 전이가 가능한 모든 다른 상태들을 조사한 후 다시 그들 각각으로부터 전이가 가능한 다음 상태들 모두를 조사하는 방식으로 계속 진행하는 탐색 전략이다. 너비우선탐색의 구체적인 알고리즘은 아래와 같다.

너비우선탐색

0. FRINGE ← (초기 상태로부터 만든 뿌리 노드)
1. FRINGE가 빌(empty) 때까지 다음 과정을 반복 수행한다.
   1.1. FRINGE가 비어 있으면 탐색을 종료한다. 아니면, FRINGE 제일 앞의 첫 번째 노드 *E*를 빼 낸다
   1.2. *E*가 목표 상태에 해당하면 탐색을 중지하고 *E*를 돌려준다.
   1.3. *E*가 목표 상태에 해당하지 않으면 상태 전이규칙을 적용하여 *E*의 자식 노드를 모두 생성시킨다.
   1.4. 무한순환을 방지하기 위해 *E*의 자식 상태 중에서 뿌리로부터 *E*까지의 경로에 이미 나타난 상태들을 제외한 나머지 상태들만을 FRINGE의 **뒤쪽**으로 삽입시킨다.

[그림 9-1]의 문제에 너비우선탐색을 적용하였을 때 fringe의 내용은 다음과 같이 변하며, 이 때 생성되는 탐색나무의 변화 모습을 일부 보이면 아래의 [그림 9-4]와 같다.

초기 상태 : *A*, 목표 상태 : *Z*

1. FRINGE ← (*A*)
2. FRINGE ← (*B*, *C*)
3. FRINGE ← (*C*, *C*, *D*, *E*)
4. FRINGE ← (*C*, *D*, *E*, *B*, *D*)
5. FRINGE ← (*D*, *E*, *B*, *D*, *D*)
6. FRINGE ← (*E*, *B*, *D*, *D*, *E*)
7. 목표 상태 *E*가 발견되어 탐색을 종료함

[그림 9-4]

너비우선탐색 시 탐색나무의 변화 모습

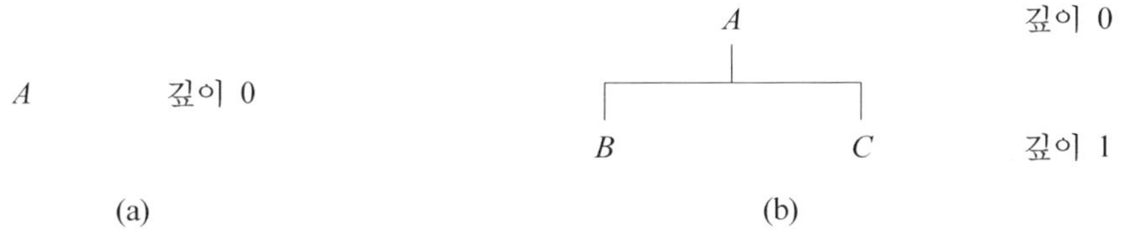

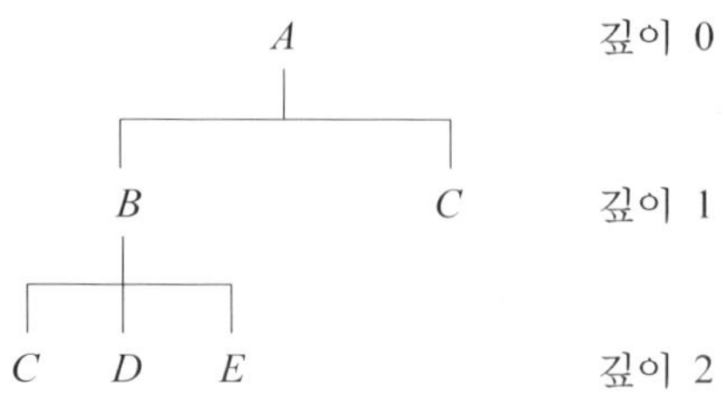

(c)

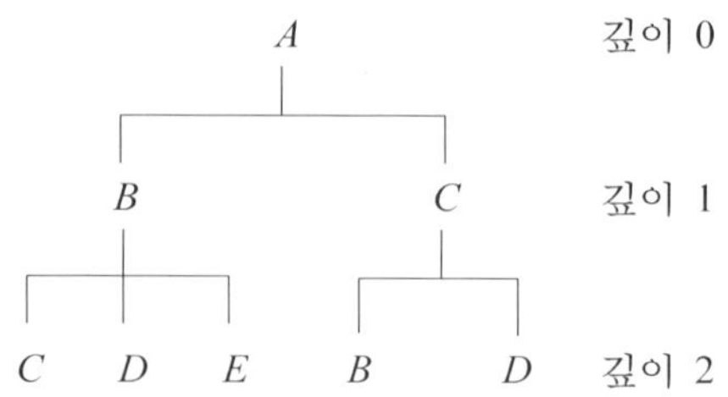

(d)

9.3.2 깊이우선 탐색(Depth-First Search)

깊이우선탐색은 너비우선탐색과는 달리 특정 깊이의 모든 노드들을 점검하는 대신 자식 노드 쪽 방향, 즉 깊이 방향 쪽을 우선적으로 계속 탐색해 나아가는 전략이다. 더 이상 탐색할 자식 노드가 없는 경우에는 상위에 있는 부모 노드의 다른 자식 노드로 되돌림 추적(backtrack)을 하게 된다. 깊이우선탐색의 구체적인 알고리즘은 아래와 같다.

깊이우선탐색

0. FRINGE ← (초기 상태로부터 만든 뿌리 노드)
1. FRINGE가 빌(empty) 때까지 다음 과정을 반복 수행한다.
   1.1. FRINGE가 비어 있으면 탐색을 종료한다.
   아니면, FRINGE 제일 앞의 첫 번째 노드 *E*를 빼 낸다
   1.2. *E*가 목표 상태에 해당하면 탐색을 중지하고 *E*를 돌려준다.
   1.3. *E*가 목표상태에 해당하지 않으면 상태 전이규칙을 적용하여 *E*의 자식 노드를 모두 생성시킨다.
   1.4. 무한순환을 방지하기 위해 *E*의 자식 상태 중에서 뿌리로부터 *E*까지의 경로에 이미 나타난 상태들을 제외한 나머지 상태들만을 FRINGE의 **앞쪽**으로 삽입시킨다.

[그림 9-1]의 그래프에서 호 (*D*, *E*)가 없다고 가정한 문제에 깊이우선탐색 전략을 적용할 경우 fringe의 내용은 다음과 같이 변하며, 이 때 생성되는 탐색나무의 변화 모습을 일부 보이면 아래의 [그림 9-5]와 같다. [그림 9-5(d)]를 보면 깊이 3의 노드 *D*에서는 더 이상 갈 곳이 없으므로 되돌림 추적을 하여 *D*의 부모 노드인 *C*의 다른 자식 노드로 탐색을 진행해야 한다. 그러나 *C*에게 다른 자식이 없으므로 되돌림 추적이 한 단계 더 위로 올라가 *B*의 다른 자식인 *D*로 향하게

되는데 D에서는 더 이상 진행할 곳이 없으므로 결국 되돌림 추적은 E에 이르게 되고 E가 목표상태이므로 탐색을 종료하게 된다.

> 초기 상태 : A, 목표상태 : E
>
> 1. FRINGE ← (A)
> 2. FRINGE ← (B, C)
> 3. FRINGE ← (C, D, E, C)
> 3. FRINGE ← (D, D, E, C)
> 3. FRINGE ← (D, E, C)
> 3. FRINGE ← (E, C)
> 9. FRINGE의 첫 상태 E가 목표 상태이므로 탐색을 종료함.

[그림 9-5]

깊이우선탐색 전략이 적용된 탐색나무

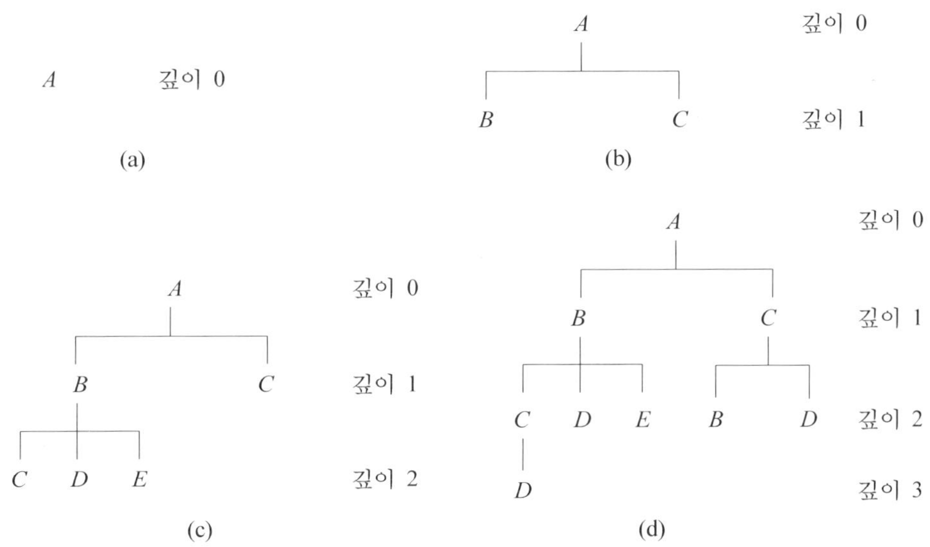

이제 깊이우선탐색과 너비우선탐색의 장단점을 살펴보도록 하자. 너비우선탐색은 목표 상태로 도달하는 해 경로가 여러 개 존재하는 경우 최단의 해 경로를 찾을 수 있다. 너비우선탐색은 깊이 n에 있는 모든 노드들을 탐색한 후 깊이 $n+1$의 노드들을 탐색하기 때문에 해 경로가 존재하는 경우 반드시 최단의 해 경로를 발견하게 된다. 그러나 분지율(branching factor: 각 노드의 평균 자식 수)을 b라 할 때 깊이 d에서 요구되는 fringe의 길이가 b^d으로서 d가 어느 정도 이상만 커져도 감당할 수 없게 된다. 또한, 깊이 d에 목표 상태가 있다면 탐색 소요시간 역시 b^d에 비례하게 되어 현실적 규모의 문제에 적용하기는 어려워진다. 실제로 너비우선탐색의 경우에는 탐색시간보다 메모리 요구량이 더 심각한 문제로 인식된다. 시간의 문제는 기다리면 된다고도 할 수 있지만 메모리의 문제는 컴퓨터 하드웨어의 제약을 직접적으로 받기 때문이다.

반면에 깊이우선탐색에서는 되돌림 추적을 하게 될 때 되돌린 곳의 노드들을 기억할 필요가 없다. 따라서 fringe에 저장되어야 할 노드의 수는 도달 깊이가 d일 경우 항상 b^d개로 제한되므로 메모리 요구량이 적다. 또한, 상태 공간의 일부 탐색만으로도 해 경로를 발견할 가능성이 있다는 이점도 지닌다. 그러나 잘못된 경로를 따라 깊이 빠지는 경우에는 해를 찾지도 못하면서 오랜 시간을 헛되이 낭비할 위험성도 배제할 수 없다. 그리고 해 경로를 발견하더라도 최단의 해 경로라는 보장이 없다. 탐색에 소요되는 시간은 최악의 경우 역시 b^d에 비례하게 된다.

9.4 휴리스틱 탐색 기법

대부분 현실의 문제는 방대한 탐색 공간을 가지므로 깊이우선탐색이나 너비우선탐색과 같은 단순한 소모적 탐색(exhaustive search) 전략만으로 제한된 시간 내에 해를 발견할 가능성은 매우 낮다. 그러나 대상문제에 관한 지식이 있다면 이를 활용하여 탐색을 효율적인 방향으로 이끌 수 있을 것이다. 휴리스틱(heuristic)이란 상태 공간 내의 각 상태가 목표 상태에 얼마나 가까운지를 추정해 주는 정량적 척도로서, 문제에 관한 지식을 바탕으로 만들어지는 일종의 평가함수를 말한다. 휴리스틱을 사용하면 탐색 시 희망적인 노드를 우선적으로 전개하게 되므로 노력의 낭비를 최소화하여 탐색 소요시간을 대폭 줄일 수 있게 된다. 그러나 휴리스틱은 어디까지나 현재 상태로부터 목표 상태까지의 거리 혹은 도달비용의 추정치를 제공할 뿐으로 절대적으로 신뢰할 수 있는 것은 아니다. 만약 완벽한 휴리스틱이 제공된다면 불필요한 노드의 전개 없이, 즉 사실상의 탐색 없이도 해를 찾을 수 있겠지만 보통 우리는 가능한 한 정교한 휴리스틱을 개발함으로써 보다 빠른 시간 내에 해를 찾을 수 있기를 기대하는 정도로 만족할 수밖에 없게 된다.

9.4.1 Best-First 탐색

Best-first 탐색은 깊이우선탐색과 너비우선탐색 전략을 적절히 혼합한 탐색 전략이다. 탐색 중에는 생성된 모든 노드들을 저장 관리하며 현 상태에서 옮겨갈 다음 상태를 선택하기 위하여 fringe의 노드들 중 가장 휴리스틱 평가값이 좋은 것을 선택하여 전개한다. [그림 9-6]은 예로서 상태 *A*에서 출발하여 목표상태 *Z*에 도달하기까지 best-first 탐색을 진행하였을 때 생성된 탐색나무를 보인 것이다. 괄호 안의 수치는 각 상태의 휴리스틱 평가값으로서 그 값이 작을수록 좋은 것이다.

[그림 9-6]

Best-first 탐색 전략이 적용된 탐색나무

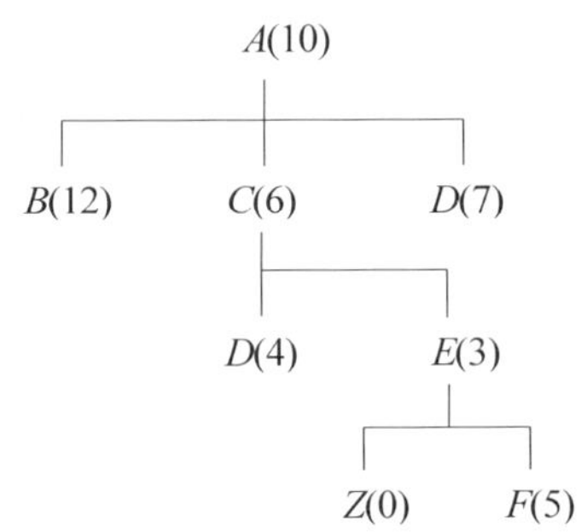

Best-first 탐색은 휴리스틱의 안내에만 의존하여 그 값이 가장 좋은 쪽으로만 성급하게 탐색을 밀고 나간다하여 흔히 greedy best-first 탐색이라고도 불린다. Best-first 탐색은 휴리스틱이 잘못된 방향으로 유도할 경우 깊이우선탐색처럼 해가 존재하더라도 찾지 못하는 경우가 생기고, 최단의 해 경로를 발견한다는 보장도 없다. 그리고 탐색시 생성된 모든 노드들을 저장하기 때문에 탐색 공간의 최대 깊이가 m이고 분지율이 b일 경우 너비우선탐색과 마찬가지로 b^m의 메모리를 필요로 하게 된다. 탐색 소요 시간 역시 최악의 경우 b^m에 비례하게 된다. 그렇지만 휴리스틱 함수가 우수할 경우에는 메모리 요구량과 탐색 소요 시간이 대폭 줄어들 수 있다는 장점이 있다.

9.4.2 A* 알고리즘

A* 알고리즘은 현재 상태를 평가할 때 휴리스틱 함수의 값만이 아니라 초기 상태에서 현재 상태에 도달하기까지의 비용도 함께 고려한다는 점이 best-first 탐색 알고리즘과 다르다. 일반적으로 현재 상태에서 목표 상태까지 도달하는데 필요한 비용은 정확한 예측이 어려우므로 휴리스틱 함수를 이용하여 추정하지만, 초기 상태에서 현재의 상태까지 도달하는데 소요된 비용은 이미 탐색을 수행하였기 때문에 정확한 계산이 가능하다. 이 두 가지 비용의 합으로 이루어지는 평가함수 f는 다음과 같이 표현될 수 있다.

$f(n) = g(n) + h(n)$

$g(n)$: 초기 상태에서 상태 n에 도달하기까지 소요된 비용

$h(n)$: 상태 n에서 목표 상태에 도달하기까지 소요되는 비용의 추정치

[그림 9-2]의 8-퍼즐 문제의 경우, 타일을 한번 이동시킬 때 소요되는 비용을 1 이라고 한다면, $g(n)$은 초기 상태에서 상태 n까지 타일을 이동시킨 거리의 총합이 되며, $h(n)$은 현재 상태에서 목표 상태에 도달할 때까지 필요한 타일 이동 비용의 합에 대한 추정치가 된다. 흔히 8-퍼즐의 경우에는 $h(n)$을 구하기 위해 단순히 현재 상태와 목표 상태를 비교하여 서로 위치가 일치하지 않는 타일의 총 개수만을 세기도 한다. 이렇게 불일치 타일의 수를 $h(n)$의 값으로 간주할 경우 n에서 목표까지의 실제 거리는 최소한 $h(n)$과 같거나 그보다 클 것이다. 이렇게 목표까지의 거리를 실제보다 언제나 과소평가(underestimate)하는 휴리스틱을 용인가능(admissible) 휴리스틱이라 부른다.

A* 탐색의 가장 큰 특징은 용인가능 휴리스틱을 사용할 경우 항상 최적해를 찾는 것이 보장된다는데 있다. 이를 증명하기 위해, 먼저 C를 초기상태로부터 목표상태까지의 최적경로의 비용이라고 가정해보자. 만약 fringe에 최적이 아닌 목표상태 노드 G'이 존재한다면 $f(G') = g(G') + h(G') = g(G') > C$가 될 것이다. 즉, G'이 목표상태라서 $h(G') = 0$이지만 현재 찾은 G'까지의 경로가 최적이 아님으로 인

해 $f(G')$이 C보다 커지게 되는 것이다. 그러나 fringe의 노드들 중 최적경로 상에 있는 노드 n을 평가해 보면, $f(n) = g(n) + h(n)$에서 $h(n)$이 항상 n으로부터 목표상태까지의 비용을 실제보다 과소평가하므로 $f(n) \leq C$가 되고, 결국 $f(n) < f(G')$이 될 것이다. 따라서 fringe 내에 비록 목표상태가 존재하더라도 다른 노드들을 평가하였을 때 그 목표상태보다 평가값이 좋은 노드가 있을 경우 그 노드를 전개하여 탐색을 계속하는 것을 전제로 한다면 A* 알고리즘은 반드시 최적해를 찾게 될 것임을 알 수 있다.

A* 알고리즘을 이용하여 [그림 9-7]의 8-퍼즐문제를 풀어보도록 하자. 이 문제에서 휴리스틱 평가함수 $f(n)$의 값은 초기상태에서 현상태까지 도달하기 위해 타일을 이동시킨 횟수와 앞으로 목표상태까지 도달하기 위해 예상되는 타일 이동횟수의 합이 된다. 이 문제의 초기 상태에서 목표상태에 도달하기까지의 탐색과정을 [그림 9-8]에 보이고 있다.

[그림 9-7]

휴리스틱 평가함수를 갖는 8-퍼즐문제

2	8	3
1	6	4
7		5

초기 상태, $g(n)=0$

1	2	3
8		4
7	6	5

목표상태

$f(n)=g(n)+h(n)$

$g(n)$: 초기 상태에서 상태 n에 도달하기까지 타일을 이동시킨 횟수

$h(n)$: 상태 n과 목표상태를 비교했을 때, 정위치에서 벗어나 있는 타일의 개수

[그림 9-8]

휴리스틱 평가함수를 갖는 8-퍼즐문제의 상태변화

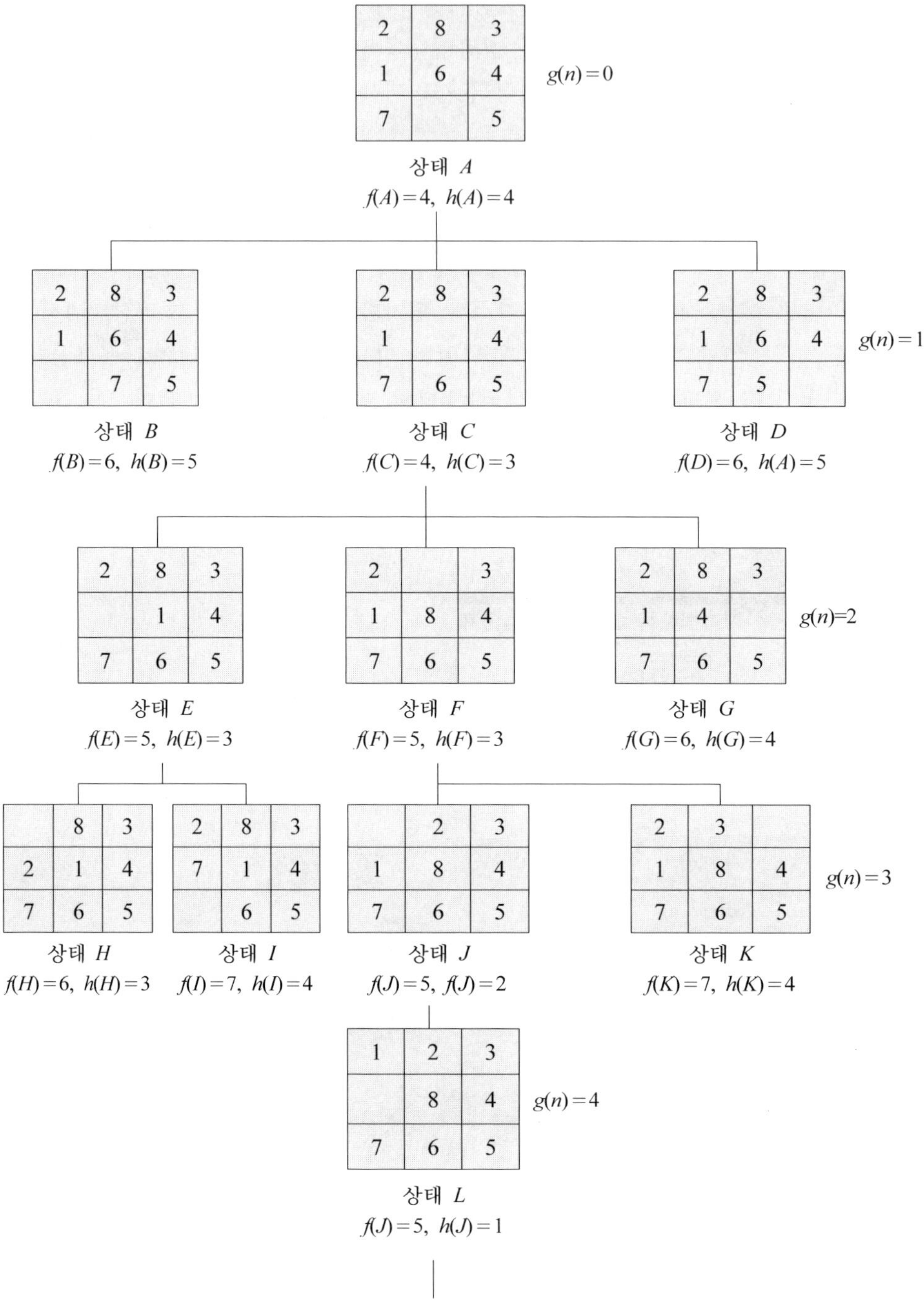

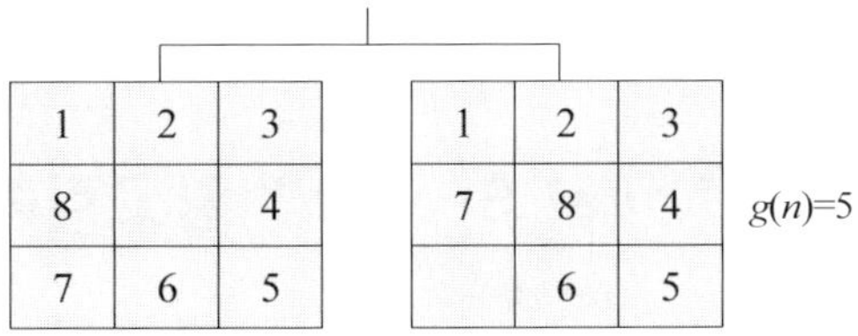

상태 M
$f(J)=5,\ h(J)=0$

상태 N
$f(J)=7,\ h(J)=2$

용인가능 휴리스틱을 사용하는 A*알고리즘은 해가 존재할 경우 반드시 최적해를 찾아준다는 보장이 있고, 현실적으로는 불가능하겠지만 휴리스틱이 완벽할 경우 탐색 없이 (최적경로 밖에 있는 노드를 전개하는 일 없이) 최적해를 찾는다. 그러나 휴리스틱이 완벽하지 못하면 최악의 경우 탐색 소요시간 및 메모리 요구량이 모두 너비우선탐색과 마찬가지로 지수적(exponential)이 되어버린다. 일반적으로 동일한 휴리스틱을 사용한다는 전제 하에서는 최적해를 보장하는 알고리즘들 중에서 A* 알고리즘보다 전개하는 노드의 수가 적다는 보장을 해주는 알고리즘은 존재하지 않는다.

메모리 요구량과 탐색 소요 시간을 대폭 줄일 수 있으려면 좋은 휴리스틱을 사용해야 한다. 어떤 두 용인가능 휴리스틱 h_1과 h_2가 만약 임의의 어떤 탐색 노드 n에 대해서라도 $h_1(n) \le h_2(n)$의 관계에 있다면 h_2를 사용하는 것이 더 유리하다. h_2는 과대평가를 하지 않으면서도 실제 비용에 보다 가깝게 추정하기 때문에 불필요한 탐색을 줄이는데 더 효과적이기 때문이다. 그러나 현실의 복잡한 문제를 대상으로 과대평가를 하지 않으면서도 정확도가 높은 휴리스틱을 만든다는 것이 사실상 거의 불가능한 경우가 많기 때문에 대규모의 현실문제에 A* 알고리즘을 적용하기는 어렵다. 주어진 메모리와 시간이 제한된 상태에서 대규모의 현실문제를 해결하기 위해서는 결국 최적해를 보장하는 알고리즘 대신 이렇게 제한된 자원만 가지고 최적에 최대한 가까운 해를 구할 수 있는 알고리즘을 사용할 수밖에 없다. 아래의 9.5절에서는 이러한 알고리즘들을 소개한다.

9.5 국지적 탐색(Local Search) 알고리즘

지금까지는 탐색을 모두 상태공간의 초기상태에서 출발하여 목표상태까지의 경로를 찾는 과정으로 설명하였다. 그러나 실제로는 경로가 전혀 중요하게 취급되지 않는 문제들도 많다. 예를 들어 대학에서 교양과목 중간고사 시간표를 작성하려 할 경우 초기상태인 빈 시간표에서 출발하여 모든 과목의 고사실과 시간이 배정된 목표상태에 도달할 때까지 탐색을 할 수도 있지만, 사실 그 탐색 경로가 어떠한지는 전혀 중요하지가 않다. 다시 말해 탐색 과정에서 국어보다 영어에 대해 먼저 고사실과 시간을 배정하든 그 반대 순서로 하든 아무 상관이 없고, 단지 최종적으로 도달한 목표상태가 중간고사를 실시하는데 문제가 없는 상태이기만 하면 되는 것이다. 이런 종류의 문제를 해결하는 데는 흔히 국지적 탐색 알고리즘들이 사용된다. 국지적 탐색에서는 탐색 대상이 되는 공간 내의 각 상태가 지금까지 설명한 상태공간에서와는 달리 이미 모두 나름의 완성형태(complete configuration)를 갖추고 있다. 중간고사 시간표의 예를 들어 설명하자면 각 상태는 모든 과목에 대해 고사실과 시간이 일단 배정되어 나름의 완성형태를 갖추고 있는 하나의 후보해(candidate solution)에 해당하는 것이 된다. 목표상태가 되기 위한 조건은 물론 그 배정 형태가 중간고사를 실시하기 위해 필요한 모든 제약조건을 다 만족하는 것이어야 할 것이다. 국지적 탐색 알고리즘은 하나의 후보해에 해당하는 초기상태를 임의로 생성하는 것으로 시작하여 그 상태와 유사한 이웃(neighbor) 상태들을 생성하고 평가하여 좋은 쪽으로 옮겨가는 방식으로 탐색한다. 이웃상태들은 현재상태를 일부 변형함으로써 생성된다.

국지적 탐색은 최적화 문제를 해결하는데 유용하게 많이 사용된다. 탐색 시 상태 즉 후보해에 대한 평가는 주로 목적함수(objective function)에 의해 이루어진다. 목적함수는 문제에서 그 값을 최적화하라고 주어진 함수이다. 최적화는 크게 비용 목적함수의 값을 최소화하는 경우와 가치 목적함수를 최대화하는 경우로 나뉜다. 주어진 목적함수를 최소화(최대화)하는 해가 무엇인지는 알기가 어렵기 때문에 탐색을 하는 것이지만, 탐색 중 만나는 후보해의 목적함수 값을 계산하는 것은 대개 매우 쉽다. 9.2절의 후반부에서 소개한 TSP의 예를 다시 보자. *N*개 도시의 최적 방문 순서는 그들을 모두 한 번씩 방문하는 경로의 거리를 최소화해 주는 순서이다. 국지적 탐색을 이용할 경우 초기에 임의의 순서에서 시작하여 순서를 일부 수정한 이웃해(이웃상태)들을 평가하여 좋은 방향으로 찾아가게 된다. 목적함수의 값은 제안된 방문 순서대로 도시를 따라가며 이동거리의 합을 구함으로써 쉽게 구해진다. 물론 목적함수의 값이 얼마일 때가 최소인지는 알 수 없기 때문에 그 값이 어느 정도 만족할 만 한 수준이라고 판단될 때까지만 탐색을 계속하던지 아니면 제한된 시간까지만 탐색을 하게 된다.

9.5.1 언덕 오르기(Hill-Climbing) 탐색

언덕 오르기 탐색은 아래에 알고리즘 형태로 정리한 바와 같이 목적함수의 값이 최대로 증가하는 방향으로만 탐색을 진행한다. 즉, 이웃해들을 생성하여 그 중 평가값이 가장 좋은 것을 선택하여 다시 현재상태로 삼고 다시 그 이웃상태들을 생성하여 탐색을 계속하는 것이다. 그러나 만약 가장 좋은 이웃상태가 현재상태보다 못하면 현재상태를 돌려주고 탐색을 종료하기 때문에 탐색공간 내에서 국지적 혹은 지역 최적해(local optimum)를 매우 빨리 찾아주는 대신 매우 단순한 문제가 주어진 경우가 아니면 전역 최적해(global optimum)를 찾기가 어렵다는 단점이 있다.

언덕 오르기 탐색

0. 초기상태를 생성한다.
1. 초기상태를 현재 상태 *Sc*로 하고 다음 과정을 반복한다.
    1.1. NEIGHBOR ← *Sc*의 이웃상태 중 목적함수의 값이 가장 좋은 상태
    1.2. NEIGHBOR의 목적함수 값이 *Sc*의 목적함수 값보다 나쁘면 *Sc*를 돌려준다.
    1.3 *Sc* ← NEIGHBOR

지역 최적해의 문제는 언덕 오르기 탐색이 best-first 탐색과 마찬가지로 너무 근시안적으로 좋고 나쁜 방향을 greedy하게 판단해 버리

는데 기인한다. 국지적으로 근처에 있는 이웃해 밖에 보지 못하면서 좋고 나쁨을 성급히 판단하기 때문에 보다 좋은 영역으로의 탐색 기회를 놓칠 수 있기 때문이다. 따라서 이렇게 greedy한 성향을 일부 완화시킬 의도에서 만들어진 것으로 단순 언덕 오르기(simple hill-climbing) 탐색이 있다. 이 방법에서는 여러 이웃상태들을 생성하여 그 중 가장 좋은 것을 선택하는 것이 아니라 이웃상태를 무작위로 하나만 생성한 다음 이렇게 생성된 상태가 현재상태보다 좋으면 그 상태로 바로 이동하고 그렇지 못할 경우에는 무작위 생성을 다시 계속한다. 단순 언덕 오르기 탐색과 구별하기 위해 보통의 언덕 오르기 탐색을 흔히 급경사 우선 언덕 오르기(steepest-ascent hill-climbing) 탐색이라고 부르기도 한다.

지역 최적해의 문제를 극복하기 위한 또 다른 방안으로 많이 사용되는 것으로는 지역 최적해에 도달할 때마다 다시 초기상태를 무작위로 생성하여 언덕 오르기 탐색을 수행하는 과정을 계속 반복하는 방법이 있다. 무작위 재시작 언덕 오르기(random-restart hill-climbing)라 불리는 이 방법은 경우에 따라 매우 좋은 성능을 보이기도 하는 것으로 알려져 있기는 하지만, 지역 최적해 문제를 해결하기 위해 적극적 전략을 사용하는 것은 아니다. 아래에 설명할 모의담금질(simulated annealing) 알고리즘[6], 타부탐색(tabu search)[2, 3] 및 유전알고리즘(genetic algorithm)[1, 4, 5, 8]은 모두 평가함수를 기반으로 탐색을 하되 각기 특별한 탐색전략을 구사함으로써 복잡한 문제가 주어지더라고 전역 최적해에 가까운 품질의 해를 비교적 빠른 시간 내에 찾을 수 있게 해 주는 것들로서 실제 현장의 최적화 문제들을 해결하는 데 널리 사용되고 있다.

9.5.2 모의 담금질(Simulated Annealing) 알고리즘

언덕 오르기 탐색이 지역 최적해에 도달하게 되면 주위의 이웃상태(이웃해)들이 모두 현재상태(현재해)보다 나쁜 평가함수 값을 가지므로 어떤 방향으로 탐색을 진행해야 좋을지 모르게 된다. 이 경우 탐색을 중단하거나 아니면 무작위적인 건너뛰기를 시도한 다음 그 지점에서 다시 언덕 오르기를 계속해 보는 무작위 재시작 언덕 오르기 방식으로 탐색을 계속할 수 있지만 좋은 해를 찾게 될 가능성은 그리 높지 못하다. 모의담금질 알고리즘에서는 이웃상태가 현재상태보다 못하더라도 그 방향으로의 탐색을 계속하게 함으로써 한시적으로 내리막 방향의 이동을 허용하되 다시 보다 높은 봉우리로 올라갈 수 있는 기회를 모색하는 방식으로 탐색이 이루어진다.

모의담금질 알고리즘의 기본 골격은 단순 언덕 오르기 탐색과 유사하다. 즉, 무작위로 하나의 이웃상태만 생성한 다음 이렇게 생성된 상태가 현재상태보다 좋으면 그 상태로 바로 이동하고 그렇지 못할 경우에는 이동 여부를 확률적으로 결정한다. 이 때 확률은 $e^{-|\Delta E|/T}$로 계산되며, 여기서 $|\triangle E|$는 현재상태와 새로 선택된 상태의 평가함수 값의 차이고 T는 무작위 정도를 조절하는 파라미터로서 온도라고 불리는 것이다. 선택된 상태가 현재상태에 비해 아주 나쁘면 $|\triangle E|$가 매우 커지게 되어 그 상태로 옮아 갈 확률은 매우 낮아지게 된다. 온도 T는 높을수록 현재보다 나쁜 상태로 갈 확률을 크게 해 주는 효과를 가지며, T가 0에 접근하면 확률 값은 $|\triangle E|$에 관계없이 0으로 접근하게 되어 현재보다 나쁜 상태로는 가지 않는 단순 언덕 오르기 탐색과 같아지게 된다.

온도 T는 보통 탐색 초기에 높은 값으로부터 출발하여 탐색이 진행되어 감에 따라 점차 낮아지도록 만든다. 이렇게 함으로써 초기에 탐색의 무작위적 성향을 강하게 하여 상태 공간을 보다 다각적으로 탐색할 수 있게 하고, 후반부에 가서 어느 정도 좋은 탐색 영역을 찾은 뒤에는 무작위적 성향을 줄여서 보다 집중적 탐색이 이루어질 수 있게 하는 것이다. 온도 T를 어떻게 변화시켜 나갈 것인가 하는 것은 결국 탐색 전략을 어떻게 가져갈 것인가를 결정하는 것으로 대상 문제의 성격에 따라 혹은 실험적 시행착오의 과정을 거쳐 적절하게 결정되어야 한다. 이렇게 결정되는 T의 변화 계획을 흔히 담금질 스케줄(annealing schedule)이라 부른다. 담금질 스케줄이 온도를 충분히 천천히 낮추어 준다면 모의담금질 알고리즘은 최적해를 찾을 수 있는 것으로 되어있지만 그 대신 탐색에 소요되는 시간이 매우 길어질 수 있음을 감안해야 한다.

모의담금질 알고리즘에서 현재보다 나쁜 상태로 갈 확률의 계산은 실제 담금질 과정에서 열역학적으로 밝혀진 원자들의 에너지 상태 변화에 관한 확률 식을 따른 것이다.

9.5.3 타부 탐색(Tabu Search)

타부탐색 역시 언덕 오르기 탐색이 지역 최적해에 머물게 되는 단점을 극복하기 위해 고안된 기법이다. 타부탐색은 급경사 우선 언덕 오르기 탐색과 마찬가지로 현재상태의 이웃들 중 가장 평가값이 우수한 상태를 선택하지만 그 상태가 현재상태보다 나쁘더라도 이동을 함으로써 지역 최적해를 벗어나려고 시도한다는 점이 다르다. 그러나 이런 식으로 가장 좋은 해를 계속 선택하여 이동하다 보면 방금 지나온 지역 최적해로 되돌아가가 무한 순환에 빠질 가능성이 높으므로, 상당 기간 동안 최근에 방문한 해로 다시 이동해 가지 못하게 하는 장치가 필요하다. 이를 위해서, 타부탐색은 타부 리스트(tabu list)라는 단기 메모리(short term memory)에 최근의 이동내역을 기록하고, 이 리스트에 기록된 내역대로 이동하는 것을 원칙적으로 금지한다. 타부 리스트는 보통 일정한 길이의 FIFO(First-In-First-Out)기반 큐(queue)의 형태로 구현하여, 매 이동 시 이 리스트에 이동내역을 기록하되 기록된 내역의 수가 정해진 한도에 도달하면 가장 먼저 기록되었던 내역을 삭제한 후 새 내역을 기록하는 방식을 취한다.

[그림 9-9]는 간단한 TSP를 타부탐색으로 풀 경우 탐색 초기에 타부리스트 내에 이동내역이 기록되어 가는 과정을 보인 예이다. 초기해는 무작위적으로 생성된 것으로 10개의 도시 *A*, *B*, *C*, . . . , *J*를 방문하는 순서를 나타내고 있다. 만약 현재해에서 이웃해를 생성할 때 인접한 두 도시의 방문 순서를 바꾸는 것만으로 제한한다면, 첫 도시와 마지막 도시도 방문 순서 상 인접한 것으로 간주할 경우 총 10개의 이웃해가 생성될 수 있다. 그림은 가장 좋은 이웃해들을 선택하여 이동을 해 가면서 그에 따라 타부리스트에 이동내역이 기록되는 것을 보이고 있다. 이동내역으로는 예에서 보는 바와 같이 이동 시 현재상태에서 변화된 부분의 내용만 기록하는 것이 보통이다. 이동내역이 타부리스트 내에 머무는, 즉 타부상태(tabu status)인 기간을 타부 유지기간(tabu tenure)이라 부르며 그림의 예에서는 타부 리스트의 길이와 같은 3이 된다.

[그림 9-9]

탐색의 진행에 따른 타부 리스트 기록 내용의 변화 과정

iteration	현재해(현재상태)의 변화										타부리스트의 변화
1	*A*	*C*	*B*	*G*	*H*	*D*	*E*	*J*	*F*	*I*	
2	*A*	***B***	***C***	*G*	*H*	*D*	*E*	*J*	*F*	*I*	(*B*,*C*)
3	*A*	*B*	*C*	*G*	*H*	*D*	***J***	***E***	*F*	*I*	(*E*,*J*) (*B*,*C*)
4	*A*	*B*	*C*	*G*	*H*	*D*	*J*	***F***	***E***	*I*	(*E*,*F*) (*E*,*J*) (*B*,*C*)
5	*A*	*B*	*C*	*G*	***D***	***H***	*J*	*F*	*E*	*I*	(*D*,*H*) (*E*,*F*) (*E*,*J*)

Iteration 5에서 새 이동내역 (*D*,*H*)가 타부리스트에 삽입될 때에는 가장 오래된 이동내역인 (*B*,*C*)가 삭제된다. Iteration 3에서 다음 이동을 할 때에는 (*E*,*J*)와 (*B*,*C*)가 타부상태임으로 인해 *E*와 *J* 및 *B*와 *C*의 위치교환이 각각 금지된다. *E*와 *J*의 위치교환을 시도할 경우에는 바로 직전 상태로 되돌아가게 되므로 금지되는 것이 당연하게 생각되지만, 이 시점에서의 *B*와 *C*의 위치교환이 실제로는 이전의 어떤 상태로도 되돌아가게 하는 것이 아님에도 불구하고 여전히 금지된다는 데 유의할 필요가 있다. 따라서, 실제 타부탐색에서는 어떤 이동이 비록 타부상태에 머물러 금지되고 있더라도 소위 열망기준(aspiration criteria)을 넘어서면 타부상태임을 무시하고 그 이동을 허용한다. 대개의 경우 이동해 가고자 하는 해(상태)의 평가함수 값이 현재까지 발견된 어떤 해 보다도 좋을 경우 열망기준을 넘어서는 것으로 간주한다.

이상 설명한 바와 같이 타부탐색은 언덕 오르기 탐색과 같은 방식으로 탐색을 하되 지역 최적해에 도달하더라도 탐색이 종료되지 않고 계속 이웃해로 이동을 함으로써 새로운 탐색영역을 조사하게 된다. 이 때 사용되는 타부리스트의 길이가 길수록 보다 새로운 영역으로의 탐색이 촉진되어 탐색의 다각화가 이루어지고 그 길이가 짧으면 특정 영역에 대한 보다 집중적인 탐색이 이루어지게 된다. 그러나 타부탐색에서는 보다 적극적으로 탐색의 다각화를 시도하기 위해 타부리스트와 같은 단기 메모리 외에 추가로 장기 메모리(long term memory)를 사용하는 방안도 있다.

장기 메모리 중 대표적인 것으로는 장기간에 걸쳐 취해진 이동 내역 별 빈도수를 기록하는 빈도기반 메모리(frequency-based memory)를 들 수 있다. [그림 9-9]의 예를 이용하여 설명한다면, 빈도기반 메모리를 사용하기 위해서는 먼저 가능한 모든 도시 쌍에 대해 위치교환이 일어난 빈도수를 기록할 수 있는 자료구조를 확보하여야 한다. 그리고, 매 iteration 마다 타부리스트에 이동내역을 기록함과 동시에 빈도기반 메모리에는 해당 도시 쌍의 빈도수를 1 증가시키도록 한다. 이렇게 준비가 된 상태에서, 소정의 기간 동안 타부탐색이 좋은 해를 찾지 못하고 답보 상태에 머물고 있는 것으로 판단되면 탐색을 다른 영역으로 유도하기 위해 빈도기반 메모리의 저장 정보를 이용하게 된다. 가장 일반적인 방법은 현재해로부터 이동해갈 후보들로 생성된 이웃해들의 평가함수 값을 계산할 때 각각 이웃해를 생성시키는데 관련된 내역의(위의 예에서는 도시 쌍의) 빈도수 기록을 참조하여 빈도수가 높을수록 그에 비례하여 벌점을 부과하는 것이다. 이렇게 함으로써 장기간에 걸쳐 자주 시도된 이동 관련 내역이 또 다시 반복 사용되는 것을 억제하여 새로운 영역으로 탐색 방향을 바꾸도록 유도하는 것이다. 이렇게 하다가 새로이 좋은 해가 발견되면 벌점 부과를 중단하고 원래의 타부탐색 방식으로 돌아가 탐색을 계속한다. 물론 탐색이 답보 상태에 빠지는 상황이 또 발생하면 다시 빈도기반 메모리를 참조하여 벌점을 부과하는 방식으로 전환하면 된다. 빈도기반 메모리에 어느 정도 기간에 걸친 정보를 저장할 것인가는 실험적으로 결정되어야 하겠지만, 탐색 초기부터 종료 시까지 계속 빈도 정보를 누적시키는 방법도 흔히 사용되고 있다.

9.5.4 유전 알고리즘(Genetic Algorithm)

유전알고리즘은 자연계의 유전법칙을 이용함으로써 대규모의 탐색공간에서 전역적 탐색을 통해 좋은 해를 찾고자하는 방법이다. 유전알고리즘이 위에서 소개한 탐색 기법들과 가장 크게 다른 점은 하나의 해에서 출발하여 유사한 이웃해들로 이동하며 탐색하는 방식 대신 해의 집단을 가지고 출발하여 세대 변천에 따라 그 집단을 진화시켜 나가는 방식으로 우수한 해를 찾는다는데 있다. 초기 해 집단은 적정 수의 해를 무작위로 생성하여 만든다. 각 해는 주로 2진 스트링으로 부호화되는데 유전알고리즘에서는 이 부호화된 스트링을 염색체(chromosome)라 부르며, 염색체를 구성하는 각 bit를 유전자라 한다. 앞 절에서 예로 든 [그림 9-9]의 경우 해를 부호화하려면 40 bit 길이의 2진 스트링이 필요하게 된다. 방문해야 할 도시가 10개 있으므로 이들을 구분해 표시하는데 4 bit가 필요하고 하나의 해는 10개 도시의 배열로 이루어지기 때문이다.

[그림 9-10]

교배 연산의 예

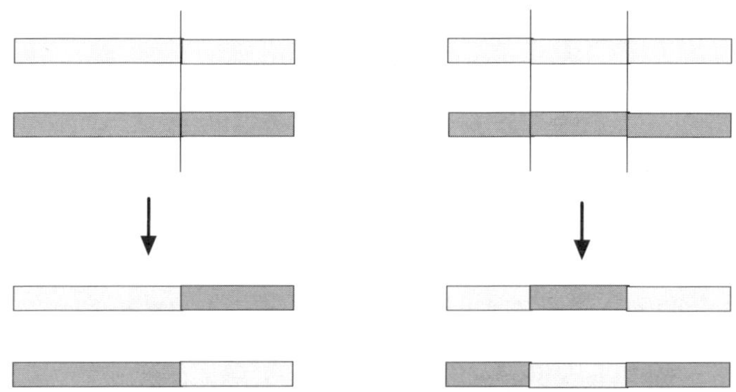

(a) 1-점 교배　　(b) 2-점 교배

집단의 진화를 위해 사용되는 유전 연산으로는 재생산(reproduction)과 교배(crossover) 및 돌연변이(mutation)의 세 가지가 있다. 재생산은 각 염색체가 자신의 평가함수 값, 즉 적합도(fitness)를 기준으로 적자생존의 법칙에 따라 선택(selection)되는 과정이다. 적합도가 높을수록 선택될 기회가 높고 적합도가 아주 낮으면 아예 선택의 기회를 얻지 못하여 도태된다. 교배란 선택된 두 염색체가 서로 결합하여 서로의 유전자들을 교환함으로써 새로운 자손을 만드는 과정이다. 자손의 생성을 위해 두 염색체가 부모로 선택된 후에는 교배를 실시할지의 여부가 확률적으로 정해진다. 이 확률을 교배확률(crossover rate)이라 부르며 보통 0.7～1.0 사이의 값이 많이 사용된다. 교배를 하지 않게 된 경우에는 부모 염색체가 그대로 자식으로 전달되어 다음 세대로 이어지게 된다. [그림 9-10]은 교배연산으로 흔히 사용되는 1-점(one-point) 교배와 2-점(two-point) 교배의 예를 보인 것이다. 교배 지점은 무작위로 선택된다. 앞의 [그림 9-9]에서 예로 든 TSP의 경우에는 그러나 이런 식의 보통 교배 방식을 사용할 수가 없다. 예를 들어 iteration 2의 해와 iteration 5의 해를 [그림 9-10]과 같은 방식으로 교배해 버리면 일부 도시는 중복으로 나타나면서 또 다른 일부 도시는 삭제되어 버려 제대로 된 해가 될 수가 없다. 따라서, 이런 경우에는 특별히 고안된 다른 교배 방법을 사용하게 된다. 교배의 기본 목적은 어쨌든 부모의 유전 정보를 적절히 배합하여 나누어 가진 자손을 만드는데 있다. 돌연변이 연산은 교배 연산을 시행한 후 염색체의 일부 bit의 내용을 뒤집음으로써 이루어진다. 돌연변이가 너무 많이 일어나면 탐색이 무작위로 되어버릴 위험이 있으므로 보통 매우 낮은 확률(보통 0.01이하)로 시행된다. 아래의 [그림 9-11]은 이상 설명한 유전알고리즘의 가장 초보적 형태를 정리한 것이다.

[그림 9-11]

초보적인 유전알고리즘

1. 무작위로 n개의 염색체를 생성하여 초기 집단을 형성한다.
2. 집단 내 각 염색체의 적합도를 계산한다.
3. n개의 자손이 생성될 때까지 다음을 반복한다.
   3.1. 부모가 될 한 쌍의 염색체를 선택한다.
   (선택 확률은 적합도에 비례하고 선택은 복원추출 방식으로 이루어짐)
   3.2. Pc의 확률로 두 부모를 임의의 교배지점에서 교배한다.
   3.3. 생성된 자손의 각 bit에 대해 P_m의 확률로 돌연변이를 실시한다.
4. 새로 생성된 자손들로 집단을 교체한다.
5. 종료조건이 만족되지 않으면 단계 2로 되돌아간다.

유전알고리즘은 적자생존의 법칙에 따라 적합도가 높은 개체들이 집단 내에서 세력을 확장하게 하면서 이들 간의 교배를 통해 보다 우수한 개체가 생성되기를 기대하는 진화론에 바탕을 둔 알고리즘으로서 교배 연산이 탐색에 있어서 주된 역할을 하는 것으로 생각되고 있다. 이에 비해 돌연변이는 자연도태 과정에서 일부 유전정보가 집단 전체에서 사라져버릴 경우에 대비하여 그 정보를 되살릴 수 있는 유일한 장치로서의 의미를 가진다. 만약 되살릴 수 있는 방법이 없다면 그와 관련된 탐색영역을 탐색할 수 없게 되어버리므로 돌연변이도 보조적이나마 나름의 역할을 한다고 볼 수 있다.

유전알고리즘은 집단을 기반으로 탐색하기 때문에 전역적인 탐색 성능이 뛰어나다. 그러나 교배가 해의 형태를 비교적 크게 바꾸어 버리는 연산이기 때문에 탐색의 정밀도가 떨어져서 우수한 해 근처까지 접근을 하더라도 막상 그 해를 찾아내지는 못하는 경우가 있다. 이러한 이유로 인해, 유전알고리즘과 앞에서 설명한 모의담금질 알고리즘 등의 하이브리드 결합에 의해 양자의 장점을 살리는 것이 고난도의 복잡한 문제에 대한 유력한 해법이 되는 경우도 많다.

주요용어

- 상태공간(state space)
- 탐색나무(search tree)
- 휴리스틱 탐색(heuristic search)
- 국지적 탐색(local search)
- 지역 최적해(local optimum)
- 전역 최적해(global optimum)

연습문제

1. 깊이우선탐색 전략과 너비우선탐색 전략의 장단점을 각각 논하라.
2. 너비우선탐색이 깊이우선탐색보다 더 좋은 경우의 문제를 예로써 제시하라. 또한 그 반대의 경우에 해당하는 문제를 예로써 제시하라.
3. Best-first 탐색 전략이 너비우선탐색 전략보다도 더 좋지 않은 경우의 문제를 예로써 제시하라.
4. A^* 알고리즘의 휴리스틱 평가함수를 어떤 형태로 할 경우 너비우선탐색과 같아지는가? 그 이유를 설명하라.
5. 현실의 대규모 문제의 전역 최적해를 구하기 위해 A^* 알고리즘을 적용하려면 좋은 휴리스틱 평가함수를 개발해야 하는데 그것이 실제로는 매우 어렵다. 어떤 이유에서인가?
6. [그림 9-7]의 8-퍼즐문제를 단순 언덕 오르기 방법과 급경사 우선 언덕 오르기 방법을 이용하여 각각 탐색할 경우 생성되는 탐색나무를 그려보라.
7. 모의담금질 알고리즘에서 담금질 스케줄이 담당하는 역할은 무엇인가? 또한, 타부탐색에서는 이 역할을 무엇이 어떻게 담당하는가?
8. 유전알고리즘에서 돌연변이 연산을 제거할 경우 어떤 문제가 생기는가?
9. 돌연변이 연산 이외에 유전알고리즘에서 탐색의 다각화를 위해 할 수 있는 방안으로는 어떤 것이 있겠는지 설명해 보라.

참고문헌

[1] Fogel, D. B., *Evolutionary Computation: Toward a New Philosophy of Machine Intelligence*, IEEE Press, 2000.

[2] Glover, F., "Tabu Search: 1," *ORSA Journal on Computing*, 1(3):190-206, 1989.

[3] Glover, F. and Laguna, M., *Tabu Search*, Kluwer Academic Publishers, 1997.

[4] Goldberg, D. E., *Genetic Algorithms in Search, Optimization, and Machine Learning*, Addison Wesley, 1989.

[5] Goldberg, D. E., *The Design of Innovatioin: Lessons from and for Component Genetic Algorighms*, Kluwer Academic Publishers, 2002.

[6] Kirkpatrick, S., Gelatt, C. D., and Vecchi, M. P., "Optimization by Simulated Annealing," *Science*, 220:671-680, 1983.

[7] Luger, G. F., *Artificial Intelligence: Structures and Strategies for Complex Problem Solving*, 4th edition, Pearson Addison Wesley, 2002.

[8] Mitchell, M., *An Introduction to Genetic Algorithms*, The MIT Press, 1996.

[9] Nilsson, N. J., *Artificial Intelligence: A New Synthesis*, Morgan Kaufmann, 1998.

[10] Russel, S. and Norvig P., *Artificial Intelligence: A Modern Approach*, 2nd edition, Prentice Hall, 2003.

제 10 장

제약기반 문제해결 방법론

학습목표

- 제약의 종류와 다양한 표현방법을 알아본다.
- 제약풀이 기법의 종류와 장단점을 파악한다.
- 제약기법이 어떤 분야에 어떻게 적용되고 있는가를 파악한다.
- 제약기법 솔루션 패키지 도구들의 특징과 응용에 대해 이해한다.
- 제약기법의 발전방향을 전망한다.

저자소개

권순범, 국민대학교 경상대학 e-비즈니스학부 교수, sbkwon@kookmin.ac.kr

차 례

10.1 서 론

본 장에서는 지능정보 시스템의 구현에 있어서 지식표현과 문제풀이 기법의 주요 수단 중의 하나인 제약조건 기반 문제해결 방법론에 대해서 살펴본다. 제약(constraint)은 지식표현에 있어서 선언적(declarative) 성격을 가지고 있고 추론(풀이)에 있어서는 대규모 결합형 문제(combinatorial problem)를 잘 해결한다. 제약기법에서는 제약풀이(혹은 제약전파: constraint propagation) 방법을 이용하여 대상 문제 공간을 좁혀나가면서 가능 해를 찾아낸다. 그리고 이 과정에서 전문가의 지식을 표현, 반영하면서 탐색과정을 통제할 수도 있다.

따라서, 제약기법은 프로세스 계획, 스케쥴링, 반도체 설계, 전자상거래에서의 상품구성, 정보시스템의 구성설계, DNA 배열, 자연어 처리에 있어서의 품사분석 등의 여러 문제 해결에 사용되고 있다. 인공지능, 경영과학(Operations Research), 전산학 등을 기반으로 하여 제학문적 성격을 띠고 있으며, 다루는 문제의 범위에 따라서 다양한 기법이 적용되고 있다. 또한 제약기법을 이용한 소프트웨어 도구도 개발되어 정형화되어 있는 문제의 신속한 해결에 도움을 주고 있다.

10.2 제약기반 문제해결의 기본

10.2.1 제약과 제약기법

제약(constraint)은 우리의 일상생활에 있어서 친숙한 개념이다. 언제까지 어떤 일을 해야 한다든지, 어떤 일을 수행하기에 적합한 사람은 어떤 전공자이어야 한다든지, A라는 일이 완료되어야 B라는 일을 시작할 수 있다든지 하는 것이 모두 제약의 개념에 속한다. 즉, 제약은 물리적인 세계의 개체간의 관계를 수학적 혹은 논리적으로 표현한 것으로 이해할 수 있다.

좀더 수학적으로 표현해 보자면, 제약은 하나 이상의 개체(변수)

에 대한 논리적 관계이며 각 개체는 각각 취할 수 있는 값의 범위(도메인: domain)를 갖고 있다. 따라서 제약이라는 것은 각 개체가 취할 수 있는 값의 범위를 좁혀나가는 역할을 하며 해당 개체에 대한 정보를 제공하는 역할을 한다. 대개의 현실 문제에서는 하나의 개체에 관련된 제약이 동시에 여러 개인 경우가 많아서 하나의 개체에 대해서 하나의 제약만을 해결해야 하는 것이 아니라 여러 제약을 동시에 고려하여 해결해야 한다. 이러한 특징이 제약기법문제가 복잡해지는 요인이 된다. 한편, 도메인은 수치 값(numeric value)일 수도 있고, 심볼 값(symbolic value)일 수도 있다. 즉 하나의 제약기법에서 수치와 심볼을 동시에 다룰 수 있다는 의미이다. 예를 들면 길이에 대한 제약과 색에 대한 제약을 동시에 표현할 수 있다. 규칙표현과 마찬가지로 제약표현도 선언적 특징을 가지고 있는데, 제약이 어떻게 해결(추론)되는가의 알고리즘이나 절차와 상관없이 제약이 독립적으로 표현될 수 있는 특징이다.

제약기법은 해결하고자 하는 문제를 제약으로 표현하고 부여된 제약을 만족하는 해를 찾아가는 기법을 사용하는 모든 문제해결 방법을 의미한다. 개체(변수)가 취할 수 있는 도메인의 종류에 의해서 제약기법을 나눌 수 있는데, 이산(discrete), 유한한(finite) 도메인 값에 대한 제약만족기법(CSP: Constraint Satisfaction Problem)과 무한한(infinite) 값에 대한 기법으로 나눌 수 있다. 유한한 도메인에 대한 제약만족기법은 결합기법(combinatorial programming)을 기반으로 한 방법이며, 무한한 값을 대상으로 한 풀이는 Taylor 시리즈나 Newton 방법 같은 수리적 기법(mathematical technique)이 적용되어야 한다. 현업의 상당 수의 문제(95%)는 유한한 도메인 값에 대한 제약만족기법으로 해결할 수 있는 것으로 파악되고 있고[3], 제약만족기법(CSP)이 제약기법을 대표하는 기법으로 인식되고 있다.

제약만족기법 이외에도 논리(Logic Programming)와 결합된 제약논리기법(CLP: Constraint Logic Programming)이 있는데, CLP에서는 제약의 풀이를 논리식 단일화(unification)의 확장으로 보고 추론하는 방법으로 접근한다. 제약만족기법에 비해서 CLP방법은 논리식에 수리적 제약을 표현할 수 있도록 하여 다양한 도메인 값을 다룰 수 있는 장점이 있다. CLP에서 다루는 변수 종류의 확장에 따라서, CLP(FD): Finite Domain, CLP(R): Real-arithmetic constraints, CLP(BNR): Boolean, Naturals and Real로 확장 발전되었다.

그밖에도 제약풀이 기법과 규칙추론 방법을 결합한 제약규칙만족기법(CRSP: Constraint and Rule Satisfaction Problem)도 개발되어 제약과 규칙 표현이 모두 필요한 문제의 해결에 활용되고 있다.

한편, 많은 제약기반 솔루션 업체들은 특정한 값을 갖는 변수에 적용하는 제약의 개념과 단일화를 기반으로 하는 논리해결에서 벗어나 여러 문제분야에서 표현되어야 하는 다양하고 일반적인 제약의 표현과 풀이 기법을 포함하는 소프트웨어 패키지를 개발하여 제공하고 있다. 사용자는 소프트웨어 패키지가 제공하는 적합한 제약 표현을 선택하여 문제를 표현하고 여러 제약풀이 기법 중에서 원하는 풀이 방법을 선택할 수 있다. ILOG가 제약기반 프로그래밍(CP: Constraint-based Programming) 소프트웨어 패키지의 대표적인 예이다.

10.2.2 제약문제의 예

앞으로의 설명의 이해를 높이기 위해서 제약기법이 적용된 대표적인 문제를 소개하고자 한다. n-queen 문제는 인공지능의 문제풀이(problem solving) 분야에서 문제풀이 알고리즘의 성과측정에 사용되는 대표적인 문제로 도메인이 유한한 값을 갖는 제약만족 문제이다.

[그림 10-1]은 서양장기에서 4행 4열의 판에 4개의 여왕(queen)을 놓는 4-queen 문제로, 서로 공격할 수 없는 위치에 놓도록 하는 것이 목적이다. 여왕은 직선이나 대각선으로만 움직일 수 있다. 4개의 행을 4개의 변수로 보면(X_1, X_2, X_3, X_4), 각 변수가 취할 수 있는 값은 여왕이 놓일 열의 위치(1, 2, 3, 4)가 된다. 이들 4개의 변수간에는 위에서 설명한 대로 서로 공격할 수 없도록 하는 관계가 있으며, 이 관계가 바로 호환성제약이 된다. 이를 수식형태의 제약으로 표현해 보면 다음과 같다.

i) $X_i \neq X_j$

ii) $|X_i - X_j| \neq |i-j|, \quad i, j = 1, 2, 3, 4$

첫번째 관계는 두 여왕이 같은 열에 놓일 수 없다(두 변수가 같은 값은 가질 수 없다)는 것을 나타내는 것이고, 두 번째 관계는 두 여왕이 대각선상에 놓일 수 없다는 것을 나타낸다. 그리고 각 변수는 이

두 관계를 동시에 모두 만족하여야 한다. 예를 들면 변수 X_1과 X_2 간의 호환성 제약은 i) $X_1 \neq X_2$ ii) $|X_1 - X_2| \neq 1$이 된다. 만약 X_1의 값이 2이면 X_2의 값은 4이어야 하고, 반대로 X_2의 값이 먼저 결정되어 4라는 값을 갖는다면 그에 따라서 X_1도 위의 호환성제약을 만족하도록 1이나 2의 값을 가져야 하는 양방향성을 갖고 있다. 변수 X_1과 X_2 간의 호환성 제약을 다음과 같이 집합의 개념으로 표현할 수도 있다.

$$\forall \{(x_1 \in X_1,\ x_2 \in X_2)(x_1,\ x_2)\ |x_1 \neq x_2 \wedge |x_1 - x_2| \neq 1\} \cdots\cdots\cdots\cdots ①$$

또는 이를 호환성을 갖는 변수값들의 집합(compatible value set)으로도 나타낼 수 있다.

$$\{(1,\ 3)\ (1,\ 4)\ (2,\ 4)\ (3,\ 1)\ (4,\ 1)\ (4,\ 2)\} \cdots\cdots\cdots\cdots ②$$

표현의 간결성 면에서는 ①과 같은 수식표현이 좋지만, 수식 형태로 호환성관계를 표현하기 곤란하다면 ②와 같이 호환성 있는 값들의 집합으로 표현할 수도 있다. ②의 집합표현이 표현의 일반성 면에서는 나은 표현방법으로도 볼 수 있다.

그래프의 형태로 위의 문제를 나타내면 [그림 10-1]의 (b)처럼 제약네트워크로 표현가능하다. 4개의 변수와 6개의 호환성 제약으로 구성되어 있고, 각 변수가 취할 수 있는 값은 1, 2, 3, 4이다. 변수 X_1은 세개의 호환성제약(C_{12}, C_{13}, C_{14})과 관련이 있으므로, 변수 X_1에 할당된 값은 이들 세개의 호환성제약을 모두 만족해야 하며, 나머지 변수들도 모두 이러한 관계를 유지해야 한다.

[그림 10-1]

4-queen 문제

	1	2	3	4
X_1		Q		
X_2				Q
X_3				
X_4				

(a) 4행 4열 장기판

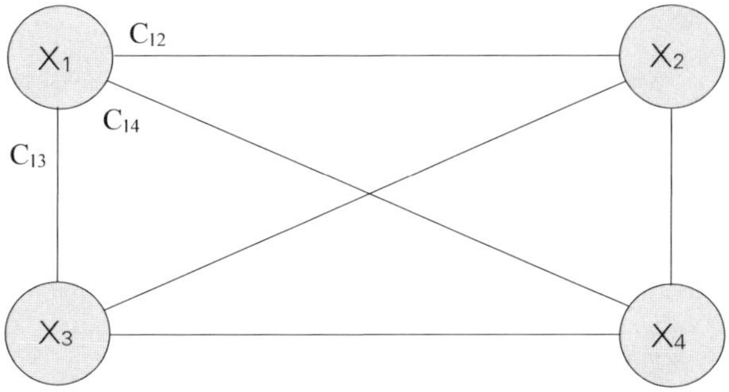

(b) 제약네트워크

10.2.3 제약의 특징

앞서 살펴본 4-queen 문제에 대한 이해를 기반으로 제약의 특징을 살펴보자. 우선 규칙 표현과의 차이점을 비교해 보면 <표 10-1>과 같이 정리할 수 있다. 규칙은 원인부(if 부분)에서 결과부(then 부분)로의 인과관계를 나타내는 단방향 관계를 나타내는 반면 제약은 양방향의 호환성 관계를 주로 나타낸다. 또한 규칙 집합을 그래프로 표현하면 연속된 인과관계의 사슬인 AND/OR 트리 구조로 표현되나, 제약 집합은 네트워크 형태로 표현된다. 두 가지 표현은 모두 변수간의 관계를 나타내는 도구로써, 각각 표현하기에 적합한 문제 영역을 갖고 있다.

그밖에도 제약은 다음과 같은 특징을 지닌다. 대개의 경우 제약은 변수에 대한 부분 정보를 제공한다. 즉, 변수가 어떤 특정 값을 가져야 함을 나타내는 완벽한 정보보다는 어떤 성격의 값을 갖는다는 정보를 제공한다. 변수에 대해서 어떤 제약을 먼저 적용하는 가에 관계없이 동일한 결과를 가져온다. 즉, 제약이 변수가 가질 수 있는 변수 값을 한정하는 기능은 해당 변수와 관련된 제약 중에서 어떤 변수를 먼저 적용하더라도 동일한 결과를 갖는다.

이상에서 살펴본 호환성제약의 표현의 특징을 정리하면 다음과 같다.

i) 관련된 변수들의 상호간 영향을 나타낸다. (양방향성)

ii) 수식의 형태 혹은 호환성 있는 값들의 집합으로 표현될 수 있다.

iii) 그래프의 형태로는 제약네트워크(constraint network)로 표현할 수 있다.

iv) 제약은 변수에 대한 부분 정보를 제공한다.

v) 제약의 적용순서는 풀이의 결과에 무관하다.

<표 10-1>

규칙과 호환성 제약 표현의 비교

표현방법 / 속 성	규 칙	제 약
변수간의 관계	인과(causal) 관계	호환성(compatible) 관계
방향성	방향성 있음	방향성 없음
그래프 표현	AND/OR 트리	제약 네트워크

마지막 특징으로 제약은 동일한 문제에 대해서도 문제를 분석한 사람의 경험과 선호에 의해서 다양하게 표현될 수 있다. 지금까지 예로 살펴본 4-queen 문제의 호환성제약 표현도 다양한 표현방법 중의 한가지이며, 문제를 분석하는 사람의 표현력이나 선호에 의해 다른 형태의 표현도 가능하다. 만약 4열과 4행이 만드는 모든 구역(16개의 셀)을 변수로 보고(X_1, X_2, ..., X_{16}), 셀에 여왕이 놓이는가 혹은 놓이지 않는가에 따라 1, 0 중에 하나를 변수 값으로 갖는다고 문제를 분석했다면([그림 10-2] (a)), 호환성제약은 처음과는 전혀 다른 표현이 된다. 이들 호환성제약을 굳이 수식으로 표현하자면, 다음과 같은 복잡한 형태가 된다.

[그림 10-2]

4-queen 문제의 또 다른 표현

X_1	X_2	X_3	X_4
X_5	X_6	X_7	X_8
X_9	X_{10}	X_{11}	X_{12}
X_{13}	X_{14}	X_{15}	X_{16}

(a) 변수의 설정

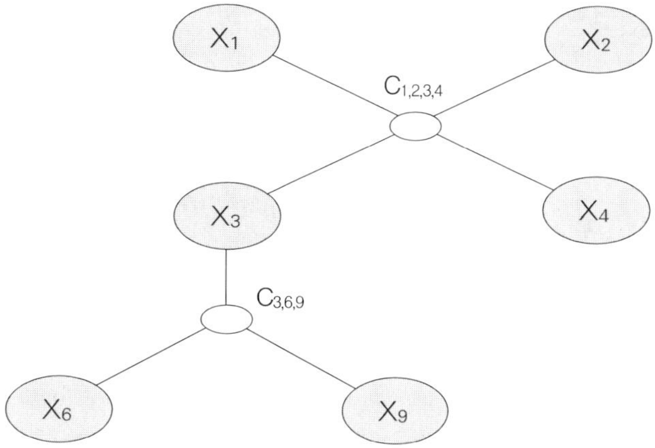

(b) 제약네트워크의 일부

$$\sum_{i=1}^{4} X_{4k+i} = 1, \quad k=0,1,2,3 \quad \cdots\cdots ③$$

$$\sum_{k=0}^{3} X_{4k+i} = 1, \quad i=0,1,2,3 \quad \cdots\cdots ④$$

$$\left.\begin{array}{l} X_2 + X_5 = 1 \\ X_3 + X_6 + X_9 = 1 \\ X_4 + X_7 + X_{10} + X_{13} = 1 \\ X_8 + X_{11} + X_{14} = 1 \\ X_{12} + X_{15} = 1 \end{array}\right\} \cdots\cdots ⑤$$

$$\left.\begin{array}{l} X_3 + X_8 = 1 \\ X_2 + X_7 + X_{12} = 1 \\ X_1 + X_6 + X_{11} + X_{16} = 1 \\ X_5 + X_{10} + X_{15} = 1 \\ X_9 + X_{14} = 1 \end{array}\right\} \cdots\cdots ⑥$$

③과 ④는 각각 같은 행과 열에 두개이상의 여왕이 놓일 수 없다는 조건이고, ⑤와 ⑥은 각각 좌우 대각선 상에 두개이상의 여왕이 놓일 수 없다는 조건을 나타낸다. 처음 표현에 비해서 복잡하고 이해하기 힘든 표현이 되었고, 제약네트워크로 표현하기도 어렵다. 왜냐하면, 처음표현은 모든 호환성제약이 두개 변수간의 이진관계(binary relation)를 나타내는 것이었으므로 제약네트워크 상에서 두 변수를 잇는 선으로 나타낼 수 있었으나, 두 번째 표현방법은 하나의 호환성제약에 관

련되는 변수가 세 개 이상인 것도 있으므로 제약 네트워크 상에서는 [그림 10-2] (b)와 같은 선(hyper-arc)으로 표현된다. [그림 10-2]의 (b)는 ③, ④, ⑤, ⑥의 18개 제약 중에서 두개 만을 예로 그린 것이다.

어떤 것을 변수와 변수 값으로 선택해서 제약을 표현하는가 하는 것은 문제를 분석하는 사람의 기술적 능력에 따른 것이다. 위의 두 가지 표현을 비교해 보면, 변수와 변수 값의 범위가 균형을 이루면서 되도록 제약의 수와 제약에 관련되는 변수를 줄이는 방향의 표현이 호환성제약 표현의 간결성과 이해력을 높이는 방향이 된다는 것을 알 수 있다. 적절한 변수와 변수 값을 설정해 제약을 잘 표현하는 것은 표현된 제약으로 추론을 수행할 때, 추론의 효율성에도 직접적인 영향을 미치므로 중요하다.

10.3 제약만족문제의 추론방법

유한한 도메인에 대한 풀이 기법인 제약만족문제의 추론방법은 크게 세가지로 분류할 수 있다.

i) 되돌림 추적기법(Backtracking Method)
ii) 일치성 유지기법(Consistency Algorithm)
iii) 혼합형 기법(Hybrid Type)

되돌림 추적기법은 변수에 변수 값을 차례로 할당하면서 제약을 만족하는 가를 검토하는 방법으로 인공지능의 여러 분야에서 사용되고 있는 기법이다. 일치성 유지기법은 문제공간에서 주어진 제약을 만족하지 않는 변수 값들을 제거하면서(일치성을 유지하면서) 문제공간을 좁혀가는 방법이고, 혼합형기법은 위의 두 가지 기법을 혼합한 추론 방법이다. 위의 세가지 제약만족문제의 추론방법을 4-queen 문제와 낱말 맞추기 문제를 예로 설명하겠다.

10.3.1. 되돌림 추적기법(Backtracking Method)

앞 절에서 예를 든 4-queen 문제는 4개의 변수가 각각 (1, 2, 3, 4) 중 하나의 값을 가질 수 있으므로 4^4개의 경우의 수가 있고, 이 중에서 서로 공격할 수 없는 위치에 있는 경우가 구하고자 하는 답이 된다. 모든 경우의 수를 나열하는 방법으로 해를 구하고자 한다면, ① 4^4개의 경우를 차례로 생성해서, ② 그 때마다의 경우가 제약을 만족하는가를 검토하는 생성-검토(generate and test) 과정을 반복해야 한다. 이 방법은 답을 찾아주는 것을 보장하는 방법 중에서(답을 찾아주는 것을 보장하지 못하는 방법도 있음) 탐색의 효율이 가장 낮은 방법이다.

(1) 4-queen 문제에 적용

되돌림 추적기법은 생성-검토 방법보다는 탐색의 효율이 높은 방법으로, 변수에 변수 값을 차례로 할당해 가면서 제약을 만족하는가를 검토하는 방법이다. [그림 10-3]은 4-queen문제에서 변수 X_1부터 차례로 변수 값 1, 2, 3, 4를 할당하는 과정을 설명한 것이다. 오른쪽의 설명을 따라가 보면, 처음에 X1에 1을 할당한다(①). 다음에 X_2에 1을 할당해 본다. 제약을 만족하지 않으므로 X_2에 2를 할당해 본다(②). 역시 만족하지 않으므로 X_2에 3을 할당하여 제약이 만족됨을 확인한다(③). 다음 X_3에 1, 2, 3, 4 값을 차례로 넣어 본다. 이러한 과정을 계속 거쳐서 4개의 변수 값이 모두 제약을 만족할 때까지 답을 찾는 방법이다. 되돌아가는 과정은 ④ → ⑤에서 처음 발생한다. [그림 10-4] (a)를 보면, X_1=1, X_2=3인 상황에서 변수 X_3에 차례로 1, 2, 3, 4 값을 할당해보아도 제약을 만족시키지 못하므로, 바로 전 변수인 X_2로 되돌아가게 된다. 그리고, 아직 할당된 적이 없는 변수 값 4를 할당하여 다시 탐색을 시작한다. ⑧→⑨→⑩에서도 되돌아가는 과정이 연속해서 일어났고([그림 10-4]의 (b)), 변수 X_1이 1 값을 가지면 제약을 만족하는 해가 없다는 결과에 도달했으며, 탐색은 X_1에 2를 할당해서 계속 진행된다(⑩).

[그림 10-5]는 지금까지 설명한 되돌림 추적기법의 알고리즘을 흐름도(flow chart)로 작성한 것이다. 되돌림 추적기법은 [그림 10-6]과 같이 문제공간에서 해를 찾아가는 탐색의 과정으로 설명할 수도 있다. 그림과 같이 가능한 모든 문제공간을 트리 구조로 표시하면, 해를 찾아가는 과정은 트리 구조에서 밑바닥 노드까지 도달할 수 있는 경로를 찾는 것으로 볼 수 있다.

[그림 10-3]

4-queen 문제에 되돌림 추적기법의 적용

①	X_1 1				X_1에 1을 할당함.
②		X_2 1, 2			X_2에 1, 2를 할당함. 제약불만족.
③		X_2 3			X_2에 3을 할당함. 제약만족.
④			X_3 1, 2, 3, 4		X_3에 1, 2, 3, 4를 할당함. 제약불만족. 되돌아감
⑤		X_2 4			X_2에 4를 할당함. 제약만족
⑥			X_3 1		X_3에 1을 할당함. 제약불만족
⑦			X_3 2		X_3에 2를 할당함. 제약만족
⑧				X_4 1, 2, 3, 4	X_4에 1, 2, 3, 4를 할당함. 제약불만족. 되돌아감
⑨			X_3 3, 4		X_3에 3, 4를 할당함. 제약불만족. 되돌아감
⑩	X_1 2				X_1에 2를 할당함.
	…				

[그림 10-4]

되돌림이 일어나 상황 예

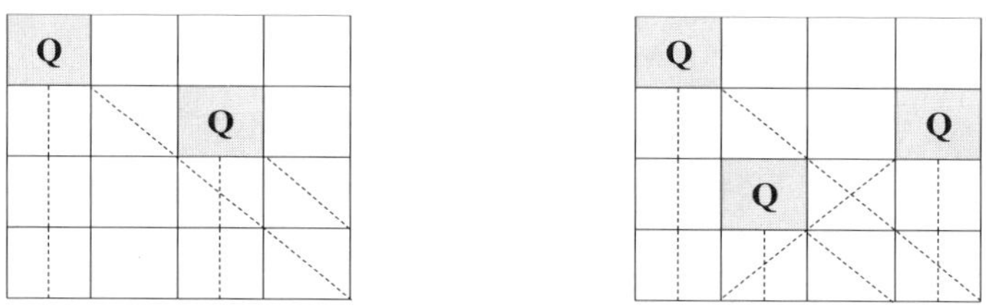

(a) ④ → ⑤ (b) ⑧ → ⑨ → ⑩

[그림 10-5]

되돌림 추적의 알고리즘

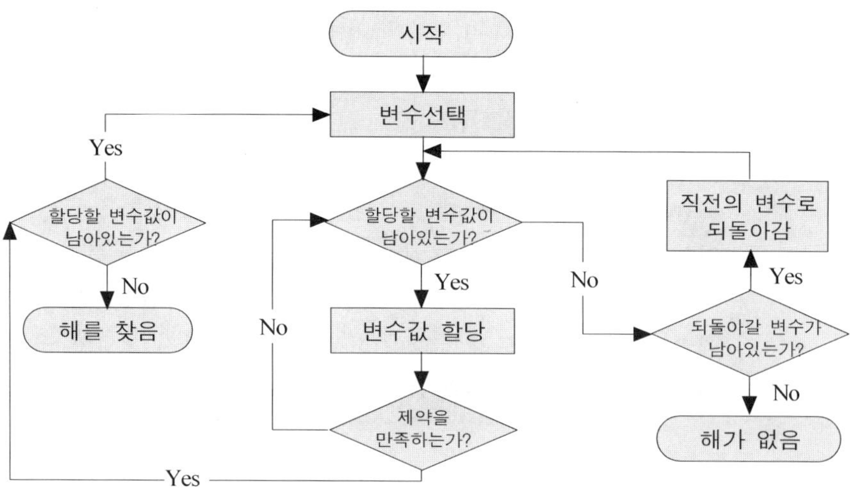

[그림 10-6]

4-queen 문제의 탐색공간

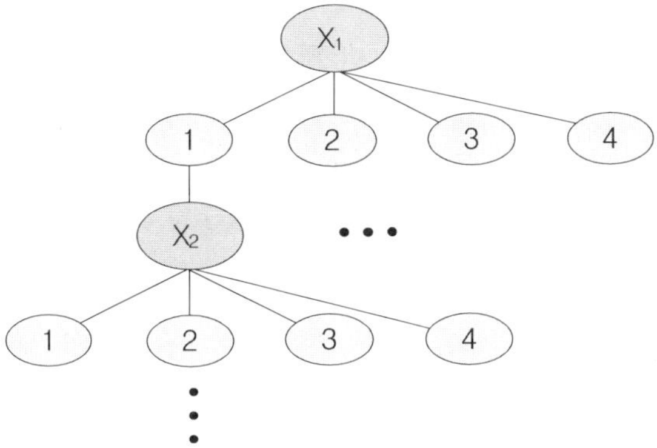

지금까지 설명한 되돌림 추적기법은 가장 기본적인 알고리즘인 순차적 되돌림 추적기법(Chronological Backtracking)이다. [그림 10-3]에서 보면, ① 값을 할당할 변수의 선택은 항상 X_1, X_2, X_3, X_4의 순서였고, ② 할당되는 값도 항상 1, 2, 3, 4의 순서였으며, ③ 되돌림 과정에서도 항상 바로 직전의 변수로 되돌아갔다. 이런 세가지 면에서 순차적 되돌림 추적기법이라고 하며, [그림 10-5]의 순서도에서는 '변수 선택', '변수 값 할당', 그리고 '직전의 변수로 되돌아감' 각각이 위의 세가지 순차성을 나타내는 프로세스이다.

(2) 순차성의 개선

탐색의 효율을 높이기 위해서, 되돌림 추적기법의 순차성을 개선한 방법들이 제시되었다. <표 10-2>는 앞서 설명한 세가지 순차성을 개선한 방법을 정리한 것이다.

<표 10-2>

순차성을 개선한 되돌림 추적기법

순차성	개선된 방법
변수 선택의 순차성	변수 정렬(Variable Ordering)
변수 값 할당의 순차성	변수값 정렬(Value Ordering)
되돌아 가는 변수의 순차성	원인으로 되돌아가는 추적기법 (Dependency-directed Backtracking)

1) 변수정렬

변수정렬(Variable Ordering) 방법은 탐색공간을 많이 줄일 수 있는 가능성이 있는 변수를 먼저 선택해 추론을 하는 방법이다. 한가지 방법은 '할당 가능한 값의 개수가 가장 적은 변수' 우선의 기준이 있을 수 있다. 예를 들어, 4-queen 문제에서 변수 X_2가 가질 수 있는 값이 2, 3 뿐이었다면, 할당 가능한 값을 4개 갖고 있는 다른 변수들 보다 X_2를 시작변수로 선택하여 탐색을 하면 처음부터 탐색공간을 크게 줄이면서 추론을 시작할 수 있다. 또 다른 방법은 '제약이 많이 걸려있는 변수' 우선의 기준이 있을 수 있다. 4-queen 문제에서는 모든 변수가 동일한 개수(3개)의 제약을 갖고 있다(그림 [10-1]의 (b)). 그러나, 만약 X_1과 X_2 사이에 $X1 \neq X2 + 2$라는 새로운 제약이 더 추가되었다면, 변수 X_1과 X_2는 X_3, X_4보다 제약을 하나 더 갖게 되어서, 탐색공간을 더 많이 줄일 수 있는 가능성이 있는 변수들이 된다.

이러한 두 가지 변수정렬의 기준은 되돌림 추적 과정에서 역동적으로 적용될 수 있다. 즉, 되돌림 추적 과정에서 변수가 어떤 값을 갖는가에 따라서 아직 값이 할당되지 않은 나머지 변수들의 할당 가능한 값이 변화되고, 만족되어야 할 제약도 달리 적용된다. 예를 들면, 4-queen 문제에서 X1이 1의 값을 가지면, X_2, X_3, X_4 각각의 할당 가능한 값들은 (3, 4), (2, 4), (2, 3)인 반면, X_1이 2의 값을 가지면, 각각 4, (1, 3), (1, 3, 4)가 된다. 되돌림 추적 과정에서 역동적으로 변수 정렬의 기준을 적용하는 것은 혼합형 추론의 형태이므로, 뒤에서 자세히 설명하겠다.

2) 변수값 정렬

변수값 정렬(Value Ordering) 방법은 변수에 값을 할당할 때, 미래의 변수(아직 값이 할당되지 않은 변수)들이 가능한 한 많은 값을 가지도록 하는 기준을 적용하는 것이다. 4-queen 문제에서 X_1에 1이 할당되었다고 가정하자. X_2가 가질 수 있는 값은 3 아니면 4이다. 둘 중 어느 값을 먼저 선택해 할당하는 것이 탐색의 효율을 높이는 것이 될까 하는 것은 다음과 같이 결정할 수 있다. X_2에 3을 할당했다면, X_3가 가질 수 있는 값은 없고, X_4가 가질 수 있는 값은 2이다. 반면 X_2에 4를 할당했다면, X_3는 2, X_4는 3을 가질 수 있다. 결국 X_2가 값 4를 갖는 것이 3을 갖는 것보다 미래의 변수들이 가능한 한 많은 값을 갖도록 하고, 해를 가질 수 있는 가능성이 더욱 크다. 또 다른 방법은 문제의 특성으로부터 어떤 값들을 먼저 선택하면 탐색의 효율을 높일 수 있다는 지식(domain knowledge)을 이용하는 것이다. n-queen 문제의 경우, 실험에 의하면 n이 상당히 큰 경우(예를 들면 100-queen 문제), 다음과 같은 전략을 적용하면 탐색의 효율을 높일 수 있다고 증명되었다. 가로로 줄(변수)을 3등분하여 위와 아래 구역에서는 변수 값을 가운데 값(칸)에서부터 바깥쪽으로 차례로 할당하면서 탐색하고, 가운데 구역에서는 변수 값을 바깥에서부터 안쪽으로 할당하면서 탐색하는 전략이다. 이렇게 하는 것이 순차적으로 왼쪽에서 오른쪽으로 값을 할당하는 것보다 상당한 탐색의 효율이 있다는 것이 증명되었다.

3) 원인으로 되돌아 가는 추적기법

원인으로 되돌아가는 추적기법(Dependency-directed backtracking)은 탐색과정 중에 막다른 길(dead-end)에 도달했을 때 순차적으로 바로 직전에 값을 할당했던 변수로 되돌아가는 것이 아니라, 막다른 길에 이르게 한 원인 변수로 되돌아가는 것이다. 다음과 같은 간단한 문제를 생각해 보자. [그림 10-7] (a)는 3개 변수가 대소관계를 제약으로 갖는 제약네트워크를 나타낸 것이다. 4-queen문제와의 차이는 변수 값들을 변수를 나타내는 타원 안에 표시한 점이다. 변수 X_1과 X_2는 각각 X_3보다 커야 함이 제약이다. (b)는 이 문제를 해결하기 위해서 순차적 되돌림 추적기법의 적용 과정을 보여준다.

[그림 10-7]

원인으로 되돌아 가는 추적기법

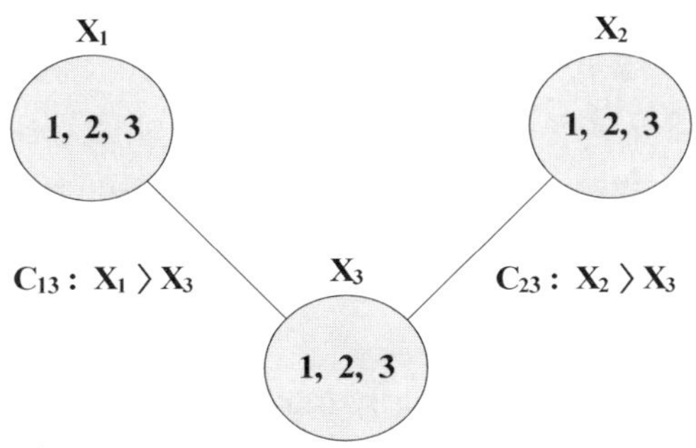

(a) 제약네트워크

①	X_1	1					X_1에 1을 할당함.
②			X_2	1			X_2에 1을 할당함.
③					X_3	1, 2	X_3에 1, 2를 할당함. 제약불만족. 되돌아감
④			X_2	2			X_2에 2를 할당함.
⑤					X_3	1, 2	X_3에 1, 2를 할당함. 제약불만족. 되돌아감
⑥			X_2	3			X_2에 3을 할당함.
⑦	X_3						X_3에 1, 2를 할당함. 제약불만족. 되돌아감
⑧	X_1	2					X_1에 2를 할당함.
…							

(b) 순차적 되돌림추적기법의 적용

이 과정을 순서대로 따라가 보면 순차적 되돌림 추적기법의 비효율을 깨달을 수 있다. 즉, (b)에서 ⑤이후의 ⑥, ⑦은 생략할 수 있는 과정이다. 왜냐하면 ⑤상태(X_1=1, X_2=2, X_3=1)에서 막다른 길에 이르게 된 원인은 제약 C_{23}은 만족했지만 제약 C_{13}을 만족하지 못했기 때문이므로, X_2 값을 변화시키기보다는 C_{13}으로 연결되어 있는 X_1의 값을 바꾸어 보는 것이 탐색의 효율을 높일 수 있다. 순차적 되돌림 추적기법의 순차성($X_3 \rightarrow X_2 \rightarrow X_1$)을 무시하고, 변수 X_3에서 X_2를 건너뛰어서 X_1으로 바로 되돌아가는 것(back-jump)이다. 이같이 막다른 길에 이르게 된 원인으로 바로 되돌아가는 방법을 특히 되돌림 점프(back-jump)라고 하며, 그밖에 탐색의 과정 중에 막다른 길에 이르게 된 상황과 원인을 기억해 두었다가 같은 상황에 도달하면, 그 원인을 바로 해소하는 추론 중 학습(learning while search) 방법도 원인으로 되돌아가는 추적기법에 속한다. 앞서 설명한 변수정렬이나 변수값 정렬의 방법을 이 문제에 적용해서도 앞서 나타난 탐색의 비효율을 극복할 수 있다. 예를 들어 변수정렬 방법을 이용한다면, 제약이 다른 변수보다 많이 걸려있고 할당할 변수 값이 가장 적은 변수인 X_2 먼저 선택해서 추론을 시작하면 크게 탐색의 효율을 높일 수 있다. 이상이 되돌림 추적기법의 가장 기본적인 형태인 순차적 되돌림 추적기법과 이를 바탕으로 탐색의 효율을 높인 세 가지 방법이다.

10.3.2 일치성 유지기법(Consistency Algorithm)

일치성 유지기법은 주어진 변수간의 제약을 이용해서 불일치한 변수 값들을 제거하는(일치성을 유지하는) 방법이다. 앞서 설명한 되돌림 추적기법은 변수에 변수 값을 할당해 나가면서 제약만족을 검토하므로, 부분해를 구성하면서 진행되는 방법이다. 반면에, 일치성 유지기법은 전체 문제공간에서 제약 불만족으로 인하여 해에 속할 수 없는 부분들을 제거해 나가는 방법이다. 그렇기 때문에 일치성 유지기법의 대부분 방법은 해를 찾아 주는 것을 보장하지 못하고, 되돌림 추적기법과 결합되어서 탐색공간을 줄여주는 역할을 한다. 낱말맞추기 문제, n-queen 문제, 그리고 간단한 예제들로 일치성 유지기법의 개념과 알고리즘을 소개한다.

[그림 10-8]은 낱말맞추기 문제로, 낱말이 들어가야 할 가로, 세로의 칸이 변수이고, 오른쪽의 낱말이 각 변수의 할당 가능한 변수 값의 집합(도메인)이다. 가로 세로 낱말의 첫번째 칸에 써있는 숫자가 몇 번째 변수인가를 나타낸다. 예를 들면 변수 X_1은 위 왼쪽의 첫번째 칸부터 오른쪽으로 다섯번째 칸까지이고, X_2는 왼쪽에서 세 번째 칸부터 밑으로 다섯번째 칸까지이다. 4-queen 문제에서는 각 변수의 도메인은 1, 2, 3, 4였으나, 본 문제에서는 14개의 낱말이 8개 변수의 도메인이다.

[그림 10-8]

낱말맞추기 문제

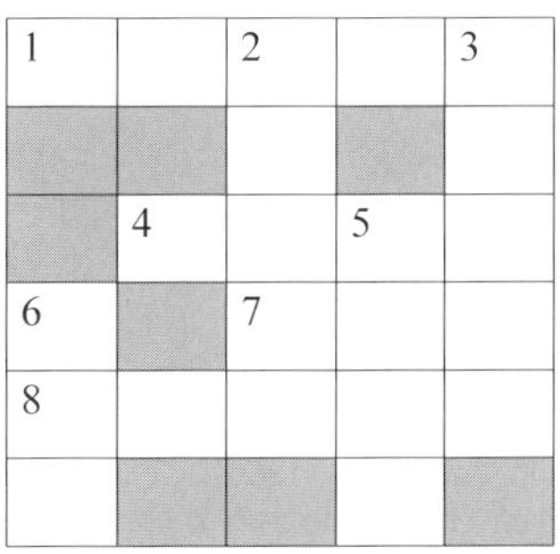

Word	List
Aft	Laser
Ale	Lee
Eel	Line
Hike	Sails
Hoses	Sheet
Keel	Steer
Knot	Tie

[그림 10-9]는 낱말맞추기 문제를 제약네트워크로 나타낸 것이다. 8개의 변수가 노드를 구성하고, 변수와 변수간의 제약관계가 아크로 표현되어 있다. 낱말맞추기 문제에서 변수와 변수간의 제약은 낱말과 낱말이 겹쳐지는 부분의 문자가 같아야 한다는 것이다. 예를 들면 아크 (1, 2) 혹은 (2, 1)로 나타낸 제약은 X_1의 세 번째 문자와 X_2의 첫 번째 문자가 같아야 한다는 것이다. 한편, X_1은 X_2, X_3와 아크로 연결

되어 있고 다른 변수와는 연결되어 있지 않은데, 낱말 X_2, X_3와는 겹쳐져 있고 다른 낱말과는 겹쳐있지 않기 때문이다. 노드 안에 있는 낱말들은 뒤에 소개할 노드 일치성을 설명하기 위해 넣은 것이다. 이제 낱말맞추기 문제를 가지고 일치성 유지기법을 설명해 보자.

[그림 10-9]

낱말맞추기 문제의 제약네트워크

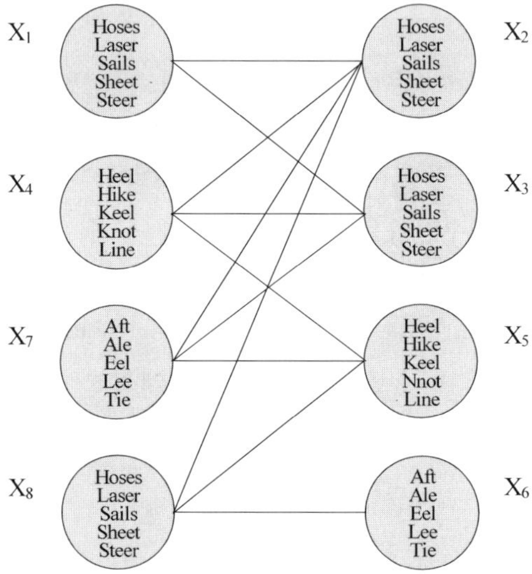

(1) 노드 일치성(Node Consistency)

낱말맞추기 문제에서 우선 생각할 수 있는 것이 각 변수의 칸수에 맞지 않는 단어를 각 변수의 도메인에서 제거할 수 있다는 점이다. X_1의 경우 다섯 칸이므로 다섯 글자가 아닌 값들은 제외할 수 있다. 이처럼 변수 자신의 제약을 만족하지 않는 변수 값들을 제거하는 것을 노드 일치성을 유지한다고 하며, 이런 상태를 노드 일치성 유지상태라고 한다. '노드 일치성'이란 이름이 붙게 된 이유는 [그림 10-9]의 제약네트워크에서 보았듯이 변수가 노드로 표현되기 때문이다. 이제 노드 일치성을 좀더 정교히 표현해 보자.

X_i : 변수 i

D_i : 변수 i의 도메인(변수 i가 취할 수 있는 변수 값들의 집합)

C_i : 변수 i에 대한 제약

$C_i(x)$: 변수값 x는 제약 C_i를 만족함, $x \in D_i$

C_{ij} : 변수 i와 j에 대한 제약

$C_{ij}(x, y)$: 변수값(x, y)는 제약 C_{ij}를 만족함, $x \in D_i$, $y \in D_j$

낱말맞추기 문제에서 변수 1의 경우, D_1은 Aft, Ale, ..., Tie의 14개 값이고, $C_1(x)$은 'x의 문자 개수가 다섯($x \in D_1$)이라는 제약을 만족하는가'이다. D_1 중에서 제약 C_1을 만족하지 않는 변수 값이 있으므로, 변수 1은 노드 일치성이 있다고 할 수 없다. 노드 일치성을 이루기 위해서는 제약 C_1을 만족하지 않는 값을 변수 1의 도메인에서 걸러내서 제거(filtering)하면 된다. 이렇게 걸러내는 연산을 다음과 같이 나타낼 수 있다.

$$D_i \leftarrow D_i \cap x \mid C_i(x) \quad \cdots\cdots ⑦$$

식 ⑦을 변수값들을 걸러내는 연산자로 보면, 모든 변수에 이 연산자를 적용하여 제약네트워크 전체를 노드일치성 있게 만들 수 있다. [그림 10-9]의 각 노드는 노드 안에 있는 낱말이 모두 노드 일치성을 확보하고 있으므로, 전체 제약네트워크는 노드 일치성 유지 상태이다.

(2) 아크 일치성(Arc Consistency)

아크 일치성은 주어진 어떤 하나의 변수를 중심으로 그 변수와 아크로 연결된 다른 변수 간에 제약 만족성을 뜻한다. 변수 i와 변수 j에 대해서 아크 일치성을 설명하면 다음과 같다. D_i의 모든 변수 값에 대해서($[\forall x]\ x \in D_i$), 제약 $C_{ij}(x, y)$를 만족하는 어떤 변수 값 y($y \in D_j$)가 존재하면 '아크 (i, j)는 아크 일치성이 있다'고 한다.

낱말맞추기 문제의 아크 (1, 2)에 대해서 아크 일치성이 있는가를 검토해 보자. 식 ⑦을 제약네트워크의 모든 노드에 적용하여 이미 노드 일치성은 확보되었다고 가정하고, 각 변수의 도메인을 노드 안에 표시하면 [그림 10-9]와 같이 표현할 수 있다. 제약 C_{12}는 X_1의 세 번째 문자와 X_2의 첫번째 문자가 일치해야 하는 것이다. 변수 1의 모든 변수 값에 대해서 차례로 점검해 보자. 첫번째 변수 값 Hoses는 세 번째 문자가 s이고, D_2 중에서 s로 시작하는 낱말이 있다. 두 번째 변수 값 Laser도 마찬가지이다. 그러나 세 번째 변수 값 Sails는 D_2 중에서 i로 시작하는 낱말이 없으므로 아크 (1, 2)는 아크 일치성이 있다고 할 수 없다.

아크 일치성을 확보하기 위해서는 도메인에서 Sails와 같은 값들을 걸러내면 된다. 식 ⑦이 노드 일치성을 위한 걸름 연산자였다면 아크 일치성 확보를 위한 걸름 연산자는 아래 식 ⑧과 같다.

$$D_i \leftarrow D_i \cap x \mid [\exists y] \ (y \in D_j) \quad C_{ij}(x, y) \qquad \text{⑧}$$

변수 i의 아크 일치성을 확보하기 위해서 아크 (i, j)에 식 ⑧을 적용하는 프로시져를 의사코드(pseudo code)로 표현하면 다음과 같다.

```
Procedure REVISE(i, j);
DELETE ← false
for each x ∈ Di do
      if there is no value y ∈ Dj such that Cij(x, y)
      then delete x from Di;
                DELETE ← true;
      endif;
endfor;
return DELETE;
end_REVISE;
```

이진 변수 DELETE는 아크 일치성을 위해서 도메인 D_i에서 걸러진 변수 값이 있었는가를 나타낸다. 위의 REVISE 프로시져를 아크에 적용하면, 해당 아크는 아크 일치성을 확보하게 된다. 그런데, 지금까지 설명한 아크 (i, j)의 일치성은 변수 i를 중심으로 한 아크 일치성이었다. 두 변수 간의 제약은 방향성이 없는 표현이었으나, 제약의 적용에 있어서는 식 ⑧과 같이 어느 변수를 중심으로 해서 방향성을 갖는 거름(filtering) 연산자를 이용해야 한다. 그러므로 거름 연산자를 적용하기 위해서는 아크 (i, j)와 아크 (j, i)는 별개의 것으로 인식해야 한다.

이제 제약 네트워크 전체의 아크 일치성을 생각해 보자. 제약 네트워크를 구성하는 모든 아크가 각각 아크 일치성이 있을 때, 그 '제약 네트워크는 아크 일치성이 있다'고 한다. 위의 프로시져 REVISE를 전체 아크에 어떻게 체계적으로 적용하는 가에 따라서 여러 알고리즘이 있을 수 있다. 가장 단순한 방법으로는 모든 아크에 순차적으로 REVISE 프로시져를 반복해서 적용하는 아래의 AC-1 알고리즘이 있다.

G : 제약네트워크
arcs(G) : 제약네트워크를 구성하는 모든 아크의 집합
nodes(G) : 제약네트워크를 구성하는 모든 노드의 집합

```
procedure AC-1;
Q ← (i, j) ∈ arcs(G), i ≠ j;
repeat
      CHANGE ← false;
      for each (i, j) ∈ Q do
            CHANGE ← (REVISE(i, j) or CHANGE);
      endfor;
until not(CHANGE);
end_AC-1;
```

이진 변수 CHANGE는 해당 제약 네트워크의 변화가 있었는가를 나타내는 변수이며, AC-1 알고리즘은 제약 네트워크를 구성하는 모든 아크에 대해서 REVISE 프로시져를 적용해도 변화가 없을 때 끝나게 된다. 그러나 AC-1 알고리즘은 어느 한 변수의 조그만 변화에 대해서도 모든 아크에 REVISE 프로시져를 적용해야 하는 비효율적인 알고리즘이다. 예를 들어, REVISE 프로시져를 아크 (i, j)에 적용하여서 도메인 D_i의 변화가 있었다면, 이로 인해서 아크 일치성이 훼손될 가능성이 있는 아크는 변수 i와 연결되어 있는 아크들 $((j, i) \mid j \in nodes(G), j \neq i)$ 뿐이다. 그러므로 모든 아크의 일치성을 다시 검토하지 않고 관련 아크에만 REVISE 프로시져를 적용하도록 해서 효율을 높인 것이 다음의 AC-3 알고리즘이다.

```
procedure AC-3;
Q ← (i, j) ∈ arcs(G), i ≠ j;
while Q not empty
      select and delete any arc (k, m) from Q;
      if REVISE(k, m)
      then Q ← (i, k) such that (i, k) ∈ arcs(G), i ≠ k, i ≠ m;
```

```
        endif;
    endwhile;
    end_AC-3;
```

[그림 10-10]

낱말맞추기 문제의 해

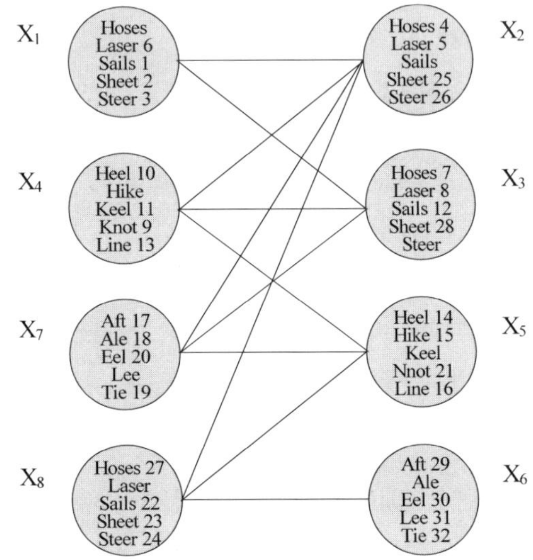

널리 알려진 Waltz 거름알고리즘(Waltz's filtering algorithm)도 아크 일치성 유지기법의 한 종류이며, Mackworth가 제시한 AC-2 알고리즘과 동일한 것이다[7, 10]. 이제 위에서 제시한 AC-3 알고리즘을 낱말맞추기 문제에 적용해 보자. AC-3 프로시져 Q의 초기값을 (1, 2), (2, 1), (1, 3), … (8, 6) 순서인 아크의 집합으로 하여 적용한 결과가 [그림 10-10]이다. 각 노드에서 낱말 옆의 숫자는 그 낱말이 걸러지는 순서를 나타낸다. 아크 (1, 2)의 일치성 점검의 결과 D_1의 Sails, Sheet, Steer가 차례로 제거되고, 아크 (2, 1)의 일치성을 점검해 Hoses가 제거된다. 이와 같이 진행되어서 모든 변수의 도메인에서 하나의 변수값만 남게 되어 결국 하나의 해를 얻었다. 그러나, 예로든 낱말맞추기 문제처럼 아크 일치성 유지기법으로 유일한 해를 얻을 수 있는 경우는 매우 드물다. 4-queen 문제에 AC-3 알고리즘을 적용해 보면, 모든 변수의 도메인 변화가 없고 탐색공간을 줄이는 개선을 전혀 얻을 수 없음을 알 수 있다. 일반적으로, 아크 일치성 유지기법 알고리즘을 적용하고 나면, i) 하나의 해를 얻거나, ii) 하나 이상의 해를 얻거나, iii) 해를 못 얻을 수도 있다. 그러므로 아크 일치성 유지기법은 제약만족 문제 해결의 일반적인 방법이라 할 수 없고, 다음과 같은 두 가지 방향으로 개선하여 볼 수 있다.

첫째, 일치성의 정도(degree of consistency)를 더욱 높인다.

둘째, 되돌림 추적기법과 결합시킨다.

둘째 방향은 다음절(3절)에서 자세히 설명할 것이고, 첫째 방향에 대해서 계속 설명해 보도록 하자.

(3) K-일치성(K-Consistency)

앞에서 노드와 아크의 일치성을 살펴보았다. 이제 일치성의 정도를 높여서 일반화 해보자. 일치성의 정도라는 것은 일치성을 검토하는 범위에 포함된 변수의 개수에 따른다. 노드 일치성은 하나의 변수에 대한 일치성 검토였고(unary relation, k=1), 아크 일치성은 두 변수간의 일치성 검토였다(binary relation, k=2). 세 개 변수간의 일치성을 패스 일치성(path consistency)이라 하며(ternary relation, k=3), 이를 일반화한 것이 k-일치성이다(k-ary relation). 우선 간단한 예제로 패스 일치성의 개념을 살펴보자. [그림 10-11]은 세 개의 변수와 세 개의 제약을 나타낸 것으로, 제약은 호환성을 갖는 변수 값의 집합으로 표시하였다. 아크 일치성에 의하면 $C_{13}(1, 1)$, $C_{13}(2, 2)$는 모두 참 값으로, 아크 (1, 3)은 아크 일치성이 있다. 그러나, $C_{13}(1, 1)$에 대해서 다음을 만족하는 변수 값 y ($y \in D_2$)가 없다.

$$[\exists y]\ (y \in D_2) \land C_{12}(1, y) \land C_{23}(y, 1)$$

[그림 10-11]

패스 일치성의 예제

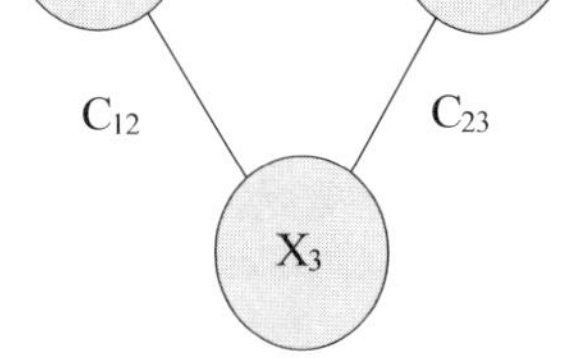

$D_1 = D_2 = D_3 = (1, 2)$

$C_{12} = \{(1, 1), (2, 1)\}$
$C_{23} = \{(2, 1), (2, 2)\}$
$C_{13} = \{(1, 1), (2, 2)\}$

[그림 10-12]

제약 메트릭스의 표현과 연산

(a)

$$C_{13} = \begin{array}{c} \\ 1 \\ 2 \end{array}\begin{array}{c} \begin{array}{cc} 1 & 2 \end{array} \\ \begin{pmatrix} 1 & 0 \\ 0 & 1 \end{pmatrix} \end{array}$$

(b)

$$C_{13}' = \begin{array}{c} \\ 1 \\ 2 \end{array}\begin{array}{c} \begin{array}{cc} 1 & 2 \end{array} \\ \begin{pmatrix} 0 & 0 \\ 0 & 0 \end{pmatrix} \end{array}$$

(c)

$$C_{12} \times C_{23} = \begin{array}{c} \\ 1 \\ 2 \end{array}\begin{array}{c} \begin{array}{cc} 1 & 2 \end{array} \\ \begin{pmatrix} 1 & 0 \\ 1 & 0 \end{pmatrix} \end{array} \times \begin{array}{c} \\ 1 \\ 2 \end{array}\begin{array}{c} \begin{array}{cc} 1 & 2 \end{array} \\ \begin{pmatrix} 0 & 0 \\ 1 & 1 \end{pmatrix} \end{array} = \begin{array}{c} \\ 1 \\ 2 \end{array}\begin{array}{c} \begin{array}{cc} 1 & 2 \end{array} \\ \begin{pmatrix} 0 & 0 \\ 0 & 0 \end{pmatrix} \end{array}$$

그러므로, X_1과 X_3의 변수 값 쌍인 (1, 1)은 아크 일치성은 만족하지만 패스 일치성은 만족되지 않는다. 패스 일치성을 유지하기 위해서는 변수 값 쌍 (1, 1)은 제거되어야 하며, 마찬가지 이유로 변수 값 쌍 (2, 2)도 삭제되어야 한다. 노드나 아크 일치성을 유지하기 위해서는 거름연산자를 적용하여 각 변수의 도메인에서 변수 값을 제거하였다. 그러나 패스 일치성의 유지를 위해서는 변수 값의 쌍을 제거해야 하므로, 변수 값의 쌍을 나타내는 새로운 표현 형식이 필요하다. 이를 위해서 도입된 것이 메트릭스 표현이고 제약을 나타내는 메트릭스를 '제약 메트릭스'라고 한다. C_{13}을 제약 메트릭스로 표현하면 [그림 10-12] (a)와 같다. X_1과 X_3의 변수 값 쌍 (1, 1) (2, 2)를 제거한다는 뜻은 메트릭스 C_{13}을 [그림 10-12] (b)로 바꾸는 것을 뜻하며, 결국 C_{13}'은 호환성을 갖는 값들이 하나도 없는 널 메트릭스(null matrix)가 된다. 패스 일치성을 유지하기 위한 거름 작업은 제약 메트릭스를 이용해서 수행할 수도 있다. 위의 예에서 두 제약 메트릭스 C_{12}와 C_{23}을 곱하면(compose), [그림 10-12] (c)의 널 메트릭스를 얻을 수 있고, 이는 아크 (1, 3)의 패스 일치성을 만족하는 변수 값 쌍이 하나도 없음을 뜻한다. 제약 네트워크 전체의 패스 일치성은 제약 네트워크를 구성하는 임의의 아크 (i, j)에 대해서, 모든 변수값 쌍(x, y)가 $C_{ij}(x, y)$를 만족하면서, 변수 i에서 j로 가는 모든 패스에 대해 패스 일치성이 있을 때 제약 네트워크가 패스 일치성이 있다고 한다. 제약 네트워크의 패스 일치성을 이루기 위한 알고리즘으로는 PC-1, PC-2 등이 있다[8].

지금까지 설명한 패스 일치성은 길이가 2인(관련 변수가 3개인)

패스였다. 이를 확장 일반화시킨 개념이 k-일치성이다. '제약 네트워크가 k-일치성이 있다'는 것은 다음과 같이 정의할 수 있다.

임의의 k-1개 변수의 변수값들이 모든 제약을 만족하고, 임의의 k번째 변수를 선택했을 때 k개 변수 간의 모든 제약을 만족하는 k번째 변수의 변수값이 존재할 때 제약 네트워크가 k-일치성이 있다고 한다.

k-일치성보다 더 엄격한 개념의 '엄격한 k-일치성(strongly k-consistency)'이 있다. k보다 적은 모든 j에 대해서 (j ≤ k) j-일치성이 있을 때, 제약 네트워크가 엄격한 k-일치성이 있다고 한다. 노드 일치성은 1-일치성 혹은 엄격한 1-일치성이고, 아크 일치성은 엄격한 2-일치성이다. 만약 제약 네트워크를 구성하는 변수가 n개이고, 그 제약 네트워크가 엄격한 n-일치성이 확보된다면, 해당 제약만족문제의 해를 찾는 것은 보장된다. 즉, 되돌림 추적기법과 결합하지 않아도 일치성 유지기법만으로도 해의 찾음을 보장할 수 있다는 것이다. 그러나, 비교적 단순한 패스 일치성을 유지하기 위해서도, 모든 패스(길이가 2인)에 대해서 새로운 아크를 하나 만들어 내는 것과 동일한 복잡성을 유발하므로, k가 커짐에 따라 제약 만족 여부의 검토에 많은 노력이 들게 된다. 실제로 n개 변수 제약 네트워크의 k-일치성을 확보하기 위한 복잡도는 $O(n^k)$으로 기하급수적으로 복잡해진다.

10.3.3 혼합형 기법(Hybrid Type)

앞서 제약만족문제의 추론방법으로 소개한 되돌림 추적기법과 일치성 유지기법은 서로 보완적인 성격을 띠고 있다. 되돌림 추적기법은 가능한 변수 값들의 조합(부분해)을 구성하면서 체계적으로 전체 해를 찾는 방법인 반면, 일치성 유지기법은 전체 해에 포함될 수 없는 변수 값 또는 변수 값의 조합을 체계적으로 제거해 나가는 방법이다. 즉, 되돌림 추적기법은 부분해로부터 만들어 가는(build-up)과정을 수행하는 반면, 일치성 유지기법은 잘라나가는(cut-off) 과정이라고 할 수 있다. 또한 각 방법은 서로의 단점을 보완할 수 있는 성질을 갖고 있다. 되돌림 추적기법의 단점은 불일치한 변수 값을 반복적으로 할당함으로써 똑같은 오류 상황에 대해서 제약만족 여부를 반복적으로 점검하는 단점이 있다. 그러나 변수 값을 할당하기 전에 적당한 정도의 일치성을 검토하면, 이와 같은 단점을 극복할 수 있다. 한편, 일치성 유지기법의 단점은 문제공간을 줄일 수는 있으나 해를 찾는 것을 보장하기 위해서는 높은 정도의 일치성 유지기법을 적용해야 한다는 것이다. 앞에서 살펴보았듯이 n개의 변수로 구성된 문제의 경우 n-일치성을 적용해야 해를 찾는 것을 보장할 수 있지만, n-일치성 유지를 위해서는 탐색의 복잡도는 매우 높아서 대개의 경우 가장 단순한 순차적 되돌림 추적기법보다 복잡하다. 낮은 정도의 일치성 유지기법을 사용한 경우 해를 찾을 수 없는 단점은 되돌림 추적기법을 적용하여 극복할 수 있다. 즉, 변수간의 불일치를 점검하는 REVISE 프로시져를 전체 제약네트워크에 적용할 때, 되돌림 추적기법의 알고리즘을 따르면 해를 찾는 것을 보장할 수 있게 된다.

(1) 되돌림 추적기법과 아크일치성 기법의 결합

두 접근법의 가장 대표적인 방법인 순차적 되돌림 추적기법과 아크 일치성 유지기법을 결합해 보도록 하겠다. 결합에 앞서 아크 일치성을 점검하는 여러 가지 방법에 대해서 살펴보도록 하자. 우리는 앞서 주어진 아크 (i, j)의 아크 일치성을 점검하는 REVISE 프로시져를 설명하였다. REVISE(i, j)는 변수 i와 j간의 제약을 적용해서 제약을 만족하지 않는 변수 i의 변수 값을 제거하는 프로시져였다. 되돌림 추적기법에서의 제약 만족 점검도 REVISE 프로시져를 적용하는 것으로 볼 수 있다. 다만, REVISE(i, j)에서 변수 j가 이미 변수 값이 할당된 과거 변수라는 점에서 차이가 있을 뿐이다. 이처럼 REVISE 프로시져를 과거 변수(이미 변수 값이 할당된 변수), 현재 변수(현재 변수 값을 할당하려는 변수), 미래 변수(아직 변수 값이 할당되지 않은 변수)들에 어떻게 체계적으로 적용하느냐에 따라서 다양한 방법이 있을 수 있다. <표 10-3>은 아크 일치성 점검의 여러 방법을 정리한 것이다 [9]. 제약만족문제를 구성하는 변수가 n개이고 1부터 n까지 변수 값이 차례로 할당되며 현재 변수가 i라고 가정한다($1 \le i \le n$). <표 10-3>은 네 가지 점검 방법을 현재 변수 i에 대해서 설명한 것이다.

<표 10-3>

아크 일치성의 점검방법

일치성 점검	내 용
뒤로 점검 AC1/5(i) (Check Backward)	REVISE(i, p) $1 \le p < i$
앞으로 점검 AC1/4(i) (Check Forward)	REVISE(f, i) $i < f \le n$
부분 미래점검 AC1/3(i) (Partial Look Future)	REVISE(f_1, f_2) $i \le f_1 < f_2 \le n$
미래점검 AC1/2(i) (Look Future)	REVISE(f_1, f_2) $i \le f_1 \ne f_2 \le n$

표에 표시한 분수는 해당 방법으로 점검하면 어느 정도의 아크 일치성을 유지할 수 있는가를 상대적으로 표시한 것으로, 되돌림 추적기법에서부터 미래점검 쪽으로 갈수록 전체 네트워크의 아크 일치성 유지 정도가 높아진다. 뒤로 점검의 경우, 현재 변수(i)와 과거 변수(p)간의 일치성 점검으로 되돌림 추적기법도 실제로는 뒤로 점검이라는 아크 일치성 점검을 포함한 방법인 셈이다. 미래점검의 경우, 현재 변수가 1이라면($i = 1$) 미래점검을 적용하는 것은 변수 1부터 n까지 임의의 모든 아크에 대해서 일치성을 유지하는 것이 되므로 AC-1 알고리즘과 동일하게 되며 제약네트워크 전체의 아크 일치성을 유지하게 된다.

되돌림 추적기법에 <표 10-3>의 여러 아크 일치성 점검 방법을 결합할 수 있다. 어떤 방법과 결합하는가에 따라 결합된 혼합기법이 어느 정도의 일치성을 유지하는가가 결정된다. 기본적인 추론의 흐름은 [그림 10-5]의 되돌림 추적기법과 유사하다. 그러나, 변수 값을 할당하기 전에 제약 만족여부를 점검하는 과정에서 차이가 난다. 대표적 방법인 앞으로 점검(AC1/4)과 되돌림 추적기법이 결합된 혼합형 기법 알고리즘을 예를 들어 설명해 보자. 4-queen 문제에서 [그림 10-13]의 (a)와 같은 상황이라고 가정하자. 현재 변수는 2이고($i = 2$) 변수 1의 값은 1로 이미 할당되어 있다($X_1 = 1$). 이제 현재 변수의 값을 할당하기 전에 '앞으로 점검' 과정을 적용한다. 즉, $1 < f \le 4$인 f에 대해서 REVISE(f, 1)을 수행한다. 그 결과 변수 2, 3, 4의 도메인에서 불일치한 값이 제거되고 할당 가능한 값이 남게 된다. 그림에서 점선

은 제거되는 변수 값들을 표시한다. '앞으로 점검'을 적용하고 난 뒤, X_2의 남아 있는 값 3, 4 중에서 첫번째 값인 3을 X_2에 할당한다. 이상이 현재 변수 2에 대한 혼합기법의 적용이었고, 세 번째 변수에 대해서도 같은 과정을 반복한다. 되돌아가는 과정이 발생하는 경우는 현재 혹은 미래 변수가 할당 가능한 값이 없는 경우이다. 되돌림 추적기법의 경우 되돌아가는 과정의 발생은 항상 현재 변수에서 할당 가능한 값이 없을 때 발생하였다. 뒤로 점검을 제외한 방법을 이용하는 경우 미래 변수도 할당 가능한 값이 남아 있지 않은 경우가 발생하므로, 미래 변수로 인해서 되돌아가는 과정이 발생할 수 있다.

[그림 10-13]

혼합형 기법의 예

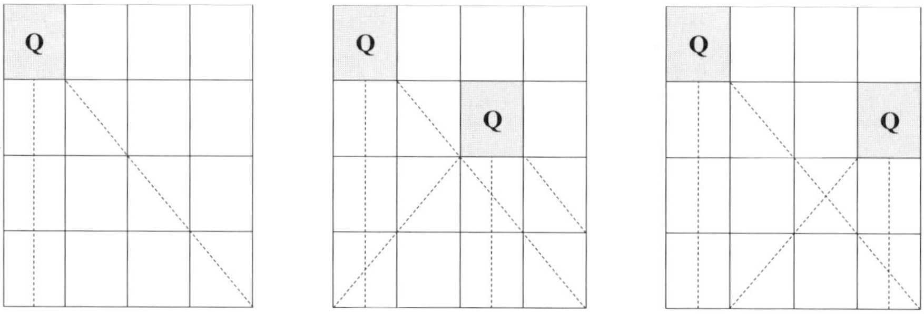

(a) (b) (c)

위의 예에서 X_2에 3을 할당했고, 변수 3에 대해서 '앞으로 점검'을 하고 나면 X_3은 할당 가능한 값이 없으므로 X_2로 되돌아가야 한다([그림 10-13]의 (b)). 이 경우는 현재변수 X_3에 할당 가능한 값이 없는 경우의 예이다. 미래 변수로 인해서 되돌아가는 과정이 발생하는 경우는 부분 미래 점검과 되돌림 추적기법이 결합된 혼합기법을 예로 설명하겠다. 현재 변수는 2이고(X2), [그림 10-13] (a)와 같은 상황에서, X_2의 값으로 3은 제외되고(b), 변수 값 4의 할당가능성을 점검한다고 가정하자(c). 앞으로 점검의 경우는 아크 (2, 1), (3, 1), (4, 1) 모두가 아크 일치성을 만족하므로, X_2에 4를 할당하고 다음변수 X_3로 넘어간다. 그러나 부분 미래점검의 경우, 아크 (2, 1), (3, 1), (4, 1) 뿐만 아니라 아크 (2, 3), (2, 4), (3, 4)의 일치성도 점검하게 되고, 아크 (3, 4)의 일치성 점검에서 유일하게 남아있는 X_3의 변수 값 3이 제외되므로 미래 변수에 할당 가능한 값이 없고 되돌아가는 과정이 일어난다.

앞으로 점검과 부분 미래점검을 비교해 보면, 앞으로 점검은 3번의 제약 만족여부 점검을 수행한 반면 부분 미래점검은 6번의 제약 만족여부 점검을 수행했다. 그러나, 앞으로 점검에서는 X_2 = 4를 아직 해를 가질 수 있는 가능성이 있는 것으로 보고 탐색의 과정이 진행되는 반면, 부분 미래점검은 제약 만족여부 점검은 두 배로 했지만 변수 값 4를 제외함으로써 더 이상의 진행을 하지 않고 되돌아가는 과정을 수행한다.

이상에서 되돌림 추적기법과 아크 일치성 유지기법이 결합된 혼합기법 중 두 가지를 살펴보았다. 되돌림 추적기법에서 제약점검 부분만을 빼고 변수에 변수 값을 할당하고, 다음 변수로 진행하고, 할당할 값이 없을 때 되돌아가는 과정을 '순수 나무탐색(pure tree search)'이라고 하면 <표 10-4>와 같이 아크 일치성 점검 방법과 순수 나무탐색을 결합한 것으로 혼합형 기법을 정리할 수 있다.

<표 10-4>

혼합형 기법의 종류

기법 이름	내 용
순수나무탐색 (pure tree search)	
순차적 되돌림추적기법 (chronological backtracking)	순수나무탐색 + AC1/5
앞으로 점검법 (forward checking)	순차적 되돌림추적기법 + AC1/4
부분 미래점검법 (partial look ahead)	앞으로 점검법 + AC1/3
완전 미래점검법 (full look ahead)	부분 미래점검법 + AC1/2
실제 완전 미래점검법 (really full look ahead)	완전 미래점검법 + AC-1(AC-2, AC-3)

혼합형 기법들의 이름이 아크 일치성 점검방법의 이름과 유사한 것은 어떤 아크 일치성 점검방법을 사용하였는가에 따라 혼합형 기법의 특징이 좌우되기 때문이다. 제시된 6가지 방법 중에서 어떤 방

법이 가장 탐색의 효율이 높은 지 살펴보자. 일치성 유지정도를 높일수록 탐색과정에서 생성하는 노드의 수는 줄지만, 점검해야 하는 제약의 수는 급격히 늘어나게 된다. 연구 결과에 의하면, 부분 미래점검 이상의 방법을 사용하면 점검해야 하는 제약 수의 증가가 탐색 노드가 줄어드는 효과를 넘어선다고 한다[9]. 이러한 취사선택(trade-off) 관계는 위의 4-queen 문제에서 앞으로 점검법과 부분 미래 점검법의 비교에서도 살펴볼 수 있었다. 그러므로 아크 일치성 이상의 패스 일치성이나 k-일치성(k > 3)은 탐색의 효율 면에서는 고려의 대상이 되지 못한다.

10.4 제약만족문제풀이 기법의 확장

10.4.1 CLP(Constraint Logic Programming)

논리 프로그래밍(LP: Logic Programming)은 두 가지 측면으로 분석할 수 있는데, 첫째는 수리적 논리와 정리증명(theorem proving)이고, 둘째는 Prolog 같은 논리를 기반으로 한 언어이다. 이 두 가지 측면에 대해서는 각각 8장과 9장에서 자세히 설명되었으므로 참조하길 바란다. 논리언어가 크게 각광 받았던 이유는 풍부한 표현력과 단순하고 명백한 의미(semantic)를 제공하는 수단이었기 때문이다. 그러나, 프롤로그 논리언어의 가장 큰 문제점은 심볼 매칭에 의한 단일화(unification)이라는 추론 방법이 효율성이 떨어진다는 점이다. 기존의 절차 언어에 비해서 의미의 표현은 편하나, 시간과 탐색 공간의 두 측면에서 모두 뒤져서 대규모의 실제 문제에 적용하기에 어려웠다.

이러한 배경에서 CLP는 정수나 실수 같은 의미를 지니는 객체와 관련된 산술연산자(예: 사칙연산)와 관계연산자(예: 크다, 작다)를 도입하였고, 산술연산자와 논리연산자를 이용하여 수리적 제약을 도입하여 문제의 표현력을 높였다. 해결하고자 하는 문제에서 산술연산자로 표현된 수학적 제약식의 비중이 적은 경우에는 Prolog에서처럼 변수 값의 순차적 할당을 이용한 단일화 방법을 먼저 적용하면서 수학적 제약식을 만족하는 가를 점검한다. 반대로 수학적 제약식의 비중이 커지면, 수학적 제약을 먼저 해결하기 위해 선형계획법을 먼저 적용하여 가능한 해를 줄이고, 가능한 해를 대상으로 단일화 방법을 적용하기도 한다.

따라서, 프롤로그 언어에 비해서 CLP의 장점은 정성적 변수와 정량적 변수가 공존하는 문제를 표현할 수 있게 해주는 데에 있다. 그러므로, CLP는 정성적 표현에 주안점이 주어진 인공지능연구와 최적화모형의 연구결과가 만나는 지점이라고도 볼 수 있다. CLP 도구에는 CLP(R), CHIP, Trilogy, Ap Prolog 등이 있다. 서구와 일본에서 발달된 CLP는 그 효과가 기대되지만, 아직 최적화의 기능이 취약하고 해법이 문제의 특성에 따라 적응될 수 없는 한계점이 있다.

다음은 식단 구성 문제를 CLP 방법으로 표현, 추론하는 예이다. 전식과 메인코스, 그리고 후식의 칼로리를 계산하여 전체 칼로리가 10(Kcal)을 넘지 않도록 하는 수리적 제약($i + j + k < 10$)과 식단은 전식, 메인코스, 후식이 모두 포함되어야 한다($i > 0$, $j > 0$, $k > 0$)는 제약을 포함하고 있다. 만일 수학적 제약식이 없다면, 이 예는 기존의 Prolog와 같은 문제임을 알 수 있다.

[그림 10-14]

제약논리 프로그래밍의 예

```
Lightmeal(a, m, d)  ←  Appetizer(a, i)
                       MainCourse(m, j)
                       Dessert(d, k),
  {i ≥ 0, j ≥ 0, k ≥ 0,
   i + j + k ≤ 10}

     MainCourse(m, i) ← Meat(m, i)
     MainCourse(m, i) ← Fish(m, i)
     Appetizer(radishes, 1)
     Appetizer(salad, 6)
     Meat(beef, 5)
     Meat(fork, 7)
     Fish(sole, 2)
     Fish(tuna, 4)
     Dessert(fruit, 2)
     Dessert(ice_cream, 6)
```

이 예는 수학적 제약식의 비중이 적기 때문에 프롤로그의 단일화방법을 이용하여 i, j, k 변수 값을 순차적으로 할당한 후, 수학적 제약식이 이 값에 의해 만족되는지를 확인하는 절차로 추론이 진행된다. 논리언어의 단일화 절차를 따라서 Appetizer(radish, 1), Meat(beef, 5), Dessert(fruit, 2), a=radish, m=beef, d=fruit의 첫번째 해를 얻을 수 있고, 이 해는 제약을 모두 만족함을 알 수 있다.

10.4.2 CRSP(Constraint Rule Satisfaction Problem)

제약규칙만족문제(이하 CRSP)는 주어진 변수에 변수 값을 할당하는 문제로, 변수간의 관계를 나타내는 제약과 규칙을 만족하면서, 목적 값을 만족하는 해를 찾는 문제이다. 제약만족문제(CSP: Constraint Satisfaction Problem)와의 차이는 규칙관계가 포함되었다는 것과 목적 값이라는 개념이 도입된 것이다. 문제의 표현(변수간의 관계표현)에 제약 뿐만 아니라 변수간의 인과관계를 표현하는 규칙관계도 통합하였으며, 목적 값은 제약과 규칙 만족문제가 실제문제의 해결에 목적을 두고 정의되었기 때문에 포함된 개념이다. 실제 문제의 경우, 어떤 특정 변수의 변수 값을 목표로 해서 해를 얻고자 하는 경우가 많기 때문에 목적변수와 목적 값을 제약규칙만족문제에 포함하였다.

CRSP 추론방법의 특징 중의 하나는 하나 이상의 중요한 변수를 출발점으로 삼아 동시에 탐색을 시작하게 하는 추론(Concurrent Reasoning) 기능이다. 이 같은 동시 추론은 사람이 실제 문제를 해결할 때 적용하는 매우 자연스러운 접근방법으로, 만일 서로 다른 변수로부터의 추론이 동시에 확산되어 만나게 되는 경계점 변수에서 양 방향의 추론을 다 만족시킬 수 있는 값이 존재하면 두 추론은 하나로 통합될 수 있다. 반면에 두 추론을 동시에 만족시킬 수 있는 값이 경계점 변수에 존재하지 않으면 어느 한쪽 방향이 추론의 방향을 양보하여 역으로 되돌아가서 원래 출발한 중요변수에 배정될 수 있는 값이 어떤 값까지 수정 할당이 허락될 수 있는지 파악하게 된다. 그러므로 동시 추론의 시작점인 중요변수의 값을 목표 값이라고 간주할 때 위의 방법으로 상호 영향성을 파악하게 해주는 기능이 가능해진다.

그러므로 이 기능은 상충된 다목적 의사결정을 지원하기에 적합하며, 설계나 구매 품목 선택 시 비용과 기능의 균형을 선택하는 과정을 지원하기에 적합하여 그 응용범위가 넓음을 알 수 있다. 자세한 표현방법과 추론의 방법은 "UNIK을 이용한 전문가시스템의 개발"을 참조하기 바란다[1].

10.5 제약풀이 솔루션 패키지

현재 대표적인 제약 프로그래밍 시스템의 판매회사는 ILOG와 Cosytec이다. ILOG사는 ILOG Solver라는 제약기법 기반의 솔루션이 있으며, Cosytec사는 CHIP이라는 솔루션을 가지고 있다.

10.5.1 ILOG

ILOG사(www.ilog.com)는 7개국 590명의 직원이 있고, 2001회계연도에 8천3백만 달러의 매출을 달성하였다. 전세계 2000개 기업이 ILOG사의 고객이다. 제약기반의 솔루션은 ILOG Optimization Suite에 포함되어 있는 ILOG Solver로 CPLEX 모듈과 함께 사용되어 자원할당, 스케쥴링, 물류, planning 문제를 해결한다. 고객기업은 5~30%의 문제해결의 효율성 향상을 보고하고 있다. 한국의 POSCO사도 ILOG Solver를 이용하여 최적 생산 스케쥴링을 작성하고 있는데, 기존에 메인프레임 컴퓨터로 4~5일 걸리던 생산계획이 10분만에 해결되었고, 30%의 재고감소, 배달기간의 5일 단축 등의 효과로 연간 5백만 달러의 절감효과를 보았다. 그밖에도 ILOG Solver 솔루션이 사용되어 해결된 대표적인 문제들은 다음과 같다.

(1) 물류 자원할당과 스케쥴링(Logistics Resource Allocation and Scheduling)

- ○ Constraint-based Gate Allocation for Airports
- ○ Solving Check-in Counter Constraints with ILOG Solver
- ○ Applications and Experience in the Civil Aviation Sector
- ○ Sunray V: an Intelligent Container Trucking Management System
- ○ Application of ILOG Solver in Fast Intermodal Transshipment
- ○ Optimal Loading Scheduling

- A Development Environment for Load Planning Systems
- OTARI: Decision Support System for Transport Scheduling
- Schedule-It: an Intelligent Vehicle Scheduling System
- Priority-Driven Constraints used for Scheduling at Universities
- Sports League Scheduling

(2) 생산 계획과 스케쥴링(Production Planning and Scheduling)

- Mine Planning and Scheduling at RTZ Technical Services
- CCSP: Continuous Caster Sequence Planner
- Supply Chain Integration Scheduling System for Naheola Mill/James River Corporation
- Well Activity Scheduling: an Application of Constraint Reasoning
- Finity: An Integrated Solution to Production Planning and Scheduling in Process Manufacturing Industries
- FIT Supply Chain Planning
- A Mill Balancing System in Hot Rolled Steel Facilities
- Short Term Scheduling for Liquid Metal Manufacture

(3) 인력과 서비스 계획과 스케쥴링(Manpower and Service Scheduling and Planning)

- Customer Order Scheduling System for SABRE Travel Information Network (STIN)
- Scheduling Engine for Long Island Lighting Company
- Staff Scheduling with ILOG Solver
- A Constraint Programming Library Dedicated to Timetabling
- Nurse Scheduling System Using ILOG Solver
- Using ILOG Solver for Nurse Scheduling
- A Cashier Assignment System
- Efficient Multi-Skill Crew Rostering via Constrained Sets
- A Crew Scheduling System
- Travel Time Optimization for Public Utility Job Scheduling

(4) 구성과 디자인 문제(Configuration and Design)

- A Constraint-Based Tool for Automatic Sizing of an Instrumentation and Control Architecture
- Applying Constraints to Vehicle Packaging
- Sartre: A Computer Aided Design Tool for Robotized Production Lines
- Optimization of Three-Dimensional Log Cutting Dedicated to the Wood Industry
- One Dimensional Cutting Stock for Plastic Film

10.5.2 Cozytech

Cozytech사(www.cozytec.com)는 1990년 프랑스 파리에서 창업한 회사로 회사의 핵심 솔루션은 CHIP V5.0이다. ILOG사와 마찬가지로 제약기법을 활용하여 생산 스케쥴링, 물류 최적화, 인원할당 등의 다양한 현장의 문제를 해결하고 있다. 주요 고객기업으로는 Alcatel, BP, Cristallerie d' Arques, Dassault, Electricity of France, Essilor, Eurocontrol, Fina, Michelin, Mitsubishi, Monsanto, NWT, Peugeot, P&G, RFO, SAS, Sollac, Sumitomo, Sun Valley, Wagons Lits 등이 있다.

다음의 예제는 CHIP을 이용하여 선박에 물건을 하역하고 적재하는 문제를 제약풀이 기법으로 해결하는 과정을 보여준다. CHIP에서 제공하는 제약풀이 모듈을 사용하기 위한 호스트 언어로는 C, C++, Prolog가 다 가능하다. 즉, CHIP V5 C, CHIP V5 C++, CHIP V5 Prolog가 모두 제공된다.

(1) 문제

배는 여러 구역으로 나누어 져 있고, 각 구역의 화물이 먼저 하역되고, 새로운 화물이 적재되어야 한다. 각각의 작업에는 소요되는 자원과 기간이 있다. 다음의 표는 모든 작업의 소요시간과 자원을 정리한 것이다.

Task Number	1	2	3	4	5	6	7	8	9	10	11	12	13	14	15	16	17
Duration	3	4	4	6	5	2	3	4	3	2	3	2	1	5	2	3	2
Resource Use	4	4	3	4	5	5	4	3	4	8	4	5	4	3	3	3	6

Task Number	18	19	20	21	22	23	24	25	26	27	28	29	30	31	32	33	34
Duration	2	1	1	1	2	4	5	2	1	1	2	1	3	2	1	2	2
Resource Use	7	4	4	4	4	7	8	8	3	3	6	8	3	3	3	3	3

작업들을 각각의 구역에 적절하게 할당하기 위해서 그림과 같이 하역 작업(아래 화살표)과, 적재작업(위 화살표)이 나타나 있다. 만약, 동일한 구역 내에서 여러 작업이 이루어져야 한다면, 그림과 같은 순서를 지켜야 한다.

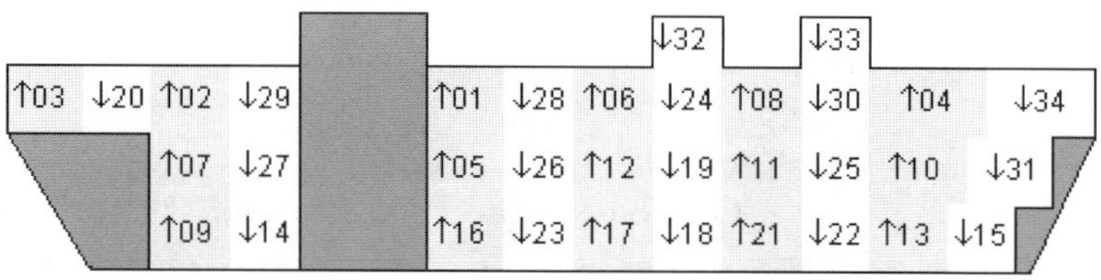

또 다른 제약은 선박의 균형을 유지해야 한다는 것인데, 예를 들면, 선미부분을 비워놓은 채로 선수 부분에 화물을 다 적재할 수 없다는 것이다. 이러한 하역, 적재 작업에 만족되어야 하는 제약을 고려하면, 다음과 같은 순서그래프를 얻을 수 있다. 이 그래프는 작업의 선후관계를 나타내는 것으로, 어떤 작업은 선행작업이 완료되어야만 시작될 수 있고, 어떤 작업들은 병행하여 처리할 수도 있음을 알 수 있다.

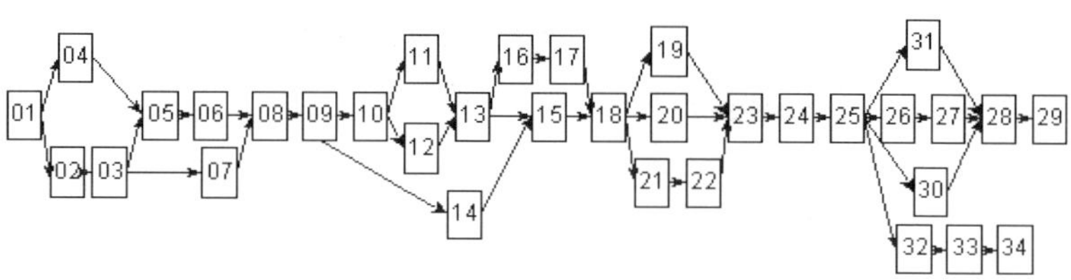

이 스케쥴링 문제의 목적은 주어진 자원한계 내에서 모든 작업을 가능한 빠른 시간 안에 마치는 것이다. 자원한계를 확장하거나 줄임에 따라서 다른 스케쥴이 얻어진다. 자원가용성과 스케쥴 완료시간의 적절한 균형점을 찾는 것에도 관심이 있다.

(2) 문제의 표현

각각의 작업에 대한 시작 시간을 결정해야 하는데, 이것을 결정 변수로 삼을 수 있다. 주어진 작업의 소요자원과 시간은 고정된 값이다. 제약은 선후관계와 자원 제약이 있다. 변수간의 선후관계는 부등식을 이용하여 표현할 수 있는데, 예를 들어 작업 B가 작업 A의 후행작업이면, Start(B) >= Start(A) + Duration(A)로 표현할 수 있다. 자원제약은 작업에 따른 사용자원의 누적된 값을 점검하여 허용된 자원한계를 넘지 않도록 해야 한다.

검색방법은 CHIP에서 제공하는 최소화 풀이기법과 변수정렬 기법을 활용하여 가장 제약이 많이 걸린(선택할 값의 여지가 적은) 변수 먼저 값을 할당하면서 제약풀이 과정을 진행한다.

(3) 해

아래의 그림은 자원한계 값을 8로 했을 때의 스케쥴링 결과이다. 자원한계 값이 7 이하인 해는 없으며, 자원한계를 12 이상으로 늘려도 전체 작업 시간이 줄어들지 않는다. 다음의 표는 자원제약을 늘렸을 때 각각의 작업완료 기간을 나타낸 것이다. 표에서 알 수 있듯이 자원제약을 8에서 9로 늘렸을 때 완료 시간의 상당한 개선(7일)을 이룰 수 있음을 알 수 있다. 실무적 관점에서는 자원의 비용과 작업종료 시간의 단축 효과를 비교하여 자원제약 값을 8 또는 9로 설정하는 것이 바람직하다.

자원제약 값	작업 소요기간
8	66
9	59
10	59
11	58
12	58

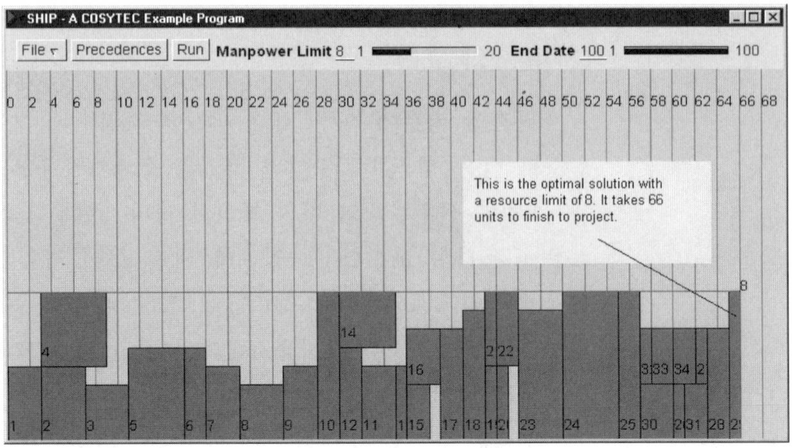

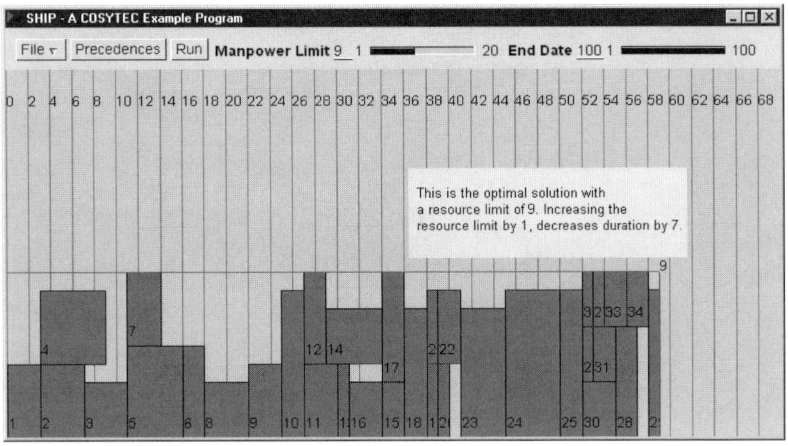

(4) 탐색나무

아래의 그림은 CHIP이 수행한 탐색의 과정을 보여주는 도구이다. 그림에서 보듯이 루트노드에서부터 세 개의 해가 찾아 졌음을 알 수 있고, 세 번째 해가 앞의 두 개의 해보다 우수함을 보여주고 있다. 세 번째 해가 찾아진 다음에도 남아있는 탐색공간을 마저 탐색하여 세 번째 해가 최적의 해 임을 밝히고 있다. 탐색과정 중에 87번의 실패와 그로 인한 되돌림 추적이 일어났음을 알 수 있다. 오른쪽 윈도우에서 가로줄은 34개의 변수(각 작업의 시작시간)와 취할 수 있는 값의 범위(도메인)를 나타낸다. 색칠된 부분은 제약 풀이 이후에 각 변수(작업)에 할당된 값을 나타낸다.

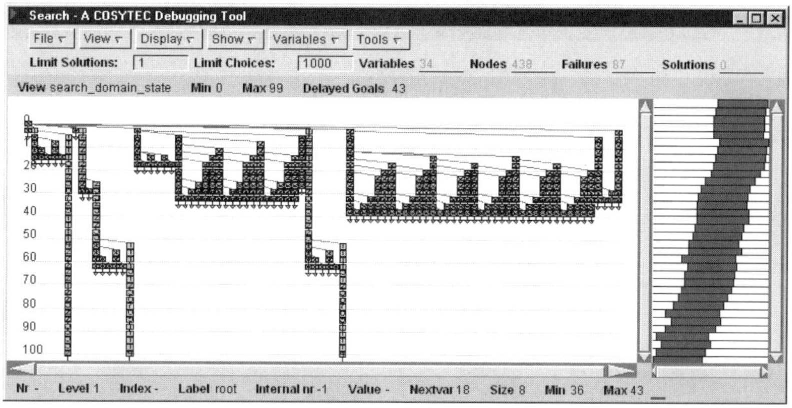

주요용어

- 호환성 제약
- 제약풀이만족문제(CSP: Constraint Satisfaction Problem)
- 되돌림추적기법(Backtracking Method)
- 일치성유지기법(Consistency Algorithm)
- 변수정렬(Variable Ordering)
- 변수값정렬(Value Ordering)
- 노드일치성(Node Consistency)
- 아크일치성(Arc Consistency)
- CLP(Constraint Logic Programming)
- CRSP(Constraint and Rule Satisfaction Problem)

연습문제

1. 제약 표현의 장점은 무엇인가?

2. 제약풀이 기법의 종류에는 어떤 것이 있는가?

3. 제약풀이 기법이 주로 적용되는 응용분야는 무엇인가?

4. 제약풀이 기법이 논리나 규칙과 어떻게 결합될 수 있는가?

5. 제약풀이 기법을 구현한 솔루션 패키지에는 어떤 것이 있고, 특징은 무엇인가?

참고문헌

[1] 이재규 외 4인, "호환성 제약과 규칙의 통합추론 시스템," UNIK을 이용한 전문가시스템의 개발, 법영사, 1996.

[2] Aggoun A and N. Beldiceanu "Extending CHIP in Order to Solve Complex Scheduling Problems," *Journal of Mathematical and Computer Modelling*, Vol. 17, No. 7, Pergamon Press, pp. 57~73, 1993.

[3] Barták, Roman, "Constraint Programming: In Pursuit of the Holy Grail," *Proceedings of WDS99 (invited lecture)*, Prague, June 1999.

[4] Colmerauer, A., "An Introduction to Prolog III," *Communication of ACM*, Vol.33, No.7, July pp. 69~90, 1990.

[5] Freuder, Gene and Mark Wallace, "Constraint Technology and the Commercial World," *IEEE Intelligent*, Vol.15, No.1, pp. 20~23, 2000.

[6] Kumar, V., "Algorithms for Constraint-Satisfaction Problems: A Survey," *AI Magazine* 13(1):32-44, 1992.

[7] Mackworth, A. K., "Consistency in Networks of Relations," *Artificial Intelligence* 8(1): pp. 99~118, 1977.

[8] Mackworth, A. K. and E. C. Freuder, "The Complexity of Some Polynomial Network Consistency Algorithm for Constraint Satisfaction Problem," *Artificial Intelligence* Vol. 25 pp. 65~74, 1985.

[9] Nadel, B., "Constraint Directed Reasoning," *11th IJCAI Tutorial*, 1989.

[10] Waltz, D., "Understanding Line Drawings of Scenes with Shadows," *The Psychology of Computer Vision*, ed. P.H. Winston, pp. 19~91, Cambridge, Mass.: McGraw Hill, 1975.

제 11 장

지식획득과 모델링

학습목표

- 지식획득과정에 대해 이해한다.
- 지식의 원천에는 어떤 것들이 있는지 살펴본다.
- 전문가의 선정과 다수의 전문가에 의한 지식획득에 대해 알아본다.
- 지식획득 방법과 이를 위한 도구들은 어떤 것들이 있는지 살펴본다.
- 획득된 지식의 검증에 대해 알아본다.

저자소개

최형림, 동아대학교 경영정보과학부 교수, hrchoi@dau.ac.kr
박영재, 동명대학교 경영정보학과 교수, yjpark@tu.ac.kr

차 례

11.1 서 론

지식획득(knowledge acquisition)이란 여러 형태의 지식원천(knowledge source)으로부터 필요한 지식을 추출하여 이를 구조적으로 조직화하는 과정을 말한다. 이와 같은 지식획득은 지식시스템의 개발에 있어 매우 중요함에도 불구하고 가장 정형화되어 있지 못한 실정이다. 이러한 이유로 인하여 실제 많은 지식시스템 개발자들로부터 가장 힘든 영역으로 인식되어 오고 있다.

지식베이스의 구축을 위하여 지식의 수집을 책임지는 사람을 지식공학자(knowledge engineer)라 하는데 이러한 지식공학자는 컴퓨터와 직접적으로 관계되는 기술 외에도 대화 및 면담기술, 지식획득을 위한 그룹의 조직 및 관리, 새로운 적용분야(domain)에 관련된 지식의 학습 의지, 대규모의 신기술을 유연하게 처리하고 관리할 수 있는 능력 등이 요구된다.

본 장에서는 우선 지식획득 과정에 대해 살펴보고, 다음으로 지식의 원천에는 어떤 것들이 있으며, 지식의 원천들 중에서도 중요한 비중을 차지하는 전문가는 어떻게 선정할 것인가에 대해 알아보기로 하며, 계속해서 다수의 전문가에 의한 지식획득은 어떻게 수행해야 할 것인가에 대한 내용을 정리하도록 한다. 그리고 지식획득 방법과 도구는 어떠한 종류들이 활용되고 있는지에 대해 살펴보고 마지막으로 획득되고 표현된 지식이 과연 올바른 것인지를 검증하고 시험하는 것과 관련된 내용을 공부하도록 한다.

11.2 일반적 지식의 획득 과정

일반적인 지식획득 과정은 문제인식(identification), 개념화(conceptualization), 정형화(formalization), 구현(implementation), 그리고 테스팅(testing) 등의 다섯 단계로 구성되는데, 이들 단계가 서로 어떻게 작용하는가는 [그림 11-1]에서 볼 수 있는 바와 같다[6].

11.2.1 문제인식 단계

지식시스템 개발을 위한 지식획득의 첫 단계는 대상문제에 대한 중요한 특성들을 규명하는 것으로부터 시작된다. 여기에는 지식획득 작업에 참여하게 될 참가자들을 선정하고 각 참가자들의 역할을 정의하는 일, 대상문제 그 자체를 유형과 범위 등의 차원에서 파악하는 일, 개발과정에서 필요한 자원을 확인하는 일, 그리고 개발하고자 하는 시스템의 최종목표의 인식 등이 포함된다.

(1) 참가자의 확인

지식획득 작업을 수행하기 전에 작업을 수행할 참가자들을 선정하고 각자의 역할을 정의하여야 한다. 대개 1명의 영역전문가와 1명의 지식공학자 두 사람에 의해 수행되는 것이 일반적이지만, 경우에 따라서는 다수의 영역전문가와 지식공학자들에 의해 작업이 이루어질 수도 있다.

(2) 문제의 확인

일단 참가자들이 결정되면 이들 참가자들에 의해 대상문제의 확인과정이 이루어져야 한다. 여기서는 문제의 정의, 특성 확인, 하위문제로의 분류 등 다양한 관점에서 대상문제가 검토되어야 한다. 이러한 문제의 확인과정은 한 번에 정확하게 이루어지기보다는 수차례의 반복 작업에 의해 수행되는 것이 일반적이다.

(3) 자원의 확인

지식획득에 필요한 주요 자원에는 지식의 원천, 시간, 하드웨어와 소프트웨어, 자금 등이 포함된다. 영역전문가의 경우 지식의 원천은 대개 과거의 문제해결 경험, 교과서 등의 문헌들이며, 지식공학자의 경우 유사한 문제에 대한 경험과 지식시스템 개발을 위한 방법론, 지식 표현 방법, 그리고 개발도구 등에 관한 지식이 주요 원천이 된다. 그리고 나머지 세 가지 형태의 자원들도 매우 중요한데, 특히 지식공학 도구와 같은 소프트웨어 자원은 하드웨어 자원 못지않게 중요하다는 사실을 염두에 두어야 한다.

(4) 목표의 확인

영역전문가들은 일반적으로 문제를 인식하는 과정에서 시스템 개발의 목표를 인식하려고 하는 경향이 있는데, 개발하고자 하는 시스템의 목표는 대상문제에 관한 구체적인 과업과는 구분해서 파악하는 것이 바람직하다. 왜냐하면 이러한 목표는 문제해결을 위한 특정 접근방법의 타당성을 규명하는데 사용되는 제약조건으로서의 역할을 수행하기 때문이다.

[그림 11-1]
지식획득 단계

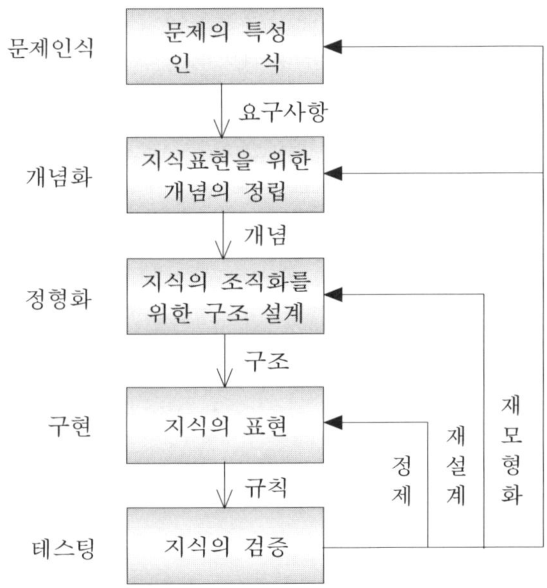

〈자료원 : Hayes-Roth et al. 1983〉

11.2.2 개념화 단계

일반적으로 문제해결을 위한 의사결정과 관련되는 지식은 매우 다양하기 때문에 사용되리라고 판단되는 개념과 관계들을 미리 결정해야 할 필요가 있다. 여기서는 이러한 주요 개념과 관계들을 보다 구체화하는 단계이다. 예를 들어 다음과 같은 형태의 질문들에 대하여 적절한 답변이 만들어져야 한다. “어떠한 정보가 필요한가? 그러면 이러한 정보를 어떻게 표현할 것인가? 규칙이 적절한 표현 방법인가? 그러면 지식은 어떻게 획득할 것인가?”

앞의 문제인식 단계에서와 마찬가지로 개념화 단계에서도 지식공학자와 영역전문가 사이의 반복적인 상호작용이 요구되기 때문에 예기치 않게 많은 시간이 소요될 수도 있다.

11.2.3 정형화 단계

여기서는 다양한 지식공학용 도구나 틀 등을 사용하여 전 단계에서 주로 서술적으로 정의된 주요 개념, 하위문제, 정보흐름 특성 등을 보다 정형화된 표현으로 변형시킨다. 지식의 획득은 궁극적으로 지식베이스로 표현되기 위한 것이다. 따라서 지식이 조직화되고 표현되는 형태에 따라 지식획득에 사용되는 방법이 달라져야 한다. 예를 들어, 규칙기반 시스템에 있어서는 지식이 규칙의 형태로 조직화되어야 한다.

이 단계에서는 상대적으로 지식공학자가 보다 적극적인 역할을 담당하게 된다. 그리고 다양한 종류의 하드웨어와 소프트웨어들이 검토되어야 하며, 실제로 전문가로부터의 지식추출이 이루어져야 하기 때문에 매우 어려운 단계로 인식되고 있다.

11.2.4 구현 단계

본 구현 단계에서는 지식공학자가 정형화된 지식을 실행 가능한 컴퓨터 프로그램으로 변환하게 되는데 프로그램의 작성을 위해서는 내용(content), 형식(form), 통합(integration) 등이 필요하다.

내용은 정형화 단계에서 이미 명백하게 정의된 대상 영역의 지식을 바탕으로 하는데 이러한 지식에는 문제해결에 필요한 데이터의 구조, 추론 규칙, 그리고 제어전략 등이 포함된다. 형식은 시스템 개발을 위하여 선택된 언어에 의해서 구체적으로 기술된다. 통합은 데이터 구조와 규칙 또는 제어전략 사이에서 나타날 수 있는 불합리한 점들을 제거할 수 있는 다양한 유형의 지식을 결합하고 재조직화하는 일련의 작업을 포함한다.

구현작업은 가능하면 빠르게 진행되어야 한다. 왜냐하면, 초기 프로토타입을 구현하는 이유들 중의 하나는 설계와 관련되는 의사결정의 효과성을 개발의 초기 단계에서 검토할 수 있기 때문이다. 이것은 초기에 작성된 코드는 개발이 진행됨에 따라 많은 부분이 변경될 수 있음을 의미한다.

11.2.5 테스팅 단계

마지막으로 테스팅 단계에서는 프로토타입 프로그램의 성능과 효용성을 평가하며 경우에 따라서는 수정도 이루어진다. 대개의 경우 영역전문가는 프로토타입을 평가하며, 지식공학자에 의해 수행되는 지식베이스의 수정 작업을 도와주게 된다. 우선 몇 가지의 예제를 대상으로 개발된 시스템을 테스트하여 이상이 없으면 즉시 실제 문제를 대상으로 하여 그 성능과 효용성을 평가받도록 하여야 한다. 즉, 지식 표현형식에 맞지 않게 표현됨으로써 야기되는 문제, 지식자체가 잘못되어 발생되는 문제 등이 포착되어야 한다. 결국 지식획득의 관점에서 테스트한다면 표현된 지식들이 모두 정확하며, 일관성이 있으며, 완벽한 것인가를 검증할 수 있어야 하겠다.

지금까지 지식획득의 과정들을 하나씩 살펴보았는데, 실제 문제에 있어서의 이러한 과정들을 [그림 11-1]에서 볼 수 있는 바와 같이 잘 정의한다는 것은 매우 어려운 일이다. 이러한 단계들은 지식획득 과정에서 발생될 수 있는 복잡하고도 비구조화된 작업들을 개략적으로 구분해본 것에 불과하다. 그리고 대상 영역의 문제특성에 따라서도 이러한 단계들은 달라질 수 있는 여지가 많아 모든 영역에 공통적으로 적용될 수 있는 표준화된 지식획득 과정을 설정한다는 것은 거의 불가능하다.

한편 [그림 11-1]을 살펴보면 각 단계들은 정제, 재설계, 재모형화 등과 같이 반복적인 순환과정을 거침으로써 궁극적으로 원하는 결과를 얻는다는 사실을 알 수 있다. 게다가 규칙 혹은 다른 방식으로 표현된 지식은 주기적으로 추가되거나 삭제된다. 따라서 지식획득의 모든 과정에 걸쳐 지식공학자는 영역전문가와 긴밀한 협조관계를 유지하여야 한다.

11.3 지식경영에서의 지식 획득

지식경영에서는 암묵지의 지식을 형식화할 필요가 있으며 조직 전체가 지식을 좀 더 쉽게 공유할 수 있도록 명시화해야 한다고 설명하고 있다. 명시화된 지식을 통해 지식의 공유와 전파가 가능해 지기 때문이다. 바로 이러한 과정 즉 암묵지의 지식을 명시화하여 형식지의 지식으로 변환하는 과정이 지식획득이다. 여기서는 지식경영에서의 이러한 지식획득에 대해서 살펴보기로 한다.

지식을 바라볼 때 중요한 의미를 가지는 지식의 분류에는 두 가지가 있다. 하나는 개인적 지식과 조직적 지식이고, 다른 하나는 암묵지와 형식지이다. 개인적 지식과 조직적 지식은 지식을 보유하고 있는 주체에 따른 분류로서, 개인적 지식(personal knowledge)은 개인에게 체화되어 있거나 개인적으로 보유하고 있는 지식이고, 조직적 지식(organizational knowledge)은 개인의 출입과는 관계없이 조직 내에 축적되어 남겨지는 지식을 말한다. 조직적 지식에는 기술, 특허, 경영기법, 노하우, 데이터베이스 등뿐만 아니라 전략, 사업영역, 문화 등도 포함된다. 암묵지와 형식지는 지식의 형태에 따른 분류로서, 암묵지(tacit knowledge)는 장인의 비장의 기술처럼 말로는 표현할 수 없지만 알고 있는 지식이고, 형식지(articulated knowledge)는 말이나 글로 표현이 가능한 지식을 말한다. 암묵지에는 우리가 흔히 노하우라고 부르는 것과 조직의 문화 등이 포함되며, 형식지에는 업무 매뉴얼, 설계도, 데이터베이스 등과 같이 정형화된 형태로 표현된 것이 포함된다.

지식획득을 위해서는 암묵지를 형식지로 전환시킬 수 있는 여건을 마련해 주어야 한다. 암묵지는 개인에 체화되어 있는 지식이므로 형식화되지 않는 이상 다른 사람에게 전달하는 것이 어려우며, 전달한다고 하더라도 도제제도(apprenticeship)나 OJT(On-the-Job-Training) 등의 대면접촉을 통해서 전달해야 하기 때문에 전달범위는 한정적일 수밖에 없다. 따라서 암묵지를 형식지로 전환시키는 것은 조직의 지식을 증폭시키기 위한 기본 조건이 된다.

한편 개인적 지식과 조직적 지식의 개념이 갖는 중요성은, 조직은 개인적 지식을 조직적 지식으로 전환시킬 수 있는 즉 조직차원에서 지식을 획득할 수 있는 여건을 마련해 주어야 한다는 것이다. 많은 중요한 개인적 지식들이 조직 전체적으로 공유되지 못하고 조직 구성원이 떠나는 것과 함께 조직에서 영원히 사라져 버리던가 아니면 개인의 파일함에서 사장되어 버리곤 한다. 이로 인해 지식획득을 위한 시간과 비용의 중복투자가 발생하고, 중요한 기회를 놓치는 경우가 발생하기도 한다. 암묵지의 형식지로의 전환, 개인적 지식의 조직적 지식으로의 전환, 그리고 각 지식간의 상호 교류를 통해 조직적 지식이 확장, 갱신, 축적되게 되며, 지식과 지식의 결합으로 인한 지식창출이 활발하다. 변화하는 환경에 능동적으로 적응하고 나아가서 환경의 변화를 주도하기 위해서 조직은 부단한 학습을 통해 새로운 지식을 획득, 창조해야 하는 것이다.

지금은 지식부족이라기 보다는 지식과잉의 시대이기 때문에 조직에 필요한 지식을 적시에 획득, 축적, 유통시키는 것이 중요하며, 이를 이해서 지식관리는 정형화된 절차에 의해 의도적으로 행해져야 한다.

첫째, 조직은 필요한 지식의 내용과 사용처 등을 포함하는 지식 니즈(knowledge needs)를 파악(identification)한다. 환경변화에 의한 새로운 기회와 위협은 조직으로 하여금 늘 새로운 지식을 획득할 것을 요구하는데, 조직의 비전, 전략, 강약점 등에 기초하여 지식 니즈를 파악해야 한다. 지식 니즈의 파악이 잘못되면 진정 필요한 지식은 부족하고 쓸모없는 지식의 양만 늘어나게 되어 지식획득 및 유지비용이 기하급수적으로 증가하므로, 지식 니즈 파악은 신중하고 철저하게 이루어져야 한다. 둘째, 지식 니즈를 바탕으로 새로운 지식을 획득(acquisition)한다. 지식획득의 방법은 지식의 종류에 따라 여러 가지가 있을 수 있는데, 형식지는 구매, 데이터베이스 검색 등을 통해서 쉽게 얻을 수 있지만, 암묵지의 경우는 지식을 보유하고 있는 사람을 스카웃하거나 조직구성원을 다른 기업에 파견하여 체득시키거나 전략적 제휴를 활용해야 한다. 셋째, 축적된 지식을 바탕으로 새로운 지식을 창조(creation)한다. 지식창조는 개인의 창의성과 경험을 통한 새로운 암묵지의 창조, 암묵지를 모든 사람들이 공유할 수 있도록 형식지화하는 것, 또는 형식지를 조합하여 새로운 형식지를 만들어내는 것 등 여러 가지 형태가 있을 수 있다. 넷째, 조직 내의 모든 지식을 공유(sharing)할 수 있게끔 하는 것이다. 지식공유를 위해서는 지식의 축적

(accumulation)과 유통(distribution or transfer)이 필요하다. 외부에서 획득한 지식, 조직구성원의 개인적 지식 등을 데이터베이스로 축적하고 이를 모든 조직구성원이 검색할 수 있게 함으로써 공유에 의한 상승효과를 도모해야 한다.

지식관리라고 하면 제일 먼저 떠오르게 되는 것이 정보시스템이다. 조직의 모든 구성원을 연결시키는 네트워크와 방대하고 체계적인 데이터베이스, 그리고 그룹웨어를 비롯한 각종 소프트웨어들이 지식의 획득, 창조, 공유를 가속화시킬 수 있다. 그러나 이것은 필요조건이지 충분조건은 되지 못한다. 지식관리가 원활하게 되기 위해서는 정보시스템뿐만 아니라 조직의 구조와 문화 등 총체적인 변화가 필요하다. 즉, 조직의 휴먼측면, 소프트측면, 하드 측면 모두가 지식관리프로세스를 촉진하는 방향으로 변화되어야 한다.

11.4 지식의 원천과 전문가의 선정

11.4.1 지식의 원천

지식공학자는 여러 종류의 다양한 원천으로부터 지식을 획득하는데, 이러한 지식의 원천은 크게 네 가지로 분류할 수 있다. 첫째, 대표적인 것으로 문헌을 들 수 있는데 이에는 교과서, 참고서, 매뉴얼, 표준업무처리절차 등이 포함된다. 둘째, 대상 영역의 전문적 지식을 보유하고 있는 전문가 또한 중요한 지식원천이다. 셋째, 대상 영역에서의 실제 처리과정을 직접 관찰함으로써 지식을 획득할 수도 있는데 이 경우에는 실제 업무처리과정 자체가 지식의 원천이 된다. 마지막으로 웹으로 대표되는 인터넷의 보급으로 이러한 웹상의 지식 또한 중요한 지식의 원천이다.

문헌은 일반적으로 개발 초기에 지식공학자가 대상 영역에 대한 기본적인 용어 혹은 기초지식 등을 얻는데 있어 중요한 지식의 원천이 된다. 만약 얻고자 하는 지식의 형태가 절차적인 성격을 지닐 경우, 즉 일련의 작업들이 순차적으로 진행되는 경우, 직접 관찰하는 방법이 지식의 획득에 도움을 줄 수 있다. 그러나 대부분의 경우에는 전문가들이 자신의 추상적이고 지적인 처리과정을 거쳐 적절한 의사결정을 내린다. 그런데 이러한 처리과정은 전문가들 자신도 이해하고 표현하기 어려운 내용일 경우가 많다. 따라서 지식공학자는 적절한 지식획득 방법들을 동원하여, 전문가들이 그러한 처리과정을 효율적으로 발견하고 표현할 수 있도록 도와서 궁극적으로 적절한 지식을 획득할 수 있어야 한다.

11.4.2 웹과 검색엔진

한편 웹상의 지식은 광범위한 웹의 속성상 원하는 지식을 획득하기가 쉽지 않다. 이를 위해 검색엔진을 이용할 수 있다. 대부분의 검색엔진은 웹상의 지식자원들을 찾아서 이를 데이터베이스에 분류 및 인덱싱하여 저장해 두고 사용자는 키워드 검색을 통해 이를 이용하게 된다. 지식관리시스템의 지식검색도 이러한 방법으로 제공된다.

WWW(World Wide Web)의 등장 이후, 사용자들은 자신의 여러 가지 정보들을 자신의 홈페이지에 올려놓음으로써, 정보의 제공단위가 기관에서 개인으로 작아졌으며, 기하급수적으로 커지는 자료들로 인해 더욱 더 검색양은 거대해져 갔다. 이런 대량의 자료를 검색하기 위해 검색엔진이 사용되게 된 것이다. 대부분의 검색엔진은 각 URL에 대한 데이터베이스 구축 이전에 정보제공자의 역할을 담당하는 Robot Agency를 사용한다. Robot Agency란 웹 서버를 스스로 돌아다니면서 그 서버에서 제공하는 여러 정보를 데이터베이스로 만들어주는 일종의 프로그램이다. 그러나 이러한 검색엔진을 이용한 지식획득은 간편하다는 장점도 있지만 키워드 검색의 결과로 제공되는 것이 그 양이 너무나도 방대하며 또한 정확성도 떨어진다는 단점이 있다. 현재 이를 해결하기 위한 다양한 연구들이 진행되고 있으며 일례를 들면 사용자의 선호도나 사용자의 피드백을 통한 검색 에이전트에 관한 연구들이 진행되고 있다. 방대한 WWW에서 특정 정보 또는 지식을 찾기 위한 검색엔진의 유형은 다음과 같이 구별된다.

(1) 주제별 검색엔진

이 검색 엔진의 대표적인 것은 야후(Yahoo)이다. 각 분야별로 분류가 되어 있고, 원하는 분야를 마우스로 클릭하면(이 동작을 링크(Link)라 함)하면 그 분야의 세부 항목을 볼 수 있다. 이런 식으로 사용자가 계속 링크해서 들어가다 보면 원하는 정보를 찾을 수가 있다. 이러한 주제별 검색 엔진의 장점은 찾고자 하는 것에 대하여 아무런 지식이 없어도 원하는 것의 대분류 정도만 알아도 찾을 수 있다는 것이다. 한편 원하는 정보를 얻기까지 여러 단계를 거쳐야 하므로 중간에 길을 잘못 들어서면 엉뚱한 정보만 찾을 수도 있다. 이러한 단점을 보완하기 위해 검색어를 직접 사용자가 입력하여 직접 원하는 정보로 접근할 수 있도록 단어별 즉 키워드를 입력하면 해당 키워드를 포함하고 있는 웹 페이지들을 찾아주는 방법도 병행하고 있다.

(2) 단어별 검색엔진

단어별 검색엔진은 하나의 데이터베이스에 모든 홈페이지들의 URL을 저장하고 특정 키워드를 입력함으로써 원하는 정보를 찾는 방법으로 간단한 키워드를 통하여 원하는 정보를 신속하게 찾을 수 있는 장점이 있다. 그러나 키워드에 대한 색인이 정확하지 않으면, 원하는 정보를 찾을 수 없는 경우도 있다. 즉 해당 검색엔진이 얼마나 많은 자료를 데이터베이스에 정확하게 유지하고 있느냐가 중요하다. 검색결과에 키워드에 대한 가중치를 줄 수도 있는데 가중치란 해당 검색 결과에 대한 신뢰점수이다. 높을수록 정확한 검색결과임을 의미한다. 간편한 검색방법을 선호하는 사용자들을 위해 대부분의 검색엔진들이 단어별 검색기능을 제공하고 있다.

(3) 메타 검색엔진

메타 검색엔진이란 많은 검색엔진을 한데 모아놓고 검색하기 편리하게 만든 검색엔진이다. 즉, 야후, 알타비스타 등 기존의 검색엔진들을 모아 종합적인 검색이 가능하도록 만든 것으로 메타 검색엔진은 새로운 검색엔진이 아니라 기존 엔진의 특정 부분을 차용하여 한 번에 여러 검색엔진에서 검색할 수 있도록 만든 것이다. 메타 검색엔진은 각각의 검색엔진들을 옮겨 다니면서 질의할 필요 없이 하나의 조작환경(interface)으로 각각의 검색엔진을 검색해 주므로 검색에 드는 비용을 절감할 수 있다는 장점이 있다.

11.4.3 전문가의 선정

앞에서 살펴본 지식의 원천들 중에서 지식시스템의 개발에 빠져서는 안 될 중요한 역할을 수행하는 것이 바로 대상 영역의 전문가이다. 따라서 성공적인 시스템의 개발을 위해서는 대상문제의 영역에 적합한 전문가를 선정하는 일이 무엇보다 중요한 일임은 두말 할 나위가 없다. McGraw와 Harbison-Briggs는 전문가 선정을 위한 기준으로 다음의 네 가지를 들고 있다[11].

- 전문적 지식과 경험
- 활용가능성
- 시스템 개발 참여의지
- 의사소통기술

전문적인 지식이 풍부하다는 사실이 전문가 선정을 위한 필요조건은 되지만 충분조건이 되지는 않는다. 지식의 획득이나 시스템의 검증을 위한 최소한의 시간을 할애할 수 있어야 한다. 의사결정에 이르는 과정을 설명할 수 있는 의사소통 기술을 소유한다는 것이 그렇게 흔한 경우는 아니다. 일반적으로 지식공학자와 전문가는 함께 의사결정과정을 도출해내야 하기 때문에 훌륭한 대화기술은 양질의 지식베이스 형성의 기초가 된다.

전문가의 선정과 관련하여 검토해야 할 두 가지의 기본적인 결정사항을 살펴보면 다음과 같다.

(1) 내부/외부 전문가

전문가를 해당 조직 내부에서 선정할 것인가? 아니면 외부에서 고를 것인가의 결정문제이다. 이는 전적으로 개발될 시스템의 형태와 목적에 달려 있다. 만약 개발될 시스템이 고도의 양질의 지식을 요구한다면 조직의 내 · 외부에 관계없이 높은 수준의 전문가를 선정하여야 할 것이다. 그렇지 않을 경우에는 조직 내부에서 선정하는 것이 바람직하다.

(2) 단일/다수 전문가

전문가의 수 역시 개발될 시스템의 목적에 따라 달라진다. 한 사람의 독보적인 지식을 포착하는 것이 시스템 개발의 목적이 아니라면 다수의 전문가를 통하여 지식베이스를 형성하는 것이 바람직하다. 특히 대상 영역이 방대하고 복잡한 경우에는 여러 사람의 전문가를 활용하는 것이 좋다. 그런데 대상 영역의 문제에 비해 전문가들의 수가 지나치게 많아지게 되면 오히려 역효과를 초래하게 된다. 이럴 경우에는 핵심적인 몇 명의 전문가들은 지식획득 과정에 참여시키고 나머지 전문가들은 개발된 시스템에 대한 테스트과정에 배정하는 것도 좋은 방법이 될 수 있다. 특히 다수의 전문가에 의한 지식획득 과정에 대해서는 다음 절에서 보다 구체적으로 살펴보기로 한다.

11.5 다수의 전문가에 의한 지식획득

앞에서도 언급된 바와 같이 지식시스템의 개발에 있어 중요한 요소 중의 하나가 바로 적절한 전문가를 선정하는 것이다. 지식이 간단명료하게 정의될 수 있는 아주 좁은 대상 영역에 대하여 시스템을 개발할 때에는 오직 한 사람의 전문가만 있으면 충분하다. 그리고 많은 경우 한 사람의 전문가만으로 시스템이 개발될 수 있으나, 보다 현실성 있는 시스템을 원하거나 지식이 명쾌하게 정의되지 못하고 대상 영역 자체가 방대할 경우에는 여러 사람의 전문가를 필요로 하게 된다.

다수의 전문가를 필요로 하는 이유로 첫째, 각 전문가들에 의한 문제해결방법은 상호 보완적으로 활용함으로써 보다 현실성 있는 해를 도출할 수 있고, 둘째 각기 다른 추론방법들의 장점들을 취할 수 있다는 점을 들 수 있다. 그러나 이와 같이 다수의 전문가를 활용할 경우 전문가들 간의 견해차이나 갈등을 조정해야 하는 상황도 발생될 수 있다. 이러한 갈등은 해결하고자 하는 문제의 일부에 해당하는 지식이 누락되었거나 통계적인 불확실성 등으로 인하여 야기된다. 전문가들은 같은 문제에 대해서도 자신의 배경이나 경험 등에 따라 자신만의 독특한 추론 과정을 거치는데, 이로 인하여 서로 상반되는 해를 제시하기도 한다. 그러나 이러한 갈등을 극복하고 다양한 과정을 통한 추론이 가능하게 함으로써 제시되는 해가 실제로 도움을 줄 수 있다.

결국 다수 전문가들을 활용하는 경우 이들의 지식을 체계적으로 통합하는 것이 중요한데, 이러한 방법으로 다음의 다섯 가지를 들 수 있다.

(1) 합의 방법(Consensus Methods)

합의에 의한 방법은 집단역학(group dynamics)과 같은 행동과학에서 사용되던 방법론을 원용한 것이다. 그룹 내에서의 다른 전문가들의 판단에 관한 정보를 제공받음으로써 자신의 판단을 수정하게 된다. 이런 과정을 통하여 궁극적으로 합의에 도달하게 된다.

(2) 분석적 접근방법(Analytical Approaches)

지식이 계량화된 수치로 표시되는 경우에는 분석적 접근방법을 사용할 수 있다. 경우에 따라서는 MCDM(Multiple Criteria Decision Making) 방법을 빌어 사용하기도 한다. 개개인이 추정한 확률을 가중합산함으로써 그룹 전체로서의 확률을 평가하는 방법이 이에 속한다.

(3) 특정 추론방법의 선정

일단 다수의 추론 과정이 지식시스템에 결합되어 내재되게 되면 각 상황의 특성을 감안하는 적절한 추론방법을 선정하도록 해야 한다. 궁극적인 목표는 합의에 의한 해를 구하는 것이 아니라 가장 최적의 해를 구하고자 하는 것이기 때문이다.

(4) 자동화 방법(Automated Process)

다수의 추론 과정을 해결하려는 상기방법을 자동화하려는 노력이 경주되었다. 이러한 시스템에 의하면, 다수의 추론 과정을 입력하게 되면 시스템이 스스로 해에 도달하는 가장 효율적인 경로를 결정해 준다.

(5) 흑판 시스템(Blackboard Systems)

흑판 시스템에서는 대상 적용분야를 적절하게 분할함으로써 지식원천들 사이의 독립성을 극대화시킨다. 이 방법에 의하면 지식은 보다 작은 단위인 하위대상 영역에 따라 잘게 나누어지고, 각 전문가들은 문제해결을 위하여 협력한다. 많은 지식시스템들이 이와 같은 흑판 시스템 구조를 채택하여 개발되었다.

11.6 지식획득 방법

지식베이스는 대상 영역의 지식을 모형화한 것으로 볼 수 있고, 지식획득은 지식을 모형화하는 과정으로 생각할 수 있다. 따라서 지식획득 방법들은 이러한 모형화 문제를 해결하기 위한 도구로 인식될 수 있다. 지식공학자가 지식을 추출하고 대상 영역의 지식을 모형화하는데 어느 한 가지로 정해진 확고한 방법이 존재하는 것은 아니다. 지식을 추출하기 위해서 지식공학자는 그 동안 심리학, 인지과학, 그리고 의사결정분석 등의 학문영역에서 다양한 이름과 절차들로 개발되어 사용되는 방법들을 원용해 오고 있다. 이러한 방법들은 오랜 세월에 걸쳐 다른 목적으로 개발된 것들이다. 본 절에서는 이러한 방법들 중에서 지식공학자에게 유용하게 활용될 수 있는 것들을 분류하고 각각에 대해 간략하게 그 개념을 소개하고자 한다.

지식공학적인 관점에서 보면 지식획득을 위해 기본적으로 두 가지의 전략을 사용할 수 있다. 하나는 일반적이고 전체적인 개념에서 출발하여 전문가로 하여금 점차적으로 구체적인 지식에 도달하도록 유도하는 것이며, 다른 하나는 아주 구체적인 사례로부터 시작하여 이러한 예제를 통하여 전문가로 하여금 일반적인 개념을 설정하도록 지원하는 것이다. 여기서 전자를 하향식(top-down 혹은 deductive) 방법이라 하고 후자를 상향식(bottom-up 혹은 inductive) 방법이라 한다.

11.6.1 하향식 방법

하향식 방법은 다시 다음의 네 가지 형태로 세분될 수 있다.

- 질문 방법(Questioning Methods)
- 객체지향 방법(Object-Oriented Methods)
- 계량적 방법(Quantitative Methods)
- 창의적 방법(Inventive Methods)

(1) 질문 방법(Questioning Methods)

지식공학자는 전문가와의 수차례의 면접을 통하여 지식을 획득하거나 혹은 전문가로 하여금 설문서에 답변하도록 요청하는데, 궁극적으로 지식공학자가 전문가에게 질문하는 방법에는 다음과 같은 세 가지 형태가 있을 수 있다.

1) 정형적 면담

이 방법에서는 지식공학자가 미리 면담의 목적을 결정하고 질문사항도 준비하여 면담을 시작하게 되는데, 전문가와의 토의방향이 이미 설정한 주제를 벗어나지 않도록 유도하여야 한다. 이 방법은 지식획득의 후기 단계에서 보다 정교한 지식의 획득을 위하여 활용하면 유익하다.

2) 비정형적 면담

아무 격식 없이 자유롭게 면담이 이루어지게 한다. 지식공학자는 단지 시작하기 위한 질문만을 던지고, 전문가의 답변을 근거로 계속적인 질문을 한다. 이러한 방법은 처음으로 대상 적용분야를 접하는 지식획득의 초기 단계에서 활용하는 것이 바람직하다.

3) 설문서

전문가와의 접촉이 용이하지 않은 경우에 주로 사용하는 방법이다. 지식공학자는 설문서를 보내어 전문가로 하여금 설문에 대한 답을 기술하도록 한다. 이 방법은 특히 이미 수집된 지식을 보다 명확하게 하기 위한 용도로 활용될 수 있다.

(2) 객체지향 방법(Object-Oriented Methods)

이 방법에 의하면, 지식공학자는 대상 영역에서의 특정 객체에 관한 지식을 파헤치는데 초점을 맞춘다. 이런 과정을 통하여 구체적인 객체들의 공통적인 속성을 추출하여 집단화함으로써 객체들의 클래스를 형성할 수 있다. 그러면 전문가는 이러한 클래스를 분석하여 확연히 구분되는 속성들을 갖는 하위클래스들로 나누게 된다.

이러한 객체지향 방법을 구체화하기 위하여 망그래프(network graphs) 혹은 객체클래스의 계층도(hierarchy of classes of objects) 등을 주로 사용하는데, 이러한 방법은 이미 제2장에서 소개한 지식 표현 방법들 중 의미망과 프레임에 의한 방법에 근거를 두고 있다. 따라서 여기서는 이러한 방법에 의한 표현 예만 [그림 11-2]에서 소개하고 자세한 것은 제2장의 내용을 참조하기 바란다.

[그림 11-2]

객체지향 지식획득 방법의 예

• 계층도

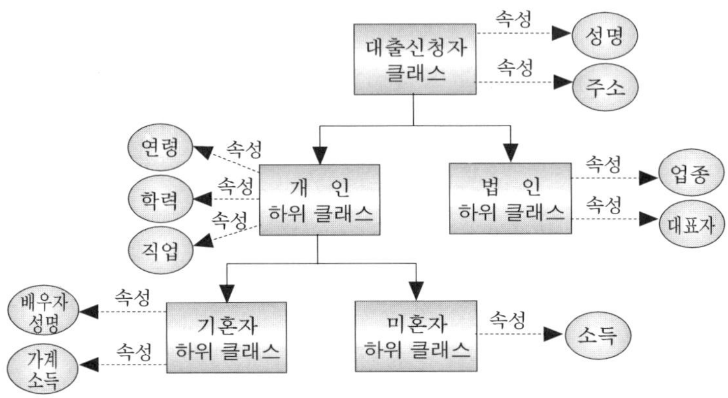

• 망 그래프

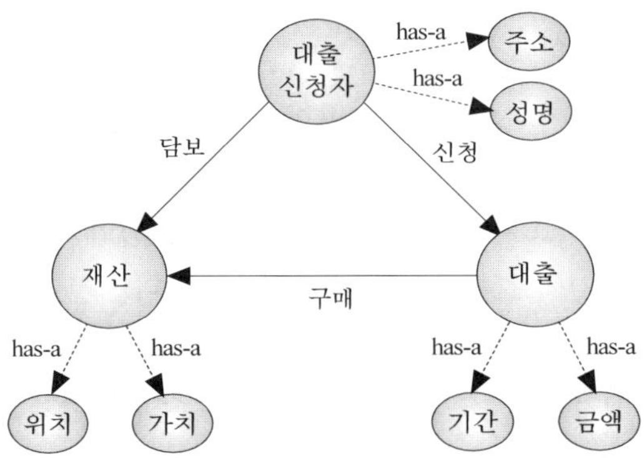

〈자료원 : Zahedi, 1993〉

(3) 계량적 방법(Quantitative Methods)

지식공학자는 객체간의 상호관련 정도를 파악하거나 대상 영역의 지식에 대한 불확실성 정도를 측정하기 위하여 계량적 방법을 사용하기도 한다. 계량적 방법에 의하면 객체간의 관계규명을 위하여 전문가로 하여금 수치적인 척도로써 이들 관계를 표현하도록 요청하고, 이러한 자료를 바탕으로 수리적 알고리즘을 통하여 객체간의 관계 정도를 계산하도록 한다.

한편 많은 종류의 지식들에 대한 불확실성 정도를 측정하는 데에도 계량적 방법이 활용된다. 이러한 불확실성의 파악은 지식시스템의 영역에서 아직까지 충분하게 연구되지 못한 분야이다. 불확실성의 파악은 불확실성의 표현 방법에 따라 달라질 수 있는데, 불확실성의 표현 방법에 대해서는 이미 제11장에서 상세하게 소개된 바 있다.

(4) 창의적 방법(Inventive Methods)

지금까지 소개된 하향식 방법에서는 지식을 포착하고 모형화하는데 지식공학자에게 거의 모든 책임이 부가되었다. 그러나 이 방법에서는 전문가가 보다 능동적이고 적극적인 역할을 수행할 것을 요구한다. 즉, 지식공학자를 교육시키고 지식을 전수하기도 하고, 지식추출과정을 준비하고 조직화하는 등 거의 지식공학자로서의 역할을 수행하게 된다. 이 방법은 지식획득의 초기과정에 도움을 줄 수 있다.

11.6.2 상향식 방법

상향식 방법에서는 지식공학자가 전문가로 하여금 특정 사례에 집중하도록 유도한다. 이렇게 함으로써 특정 사례에서의 문제해결을 위한 의사결정과정을 추상화하여 더욱 일반화된 규칙이나 개념을 끌어낼 수 있기 때문이다. 다음과 같은 세 가지 형태의 지식추출 방법이 이러한 범주에 속한다.

- 예제기반 방법(Example-based Methods)
- 프로토콜 분석(Protocol Analysis)
- 전문가의 관찰(Observations of Experts)

(1) 예제기반 방법(Example-based Methods)

예제기반 접근방법은 사례기반 학습(case-based learning)과 유추에 의한 학습(learning by analogy)의 근거가 된다. 이 방법에 의하면, 지식공학자와 전문가는 여러 개의 대표적인 사례나 예제를 가지고 작업을 하게 된다. 전문가는 여러 예제들을 유사점과 차이점을 근거로 분류작업을 수행한다. 그러면 지식공학자는 전문가에게 예제들의 공통속성과 차이 속성을 규명할 것을 요청한다. 이러한 과정은 예제들의 범주를 결정하는데 도움을 주며, 각각의 범주에 해당하는 일반적인 규칙을 개발하는데 도움을 준다.

(2) 프로토콜 분석(Protocol Analysis)

이 방법에서는 전문가가 어떤 실제의 문제를 해결하거나 의사결정을 내리는 동안 자신의 사고과정을 스스로 말하거나 표현하도록 요청한다. 그러면 지식공학자는 이러한 과정을 정리하고 이로 인해 야기된 엄청난 양의 정보를 분석함으로써 전문가가 실제 문제해결시에 사용하는 일반적인 규칙을 발견할 수 있다. 이러한 방법은 비절차적인 문제해결을 위한 지식의 획득에 유용하게 활용될 수 있다.

(3) 전문가의 관찰(Observations of Experts)

이 방법은 전문가가 문제를 해결하는 동안 전문가를 직접 관찰하는 것이다. 문제해결 과정이 절차적이며, 시간의 흐름에 따라 순차적인 일련의 단계를 거치는 경우 전문가의 행동을 관찰함으로써 유익한 영감을 떠올릴 수 있다. 특히 지식공학자의 편견 없는 관찰은 이 방법을 더욱 유용하게 만들 수 있다.

11.7 지식획득 도구

전문가로부터의 지식획득 작업은 전적으로 수작업에 의해 이루어질 수도 있고 컴퓨터의 도움을 받아 수행될 수도 있다. 지식획득 도구는 어느 정도 자동화되었느냐에 따라 크게 수동 방법, 반자동 방법, 자동 방법의 세 가지로 구분 지을 수 있다.

11.7.1 수동 방법(Manual Mode)

수동 방법에 의한 지식획득은 다음 [그림 11-3]에서 볼 수 있는 바와 같이, 지식공학자가 영역전문가 혹은 다른 지식원천으로부터 지식을 직접 추출하여 이를 지식베이스로 표현함으로써 달성된다. 이러한 수동 방법에는 면담 방법, 창의적 방법, 관찰에 의한 방법 등이 있다. 이와 같은 지식획득 방법들에 대해서는 이미 전 절에서 구체적으로 살펴본 바 있다.

[그림 11-3]

수동 방법에 의한 지식획득 과정

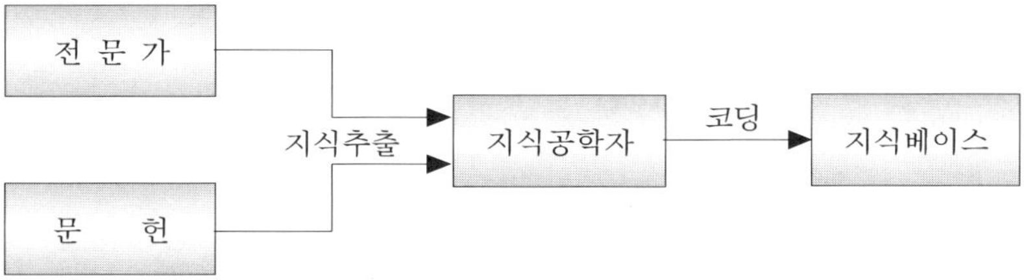

〈자료원 : E. Turban, 1993〉

11.7.2 반자동 방법(Semi-Automatic Mode)

반자동 방법은 다시 두 가지 범주로 구분된다. 하나는 전문가를 지원하기 위한 도구로서 지식공학자의 도움을 거의 받지 않고도 지식베이스를 구축할 수 있다([그림 11-4] 참조). 그리고 다른 하나는 지식공학자를 지원하기 위한 도구이다.

[그림 11-4]

전문가 지원 도구에 의한 지식의 획득

(1) 전문가 지원 도구

대부분의 경우 지식획득의 주도적인 역할은 지식공학자에 의해 이루어지고 있다. 그러나 이러한 지식공학자들은 사실 대상 영역에 대한 지식의 기반이 없기 때문에 영역전문가와의 의사소통 면에서 문제가 야기될 수도 있다. 결과적으로 지식획득 과정은 느린 속도로 진행되고 많은 반복과정을 거치게 된다. 따라서 영역전문가로 하여금 지식공학자의 역할을 수행하도록 함으로써 이러한 문제점을 제거시키고자 하는 노력이 이루어지고 있다. 즉, 전문가가 자신의 지식을 직접 지식베이스로 표현할 수 있도록 하자는 것이다. 이러한 방법은 전문가를 지원하는 도구들이 개발됨으로써 가능해지고 있다. 이러한 방법을 지원하는 여러 가지 도구들이 있으나 그 중에서도 대표적인 것이 레퍼토리 그리드(Repertory Grid) 분석기법을 이용하는 도구들이다. 이하에서는 레퍼토리 그리드 분석기법에 대해 먼저 살펴보고, 다음으로 이를 이용한 도구들에 대해 설명하기로 한다.

1) 레퍼토리 그리드 분석(RGA: Repertory Grid Analysis)

레퍼토리 그리드 분석은 Personal Construct 이론이라 불리는 인간의 사고에 관한 켈리의 모형을 기반으로 하고 있다. 이 이론에 의하면 각 개인은 스스로 이론을 만들고 가설을 검증하고 실험결과를 분석함으로써 사건을 예측하고 통제하려고 하는 개인적인 과학자(personal scientist)로 인식된다. 즉, 세상의 모든 것에 대한 지식과 인식은 자신의 개인적인 지각모형에 의해 분류된다는 것이다. 이러한 개인적 모형(personal model)이 바로 전문가들이 자신의 일을 수행하는 것에 관한 모형을 찾고자 하는 우리의 요구에 부합된다. 따라서 이 이론은 지식시스템에 아주 적합하여 잘 적용될 수 있다[15].

레퍼토리 그리드 분석과정은 다음과 같은 네 단계를 거치게 된다.

첫째 단계로 전문가는 대상 영역과 관련된 지식 중에서 중요한 객체(objects)를 설정한다. 예를 들어, 적절한 컴퓨터 언어를 선정하는 문제의 경우에는 컴퓨터 언어 자체가 중요한 객체가 된다.

두 번째로 전문가는 대상 영역에서의 의사결정과 관련된 중요한 속성(attributes)을 찾아내어야 한다. 예를 들어, 컴퓨터 언어를 선정하는 경우 상업용 패키지의 활용가능성, 프로그래밍의 간편성 등이 중요한 속성이 될 수 있다.

세 번째로 선정된 모든 속성들에 대해서 전문가는 각 속성들이 가질 수 있는 두드러진 특성(traits)과 상반된 특성, 양극단의 스케일을 설정하도록 한다. 컴퓨터 언어 선정의 경우에서는 <표 11-1>과 같이 표현될 수 있다.

네 번째로는 면담자가 여러 객체들 중에서 무작위로 세 개의 객체를 집어내어 다음과 같은 질문을 던진다. 이들 세 개의 객체들 중에서 두 개의 객체를 나머지 한 개의 객체와 구별할 수 있게 하는 속성과 특성이 무엇인가? 컴퓨터 언어 선정의 경우를 예로 들면, 만약 LISP, PROLOG, COBOL이 세 개의 객체로 선정되었다면 전문가는 "용도"라는 속성을 제시할 수 있을 것이다. 그 이유는 LISP과 PROLOG는 비수치적(symbolic)자료를 주로 처리하는데 비해 COBOL은 수치형(numeric) 자료를 주로 처리하기 때문이다. 다음으로 이러한 답변들은

1~3 혹은 1~5 구간의 점수로 환산되는데 이러한 과정은 수차례 되풀이되어 최종적으로 그리드가 완성된다. 완성된 그리드의 예가 <표 11-2>에 제시되어 있는데 그리드 내부에 있는 숫자는 각 객체의 각 속성이 갖는 특성치를 의미하고 있다. 일단 그리드가 완성된 후에도 전문가가 내부에 있는 수치를 조정할 수도 있다. 이러한 그리드는 나중에 속성의 중요도만 알고 적합한 객체를 찾고자 할 경우 적절하게 활용될 수 있다. 예를 들어, 컴퓨터 언어 선정문제에서 수치형 자료의 처리가 무엇보다 중요하다면 COBOL이 바로 추천될 수 있다.

<표 11-1>

속성과 특성의 설정예

속성(Attributes)	특성(Traits)	상반된 특성
활용가능성	높 다	낮 다
프로그래밍의 용이성	높 다	낮 다
훈련기간	짧 다	길 다
주요 용도	심볼릭	수치형

<표 11-2>

그리드의 예

속성	주요용도	프로그래밍의 용이성	훈련기간	활용가능성
특성 상반	심볼릭 (3) 수치형 (1)	높다 (3) 낮다 (1)	짧다 (1) 길다 (3)	높다 (3) 낮다 (1)
LISP	3	3	1	1
PROLOG	3	2	2	1
C	2	3	2	2
COBOL	1	2	1	3

2) RGA 기반 지식획득 도구

레퍼토리 그리드 분석을 기반으로 하는 지식획득 도구들이 많이 개발되었는데 대부분의 도구들은 대상 영역에 대한 개념화를 도와주는 용도로 주로 활용되고 있다. 이들 중 대표적인 세 가지 도구로 ETS, KRITON, AQUINAS 그리고 KAGES 등을 들 수 있다.

① ETS(Expertise Transfer System)

ETS는 전문가와 면담을 하며 전문가들이 스스로 시스템을 개발하도록 도와주는 컴퓨터 프로그램이다. ETS는 전문가와의 면담을 통하여 문제해결을 위한 특성(traits), 특성의 구조, 특성의 가중치, 그리고 불일치성 등을 찾을 수 있게 한다. 이러한 ETS를 적절하게 활용함으로써 프로토타입을 아주 짧은 시간 내에 만들 수 있다.

② AQUINAS

이 시스템은 전문가가 가지고 있는 지식을 계층적으로 체계화하도록 함으로써 ETS에서의 문제해결 방법과 지식 표현 방법을 크게 향상시켰다. 일련의 휴리스틱을 정의하고 이를 AQUINAS의 하위시스템들 중의 하나인 대화관리기(dialog manager)에 포함시킴으로써 지식획득 과정에서 영역전문가 뿐만 아니라 지식공학자의 길잡이가 되도록 한다. AQUINAS는 RGA 기반의 대표적인 도구로 유사한 것으로는 KSS0가 있으며 이를 확장 발전시킨 KSSn이 있다.

③ KRITON

KRITON은 레퍼토리 그리드 분석의 활용을 자동화하고자 개발한 시스템이다. 우선 전문가와의 면담을 수행하고, 다음으로 전문가와 함께 상호작용하면서 프로토콜과 문서들을 분석하는 과정을 거친다. 만약 이 시스템이 성공적으로 작동될 수 있다면 경우에 따라서는 지식공학자를 완전히 대체할 수 있을 것이다.

④ KAGES

RGA의 특성상 간단한 계산에도 많은 시간과 오류를 양성하고 재분석하는데 역시 지루한 시간과 오류가 빈번히 발생하곤 하였다. 레이팅(Rating)에서의 작은 변화에 대한 효과를 보기 위해서도 많은 시간의 소비를 요구하였다. KAGES는 이러한 문제점을 해결하기 위하여 SPATEX라는 공간전문가시스템을 사용한 RGA 기반의 지식획득 도구이다. 상업적인 용도보다는 교육용으로 활용되었다.

(2) 지식공학자 지원 도구

그 동안 많은 지식획득 도구들이 지식공학자의 참여시간을 줄이기 위하여 개발되었지만 아직까지도 지식획득 과정에서 지식공학자들이 담당하고 있는 역할은 매우 큰 것으로 인식되고 있다. 일반적으로 지식공학자를 지원하는 방법은 두 가지 관점에서 생각할 수 있겠다. 하나는 전문가로부터 대상 영역의 지식을 추출하는 과정에서의 지원이고 나머지 하나는 추출된 지식을 지식베이스에 표현하는 과정에서의 지원이다. 이러한 지원도구들이 많이 개발되어 실제로 활용되고 있는데 그 중 대표적인 몇 가지를 소개하기로 한다.

① 편집기(Editors)

획득된 지식을 시스템 내에 표현하는 과정에서 지식 표현을 위하여 특수하게 제작된 편집기는 상당히 유용하며 오류의 여지도 많이 감소시킨다. 예를 들어, 좋은 편집기는 문법에 맞게 표현된 지식인지를 판단하기도 하고 경우에 따라서는 지식의 완전성과 일관성 등을 조사하기도 한다. EXSYS는 규칙의 입력과 테스트를 간편하게 해주는 지원도구의 한 예이다.

② 설명기기(Explanation Facility)

설명기기는 시스템 사용자를 도와줄 뿐만 아니라 지식공학자와 전문가가 지식베이스를 정제하고 개량하는 과정에서 도움을 주기도 한다. 추론이 완료되었을 때 추론 과정을 구체적으로 추적하도록 개발된 설명기기도 활용되고 있다.

③ 지식베이스 관리기

지식베이스의 변경은 예기치 않은 문제를 야기할 수도 있다. 특히 지식베이스가 방대한 경우 특정 지식의 변경이 지식베이스의 다른 부분에 미치는 영향을 판단한다는 것이 그렇게 쉬운 일이 아니다. 따라서 기존의 지식베이스의 완전성, 일관성 등을 저해하지 않으면서 새로운 지식을 추가, 수정, 삭제할 수 있도록 해주는 자동테스트 장치가 큰 도움을 줄 수 있다.

④ 지식획득 지원시스템의 예

지식이란 궁극적으로 특정 지식시스템 개발도구에서 활용될 수 있는 형태로 코드화되어야 한다. 이러한 코드화작업을 자동화하기 위한 여러 가지 도구들이 개발되었다. 이러한 도구들 중에서 대표적인 것으로 TEIRESIAS를 들 수 있는데, 이는 EMYCIN으로 시스템을 개발할 때 지식공학자가 규칙을 만들거나 수정하는 일을 지원하였다.

이외의 대표적 개발도구들의 발전과정은 다음과 [그림 11-5]와 같다.

[그림 11-5]

대표적 개발도구들의 발전과정

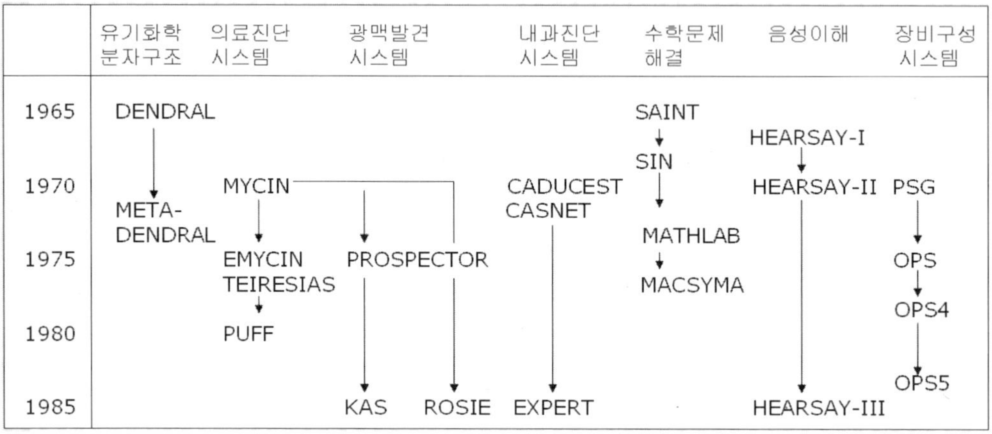

이외에도 Level 5에서의 규칙변환 지원 도구인 KAT(Knowledge Analysis Tool), Nexpert Object에서의 규칙변환 지원 도구인 NEXTRA, Gensym의 G2, IntelliCorp의 KEE, proKappa Inference의 ART-IM, IBM의 TIRS 등이 있으며, 국내에서 개발된 것으로는 UNIK-BWD의 규칙을 자동으로 생성해주는 UNIK-RULEGEN이 유일하다.

그러면 이하에서는 UNIK-RULEGEN에 대해 보다 자세하게 살펴보도록 하자.

UNIK-RULEGEN은 규칙의 습득, 작성, 점검, 유지관리의 어려움을 해결하기 위해서 만들어진 UNIK의 단위시스템으로 전문가가 표현하기 쉬운 그래프형태의 '지식분석도'를 입력하면, 자동으로 역방향 추론용 규칙을 만들어 준다. 즉, 전문가는 자신의 지식을 지식분석도라는 그래프의 형태로 직접 작성함으로써 자신이 의도한 지식을 쉽게 나타낼 수 있을 뿐만 아니라 빠짐없이 모두 나타낸 것인지도 쉽게 점검할 수 있다. UNIK-RULEGEN은 작성된 지식분석도가 UNIK 시스템의 규칙문법에 맞는가와 잘못된 부분은 없는가를 스스로 점검하면서, 지식분석도를 규칙의 형태로 변환 생성시킨다. 다만, UNIK-RULEGEN은 분류(classification)나 진단(diagnosis) 같이 역방향 추론에 적합한 지식(UNIK-BWD용 지식)의 작성에 도움을 주며, 자동으로 생성되는 규칙도 역방향 추론용 규칙으로 만들어진다.

UNIK-RULEGEN은 다음 [그림 11-6]와 같은 구조를 가지고 있다. 여기서 지식분석도의 작성과 수정부분은 전문가의 지식분석도 작성을 도와 주는 에디터의 기능을 한다. 사용자가 지식분석도를 작성함에 따라 내부적으로는 포인터를 이용한 트리구조(tree structure)가 생성되며, UNIK-RULEGEN은 결국이 트리구조를 이용한다. 또 다른 부분은 규칙을 생성하는 부분으로, 작성된 트리구조의 지식분석도로부터 규칙을 생성하는 기능을 한다. 사용자 입장에서는 지식분석도를 작성한 후 UNIK-RULEGEN 주 메뉴 화면에서 '규칙생성'을 선택하기만 하면 규칙베이스가 생성된다.

[그림 11-6]

UNIK-RULEGEN의 전체 구성도

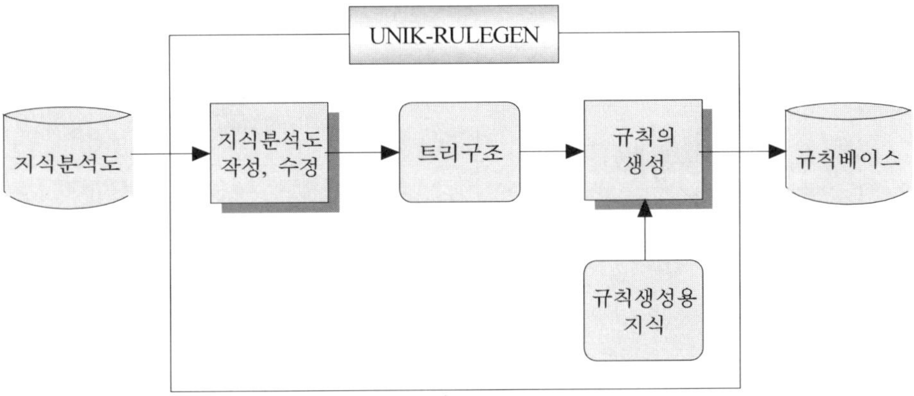

이상에서 살펴본 UNIK-RULEGEN에서의 규칙생성 과정을 저축자문업무에 적용하여 지식분석도를 작성하고, 이에 따라 규칙을 생성한 예가 [그림 11-7]과 [그림 11-8]에 각각 제시되어 있다. UNIK-RULEGEN에 대해 보다 구체적으로 알고자 하는 사람들은 제3권 "UNIK을 이용한 전문가시스템의 개발"을 참조하기 바란다.

[그림 11-7]

저축자문업무 지식분석도

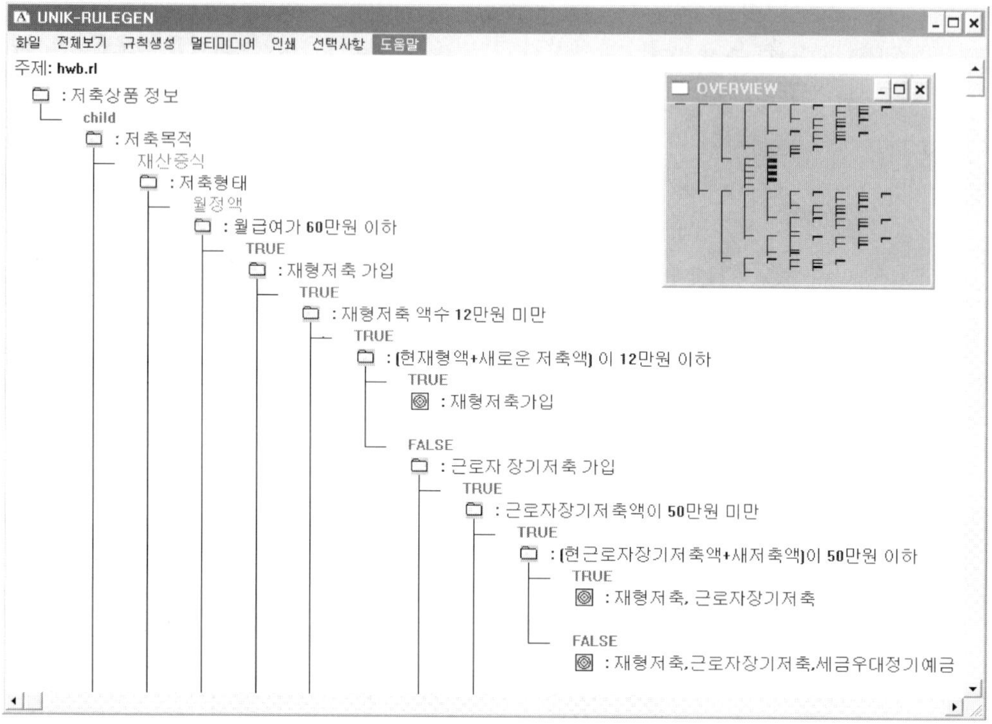

[그림 11-8]

자동생성된 저축자문업무에 대한 규칙

```
EXP3.BRB - 메모장
파일(F) 편집(E) 서식(O) 보기(V) 도움말(H)

(BWD-Rule RGNRule1
IF
        (IS "저축목적" '"재산증식")
        (IS "저축형태" '"월정액")
        (IS "월급여가 60만원 이하" TRUE)
        (IS "재형저축 가입" TRUE)
        (IS "재형저축 액수 12만원 미만" TRUE)
        (IS "(현재형액+새로운 저축액) 이 12만원 이하" TRUE)
THEN
        (IS "재형저축가입" TRUE)
        (Dialogue '"재형저축가입")
)

(BWD-Rule RGNRule2
IF
        (IS "저축목적" '"재산증식")
        (IS "저축형태" '"월정액")
        (IS "월급여가 60만원 이하" TRUE)
        (IS "재형저축 가입" TRUE)
        (IS "재형저축 액수 12만원 미만" TRUE)
        (IS "(현재형액+새로운 저축액) 이 12만원 이하" FALSE)
        (IS "근로자 장기저축 가입" TRUE)
        (IS "근로자장기저축액이 50만원 미만" TRUE)
        (IS "(현근로자장기저축액+새저축액)이 50만원 이하" TRUE)
THEN
        (IS "재형저축, 근로자장기저축" TRUE)
        (Dialogue '"재형저축, 근로자장기저축")
)

(BWD-Rule RGNRule3
IF
        (IS "저축목적" '"재산증식")
        (IS "저축형태" '"월정액")
        (IS "월급여가 60만원 이하" TRUE)
        (IS "재형저축 가입" TRUE)
        (IS "재형저축 액수 12만원 미만" TRUE)
        (IS "(현재형액+새로운 저축액) 이 12만원 이하" FALSE)
        (IS "근로자 장기저축 가입" TRUE)
        (IS "근로자장기저축액이 50만원 미만" TRUE)
        (IS "(현근로자장기저축액+새저축액)이 50만원 이하" FALSE)
THEN
        (IS "재형저축,근로자장기저축,세금우대정기예금" TRUE)
        (Dialogue '"재형저축,근로자장기저축,세금우대정기예금")
)
```

11.7.3 자동 방법(Automatic Mode)

자동 방법에 의하면 영역전문가와 지식공학자의 역할은 최소화되거나 거의 사라지게 된다. 예를 들어서 [그림 11-9]에서 볼 수 있는 귀납적 방법(induction method)은 어느 누구에 의해서도 쉽게 관리될 수 있음을 알 수 있다. 자동방법이라 해서 전적으로 사람이 배제되는 것이 아니라 지식공학자나 영역전문가의 필요성이 거의 없다는 의미이다. 자동 방법에 의한 지식획득으로 대표될 수 있는 것이 자동 학습(machine learning)인데 이에 대해서는 이어지는 제13장에서 소상하게 다루기로 한다.

[그림 11-9]

귀납시스템에 의한 지식의 획득

11.8 지식의 검증

대부분의 지식시스템 개발을 위한 지식의 습득과정에서 전문가의 의도를 제대로 반영하여 오류 없는 지식베이스를 구축하기란 여간 힘든 일이 아니다. 이를 위해서는 충분한 검증의 절차가 필요하고 상당한 시간도 소요된다. 그리고 검증의 과정에서도 전문가가 익숙지 않은 규칙을 보고서, 자신의 지식이 모두 반영된 것인지(completeness), 혹은 잘못은 없는지(error-free)를 검정하기란 결코 쉬운 일이 아니다. 더군다나 규칙의 양이 많은 경우 하나의 규칙을 수정하기 위해서는 이것이 다른 규칙에 미칠 영향을 세심하게 고려해야 하는 힘들고 어려운 작업이 요구되므로, 규칙이 자주 변하는 상황에서는 규칙베이스의 유지관리는 더욱 어려운 일이 된다. 그렇지만 완전한 지식베이스를 구축하여 정교한 지식시스템을 얻기 위해서는 지식의 검증과정은 필수적으로 거쳐야 하는 과정이다.

따라서 지식획득 업무는 품질관리 과정에 의해 마무리된다고 이야기 할 수 있다. 이러한 품질관리는 "평가"(evaluation), "성과 검증"

(validation), "절차 검증"(verification) 등의 명칭으로 표현된다. 이러한 용어들은 종종 구분 없이 혼용되기도 하는데, O'Keefe 등은 이에 대하여 다음과 같이 정의를 내리고 있다[12].

- 평가(Evaluation) : 평가라는 말은 광범위한 개념인데, 그 목적은 지식시스템의 가치를 전체적으로 측정하고자 하는데 있다. 허용할 만한 성능수준을 제시할 뿐만 아니라 지식시스템이 사용할 만한가, 효율적인가, 효과적인가에 관한 내용도 포함하고 있다.
- 성과 검증(Validation) : 성과 검증은 시스템의 성능을 다루는 평가의 한 부분으로 인식된다. 간단히 말하여, 성과 검증이란 올바른 시스템을 구축하였는가를 판단하는 것이다. 즉, 개발된 시스템이 받아들일 만한 정도의 정확도를 지니고 있는가를 확인하는 것이다.
- 절차 검증(Verification) : 절차 검증 역시 평가의 한 부분이다. 이것은 시스템을 올바르게 개발하였는가를 파악하는 과정이다. 즉, 얼마나 정확하게 시스템을 구축하였는가와 관련되는 문제이다.

이러한 평가활동은 지식시스템을 개발하는 과정에서 매 단계를 거칠 때마다(즉, 새로운 프로토타입이 만들어질 때마다) 반복적으로 되풀이되어야 한다. 특히 지식베이스의 관점에서 본다면, 올바른 지식베이스를 구축하였음, 즉 유효한 지식임을 평가하는 과정이 반드시 필요하며, 아울러 지식베이스가 적절하고 올바르게 구축되었음을 검증하는 과정 역시 필연적이다. 이와 같은 지식베이스의 성과 검증과 절차 검증은 지식획득 과정의 일부분으로서 독립적으로 수행될 수 있다. 이러한 작업은 시스템 전체의 평가 단계에서도 수행될 수 있다.

참고로 규칙기반 시스템에서의 지식획득 및 표현 시에 발생 가능한 오류를 살펴보면 다음과 같다. 규칙기반 지식형태는 하나하나의 규칙으로 이루어지기 때문에 규칙이 많아질수록 그 복잡성이 증가하여 여러 가지 오류가 발생할 수 있다. 그 대표적인 오류는 다음과 같다.

(1) 중복

중복이란 조건과 결론이 같은 규칙이 지식베이스에 두 번 이상 나타나는 것을 말한다. 다음과 같이 두 개의 같은 지식이 공존하는 경우이다.

A → B

A → B

(2) 충 돌

같은 IF문임에도 불구하고 THEN문이 다른 규칙이 공존하는 경우를 말한다.

A → B

A → C

(3) 순환적 충돌

A → B

B → C

C → NOT A

위의 규칙을 수행하다보면 결국 A 가 사실인지 아닌지를 판단할 수 없게 된다.

(4) 포 함

A AND B → C

A → C

앞의 규칙은 뒤의 규칙에 포함된다. 왜냐하면 C라는 결론을 내리기 위해 굳이 B라는 조건이 없어도 된다. 위와 같은 이상현상은 규칙의 수가 많아질수록 나타나기 쉬우며 또한 이러한 이상규칙을 제거하기도 어렵게 된다. 따라서 규칙형태의 지식을 습득시킬 때는 사전에 위와 같은 이상형태가 발생하지 않도록 검사하며 습득시켜야 한다.

주요용어

- 지식획득(Knowledge Acquisition)
- 지식베이스(Knowledge Base)
- 지식공학자(Knowledge Engineer)
- 문제인식(identification)
- 개념화(oonceptualization)
- 정형화(formalization)
- 구현(implementation)
- 테스팅(testing)
- 합의 방법(Consensus Methods)
- 분석적 접근방법(Analytical Approaches)
- 흑판 시스템(Blackboard Systems)
- 하향식(Top-down 혹은 Deductive) 방법
- 상향식(Bottom-up 혹은 Inductive) 방법
- 질문방법(Questioning Methods)
- 객체지향방법(Object-oriented Methods)
- 계량적 방법(quantitative methods)
- 창의적 방법(inventive methods)
- 예제기반 방법(Example-based Methods)
- 프로토콜 분석(protocol analysis)
- 전문가의 관찰(Observations of Experts)
- 레퍼토리 그리드 분석(Repertory Grid Analysis : RGA)
- UNIK-RULEGEN

연습문제

1. 지식시스템 개발을 위한 지식획득 과정을 소개하라.
2. 지식획득 방법에는 상향식과 하향식 방법이 있는데 이들 방법에 대해 구체적으로 설명하라.
3. 지식획득 도구들을 크게 세 가지 범주로 분류하고 각각의 내용을 소개하라.
4. 지식의 검증이 지식획득 단계에서 반드시 수행되어야 하는가? 만약 그렇다면 그 이유는 무엇인가?
5. 일반적으로 규칙을 기반으로 하는 지식베이스에서 야기될 수 있는 오류의 종류를 모두 열거하고 각각에 대해 간략하게 설명하라.
6. 지식경영에서의 지식획득은 무엇인가?
7. 효과적인 지식획득을 위해서는 적합한 전문가를 선정하는 것이 무엇보다

중요하다. 이를 위해 적용될 수 있는 전문가 선정기준에 대해 설명하라.

8. 다수의 전문가로부터 지식을 획득할 경우 이들의 지식을 체계적으로 통합하는 것이 중요하다. 이를 위해 적용할 수 있는 방법들은 무엇인가?
9. 주요한 지식의 원천들을 열거하고, 각각에 대해 설명하라.
10. 웹상의 지식을 획득하기 위한 이슈는 무엇인가?
11. 웹상의 지식을 획득하기 위해 지원되어야 할 도구는 어떠한 것들이 있을 수 있는가?
12. 실제 문제를 설정하여 해당 전문가의 지식을 획득하고 지식지도를 작성하여 보자.

참고문헌

[1] 이재규, 송용욱, 권순범, 김우주, 김민용, UNIK을 이용한 전문가시스템의 개발, 법영사, 1996.

[2] Alun Preece, "Building the Right System Right Evaluating V&V Methods in Knowledge Engineering," Available at http://ksi.cpsc.ucalgary.ca/KAW/KAW98/ preece/, 1998.

[3] Chih-Cheng Chien and Cheng-Seen Ho, "A Primitives-based Generic Approach to Knowledge Acquisition," *Knowledge Acquisition*, Vol. 6, Issue 3. pp. 215~242, 1994.

[4] Edgar Sommer, Katharina Morik, Jean-Michel André and Marc Uszynski, "What Online Machine Learning Can Do for Knowledge Acquisition," *Knowledge Acquisition*, Vol. 6, Issue 4. pp. 435-460, 1994.

[5] Frances M.T. Brazier and Niek J.E. Wijngaards, "A Purpose Driven Method for the Comparison of Modelling Frameworks," Available at http://ksi.cpsc.ucalgary.ca/KAW/KAW98/brazier1/, 1998.

[6] Hayes-Roth, F., et al., *Building Expert Systems. Reading*, MA : Addison-Wesley, 1983.

[7] Hyacinth S. Nwana, Trevor J. M. Bench-Capon, Ray C. Paton and Michael J. R. Shave, "Domain-driven Knowledge Modelling for Knowledge Acquisition," *Knowledge Acquisition*, Vol. 6, Issue 3. pp. 243~270, 1994.

[8] Jeffrey D. Kenyon, "A Process for Knowledge Acquisition and Management," Available at http://ksi.cpsc.ucalgary.ca/KAW/KAW98/kenyon/, 1998.

[9] John H. Boose, "Uses of Repertory Grid-centred Knowledge Acquisition Tools for Knowledge-based Systems," *International Journal of Man-Machine Studies*, vol. 29, pp. 287~310, 1988.

[10] Lee, J. K., I. K. Lee, S. M. Ahn, and H. R. Choi, "Automatic Rule Generation by the Transformation of Expert's Diagram : LIFT," *International Journal of Man-Machine Studies*, vol. 30, pp. 275~292, 1990.

[11] McGraw, K. L. and K. Harbison-Briggs, *Knowledge Acquisition: Principles and Guidelines*, Prentice Hall, Englewood Cliffs, NJ., 1989.

[12] O'Keefe, R. M., et al., "Validation Expert System Performance," *IE Expert*, Winter 1987.

[13] Prerau, David S., *Developing and Managing Expert Systems: Proven Techniques for Business and Industry*, Addison-Wesley Publishing Co., Reading MA., 1990.

[14] Suwa, M. A., A. C. Scott, and E. H. Shortliffe, "Completeness and Consistency in a Rule-Based System," *AI Magazine* 3, pp. 16~21, Autumn 1982.

[15] Turban, E., *Decision Support and Expert Systems: Management Support Systems* (3rd ed.), Macmillan Publishing Co., N. Y., 1993.

[16] Waterman, D. A., *A Guide to Expert Systems*, Addison-Wesley, 1986.

[17] Yolanda Gil and Cécile Paris, "Towards Method-independent Knowledge Acquisition," *Knowledge Acquisition*, Vol. 6, Issue 2. pp. 163~178, 1994.

[18] Zahedi, F., *Intelligent Systems for Business: Expert Systems with Neural Networks*, Wadsworth Publishing Co., California, 1993.

제 12 장

기계학습

학습목표

- 기계학습의 가설공간에서의 탐색 과정을 통해 이루어짐을 이해한다.
- 여러 가지 구체적 학습 기법들을 배우고 이와 관련된 주요 이슈들에 대해 토론한다.

저자소개

류광렬, 부산대학교 정보컴퓨터공학부 교수, krryu@pusan.ac.kr

차 례

12.1 서 론

학습 능력은 지능적인 존재라면 당연히 갖추어야 할 중요한 요소 중의 하나로 꼽힌다. 지능적 존재는 주위환경을 관찰하고 그와 끊임없이 상호작용을 하는 과정에서 학습을 통해 스스로의 적응력을 개선시켜 나간다. 학습을 함으로써 스스로가 의도한 목표에 보다 효율적이고 효과적으로 도달하는 방법을 익히게 되는 것이다. 학습이란 무엇인가라는 질문에 대해서는 새로운 지식을 획득하는 것이라는 정도로 간단히 답해버릴 수도 있겠지만, 사실 보다 엄격히 학습을 정의하려다 보면 "지식"이란 무엇인지 그리고 "의도"나 "목표" 등이 무엇을 의미하는 것인지 부터 밝혀내야 하는 철학적 문제에 직면하게 된다. 그러나 본 장에서는 이러한 철학적 관점보다는 순수하게 실용적인 입장에서 기계학습(Machine Learning)을 정의하고 그 동안 개발된 주요 기계학습 알고리즘들을 소개하고자 한다.

본 장에서 주로 다룰 내용은 기계학습 중에서도 가장 실용성이 높은 귀납적 학습(Inductive Learning)에 관한 것이다. 귀납적 학습을 간단히 설명한다면 주어진 데이터를 분석하여 그에 내재하는 중요한 패턴(pattern) 혹은 규칙성(regularity)을 찾아내는 것이라 하겠다. 찾아낸 패턴이나 규칙성은 결정나무(decision tree)나 규칙(rule) 혹은 수식 등 여러 가지 방식으로 표현된다. 컴퓨터 프로그램으로 이런 학습 알고리즘을 구현하는데는 주로 인공지능이나 통계학 및 정보이론 등으로부터 개발된 기법들이 응용되고 있다.

학습을 통해 새로이 찾아 낸 규칙성이 지니는 가치는 그것이 단순히 학습 과정에 사용되었던 데이터를 요약 설명해 주는 것이라는 정도를 넘어서, 전혀 새로이 주어지는 데이터에 대해서도 합당한 판정이나 예측을 가능하게 해 준다는데 있다. 우리가 흔히 보는 여론조사에서 일부 표본조사 결과를 바탕으로 전체 집단의 경향을 예측하는 것과 마찬가지로, 학습 시 사용된 표본 데이터에서 발견된 규칙성을 새로운 데이터에 대해서도 일반적으로 적용하게 되는 것이다. 이는 물론 학습 시 사용된 데이터가 일반적인 경우를 골고루 잘 대표하고 있다는 가정 하에서 가능한 것이다.

인공지능 분야에서 기계학습에 관한 연구가 활발해지게 된 계기는 전문가시스템 개발 시 전문가로부터 지식을 추출해내는 과정에 너무나 많은 시간과 노력이 투입되어야 함을 경험하면서부터였다. 소위 말하는 이 지식획득의 병목현상(knowledge acquisition bottleneck)의 타개책으로 과거 데이터로부터 지식, 즉 중요한 규칙성을 자동으로 추출해 보려는 시도를 하게 된 것이다. 그러나 최근 들어 기계학습은 데이터마이닝(Data Mining)이나 인터넷 환경 하에서의 사용자 모델링(user modelling) 등의 응용 분야에서 핵심적인 기술로 떠오름에 따라 새로이 각광받는 기술이 되고 있다. 데이터마이닝은 기계학습 알고리즘을 이용하여 대규모의 데이터베이스로부터 유용한 지식 혹은 정보를 찾아내는 기술로서 15장에서 상세히 설명될 것이다. 사용자 모델링은 가히 정보의 홍수를 이루고 있다고 할 만한 인터넷 환경 하에서 사용자의 정보 접근을 보다 용이하게 해 주기 위해 사용자의 취향을 시스템이 학습함으로써 개개인별로 차별화 된 인터페이스를 제공해 주는 기술이다. 이러한 기술은 또한, 전자상거래분야에서 고객들의 개인 프로필(profile) 정보와 구매 행동 등을 분석하여 학습함으로써 고객관계관리(CRM: customer relationship management)를 개인별 수준으로까지 세밀하게 하여 매우 효과적인 영업 전략을 수립할 수 있게 하는 등 매우 다양하게 응용되고 있는 추세다.

다음절에서는 기계학습의 기본 개념에 대한 이해를 돕기 위해 먼저 기계학습 기법들이 여러 측면에서 어떻게 분류되고 있는지, 그리고 학습이 어떻게 탐색을 통해 이루어지는 것인지를 설명한다. 그 다음에는 실제로 가장 많이 활용되고 있는 몇 가지 학습 알고리즘들을 구체적 수준에서 제시하고, 마지막 절에서는 학습 알고리즘들을 실제로 사용하고자 할 때 그 성능을 미리 추정해 볼 수 있게 해 주는 평가방안을 소개한다. 기계학습에 대한 보다 포괄적이고 깊이 있는 공부를 위해서는 [2, 9, 14]를 참조할 것을 추천한다.

12.2 기계학습의 분류

12.2.1 추론 방식에 따른 분류

통계학에서는 일찍이 임의의 주어진 데이터에 내재하는 규칙성을 발견하고자 하는 노력들을 해 온 바 있다. 소위 회귀분석(regression)이라는 것이 그 중 하나에 해당하는 것으로, [그림 12-1]은 회귀분석의 예를 간단히 도시한 것이다. 그림은 어떤 현상을 관찰한 측정 결과를 2차원 평면에 점들로 표현한 것으로서 그 점들 사이를 지나는 곡선은 이 데이터가 지니고 있는 전반적 경향을 포착하는 모델(model)이라 볼 수 있다. 회귀분석에서는 가장 적절한 모델이 되는 곡선을 찾기 위해 주로 여러 후보 곡선들 중 각 점들에 대한 오차의 합이 최소가 되는 것을 찾는 방법을 쓰고 있다. 일단 이 곡선을 찾고 나면, 이전에 관찰한 바가 없는 현상(x 값)에 대해서도 그 결과(y 값)가 어떻게 될 것인지를 곡선을 이용하여 작은 오차범위 내로 예측할 수 있다.

[그림 12-1]
회귀분석의 예

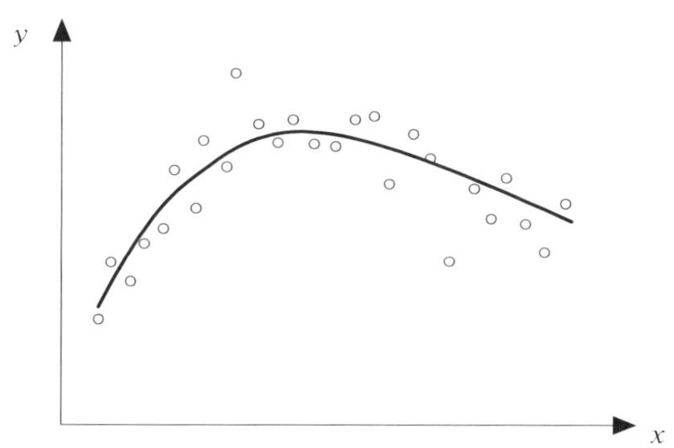

이렇게 많은 데이터를 분석하여 그들이 공통적으로 지니고 있는 규칙성을 찾아내는 과정을 논리에서는 귀납적 추론(inductive inference)이라 한다. 인간이 태어나서 주위를 관찰하며 새로운 지식을 축적해 가는 학습과정은 많은 부분 귀납적 추론에 의해 이루어진다고 볼 수

있다. 그러나 또한 학습은 연역적 추론(deductive inference)에 의해 이루어지는 경우도 있다. 연역적 추론이란 수학적 증명에서처럼 이미 참(true)으로 알려진 여러 사실들로부터 또 다른 참인 사실들을 유도해 내는 과정을 말한다. 우리가 흔히 유용한 경험을 하고 나면 그에 대한 반성을 바탕으로 다음의 유사한 상황에 보다 지혜롭게 대처할 수 있게 되는 것은 연역적 학습 능력이 있기 때문이다. 연역적 학습은 주로 탐색(search) 시스템이 탐색의 성공 혹은 실패 경험을 분석하여 유용한 규칙들을 학습해 둠으로써 유사한 탐색 상황을 다시 만날 때 그 규칙들을 활용함으로써 불필요한 탐색을 줄일 수 있게 하는데 사용된다. 이런 이유로 연역적 학습은 속도개선학습(speed-up learning)이라고도 불리며, 설명 혹은 분석을 바탕으로 학습이 이루어진다는 관점에서 설명기반학습(EBL: Explanation-Based Learning)[10]이라 불리기도 한다.

12.2.2 귀납적 학습(Inductive Learning)의 분류

귀납적 학습의 과제를 보다 엄격히 정의한다면, (x_i, y_i)와 같은 입출력 쌍(input/output pair)의 형태로 제시된 예(example)들로부터 모든 i에 대해 $f(x_i) = y_i$가 성립하는 함수 f를 찾는 것이라 할 수 있다. 단, f는 새로운 예가 주어지더라도 그 출력을 상당 수준 정확히 예측할 수 있는 것이어야 한다. 여기서, x_i는 어떤 객체의 특징에 대한 설명이 되고 y_i가 그 객체의 분류명이 된다든지, 혹은 x_i는 어떤 상황의 설명이고 y_i는 그 상황에서의 예측 결과가 되는 수도 있다. 예를 들면, x_i가 환자의 증세에 대한 설명이고 y_i는 진단의 결과인 병명이 되는 경우도 있다. 이럴 때 학습을 통해 찾게 되는 f는 증세를 보고 무슨 병인지를 진단하는 규칙이 된다. 이와 같이 학습에 사용되는 예들이 (x_i, y_i)의 형태로 주어지는 귀납적 학습을 보다 엄격히는 감독학습(Supervised Learning)이라 부른다. 감독학습이란 말은 각 예에 대해 입력 내용 뿐 아니라 그에 대응하는 올바른 출력이 무엇이어야 하는지를 모두 알려 주는 감독이 있는 상태에서 학습을 한다는 데서 연유한 것이다.

이와는 대조적으로 예들이 입력만으로 표현되고 출력은 전혀 언급되지 않은 상태로 학습이 이루어지는 경우도 있다. 이런 종류의 학습을 우리는 비감독학습(Unsupervised Learning)이라 부르는데, 이 경우에는 학습자가 각 예에 y_i의 값들을 스스로 적절히 부여하여 함수 f를 유추하게 된다. 비감독학습은 군집화(Clustering)란 용어로 더 많이 불린다. 군집화란 임의의 주어진 객체들을 그 본원적 특징에 따라 유사한 것들끼리의 집합 즉, 군집(cluster)들로 묶어주는 작업을 말한다. 예로서, 생물 시간에 배운 동물 분류체계를 생각해 보자. 많은 동물들의 예를 소정의 특징 설명 양식에 맞추어 제시해 줄 경우, 훌륭한 군집화 알고리즘이라면 이들을 우리가 알고 있는 분류체계에 부합하는 형태로 묶어줄 수 있어야 할 것이다.

감독학습과 비감독학습 그 어느 쪽에도 속하지 않는 또 다른 형태의 귀납적 학습으로 강화학습(Reinforcement Learning)[13]이라는 것이 있다. 강화학습은 주로 자율적 에이전트(agent)가 미지의 환경에서 스스로의 행동 방식을 최적화하기 위한 정책(policy)을 학습하는데 사용된다. 미지의 환경에 처한 에이전트는 스스로의 목표를 달성하기 위해 여러 가지 행동을 시도하게 되지만 주위 환경에 익숙하지 못하기 때문에 상황마다 적절한 행동이 무엇인지 알지 못한다. 대개 일련의 행동을 취한 후에야 뭔가가 잘못되었다든지 아니면 성공하였다는 판정이 가능한 정도다. 이러한 설정 하에서 각 행동이 궁극적으로 성공이나 실패에 기여한 정도를 추정하여 최적의 행동 정책을 학습하는 것을 우리는 강화학습이라 부른다. 예의 출력(위에서 설명한 y_i)에 대한 정보가 어느 정도 주어지는가의 관점에서 보면 강화학습은 감독학습과 비감독학습의 중간 정도에 위치하는 것이라 하겠다.

12.2.3 감독학습(Supervised Learning)의 분류

감독학습에서 추정대상 함수 f의 출력(y_i)이 [그림 12-1]에서처럼 연속적 수치 값을 취하는 경우를 회귀분석 혹은 함수근사(Function Approximation)라 하고, 이산치(discrete value)나 기호값(symbolic value)을 취하는 경우 분류(Classification)라 부른다. 본 장에서 주로 소개하는 학습 기법들은 귀납적 학습 중 감독학습, 특히 분류에 관한 것들이 될 것이다. <표 12-1>은 본 장에서 주로 사용될 간단한 날씨 데이터의 예로서, 입력 x는 (*Outlook, Temperature, Humidity, Windy*)의 속성(attribute) 혹은 특징(feature)값 벡터(vector)로 표현되어 있고 출력 y는 yes와 no의 기호값을 취하고 있다. 이와 같이 출력 기호값이 이진(binary)값인 경우의 분류 문제는 특별히 개념학습(Concept Learning) 문제라 불리기도 한다. 이 예에서 개념에 해당하는 것은 "테니스를 친다"(*PlayTennis*)는 것이며, 학습결과로 테니스를 칠 조건이 무엇인지가 유도된다. 즉, $f(x)$ = yes가 되기 위해서는 x가 어떤 조건을 만족해야 하는지를 알게 되는 것이다.

<표 12-1>

날씨 문제의 데이터

Outlook	*Temperature*	*Humidity*	*Windy*	*Play Tennis*
sunny	hot	high	false	no
sunny	hot	high	true	no
overcast	hot	high	false	yes
rainy	mild	high	false	yes
rainy	cool	normal	false	yes
rainy	cool	normal	true	no
overcast	cool	normal	true	yes
sunny	mild	high	false	no
sunny	cool	normal	false	yes
rainy	mild	normal	false	yes
sunny	mild	normal	true	yes
overcast	mild	high	true	yes
overcast	hot	normal	false	yes
rainy	mild	high	true	no

12.2.4 함수 표현 방식에 따른 분류

학습시스템은 예의 집합(set of examples)을 입력받아 학습 결과로서 함수 f를 출력한다. 함수 f를 표현하는 방식으로는 회귀분석의 경우처럼 수식을 비롯하여, 규칙, 결정나무(Decision Tree), 결정리스트(Decision List), 신경망(Neural Network) 등 여러 가지가 있다. 이 중 다음 절에서 소개될 규칙이나 결정리스트, 그리고 12.5절에서 상세히 설명될 결정나무 등과 같이 사람이 보아 학습결과를 이해하기가 비교적 용이한 것들이 있는 반면 신경망과 같이 그 내용의 해독이 불가능한 것도 있다. 학습결과를 이용하여 새로운 예를 분류한다든지 예측을 할 경우 일차적으로 중요한 것은 분류나 예측의 정확도이겠으나, 분류나 예측이 어떻게 하여 그런 식으로 이루어지는지를 이해하는 것도 그에 못지않게 중요한 경우가 있다. 특히, 데이터마이닝과 같은 응용분야에서는 결과에 대한 이해가 용이한 학습기법을 선호하는 경향이 있고, 단지 예측이나 분류 결과만이 중요한 분야에서는 신경망과 같은 것들도 유용하게 사용된다. 신경망에 대해서는 13장에서 상세히 설명한다.

12.3 가설공간(Hypothesis Space)의 탐색[1)]

12.3.1 가설공간의 의미

앞에서 설명하였다시피 학습시스템이 수행해야 할 과제는 주어진 예 집합을 보고 그에 부합하는 함수를 찾는 것이다. 이 함수는 학습에 사용된 예들의 집합-훈련집합(training set)이라 부름-뿐 아니라 새로운 예들-시험집합(test set)이라 부름-에 대해서도 분류나 예측을 잘해주는 것이어야 한다. 학습시스템이 찾고자하는 이 함수의 후보들을 가설(hypothesis)이라 부른다. 가설공간(hypothesis space)이란 주어진 예 집합과 부합할 것으로 기대되는 가설들을 모두 모아 둔 집합을 말한다. 학습시스템은 이 공간을 탐색하여 가장 최적의 가설을 찾아내어야 하는 것이다. 인공지능 분야에서의 학습에 관한 연구가 통계학적 접근법과 결정적으로 다른 점이 바로 이렇게 학습을 가설공간에서 이루어지는 탐색이라고 보는 관점이다.

12.3.2 일반화의 문제

훈련집합은 속성값 벡터의 집합으로서 주로 표의 형태로 학습시스템에 주어진다. 학습 방법 중 아마 가장 간단한 것은 표 형태(<표 12-1> 참조)의 훈련집합 그 자체를 그대로 기억해버리는 것일 것이다. 표도 함수를 표현하는 하나의 방식일 수 있기 때문이다. 이럴 경우

1) 12.3.3절 및 12.3.4절의 설명과 예는 참고문헌 [14]의 내용을 참조하여 작성되었음.

예를 들어 새로운 날씨 데이터가 주어지면 테니스를 칠 것인지 여부를 표를 보고 판단해야 하지만, 만약 새 데이터와 동일한 데이터가 훈련집합에 없다면 그 새 데이터에 대해서는 아무런 결론을 내리지 못하게 될 것이다. 단순한 암기학습(Rote Learning)이 지니는 한계이다. 학습을 통해 훈련집합 뿐 아니라 그 외의 새로운 데이터에까지 부합하는 일반화된(generalized) 가설을 찾기 위해서는 위에서 설명한 바의 가설공간을 탐색해야 한다.

12.3.3 가설공간의 예

가설공간 탐색의 개념에 대한 이해를 보다 구체화하기 위해 <표 12-1>의 날씨 데이터를 다시 보기로 하자. 이 데이터에 부합하는 가설 한 가지를 속성들에 대한 조건을 명시한 규칙 집합의 형태로 표현해 본 것이 [그림 12-2]에 예시되어 있다.

[그림 12-2]

결정리스트의 형태로 표현된 가설의 예

If *Outlook* = sunny ∧ *Temperature* = hot ∧ *Humidity* = high ∧ *Windy* = false
Then *PlayTennis* = no
If *Outlook* = sunny ∧ *Temperature* = hot ∧ *Humidity* = high ∧ *Windy* = true
Then *PlayTennis* = no
If *Outlook* = rainy ∧ *Temperature* = cool ∧ *Humidity* = normal ∧ *Windy* = true
Then *PlayTennis* = no
If *Outlook* = sunny ∧ *Temperature* = mild ∧ *Humidity* = high ∧ *Windy* = false
Then *PlayTennis* = no
If *Outlook* = rainy ∧ *Temperature* = mild ∧ *Humidity* = high ∧ *Windy* = true
Then *PlayTennis* = no
Otherwise *PlayTennis* = yes

[그림 12-2]의 가설은 표에서 *PlayTennis*가 no인 경우의 예 각각에 대해 그 속성값들을 그대로 조건으로 삼아 규칙의 형태로 표현한 뒤, 마지막으로 Otherwise 부분에서 그 외의 경우가 모두 yes라고 결론을 내리고 있다. 이렇게 규칙들을 리스트의 형태로 표현한 것을 우리는 결정리스트라 부른다. 결정리스트의 규칙들은 그 순서에 의미가 있다. 어떤 새로운 예가 주어지면 리스트에 제시된 순서대로 규칙의

적용을 시도하되 조건이 만족되는 규칙이 없을 경우에는 마지막의 Otherwise 부분을 적용한다.

[그림 12-2]의 결정리스트는 <표 12-1>의 것 보다 더 일반적(general)이란 점에 주목할 필요가 있다. 이 결정리스트에 따르면 <표 12-1>에 제시된 no의 예 이외의 경우에 대해서는 모두 *PlayTennis*가 yes라는 결론을 내리게 되어있다. 어쨌든, 표 자체를 그대로 저장하는 단순 암기학습의 경우와는 달리 학습에 사용되지 않은 데이터에 대해서도 *PlayTennis*의 yes/no 여부를 결정해 줄 수 있게 된 것이다. 그 결정이 얼마나 만족스러운 것이 될지는 일반화가 얼마나 적절하게 이루어지는가에 달려 있다.

[그림 12-2]의 결정리스트의 첫 두 규칙을 자세히 살펴보면, *Windy*가 true인지 false인지에 상관없이 *PlayTennis*는 no임을 알 수 있다. 따라서 두 규칙은 다음과 같은 보다 일반적인 하나의 규칙으로 대치될 수 있다.

If *Outlook* = sunny ∧ *Temperature* = hot ∧ *Humidity* = high
Then *PlayTennis* = no

대치 결과 우리는 전과는 다른 결정리스트, 즉 새로운 가설을 얻게 되는 것이다. 또한, 방금 보인 예와는 반대로 *PlayTennis*가 yes인 예들을 중심으로 규칙들을 만든 뒤 Otherwise 부분에서 나머지 경우를 no로 결론짓는 방식의 가설도 만들 수 있을 것이다. 이때는 yes인 예의 수가 no인 예의 수보다 많음으로 인해 전체 규칙의 수가 늘어날 것이다.

12.3.4 가설공간의 규모

이렇게 여러 가지 서로 다른 가설들이 존재함을 이해하였다면, 이러한 가설들의 집합인 가설공간의 규모는 과연 어느 정도일지에 대한 의문이 생길 것이다. 우선, 가능한 개별 규칙의 총 수는 *Outlook*, *Temperature*, *Humidity*, *Windy*의 속성들 및 *PlayTennis*가 취할 수 있는 값이 각각 3, 3, 2, 2, 2이고 속성의 경우 규칙의 조건부에 등장하지 않을 수도 있음을 감안할 때 모두 4 × 4 × 3 × 3 × 2 = 288이 된다. 하나의 가설은 규칙들의 집합이므로 가설공간의 크기는 이들 288

개 규칙으로부터 만들 수 있는 가능한 모든 부분집합의 수보다는 작을 것이다. 그런데, 어느 정도 일반성(generality)을 갖춘 가설이라면 그 규칙의 수가 훈련집합에 주어진 예의 수를 초과하지는 않을 것이므로, 실제 가설공간의 크기는 대략 2.7 × 10^{34} 정도가 된다[14]. 매우 엄청난 규모다. 여기에다, *Temperature*와 *Humidity* 같은 속성이 본 예에서처럼 기호값이 아니라 25℃, 84%와 같은 수치값을 취하게 된다면 가설공간의 규모는 가히 폭발적으로 커진다 하겠다.

12.3.5 가설의 탐색

가설공간의 규모는 일단 무시하고, 가설공간으로부터 <표 12-1>의 훈련집합과 부합하는 가설을 탐색하는 방안부터 먼저 생각해 보자. 앞의 12.2절에서 언급하였듯이 날씨 문제는 개념학습의 문제로서 우리는 *PlayTennis* = yes에 해당하는 개념을 (*PlayTennis* = no를 생각해도 마찬가지임) 잘 표현해 주는 가설을 찾고자 한다. 훈련집합을 보면 우리의 표적개념(target concept)인 *PlayTennis* = yes에 해당하는 정례(positive example)도 있고, 그렇지 않은 반례(negative example)도 있다. 이들 예를 하나씩 들고 와서 가설공간의 가설들 각각에 적용해 보아, 정례인데도 표적개념과 부합하지 않거나 반례인데도 표적개념과 부합하는 것으로 판명되는 가설들을 제거해 나간다고 하자. 이 과정을 반복하게 되면 가설공간 내의 가설이 점차 줄어들게 될 것이다. 만약 훈련집합의 모든 예에 대해 이 과정을 반복한 후 단 하나의 가설만 남는다면 그것이 바로 표적개념이라고 볼 수 있을 것이다.

훈련집합의 예들이 표적개념을 충분히 포괄적으로 대표하고 있지 못할 경우에는 위의 과정을 모든 예에 대해 반복하고 난 후에도 여전히 많은 수의 가설이 남게 된다. 이럴 경우에는 그 중 가장 좋아 보이는 것을 하나 선택하여 표적개념으로 [illegible] 새 예에 대한 판정을 할 때 이들 모두를 적용하여 다수결로 [illegible] 방안 등을 생각할 수 있다. 반대로 남는 가설이 하나도 없는 경우에는 학습이 실패한 것으로 보아야 한다. 이런 경우는 훈련집합이 노이즈(noise)에 오염됨으로써 오류를 지닌 예가 포함되어 있을 때 발생한다. 반례가 잘못 정례인 것처럼 되어있다든지 그 반대의 경우가 있으면 제거되지 말아야 할 가설이 제거되기 때문이다. 이 외에도, 가설을 표현하는 언어의 표현력(expressiveness)이 지나치게 제한적이어서 표적개념이 제대로 표현될 수 없는 정도일 때에도 남는 가설이 없게 된다. 이상 설명한 가설공간의 탐색을 보다 체계적이고 효율적으로 수행하는 방법의 예로서 참조할 만한 것으로는 Version Space 학습 알고리즘[11]을 들 수 있다.

12.3.6 편향(Bias)

지금까지 본 간단한 날씨 데이터와는 달리 현실적 규모의 데이터는 대부분 노이즈에 오염되어 있을 뿐만 아니라, 일부 속성의 값이 누락되어 있는 경우도 많다. 따라서 위에서 설명한 탐색 방법은 사실 현실적으로 사용이 어렵다. 설사 노이즈 문제가 없다 하더라도 앞서 지적한 바와 같이 가설공간의 규모가 너무 커서 가설 하나 하나를 점검하는 식의 탐색을 하는 것은 불가능하다. 이러한 문제를 극복하는 방안으로 대개의 기계학습 알고리즘들은 휴리스틱 탐색(heuristic search)을 수행함으로써 좋은 가설을 효율적으로 찾고 있다. 휴리스틱 탐색을 수행하자면 어떤 가설을 좋은 가설로 판단할 것인지에 관한 선호(preference) 기준이 있어야 한다. 가장 널리 받아들여지고 있는 선호기준 중에는 Occam's razor라 불리는 것이 있다. 14세기 초 영국의 철학자인 William of Occam은 "어떤 현상에 대한 설명은 간단한 것일수록 좋다"고 설파한 바 있다. 학습의 문제에 이 원리를 적용한다면, 똑 같이 훈련집합과 부합하는 가설이라면 간단할수록 혹은 짧을수록 더 좋다는 것이 된다. 학습결과가 더 좋다는 것이 훈련집합이 아닌 새 데이터에 대해 적용했을 때 정확도가 더 높다는 의미라는 관점에서 본다면, 간단한 가설일수록 일반화(generalization)가 더욱 적절히 잘 이루어진 것으로 본다는 뜻이 된다. 기계학습 분야에서는 이런 식으로 특정 가설을 선호하는 것을 두고 편향(bias)을 준다고 표현하고 있다. Occam's razor가 정말 옳은 것인가에 대해서는 아직도 논란이 있기는 하지만, 이렇게 편향을 가하지 않고서는 현실적으로 가설공간의 탐색을 성공적으로 완수할 길이 없다.

방금 설명한 바의 선호 편향 외에 또 달리 탐색의 양을 줄이는데 기여하는 것으로는 언어 편향(language bias)이라는 것이 있다. 언어 편향은 가설을 표현하는 언어에 특정한 제약을 가함으로써 가설공간

자체를 아예 축소시켜버리는 수단으로 동원된다. [그림 12-2]에서 예로 든 바와 같은 결정리스트들로 이루어진 가설공간에서 만약 각 규칙의 조건부에 등장할 수 있는 속성의 수를 3개 이내로 제한한다면 가설공간의 규모는 대폭 축소될 것이다. 그러나 언어 편향은 심할 경우 가설공간 내에 표적개념이 아예 존재하지 못하게 함으로써 학습이 실패하게 되는 원인이 될 수도 있다. 일반적으로 임의의 데이터에 대해 어느 정도의 편향이 적정한 수준인지를 사전에 알기란 매우 어려운 일이다.

[그림 12-3]은 언어 편향을 좀 다른 관점에서 설명하기 위해 도시한 예이다. 그림에서 (a)와 (b)는 표적함수를 직선 혹은 선분의 연결로 표현한 것이고, (c)와 (d)는 곡선을 사용한 것이다. 데이터를 직선으로만 표현하겠다는 편향을 가질 경우에는 곡선에 비해 표적함수를 찾기가 보다 쉬울 것이다. 그 대신 곡선에 비해 표현력이 떨어짐으로 인해 정확도가 낮아질 가능성이 있다. 앞의 12.2절에서 표적개념 즉, 학습의 결과가 수식을 비롯하여, 규칙, 결정나무, 결정리스트, 신경망 등 여러 가지로 표현될 수 있음을 언급한 바 있다. 이들 표현 방식 중 어느 하나를 선택하는 것은 바로 언어 편향을 선택하는 것에 해당한다. 역시 선택의 결과에 따라 표적함수에 대한 표현의 정확도 및 탐색의 난이도에 차이가 생기게 된다. 물론 한 표현 방식 내에서도 더욱 세부적 수준의 선택이 추가로 더 이루어질 수도 있다. 학습의 효율성과 학습 결과의 정확도를 최대한 보장하기 위해 어떤 선택이 이루어져야 하는지는 주어진 데이터의 성격에 따라 달라진다.

[그림 12-3]

여러 가지 다른 언어 편향이 적용된 함수근사의 예

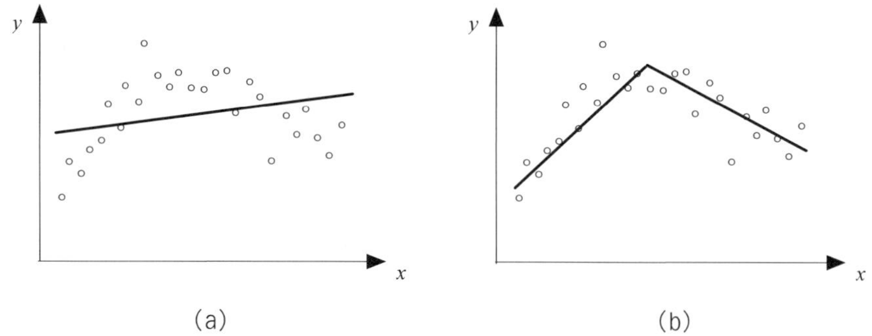

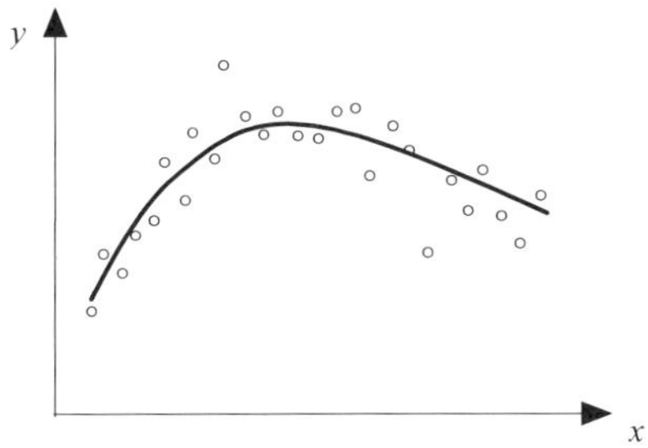

(c)

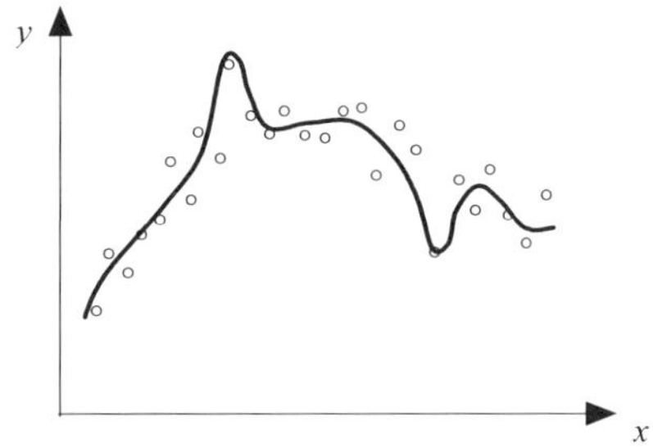

(d)

12.3.7 과부합(Overfitting)

편향과 관련하여 한 가지 더 언급할 내용은 학습의 정확도에 관한 문제다. 학습의 정확도란 학습 결과로 얻은 표적개념이 훈련집합이 아니라 새 데이터에 얼마나 잘 적용되는가에 따라 결정된다. 대개 현실적 규모의 문제에서는 훈련집합과 100% 부합하는 표적개념을 학습하는 경우가 드물다. 그럴 경우 새 데이터 즉, 시험집합에 대한 정확도는 오히려 떨어지는 경향이 있기 때문이다. [그림 12-3]을 보더라도, 어느 경우든 표적함수가 훈련집합의 데이터와 완전히 일치하고 있지는 않다. 그림에서 (a)는 과도한 언어 편향 때문에 표적개념이 데이터를 제대로 충실히 표현하고 있지 못한 예이다. 이 경우에는 표적개념이 훈련집합과 시험집합 모두에 대해 낮은 정확도를 보일 것이다. [그림 12-3] (d)는 표적개념이 훈련집합에 과도하게 충실한 예이다. 보기에 따라서는 노이즈라고 생각되는 예외적 데이터까지 모두 포용하는 모델을 찾다 보니 표적개념이 매우 복잡한 곡선의 형태를 취하고 있다. 이런 현상을 우리는 과부합(overfitting)이라 부르는데, 비록 훈련집합에 대한 정확도는 높을지라도 시험집합에 대한 정확도는 예를 들어 [그림 12-3] (c)보다 못한 것이 보통이다. 따라서 학습 시에는 과부합된 가설을 피하는 방향으로 편향을 가할 필요가 있다. 과부합을 피하기 위한 편향은 사실 앞서 설명한 가설 선호편향의 한 특수한 경우라 할 수 있다.

12.4 확률적 추론에 의한 학습

학습이란 주어진 훈련집합에 근거하여 가설공간으로부터 가장 좋은 가설을 찾아내는 것이라 하였다. 가장 좋은 가설을 찾기 위해서는 각 가설을 뒷받침하는 증거(supporting evidence)를 보고 그 확률적 가능성을 추정하는 방안을 생각해 볼 수 있다. 본 절에서는 Bayes의 법칙을 기반으로 한 확률적 추론을 이용하는 학습 기법으로서 Naive Bayes 분류기(classifier)[3, 6, 7]를 소개한다. Naive Bayes 기법은 매우 단순한 방법으로 학습하지만 현실의 데이터들에 대해 뛰어난 성능을 보이는 경우가 많은 것으로 알려져 있다.

12.4.1 Naive Bayes 분류기

일반적으로 Naive Bayes 분류기는 예 x가 속성값의 벡터로 표현되고 표적함수 $f(x)$가 임의의 유한집합 C로부터 값을 취하는 경우라면 모두 적용이 가능하다. 훈련집합이 주어진 상태에서 분류해야 할 새로운 예의 속성값 벡터가 $(a_1, a_2, \cdots, a_n)$이라면 이 예가 취할 표적함수의 값이 c_j일 확률은 Bayes의 법칙에 따라 다음과 같이 계산될 수 있다.

$$P(c_j|a_1, a_2, \ldots, a_n) = \frac{P(a_1, a_2, \ldots, a_n|c_j)P(c_j)}{P(a_1, a_2, \ldots, a_n)}$$

우리는 이 값을 $c_j \in C$인 모든 c_j에 대해 계산한 후 그 값이 가장 큰 c_j가 무엇인지 찾아야 한다. 분모 $P(a_1, a_2, \cdots, a_n)$는 c_j에 상관없이 항상 동일하므로 무시할 수 있고, $P(c_j)$는 훈련집합 내에서 c_j가 나타나는 빈도를 셈으로써 파악이 된다. 그러나 $P(a_1, a_2, \cdots, a_n|c_j)$를 계산하는 것은 쉽지 않다. Naive Bayes에서는 어떤 임의의 주어진 표적함수 값에 대해 속성값들이 서로 조건 독립(conditionally independent)이라는 가정을 함으로써 이 문제를 피해간다. 이러한 가정 하에서는

$$P(a_1, a_2, \ldots, a_n|c_j) = \prod_i P(a_i|c_j)$$

가 성립하므로, 훈련집합에서 표적함수 값이 c_j인 예들 중 속성값이 a_i인 예의 상대빈도를 셈으로써 간단히 계산이 가능해진다.

Naive Bayes 분류기의 한계는 바로 이 조건독립성을 가정하는데 있다. 만약 어떤 속성들 사이에 종속성이 뚜렷하게 존재한다면 분류의 정확도가 현저히 떨어질 수 있다. 이런 경우에는 학습에 앞서 전처리 단계에서 적절한 속성들을 선별[4]하여 사용하는 방법을 동원하는 것이 좋다.

12.4.2 적용 예

<표 12-1>의 날씨 데이터를 훈련집합으로 할 때, 새로운 예의 속성값 벡터가 (sunny, cool, high, true)일 경우 표적개념 *PlayTennis*가 yes와 no 중 어느 값으로 분류되어야 하는지 계산해 보자.

$$\begin{aligned} &P(yes|sunny, cool, high, true) \\ &= \frac{P(sunny|yes)P(cool|yes)P(high|yes)P(true|yes)P(yes)}{P(sunny, cool, high, true)} \\ &= \frac{2/9 \times 3/9 \times 3/9 \times 3/9 \times 9/14}{P(sunny, cool, high, true)} \\ &= \frac{0.0053}{P(sunny, cool, high, true)} \end{aligned}$$

$$\begin{aligned} &P(no|sunny, cool, high, true) \\ &= \frac{P(sunny|no)P(cool|no)P(high|no)P(true|no)P(no)}{P(sunny, cool, high, true)} \\ &= \frac{3/5 \times 1/5 \times 4/5 \times 3/5 \times 5/14}{P(sunny, cool, high, true)} \\ &= \frac{0.0206}{P(sunny, cool, high, true)} \end{aligned}$$

여기서 분모는 동일한 상수이므로 이 두 값을 확률값으로 정규화하면 다음과 같이 된다.

$$P(yes|sunny, cool, high, true) = \frac{0.0053}{0.0053 + 0.0206} = 0.205$$

$$P(no|sunny, cool, high, true) = \frac{0.0206}{0.0053 + 0.0206} = 0.795$$

12.5 결정나무(Decision Tree) 학습

결정나무 학습 기법은 현재 가장 널리 사용되고 있는 학습 기법들 중의 하나다. 본 절에서는 ID3[11] 혹은 C4.5[12]로 대표되는 결정나무 학습 알고리즘을 소개한다. [그림 12-4]는 <표 12-1>의 날씨 데이터로부터 만들어진 결정나무의 한 예를 보여주고 있다. 이런 결정나무를 이용하여 속성값 벡터 형태로 주어지는 예들을 분류하기 위해서는 뿌리노드부터 시작하여 중간노드들을 거쳐가며 각 노드마다 하나씩 지정된 속성을 검사하면 된다. 각 노드에서 속성을 검사한 결과값에 따라 지정된 가지를 따라가다가 잎 노드에 도달하면 클래스가 결정된다. 결정나무 학습의 문제는 바로 이런 결정나무를 주어진 훈련집합으로부터 유도해내는 것이다.

[그림 12-4]

날씨 데이터로부터 유도된 결정나무의 예

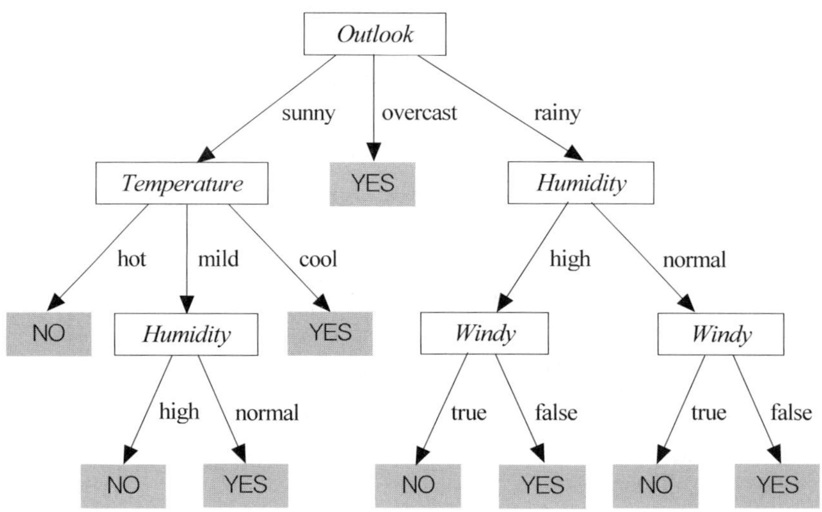

12.5.1 결정나무 학습 알고리즘

훈련집합으로부터 결정나무를 유도하는 알고리즘의 골격을 간략히 설명하면 다음과 같다. 먼저, 속성을 하나 선택하여 뿌리 노드로 만든 후 그 속성이 취할 수 있는 값 하나마다 하나씩의 가지를 만든다. 그 다음에 각 가지의 아래에는 훈련집합의 예들 중 가지별로 해당 속성값을 가진 것들만 모이도록 나눈다. 이 과정을 각 가지에 모인 훈련집합의 부분집합들에 대해 재귀적(recursive)으로 반복 적용하되, 가지 아래에 모인 훈련예들이 모두 하나의 클래스에 속하게되면 중단한다. 이 알고리즘은 훈련집합의 예들을 속성값에 따라 부분집합으로 분할하고 분할된 각 부분집합을 또 다시 다른 속성값에 따라 분할하는 식으로 진행된다. 이와 같은 접근 방법을 우리는 흔히 분할공략(divide-and-conquer) 접근법이라 부르기도 한다.

12.5.2 결정나무의 표현력(Expressiveness)

결정나무 학습에는 표적함수를 결정나무로 표현하겠다는 언어편향이 개입되어 있다. 결정나무 식 표현법의 한계는 둘 이상의 객체들 사이의 관계를 나타내지 못한다는데 있다. 예를 들어, 어떤 회사에 대해 취업 원서를 제출할 것인지 여부를 결정해 주는 결정나무를 만든다 할 때, 그 회사와 연봉이 같으면서 휴가일수가 더 많은 다른 회사가 있는지의 여부를 결정나무로는 표현할 수가 없다. 그 회사의 연봉이 얼마인가 라든지 휴가일수가 어떤가는 당연히 표현이 되지만 이들 속성을 중심으로 서로 다른 회사들 사이에 존재하는 어떤 관계는 표현하기 어렵다. 만약 이런 관계가 의사결정에 매우 중요한 요소라면, 편법이긴 하지만 "동일 연봉 회사 중 휴가일수가 가장 많음"이라는 true 혹은 false의 값을 가지는 속성을 따로 만들어 추가해 주어야 좋은 결과를 얻을 수 있다.

12.5.3 최적 결정나무의 탐색

일반적으로 언어 편향에 의해 표현력에 더 심한 제약이 가해질수록 가설공간의 규모가 축소되어 학습이 쉬워진다. 결정나무는 비록 그 표현력에 어느 정도 한계를 지닌 것이기는 하지만, 결정나무로 이루어진 가설공간의 규모는 여전히 방대하다. [그림 12-4]에 보인 것과 같은 결정나무는 속성들의 검사 순서를 달리함에 따라 여러 가지로 다르게 만들 수 있다. 대개 현실적 규모의 문제들은 날씨 데이터에 비해 훨씬 많은 수의 속성을 가지고 있으므로, 가설공간의 규모는 엄청나게 커진다. 따라서 모든 가능한 결정나무를 만든 후 최적의 것을 고르는 식의 접근은 불가능하다.

학습의 입장에서 볼 때 최적의 결정나무란 훈련집합 보다는 새로운 데이터에 대해 오차가 최소인 것이다. 그런데, 새로운 데이터란 우리가 미리 모두 확인해 볼 수 있는 성질의 것이 아니므로, 결정나무 학습 알고리즘에서는 Occam's razor의 원리에 따라 가능한 한 간단한 나무를 유도할 것을 지침으로 삼는다. 그러나 주어진 훈련집합으로부터 유도할 수 있는 모든 가능한 나무를 다 만든 후 그 중 가장 간단한 것을 고르는 것 또한 탐색 규모 때문에 불가능하므로 휴리스틱한 방법이 필요하게 된다.

간단한 결정나무를 얻기 위해 사용하는 휴리스틱으로 쉽게 생각할 수 있는 것은 클래스 구분에 가장 중요한 역할을 하는 속성부터 먼저 검사하는 것이다. 이 휴리스틱은 그렇게 할수록 클래스 구분이 완료되기까지 검사해야 할 속성의 수가 줄어들 가능성이 크리라는 생각에 바탕을 두고 있다. [그림 12-5]는 이러한 속성 선택 휴리스틱을 이용하여 만들어진 결정나무를 보여주고 있다. 속성의 선택을 잘 하였기 때문에 [그림 12-4]의 예에 비해 훨씬 간단한 나무가 생성되었음을 볼 수 있다.

[그림 12-5]

속성 선정이 잘 된 결정나무

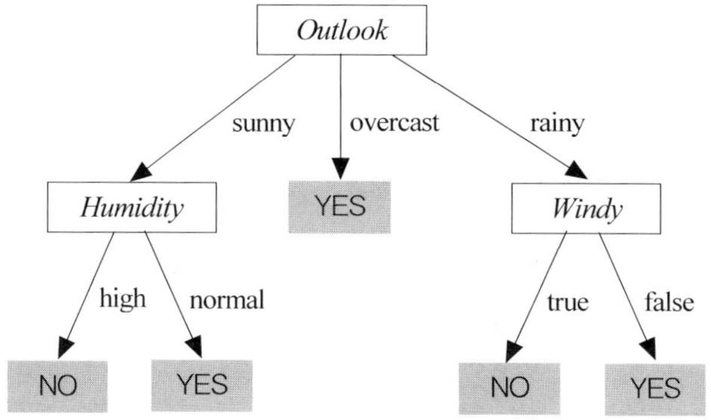

12.5.4 정보이론의 활용

분류를 빨리 마치는데 유리한 속성이란, 속성값에 따라 예들을 각 가지로 나누었을 때 각 가지 아래의 예들이 되도록 한 클래스로 통일되어 있게 하는 속성이다. 정보이론에서는 이러한 통일성 혹은 순도(purity)를 정량적으로 측정하는데 엔트로피(entropy)라는 척도를 사용한다. 어떤 표적 개념에 대한 정례와 반례들로 구성된 집합 S가 있다고 하자. 이 S내에서 정례와 반례가 차지하는 비율이 각각 p_1, p_2라면(단, $p_1 + p_2 = 1$), S의 엔트로피는 $E(S) = E(p_1, p_2) = -p_1\log_2 p_1 - p_2\log_2 p_2$로 계산된다. 여기서 마이너스 부호는 p_1과 p_2가 1보다 작음을 감안하여 수식의 값을 양수로 만들기 위해 붙인 것이다. p_1의 변화에 따른 $E(p_1, p_2)$ 값의 변화를 그래프로 도시해 보면 [그림 12-6]과 같다. 엔트로피 값은 S가 정례든 반례든 한 클래스로만 구성될 경우 0이 되고, 정례와 반례가 같은 수일 때 최대로서 1이 된다. 즉, 순도가 가장 낮을 때, 혹은 불순도(impurity)가 가장 높을 때 엔트로피는 최대가 되는 것이다. 정보이론에서는 S의 엔트로피를 S의 임의의 원소를 분류하는데 추가로 필요한 정보량의 비트 수라고 해석한다. 참고로 <표 12-1>의 훈련집합에 대한 엔트로피를 계산해 보면 $E(9/14, 5/14) = -9/14 \cdot \log_2 9/14 - 5/14 \cdot \log_2 5/14 = 0.940$이다.

[그림 12-6]

p_1값의 변화에 따른 엔트로피 함수의 값 변화

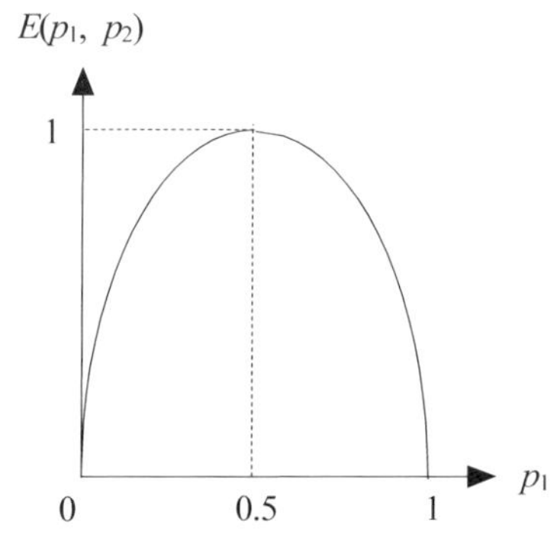

일반적으로 집합 S가 n개의 서로 다른 클래스에 속하는 예들로 구성되어 있을 때, p_i를 S내에서 i번째 클래스가 차지하는 비율이라 한다면 S의 불순도의 척도인 엔트로피는 다음과 같이 정의된다.

$$E(S) \equiv \sum_{i=1}^{n} -p_i \log_2 p_i$$

이 엔트로피 값을 이용하면 분류를 위해 유리한 속성을 쉽게 찾을 수 있다. 속성의 값에 따라 예들을 나누었을 때 불순도, 즉 엔트로피가 가장 크게 낮아지는 속성을 찾으면 되는 것이다. 정보이론에서는 엔트로피의 감소량을 정보이득(information gain)이라 부르고 있다. 예의 집합 S를 속성 A의 값에 따라 n개로 나누었을 때 얻게 되는 정보이득은 다음과 같이 계산된다.

$$Gain(S, A) \equiv E(S) - \sum_{k=1}^{n} \frac{|S_k|}{|S|} E(S_k)$$

이 식에서 첫 항 $E(S)$는 나누기 전의 S의 엔트로피이고 둘째 항은 나눈 후 생기는 각 부분집합의 엔트로피를 평균한 것이다. 단, 부분집합의 크기가 서로 다르므로 단순 산술평균이 아니라 각 부분집합의 엔트로피 값 $E(S_k)$에 그 부분집합이 S에서 차지하는 비율 $|S_k|/|S|$를 가중치로 곱하여 합산함으로써 구한 것이다. $Gain(S, A)$는 분류를 위해 속성 A가 제공하는 정보량이라고도 해석할 수 있다. 따라서 우리는 정보이득이 가장 큰 속성을 선택하는 것이다.

구체적인 예로서, <표 12-1>의 데이터에 대해 뿌리 노드에 *Outlook*을 배정할 경우의 정보이득은 다음과 같다.

$$\begin{aligned} & Gain(\text{root}, Outlook) \\ &= E(9/14,\ 5/14) - 5/14E(2/5,\ 3/5) - 4/14E(4/4,\ 0/4) - 5/14E(3/5,\ 2/5) \\ &= 0.246 \end{aligned}$$

<표 12-1>의 데이터로부터 정보이득이 가장 큰 속성을 계속 선택하여 결정나무를 만들면 [그림 12-5]와 같은 나무를 얻게 된다.

결정나무를 만들기 위해 정보이득이 최대인 속성을 계속 선택하는 것은 어디까지나 휴리스틱한 결정에 따르는 것으로서 사실은 언덕 오르기 탐색을 수행하는 것에 해당한다. 따라서 이 방법에 의해서

는 진정 최소인 결정나무를 찾는다는 보장이 있는 것은 아니고 단지 최소에 가까운 결정나무를 매우 빨리 찾을 수 있을 뿐이다.

12.5.5 결정나무 학습의 다른 문제들

지금까지 본 결정나무 학습의 방법에서는 속성들이 모두 이산적인 기호값을 가진다고 가정하고 있다. 그러나 현실 데이터들을 보면 속성들이 연속적인 수치 값을 가지는 경우도 많다. 실제로 C4.5는 자동으로 연속적 수치 값을 여러 개의 구간으로 나누어 이산화 하는 방법을 사용하고 있다. 연속적 수치 값은 앞에서 다른 학습방법에서도 문제가 된다. 앞에서 소개한 Naive Bayes 분류기의 경우에는 연속적 수치 값들이 정규분포를 따르는 것으로 가정하여 수치 데이터를 보다 자연스럽게 처리하고 있다[3]. 또 한 가지 현실 데이터와 관련하여 자주 겪게 되는 문제로는 훈련집합이나 시험집합의 데이터에서 일부 속성값이 누락되고 없는 경우를 들 수 있다. Naive Bayes에서는 누락값은 그냥 무시하면 되지만, 결정나무 학습의 경우에는 좀 복잡한 기법을 동원하여 이를 해결하고 있다.

결정나무 학습 뿐 아니라 다른 많은 학습 기법에서 항상 문제가 되는 것으로는 노이즈와 과부합 현상을 빼 놓을 수 없다. 훈련집합에 대한 과부합을 피해야 하는 이유는 사실 훈련집합에 노이즈가 포함되어 있을 개연성을 인정하기 때문일 것이다. 결정나무를 만들 때 정보이득이 최대인 속성을 선택함으로써 최소에 가까운 나무를 얻더라도 그 것이 훈련집합과 완전히 부합하는 것이라면 과부합된 것일 경우가 많다. C4.5에서는 과부합을 피하기 위해 결정나무를 생성한 후 부분적으로 가지치기(pruning)를 수행한다. 가지치기에 의해 어떤 중간 노드 및 그 아래의 잎 노드가 제거되고 나면 제거된 자리에 남는 훈련예들은 더 이상 한 클래스에 속하지 않게 된다. 이때는 대개 다수결에 따라 클래스를 부여하는 방법을 쓴다. 가지치기를 수행하면 따라서 훈련예에 대해서도 결정나무가 오차를 보이게 되지만 새로운 예에 대해서는 오차가 줄어들 수 있다. 어느 수준에서 가지치기를 할 것인가는 통계적 판단기준을 적용하여 결정한다.

결정나무 학습에는 정보이득 휴리스틱을 사용함으로 인해 생기는 한 가지 특이한 문제가 있다. 예를 들어 어떤 회사의 사원 데이터에 대해 결정나무를 유도하고자 할 때 만약 그 데이터의 속성 중 주민등록번호가 있다면 정보이득 휴리스틱은 바로 이 주민등록번호 속성을 가장 좋은 속성으로 선택하게 된다. 주민등록번호는 개인별로 고유한 것이므로 이 속성값에 따라 훈련예들을 나누면 각 잎 노드마다 단 하나의 예만 남게 된다. 이 경우 당연히 잎 노드의 예는 한 클래스에만 속하기 때문에 분류가 끝나버리게 되는 것이다. 그러나, 이런 식의 분류는 아무런 의미가 없다. 이렇게 지나치게 많이 가지를 뻗는 속성이 너무 좋게 평가되는 것을 막는 방법으로는 소위 분리정보량(split information value)이라는 개념이 사용되고 있다. 어떤 속성 A가 훈련집합 S를 n개의 부분집합으로 나눈다 할 때 이 속성 A의 분리정보량은 다음과 같이 정의된다.

$$SplitInfo(S, A) \equiv -\sum_{k=1}^{n} \frac{|S_k|}{|S|} \log_2 \frac{|S_k|}{|S|}$$

이 값은 S가 잘게 여러 개로 나누어질수록 커진다. 속성을 선택할 때 정보이득 대신 정보이득을 분리정보량으로 나눈 이득률(gain ratio)을 사용하면 많은 가지를 뻗는 속성이 선택되는 현상을 억제할 수 있다.

12.6 예 기반 학습(Instance-Based Learning)

예기반 학습(instance-based learning)은 지금까지 본 여러 학습기법들과는 달리 훈련집합을 그대로 기억해 둔 뒤, 새로운 예가 주어지면 소위 말하는 nearest neighbor 알고리즘[1]에 의해 그와 가장 유사한 훈련예를 찾아서 그 훈련예의 표적함수 값(클래스 값)을 그대로 새 예에 부여하는 방법이다. 예기반 학습에서 가장 유사한 혹은 가까운 예를 찾는데는 예들 사이의 유클리드 거리(Euclidean distance)를 계산하는 방법이 널리 사용되고 있다. 속성값 벡터가 각각 $(a_1^i, a_2^i, \ldots, a_k^i)$와 $(a_1^j, a_2^j, \ldots, a_k^j)$인 두 예 사이의 유클리드 거리는

$$\sqrt{(a_1^i - a_1^j)^2 + (a_2^i - a_2^j)^2 + \cdots + (a_k^i - a_k^j)^2}$$

로 정의된다. 따라서 예기반 학습은 속성들이 연속적 수치 값을 가지는 데이터에 보다 자연스럽게 적용된다. 속성이 기호값을 가질 경우 속성값의 차이는 동일하면 0, 서로 다르면 1로 간주하여 계산하는 것이 보통이다.

훈련집합에 노이즈가 포함되어 있을 때에는 새로운 예를 분류하기 위해 가장 가까운 하나의 훈련예만 찾아 그에 따르는 것이 위험할 수 있다. 마침 찾은 예가 노이즈와 관련된 예외적 것일 수 있기 때문이다. 이럴 때 노이즈의 영향을 크게 받지 않도록 하기 위해서는 가장 가까운 예 하나를 찾는 대신 *k*개를 찾은 후 다수결로 클래스를 결정하는 방법이 있다. 이런 방법은 흔히 *k*-nearest neighbor 혹은 *k*-NN 알고리즘이라 불린다.

예기반 학습은 새로운 예를 분류하는데 시간이 많이 걸린다는 결점을 지니고 있다. 새로운 예를 분류하기 위해서는 훈련집합의 예 모두와 비교를 해 보아야 하기 때문이다. *k*-nearest neighbor 알고리즘의 경우에는 더더욱 시간이 오래 걸리게 된다. 이러한 문제를 해결하는 방안으로는 훈련집합으로부터 전형적인 예들만 선별하여 기억하게 하는 방법이 있다. 이와는 다른 문제지만, 거리 계산 시 속성들 간의 중요도를 차별적으로 반영함으로써 학습의 정확도를 높이기 위해 속성별로 서로 다른 가중치를 부여하는 방법도 사용되고 있다.

12.7 군집화(Clustering)

군집화 알고리즘은 지금까지의 학습 알고리즘들과는 달리 클래스 값 혹은 표적함수의 값이 부여되어 있지 않은 예들을 대상으로 그 속성값들을 비교하여 유사한 예들끼리 군집(cluster)으로 묶어주는 작업을 한다. 본 절에서는 간단하면서도 비교적 널리 사용되는 군집화 알고리즘인 *k*-means 알고리즘을 소개한다. *K*-means 알고리즘의 경우에는 주어진 예 집합을 서로 겹침이 없는 *k*개의 군집으로만 나누어 주지만, 다른 군집화 알고리즘들을 보면 계층적인 구조의 군집을 생성해 주는 것도 있고, 통계적 기법을 기반으로 각 예가 군집별로 속할 확률을 갖도록 하여 가장 있음직한(most likely) 군집을 찾는 것도 있다.

K-means 알고리즘은 주어진 예 집합으로부터 무작위로 *k*개의 예를 뽑아 그 각각을 생성하고자 하는 *k*개 군집의 중심점(centroid)으로 삼는 것으로부터 시작한다. 다음에는 나머지 예들을 모두 가장 가까운 중심점의 군집으로 할당한다. 이렇게 일단 군집들이 생성되고 나면 각 군집별로 속한 예들의 평균을 구하여 새 중심점으로 삼는다. 중심점이 바뀌었으므로 예들을 가까운 중심점의 군집으로 할당하는 작업을 다시 반복하고, 중심점 계산을 새로 한 뒤 다시 군집 할당을 하는 과정을 계속한다. 새 중심점을 계산하여도 직전의 중심점과 달라지지 않으면 알고리즘을 종료한다.

K-menas 알고리즘은 각 예를 군집에 할당하기 위해 *k*개의 중심점과 비교해야 하므로 시간이 많이 소요된다. 또한, 초기에 무작위로 뽑은 중심점이 어떻게 되느냐에 따라 최종적으로 형성되는 군집의 형태가 전혀 달라질 수 있다는 단점이 있다. 이 문제를 해결하기 위해서는 흔히 초기 중심점들을 달리 해 가며 *k*-means 알고리즘을 여러 번 수행한 다음 그 중 좋은 결과를 취하는 방법을 사용하기도 하지만 이 경우 더욱 소요시간이 길어진다. *k*-means 알고리즘에 대한 자세한 설명은 제14장에서 소개된다.

12.8 학습시스템의 평가

학습이 이루어지고 나면, 그 결과로 얻게 되는 분류기(classifier)가 과연 새로운 데이터에 대해 얼마나 정확한 성능을 보일지 확인하는 과정이 필요하다. 객관적인 성능평가를 위해서는 학습 과정에서 사용된 훈련집합과는 별도로 완전히 독립적인 시험집합을 필요로 한다. 그리고 이러한 시험집합의 규모가 클수록 성능평가의 신뢰도도 높아질 것이다. 그러나 현실적으로는 학습을 하고자 할 때 데이터가 무한정 주어지지 않는다. 제한적인 규모의 데이터를 가지고 일부는 훈련집합으로, 그 나머지는 시험집합으로 사용하여야 한다. 분류기의 성능은 학습에 동원되는 훈련집합의 크기가 클수록 좋아질 것이나 그렇게만 할 경우 시험집합의 크기가 너무 줄어들어서 신뢰성 있는 성능평가가 어려워진다.

제한적 규모의 데이터를 가지고 학습도 효과적으로 하면서 성능

평가의 신뢰성도 확보할 수 있는 방안으로 가장 널리 사용되고 있는 것은 n중 교차확인(n-fold cross-validation)[5] 방법이다. 이 방법에서는 주어진 데이터를 서로 겹치지 않으면서 크기가 같은 n개의 부분집합으로 나눈 뒤, 이 중 하나만 시험집합으로 하고 나머지를 훈련집합으로 하여 학습과 성능평가를 시행하되, 이 과정을 시험집합을 바꾸어 가며 n번 반복하여 전체 평균을 구하게 되어있다. 교차확인은 학습과 시험이 일부 표본만을 대상으로 이루어짐으로 인해 발생할 수 있는 결과의 편향 현상을 어느 정도 경감시켜주는 효과를 가지고 있다. 그러나 이렇게 n번 반복을 하는 것만으로 편향 문제를 극복하는데는 여전히 한계가 있다고 보고, 보통 이 교차확인 과정 자체를 다시 여러 번 반복한다. 실제로 가장 많이 사용되어 거의 표준이라 할 만한 방법은 10중 교차확인을 10번 반복하는 것이다.

주요용어

- 가설공간 탐색(Hypothesis Space Search)
- 일반화(generalization)
- 편향(bias)
- 과부합(overfitting)
- 훈련집합(trainiing set)
- 시험집합(test set)
- 군집화(clustering)
- n-중 교차확인(N-fold Cross Validation)

연습문제

1. 앞의 12.3절에서 우리는 속성들이 이산적 부호값만을 가지는 표 12.1의 날씨 데이터 예제를 대상으로 결정리스트들로 이루어진 가설공간의 규모를 추정해 본 바 있다. 만약, 예를 들어 〈표 12-1〉의 데이터에서 Temperature 속성이 부호값 대신 실수 수치값을 가진다면 가설공간의 규모는 어떻게 되겠는가? 무한히 커지는가 아니면 여전히 유한한 크기에 머무는가?
2. 수치값 속성을 가진 데이터에 Naive Bayes 방식을 적용하기 위해서는 연속적 수치값이 정규분포를 따른다고 가정하는 방안이 있을 수 있지만, 만약 정규분포를 가정할 수 없음이 명확할 경우에는 수치값 속성을 적절히 여러 개의 구간으로 나눔으로써 이산화하는 방법을 생각할 수 있다. 수치값 속성을 이산화, 즉 구간화 해 주는 적절한 방법을 한 가지 제안해 보라. 그리고 표 12.1의 날씨 데이터에서 Temperature 속성을 정수 수치값으로 바꾼 다음 제안한 이산화 방법이 실제 어떻게 적용되는지 예시해 보라.
3. 앞의 12.4절에서는 〈표 12-1〉의 날씨 데이터를 훈련집합으로 할 때 속성값 벡터가 (sunny, cool, high, true)인 새로운 예가 Naive Bayes 분류기로 어떻게 분류되는지를 계산해 보았다. 만약, 새로운 예의 Humidity 값이 누락되고 없다고 가정한다면 Naive Bayes 방식이 어떻게 달리 적용되어야 하는가?
4. 결정나무 학습 방법에서는 어떠한 종류의 편향이 사용되고 있는가? 또한, 이들 편향이 가설공간의 규모에 어떤 영향을 미치며 그 결과 실제 가설공간의 규모는 어떻게 되는가?
5. 표 12.1의 데이터로부터 정보이득이 최대가 되는 속성들을 계속 선택하여 결정나무를 유도하는 전 과정을 실제로 수행해 보라. 또한, 정보이득

대신 이득률(gain ratio)을 사용하여 같은 과정을 반복하라.

6. 그림 12.5의 결정나무를 규칙으로 바꾸어 표현해 보라.

7. 결정나무 학습에서는 과부합을 피하기 위해 가지치기를 수행한다. 예기반 학습에서는 과부합 현상이 어떻게 나타날 수 있으며, 피하는 방법은 무엇인가?

8. 예기반 학습에서 k-nearest neighbor 알고리즘을 사용할 경우 k의 값이 커짐에 따라, 또한 작아짐에 따라 나타나는 영향이 어떻게 달라지는지 설명하라.

참고문헌

[1] Aha, D., Tolerating noisy, "Irrelevant, and Novel Attributes in Instance-based Learning Algorithms," *International Journal of Man-Machine Studies* 36(2), pp. 267~287, 1992.

[2] Alpaydin, E., *Introduction to Machine Learning*, The MIT Press, 2004.

[3] John, G. H. and Langley, P., "Estimating Continuous Distributions in Bayesian Classifiers," *Proceedings of the Eleventh Conference on Uncertainty in Artificial Intelligence*, pp. 338~345, Montreal, Canada, Morgan Kaufmann, 1995.

[4] Kira, K. and Rendell, L. A., "A Practical Approach to Feature Selection," *Proceedings of The Ninth International Conference on Machine Learning*, pp. 249~256 San Francisco, CA. Morgan Kauffman, 1992.

[5] Kohavi, R., "A Study of Cross-Validation and Bootstrap for Accuracy Estimation and Model Selection," *Proceedings of the Fourteenth International Joint Conference on Artificial Intelligence*, pp. 1137~1143, Montreal, Canada, 1995.

[6] Langley, P., Iba, W., and Thompson, K., "An Analysis of Bayesian Classifiers," *Proceedings of the Tenth National Conference on Artificial Intelligence*, pp. 223~228, San Jose, California, *AAAI Press*, 1992.

[7] Langley, P. and Sage, S., "Induction of Selective Bayesian Classifiers," *Proceedings of the Tenth Conference on Uncertainty in Artificial Intelligence*, Seattle, Washington, Morgan Kaufmann, 1994.

[8] Mitchell, T. M., "Generalization as Search," *Artificial Intelligence*, 18(2), pp. 203~226, 1982.

[9] Mitchell, T. M., *Machine Learning*, McGraw Hill, 1997.

[10] Mitchell, T. M., Keller, R., and Kedar-Cabelli, S., "Explanation-Based Generalization: A Unifying View," *Machine Learning*, 1(1), pp. 47~80, 1986.

[11] Quinlan, J. R., "Induction of Decision Trees," *Machine Learning* 1(1), pp. 81~106, 1986.

[12] Quinlan, J. R., *C4.5: Programs for Machine Learning*, Morgan Kaufmann, 1993.

[13] Sutton, R. S. and Barto, A. G., *Reinforcement Learning, An Introduction*, The MIT Press, 1998.

[14] Witten, I. H. and Frank, E., *Data Mining, Practical Machine Learning Tools and Techniques with JAVA Implementations*, Morgan Kaufmann Publishers, 2000.

참고사이트

Machine learning repository : 학습 관련 벤치마크 데이터들의 집합
http://www.ics.uci.edu/~mlearn/MLRepository.html

제 13 장

신경회로망

학습목표

- 인공지능기법의 하나인 인공회로망의 특성 및 주요 구성요소에 대해 살펴본다.
- 다양한 신경회로망의 유형과 각각의 작동원리를 이해한다.
- 신경회로망의 다양한 적용사례를 통해 향후 활용가능성을 탐색해 본다.

저자소개

지원철, 홍익대학교 정보/컴퓨터공학부 교수, jhee@hongik.ac.kr

신경식, 이화여자대학교 경영학과 교수, ksshin@ewha.ac.kr

차 례

13.1 서 론

이 장에서는 인공지능을 구현하는 또 다른 방법인 신경회로망(Neural Networks)에 대해 설명한다. 신경회로망은 생물학적 뇌의 작동원리를 모방하여 새로운 형태의 컴퓨터를 만들려는 노력으로 신경회로망과 대비하여 앞장들에서 설명된 인공지능 기법들을 부호추론에 의한 인공지능(Symbolic AI)이라고 구별하여 부른다. 이 장에서는 신경회로망 컴퓨터의 출현 동기 및 간단한 역사를 살펴본 후, 간단한 응용사례를 중심으로 신경회로망의 특성 및 주요 구성요소를 설명한다. 또한 대표적인 신경회로망 모형들의 소개하고 주요 응용분야를 소개한다.

인간두뇌에 대한 연구는 상당히 오래 전부터 계속되어 왔다. 정보처리기술의 발달과 더불어 인간과 같이 사고하고 판단하며, 사물을 인식할 수 있는 인공지능을 실현시키기 위해 많은 노력이 있었고, 그 결과 우리는 특정 분야의 전문가가 가진 전문지식을 컴퓨터에 옮기고 이를 자유로이 이용할 수 있는 단계에까지 이르렀다. 현재 제한된 범위 내에서라는 전제만 한다면 인간보다 더 빠르고 정확하게 사고하고 판단하는 인공지능컴퓨터의 구현은 충분히 가능한 일이다. 하지만 사물의 인식, 특히 시각적 패턴인식의 측면에서는 아직도 큰 진전이 없었다. 다시 말해, 한두 살짜리 어린아이의 얼굴인식능력이나 연상능력은 현재 가장 우수하다는 수퍼컴퓨터를 여러 대 동원해도 따라가기 힘든 실정이다. 따라서 이와 같은 현상을 설명하기 위해서는 기존의 컴퓨터 작동원리와 두뇌의 작동원리 간에 어떤 차이가 있는가를 이해할 필요가 있다.

컴퓨터 하드웨어의 급속한 발전에도 불구하고, 인공지능분야에서는 아직도 컴퓨터의 계산능력이 따라가지 못하는 응용분야들을 쉽게 발견할 수 있으며, 이러한 요구에 대처하기에 현재의 컴퓨터 구조는 다음과 같은 한계가 있다. 첫째는 물리적인 한계로 아인슈타인 애로(Einstein Bottleneck)라고도 불리는데 한 기계 내에서 신호의 전달속도는 빛의 2/3 이상의 속도를 가질 수 없다는 것이다. 이는 중앙처리장치(CPU)의 크기가 1 입방피트일 경우 처리속도는 최대 567MHz를 넘어설 수 없게 된다. 둘째는 구조적 한계로써 바배지 및 폰 노이만

애로(Babbage/Von Neumann Bottleneck)인데, 이는 기존 컴퓨터의 구조가 연산장치와 주기억장치가 분리되어 있고 순차처리만이 가능한 통제구조를 가지고 있어 자원의 낭비가 심하고 처리능력을 향상시키는데 제약이 많다는 것이다. 셋째는 지식획득의 한계 또는 화이겐바움 애로(Feigenbaum Bottleneck)라고 하는데 이는 궁극적으로 기계학습과 관련된 문제이다. 다시 말해 지식획득 과정 및 획득된 지식의 컴퓨터 내에의 표현을 전적으로 지식공학자의 손에만 의존할 경우 너무 많은 시간과 노력이 필요하다는 것이다. 이와 같은 한계들은 현재 다중처리기를 이용한 병렬처리시스템의 개발과 다양한 기계학습방법의 개발을 통해 극복해 나가고 있는 과정에 있다.

이에 반해 신경회로망은 아주 다른 개념의 컴퓨터라고 생각할 수 있다. 즉, 기존의 컴퓨터 구조로부터 과감하게 벗어나 생물학적 두뇌의 작동원리를 그대로 모방하여 새로운 형태의 계산도구를 만들고자 하는 것이다. 계산에 관한한 컴퓨터는 인간보다 훨씬 빠르고 정확하다. 현재 컴퓨터의 단위연산 처리속도는 피코 초(pico) 단위로 측정될 정도로 빠르지만 인간의 두뇌는 밀리 초단위로 측정할 수 있을 만큼 느리다. 하지만 물체를 인식하고 인식된 물체들 간의 관계를 파악하여 기억장치로부터 주어진 상황에 적절한 정보를 끄집어내어 이용하는 능력에 있어서는 인간이 훨씬 뛰어나다. 이러한 현상은 인간의 두뇌가 대단위 병렬처리시스템(massively parallel processing system)이라는 사실에 의해 설명될 수 있다.

뇌를 구성하는 가장 기본적인 단위는 뉴런(neuron)이라고 불리는 세포로 뉴런의 기본구조는 [그림 13-1]과 같다. 뇌는 수많은 뉴런들이 서로 연결된 하나의 망이라고 볼 수 있으며, 각 뉴런들은 다른 뉴런들과 연결돼 있는 수상돌기를 통하여 입력신호를 받아들인 후 간단한 변환과정을 수행한 후 축색을 활성화시켜 변환된 신호를 타 뉴런들에 전달하게 된다. 뉴런간의 정보전달과정에서 시냅스는 전달되는 신호의 강도를 조절하는 역할을 한다. 이와 같은 뉴런들 간의 정보전달 속도는 매우 느리지만 동시에 수많은 뉴런들이 정보처리과정에 참여함으로써 빠른 정보처리를 가능하게 한다. 인간의 두뇌에는 1010개의 뉴런이 있고, 뉴런들 간의 연결(connection)은 1014개에 이르는 것으로 추정된다. 반면에 하등동물에 속하는 지렁이의 경우는 103개, 파리는 107개 바퀴벌레는 108개 벌은 109개 정도의 뉴런들 간의 연결을 가지고 있다. 현재의 슈퍼컴퓨터를 이용하여 신경회로망을 시뮬레이션 할 경우 최대 106CPS(Connections Per Second) 정도를 구현할 수 있어 곤충 이하의 지능을 실현할 수 있는 정도이다. 한편 기존의 컴퓨터 이용방식은 사람이 이미 학습한 결과를 정리하여 프로그램의 형식을 빌려서 컴퓨터 내의 특정 장소에 보관하였다가 이용하는 것임에 반하여 생물들은 스스로 다양한 학습기능을 수행하여 주어진 상황에 적응해가며 그 과정에서 얻어진 경험이나 지식들을 뇌 속에 축적하고 필요시 자유자재로 끄집어내어 사용한다. 뇌에 있어 학습된 내용의 기억 및 재생에 시냅스에 의해 강도가 조절되는 뉴런들 간의 연결이 중요한 역할을 하는 것으로 알려져 있다.

[그림 13-1]

뉴론의 기본구조

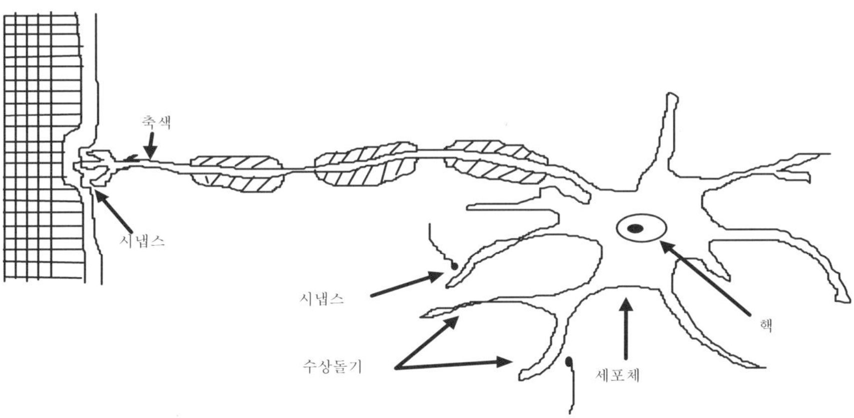

따라서 생물학적 두뇌의 작동원리를 모방한 신경회로망(Neural Networks)의 특징은 다음과 같이 정리할 수 있다. 첫째, 신경회로망은 초병렬 분산처리 시스템(Parallel Distributed Processing System)으로서 정보의 저장, 처리 및 전달을 신경회로망 내의 특정 부위들이 분담하는 것이 아니라 항상 신경회로망 전체로 그 기능을 수행한다. 둘째, 신경회로망은 자기조직화시스템(Self-Organization System)이다. 즉, 신경회로망은 새로운 이미지나 패턴 또는 사례가 주어졌을 경우 이를 기억하기 위해 자동적으로 자신의 내부 상태를 바꾸지만, 이용자의 입장에서 볼 때 신경회로망의 내부 상태는 블랙박스(black box)로 존재한다. 하지만 신경회로망은 학습된 이미지나 패턴의 일부 또는 손상된 정보로부터 완전하고도 정확한 정보를 재생해낼 수 있는 능력이 있다. 이와 같은 기능은 연상기억(associative memory) 또는 내용주소기억장치(content addressable memory)라고 불린다. 셋째, 신경회로망에서 학습된 지식은 뉴런들 간의 연결강도(connection strength)에 의해 분산 저장된다. 학습은 신경회로망에 있어 가장 중요하고도 기본적인 요소로서 신경회로망을 이용자가 원하는 상황에 적응하도록 훈련시킬 수 있음을 의미한다. 신경회로망 학습방법의 근간을 이루는 대표적인 학습방법으로 헤비안 학습(Hebbian Learning) 방법을 들 수 있는데, 이 학습방법은 주어진 사례에 대해 신경회로망이 정답을 내도록 기여한 뉴런들 간의 연결은 강화시키고, 반대의 경우는 연결을 약화시키는 과정을 반복하는 것이다. 이 과정에서 획득된 지식들은 뉴런들 간의 연결사이로 스며들어 분산 저장되게 된다. 이와 같은 분산저장방법은 학습된 신경회로망의 일부가 손상되어도 본래의 기능을 수행함에 큰 지장을 받지 않게 되는 오류허용(fault tolerance) 기능을 갖게 한다. 넷째, 신경회로망은 이용자의 측면에서 볼 때 기존의 컴퓨터처럼 복잡한 프로그래밍 과정을 요구하지 않는다. 이용자는 신경회로망의 구조 및 학습방법을 지정함으로써 간단히 원하는 결과를 얻을 수 있으며, 신경회로망 내부의 처리절차도 매우 간단하게 이루어진다. 마지막으로 신경회로망은 패턴의 분류나 인식에 있어 강력한 힘을 발휘하며, 우리가 부딪치는 많은 문제들은 패턴분류문제로 볼 수 있기 때문에 신경회로망의 응용범위가 매우 넓다는 것이다.

13.2 신경회로망의 역사

신경회로망 관련연구의 역사는 1940년대까지 거슬러 올라간다. 1943년 McClloch와 Pitts 에 의해 뉴런의 모형화가 최초로 시도되었으며, 1949년 캐나다의 심리학자인 헵(Hebb, D.)은 그의 유명한 저서인 "The Organization of Behavior"에서 헵의 시냅스라고 알려진 연결강도 조정을 위한 학습규칙을 최초로 기술하였다. 또 헵은 connectionism이라는 단어를 그의 저서에서 사용했는데 신경회로망을 지칭하는 또 다른 용어로 아직도 사용되고 있다. 최초의 신경회로망 모형은 1957년 Rosenblatt에 의해 개발된 퍼셉트론(Perceptron)이다. 퍼셉트론은 학습이 가능한 기계모형을 제시했고 여러 종류의 분류작업에 적용될 수 있다는 기대감에 많은 사람의 관심을 모았다. 또 1960년 스탠포드 대학의 Widraw & Hoff는 최소자승오차(Least Mean Squared Error) 알고리즘에 근거한 델타 학습규칙(Delta Learning Rule)을 사용하는 Adaline 이라는 신경회로망 모형을 발표하여 신경회로망에 대한 세인의 관심을 고조시켰다. 하지만 1969년 Minsky와 Papert에 의해 단일계층 퍼셉트론으로는 exclusive OR 문제를 해결할 수 없음이 밝혀진 후 신경회로망으로는 복잡한 분류문제들을 해결할 수 없다고 생각하여 이후 20년 가까이 신경회로망 연구의 암흑기를 맞게 되었다. 이 암흑기 동안 보스톤 대학의 Grossberg, 헬싱키 대학의 Kohonen 및 일본의 Amari, Fukusima 등 소수의 학자들에 의해 신경회로망 연구의 명맥을 이어가게 되었다.

80년대 들어 신경회로망 연구의 암흑기를 벗어나게 하는 중요한 사건 두 가지가 일어났다. 첫번째는 1982 년 캘리포니아 공대 물리학과 교수인 Hopfield가 에너지 개념을 이용하여 신경회로망의 행위를 분석하고 학습시키는 것이 가능하다는 것을 보인 것으로, 이 Hofield 네트워크는 연상기억장치로 사용되거나 최적화문제를 푸는데 이용될 수 있다. 두번째는 Rosenblatt 의 퍼셉트론과는 달리 여러 계층을 사용하는 다계층 퍼셉트론을 학습시킬 수 있는 백프로파게이션(Backpropagation) 알고리즘이 Werbos 등에 의해 발견된 것이다. 이 학습방법은 Rumelhart, Hinton 및 Sejnowski 등의 PDP그룹에 의해 널리 알려짐으로써 신경회로망에 대한 연구가 활발히 진행되어 많은 모형들이 새로이 제시되었다. 그 후, 1987년에는 국제 신경회로망학회(International Neural Network Society, INNS)가 조직되고 국제 학술제가 개최되는 등 신경회로망과 관련된 연구는 활발히 이어졌다. 이와 함께 90년대 중반에는 윈도우 기반의 PC에서 사용가능한 인공신경회로망 모형구축용 소프트웨어들이 개발되었고, 이러한 신경회로망에 대한 활발한 연구와 기술 발전에 힘입어 신경회로망의 응용분야도 패턴분류나 연상기억장치의 범주에서 벗어나 예측, 최적화, 로봇 제어, 문자인식, 음성인식, 신호처리, 머신비젼 등으로 확대되었다. 최근에는 특히 경영 및 경제 분야의 분류 및 예측모형의 구축, 데이터마이닝 등에도 많이 응용되고 있다. <표 13-1>은 대표적인 신경회로망 모형 및 응용분야를 정리한 것이다.

<표 13-1>

대표적인 신경회로망 모델

모 델	연구개발자	연 도	주요응용분야
Perceptron	F. Rosenblatt	1957	인쇄체 문자인식
Madaline	B. Widrow	1960~62	적응적 변복조 장치
Avalanche	S. Grossberg	1967	연속적인 음성인식, 로봇팔에 기계명령어 교육
Brain State in a Box	J. Anderson	1977	데이터베이스에서 지식추출
Self-Organizing Maps	T. Kohonen	1980	한 기하학적 영역에서 다른 영역으로 매핑(Mapping), 패턴분류
Cerebellatron	D. Mar, J. Albus, A. Pellionez	1969~82	로봇팔의 기계작동 제어
Hopfield	J. Hopfield	1982	부분적인 자료로부터 완전한 데이터나 영상을 탐색
Neocognitron	K.Fukushima	1978~84	손으로 쓴 문자인식
Back-Propagation	P. Werbos, D. Rumelhart	1974~85	문자인식, 텍스트로부터 음성합성, 로봇팔의 적응제어
Adaptive Resonance Theory	G. Carpenter, S. Grossberg	1978~85	레이더나 수중 전파탐지 등의 복잡한 패턴인식
Bidirectional Associative Memory	B. Kosko	1985	Content-Addressible Associative Memory
Boltzmann & Cauchey Machines	J. Hinton, T. Sejnowski, H. Szu	1985~86	영상, 수중전파탐지, 레이더를 위한 패턴인식
Couter-Propagation	R. Hecht-Nielsen	1986	영상압축, 통계적인 분석, 은행의 대부 응용프로그램
Radial Basis Function(RBF)	S. Haykin	1994	전파 파형 분류, 음소 분류

13.3 신경회로망을 이용한 문자인식 예제

신경회로망을 이용하여 0에서부터 9까지 열 개의 필기체 숫자들을 인식하는 문제를 생각해 본다. [그림 13-2]는 이 문제를 해결할 수 있는 신경회로망의 한 모형을 나타낸 것이다. 그림에서 노드들은 뇌의 뉴런에 해당하는 것으로 처리요소(processing element)라고 부르며, 노드와 노드를 연결하는 아크는 뉴런들 간의 연결(connection)에 해당한다. 또 노드들이 모여서 하나의 층(layer 혹은 slab)을 이루게 되는데 입력층, 출력층 및 입출력층 사이에 존재하는 은닉층이 있다.

[그림 13-2]

신경회로망을 이용한 숫자인식

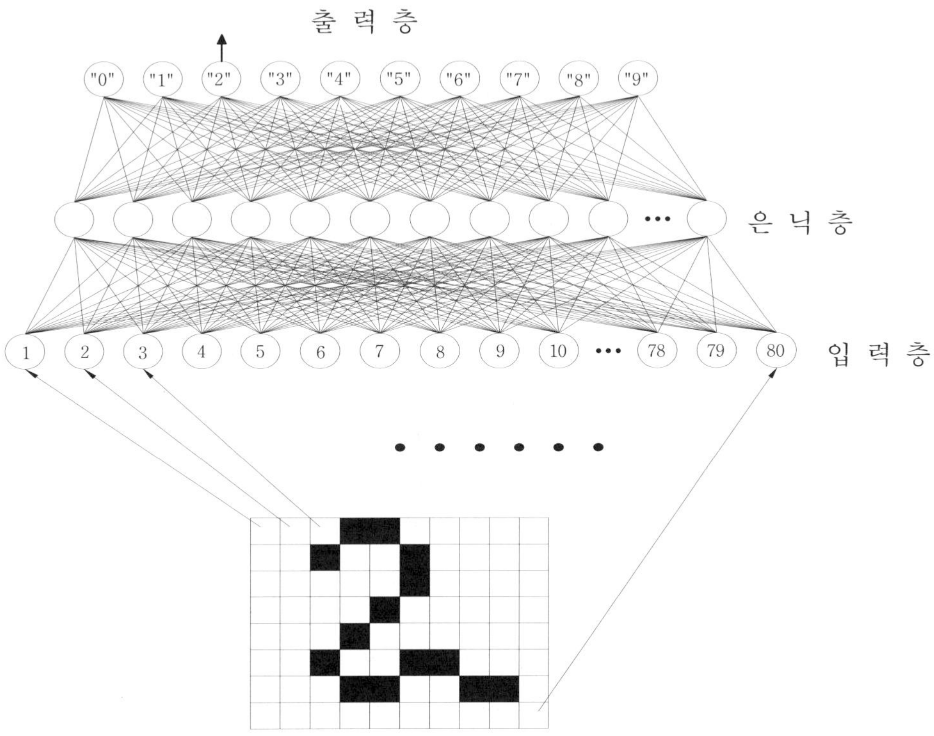

[그림 13-3]

필기체 숫자

(a) 신경회로망에 의해 인식된 숫자

(b) 신경회로망에 의해 인식되지 못한 숫자

주어진 문제가 열 개의 필기체 숫자를 인식하는 것이므로 출력층 처리요소들이 각기 하나의 숫자를 나타낸다고 생각하면, 출력층은 열 개의 처리요소를 갖게 된다. 이 경우 학습된 신경회로망의 출력층 처리요소들은 주어진 입력에 대응되는 처리요소만이 활성화되고 나머지들은 모두 비활성화 되어야 한다. 만약 처리요소가 활성화되면 1, 비활성화 되면 0 을 출력값으로 한다면, '5' 가 입력된 경우의 출력값들은 [0,0,0,0,0,1,0,0,0,0]의 형태가 되는 것이 가장 바람직할 것이다. 한편 입력은 디지타이저나 화상기록장치를 통하여 이미지 형태로 들어오며 10×8행렬의 픽셀들에 의해 표현되는데, 각 픽셀들은 "on"이면 1, "off"면 0의 값을 가진다고 생각하자. 그러면 입력층에는 80개의 처리요소들이 필요하게 되며 입력값들은 그림에서와 같이 0과 1을 값으로 하는 10×8행렬의 형태가 될 것이다. 이제 남은 문제는 신경회로망의 구조를 확정하기 위해서 은닉층 처리요소의 수를 정하고 사례로써 주어진 입출력자료들을 사용하여 처리요소들 간의 연결강도(connection weights)를 조절하여 신경회로망을 학습시키는 것이다. 신경회로망의 학습절차는 앞으로 설명하겠지만 한 가지 지적할 중요한 사실은 모든 신경회로망의 학습은 사례에 의한 학습(learning by examples)이라는 사실이다. 즉, 신경회로망 응용의 성패를 좌우하는 가장 중요한 요인은 신경회로망의 학습에 사용된 사례들이 주어진 문제를 얼마나 잘 대표할 수 있는가이다. 신경회로망은 단지 주어진 학습자료에만 근거하여 주어진 문제에 대한 해결책을 스스로 찾아간다는 사실을 잊어서는 안된다.

[그림 13-3]은 학습이 끝난 신경회로망에 의해 인식된 숫자와 인식되지 못한 숫자들의 예를 나타낸 것이다. 이 숫자들은 신경회로망의 학습자료에 포함되어 있지 않았다. 즉, [그림 13-3(b)]와 같이 심하게 변형된 입력이 아니면 신경회로망은 비록 훈련받지 않은 입력에 대해서도 원하는 출력값을 정확히 산출해낼 수 있는 능력을 가졌는데 이를 신경회로망의 일반화 능력(generalization power)이라고 한다. 우리는 신경회로망이 [그림 13-3(b)]의 숫자들도 인식할 수 있도록 하기 위해서는 좀더 많은 사람들로부터 손으로 쓴 숫자들의 사례를 얻어 기존 학습자료에 추가하고 신경회로망을 재학습시켜 일반화능력을 제고시키는 것이 필요하다. 이상의 논의에서 우리는 신경회로망의 이용은 두 단계로 이루어짐을 알 수 있다. 즉, 학습자료에 의한 신경회로망의 훈련과 학습된 신경회로망을 실제 이용하는 두 단계가 있는데 신경회로망의 훈련과정은 학습자료에 내재된 문제해결에 필요한 정보들을 추출하여 신경회로망 내에 축적하는 과정으로 대부분의 경우 많은 시간이 소요된다. 반면에 학습된 신경회로망의 이용 시에는 어떤 문제해결 방법보다도 빠른 시간 안에 해결책을 얻는 것이 가능하다.

13.4 신경회로망의 구성요소

현재 다양한 신경회로망 모형들이 개발되어 사용되고 있지만, 이들은 모두 뇌의 뉴런을 모형화한 처리요소들을 기본구성단위로 하고 있다. 따라서 신경회로망 모형을 이해하기 위해서는 처리요소들의 수, 처리요소의 조직방법 및 처리요소들 사이의 연결형태 등 신경회로망의 구조를 파악한 후, 신경회로망의 행위를 결정짓는 중요한 요소인 학습방법에 대해 알아야 한다. 이 절에서는 이와 같은 신경회로망의 구성요소들에 대해 구체적으로 살펴본다.

13.4.1 처리요소

신경회로망 내의 처리요소(Processing Element)는 매우 간단한 형태의 계산만을 수행하는데 이를 도식화한 것이 [그림 13-4]이다. 처리요소는 여러 다른 처리요소들로부터 입력을 받아들이지만 자신은 x_i라고 표기된 단 하나의 출력값만을 생성하고, 이를 연결된 처리요소들에게 전달한다. i번째 처리요소가 j번째 처리요소로부터 전달받는 입력값을 x_j라고 표기하는데 x_j는 j번째 처리요소의 출력값이다. 생물학적 뉴런들 간의 정보전달에 있어 시냅스가 중요한 역할을 담당하고 있듯이, 처리요소들 간의 연결강도를 반영하기 위해 신경회로망에서는 연결가중치(connection weight), 혹은 단순히 가중치(weight)를 사용하는데 i와 j번째 처리요소 사이의 연결가중치를 W_{ij}로 표기한다. 각 처리요소들은 전달받은 입력값들과 연결가중치를 사용하여 (식 13-1)과 같이 먼저 순 입력값(net_i)을 계산한 후, 이를 (식 13-2)를 이용하여 출력값을 결정한다.

$$net_i = \sum_j W_{ij} X_j \quad \cdots\cdots \text{(식 13-1)}$$

$$x_i = f_i(net_i) \quad \cdots\cdots \text{(식 13-2)}$$

이 때 순입력값을 출력값으로 변환시키는 함수 f_i를 전이함수(transfer function) 또는 활성함수(activation function)라고 부른다. 신경회로망의 설계시 어떤 전이함수를 사용할 것인가도 중요한 결정사항 중의 하나인데 [그림 13-5]는 전이함수의 형태들을 나타낸 것이다. 최근 신경회로망의 전이함수로는 비선형 함수들이 사용되고 있으며 특히 시그모이드(Sigmoid) 함수가 많이 사용되고 있다.

[그림 13-4]

처리요소의 기본구조

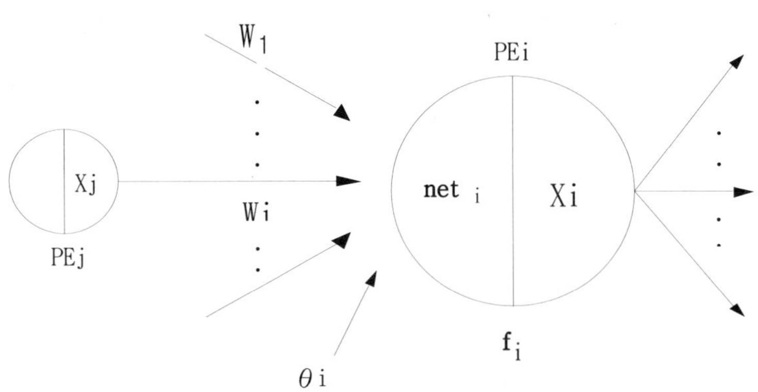

[그림 13-5]

여러 형태의 전이함수들

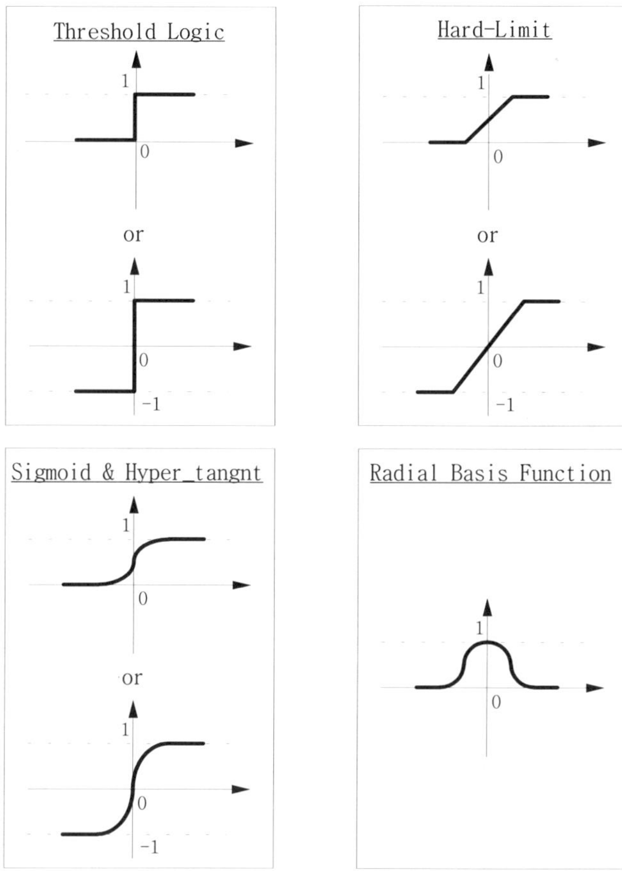

13.4.2 연결형태

신경회로망에서는 처리요소들을 모아 층을 구성하게 되는데 각 층을 구성하는 처리요소들은 모두 같은 타입인 경우가 일반적이며 이들은 [그림 13-6]과 같이 다른 층에 있는 처리요소들과 연결되어진다. 두 층간의 연결형태를 구분하면 다음과 같다.

1) 전부연결

첫번째 층의 각 처리요소는 두번째 층의 모든 처리요소들과 연결된다.

2) 일부연결

층간의 처리요소들의 연결이 일부만 이루어지는 것으로 임의의 처리요소들과 선택적으로 연결(random connection)하는 경우와 가장 가까운 이웃들만 연결(nearest-neighbor connection)하는 두 가지 형태가 있다.

3) 전방향 연결

첫번째 층의 처리요소의 출력값이 두번째 층의 처리요소에 일방적으로 전달되기만 한다.

[그림 13-6]

처리요소의 층간 연결형태

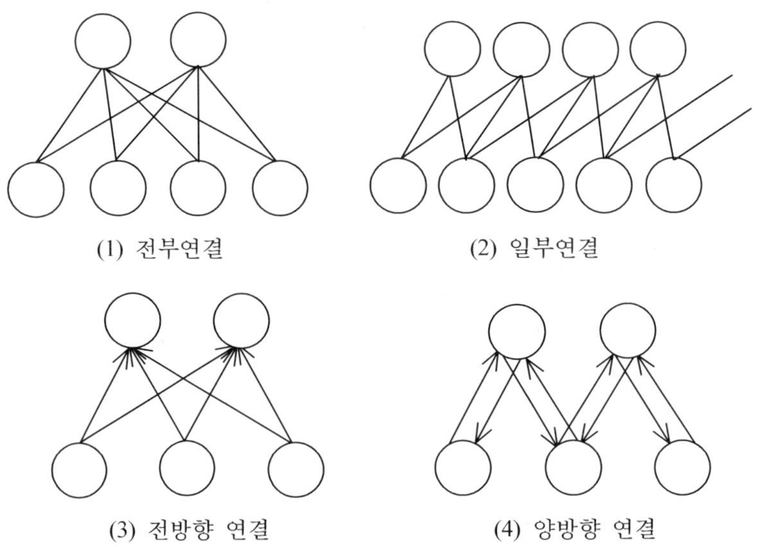

4) 양방향 연결

전방향 연결과 동시에 두 번째 층의 출력값이 다시 첫 번째 층의 처리요소들에 전달되는 피드백 연결을 갖는다.

이와 같은 층간 연결 이외에 좀더 복잡한 구조를 갖는 신경회로망에서는 같은 층내의 처리요소들 사이에도 연결을 갖게 되는데 다음의 두 가지 형태가 있다.

① 리커런트(Recurrent) 연결

한 층내의 처리요소들간에 서로의 출력값이 교환될 수 있도록 전부 또는 일부만 연결이 된다. 이 경우 처리요소의 출력값이 안정될 때까지 타 층으로의 정보전달이 유보된다. 홉필드 네트워크이나 다계층 퍼셉트론의 변형된 형태에서 이와 같은 연결이 사용되고 있다.

② 온센터/오프서라운드(On-center Off-surround) 연결

특정 처리요소를 기준으로 할 때 자신과 이웃하는 처리요소들과는 활성화를 자극하는 연결(excitatory connections)을 갖고, 그 외의 처리요소들과는 활성화를 억제하는 연결(inhibitory connections)을 갖는다. 이와 같은 층내 연결형태는 경쟁학습을 사용하는 코호넨의 형상지도(Feature Map)이나 Grossberg의 ART(Adaptive Resonance Theory) 모형에서 사용되고 있다.

[그림 13-7]
층내 연결형태

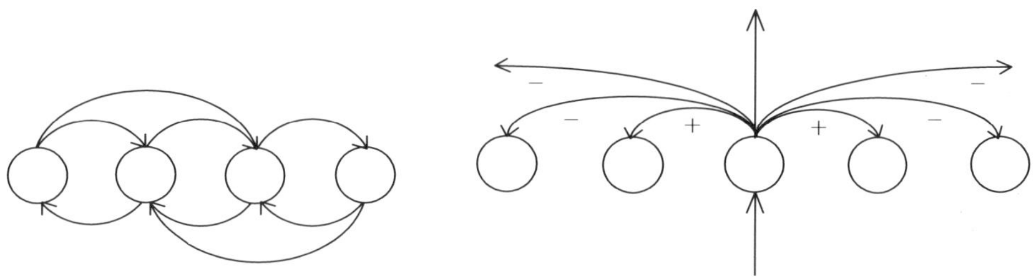

(1) 리커런트 연결 (2) 온센터/오프서라운드 연결

13.4.3 학습방법

(식 13-1)과 (식 13-2)로부터 주어진 입력에 대해 처리요소의 출력값을 결정하는 가장 중요한 요소가 연결가중치(connection weight)임을 쉽게 알 수 있으며, 각 처리요소들의 출력값들은 결국 신경회로망의 출력결과를 결정하게 되므로 신경회로망을 이용하여 원하는 출력값을 얻기 위해서는 연결가중치를 조정하여야 한다. 모든 신경회로망은 주어진 사례들을 이용하여 처리요소들 사이의 연결가중치를 스스로 조정하게 되는데 이 과정을 학습이라고 부른다. 신경회로망 모형

마다 각자 특유의 학습방법을 갖고 있는데, 학습방법은 신경회로망을 구별하는 중요한 요인으로서 일반적인 관점에서 학습방법들을 분류하여 설명한다.

학습방법의 가장 기본적인 분류는 감독학습(supervised learning)과 비감독학습(unsupervised learning)이다. 감독학습은 신경회로망 이용자가 각 입력자료에 대해 원하는 목표출력값(Target Output)을 대응시켜 학습자료를 구성하는 것이다. 따라서 신경회로망은 학습자료 내에 각 입력값들에 대응되는 목표출력값을 생성할 수 있을 때까지 연결가중치들을 조정하게 된다. 이에 반해 자율학습은 목표출력값이 학습자료에 주어지지 않는 것으로 주어진 입력패턴 자체를 기억시키거나, 유사한 패턴들을 군집화(clustering) 시키는데 많이 이용된다.

신경회로망을 의사결정수단으로 사용하기 위해서는 연결가중치를 조정하는 학습기간을 반드시 거쳐야 하므로 신경회로망의 이용은 학습상태와 운영상태의 두 단계로 이루어진다. 이와 관련하여 학습방법을 오프라인 학습과 온라인 학습의 두 가지로 분류하는데 오프라인 학습은 신경회로망의 학습이 끝나 운영상태로 넘어가면 연결가중치들은 더 이상 수정되지 않는다. 이에 반해 온라인 학습에서는 신경회로망이 운영상태에 있더라도 학습 시 보지 못했던 새로운 형태의 입력패턴이 나타나면 이를 기억하기 위해 연결가중치를 즉시 조절하게 된다. 현재는 Grossberg의 ART 모형만이 온라인 학습이 가능하다고 알려져 있다.

신경회로망 내의 연결가중치 조절방법은 곧 신경회로망의 학습방법을 결정한다고 해도 과언은 아니다. 이미 수많은 학습방법들이 개발되어 있지만 이들은 모두 헤비안 학습규칙, 델타 학습규칙, 일반화 델타 학습규칙 및 코호넨 학습규칙 중의 하나에 속한다고 볼 수 있다. 이 네 가지 학습규칙을 수식으로 표현하기 위해 [그림 13-4]에서의 기호들을 그대로 사용하고, 변경되기 전후의 연결가중치를 W_{ij}^{old}, W_{ij}^{new}로 각각 표기하며, ΔW_{ij}는 연결가중치의 변화량이라고 하면 변화된 가중치 W_{ij}^{new}는 다음과 같이 표현된다.

$$W_{ij}^{new} = W_{ij}^{old} + \triangle W_{ij} \quad \cdots\cdots \text{(식 13-3)}$$

각 학습규칙에서 $\triangle W_{ij}$의 계산방법은 다음과 같으며 t_i는 목표출력값, $error_i$는 $(t_i - x_i)$, f'은 전이함수의 미분값을 각각 나타낸다.

① 헤비안 학습규칙 : $\triangle W_{ij} = \alpha \cdot x_j \cdot x_i$ ………………… (식 13-4)

② 델타 학습규칙 : $\triangle W_{ij} = \alpha \cdot x_j \cdot error_i$ …………… (식 13-5)

③ 일반화 델타 학습규칙 :

$\triangle W_{ij} = \alpha \cdot x_j \cdot error_i \cdot f'(net_i)$ …………………… (식 13-6)

④ 코호넨 학습규칙: $\triangle W_{ij} = \alpha(x_j - W_{ij}^{old})$ ………… (식 13-7)

각 학습규칙에 사용된 α는 학습계수로서 학습속도를 조절하는 역할을 하며, 코호넨 학습규칙은 여타의 학습규칙과 달리 경쟁학습방법을 사용하므로 경쟁에서 이긴 처리요소만이 출력값을 갖고 이 처리요소에 연결된 가중치들만이 조정된다. 이를 승자독점(winner-takes-all)원칙이라고 한다.

13.5 신경회로망 모형들

신경회로망의 구성요소들, 즉 처리요소 및 처리요소들 사이의 연결방법, 학습방법들이 결합되어 이루어지는 신경회로망 모형들 중 대표적인 네 가지 모형에 대해 살펴보기로 한다.

13.5.1 다층 퍼셉트론(Multilayer Perceptron)

Rosenblatt의 퍼셉트론은 학습가능한 층이 하나만 존재하기 때문에 단층퍼셉트론이라고도 불리우며, 선형분리가능(linear separable) 한 문제에만 적용 가능하므로 [그림 13-8]에서와 같은 Exclusive-OR문제를 해결할 수 없다는 한계가 있다. 이러한 한계를 벗어나는 방법은 입출력층 사이에 은닉층(hidden layer)을 사용하여 신경회로망을 계층구조를 갖도록 하는 것이나, 은닉층에 연결된 가중치들을 조정할 수 있는 학습방법의 개발에 어려움이 있었다. 1980년대 중반 PDP 그룹에 의해 다층퍼셉트론(Multilayer Perceptron)을 백프로파게이션(Backpropagation) 알고리즘에 의해 학습시킬 수 있음이 알려진 후 다층퍼셉트론은 가장 널리 사용되는 신경회로망 모형이 되었다.

[그림 13-8]
단층 퍼셉트론과 Exclusive-OR

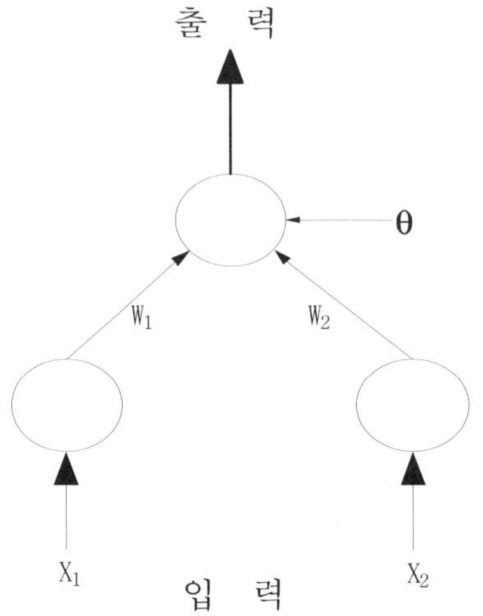

X_1	X_2	출력
0	0	0
0	1	1
1	0	1
1	1	0

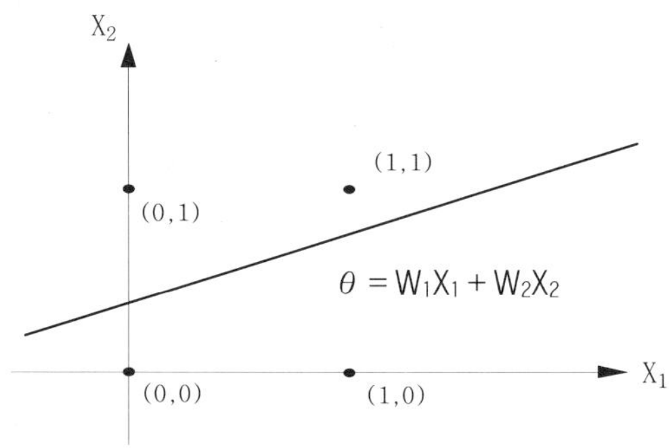

다층 퍼셉트론은 [그림 13-2]에서 이미 보았던 바와 같이 하나 이상의 은닉층을 사용하며, 처리요소들 사이의 층간연결은 전부 전방향(fully-connected feedforward) 연결형태이며 층내 연결은 없다. 지도학습의 대표적인 예인 백프로파게이션 알고리즘은 일반화된 델타 학습규칙으로 볼 수 있는데 이 학습규칙은 (식 13-5)에서와 같이 전이함수의 미분값을 요구하므로 Rosenblatt의 퍼셉트론에서 많이 사용된 계단형(Hard-limiting) 함수 대신 미분이 가능한 비선형함수인 시그모이드 함수를 처리요소 내의 전이함수로 많이 사용한다.

백프로파게이션 알고리즘은 목표출력값과 신경회로망의 출력값 사이의 오차들의 제곱합을 최소로 하기 위해 최급하강법(Gradient-Descent Method)을 사용하고 있으며 전방향 계산과 역방향 계산의 두 단계로 이루어진다. 전방향 계산은 주어진 입력값에 대해 신경회로망의 출력값을 계산하는 과정이며, 역방향 계산은 전방향 계산에 의해 얻어진 출력값과 목표출력값의 차이, 즉 오류를 출력층으로부터 입력층으로 역전파시켜가며 연결가중치들을 수정하는 과정으로 백프로파게이션이라는 이름이 붙여진 이유도 여기에 있다. 백프로파게이션 알고리즘에 의한 훈련과정은 다음과 같다.

<표 13-2>

백프로파게이션 알고리즘에 의한 학습절차

1. 다층퍼셉트론의 구조를 결정한 후 연결가중치를 임의의 아주 적은 값(일반적으로 -1~1 사이) 들로 초기화한다.
2. 학습자료집합 내의 모든 학습패턴들에 대해 다음과정을 반복한다. 각층 처리요소의 출력값 x들을 지칭하기 위해 입력층은 j, 은닉층은 k, 출력층은 i를 사용한다.

2.1 전방향 계산 : 은닉층 및 출력층에서 같은 방식에 의해 각 처리요소들의 출력값을 계산한다.

(1) 처리요소 내의 입력값들의 합 (net)을 구하는데, 통상 오프셀 (θ)값은 항상 1인 가상의 처리요소에 연결된 가중치로 취급한다.

$$net_i = \sum_{k=1} W_{ik}X + \theta \quad \text{or} \quad net_i = \sum_{k=0} W_{ik}X_k$$

(2) 전이함수를 사용하여 출력값을 결정한다.

$$x_i = f(net_i)$$

2.2 역방향 계산 : 오류를 계산하고 가중치를 조정한다.

(1) 출력층의 출력값(x_i)와 목표출력값(t_i) 사이의 오류치($t_i - x_i$)를 구한다.

(2) 출력층 처리요소에 연결된 가중치를 수정하기 위해 사용될 오류값(δ_i)를 구한다. 시그모이드 전이함수를 가정하면 이 식은 다음과 같이 표현된다.

$$\delta_i = (t_i - x_i) \cdot f_i'(net_i) = (t_i - x_i) \cdot x_i(1 - x_i)$$

(3) 은닉층 처리요소에 연결된 가중치를 수정하기 위한 오류값을 계산한다.

$$\delta_k = f'(net_k) \cdot \sum_i \delta_i \cdot W_{ki} = \sum_i \delta_i \cdot W_{ki} \cdot x_k(1 - x_k)$$

(4) 연결가중치를 다음식에 의해 조정한다. α 는 학습계수이다.

i) 출력층에 연결된 가중치 : $W_{ki}^{new} = W_{ki}^{old} + \alpha \cdot \delta_i \cdot x_k$

ii) 은닉층에 연결된 가중치 : $W_{jk}^{new} = W_{jk}^{old} + \alpha \cdot \delta_k \cdot x_j$

3. 2에서의 과정이 끝나면 1회 학습(epoch)을 마친 것으로 하고 원하는 학습 횟수만큼 또는 출력층 내에서의 오류가 임계치 이하로 떨어질 때까지 그 과정을 반복한다.

백프로파게이션 알고리즘은 다층구조를 갖는 신경회로망을 학습시킬 수 있는 매우 유용한 학습방법이지만 몇 가지 문제점을 가지고 있다. 가장 큰 문제점으로 지적되고 있는 것은 지역최소점에 관한 것이다. 연결가중치들에 의해 구성되는 다차원 공간을 상정할 때 오차함수, 즉 $\Sigma(t_i-x_i)^2$는 매우 복잡한 형상을 가지게 된다. 이 오차함수를 특정 연결가중치의 하나의 함수로 나타내면 [그림 13-9]와 같이 되며 여러 개의 지역최소점을 가짐을 볼 수 있다. 최급하강법에 의한 최소점 찾기는 바로 지역최소점에 빠졌을 경우 이로부터 탈출할 방법이 없다는 것이다. 이는 다층 퍼셉트론이 원하는 목표값을 얻지 못한 상태에서 더 이상의 학습이 이루어지지 못함을 의미한다.

또 백프로파게이션 알고리즘은 많은 수의 반복학습을 필요로 해 학습에 많은 시간이 요구되며, 학습완료시점을 예측할 수 없으며, 추가학습이 요구될 때는 전체적인 재학습을 해야 한다는 문제점들이 지적되고 있다.

[그림 13-9]

연결가중치와 오차함수

하지만 지역최소화문제는 학습과정에서 가중치의 초기값들을 바꾸어가며 여러번 학습을 반복시행할 경우 현실문제에의 적용에 큰 문제점이 되지 않으며, 연결가중치의 조절시 누적학습방법을 사용하거나 관성항(moment term)의 도입이나 학습계수의 최적화를 통해 백프로파게이션 알고리즘의 학습속도를 개선할 수 있다. 또 학습된 신경회로망의 일반화 능력을 제고시키기 위해 오차함수에 신경회로망의

복잡도(complexity)를 반영하여 추가시켜 학습시킴으로써 영향력이 없는 연결가중치들의 값이 0에 가깝도록 만들거나, 학습종료 후 영향력이 적은 연결가중치나 처리요소들을 제거하는 방법들이 제안되고 있다. 이와 같은 백프로파게이션 알고리즘의 개선은 여러 문제점에도 불구하고 다층 퍼셉트론을 가장 폭넓은 응용분야를 갖는 신경회로망 모형이 되게 했으며, 최근에는 리커런트 모형(Recurrent Neural Networks)으로의 확장도 이루어졌다.

13.5.2 홉필드 네트워크

1982년 미국 캘리포니아 공과대학의 저명한 물리학자였던 John Hopfield는 물리학의 스핀글라스 모델과 신경회로망을 비교하고 신경회로망의 행위분석에 에너지개념을 도입하여 에너지 함수를 최소화하면 신경회로망을 안정상태에 도달시킬 수 있다는 것을 보였다. 홉필드 네트워크(Hopfield Networks)는 [그림 13-10]에서와 같이 단일계층으로 이루어지며 층내 모든 처리요소들은 양방향으로 상호 연결되어 있으나 자기 자신으로의 피드백 연결은 갖지 않는다. 이 신경회로망이 정상적으로 작동하여 안정상태에 도달하기 위해서는 첫째 두 처리요소 사이의 연결가중치들은 대칭적, 즉 $W_{ij}=W_{ji}$이어야 하며, 둘째 각 처리요소들은 완전히 비동기적(asynchronously)으로 동작하여야 한다는 제약이 있다.

[그림 13-10]

홉필드 네트워크의 구조

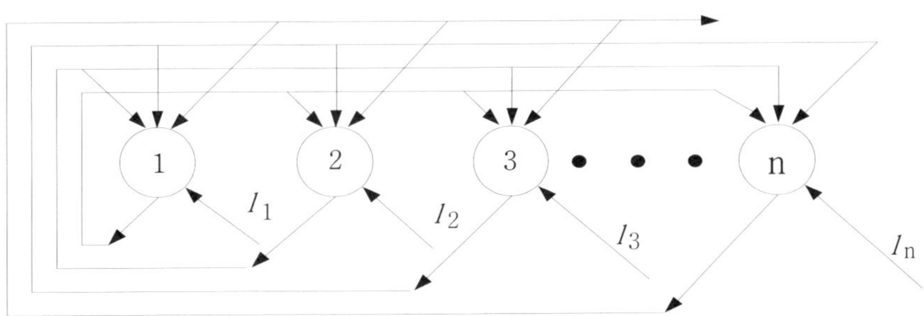

초창기 홉필드 네트워크는 입출력으로 이진수, 전이함수로 계단함수를 사용하고 신경회로망 내에서 학습이 이루어지지 않는다는 특

징이 있었으나, 최근에는 아날로그값을 입출력에 사용하고 델타 학습규칙이나 헤비안 학습규칙을 이용해 학습이 가능하도록 하는 모형의 확장이 이루어지고 있다. 홉필드 네트워크는 연상기억장치로서 효과적으로 작동할 뿐만 아니라, 순회판매원문제(Traveling Salesman Problem)와 같은 최적화문제를 해결하는데 있어 많은 수의 비동기적이고 국소적인 계산을 통하여 전역적 최적화를 이룰 수 있다는 사실 때문에 많은 관심을 모았다.

사람들은 한번 보았거나 기억하고 있는 패턴에 대해 불완전한 패턴이나 왜곡된 패턴이 주어질 경우에는, 본래의 완전한 형태를 유추해내는 능력을 가지고 있다. 이와 같은 기능을 연상기억기능이라고 하며 이를 신경회로망을 통해 구현할 수 있다. 연상기억장치는 내용주소기억장치(content addressable memory)라고도 하는데, [그림 13-11]은 홉필드 네트워크의 연상기억장치로서의 예를 보인 것이다.

[그림 13-11]

연상기억장치로서의 홉필드 네트워크

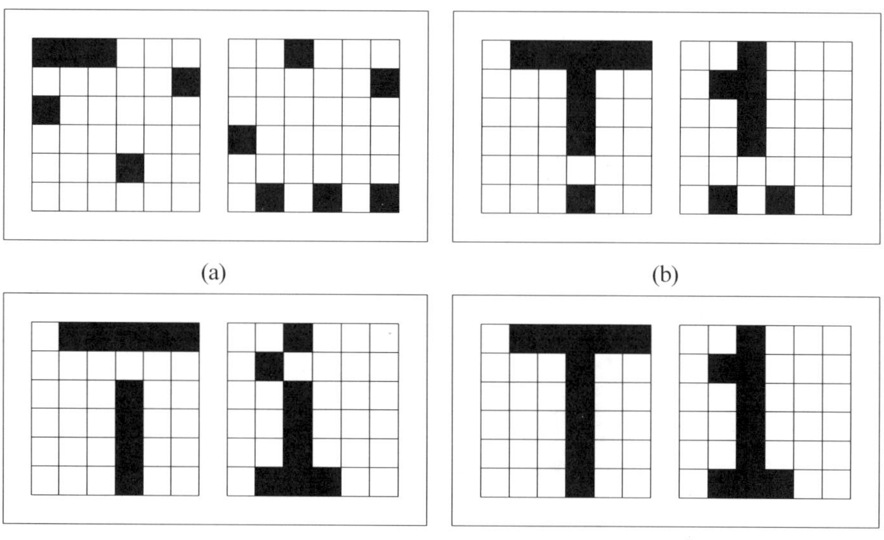

(a) (b) (c) (d)

연상기억장치에 대한 이해를 돕기 위해 선형 연상기억장치를 간단히 설명하면 다음과 같다. 즉 입력벡터 X로부터 출력벡터 Y를 계산할 수 있는 변환행렬 T가 (식 13-8)을 만족한다면 M, N을 각각 입출력벡터의 크기로 갖는 P개의 입출력벡터 쌍에 대한 변환행렬 T는

(식 13-9)와 같이 나타낼 수 있다.

$$Y = TX \quad \cdots\cdots \text{(식 13-8)}$$

$$T_{ij} = \sum_{k=1,p} Y_i^k \cdot (X_j^k)^{-1}, \quad \text{for } 1 \le i \le N,\ 1 \le j \le M \quad \cdots\cdots \text{(식 13-9)}$$

(식 13-9)를 이용하여 주어진 입력벡터 Xq에 대한 출력 $\widehat{Y^q}$을 계산하면 (식 13-10)과 같다.

$$\widehat{Y^q} = T \cdot X^q = \left(\sum_{k=1,p} Y^k \cdot (X^k)^{-1}\right) \cdot X^q$$

$$= Y^q \cdot (X^q)^{-1} \cdot X^q + \left(\sum_{k=1, k \neq q} Y^k (X^k)^{-1}\right) \cdot X^q \quad \cdots\cdots \text{(식 13-10)}$$

재현된 패턴 $\widehat{Yq}$는 (식 13-10)의 마지막 식의 두번째 항만큼 본래 패턴 Y^q와 차이가 생기게 되는데 만약 변환행렬 T를 구할 때 주어진 입력패턴들이 상호직교(orthogonal)한다면 $(X^k)^{-1}X^q = 0$이 되므로 완전한 패턴을 재현할 수 있다.

홉필드 네트워크는 비선형 전이함수와 피드백 연결을 통하여 연산기억기능을 향상시킨 것이지만, 입력패턴들이 상호직교해야만 좋은 결과를 얻을 수 있다는 사실을 잊지 말아야 한다. 다음은 홉필드 네트워크가 자기연상기억장치(auto-associative memory)로 사용될 경우의 동작알고리즘을 기술한 것이다.

<표 13-3>

홉필드 네트워크의 동작 알고리즘

1. 연결가중치 W_{ij}를 대표적인 패턴(exemplar pattern)들로 구성된 학습자료로부터 결정한다.

$$W_{ij} = \begin{cases} \sum_{k=1,p} X_i^k X_j^k & i \neq j \\ 0 & i = j \end{cases}$$

2. 주어진 입력패턴에 가장 부합되는 대표패턴을 찾기 위해 다음 과정을 거친다.

2.1 주어진 입력패턴으로 홉필드 네트워크를 초기화한다. 이 식에서 $\mu_i(t)$는 t시점에서 i번째 처리요소의 출력이고, x_i는 입력패턴의 i번째 요소값이다.

$$\mu_i(0) = x_i, \quad 1 \le i \le N$$

2.2 홉필드 네트워크의 출력값이 변하지 않을 때까지, 즉 수렴할 때까지 다음식을 반복계산한다. f는 전이함수이며, 홉필드 네트워크가 수렴했을 때의 출력패턴이

주어진 입력에 가장 잘 부합되는 대표패턴이다.

$$\mu_i(t+1) = f(\sum_{j=1}^{N} W_{ij} \cdot \mu(t)), \qquad \text{for} \quad 1 \le i \le N$$

3. 다른 입력패턴들이 있을 경우에는 2의 과정을 반복한다.

홉필드 네트워크는 Hopfield와 Tank에 의해 순회판매원문제에 적용되어 좋은 결과를 보임으로써 최적화문제를 해결하기 위한 새로운 수단으로 인식되었다. 순회판매원문제란 판매원이 방문해야 할 도시와 도시들 사이의 거리가 주어졌을 경우, 모든 도시를 반드시 한번만 거쳐서 출발도시로 되돌아오는데 총여행거리를 최소화하는 것이다. 만약 10개 도시의 경우에는 $9!/2 = 181{,}440$ 가지의 경로를 검사하여야 하며, 30개의 도시일 경우에는 무려 4×10^{30}에 달하는 경로가 있게 되어 이 문제는 NP-Complete라고 알려져 있다.

순회판매원문제를 풀기 위해 Hopfield와 Tank는 새로운 에너지함수를 개발하였는데, 10개 도시의 경우를 예로 들어 설명하면, [그림 13-12]는 순회판매원문제를 행렬의 형태로 나타낸 것으로, 각 열은 도시에 해당되고 각 행은 해당 도시의 방문순서를 나타낸다. 따라서 [그림 13-12]에 표현된 여행경로는 D→H→I→F→G→E→A→J→C→B이다.

[그림 13-12]

순회판매원문제 행렬

	1	2	3	4	5	6	7	8	9	10
A	0	0	0	0	0	0	1	0	0	0
B	0	0	0	0	0	0	0	0	0	1
C	0	0	0	0	0	0	0	0	1	0
D	1	0	0	0	0	0	0	0	0	0
E	0	0	0	0	0	1	0	0	0	0
F	0	0	0	1	0	0	0	0	0	0
G	0	0	0	0	1	0	0	0	0	0
H	0	1	0	0	0	0	0	0	0	0
I	0	0	1	0	0	0	0	0	0	0
J	0	0	0	0	0	0	0	1	0	0

에너지함수를 구성하기 위해 순회판매원문제의 제약조건들을 세분화해보면 다음과 같다.

① 각 도시는 반드시 한번만 방문하여야 한다.
② 동시에 두 도시를 방문할 수 없다.
③ 반드시 모든 도시(즉 m개)를 방문해야 한다.
④ 총여행거리가 최소화되어야 한다.

에너지함수 내의 각 항들을 위의 네 조건이 열거된 순서에 맞추어 적으면 (식 13-11)과 같이 된다.

$$\begin{aligned} E= & \frac{A}{2}\sum_{x=1}^{n}\sum_{i=1}^{n}\sum_{j=1, j\neq i}^{n} V_{xi}\cdot U_{xj}+\frac{B}{2}\sum_{i=1}^{n}\sum_{x=1}^{n}\sum_{y=1, y\neq x}^{n} V_{xi}U_{yi} \\ & +\frac{C}{2}\left(\sum_{x=1}^{n}\sum_{i=1}^{n} V_{xi}-n\right)^2 \\ & +\frac{D}{2}\sum_{x=1}^{n}\sum_{x=1, y\neq x}^{n}\sum_{i=1,}^{n} d_{xy}V_{xi}(V_{y,i+1}+V_{y,i-1}) \quad \cdots\cdots\cdots (식\ 13\text{-}11) \end{aligned}$$

(식 13-11)에서 x, y는 도시를 i, j는 여행순서를, d_{xy}는 두 도시 사이의 거리를 나타낸다. V_{xi}는 X도시를 i번째 방문하면 1이고 아니면 0이다. A, B, C, D 는 상수항이다. (식 13-11)의 앞의 세항들은 열거한 조건에 부합될 때만 0의 값을 가지게 됨을 유의해야 한다. 따라서 이 에너지함수를 이용하여 홉필드 네트워크의 연결가중치들을 결정할 수 있다. 홉필드 네트워크의 수렴과정을 힌톤 도표(Hinton Diagram)에 의해 표시하면 [그림 13-13]과 같다. 네 번째 힌톤 도표에서 수렴된 여행경로를 확인해보면 D→H→I→F→G→E→A→J→C→B가 됨을 알 수 있다.

홉필드 네트워크는 연상기억장치로 사용되건, 최적화수단으로 사용되건 간에 신경회로망이 최소의 에너지를 가질 때, 즉 신경회로망이 안정상태에 도달했을 경우 응용문제가 해결된 것으로 간주한다. 이러한 접근방법은 제안당시 새로운 아이디어로써 많은 주목을 받았지만, 연상기억장치로 사용할 경우에는 기억용량의 제한이 있으며, 최적화문제에 있어서는 신경회로망칩 등의 하드웨어를 이용하지 않을 경우 문제해결에 상당히 오랜 시간이 요구된다는 한계가 있다.

[그림 13-13]

힌톤 도표에 의한 홉필드 네트워크의 수렴과정

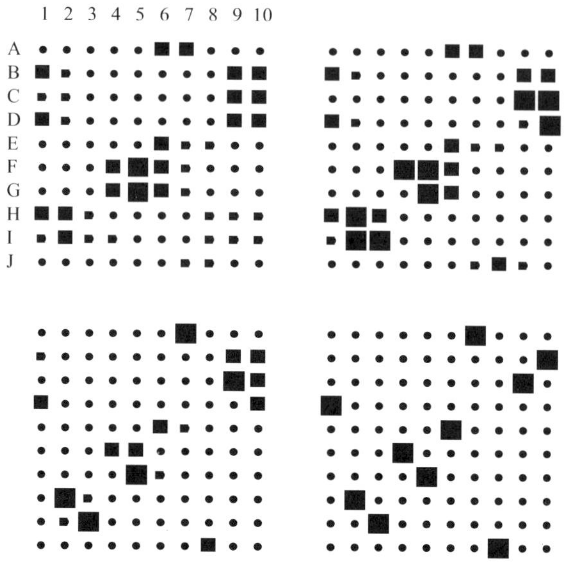

※ (a)는 임의값들로 초기화된 것이며, (b)와 (c)는 중간과정을 나타내고 (d)는 수렴된 홉필드 네트워크의 출력값들을 나타낸 것이다.

13.5.3 코호넨 네트워크

코호넨 네트워크(Kohonen Networks)는 자기조직화 형상지도(Self-Organizing Feature Map)라고도 불린다. 다층 퍼셉트론이나 홉필드 네트워크가 생물학적 신경시스템과는 거리가 먼 모형임에 반해, 비감독학습(Unsupervised Learning) 방법을 채택하고 있는 코호넨 네트워크는 그 구조 및 작동원리가 생체신경시스템에 상당히 가깝게 모형화된 것이다. 갓 태어난 아기는 눈에 보이는 자극과 물체들을 서로 연관시키는 것을 시간이 지남에 따라 스스로 배우게 된다. 하지만 갓 태어난 아기에게 시각적 자극을 보고 이해하도록 가르칠 수 있는 방안은 없다. 즉, 생물계에서는 각자 주어진 환경에 적응해 나가는 과정에서 자율학습이 매우 중요한 역할을 하는 것이다. 따라서 신경회로망 연구에 있어서도 자율학습방법을 사용하는 신경회로망 모형의 의미는 상당히 크다고 할 수 있다.

코호넨 네트워크는 두 계층으로 이루어지는데 첫번째 층은 입력층으로 단순히 입력값들을 전달하는 버퍼역할을 수행하며, 두번째 층은 흔히 코호넨 층(Kohonen Layer)이라 불리며 처리요소들 간에 출력을 내기 위한 경쟁이 이루어진다. 층간 연결은 완전 전방향 연결이며, 코호넨 층내의 처리요소들은 통상 2차원 격자형태로 많이 묘사되며, 처리요소들 간에도 서로 완전히 연결되어 있다. 다차원공간 내에서 어떤 입력패턴이 어느 클래스에 속하는지 파악하는 것보다는 이를 2차원공간에 투영하여, 어느 클래스에 속하는지 파악하는 것이 쉽고, 또 해당 클래스가 여타의 클래스와 얼마나 차이가 나는지도 쉽게 파악할 수 있다. 코호넨 네트워크는 바로 이와 같은 역할을 수행하기 때문에 위상보존지도(Topological-Preserving Map)라고도 불린다.

코호넨 층내의 처리요소들의 활성화는 (식 13-12)에 의해 이루어진다.

$$\dot{x}_i = -r_i(x_i) + net_i + \sum_j Z_{ij} x_j \quad \cdots\cdots\cdots\cdots \text{(식 13-12)}$$

$r_i(x_i)$는 손실항의 일반적인 표기이고, net_i는 통상적인 신경회로망에서와 같이 i번째 처리요소 내의 순입력값으로 입력값과 연결가중치들의 곱의 합을 나타낸다. 마지막 항은 코호넨 처리요소들 간의 상호작용을 나타내는 것으로 [그림 13-14(a)]와 같은 멕시코 모자함수(Mexican-hat or Sombrero Function)가 많이 언급되는데, 이 경우 i번째 처리요소에 가까이 근접해 있는 이웃처리요소들은 양의 피드백값을 전달받게 되고(excitating input이라고도 함), 멀리 떨어져 있는 처리요소들은 부의 피드백값을 전달받게 되는(inhibitory input) 효과가 있다. 이와 같이 코호넨 층에서는 측면제어(lateral inhibition) 방식을 사용하여 처리요소들 간에 경쟁이 일어나게 되며, 경쟁에서 이긴 하나의 처리요소만이 출력을 내게 되고, 학습과정에서도 이 처리요소와 이웃하는 소수의 처리요소들만이 연결가중치를 조정할 수 있는 권리를 갖는 승자독점(winner-take-all)의 원칙이 적용된다. 승자처리요소가 결정되고 나면 코호넨 학습규칙에 의해 연결가중치를 조정하게 된다.

$$W^{new}_{ij} = W^{old}_{ij} + \alpha(x_j - W^{old}_{ij}) \quad \cdots\cdots\cdots\cdots \text{(식 13-13)}$$

[그림 13-14]

힌톤 도표에 의한 홉필드 네트워크의 수렴과정

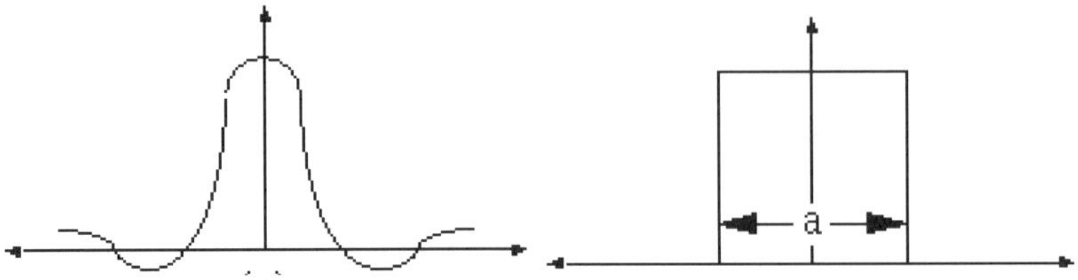

(a) 멕시칸 모자 함수 (b) 멕시칸 모자함수의 근사함수

(식 13-13)에서 i는 코호넨 층에서의 승자 및 이웃처리요소를 나타내며 j는 이들에 연결된 입력층의 처리요소들이다. 학습의 초기에는 이웃의 범위를 넓게 잡지만 학습이 진행됨에 따라 이웃의 범위를 점차 좁혀나가는데 이를 표현한 것이 [그림 13-15]이다.

이상의 설명에 의하면 코호넨 네트워크의 학습방법이 매우 복잡해 보이지만 사실은 승자처리요소는 입력벡터와 가중치벡터의 차이를 구하여 쉽게 구할 수 있다. 이를 정리하면 다음과 같다.

[그림 13-15]

코호넨 네트워크의 구조와 학습과정에서의 이웃의 범위

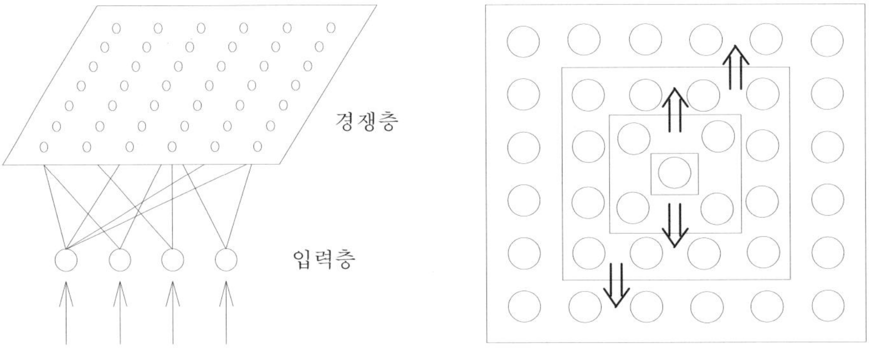

이웃 반경의 크기 조정

<표 13-4>

코호넨 네트워크의 학습알고리즘

1. 코호넨 네트워크 내의 모든 연결가중치를 임의의 작은 값들로 초기화한다.
2. 학습할 입력패턴을 결정한다.
   2.1 입력벡터와 가중치 벡터 사이의 거리(d_i)를 계산한다

   $$d_i = \|X - W\| = \sum_{j=1}^{N}(X_j(t) - W_{ij}(t))^2$$

   2.2 최소거리(d_j^*)를 갖는 코호넨 처리요소(i^*)를 선택한다.
   2.3 승자 및 이웃처리요소들의 연결가중치를 조정한다.

   $$W_{ij}(t+1) = W_{ji}(t) + \alpha(x_j(t) - W_{ij}(t))$$

3. 학습시키고자 하는 모든 입력패턴들에 대해 코호넨 네트워크가 안정될 때까지 2의 과정을 반복한다.

[그림 13-16]은 0과 1사이의 균등분포(uniform distribution)로부터 임의 추출된 2차원 벡터들을 학습패턴으로 사용하여 코호넨 네트워크가 안정상태에 이르는 과정을 묘사한 것이다. [그림 13-16 (a), (b), (c), (d)]는 연결가중치들을 나타낸 것인데, 처음에는 초기화에 의해 가중치들이 지도의 중앙에 모여 있었으나 학습에 의해 연결가중치들이 균등하게 확산되어 감을 알 수 있다.

[그림 13-16]

코호넨 네트워크의 학습과정

(a) 초기지도　　(b) 가중치들이 중앙으로부터 확산

(c) 최종지도 구조에 근사　　(d) 최종지도

코호넨 네트워크는 연상기억장치로 많이 사용되고 있으며, Teuvo Kohonen자신에 의해 신경회로망 음성타자기를 개발하는데 이용되었는데 이 장치는 음성을 실시간 내에 문자로 변환시킬 수 있는 능력을 가졌으며 정확도는 92~97% 정도를 보였다. 최근에는 통계 및 데이터마이닝 분야에서 군집분석에 많이 사용되고 있는데, 데이터에 목표변수값이 없는 경우 초기 데이터의 탐색 및 유사개체의 군집화 등에 활용된다.

13.5.4 ART

미국 보스턴 대학의 Grossberg와 Carpenter는 경쟁학습의 약점인 안정성을 보강하기 위해 ART(Adaptive Resonance Theory)를 제안했다. 사람은 새로운 지식을 배워도 과거에 배웠던 지식을 재학습할 필요가 없다. 하지만 앞서의 신경회로망 모형들은 이 경우 재학습을 요구한다. ART는 이와 같이 기존의 학습내용이 새로운 학습에 의하여 지워지지 않도록 새로운 지식을 기존의 지식과 적절히 통합시킬 수 있는 능력이 있다. 즉, 새로운 정보가 기존의 학습내용과 유사하다면 이를 새로운 지식으로 간주하지 않고 단지 기존의 지식을 정제하는 데만 사용하며, 새로운 정보가 완전히 다른 유형의 지식이라면 이를 새로운 지식으로 추가저장하게 되는데, 이는 저장용량이 소모될 때까지 지속된다. 초기모형인 ART Ⅰ은 이진값만을 입력으로 사용하였으나 그 후 아날로그 입력도 사용할 수 있는 ART Ⅱ가 개발 사용되고 있다. 이 ART 모형은 지금까지 개발된 신경회로망 모형들 중에서는 가장 복잡한 모형이므로 여기에서는 간단히 구조와 특성만을 기술한다.

ART 모형은 입력층(F1 층이라고 함)과 경쟁층(F2 층이라고 함)의 두 계층으로 구성된 신경회로망인데, 학습과 학습된 패턴의 재현과정에서 두 계층이 서로 상호작용하기 때문에 ART 라는 이름을 얻었으며, 이를 위해 F2 층으로부터 F1 층으로 하향연결이 존재한다는 점이 코호넨 네트워크와 크게 다른 점이며, ART 모형의 작동을 제어하기 위하여 [그림 13-17]에서 볼 수 있듯이 주의 서브시스템(Attentional Subsystem)과 적응 서브시스템(Orienting Subsystem)으로 구성된다.

[그림 13-17]

ART모형 구조

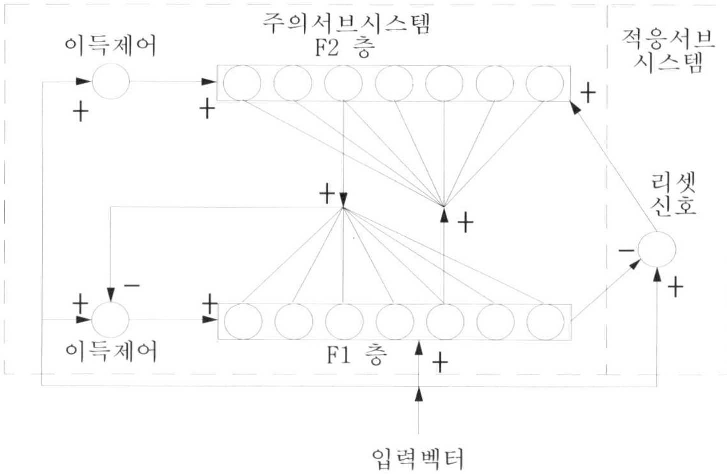

ART에서는 패턴 매칭 개념을 사용하여 새로이 입력된 패턴이 기존에 이미 학습한 패턴인가 아닌가를 검증하는 단계를 주의 서브시스템과 적응 서브시스템의 상호작용을 통하여 해결하였다. 즉, F1층에 제시된 입력패턴은 상향연결을 통해 F2층에 전달되고 F2층은 입력패턴에 대응되는 기대패턴을 선정하게 된다. 이때 입력패턴과 기대패턴 사이의 불일치를 조사하여 입력패턴이 새로운 유형의 패턴이라고 판정되면 적응 서브시스템은 F2에 리셋신호를 보내 기대패턴에 대응되는 처리요소의 출력을 억제하고 학습이 이루어지도록 한다. 이때 입력패턴과 기대패턴 사이의 불일치 정도를 허용하기 위해 경계변수(vigilance parameter)를 사용한다. [그림 13-17]에서 보면 새로운 입력패턴이 제시되면 이 신호는 F1, 이득제어 및 리셋시스템의 세 군데로 전달된다. F1층은 비활성적이므로 입력신호가 리셋시스템에 도달되면 리셋시스템은 F2에 신호를 보내 F2층에 활성화되어있는 처리요소들의 활동들을 정지시켜 새로운 입력패턴에 준비하게 한다. 한편 활동이 억제된 F2는 G1 이득제어에 대한 통제력을 상실하게 되고, 이득제어는 F1층에 신호를 보내 F1 층을 활성화시킨다. 이와 같이 F1 층의 활성화를 위해서는 F1 층에 신호를 전달하는 외부입력패턴, 이득제어 및 F2 층으로부터의 세 신호 중 반드시 두 가지 이상의 신호를 전달받아야만 한다는 '2/3 규칙'이 ART모형의 동작에 있어 매우 중요한 역할을 한다.

[그림 13-18]

ART에 의한 영문자 인식

[그림 13-18]은 ART 모형을 이용한 영문자 인식의 예를 나타낸 것으로 새로운 문자를 기억시키기 위해 이미 학습된 문자들을 재학습시킬 필요성이 없음을 보여 주고 있다. 이와 같이 ART 모형은 온라인 학습이 가능하다는 장점을 가지고 있지만 안정성-성형성 딜레마의 해결을 궁극적으로 경계변수에 의존하고 있으며, 학습 가능한 패턴의 총수가 출력층 처리요소의 수라는 저장공간의 비효율성이 문제점으로 지적되고 있다.

13.5.5 신경회로망 모형의 분류

앞에서 설명한 대표적인 네 가지 신경회로망 모형 외에도 13.2절의 <표 13-1>에서 보았듯이 많은 신경회로망 모형들이 이미 개발되어 사용되고 있다. 이들 모형들을 분류하는 기준은 여러 가지가 있을 수 있는데 여기서는 Lippman에 의한 신경회로망 모형의 분류를 소개한다. Lippman은 신경회로망의 주된 기능을 패턴분류(pattern classification)로 보고 신경회로망 모형들을 나누었는데, 신경회로망의 입력값으로 이진수만을 사용하는가 또는 실수값을 허용하는가 여부와 학습방법, 즉 지도학습 또는 자율학습을 사용하는가에 따라 신경회로망 모형들을 분류한 후, 각 신경회로망 모형들을 전통적으로 사용되어 오던 패턴분류 알고리즘과 대비시켰다. <표 13-5>에서 볼 수 있듯이 신경회로망은 패턴분류기로서 사용될 때는 연상기억장치(Auto-Association Memory), 패턴분류(Pattern Classifier) 및 패턴군집화(Pattern Clustering)의 세 가지 기능을 수행할 수 있다. 신경회로망의 연상기억기능은 홉필드 네트워크나 코호넨 네트워크에서 이미 설명하였으며, 패턴분류와 패턴군집화의 가장 큰 차이는 목표출력값이 사전에 주어지는가의 여부이다.

<표 13-5>

신경회로망 모형의 분류

Input Value	Learning Type	ANN Model	Connection Topology	Classical Classifier
Binary	Supervised	Hopfield Net	Feedback	
		Hamming Net	Feedforward	Optimum Classifier
	Unsupervised	ART Ⅰ	Feedback	Leader Clustering Algorithm
Continuous	Supervised	Perceptron	Feedforward	Gaussian Classifier
		Multilayer Perceptron	Feedforward	Mixture
		REC	Feedforward	K-Nearest Neighbor Classifier
	Unsupervised	Kohonen's Self-Organizing Feature Maps	Feedforward	K-Means Clustering Algorithm
			Feedback	Leader Clustering Algorithm

13.6 신경회로망의 응용

13.6.1 서 론

생체의 신경시스템이 여러 학문의 대상이 되고 있듯이 생체의 신경시스템을 기본모델로 한 지능시스템인 인공신경회로망도 Teuvo Kohonen의 지적처럼 학문적 배경이 다른 연구자들이 각기 다른 목적과 관점을 가지고 접근할 수 있는 연구대상이다. 이와 같이 신경회로망에 대해 다양한 관점이 존재할 수 있다는 사실은 바로 신경회로망이 광범위한 응용분야를 가질 수 있음을 암시하는 것이다. 과거, 부호적 추론에만 의존하던 인공지능(Symbolic AI) 분야에서 해결하기 어려웠던 문제로 인식되어 온 문자인식, 음성인식, 영상처리 및 로봇제어 등의 공학적 응용분야에 대해 신경회로망은 새로운 접근방법으로써 각광받고 있다.

최근 신경회로망 기법은 예측 및 분류 등 기존에 통계적 접근에 의해 문제를 해결하였던 분야에도 적극 활용되고 있다. 다층퍼셉트론의 경우 입력값과 출력값 간의 연관관계를 학습을 통해 찾아내고 이를 통해 예측모형을 구축한다는 점에서 회귀분석 및 판별분석 통계모형과 기본적인 공통점을 지닌다. 그러나 모형의 구조, 가중치 도출을 위한 학습방법 등에서 기존의 통계기법과는 큰 차이가 있다. [그림 13-19]는 통계모형과 다층퍼셉트론간의 구조 차이를 보여준다. 다층퍼셉트론의 경우 통계모형과는 달리 입력층과 출력층 이외에 은닉층이 존재하며, 은닉층의 존재는 비선형적 패턴을 학습하고 반영하는 것을 가능하게 해 준다.

[그림 13-19]

통계모형 Vs. 신경회로망모형

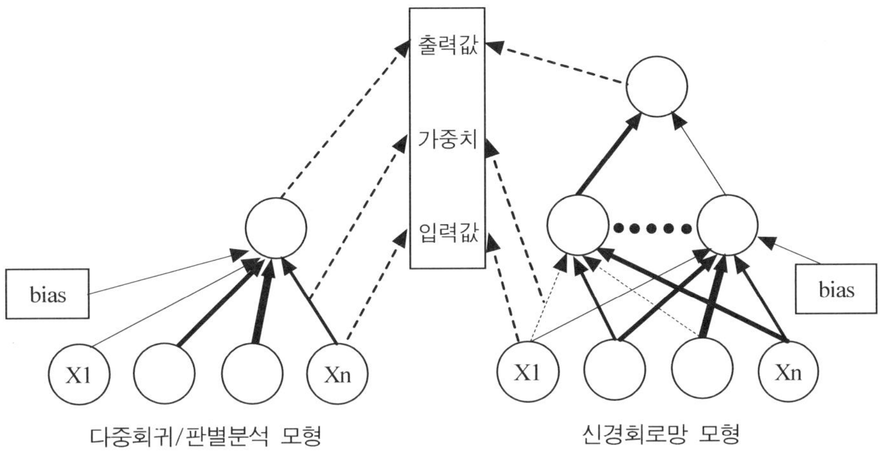

[그림 13-20]은 신경회로망, 부호적 추론에 의한 인공지능 및 통계학의 여러 모형들과 이들이 수행할 수 있는 기능들을 정리한 것이다.

[그림 13-20]

신경회로망과 경쟁 분석수단들

신경회로망 모형	신경회로망의 기능	경쟁분석수단
- Multi-Layered Perceptron - Hopfield Network - Kohnen's Feature Map - Neocogniton - ART Ⅰ, Ⅱ - Fuzzy Cognitive Map - CMAC - BSB - etc.	연상기억 패턴분류 패턴군집화 함수근사 및 예측	** Symbolic AI - 규칙기반시스템 - ID3 - 유전자알고리즘 - Conceptual Clustering ** 통계학 - 회귀분석 - 판별분석 - Logit & Probit - Clustering Analysis - 인과관계분석

신경회로망은 비선형성 정보처리능력, 학습을 통한 적응성, 안정성 등 경영 문제를 분석함에 있어서도 타 분석방법론들이 갖지 못한 장점을 가지고 있으며, 기존의 통계기법이 갖는 한계를 상당부분 완화시켜 준다. 이러한 특성을 갖는 신경회로망의 다양한 적용분야를 좀 더 구체적으로 살펴보면 다음과 같다.

13.6.2 예측분야에의 이용

(1) 시계열 분석

시계열 분석이란 일정한 시간간격을 두고 모아진 자료, 즉 시계열 자료 그 자체에만 의존하여 예측을 행하는 것으로 [그림 13-21]의 시계열 생성과정을 블랙박스로 취급하고, 단지 데이터패턴의 변동에만 의존하여 이를 수학적 관계식으로 표현하고자 하는 것이다. 시계열 분석에서 중요시되는 데이터 패턴은 임의변동 · 추세 · 계절성 및 순환주기 등으로, 이들을 파악하는데 가장 많이 이용되는 수단은 자기상관계수(autocorrelation), 즉 일정한 time-lag 상에 위치하는 자료들간의 상호의존관계를 나타내는 척도이다. 따라서, 신경회로망의 뛰어난 패턴인식능력을 주어진 자료에 내재하는 상호의존관계를 찾아내는 수단으로 사용하려는 노력은 당연한 것이다.

[그림 13-21]
시계열 생성관계

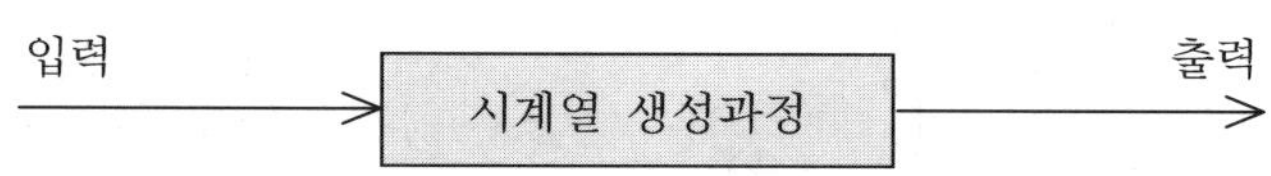

신경회로망을 시계열 예측에 처음 이용한 학자는 신호처리 분야의 Lapedes & Farber로서, 시계열 $\{Z_t, t \in T\}$에 대해 [그림 13-22]과 같은 다계층 퍼셉트론을 백프로파게이션 알고리즘에 의해 학습시킨 결과, 기관측치에의 부합(fitting)은 물론 예측에 있어서도 신경회로망이 기존의 계량적 기법들보다 우수함을 보였으며, 이러한 연구에 자극을 받아 많은 학자들이 신경회로망을 자료분석에 이용하고자 연구한 결과, 다계층 퍼셉트론은 비선형 회귀분석을 하는 것과 마찬가지 효과

가 있으며 Universal Approximator라는 주장이 나올 만큼 다계층 퍼셉트론의 주어진 자료에의 적합능력이 뛰어남을 입증하였다. [그림 13-22]은 신경회로망이 주어진 시계열에 대해 비선형 자기회귀분석(Non-linear Autoregression)을 하는 것으로 볼 수 있는데, 만약 입력을 Z_t가 아닌 다른 변수들로 대체한다면 인과관계분석에 많이 사용되는 다중회귀분석(Multiple Regression)의 형태로 신경회로망을 이용하는 것이 된다. 통상 시계열 분석은 1년 이하의 단기예측에, 인과관계분석은 장기예측에 많이 사용되고 있다.

[그림 13-22]

다계층 퍼셉트론을 이용한 시계열 분석

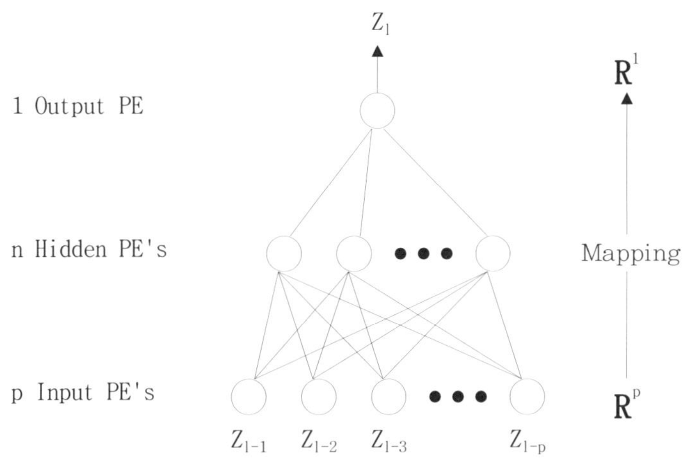

하지만, 신경회로망이 실세계의 시계열에 대해서도 유용하게 사용될 수 있기 위해서는 아직도 해결되어야 할 많은 과제가 남아 있다. Lapedes & Farber[30]의 연구는 이미 잘 알려진 함수를 이용하여 컴퓨터로 많은 수의 관측치를 생성시킨 후, 신경회로망과 기존의 예측기법들의 예측성과를 비교한 것이다. 하지만 사회 경제적 시스템의 경우 그와 같이 많은 관측치를 얻기란 거의 불가능하며 또한 많은 잡음을 내포하고 있다는 사실이 중요하다. 특히, 다계층 퍼셉트론의 적합능력이 뛰어나므로 불필요한 임의변동까지도 학습할 위험이 크므로 과잉적합문제의 해결이 더욱 중요한 문제가 된다. 과잉적합을 방지하여 예측력을 높이기 위해 Weigand et al.[44]은 가중치제거기법을 사용하였다.

Weigand et al.[44]은 시계열 예측에 있어 벤치마크 데이터로 많이 사용되는 태양 흑점수 자료 및 외화환율예측에 다계층 퍼셉트론을 이용하였는데 과부합(overfitting)문제의 심각성을 파악하고 가중치제거라는 기법을 사용하여 학습된 신경회로망의 크기를 최소화하려고 했다. 흑점수 자료에 대해서는 자기회귀형태로, 환율예측에 있어서는 다중회귀분석의 형태로 각각 신경회로망을 이용하였다. Werbos[45]는 장기에너지 수요예측에, Hoptroff[26]는 영국의 경기변동예측에 신경회로망을 사용한 사례를 보고했다. Hobbs et al.[24]은 전력 수요예측(energy forecasting)에 신경회로망을 적용하여 그 오차를 줄임으로써 좀 더 정확한 예측이 가능하게 되어 많은 경제적 이익을 가져왔음을 보여주었다.

13.6.3 제조 및 운영관리에의 이용

(1) 최적화

Hopfield & Tank[25]에 의해 신경회로망에 의한 판매원여행문제를 해결할 수 있는 알고리즘이 발견된 후, 컴퓨터의 작업처리계획, 위성통신일정계획 및 승무원탑승계획 등과 같이 최적화기법이 요구되는 분야에 많은 응용이 이루어져 왔다. Hopfield & Tank의 접근방법은 항상 최적해를 보장하지 못하는 단점이 있는데, 이를 위해 볼츠만머신과 시뮬레이티드 어닐링기법을 함께 사용하거나, 코호넨 네트워크 등을 사용하려는 노력이 있었다. 하지만 신경회로망에 의한 해가 전통적 알고리즘인 Branch and Bound 기법을 사용했을 때 보다 더 좋은 해를 구한다는 보장은 아직 없으므로 이 분야에 대한 많은 연구가 앞으로 요구된다.

이러한 신경회로망의 한계를 인식하고 다른 각도에서 최적화문제에 응용하려는 연구가 있었는데[33], 신경회로망을 최적화 모형에 대한 민감도분석(Sensitivity Analysis) 수단으로 사용하는 것이다. 이들은 정유공장의 제품생산계획을 세움에 있어 해당 정유공장의 특수사정에 의해 원유배합(Charge Plan) 문제가 매우 복잡한 비선형계획문제가 되며, 일일공장가동계획을 세우기 위해서는 대형 컴퓨터로도 10시간 이상 걸린다는 것을 발견했다. 이러한 어려움을 해결하기 위해 신경회로망을 이용한 것이다. 즉, 제품수요와 그에 따른 원유배합 사례들을 사전에 최적화 모형을 이용하여 구한 다음, 그 결과를 신경회로망에 훈련시켜 주어진 제품수요에 최적인 원유배합을 찾도록 함으로써, 오랜 시간을 요하는 비선형계획문제를 매일 풀지 않아도 되도록 하였다. 이와 같은 접근방법은 아직 신경회로망 컴퓨터가 실용화되지 못한 시점에서 시간적 제약이 많은 최적화문제에 대해 좋은 대안을 제시한 것으로 볼 수 있다.

(2) 일정계획

주문식 생산체제에 있어서 일정계획문제는 NP-Complete문제의 전형적인 예일 뿐만 아니라 실제의 상황도 매우 복잡하고 동적이다. 이 문제에 대해 순회판매원 기법을 응용하려는 노력이 있었으나, 이는 m개의 기계와 n개의 작업이 확정되어 있는 상황에서만 유효하다는 한계가 있다. 최근 Rabelo et al[36]은 유연생산체제의 일정계획을 수립하기 위해 신경회로망, 전문가시스템 및 휴리스틱을 혼합한 시스템을 연구했다. 즉, 이 시스템에서 신경회로망의 역할은 주어진 상황에 가장 적절한 일정계획 휴리스틱을 산정하고, 해당 휴리스틱이 작동하기 위해 필요한 계수값들을 제공하는 역할만을 수행하며 시스템의 전체적인 통제에는 전문가시스템을 채용함으로써 좋은 결과를 얻었다.

좋은 일정계획이란 실제 생산현장의 상황을 잘 반영한 것이라야 한다. 하지만, 실제 생산현장에서는 현장여건이나 작업자의 숙련도 등에 의해 작업시간(Manhours or Processing Time, 공수)이 많은 영향을 받는다. 이는 아무리 좋은 일정계획을 수립했다 해도 무용지물이 될 수 있음을 의미한다. 이와 같은 문제를 해결하기 위해 작업공수예측에 신경회로망을 이용한 결과, 일정계획 수립의 전문가들에 비해 작업공수의 계획대비 실행오차를 50% 가까이 줄임으로써 수립된 일정계획의 신뢰성을 크게 높였다.

(3) 품질관리

현재 신경회로망은 복잡한 무늬를 갖는 직물이나 가공된 목재의 표면검사, 소다수병이나 유리의 결점발견 등과 같이 생산된 제품이나 부품의 이상 유무를 확인하는 검사업무의 자동화에 많이 이용되고 있으며 특히, Nestor Learning Company는 복잡한 형상을 갖는 부품들을 검사하는 신경회로망 시스템을 상용화하였다.

하지만, 아직 검사의 결과를 종합하여 생산 공정상의 문제점을 파악하여 전체적인 생산성을 향상시키는 품질관리의 수단으로써 신경회로망을 응용한 연구가 없는 실정이다. 전통적으로 통계적 품질관리에서 관리도(Control Chart)를 사용해 왔는데, 성과 향상을 위해서 신경회로망은 통계적 기법의 대체 또는 보완하거나 관리도들을 종합적으로 통제하는 수단으로서, 응용가능성은 매우 크다고 할 수 있다. 구체적인 예로, 신경회로망은 음료수 병에 음료수가 제대로 채워지고 뚜껑이 제대로 닫혀 졌는지를 확인하는 것과 같은 제품 모니터링에 활용될 수 있고, 전자제품이나 위성 통신 네트워크에 결점이나 불량을 감지하는데 사용될 수 있다.

(4) 물류관리

대표적 예로는 차량수송문제(Vehicle Routing Problem)를 들 수 있는데, 이 문제는 복수대의 차량이 존재하고 각 차량에 적재할 화물의 종류와 양을 결정해야 하므로 순회판매원문제의 확장된 문제로 볼 수 있다. Matsuyama[34]는 자기조직화 네트워크를 사용하여 얻은 해의 질은 Branch and Bound기법을 사용했을 때보다 약간 못하지만 계산시간은 반으로 줄이는 결과를 얻었다. Bigus & Goolsbey[7]는 차량에 짐을 적재하는 문제는 전문가시스템으로 해결한 후, 최적 배달경로의 결정에는 신경회로망을 사용함으로써 좋은 결과를 얻었다. 이 물류관리는 앞으로 최적화기법의 연구와 함께 상당한 연구결과가 기대되는 분야이다.

13.6.4 재무 및 회계분야에의 응용

(1) 주식시장의 분석

주식시장만큼 다양한 분석방법이 사용되고 있는 곳도 드물 것이다. 많은 학자들은 주식시장에 대해 집중적인 통계분석을 해 왔으며, 투자자들도 더 높은 수익률을 얻기 위해 상상할 수 있는 모든 분석방법을 동원하고 있다. 최근에는 주식투자의 전문가시스템을 개발 사용하려는 노력도 보편화되고 있다. 그러나 투자 관련지식의 다양한 원천 및 자료의 방대함, 주식시장에 내재하는 근원적인 불확실성 등으로 인해 통계적 분석은 한계가 있게 마련이며 전문가시스템의 개발에 있어서도 지식획득 작업이 큰 애로가 되고 있는 실정이다.

신경회로망과 관련된 주식시장 연구 중의 하나는 과연 신경회로망을 이용한 주가예측이 가능한가에 대한 연구였다. White[46]는 IBM 주식에 대해 일일 주가수익률의 예측이 가능한가를 검증하기 위하여 은닉층이 하나인 다층퍼셉트론을 사용하였다. 그동안 효율적 자본시장가설은 대부분 선형모형에 기반하여 검증되어왔다는 점에서 비선형 모형의 적용을 통한 기회를 확인하고자 하였다. 입력으로 예측시점 직전 5일간의 주가수익률을 사용했는데 불행히도 연구결과는 실망스러운 것이었다. 그럼에도 불구하고 많은 금융기관들과 시장참여자들은 신경회로망모형이 가지는 패턴인식 능력이 시장의 제한된 비효율성을 인식하고 최소한의 예측력을 보이는 모형을 구축할 수 있을 것이라는 기대를 갖고 있다.

일본 후지쯔와 니코증권에 의해 개발된 TOPIX 예측시스템은 주식의 매매의사결정을 지원하는 모형을 개발하였다. 벡터커브, 회전율, 이자율, 외화환율, 뉴욕증시의 다우존스지수 등을 입력으로 사용하는 여러 개의 작은 신경회로망을 사용하여 얻은 결과들을 사후처리를 통해 최종적인 판단이 내려지도록 시스템을 구성하였다. 이 TOPIX 예측시스템은 훈련용 학습자료에 대해 99% 정도의 정확성을 보였으며, 실제 주가변동의 예측에 있어서도 6%의 향상이 있었다고 보고되었다.

NEC는 일본에서 많이 사용되는 candle-stick chart를 분석할 수 있는 신경회로망을 개발하였다. 훈련된 신경회로망은 전문가들에 의해 준비된 검증패턴들에 대해 93.8%라는 정확도를 보이고 있는데, 이는 신경회로망이 여러 가지 형태의 차트분석에 의존하는 주식시장의 기술적 분석(Technical Analysis)에 효과적으로 활용될 수 있음을 입증한 것이다.

한편 미국의 Neural Trading Company는 신경회로망과 전문가시스템을 결합한 하이브리드 시스템을 개발하여 높은 수익률을 올리고 있다고 보고하였다. 이 시스템은 신경회로망의 패턴인식능력을 이용하여 주식의 매매시점을 포착한 후, 전문가시스템을 이용하여 자금운영에 대한 최종 의사결정을 내리도록 되어 있는데, 주식투자시스템의 개발에 있어 하나의 접근방법을 제시한 것으로 생각된다.

(2) 신용위험 분석

신용평가 및 대출심사분야는 신경회로망이 가장 활발하게 적용된 분야 중의 하나이다. 일반적으로, 신용도에 영향을 미치는 요인들을 입력값으로, 신용도, 또는 부실여부를 출력값으로 하는 다층퍼셉트론을 실제 데이터를 통해 학습함으로써 신용평가모형, 또는 부도예측모형을 구축하여 신용평가 및 대출심사에 활용하게 된다.

전통적으로 부도예측모형의 구축은 통계기법을 적용해 왔으나, 1990년대 이후 신경회로망을 적용한 연구가 다수 발표되었는데, 대부분의 연구들은 신경회로망 기법의 성과가 통계기법에 비해 우수한 것으로 보고하고 있다. 초기 연구자인 Odom & Sharda[35]는 Altman [3]의 연구에서 제시된 5개의 재무비율을 사용하여 은닉층이 하나인 다계층 퍼셉트론을 사용하여 기업의 부도 여부를 예측하였는데, 예측성과가 판별분석 모형에 비해 우수한 것으로 나타났다. Dutta & Shekha [17]는 Value Line Index사와 S & P사의 채권등급 자료와 10개의 재무비율을 사용하여 채권등급을 예측하는 신경회로망을 설계했는데 검정자료에 대해 선형회귀분석은 64.7%, 신경회로망은 82.4%의 정확도를 각각 보였다. 지원철[2]도 한국신용평가의 CP등급에 대해 판별분석과 비교분석한 결과, 유사한 결론을 얻어 신경회로망의 우수한 예측력을 확인한 바 있다. 기업에 대한 신용평가뿐만 아니라 개인의 평가모형에도 적용되었는데, Hecht-Nielson Company는 연간소득, 주택보유여부, 주거기간 등을 입력값으로 사용하는 개인대출심사를 위한 평점 모형을 개발했는데, 연간 수익률을 최고 27%나 향상시킬 수 있었다고 보고했으며, 이를 담보물의 1차 screening에도 활용하고 있다.

신경회로망 기법을 적용한 평가모형에 기반한 신용평가시스템은 국내에서도 다수 구축되었다. 기업은행, 하나은행, 수협은행, 농업협동조합중앙회, 한국신용정보 등 다수의 금융기관이 신경회로망을 이용한 신용평가모형을 구축하고 이를 실제 운영하고 있다.

(3) 회계감사 및 사기적발

신경회로망은 회계감사와 관련된 의사결정을 지원하는 모형을 구축하는 데에도 활용되고 있다. Coakley & Brown[13]은 신경회로망이 회계감사에 이용될 수 있는 가능성을 제시하였다. 회계감사에 있어 추가적 조사가 필요한 항목의 결정을 위해 신경회로망, 재무비율 분석 및 회귀분석의 세 방법론을 비교했다. 이들은 외상매출금, 매출액, 매출원가, 재고상품 등 15개의 계정과목에 대해 42개의 입력, 15

개의 처리기를 갖는 하나의 은닉층 및 15개의 출력처리기를 갖는 다계층 퍼셉트론을 설계했는데 회귀분석이나 재무비율분석보다 우수한 결과를 얻었다. Wu[47]은 신경회로망을 정밀감사를 필요로 하는 기업을 식별하는데 적용하였다.

회계감사뿐만 아니라 사기적발과 같은 내부통제시스템 분야에도 신경회로망은 활용되고 있다. Visa사는 캐나다의 5개 은행과 미국의 10개 은행에 신경회로망을 이용한 사기 적발 시스템을 구축하여 운영을 시작한지 6개월만에 $40,000,000의 비용을 절감하였다고 보고하였다. Ramamoorti et al.[37]은 내부 감사인이 위험을 평가를 할 때 신경회로망을 사용명의 정확성이나 위조여부를 판단하는 것을 지원하는데 사용하여 상대적으로 감사효율을 높일 수 있음을 보여 주었다. Brockett et al.[9]은 보험사기 적발을 위해 보험사기가 의심되는 정도에 따라 코호넨의 자기조직화 형상지도(Self-Organizing Feature Map)를 사용하여 자동차 사고에 의한 신체상해를 분류하였다.

13.6.5 마케팅분야에의 응용

신경회로망의 마케팅 분야에의 응용은 1990년대 후반부터 시도되기 시작하였으며, 시장 세분화(Market Segmentation), 고객 그룹화(Customer Grouping) 등에 신경회로망을 활용한 연구들이 보고되고 있다. Smith & Gupta[40]는 신경회로망을 적용할 수 있는 마케팅 분야를 목표 마케팅(Target Marketing), 직접 마케팅(Direct Marketing), 고객 이탈 방지(Churn Analysis)의 3가지 영역으로 구분하여 제시하였다.

목표 마케팅은 각기 다른 소비자들의 행동에 따라 명확한 고객군으로 나누어지는 시장의 특성 간의 유사성에 근거하여 고객을 자동적으로 분류하는 것으로, 신경회로망의 군집 기법(Clustering Technique)을 활용한다. Dasgupta et al.[15]은 인구통계학적, 사회적 또는 경제적 지위, 지리적 위치 등의 단순한 정보에 기인하는 고객 특성이 아니라 보다 추출하기 어려운 구매 패턴, 제품에 대한 태도 등의 잠재적인 기본적인 특성을 이용하여 고객을 세분화하는 과정에 신경회로망의 적용가능성을 제시하였다. Davies et al.[16]은 신경회로망을 이용하여 은행의 자동화기기(ATMs)를 사용할 고객과 사용하지 않을 고객을 분류하는 모형을 제시하였다. 이 모형은 각 은행이 해당 은행을 이용하는 고객들이 기대하는 각기 다른 서비스 행태를 파악하여 고객에 대한 서비스 전략을 세울 수 있게 한다.

Zahavi & Levin[48]은 우편 발송에 의한 직접 마케팅에 의하여 구매할 가능성이 있는 목표 고객을 선정하는 모형을 구축하는데 신경회로망을 활용하였다. 직접 마케팅의 목적은 제품 구매에 적극적으로 반응할 가능성이 있는 고객의 특성을 추출하고 고객군을 선별하여 그러한 고객들에게 카탈로그를 발송함으로써 마케팅 시간과 비용을 줄이는 것이다. 또한, 신경회로망은 고객의 행동 패턴을 모니터하여 고객의 이탈 시점을 예측하고 이를 방지하는데 사용될 수 있다. 수집된 매일의 상세 거래 내역을 이용하여 신경회로망 모형을 구축하게 되면 고객의 행동 유형이 예측가능하고, 이를 통하여 고객의 이탈 방지를 위한 전략 수립이 가능하다.

신경회로망은 소비자 만족도 분석, 라이프 스타일에 따른 잠재 고객군 선별, 이벤트에 대한 고객 반응 예측 등 마케팅 분야의 분류 및 예측 문제에 적용되어 좋은 성과를 보이고 있으며, 앞으로도 마케팅 분야에서 신경회로망의 활용은 더욱 증가할 것으로 보인다.

13.7 맺음말

본 장에서는 대표적인 인공지능 기법 중의 하나인 신경회로망 기법에 관하여 출현 동기 및 역사, 특성 및 주요 구성요소, 주요 응용 분야 등의 관점에서 살펴보았다.

현재 신경회로망은 기업 내 하위수준의 의사결정문제로부터 경영전략에 이르는 최고경영자의 의사결정문제에 이르기까지 폭넓은 응용이 시도되고 있으며 좋은 결과들이 많이 보고되고 있다. 기본적으로 신경회로망은 데이터를 통한 지식추출기법으로, 기업 내 축적된 데이터에서 중요한 지식을 도출해 내는데 효과적으로 활용될 수 있다. 신경회로망은 데이터가 충분하고, 관련분야에 대한 선험적으로 구조화된 지식이 부족할 때 지식획득을 위한 좋은 대안이 되며, 이를 통해 추출된 지식은 지식시스템의 지식베이스를 구성하게 된다. 신경회로망이 가지고 있는 비선형성 정보처리능력, 학습을 통한 적응성, 안정성 등의 장점을 특성에 맞게 잘 활용할 경우 효과적인 지식시스템 구축에 크게 기여할 것으로 예상된다.

주요용어

- ART(Adaptive Resonance Theory)
- 뉴런(Neuron)
- 다층퍼셉트론(Multilayer Perceptron)
- 백프로파게이션(Backpropagation) 알고리즘
- 시그모이드(Sigmoid) 함수
- 은닉층(Hidden Layer)
- 자율학습(Unsupervised Learning)
- 전이함수(Transfer Function)
- 지도학습(Supervised Learning)
- 처리요소(Processing Element)
- 코호넨 네트워크(Kohonen Networks)
- 홉필드네트워크(Hopfield Networks)
- 활성함수(Activation Function)

연습문제

1. 신경회로망의 주요 구성요소들과 작동원리를 구체적으로 설명하라
2. 백프로파게이션(Backpropagation)알고리즘이란?
3. 감독학습(Supervised Learning)과 비감독학습(Unsupervised Learning)의 차이점을 비교 설명하라
4. 신경회로망의 장단점을 설명하라
5. 신경회로망의 적용가능 분야를 예를 들어 설명하라

참고문헌

[1] 김대수, 신경망 이론과 응용(Ⅰ, Ⅱ), 하이테크정보, 1989.

[2] 지원철, "채권평가기관의 판단에 대한 학습: 통계적 기법과 Connectionist Net-work의 비교 연구," 홍대논총, 제21집, pp. 601~613, 1989.

[3] Altman, E., *Corporate Financial Distress: A Complete Guide to Predicting, Avoiding and Dealing with Bankruptcy*, John Wiley, 1983.

[4] Angeniol, B., de La Croix, Vaubois, G. & Texier, j. I. "Self-organizing Feature Maps and the Travelling Salesman Problem," *Neural Networks*, 1, pp. 289~293, 1988.

[5] Beck, H., McDonald, D. & Brzakovic, D., "A Self-training Visual Inspection System with A Neural Network Classifier," *IJCNN*, Ⅰ, pp. 307~311, 1989.

[6] Bergerson, K. & Wunsch, D. C., "A Commodity Trading Model Based on A Neural Network-Expert System Hybrid," *IJCNN*, Ⅰ, pp. 289~293, 1991.

[7] Bigus, J. & Goolsbey, K., "Combining Neural Networks and Expert Systems in a Commercial Environment", *International Joint Conference on Neural Networks*, Washington D.C., 1990.

[8] Bourret, P., Goodall, S. & Samuelides, M., "Optimal Scheduling by Competitive Activation: Application to the Satellit-antenna Scheduling Problem," *IJCNN*, Ⅰ, pp. 565~572, 1989.

[9] Brockett, P. L., Xia, X. & Derrig, R. A. "Using Kohonen's Self-Organizing Feature Map to Uncover Automobile Bodily Injury Claims Fraud", *The Journal of Risk and Insurance*, 65, pp. 245~274. 1998.

[10] Caudill, M. & Butler, C., *Understanding Neural Networks: vol. 1: Basic Net-works*, vol. 2: Advanced Networks., MIT, 1992.

[11] Caudill, M., "Expert Networks," *Byte*, Oct., pp. 108~116, 1991.

[12] Cho, T. H. & Conners, R. W., "A Neural Network Approach to Machine Vision Systems for Automated Industrial Inspection," *IJCNN*, Ⅰ, pp. 205~210, 1991.

[13] Coakley, J. R., & Brown, C. E., "Neural Networks Applied to Ratio Analysis in the Analytical Review Process," *The Fourth International Symposium on Expert Systems in Accounting, Finance and management*, Oct, 31-Nov. 1, The Ritz-Carlton, Huntington Hotel, Pasadena, CA., 1991.

[14] Collins, E., Ghosh, S. & Scofield, C. L., "An Application of a Multiple Neural Network Learning System to Emulation of Mortagage Underwriting Judgments," *IJCNN*, Ⅱ, pp. 459~466, 1989.

[15] Dasgupta, C. G., Dispensa, G. S., & Ghose, S., "Comparing the Predictive Performance of a Neural Network Model with Some Traditional Market Response Models", *International Journal of Forecasting*, 10, pp. 235~244. 1994.

[16] Davies, F., Moutinho, L., & Curry, B., "ATM User Attitudes: A Neural Network Analysis." *Marketing Intelligence & Planning*, 14, pp. 26~32. 1996.

[17] Dutta, S. & Shekhar, S., "Bond rating : A Nonconservative Application of Neural Networks," *IJCNN*, Ⅱ, pp. 443~450, 1988.

[18] Foo, Y. P. S. & Takefuji, Y., "Stochastic Neural networks for Solving Job Shop Scheduling : Part 1. Problem Representation," *IJCNN*, Ⅱ, pp. 275~290, 1988.

[19] Freeman, J. A. & Skapura, D. M., *Neural Networks : Algorithms, Applications and Programming Techniques*, Addison Wesley, 1992.

[20] Fukui, C. & Kawakami, J., "Switch Pattern Planning in Electric Power Distri-

bution Systems by Hopfield-type Neural Network," *IJCNN*, II, pp. 591～594, 1990.

[21] Gallinari, P., Thiria, S., & Fogelmansoulie, F., "Multilayer Perceptrons and Data Analysis." *Proceedings of IJCNN*, vol. II, pp. 391～399, 1988.

[22] Glover, D. E., "Optical Processing and Neurocomputing in an Automated Inspection System," *Journal of Neural Network Computing*, Fall, pp. 17～38, 1989.

[23] Hertz, J., Krogh, A. & Palmer, R. G., *Introduction to the Theory of Neural Computation*, Sante Fe Institute, 1991.

[24] Hobbs, B. F., Helman, U., Jitprapaikulsarn, S., Sreenivas Konda & Maratukulam, D. "Artificial Neural Networks for Short-term Energy Forecasting: Accuracy and Economic Value," *Neurocomputing*, vol. 23, no. 1/3, pp. 71～84. 1998.

[25] Hopfield, J. J. & Tank, D. W., "Computation of Decisions in Optimization Problems," *Biological Cybernetic*, 52, pp. 141～152, 1990.

[26] Hoptroff, R., Bramson, M. J. & Hall, T. J., "Forecasting Economic Turning Points with Nets," *IJCNN*, I, pp. 347～352, 1991.

[27] Jhee, W. C. & Lee, J. K.. "Forecasting Performance of Neural Networks," *International Journal of Intelligent Systems in Accounting*, Finance and Management, 2, pp. 52～75, 1993.

[28] Kamijo, K. & Tanigawa, T., "Stock Price Pattern Recognition: A Recurrent Neural Network Approach," *IJCNN*, I, pp. 215～222, 1990.

[29] Kimoto, T., Asakawa, K., Yoda, M. & Takeoka, M., "Stock Market Prediction System with Modular Neural Networks," *IJCNN*, I, pp. 1～6, 1990.

[30] Lapedes, A. & Farber, R. "How Neural Nets Work," In D. Z. Anderson (Ed.), *Neural Information Processing Systems*, American Institute of Physics. pp. 442～456, 1988.

[31] Lee, J. K. & Jhee, W. C., "Two-stage Neural Network Approach for ARMA Model Identification with ESACF," *Decision Support Systems*. vol. 11, pp. 461～479, 1994.

[32] Leighton, R. R. & Conrath, B. C.(1991). "The Autoregressive Backpropagation Algorithm," *IJCNN*, II, pp. 369～377, 1992.

[33] Lee, J. K., Kim, W. & Kim, M. Y., "Neural Network Surrogate of Optimization Model's Sensitivity Analysis : Refinery Case," *The Fourth International Symposium on Expert Systems in Accounting*, Finance and management, Oct. 31-Nov. 1, The Ritz Carlton, Huntington Hotel, Pasadena, CA., 1991.

[34] Matsuyama, Y., "Self-Organization via Competition, Cooperation and Categori- zation Applied to Extended Vehicle Routing Problems," *IJCNN*, I,

pp. 385~390, 1991.

[35] Odom, M. D. & Sharda, R., "A Neural Network Model for Bankruptcy Predic- tion," *IJCNN*, II, pp. 163~168, 1990.

[36] Rabelo, L. C., Alptekin, S. & Kiran, A. S., "Synergy of Artificial Neural Networks and Knowledge Based Expert Systems for Intelligent FMS Scheduling," *IJCNN*, I, pp. 359~366, 1990.

[37] Ramamoorti, S., Bailey Jr., Andrew, D. & Traver, R. O. "Risk Assessment in Internal Auditing: A Neural Network Approach", *International Journal of Intelligent Systems in Accounting*, Finance & Management, vol. 8, no. 3, pp. 159~180. 1999.

[38] Schreinemakers, J. K. & Touretzsky, D. S., "Interfacing a Neural Network with Rule-Based Reasoner for Diagnosing Mastitis," *Proceedings of IJCNN*, vol. II, 1990.

[39] Sharda, R. & Patil, R. B., "Neural Networks as Forecasting Experts : An Empirical Test," *IJCNN*, II, pp. 491~494, 1990.

[40] Smith, K. A. & Gupta, J. N. D. "Neural Networks in Business : Techniques and Applications for the Operations Researcher", *Computers & Operations Research*, 27, pp. 1023~1044. 2000.

[41] Taber, R., "Knowledge Processing with Fuzzy Cognitive Map," *Expert Systems with Applications*, vol. 2, pp. 83~87, 1991.

[42] Wasserman, P. D., *Advanced Methods in Neural Computing*, VNR, NY, 1993.

[43] Wasserman, P. D., *Neural Computing : Theory and Practice*, VNR, NY, 1991.

[44] Weigend, A. S., Rumelhart, D. E. & Huberman, B. A., "Generalization by Weight Elimination Applied to Currency Exchange Rate Prediction," *IJCNN*, I, pp. 837~841, 1991.

[45] Werbos, P. J., "Generalization of Back Propagation with Application to a Recurrent Gas Market Models," *Neural Networks*, 1, pp. 339~356, 1988.

[46] White, H., "Economic Prediction Using Nerual Networks : The Case of IBM Daily Stock Returns," *IJCNN*, II, pp. 451~458, 1988.

[47] Wu, R. C. "Neural Network Models: Foundations and Applications to an Audit Decision Problem", *Annals of Operations Research*, 75, pp. 291~302, 1997.

[48] Zahavi, J. & Levin, N., "Issues and Problems in Applying Neural Computing to Target Marketing", *Journal of Direct Marketing*, vol 9, no 3, pp. 33~45, 1995.

제 14 장

데이터마이닝과 웹마이닝

학습목표

- 데이터마이닝의 정의와 그 수행 과정을 살펴보며, 기능적 분류 체계와 응용 분야를 정리해 본다.
- 데이터마이닝의 기반 기술인 데이터웨어하우스와 OLAP에 대해서 소개한다.
- 대표적인 데이터마이닝 분석 기법들을 소개하고, 이들간의 차이점을 분석해 본다.
- 웹마이닝에 대해 그 원리와 정보 원천을 알아보고, 관련된 응용 예를 살펴본다.

저자소개

김우주, 연세대학교 컴퓨터산업시스템공학부 교수, wkim@yonsei.ac.kr

차 례

14.1 서 론

기업들이 컴퓨터를 기업의 업무에 이용하기 시작한 이래로 업무로부터 발생하는 자료들은 의도적이든 혹은 부산물로서든 여러 가지 형태로 기업 내부에 축적되기 시작하였고 지금까지도 계속되고 있다. 축적되는 자료의 형태로는 초기에 파일 형태가 주로 이용되다가 데이터베이스 시스템(DBMS)의 출현으로 데이터베이스라고 부르는 일종의 특수한 형태의 파일로 바뀌어 왔다. 그 형태가 무엇이든 기초 데이터와 정보들이 기업 내부에 축적되고 있는 것이다.

초기에는 이와 같은 자료들 즉 데이터들은 단지 업무 처리를 위한 목적과 기록 보존의 목적으로 유지되고 생성되었다. 하지만 시간이 지남에 따라 이러한 데이터들은 통계 분석과 같은 분석적 작업을 통하여 보다 적극적으로 기업의 상태를 관찰하고 진단하며 나아가 전술적 또는 전략적 의사 결정에 이용하게 되었으며 이와 같은 데이터의 분석과 이용 능력은 기업의 핵심 역량이며 주요 경쟁력으로 인식되어왔다. 그러나 이와 같은 데이터의 분석과 이용 능력은 1990년대 중반까지 주로 전통적 통계 분석과 같이 인간의 통찰력에 의존하는 인간의 손에 의해 일일이 조작되는 소극적 분석 활동에 의해 이루어져 왔으나 이미 데이터나 정보의 양적 팽창은 가히 기하급수적으로 진행되어 왔다. 이와 같이 존재하는 데이터와 정보 그리고 이들 데이터나 정보로부터 추출할 수 있는 잠재적 지식의 양적 질적 수준에 비하여 실제 이용 가능한 정보나 지식의 수준이 매우 낮은 현상을 소위 지식 격차(knowledge gap)이라 부르고 있다. 이러한 지식 격차의 문제의 원인으로는 크게 두 가지를 들 수 있는데 하나는 본 장에서 다루고 있는 데이터마이닝 분야에서 집중적으로 해결하고자 하는 데이터 분석 능력의 한계인 것이다. 다른 하나는 축적된 정보와 지식에 대한 관리 능력의 한계이다. 이러한 정보와 지식에 대한 관리 능력의 한계를 극복하고자 하는 최신의 분야는 바로 지식 경영(Knowledge Management) 분야이다.

데이터 분석 능력의 한계란 축적된 자료나 정보들에 내재된 잠재적 지식을 충분히 추출해낼 수 있는 분석 능력이 보유하지 못함으로써 유용한 지식을 추출할 수 없으며 따라서 이용할 수도 없음을 의미하며 이는 곧 이들 자료나 정보를 소유한 조직에 막대한 직접적 손실이나 잠재 이익의 상실을 초래할 수 있는 것이다. 그러나 사람의 수작업과 통찰력에 의존하는 전통적 분석 방법으로는 더 이상 이미 축적된 막대한 양의 데이터와 정보를 분석해낼 수 없으며 더욱이 지금 이 순간에도 폭발적으로 증가하는 데이터와 정보를 감당하기를 기대하기는 매우 어렵다. 데이터마이닝의 직접적 목적은 바로 이와 같이 방대한 규모로 축적된 그리고 증가하고 있는 데이터와 정보를 가능한 컴퓨터 과학, 통계학, 인공지능 등을 망라한 모든 분야의 방법론들을 이용하여 어떻게 하면 효과적인 동시에 효율적으로 유용한 지식을 추출하는 분석 작업을 수행할 수 있는 방법론과 실질적 도구를 제공하는 가에 있는 것이다.

이상과 같은 데이터마이닝 분야는 나아가 웹에 존재하는 컨텐트와 웹사이트와 페이지들의 구조는 물론 개별 개인들의 트래픽 데이터들까지도 그 분석 대상으로 확대시켜나가고 있으며 이들 분석 방법론들을 구별하여 웹마이닝(Web Mining)이라 부르고 있다. 특히 이러한 웹마이닝은 e-비즈니스 기업들로부터 보다 많은 관심을 끌고 있으며 이미 어느 정도의 웹마이닝은 인터넷 고객을 직접 상대하는 기업들에 있어서는 필수적인 업무로까지 인식되고 있는 실정이다.

이제 본 장에서는 이들 데이터마이닝과 웹마이닝에 대하여 개략적이나마 그 학문적 배경과 관련 이론들을 소개하고 나아가 이의 실질적 응용 분야와 그 방법들을 알아봄으로써 실제 문제에의 응용 가능성을 실감할 수 있도록 하고자 한다.

14.1.1 데이터마이닝이란?

데이터마이닝에 대하여 앞에서 간략히 소개하였으나 좀 더 명확히 정의하자면 데이터마이닝이란 “대량의 데이터 집합으로부터 유용한 지식(규칙(성), 패턴, 제약 등)을 추출하는 것”이라 할 수 있다. [그림 14-1]은 이러한 데이터마이닝의 역할을 그림을 통하여 보다 쉽게 표현하고 있다.

[그림 14-1]

데이터마이닝의 정의

이제 간략하게나마 데이터마이닝의 역사를 살펴보고자 한다. 사실 데이터마이닝이란 분야와 그 활동이 갑자기 튀어나온 것도 아니며 일순간에 이루어진 것도 더더욱 아니다. 데이터마이닝을 가능하도록 하기 위해서는 다음과 같은 현실적 전제 조건이 만족되어야 한다.

- 데이터마이닝의 대상이 되는 충분한 데이터가 존재하여야 한다.
- 방대한 데이터의 양을 처리할 수 있는 컴퓨팅 환경이 마련되어야 한다.
- 데이터에 대한 양적인 측면과 마이닝 결과의 질적 측면을 만족시킬 수 있는 데이터마이닝 알고리즘들이 존재하여야 한다.

기업에 있어서 컴퓨터가 활발하게 도입되기 시작한 1960년대를 중심으로 시작된 데이터의 축적은 현재에 이르러 이미 양적 측면에서 감당하기 힘들 정도로 계속되고 있다. 한편 컴퓨터의 처리 속도 측면에서는 무어 법칙에 의거하면 매우 급속히 발전하고 있으며 데이터마이닝이 연구실 환경이 아닌 실제 기업 환경에서도 적용될 수 있을 정도의 수준이 이르고 있다. 이와 함께 데이터의 축적은 다시 축적된 데이터에 대한 체계적 접근 욕구를 발생시켰으며 이는 1980년대에 이르러 활성화된 현대의 데이터베이스관리시스템(DBMS)를 탄생시키게 된 것이다. 나아가 1990년대에 들어서면서 축적된 데이터에 대한 보다 분석적인 작업을 원하게 되었으며 이는 다시 데이터웨어하우스와 OLAP(On-Line Analytical Processing) 도구들을 등장시키게 되었다. 또한 다양한 분야에서 독립적으로 연구되던 많은 지식 발견 및 예측 관련 데이터마이닝 알고리즘들이 2000년대에 들어서면서 대량의 데이터로부터의 발견적 지식 추출과 미래지향적 지식 구축 요구에 부응할 수 있을 정도로 집대성되고 도구화 되고 있는 상황이다.

현 시점의 상황은 이와 같은 데이터마이닝의 환경이 성숙됨에 따라 이제는 실제 기업에서도 충분히 이러한 데이터마이닝을 적용하고 그 성과를 실현할 수 있는 단계에 있다고 평가할 수 있다.

한편 이와 같은 발전 과정을 통하면서 데이터마이닝을 의미하는 여러 유사한 용어들이 생겨났으며 대표적으로는 KDD(Knowledge Discovery in Databases), Knowledge Extraction, Data Archaeology, Data Dredging 등을 들 수 있다. 이 중 현재까지도 데이터마이닝과 거의 동등하게 자주 사용되는 용어는 KDD인데 일부에서는 KDD를 데이터를 준비하고 분석하여 궁극적으로 필요한 지식이나 정보를 추출하는 전체의 과정으로 보는 반면 데이터마이닝은 준비된 데이터에 대하여 지식만을 추출하는 KDD의 한 부분 과정으로 보는 견해를 가지고 있다. 하지만 본 장에서는 데이터마이닝과 KDD를 동일한 개념을 보고자하며 따라서 데이터마이닝 역시 데이터로부터 지식을 추출하기위해 거쳐야 하는 전 과정으로서 파악하고자 한다. 이제 다음의 절에서는 이와 같은 데이터마이닝을 수행하기 위한 과정들을 소개하고 각 단계에 대하여 간략하게 소개하고자 한다.

14.1.2 데이터마이닝 과정

데이터마이닝의 수행 과정(KDD 과정이라고도 많이 표기되고 있음)으로 학자들에 따라 견해의 차이는 있으나 이상적으로는 대략 6~8 단계 정도로 나뉘어지고 있는데 가장 일반적으로 사용되고 있는 7단계 모형을 소개하고자 한다. 다음의 [그림 14-2]는 이러한 7단계 데이터마이닝 과정 모형을 도식화하여 보여주고 있다. 그림에서 볼 수 있듯이 이들 7단계는 각각 데이터 정제, 데이터 통합, 데이터 선택, 데이터 변환 등의 데이터 전처리 과정들과 데이터마이닝 방법론의 적용, 지식의 평가와 활용으로 구성되고 있다. 이제 이들 각각의 과정들을 간략히 설명하고자 한다.

1) **데이터 정제**(Data Cleaning): 데이터 정제 과정은 실제 기업이나 조직의 데이터베이스나 데이터파일 내에 현실적으로 존재하는 오류를 수정하고 불일치성을 제거하는 과정이다.
2) **데이터 통합**(Data Integration): 기업이나 조직 내에 다양한 형태로 산재하는 데이터들을 하나의 데이터 집합 즉 데이

[그림 14-2]

데이터마이닝 과정

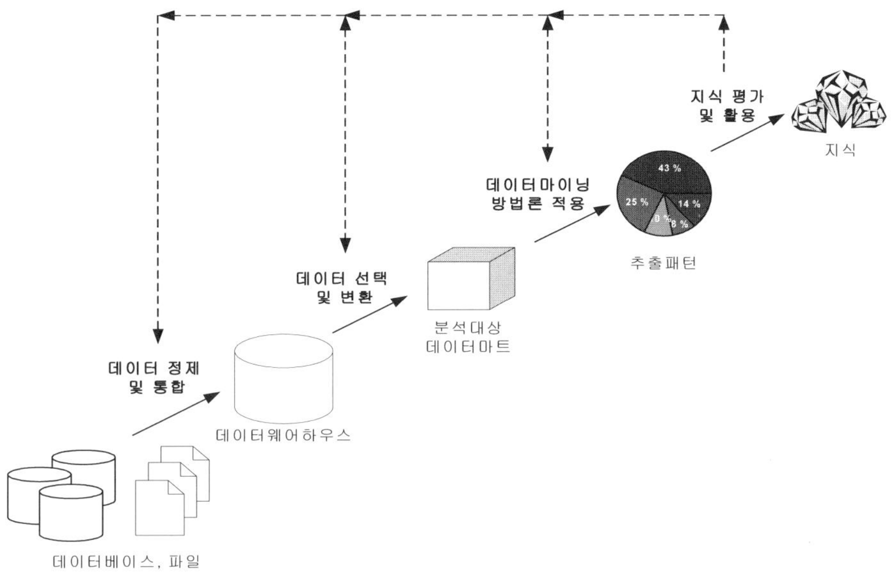

터웨어하우스로 통합하는 과정을 말하며 관련된 작업으로는 다양한 데이터들간의 통합 기준 마련, 데이터 중복 방지, 통합으로 인한 불일치성 제거 등을 들 수 있다.

3) **데이터 선택**(Data Selection): 데이터마이닝의 분석 대상 데이터 집합을 데이터웨어하우스로부터 추출하는 과정이다. 선택 과정은 크게 대상 속성 집합의 선정과 대상 레코드(터플)의 선정으로 나누어 볼 수 있다.

4) **데이터 변환**(Data Transformation): 데이터마이닝 목적에 따라 존재하는 데이터 형태를 그대로 이용하기보다는 적절한 형태로 변환 후 이용하는 것이 효과적이고 효율적인 경우가 많다. 따라서 필요에 따라 기존 데이터의 형태를 바꾸거나 요약하거나 혹은 추상화 시키는 과정들을 말한다.

5) **데이터마이닝 방법론 적용**(Application of Data Mining Methods): 유용한 지식이나 패턴을 구성된 분석대상 데이터마트로부터 추출하기 위하여 적합한 데이터마이닝 기능(예를 들면 분류, 연관, 예측, 등)을 결정하고 또한 관련 기능을 위한 여러 방법론들을 하나 혹은 복수의 선택 적용하는 과정을 말한다.

6) **지식 평가**(Knowledge Evaluation): 데이터마이닝 방법론의 적용을 통해 추출된 지식이나 패턴들이 실제 조직이나 기업의 목적이나 필요에 부합되는지를 평가하는 과정이다. 객관적으로는 추출된 지식에 대한 검증 성과나 기타 성과 측정치들을 이용하여 평가할 수 있으며 주관적으로는 수작업에 의해 관련 담당자가 추출된 지식이나 패턴들을 검토하는 과정을 의미한다.

7) **지식 활용**(Application of Knowledge): 지식 평가 과정을 통해 검증된 지식을 기업이나 조직의 시스템에 반영함으로써 추출된 지식의 성과를 극대화시키는 과정을 말한다.

이상에서 우리는 데이터마이닝의 전체 과정을 간략하게나마 살펴보았다. 이제 다음 절에서 이와 같은 데이터마이닝을 통해 구체적으로 어떠한 지식을 추출할 수 있는지 살펴보고 또한 이를 이용하여 어떤 응용 분야에 적용될 수 있는지를 소개하고자 한다.

14.1.3 데이터마이닝 기능 분류 및 주요 응용 분야들

데이터마이닝을 통하여 우리가 구체적으로 할 수 있는 업무나 거둘 수 있는 효과는 데이터마이닝의 결과 어떠한 형태의 지식과 패턴이 얻어지는가에 따라 결정된다. 또한 얻어진 지식과 패턴의 형태는 바로 앞 절에서 살펴본 데이터마이닝의 과정 중 데이터마이닝 방법론의 적용 단계에서 어떤 방법론을 적용하였는가에 따라 결정된다. 따라서 결과적으로 어떠한 데이터마이닝 방법론을 적용하였는가에 따라 우리는 어떠한 형태의 지식과 패턴을 얻을 수 있으며 또한 어떠한 업무에 이를 적용할 수 있으며 나아가 어떠한 결과를 얻을 수 있는지를 파악할 수 있는 것이다. 본 절에서는 데이터마이닝 분야에 다루고 있는 데이터마이닝 방법론들을 기능적 측면에서 분류하고 살펴봄으로써 데이터마이닝을 통해 우리가 할 수 있는 구체적 업무와 응용 분야들을 소개하고자 한다.

다음의 [그림 14-3]은 crm-forum.com(http://www.crm-forum.com)의 자료를 바탕으로 작성된 데이터마이닝 방법론들의 기능적 분류 체계를 보여주고 있다. 그림에서 볼 수 있듯이 데이터마이닝 방법론들은 먼저 크게 두 가지 즉 검증기반데이터마이닝과 발견기반데이터마이닝으로 구분될 수 있다. 검증기반데이터마이닝이란 기존의 데이터베이스 기술에서의 질의어를 바탕으로 짐작되거나 추정된 사실을 확인하거나 추적하는 과정을 지원하는 기능을 말한다. 한편 발견기반데이터마이닝은 데이터들로부터 새로운 사실을 발견적으로 획득하는데 초점을 맞추고 있다. 많은 경우 협의의 데이터마이닝은 발견기반데이터마이닝으로 간주되기도 한다. 이러한 발견기반데이터마이닝은 일반적으로 다시 설명적 데이터마이닝과 예측적 데이터마이닝으로 나뉘어 분류되고 있다.

[그림 14-3]

데이터마이닝 방법론의 기능적 분류

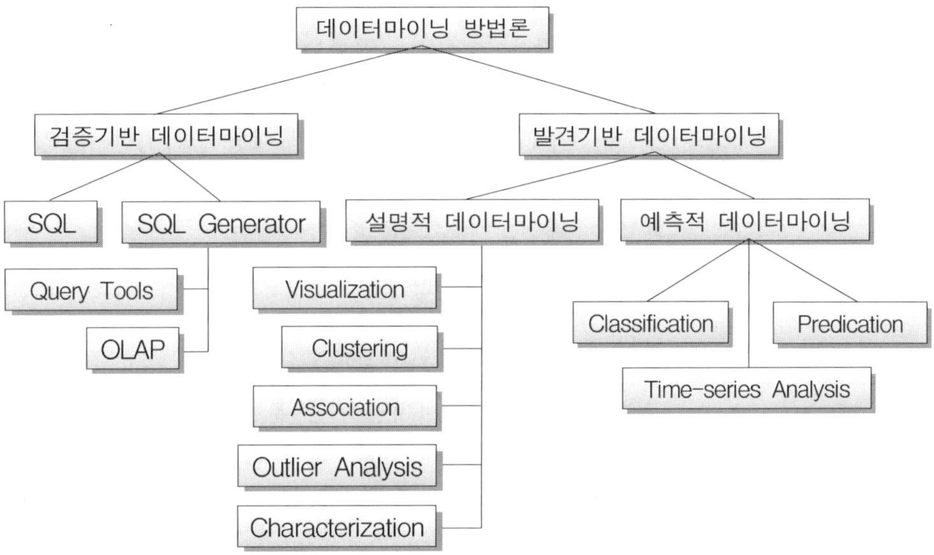

설명적 데이터마이닝(Descriptive Data Mining)은 현재의 상황에 내재된 새로운 사실을 추출하거나 함축적 의미를 파악하고자 하는데 그 목적이 있는 반면 예측적 데이터마이닝(Predictive Data Mining)은 과거의 사실들을 바탕으로 미래 혹은 미지의 사실을 추정하거나 예측하는데 그 목적이 있는 것이다. 이들 설명적 데이터마이닝과 예측적 데이터마이닝은 다시 기능적으로 보다 세분화될 수 있는데 아래에서 각각에 대하여 개별적으로 세분화된 기능적 분류들을 살펴보고자 한다.

(1) 설명적 데이터마이닝의 세부 분류

설명적 데이터마이닝은 다시 시각화(Visualization), 군집화(Clustering),

연관(Association), 예외분석(Outlier Analysis), 특성화(Characterization) 등으로 나누어 질 수 있는데 이들 각각에 대한 기능적 특징들만 간략히 파악하고자 한다.

1) **시각화**(Visualization): 시각화는 현재 수집된 데이터에 대하여 시각적 효과를 바탕으로 관찰자에게 보다 직관적이고 효율적인 사실이나 의미의 발견을 가능하게 하고자 하는 것이다. 따라서 기능적으로는 주로 데이터에 대한 다차원의 시각적 표현과 표현 방식에 초점을 맞추고 있다.
2) **군집화**(Clustering): 군집화란 주어진 데이터 집합들에 대해 자율적으로 유사한 하부 집단들을 형성하는 기능을 말한다. 이와 같은 자율적 군집화는 분석자로 하여금 새로운 형태의 데이터 군집을 인식할 수 있게 해주며 형성된 개별 군집들에 대해 분석의 초점을 보다 다양하게 취할 수 있는 장점을 제공한다. 부수적으로는 군집화 자체가 데이터의 추상화 또는 개념화에도 도움을 주게 된다.
3) **연관**(Association): 연관 기능은 연관 분석(aAssociation Analysis) 혹은 연관 규칙(Association Rule)이라고도 불리며 응용적 측면에서는 장바구니 분석(Market Basket Analysis)으로 많이 알려져 있는 데이터마이닝 기능 분류이다. 연관 분석은 기본적으로 각 사상(event)들 간의 확률적 연관성을 분석하는 방법으로서 분석의 결과로서 사상들간의 예측하지 못했던 연관성들을 파악할 수 있으며 경우에 따라서는 이를 예측적 목적으로도 사용할 수 있다.
4) **예외분석**(Outlier Analysis): 데이터 집합에 존재하는 예외적 사상들을 탐사하고 밝혀 냄으로써 예외 기반 접근(Exception Based Approach)에서 효과적으로 분석 대상이나 특이 사항을 포착하고 통제할 수 있게 하는 기능을 수행한다. 통계적 분석이나 거리 측정 기준에 따른 분석 등이 대표적 분석 방법으로 이용되고 있다.
5) **특성화**(Characterization): 특성화 기능은 주어진 데이터 집합을 대표적으로 표현할 수 있는 서술적 요약을 추출하는 기능을 말하며 일반적으로는 데이터 속성 제거 혹은 일반화 과정을 통해 특성화 작업이 수행된다. 반자동 혹은 자동화 기

법들이 존재하며 이러한 특성화 기능을 통해 데이터 집합 혹은 특정 목적 데이터들의 성격을 함축적으로 파악할 수 있으며 나아가 서로 다른 군의 데이터들간의 비교를 용이하게 함으로써 분석에 있어 보다 정확한 판단과 선택을 가능케 한다.

(2) 예측적 데이터마이닝의 세부 분류

예측적 데이터마이닝은 다시 분류(Classification), 예측(Prediction), 시계열분석(Time Series Analysis) 등으로 나누어지는데 역시 이들 각각에 대하여 간단히 알아보자.

1) **분류**(Classification): 분류란 임의의 객체를 그 객체가 소속한 또는 그 객체에 적합한 범주(category)나 분류(class)를 결정하는 일을 말하며 일반적으로 이들 결정 대상 범주나 분류들의 집합은 유한하며 비교 불가능하다. 가장 흔한 예로는 기업에서 고객 관리 업무 중 이탈 고객 관리는 매우 중요한 업무 중 하나이며 이를 성공적으로 수행하기 위해서는 사전에 개별 고객들에 대하여 이탈 고객 여부를 판정할 수 있어야 한다. 우리는 과거의 고객들의 이탈 여부 기록을 이용하여 이탈 여부를 판정하는 방법을 고안할 수 있으며 보통 이러한 방법을 분류 모델(Classification Model)이라 부른다. 이렇게 고안된 모델을 이용하여 현재 고객들에 대해 이탈 여부를 판정하고 이탈 고객으로 추정된 고객들에 대한 이탈 방지 활동을 수행할 수 있는 것이다.

2) **예측**(Prediction): 예측이란 분류와 거의 유사한 개념이나 그 예측 대상이 분류의 경우처럼 유한하고 비교 불가능한 범주 집합이 아니고 비교 가능한 수치형인 경우를 말한다. 예를 들면 은행에서 개별 고객의 정보를 바탕으로 고객별 대출 한도를 결정하려 한다면 해당 고객에 대한 최대 대출 한도액을 추정하여야 한다. 이러한 대출 한도액은 수치형 예측 대상으로서 앞에서의 분류 문제와는 서로 다른 특성을 가지게 되며 따라서 적용 방법론이나 업무 수행 관점에서도 다르게 취급되어야 할 요소들이 많음으로 분류와 따로 구별하고자 한다.

3) **시계열 분석**(Time Series Analysis): 시계열 분석은 다시 예측과 많은 유사성을 가지고 있으나 추정 대상이 시간적 흐름을 갖는 대상이란 점에서 구별된다. 따라서 많은 경우 상대적으로 추정 대상의 과거 정보들이 추정에 있어 매우 중요한 의미를 갖게 되며 이를 위해 앞에서의 분류와 예측 분야와는 또 다른 이론들과 방법론들이 적용되게 된다. 예를 들자면 일반적으로 기업들에서 많은 관심을 가지고 있는 내년도 매출 예측이 시계열 분석의 대표적 사례라 할 수 있다.

(3) 데이터마이닝의 응용 분야

데이터마이닝의 응용 분야는 앞에서 살펴본 것처럼 그 다양한 기능만큼이나 대용량 데이터베이스가 구축된 곳이라면 어디든지 그 응용 분야로 간주할 수 있을 정도로 광범위하다. 초기에는 금융, 보험, 의학, 법률, 화학 등의 분야들을 중심으로 시작되어 이제는 모든 산업이 다 응용 대상이라 할 수 있으며, 많이 참조되는 대표적 응용 예로는 카드 도용사고 방지(Fraud Detection), 위험 관리(Risk Management), 고객 불만 관리(Claim Prevention) 등을 비롯하여 최근에는 고객 유지(Customer Retention, Churn Management), 고객 유치(Customer Acquisition), 고객 세분화 및 프로파일링(Customer Segmentation and Profiling) 수요 및 판매 예측(Forecasting), 가격 산출(Pricing), 마케팅 효과 관리(Campaign Effect Analysis), 목표 마케팅(Target Marketing), 텔레 마케팅(Telemarketing), 다이렉트 메일링(Direct Mailing), 교차 판매(Cross-Selling/Up Selling) 등의 분야에 대해서도 활발히 적용되고 있다. 특히 상대적으로 짧은 기간에 막대한 고객 관련 데이터를 축적할 수 있는 전자상거래 기업들 입장에서는 더더욱 데이터마이닝의 전략적 이용에 박차를 가하고 있는 실정이다[2]. 이외에도 최근 들어 유전자 정보 분석에 있어 데이터마이닝을 적용하려는 많은 대형 프로젝트들이 선진국은 물론 국내에서도 활발히 진행되고 있는 상황이다.

14.2 데이터마이닝을 위한 데이터웨어하우스와 OLAP

14.2.1 데이터웨어하우스(Data Warehouse)

데이터웨어하우스는 일종의 데이터베이스 시스템이라 할 수 있으나 몇 가지 측면에서 차이점을 가지고 있다. 첫째, 일반적인 데이터베이스 시스템이 주로 조직이나 기업의 운영적 업무(operational task)들을 지원하는데 반해 데이터웨어하우스는 중견 이상의 관리자들이 기업의 상황을 체계적으로 파악하고 이해하며 이를 바탕으로 전략적 혹은 전술적 의사 결정을 지원하는데 그 목적을 가지고 있다. 따라서 데이터웨어하우스는 조직이나 기업에 산재하는 각종 정보들의 통합과 수집에도 크게 관여하게 된다. 나아가 일반적 데이터베이스 시스템은 개별 레코드들에 대한 빈번한 접근과 갱신에 초점을 맞추고 있다면 데이터웨어하우스는 전체 레코드들에 대한 접근과 이들에 대한 합산, 통계 등과 같은 분석 작업에 초점을 맞추고 있는 것이다.

이러한 데이터웨어하우스의 특성을 Inmon[9]은 다음과 같이 정의하였다. "데이터웨어하우스는 경영자의 의사 결정을 지원하기 위한 주제 중심적(subject-oriented)이고, 통합적(integrated)이며, 시간에 따라 변하며(time-variant), 비휘발성(nonvolatile)의 자료 집합이다". 이 정의에 따른 성격을 반영할 수 있도록 시스템적으로 보면 데이터웨어하우스는 다음과 같은 속성을 가지고 있다[3].

1) 데이터웨어하우스는 여러 곳의 원천 데이터 집합들을 이용하여 분석적 업무를 수행할 수 있도록 설계된 데이터베이스를 의미한다.
2) 상대적으로 장기간의 정보 이용을 필요로 하는 소수의 사용자를 위한 시스템이다.
3) 주요 사용 용도는 자료 검색에 있다.
4) 저장 관리하게 되는 데이터는 정기적으로 갱신된다.
5) 과거에서 현재에 이르는 시간적 흐름에 따른 자료를 축적하고 있어야 한다.

이상의 시스템적 속성들을 지원하기 위한 데이터웨어하우스의 구조는 [그림 14-4]와 같이 나타낼 수 있는데 이 데이터웨어하우스의 구조 그림을 바탕으로 데이터웨어하우스의 일곱 가지 구성 요소들을 살펴보고자 한다.

먼저 첫 번째 구성 요소는 데이터 추출, 정화 및 적재 도구들인데 이들은 기업의 운영이나 거래를 목적으로 하는 데이터베이스들에서 데이터를 추출하고 정화시키며 최종적으로 중앙에 위치한 데이터웨어하우스에 적재시키는 역할을 수행하게 된다. 두 번째 요소인 메타 데이터 저장소(Metadata Repository)는 이미 데이터베이스에서의 메타 데이터(Metadata)와 유사하게 데이터웨어하우스의 구조에 대한 정보를 저장하고 있으면서 데이터웨어하우스에 대한 생성, 사용, 유지보수 등의 작업을 지원하게 된다.

[그림 14-4]

데이터웨어하우스의 기본 구조

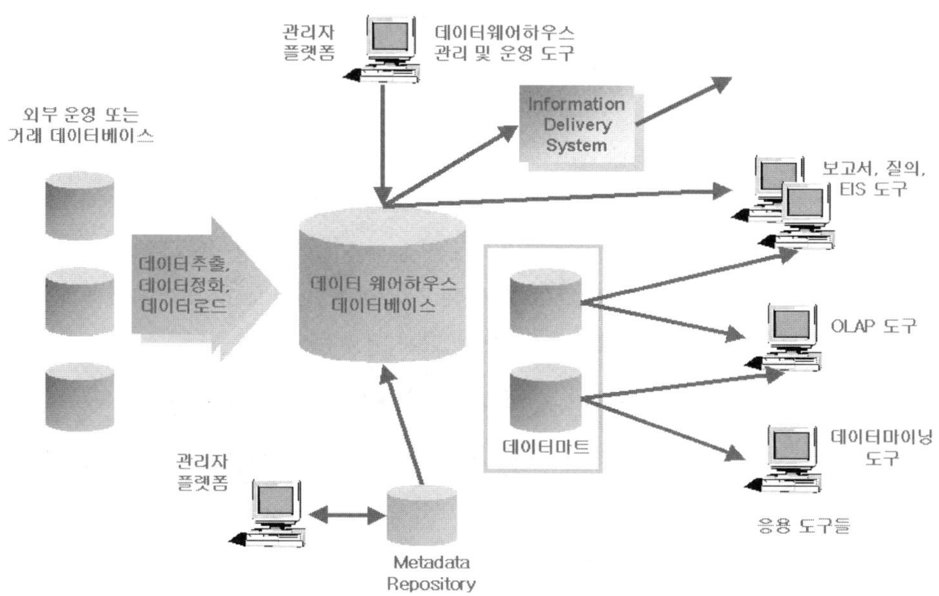

〈자료원: Adjusted from Berson, A. and S. J. Smith, Data Warehousing, Data Mining, and OLAP, McGraw-Hill, 1997〉

세 번째 요소가 바로 수집된 데이터들을 저장하고 있는 데이터웨어하우스 데이터베이스이며, 네 번째 요소는 데이터마트(Data Mart)

인데 필요에 따라 자주 이용하는 데이터웨어하우스의 일부분이나 혹은 그 처리 시간이 매우 오래 소요되는 질의 결과 등을 따로 모아서 관리하는 상대적으로 소규모의 데이터베이스 들을 가리킨다. 데이터웨어하우스 관련 응용 도구들 역시 필요에 따라 전체 데이터웨어하우스를 직접 사용하기 보다는 데이터마트들을 이용하여 분석 업무를 수행하는 경우가 일반적이라 할 수 있다. 다섯 번째 요소는 데이터웨어하우스 관련 응용 도구들로서 보고서 출력 도구, 질의 처리 도구, OLAP 도구 및 데이터마이닝 도구들이 이에 속하게 된다. 특히 데이터마이닝 도구들 관점에서는 이와 같은 데이터웨어하우스나 데이터마트가 매우 정제된 형태이며 통합적 성격을 가지고 있으므로 직접적으로 운영 데이터베이스나 파일들을 대상으로 분석 작업을 수행하는 것보다 이들을 활용하는 것이 매우 많은 장점을 갖는다 하겠다.

한편 OLAP(On Line Analytical Processing)은 말 그대로 온라인 분석처리의 약어로서 이와 반대되는 개념을 OLTP-(On Line Transaction Processing)이라 부르는데 온라인 거래 처리를 의미한다. 온라인 거래 처리의 가장 대표적인 예는 우리가 은행에서 자동입출금기를 통해 예금하거나 출금하는 처리를 들 수 있는데 따라서 이 예와 비교해보자면 OLAP는 OLTP와 마찬가지로 실시간의 성격을 가지지만 그 처리 대상 업무가 단순 거래 처리보다는 분석 업무라는 점에서 구별될 수 있다. 여기서 분석 업무란 일반적 거래 처리보다는 한 단계 높은 수준의 업무를 의미하고 있으며 앞에서 은행 업무의 예를 계속 이용하여 예를 들어본다면 분석 업무는 개개인의 입출금을 취급하는 것보다는 오늘의 남성과 여성의 총 예금 액수를 비교해 보는 것과 같은 업무라 할 수 있다. 이제 여섯 번째와 일곱 번째의 구성 요소들로서 각각 데이터웨어하우스 관리 도구와 정보 배달 시스템들을 들 수 있겠다.

이상에서 소개한 데이터웨어하우스 시스템의 기본 구조는 기업에 있어 폭증하는 데이터의 양과 또한 급변하는 상황 변화에 대응하여 빠르게 그들의 경쟁 우위를 확보하기 위한 의사 결정 지원 정보시스템의 근간이라 할 수 있다. 나아가 본 장에서 소개하는 데이터마이닝 관점에서도 그 주요한 기초라 할 수 있다.

14.2.2 OLAP(Online Analytical Processing)

OLAP은 앞에서 간략히 설명한 바와 같이 실시간으로 분석적인 (analytic) 업무를 수행함에 있어 전통적 데이터베이스 시스템이 가지는 단점들을 극복하기 위해 출현한 기술로서 주요 특징은 다차원 데이터베이스(Multi-Dimensional Database)를 주축으로 하며 시간에 따른 데이터 분석과 필요에 따른 차원 별로 통합(merge)과 분해(break up)를 용이하게 할 수 있도록 설계되고 있다. 일반적으로 전통적 데이터베이스 시스템들은 질의에 대한 반응 성능은 물론 일상적인 운영 업무 처리 (operational task processing)의 효율을 최적화하도록 설계됨으로 해서 분석적 업무에 이를 그대로 적용하기에는 매우 부족한 측면들이 많은 것이 사실이다. 따라서 기업들에서 일상적으로 운영하는 데이터베이스와는 독립적인 OLAP을 위한 데이터베이스와 관련 기술의 필요하다는 인식하에 다차원 모형(Multi-Dimensional Model)을 기반으로 하는 OLAP 전문 시스템들이나 혹은 관계형 데이터베이스를 바탕으로 하여 다차원 모형을 지원하는 도구들이 개발되었는데 전자와 이를 구분하기 위하여 복수 관계형(Multi-Relational) 데이터베이스 시스템이라고도 한다.

이와 같은 OLAP 시스템을 구축하기 위해서는 기본적으로 데이터를 표현할 수 있는 모델이 필요하며 일반적으로 다음의 [그림 14-5]에서 보여주고 있는 것과 같은 다차원 데이터 모델(Multi-Dimensional Data Model)을 기반으로 하고 있다. 이러한 다차원 데이터 모델은 하이퍼 큐브(hyper cube) 형태로 표현해 볼 수 있는데 특히 [그림 14-5]는 3차원의 데이터 모델을 3차원 데이터 큐브로 표현하고 있다. 이 예제 모델에서는 세 가지 차원 즉 지역적 구분, 시간적 구분, 품목별 구분을 보여주고 있으며 개별 큐브 즉 정육면체들은 일반적으로 특정 지역의 특정 시간에 특정 품목에 대한 임의의 수치적 정보를 나타내게 된다.

이를 팩트(fact)라 부르며 이러한 팩트가 무엇인가에 따라 분석하고자 하는 분석 목적과 주제가 결정되게 된다. 위 그림의 예에서는 팩트로서 임의의 쇼핑몰에서의 판매액(sales amount)로 설정하고 있으며 따라서 좌측 최 상단의 큐브는 곧 장난감의 4사분기에의 서울경기 지역에서의 판매량을 의미하게 되며 이는 120이었다는 것을 나타내고 있다.

[그림 14-5]
3차원 데이터 모델 예

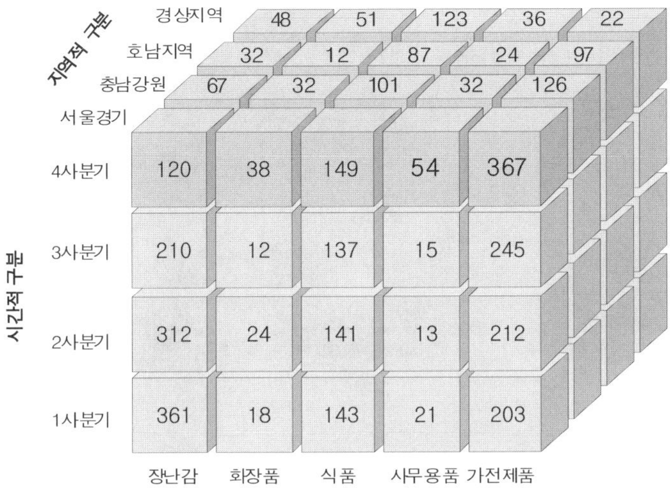

이와 같은 다차원 데이터 모델을 실제로 구현하기 위해서는 데이터베이스 구축을 위해 개념적 혹은 논리적 데이터 모델을 구성하여야 하는데 일반적으로 데이터베이스 분야에서 가장 보편적으로 이용되는 개체 관계 모델(Entity Relationship Model)을 사용하고 있다. 일반적으로 세가지 유형의 데이터 모델들이 이용되는데 각각 스타 스키마(Star Schema), 스노우플레이크 스키마(Snowflake Schema), 성운 스키마(Constellation Schema) 등이다. 다음의 [그림 14-6]은 [그림 14-5]에 예시된 3차원 데이터 모델을 위해 작성된 스타 스키마 모델 예를 보여주고 있다. 현재는 3차원으로서 중앙의 팩트 테이블 즉 이 경우 판매량 테이블을 중심으로 3개의 차원에 관련된 테이블들이 배치되어 있는 형상이며 그 이상으로 차원이 늘어날 경우 그 모양이 별 모양을 닮아 그 이름을 스타 스키마라 붙인 것이다. 스노우플레이크 스키마는 스타 스키마를 기반으로 개별 차원에 관련된 테이블들이 정규화 등의 이유로 추가 확장된 형태를 말하여 이 역시 각 차원 관련 테이블들이 다수 확장될 경우 눈의 결정 모양을 닮아 그 이름을 갖게 된 것이다. 성운 스키마 역시 스타 스키마가 하나의 팩트 즉 하나의 분석 대상을 가지게 되는 반면 동시에 다양한 주제들에 대한 통합적 스키마를 표현할 수 있게 해주는데 결과적으로는 여러 스타 스키마들이 복합적으로 모여 있고 공통의 차원들에 대해 공유함으로서 마치 별들의 집단과 같아 그 이름을 가지게 된 것이다.

[그림 14-6]

스타 스키마(star schema) 예제

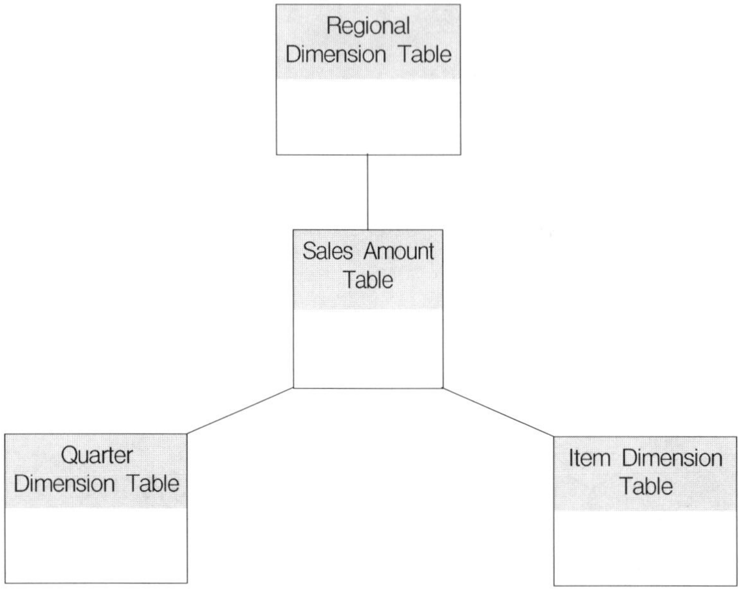

이와 같은 다차원 데이터 모델을 바탕으로 [그림 14-5]와 같은 형태로 실현된 데이터웨어하우스 혹은 데이터마트를 바탕으로 우리는 소위 OLAP이라 지칭되는 다양한 분석 작업들을 수행할 수 있게 되는데 일반적으로 이들 중 대표적인 작업들은 크게 다음과 같은 세 가지로 볼 수 있다.

1) **롤업**(Roll-up): 롤업 작업은 여러 가지 측면에서 데이터들을 축약해서 보는 방법으로서 대표적인 방법으로는 차원을 제거하거나 혹은 차원을 유지하되 단위를 임의의 계층 구조상 보다 상위의 단위로 전환하여 분석하는 방법이 있다. 예를 들어 차원 제거의 경우 [그림 14-5]에서 지역적 구분 차원을 제거한다면 우리는 단지 시간적 구분과 품목별 구분만을 갖는 2차원적 표를 보게 될 것이다. 물론 표의 각 항목들은 지역적 구분 자료들이 총계가 되어 보여질 수 있다. 한편 상위

단위로의 전환 예를 든다면 분기별 자료를 연도별 자료로 분석하고자 할 때 시간적 구분 차원은 분기 단위 대신 연도 단위로 표기되며 이와 동시에 각 네 분기는 각 해당 연도로 합산되어 나타나게 될 것이다.

2) **드릴다운**(Drill-down): 드릴다운 작업은 완전히 롤업 작업의 반대 개념으로써 차원을 추가하거나 상위 단위에서 하위 단위로 임의 차원 표기 단위를 전환함으로써 수행되는 분석 작업이다. 차원의 추가 예로는 [그림 14-6]에는 반영되어 있지 않지만 각 제품의 납품 회사 구분을 새로운 차원으로 추가 할 수도 있으며 하위 단위로의 전환 예로는 분기 별 단위를 월별 단위로 보다 세분화하여 볼 수도 있는 것이다.

3) **슬라이스**(Slice)**와 다이스**(Dice): 슬라이스 작업은 일반적인 데이터베이스에서의 SELECTION 작업과 유사한데 임의 차원에 대한 선택 작업을 수행하는 것이다. 예를 들면 위 [그림 14-5]에서 시간적 구분 차원에 대해 "4사분기"를 선택한다면 노란색으로 표현된 부분만을 더 집중적으로 분석할 수 있을 것이며 그 결과 예를 <표 14-1>에서 보여주고 있다. 한편 다이스 작업은 이러한 슬라이스 작업을 여러 차원에 대해 동시에 실행하는 것을 말한다.

<표 14-1>

슬라이스 작업 결과 예

	장난감	화장품	식품	사무용품	가전제품
서울경기	120	38	149	54	367
충남강원	67	32	101	32	126
호남지역	32	12	87	24	97
경상지역	48	51	123	36	22

이들 대표적 OLAP 작업 외에도 다양한 작업들이 가능하며 특히 이들 기본적 작업들에 통계적 기능들과 인공 지능(Artificial Intelligence) 분야의 기계 학습(Machine Learning) 기법들이 함께 보다 효과적이고

효율적인 기업의 전략 혹은 전술적 의사 결정을 지원할 수 있게 되는 것이다. 간단한 예로서 위의 <표 14-1>로부터 우리는 화장품 품목에서 서울경기 지역의 매출이 저조하며 상대적으로 경상지역의 매출이 매우 순조로운 것으로 나타나고 있다. 이러한 단순한 예외 분석만으로도 우리는 해당 기업에서 이에 대한 실시간의 원인 규명과 기업의 대응을 가능하게 하는 출발이 되며 그 기업의 경쟁력을 제고시킬 수 있을 것이라 예측할 수 있다.

그러나 한편 이와 같은 OLAP은 전적으로 분석가의 직관과 의지에 그 결과가 의존적이게 되며 오늘날의 방대한 데이터 양은 OLAP의 지원이 있다 하더라도 개인 인간의 능력으로 내재된 모든 가치 있는 지식을 추출하거나 인식하기에는 역부족이라 할 수 있다. 이에 한 걸음 더 나아가 통계학을 비롯하여 이미 여러 분야에서 발전하여 오고 있는 자동 혹은 반자동적 지식이나 정보 추출 방법론의 활용이 필수적이라 하겠다. 앞에서도 소개한 바와 같이 이들 방법론들을 통칭하여 데이터마이닝 방법론이라 하며 이제 다음절에서는 대표적 데이터마이닝 방법론들에 대해 알아보기로 하자.

14.3 대표적 데이터마이닝 분석 기법

앞의 14.1.3절에서 살펴 본 바와 같이 여러 가지 형태의 데이터마이닝 기법들이 존재하고 있다. 본 절에서는 이들 중 가장 보편적으로 이용되고 있는 설명적 데이터마이닝 기법에 속하는 연관 분석(Association Analysis)과 군집 분석(Cluster Analysis), 그리고 예측적 데이터마이닝 기법에 속하는 분류 분석(Classification Analysis) 등에 대해 앞 14장의 인공신경망과의 중복을 피하면서 설명하고 각각 하나씩의 대표적 기법을 소개하기로 한다.

14.3.1 연관 규칙 분석(Association Rule Mining)

연관 규칙 분석은 여러 가지 다른 이름으로도 지칭되고 있는데 대표적으로는 장바구니 분석(Market Basket Analysis), 유사 분석(Affinity Analysis) 등이 있다. 연관 규칙 분석의 기본적 목적은 “자주 발생하는 유의한 패턴을 찾아내는 것"인데 일반적으로 그 패턴은 임의의 조건 부분(premise part)과 결과 부분(consequent part)로 구성된다. 여기서 일반 독자들이 유의해야 할 점은 이러한 구성은 일종의 규칙(rule) 즉 어떠하면 어떠하다라는 식의 형태를 갖게 되는데 이는 전제 조건의 논리적 결과 즉 인과 관계를 표현하는 것이 아니라 동시 발생(co-occurrence) 현상을 설명하는 것이다. 다시 말해서 연관 규칙 분석의 결과로 많이 인용되는 예가 바로 슈퍼마켓 고객들이 "기저귀(diaper)를 사면 맥주(beer)를 산다."는 규칙이다. 인과 관계가 아니라는 것은 바로 기저귀 때문에 맥주를 사게 되는 것은 아니라는 것이다. 고객들 중에 정확히는 기저귀를 사는 행위와 맥주를 사는 행위가 동시에 자주 나타나며 기저귀를 구매한 고객들 중 많은 수가 맥주를 구매한다는 것을 의미한다.

연관 규칙 분석에 대하여 좀 더 체계적으로 접근하기 위해 몇 가지 정의를 먼저 내리고자 한다. 조건 부분이든 결과 부분이든 독립적 사상을 아이템(item)이라 정의하고 다음과 같은 A, B, C, D 네 개의 아이템들이 있으며 더불어 이들 네 아이템에 관련되어 임의의 두 연관 규칙 R_1과 R_2가 존재한다고 하자. R_1의 내용은 A와 B가 발생하면 C가 발생한다는 것이고 R_2의 내용은 B와 C가 발생하면 D가 발생한다고 가정하고 이들 연관 규칙의 내용을 다음과 같이 표기하기로 하자.

R_1: $A \wedge B \rightarrow C$

R_2: $B \wedge C \rightarrow D$

이때 당연히 이들 두 연관 규칙들은 데이터로부터 관찰된 것이고 따라서 각 규칙을 평가할 수 있는 어떤 기준이 필요하다. 일반적으로 연관 규칙 분석에서는 두 가지 기준을 바탕으로 해당 규칙들을 평가하고 있다. 하나는 지지도(Support)이고 다른 하나는 신뢰도(Confidence)이다. 지지도는 해당 규칙에 관련된 아이템들이 얼마나 자주 함께 나타나는가를 평가하며 신뢰도는 조건부의 아이템들을 포함하는 사상 중에 결론부의 아이템들을 함께 가지는 사상의 비율을 나타내는데 이는 곧 결론부의 아이템들이 얼마나 조건부의 아이템들에 종속적인지를 평가하게 되는 것이다. 예를 들어 위 연관 규칙 R_1에 관련하여 이들 지지도와 신뢰도를 계산하는 공식을 표현하자면 다음과 같다.

$$Support\,(R_1) = P(A \cup B \cup C)$$

$$Confidence\ (R_1) = \frac{P(A \cup B \cup C)}{P(A \cup B)}$$

여기에서 $P(A \cup B \cup C)$는 A, B, C를 모두 포함하는 사상의 수를 전체 사상의 수로 나눈 비율로서 임의의 사상이 A, B, C를 모두 포함하게 될 확률을 의미한다. 예를 들어 다음 <표 14-2>와 같은 사상들이 발생하였다고 가정하자.

<표 14-2>
사상 예제

사상(Event) ID	아이템
1000	A, B, C
1001	A, B, C, D
1002	A, B, C, F
1003	B, D, E
1004	A, B, C, D, K

이 경우 *Support*(R_1)은 총 5건의 사상 중 A, B, C가 함께 나타난 사상의 수가 4건이므로 0.8 즉 80%가 되며 *Confidence*(R_1)는 A, B를 갖는 사상의 수가 4건이므로 4/4 = 1.0(100%)가 되는 것이다. 한편 *Support*(R_2)의 경우 B, C, D를 갖는 사상의 수가 2건이므로 2/5 즉 0.4(40%)가 되며 *Confidence*(R_2)는 B, C를 갖는 사상의 수가 4건이므로 2/4 = 0.5(50%)가 되는 것이다. 결과적으로 위 사상 예를 바탕으로는 연관 규칙 R_1이 연관 규칙 R_2에 비해 지지도 면이나 신뢰도 면에서 모두 더 좋은 규칙이라는 것을 알 수 있으며 나아가 이와 같은 연관 규칙 발견에 있어 발견 작업에 앞서 사용자는 이와 같은 지지도와 신뢰도에 대한 최소 기준 즉 임계 값(threshold)을 설정해주어야 하는데 위의 경우 최소 지지도(minimum support)를 50%로 설정하였다면 R_2의 경우 연관 규칙 탐사 과정에서 제외될 것이다. 이와 같은 최소 지지도와 최소 신뢰도를 이용한 규칙 제거는 일반적인 기업 환경에서 보유하고 있는 데이터의 규모로 인해 너무 많은 규칙들이 생성되는 것을 방지할 수 있으며 또한 보다 의미 있는 규칙들만을 엄선하기 위해서는 필요한 과정인 것이다. 더욱이 이와 같은 지지도와 신뢰도만으로 기업에 유용한 규칙만을 찾아낸다는 것은 매우 어려우며 따라서

이들 두 척도 외에도 연관 규칙의 평가하고자 하는 많은 평가 방법들이 연구되고 있다.

지금까지 우리는 연관 규칙의 의미와 정의 그리고 관련된 평가 척도들을 알아보았다. 그러나 이러한 연관 규칙을 <표 14-2>와 같은 사상들에서 어떻게 추출할 수 있는지에 대해서는 언급하지 않았다. 바로 이러한 연관 규칙의 추출 방법들을 우리는 연관 규칙 추출 알고리즘이라 하며 이러한 알고리즘 중 가장 대표적이고 기초적인 알고리즘이 바로 AprioriAll 알고리즘이다[1]. 이후 이 알고리즘을 바탕으로 보다 성능 면이나 다른 측면에서 개선하고자 하는 많은 연구들이 있었으며 그 결과 다양한 형태의 변종 알고리즘들이 제시되고 있다. 본 절에서 이 알고리즘의 상세 내용을 소개하기에는 한계가 있으므로 더 구체적인 내용에 대해서 알고 싶을 경우 독자들은 데이터마이닝을 주제로 한 교재들을 참고하기를 권한다.

연관 규칙 분석과 관련하여 마지막으로 본 절에서는 그 응용 가능성과 분야에 대해 논의하고자 한다. 연관 규칙을 우리는 크게 두 가지 관점에서 바라볼 수 있다. 즉 임의 주어진 상황 X에 대하여 “X → ?”와 “? → X”의 두 경우를 말하는데 전자는 상황 X를 바탕으로 우리가 무엇을 유추할 수 있으며 다른 하나는 상황 X를 얻기 위해 어떠한 조건이 만족되어야 하는 것인가라는 것이다. 현재 장바구니 분석, 교차 및 업그레이드 마케팅, 인터넷 광고 등의 분야에서 가장 많이 관련된 상황을 바로 전자의 상황에 해당되는 것이다. 즉 X를 구매하거나 혹은 X와 관련된 고객에게 어떠한 대응을 하였을 때 새로운 매출을 유발시키거나 혹은 고객으로 유지시키거나 하는 등의 질문에 대한 대답을 제공하는 것이다. 반면 두 번째 상황은 예를 들어 임의의 고객이 X 상황에 이른다 다시 말해 이탈을 한다고 전제하면 과연 이러한 고객 이탈을 가져오게 하는 전제 상황이나 조건들이 무엇인지를 파악하고 싶어하는 질문에 대한 대안이 될 것이다. 우리가 이러한 물음 즉 ‘?’로 표기된 것에 대해 알 수 있다면 이를 미리 방지하거나 이러한 상황을 가능한 한 빨리 제거하는 고객 이탈 방지를 위한 전략적 혹은 전술적 행동을 취할 수 있기 때문이다.

14.3.2 분류 분석(Classification Analysis)

연관 규칙 분석 외에도 기업에서 널리 이용되는 또 하나의 데이터마이닝 기능은 바로 분류 분석(Classification Analysis)이다. 분류(classification)란 앞에서도 이미 다룬 바와 같이 분류 대상(classification targets)이 이미 존재하고 이러한 분류 대상으로 이미 분류된 과거 자료(이 자료에는 분류의 잠재적 근거가 되는 여러 속성 자료들을 포함함)들을 바탕으로 분류를 위한 임의의 분류 모델(Classification Model)을 구성하고 이를 이용하여 미지의 자료를 즉 해당 분류 대상을 모르는 대상을 추정 분류하는 것을 말한다. 예를 들어 남자와 여자의 두 가지 분류 대상 집단으로 이미 나뉘어 진 사례들이 주어졌다면 분류 기법을 활용하여 사례들을 탐색함으로써 남자와 여자를 구별해 낼 수 있는 기준 또는 지식을 추출하고, 이렇게 추출된 분류 모델을 이용하여 향후 임의의 성별이 알려지지 않은 사람에 대한 관련 정보들이 주어졌을 때 그 사람의 성별을 추정하는 것이라 할 수 있다.

분류를 목적으로 사용할 수 있는 구체적인 데이터마이닝 기법으로는 통계학을 바탕으로 하는 판별 분석(Discriminant Analysis)이나 앞 장에서 다룬 인공신경망(Artificial Intelligence), 의사결정나무분석(Decision Tree Analysis), 사례 기반 추론(Case Based Reasoning) 등의 여러 가지 방법들이 있다. 한편 이들의 방법론들은 각각의 방법론 특성에 따라 구성되는 분류 모델(Classification Model)의 형태에 많은 차이를 보이게 되는데, 예를 들어 인공신경망의 경우는 앞 장에서 살펴본 바와 같이 학습된 인공신경망 내부의 기본 계산 단위인 뉴런(neuron)과 이들 뉴런들을 연결하는 연결 가중치(connection weight)들의 형상과 값들로서 분류 모델이 표현되며, 반면 의사결정나무분석 방법론은 사례로부터 생성된 의사결정나무(decision tree) 혹은 규칙(rule)의 형태로 그 분류 모델이 표현되는 것이다. 의사결정나무의 표현 방식에 대해서는 뒤에서 보다 자세히 다루고자 한다. 또한 본 절에서 이들 모든 분류 방법론들을 다 다루기는 어려우며 이들 중 대표적인 의사결정나무(decision tree) 방법론을 간략하게나마 그 표현 방법과 학습 원리 등을 소개하고자 한다.

의사결정나무(decision tree) 기반 분류 방법론이란 기본적으로 자료의 속성들에 대한 임의 조건을 부여하고 이를 바탕으로 반복적으로 전체 자료 집합을 여러 개의 배타적인 부분 집합들로 나누는 과정이라 설명 할 수 있다. 특히 [그림 14-7]에서 볼 수 있듯이 의사결정나무(decision tree)를 이용한 모델 표현은 인공신경망이나 여타 분류 방법론들에 비하여 분류 결과에 대한 추정 근거를 논리적으로 명확히 제시하고 살펴볼 수 있다는 장점을 가지고 있다. 한편 현재 이와 유사한 의사결정나무(decision tree)를 도출할 수 있는 구체적 알고리즘들도 여러 종류가 있으며 CART(Classification And Regression Trees) (Breiman et al., 1984), CHAID(Chi-square Interaction Detection Analysis), C4.5(Quinlan, 1993), See 5.0 등이 그 것인데 역시 본 절에서는 이 중 가장 보편적으로 인용되는 C4.5 알고리즘을 바탕으로 의사결정나무분석 방법론을 설명하고자 한다.

먼저 본 절에서는 Quinlan의 저서[13]에서 주로 인용하고 있는 예제를 바탕으로 이에 대한 설명을 하고자 하며 [그림 14-7]은 바로 그 예를 바탕으로 추출될 수 있는 의사결정나무의 예를 보여주고 있는 것이다. 예제의 배경은 바로 날씨에 따라 골프를 칠 수 있는가 그렇지 않은가를 분류하는 문제로서 먼저 하늘에 구름이 낀 경우 골프를 칠 수 있다는 의미로 "yes"로 분류하며 맑은 경우 습도가 높은 경우는 칠 수 없다는 의미로 "no"로 분류하였다. 반면 습도가 정상적인 경우 역시 골프를 칠 수 있는 것으로 분류하고 있다.

이와 같은 방식으로 위 [그림 14-7] 전체를 해석할 수 있으며 이러한 분류 모델(classification model)을 바탕으로 미래의 임의의 날에 날씨 상황을 바탕으로 골프를 칠 수 있는지 없는지를 분류할 수 있는 것이다.

[그림 14-7]

의사결정나무의 구조 예

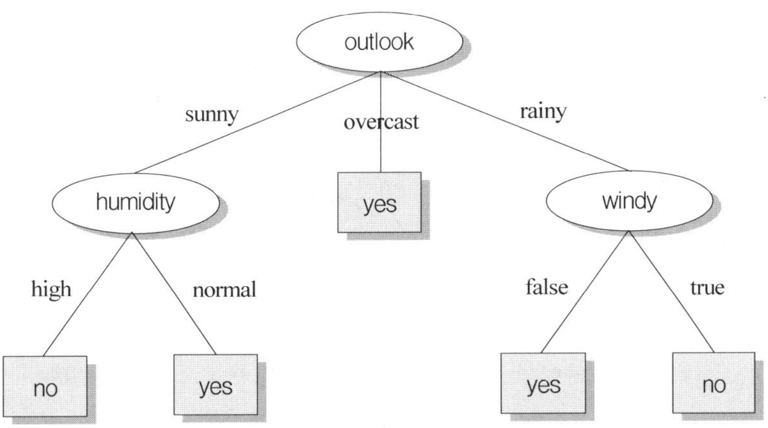

사실 [그림 14-7]은 이미 구성된 의사결정나무 기반 분류 모델을 보여주고 있을 뿐 우리는 아직 이와 같은 분류 모델을 어떻게 구성하는지에 대해서는 알아보지 않았다. 이제부터 다음은 <표 14-3>에 나타난 예제 자료를 바탕으로 앞에서 본 것과 같은 형태의 분류 모델이 어떻게 구성되는지 간략히 알아보고자 한다.

<표 14-3>

예제 고객 정보 및 구매 이력 자료

이름	나이	수입	거주지역	분류
홍길동	20대	높음	수도권	구매
김문수	10대	낮음	지방	비구매
이영호	30대	낮음	지방	비구매
조성민	30대	보통	수도권	구매
권영태	20대	보통	지방	비구매
김수영	10대	낮음	수도권	구매
이미정	10대	보통	지방	구매
김영철	20대	낮음	지방	구매
박성길	30대	높음	수도권	비구매
신성일	20대	높음	수도권	구매

이 자료는 어떤 기업의 고객들에 대해 특정 제품에 대한 마케팅 결과로 얻어진 고객 정보와 제품의 구매 여부를 담고 있다. 이를 바탕으로 우리는 향후 신규 고객에 대해 특정 제품에 대한 구매 여부를 고객 정보를 바탕으로 분류해보고자 한다. 의사결정나무 방법론에서는 먼저 분류를 위한 기준이 될 가능성이 있는 속성(attribute)들을 결정하게 되는데 위의 경우 '나이', '수입', '거주지역' 등이 이에 해당된다. 다음으로는 선택된 속성들을 기준으로 속성 값에 따라 분류하고자 하는 분류 대상 값들이 어떻게 영향을 받는지를 측정하게 되는데 이를 우리는 속성 선정(attribute selection) 작업이라 하며 이에 따른 선정 기준을 속성 선정 측정치(attribute selection measure)라 한다.

속성 선정 측정치로는 일반적으로 정보 이득(information gain)이라 하는 측정 기준을 주로 사용하는데 이를 이해하기 위해서는 먼저 정보량(information theoretic measure) 혹은 엔트로피(entropy)라고 하는 개념을 이해하여야 한다. 먼저 임의의 분류하고자 하는 분류 대상이 *k*개 있다고 하자. 각 분류를 C로 표기한다면 C_1, C_2, …, C_k 등이 될 것이다. 그리고 임의의 경우가 해당 분류 i에 속할 확률을 P_i라 하고 전체 자료 집합을 T라 표기한다면 T의 필요 정보량, I는 아래와 같이 정의될 수 있다.

$$I(T) = -\sum_{i=1}^{k} P_i \log_2(P_i) \quad \cdots\cdots \text{(수식 14-1)}$$

이러한 정의에 따라 위 <표 14-3> 예제의 정보량을 계산해보기로 하자. 예제의 경우 두 개의 클래스가 있으며 이들은 각각 '구매'와 '비구매'로 나뉜다. 따라서 $p_{\text{구매}}$는 6/10 = 0.6이며 $p_{\text{비구매}}$는 0.4가 될 것이다. 따라서 예제의 필요 정보량은 다음과 같이 계산할 수 있다.

$$I(K) = -(0.6\log_2(0.6) + 0.4\log_2(0.4)) = -(-0.442180.52877) = 0.9710$$

필요 정보량이라는 의미는 이들 두 클래스의 구분을 위해 많은 정보가 필요하다는 의미이며 1에 가까울수록 판단하기가 매우 어렵다는 것을 의미한다. 이제 임의로 하나의 속성 '나이'를 고려해 보자. 나이를 기준으로 위 예제의 10개의 자료는 10대에 3명, 20대에 4명, 30대에 3명의 하위 집합들로 나뉘게 된다. 이를 좀 더 정형적으로 정의한다면 임의의 속성을 x라 하자. 또한 x의 값에 따라 전체 집합은 m개로 나누어지며 이를 각각 T_1, T_2, …, T_m으로 표기한다면 x의 정보를 이용한 후의 필요 정보량을 I_x라 하고 이는 다음과 같이 정의될 수 있다.

$$I_x(T) = -\sum_{j=1}^{m} P_{T_j} \cdot I(T_j) \quad \cdots\cdots \text{(수식 14-2)}$$

위의 예제를 이용하여 $I_{\text{나이}}(T)$를 구해본다면 10대, 20대, 30대 집합 각각에 대한 필요 정보량을 아래와 같이 구하여야 한다. 먼저 10대의 경우 비구매가 1명이고 구매가 2명이므로,

$$I(\text{10대 집합}) = -\left(\frac{1}{3}\log_2\left(\frac{1}{3}\right) + \frac{2}{3}\log_2\left(\frac{2}{3}\right)\right) = 0.9183$$

이와 유사하게 우리는 20대 집합과 30대 집합에 대해서도 필요 정보량을 구할 수 있다.

$$I(\text{20대 집합}) = -\left(\frac{1}{4}\log_2\left(\frac{1}{4}\right) + \frac{3}{4}\log_2\left(\frac{3}{4}\right)\right) = 0.8113$$

따라서 나이 정보를 이용한 후의 필요 정보량 $I_{나이}(T)$는 (수식 14-2)에 따라 다음과 같이 계산할 수 있다.

$$I(30대\ 집합) = -\left(\frac{1}{3}\log_2\left(\frac{1}{3}\right) + \frac{2}{3}\log_2\left(\frac{2}{3}\right)\right) = 0.9183$$

이제 속성 간의 분류를 위한 기준으로서의 선택 측정을 위한 측정치로서 정보 이득(information gain)을 소개하기로 한다. x속성으로 인한 정보 이득은 $gain(x)$로 표기하며 다음의 (수식 14-3)과 같이 정의될 수 있다.

$$gain(x) = I(T) - I_x(T)$$

이에 따라 나이 속성에 대한 정보 이득을 계산해 보면 다음과 같다.

gain(나이) = 0.9710 − 0.8755 = 0.0955

이상에서와 같은 방식으로 gain(수입)과 gain(거주지역)을 구하면 각각 다음과 같다.

gain(수입) = 0.0464
gain(거주지역) = 0.1246

따라서 분류를 위한 속성 선택 기준인 gain()을 바탕으로 평가해 볼 때 '거주지역' 속성이 가장 중요한 속성이 되며 <표 14-3>의 전체 자료는 '거주지역'이 수도권인지 아니면 지방인지에 따라 두 배타적 집합(exclusive sets)으로 나뉘어지게 된다. 의사결정나무 분석 방법론에서는 기본적으로 선택된 속성의 값에 의해 생성된 이들 각각의 배타적 집합을 전체 집합으로 간주하고 나머지 속성들에 대하여 위와 같은 작업을 반복적으로 수행하게 된다. 물론 이러한 반복 작업 중 일반적으로는 더 이상 일정 정도의 정보 이득을 발생시키지 못할 경우 반복 작업을 중단하게 되는데 그 결과로서 본 예제에서도 [그림 14-7]과 유사한 형태의 의사결정나무 분류 모델을 얻게 될 것이다.

이상에서 간략하게나마 소개한 분류 기법의 활용 분야는 매우 광범위한데 몇 가지 현실적인 예를 들면 신용 카드 회사에서의 신용 카드 사고 방지, 통신 회사에서의 이탈 고객(churn) 탐지, 유통 회사에서의 DM(Direct Mail) 발송 시 고객 응답률 향상 등을 들 수 있다. 신용 카드 사고 방지의 경우는 도용 카드 여부를 이탈 고객 탐지의 경우는 이탈 여부를 DM 발송의 경우는 응답 여부를 각각 분류 대상으로 하고 관련된 고객 정보들의 속성들을 바탕으로 분류 모델을 개발하여 응용할 수 있는 것이다. 특히 분류 기법은 그 적용 분야를 본 절에서 일일이 나열하기 어려울 정도로 응용 분야 무궁무진하다 할 수 있으므로 그 부가가치가 매우 높다 할 수 있다.

14.3.3 군집 분석(Clustering Analysis)

앞에서 우리는 연관 분석(Association Analysis)과 분류 분석(Classification Analysis)에 대하여 알아보았다. 이제 본 절에서는 또 하나의 대표적 데이터마이닝 방법론인 군집 분석에 대하여 알아보고자 한다. 군집 분석은 앞에서도 간략히 소개하였듯이 임의의 사례들을 유사한 사례들 즉 군집들로 나누는 작업이다. 한 대표적 예를 든다면 하늘에는 수많은 별들이 존재한다. 이를 전체 사례 집합이라 한다면 우리는 우리의 임의대로 형상이나 별들 간의 거리에 따라 별자리를 정하고 이들을 나누어 보고 있다. 물병자리, 왕관자리, 사자자리, 처녀자리, 등등 각 별들을 임의의 집단으로 군집화하는 것이다. 이와 같이 군집 분석은 사실 군집 분석 결과에 대한 정답이 미리 정해진 것은 아니다. 거문고 자리에 속한 별들이 정말 하나의 군집이어야 할 타당성은 희박하나 우리가 그렇게 정함으로써 여러 가지 측면에서의 유용성을 가질 수 있는 것이다.

군집 분석은 따라서 임의의 기준에 따라 그 기준에 근거한 유사성을 바탕으로 사례들을 군집화하는 것이라 정의할 수 있으며 별자리의 경우 아마도 그 기준은 우리가 알고 있는 어떤 형상을 닮았는가의 정도가 될 것이다. 따라서 이러한 군집 분석은 그 유사성(similarity) 기준에 따라 여러 형태의 방법론들이 가능하며 이들 중 대표적 유형들은 분할(partitioning) 방법, 계층형(hierarchical) 방법, 밀도(density) 기반 방법 등이라 할 수 있고 이외에도 다양한 유사도 기준을 제시하는 많은 방법론들이 연구되어 왔다.

본 절에서는 이들 많은 방법론들 중 가장 널리 알려져 있으며 가장 단순한 형태인 분할 방법에 속하는 *k*-means 기법을 소개함으로써 군집 분석에 대한 이해를 도우려 한다[14]. 앞에서도 언급한 바와 같이 군집 분석이 자의적이라 하더라도 군집화를 위한 유사성 기준이 존재하여야 하며 유사성 기준을 바탕으로 하는 군집 분석 목표가 설정되어야 한다. *k*-means 기법의 경우, 유사성 기준으로는 일반적으로 소위 유클리디안 거리(Euclidean distance)라 하는 기준을 사용하는데 예를 들어 2차원 공간의 두 점 v = [v_1, v_2]와 u = [u_1, u_2]가 존재한다면 두 점간의 거리, *d*(v, u)는 다음과 같이 구해질 수 있다.

$$d(v, u)=\sqrt{(v_1-u_1)^2+(v_2-u_2)^2} \quad \cdots\cdots\cdots\cdots\cdots\cdots \text{(수식 14-3)}$$

이와 같은 거리 기준을 유사성이라 본다면 우리는 세 점 u, v, w에 대하여 *d*(u, v) < *d*(u, w)인 경우, u가 w보다는 v와 더 유사하다고 말할 수 있는 것이다. 이러한 바탕 위에 *k*-means 기법은 궁극적으로 k개의 중심점(mean or centroid)을 기반으로 모든 사례들을 이들 중심점에 배타적으로 소속시키게 된다. 다시 말해 *k*개의 군집이 생성되게 되는 것이다. 그럼 어떻게 *k*개의 중심점을 구하며 또 어떻게 각 사례들을 이들 중심점에 배타적으로 소속시킬 수 있는가라는 의문이 남는다. 이를 도출하기 위한 기준이 바로 *k*-means 기법에 부여된 목표이며 이는 다음과 같은 측정 기준, *E*를 최소화하는 것이다. 여기서 *n*개의 사례는 X_1, X_2, …, X_n 등으로 표기되었으며, 각 *k*개의 중심점은 m_1, m_2, …, m_k로 표기되었다.

$$E=\frac{1}{n}\sum_{i=1}^{n}\left(\min_{j} d^2(X_i, m_j)\right) \cdots\cdots\cdots\cdots\cdots\cdots \text{(수식 14-4)}$$

이러한 측정 기준 *E*를 최소화한다는 의미는 각 중심점과 이에 소속된 사례들간의 거리의 합을 최소화함을 뜻하며, 따라서 가능한 한 유사한 사례들끼리 같은 군집으로 만들겠다는 것을 의미하기도 한다. 그러나 (수식 14-4)에 나타난 측정 기준을 최소화하는 문제는 분석적으로 풀기에는 시간적 제약이 따르며 최적은 아니더라도 Hartigan[8]에 의해 제안된 국부 최적(local optimal)은 달성할 수 있는 간편한 휴리스틱 방법이 보편적으로 이용되고 있다. <그림 14-8>은 이러한 전통적인 *k*-means 기법의 절차를 간략하게나마 보여주고 있다.

한편 [그림 14-9]는 이러한 *k*-means 기법을 적용하였을 때 어떻게 군집화가 발생하는지를 가시적으로 보여주고 있는데, '×'로 표기된 점들을 사례 집합이라 하고 '○'로 표기된 점을 초기 중심점이라 하자.

[그림 14-8]

k-means 알고리즘

step 1. 초기화: 임의의 k개의 초기 시작 중심점들, $\{m_j, j = 1, 2, ..., k\}$을 선정한다. 경우에 따라 무작위로 이루어질 수도 있고 어떤 휴리스틱을 적용할 수도 있다.

step 2. 거리 계산: 모든 사례 X_i, i = 1, 2, ..., n에 대하여 모든 중심점과의 유클리디안거리((수식 14-3) 참조)를 계산하고 각 사례별로 최소 거리를 갖는 중심점에 소속시킨다.

step 3. 준심점 조정: 모든 중심점을 해당 중심점에 소속된 사례들의 평균치로 재조정한다. 아래의 수식에서 *Cluster(j)*는 *j*번째 중심점을 가장 가까운 중심점으로 갖는 사례들의 인덱스 집합을 말하고, 역시 n_j는 이 집합의 원소 수를 의미한다. 이 과정에서 동시에 (수식 14-4)의 측정 기준 *E*를 새로 계산한다.

$$M_j^{new} = \frac{1}{n_j} \cdot \sum_{i \in Cluster(j)} X_i$$

step 4. 수렴 조건 검사: 새로이 계산된 측정 기준 $E^{new} < E^{old}$인 경우 Step 2로 이동하여 계속 과정을 반복하고 그 반대의 경우는 절차를 종료하고 현재의 중심점들을 기준으로 최종 군집들을 생성한다.

[그림 14-9]

k-means 기법에 의해 군집화되는 과정의 예

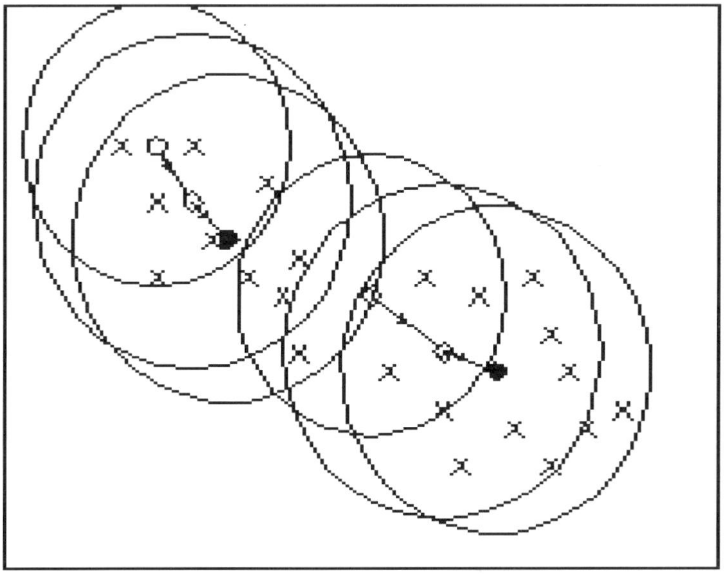

이 경우 [그림 14-8]의 *k*-means 기법의 절차에 따라 이들 중심점들은 보다 (수식 14-4)에 나타난 기준을 최소화하는 방향으로 이동을 하게 되며 궁극적으로는 검은 점으로 표기된 지점에서 더 이상의 개선을 할 수 없게 되어 알고리즘이 종료되고 [그림 14-9]에서 볼 수 있듯이 각각의 검은 색의 중심점들을 중심으로 하는 영역에 따라 전체 사례들이 두 군집으로 분류되게 되는 것이다.

이상에서 우리는 세가지 대표적 데이터마이닝 분석 분야에서 한 가지의 역시 대표적 기법들을 살펴보았다. 데이터마이닝이라는 분야 자체가 워낙 방대하고 관련된 학문 분야도 다양하므로 이 것으로 우리가 데이터마이닝 기법들을 살펴보았다고 하기보다는 아주 작은 일부를 관찰해 본 것이라는 것이 더 적당할 것이다. 특히 시각화(Visualization) 분야, 특성화(Characterization) 분야, 시계열 예측(Time Series Analysis) 및 순차적 패턴(Sequential Pattern) 분석 분야 등에 대한 소개는 14.1.3절에서의 간략한 소개만으로 가름할 수밖에 없다. 더욱이 방대한 통계학적 기법들 역시 데이터마이닝 분석 분야의 한 부분이라 본다면 여기서 살펴본 것은 전체 데이터마이닝 기법들의 극히 일부분일 뿐이라는 것을 강조하고 본 절을 마감하고자 한다.

14.4 웹마이닝(Web Mining)

14.4.1 웹마이닝(Web Mining)이란?

웹사이트(Web site)에 한번이라도 들렀던 사람들이 사이트에서 행한 모든 일은 기록으로 남게 된다. 웹사이트 설정이 어떻게 되었는지에 따라서 약간 다르긴 하지만 일반적으로 방문자가 어떤 경로를 통해 들어왔으며, 어떤 키워드로 검색했는지에 관한 정보들에 대한 로그 파일(log file)에 남게 된다. 또한 쿠키(Cookie, 사용자 인증에 관한 사용자 브라우저와 서버간의 주고받은 기록)는 홈페이지 방문자의 이동 경로 혹은 그 사용자가 이전에 한번 들렀던 적이 있는 사용자인지의 여부도 알 수 있게 해준다. 이와 같은 웹 혹은 인터넷에서의 사용자에 관련된 정보를 축적하고 이를 바탕으로 기업이나 조직에 의미 있는 패턴이나 지식을 추출하는 일련의 과정을 웹마이닝(Web Mining)이라

하는 것이다. 그러나 한편으로 이와 같은 웹과 인터넷을 통해 수집 가능한 정보만을 분석한다기 보다는 오프라인(offline)의 정보까지도 함께 통합하여 보다 의미 있고 활용도 높은 지식을 데이터마이닝 기법을 이용하여 추출하는 것이 오히려 광의의 웹마이닝에 대한 정의라 할 수 있다.

이러한 웹마이닝 역시 분석 대상에 따라 일반적으로 세 가지로 분류해볼 수 있는데 다음의 [그림 14-10]은 이들 세가지 분류와 각 분류 내에서의 응용 분야를 보여주고 있다.

[그림 14-10]

웹마이닝 분류와 해당 응용 분야

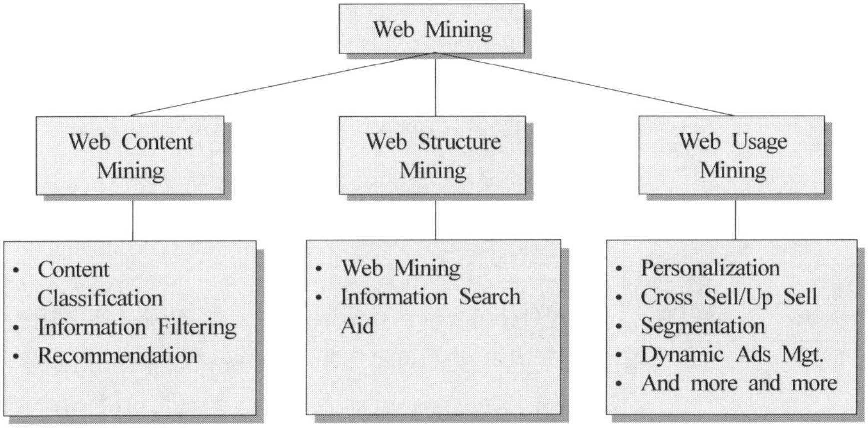

그림에서 볼 수 있듯이 웹마이닝은 그 분석 대상에 따라 웹이나 인터넷 상에 존재하는 정보 자체를 분석하는 웹 내용 마이닝(Web Content Mining), 웹 사이트나 웹 페이지들 간의 연결 및 소속 구성을 분석하는 웹 구조 마이닝(Web Structure Mining), 그리고 마지막으로 웹 사용자들의 웹 사용 정보를 분석하는 웹 사용 마이닝(Web Usage Mining)으로 나누어 볼 수 있다. 이와 같은 분류에도 불구하고 본 절에서는 기업과 고객이라는 관점에서 주로 웹 사용 마이닝에 초점을 맞추어 소개하고 그 내용을 다루고자 한다.

그럼 웹마이닝 역시 웹 상에서 수집된 정보를 바탕으로 데이터마이닝 방법론을 이용하여 지식을 추출하는 것인데 앞에서 살펴본 데이터마이닝 그 자체와는 특별히 차이가 있는 것인지 혹은 굳이 구별할 필요가 있는지 의문이 생긴다. 웹마이닝은 전형적인 데이터마이닝과 다음과 같은 다섯 가지 측면에서 구별해 볼 수 있다.

1) **초거대 규모의 데이터 량**: 웹 사이트에 축적되는 정보는 단지 로그 파일 규모만 하더라도 국내의 보통 규모의 사이트에서 일내지 이주일 정도에 쉽게 몇 십 기가바이트(GB)의 자료가 축적된다. 규모 면에서는 대기업의 전체 고객에 대한 오프라인(offline) 자료의 규모를 몇 배 혹은 몇 십 배에 달하는 것으로 전형적인 데이터마이닝에 비해서도 더욱더 규모에 대한 운영 가능성(scalability)가 중요해 지는 것이다.
2) **비정형적(Unstructured)이거나 반정형적(Semi-structured)인 데이터 구조**: 웹 상에 존재하는 웹 페이지의 정보나 웹 사이트에 대한 방문 기록이나 거의 대부분의 웹 관련 축적 정보들은 매우 비정형적이나 반정형적 성격을 가지고 있다. 예를 들어 HTML을 기반으로 임의로 작성된 한 웹 페이지에 담긴 내용을 데이터베이스와 같은 정형적인 틀로 전환시키기는 매우 힘들다. 이와 같은 분석을 위한 사전 정형화 작업의 필요성은 전형적 데이터마이닝과 웹마이닝이 구별되는 또 하나의 특성이다.
3) **실시간성(Real time property)**: 웹 상에서의 사용자의 행동은 실시간적으로 시시각각 매우 빠르고 동적으로 움직인다. 이에 대한 추적 정보 역시 실시간으로 축적되며 이에 대한 분석 역시 실시간으로 행해져야 하고 대응 역시 실시간으로 이루어져야 하는 경우가 많다는 것도 배치(batch) 작업적 성격이 강한 전형적 데이터마이닝과 같은 구별되는 또 하나의 특징인 것이다.
4) **초세밀형(Most granular) 데이터 축적 단위**: 웹에서의 데이터 축적은 사용자의 클릭 하나 하나의 단위이며 시간적으로 본다면 초 단위 이하의 간격을 가지면 축적될 수도 있다는 것이다. 따라서 좀 더 보편적 지식을 얻기 위해서는 전형적인 데이터마이닝에 대비해 보다 데이터 압축이나 추상화(abstraction) 작업이 많이 요구되며 이에 대한 세심한 주의를 요하게 된다.
5) **빈번한 데이터의 갱신**: 데이터웨어하우스는 적어도 일주일 혹은 한달 정도의 자료 갱신을 전제로 운영되고 이를 바탕으로 하는 데이터마이닝도 역시 이와 유사한 주기로 분석 작업이

나 지식의 갱신이 필요하다. 그러나 매우 빠르게 갱신되고 추세가 바뀌는 웹 데이터의 경우 보다 빈번하고 빠른 분석 및 지식 갱신 작업이 역시 요구되고 있다. 데이터의 양적 측면에 비추어 이는 매우 웹마이닝을 일반적인 데이터마이닝 작업에 비해 어렵게 만드는 가장 큰 요인이기도 하다.

14.4.2 웹마이닝(Web Mining)의 응용 분야

웹마이닝에 관련된 기술적 이론이나 내용을 소개하기에 앞서 본 절에서는 웹마이닝을 왜 그리고 어디에 필요한지를 먼저 살펴봄으로써 뒤에 올 기술적 내용들을 보다 친숙하게 느끼게 하고자 한다. 일반적 데이터마이닝과 구별되는 웹마이닝의 응용 분야들은 크게 네 가지 분야를 우선 들어 볼 수 있다. 개인화 웹사이트(Customized Web Site), 인터넷 쇼핑몰에서의 상품 추천(recommendation), 웹사이트 재구성(reorganization), 인터넷 고객 정보 수집 및 관리(Internet Customer Intelligence) 등이 그 것인데 이들 각각에 대하여 간략히 아래에서 소개하고자 한다.

1) 개인화 웹사이트(Customized Web Site)

- 고객 개개인에게 웹 사이트의 내용과 구성을 맞추어 동적으로 구성한다.
- 고객에 따라 배너 광고를 다르게 보여준다.
- 고객에 따라 고객에 적합한 캠페인 즉 적합한 할인이나 경품 혹은 행사를 제공한다.

2) 인터넷 쇼핑몰 상품 추천(Recommendation)

- 고객에 따라 적합한 제품들을 적시에 추천한다.
- 고객에 성향이나 선호에 맞추어 고객의 제품 구성을 지원한다.

3) 웹사이트 재구성(Web Site Reorganization)

- 고객의 웹 사이트 네비게이션(navigation) 정보를 바탕으로 가장 효율적인 링크 구조를 구성한다.
- 고객의 최근 성향을 반영하여 쇼핑몰의 제품의 구색(merchandizing)을 맞춘다.

- 고객의 웹에서의 행동 양식을 바탕으로 웹 상에서의 정보 배치와 제품 진열을 최적화한다.

4) 인터넷 고객 정보 수집 및 관리(Internet Customer Intelligence)

- 고객의 웹 사이트에서의 행동 양식과 패턴을 바탕으로 고객을 분류(segmentation)한다.
- 고객의 행태를 바탕으로 고객의 관련 이벤트나 프로파일(profile)을 형성한다.

이상에서의 응용 분야 외에도 우리는 아래의 [그림 14-11]을 통해 일반적인 전자 쇼핑몰에서 사용자들의 행동 요소들을 나누어보고 이들 간의 흐름을 조망해 볼 수 있는데, 이와 같은 웹사이트에서의 사용자 행동 흐름을 바탕으로 웹마이닝을 통해 어떤 활동과 지원이 가능한지 포괄적으로 살펴보자.

[그림 14-11]

웹사이트에서의 사용자 행동 흐름도

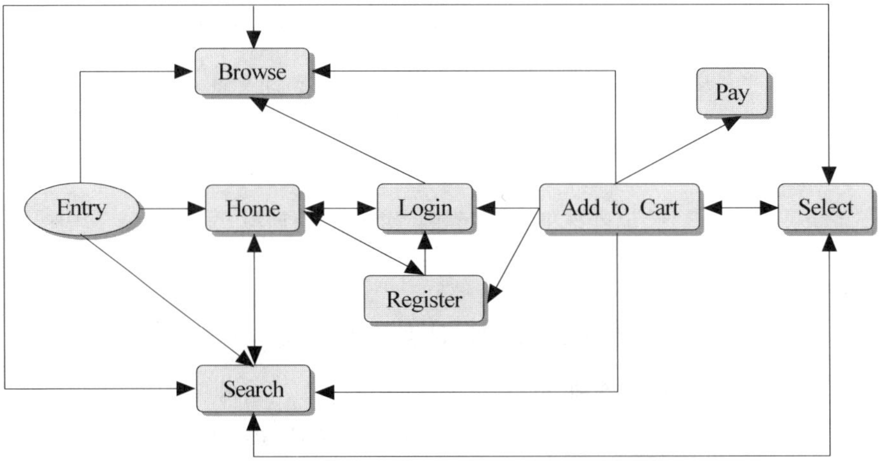

〈자료원: Menasce, D. and A. F. Almeida, Scaling for E-Business, 2000〉

- Browse: 사용자가 특정 페이지를 보고 있을 때 우리는 웹마이닝을 통하여 고객 특화된 추천 상품 리스트(customized catalog)와 역시 고객 특화된 배너 광고(customized banner ad)를 지원할 수 있다.

- Entry, Home, Login: 사용자가 해당 웹사이트에 어떤 경로를 통하여서든 입장하였을 때 우리는 역시 사용자의 과거 네비게이션 기록과 프로파일을 바탕으로 보다 웹사이트 내의 이동이 편리하도록 동적 경로 생성(dynamic link generation)을 지원할 수도 있는데 이때 앞에서 데이터마이닝 기법에서 간략히 소개한 순차적 패턴 마이닝 기법을 응용할 수 있다.
- Search: 사용자가 웹사이트에서 특정 상품이나 정보를 검색할 때로 개별 사용자의 정보를 바탕으로 보다 유의한 결과들을 제공하는 기능을 제공할 수 있는데 이 때 웹마이닝의 한 기법들인 내용 기반 필터링(Content Based Filtering)이나 협업적 필터링(Collaborative Filtering) 등의 기법들이 사용될 수 있다.
- Select, Add to Cart: 사용자가 임의의 정보나 상품을 선택하거나, 쇼핑몰에서 일반적인 장바구니(market basket)에 상품을 등록하였을 때 우리는 교차 판매(cross-selling)나 업그레이드 판매(up-selling)을 위해 사용자의 구매 이력을 바탕으로 연관규칙 분석을 응용할 수 있다.
- Pay: 특히 전자 쇼핑몰의 경우 지불 요소가 추가되는데 사용자가 지불 과정에 있을 때 또 하나의 중요한 웹마이닝의 응용 분야는 신용 카드 도용 방지이며 우리는 일반적으로 분류분석 기법들을 이에 응용할 수 있을 것이다.

웹마이닝은 이와 같은 웹사이트나 전자 쇼핑몰에서의 여러 부분부분에서의 응용 분야 외에도 웹마이닝 그 자체로서 하나의 비즈니스 즉 수익 모델을 가질 수도 있다. 첫 번째 예로써 WebSideStory사의 HitBox(www.hitbox.com)를 들 수 있는데, 이들은 무료로 웹 로그 파일 분석을 수행하고 사용자는 HitBox의 사이트에서 자신의 사이트에 대한 관련 정보를 제공 받을 수 있다. 그러나 이 서비스를 제공은 대신 HitBox의 배너 광고를 자신의 사이트에 게재하는 것을 전제로 하고 있는데 그 이유는 이러한 광고의 게재를 통해 이 배너 광고에 숨겨진 자바 스크립트(Java Script) 코드를 이용하여 방문자의 방문 정보를 가로채는 방법으로 웹 트래픽(traffic) 정보를 제공하고 있기 때문이다. 따라서 해당 사이트에 방문하는 방문자는 자신도 모르는 사이에 HitBox에 동시에 접근하는 셈이 되는 것이다. [그림 14-12]는 이러한

HitBox에서 가입된 가입 사이트에 대하여 제공하는 경로 분석 정보 제공 화면의 한 예를 보여주고 있다.

[그림 14-12]

HitBox에서 제공하는 경로 분석 화면 예

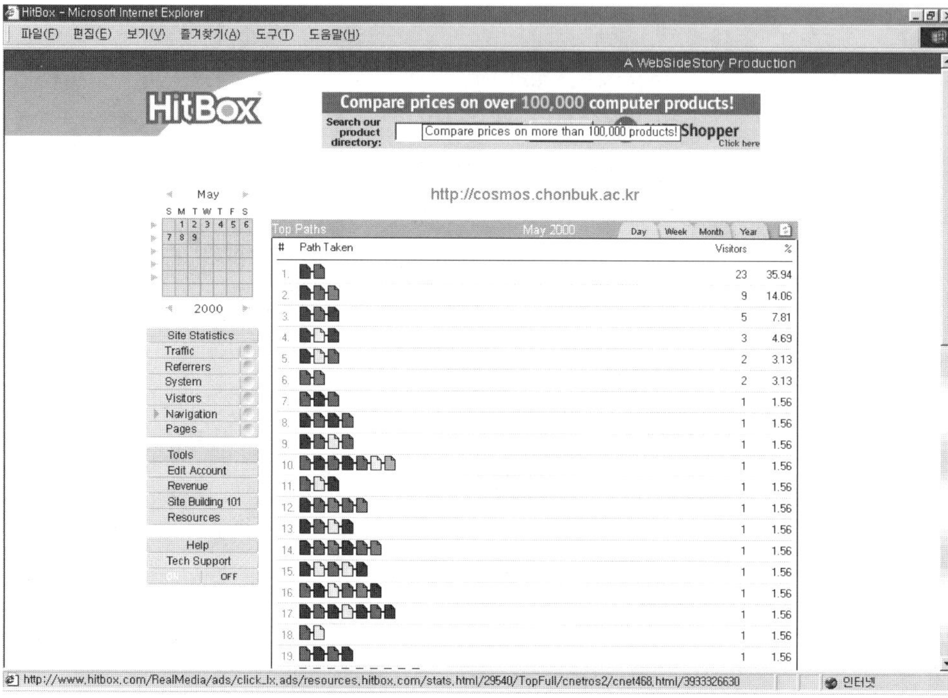

Web Side Story사는 이와 동시에 이렇게 HitBox에 수집된 전세계 사이트들의 웹 트래픽 정보를 바탕으로 일반 검색 엔진들에서는 제공하기 어려운 www.yep.com이라는 사용자들의 방문 횟수, 즉 각 웹 페이지나 사이트의 인기도(popularity)를 기반으로 하는 정보 검색 사이트를 운영함으로써 새로운 수익 모델을 모색하고 있다.

웹마이닝을 비즈니스화한 또 하나의 예로는 DoubleClick사의 경우를 들 수 있는데 이 회사는 정보를 제공하는 웹 출판업자(예를 들면 yahoo, naver, intizen 등의 컨텐트 제공자)들과 이들 사이트에 배너 광고를 원하는 광고주나 광고 에이전트들 사이에서 광고의 효과를 최대화할 수 있도록 웹마이닝 기법을 이용하여 사용자에 적합한 최적의 광고를 동적으로 제공하는 모델을 제공하고 있다. 이를 통해 일정의 광고 효과를 기준으로 컨텐트 제공자와 광고자 모두에게 역시 일정 이용료를 바탕으로 수익을 창출하고 있는 것이다. 간단히 그 원리를 [그림 14-13]을 통해 설명하면 먼저 임의의 사용자가 특정 웹사이트에 방문하면 즉시 이 고객의 정보와 과거 이력이 DoubleClick사의 서버에 전달되고 이미 웹마이닝을 통해 구축된 지식을 바탕으로 현재 존재하는 광고 중 최적의 광고를 실시간에 해당 사이트에 게재하여 사용자가 볼 수 있도록 하는 것이다. 이상의 두 사례는 웹마이닝 자체만으로도 하나의 비즈니스로서 수익을 충분히 창출할 수 있으며 또한 경쟁력도 유지할 수 있다는 것을 보여주고 있는 것이다.

[그림 14-13]

DoubleClick사의 웹마이닝 기반 동적 광고 모델

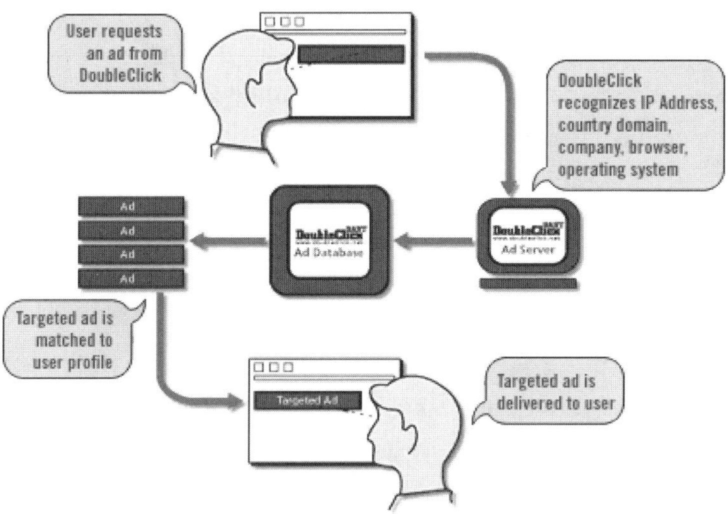

이상에서 우리는 웹마이닝이 어떤 분야에 어떤 목적으로 응용되고 또한 수익 모델화 될 수 있는지를 살펴보았다. 이제 그렇다면 과연 어떻게 이와 같은 웹마이닝의 응용을 가능하게 할 수 있는지에 대하여 다음 절에서 관련된 기술적 기반과 전통적 데이터마이닝 기법에 부가적인 요소들을 살펴보고자 한다.

14.4.3 웹마이닝을 위한 정보 원천과 획득

광의의 웹마이닝에 대한 정의 관점에서 웹마이닝을 위한 기업에서의 정보 원천은 크게 다섯 가지로 나누어 볼 수 있다.

1) **웹 컨텐트**(Web Content): 사용자가 방문한 특정 페이지의 정보 즉 예를 들면 쇼핑몰의 경우는 특정 상품 정보일 수도 있으며 온라인 신문이라면 특정 기사가 될 수도 있다. 어느 경우든 사용자가 본 웹 페이지의 내용이 무엇인지에 관련된 정보가 웹마이닝을 위한 한 정보 원천이 된다.
2) **웹 구조**(Web Structure): 사용자들의 특정 웹 사이트에 방문에 관련하여 개개의 웹 페이지들간의 하이퍼링크(hyperlink)를 통한 연결 관계 정보와 같은 외적 웹 구조 정보와 개별 웹 페이지 내에서의 태그(tag)들을 바탕으로 하는 문서 구조 정보가 바로 웹 구조를 바탕으로 하는 두 번째 웹마이닝 원천 정보이다.
3) **웹 사용**(Web Usage): 사용자들이 역시 특정 웹 사이트를 방문하여 어떠한 행적을 남기었는가와 관련된 정보가 바로 웹 사용 정보이며, 기본적으로는 웹 로그(Web log)라는 파일에 그 내용이 기록되며 이 것이 세 번째 대표적 웹마이닝 정보 원천인 것이다.
4) **사용자 프로파일**(User Profile): 네 번째 웹마이닝 정보 원천은 사용자 혹은 고객들의 인구 통계학적(demographical) 정보를 비롯한 수입, 직업 등 각종 고객 관련 정보들이며 이들 정보는 대부분 특정 기업이나 조직에 해당 고객이 어떤 형태로든 인지되고 등록될 시점에 주로 수집되는 정보인 것이다.
5) **거래 자료/영업 기록**(Transactions or Operational Data): 사용자 즉 고객들이 해당 기업의 웹사이트를 통하여 실제로 발생시키는 거래 정보나 또는 해당 거래에 연관된 정보들을 거래 자료 혹은 영업 기록이라 하고 이것이 바로 여기서 소개하고자 하는 마지막 웹마이닝 정보 원천이다.

이상의 웹마이닝을 위한 정보 원천들이 일반 조직이나 기업에서 어떻게 사용자의 행동과 연계되고 또한 획득 가능하며 관리되는지를 도식적으로 [그림 14-14]에서 보여주고 있다.

이러한 웹마이닝 관련 정보에 대한 획득 방법과 관련하여 웹마이닝 관점에서 특화된 부분이라 할 수 있는 것은 바로 웹 사용 정보이다. 웹 컨텐트와 웹 구조 정보들로 웹마이닝에 특성화된 부분이지만 상대적으로 정적이며 경우에 따라서는 매우 간단히 처리할 수 있으므로 여기에서는 따로 정보 획득 방법에 대해 논하지 않으려 한다.

[그림 14-14]

기업에서의 고객 활동과 웹마이닝 정보 원천들간의 관계

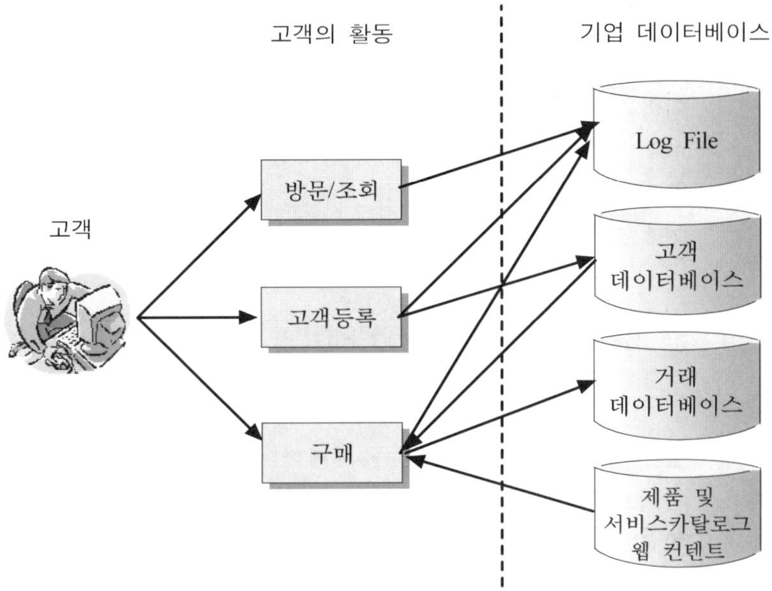

한편 사용자 프로파일 정보와 거래 자료는 일반적인 데이터베이스에서의 정보 획득 방법과 동일하므로 역시 본 절에서는 다루지 않겠다.

이제 남은 웹 사용 정보인데 이는 특정 웹사이트에서의 모든 고객의 일거수 일투족을 추적 기록하는 것을 의미하며 그 구체적 정보 획득 방법은 일반적으로 세 가지로 나뉘어 진다. 웹 서버에서의 정보 획득, 클라이언트 에이전트(client agent)나 브라우저 자체를 통한 사용자측에서의 정보 획득, 그리고 프락시(proxy) 서버를 이용한 정보 획득 등이 그 것이다. 이 중 가장 보편적인 방법은 웹 서버에서의 정보 획득 방법으로 이는 다시 세 가지 세부 방법으로 나뉘어지는데 첫째가 TCP/IP 패킷 스니핑(packet sniffing) 방법으로 서버와 클라이언트 사이에서 정보를 모니터링하여 고객의 웹 사용 기록을 획득하는 것이다. 두 번째 방법은 웹 서버에 플러그인(plug-in) 형식의 고객 활동 정보 획득 프로그램을 장착시킴으로써 실시간으로 고객의 웹 사용 정보를 획득할 수 있다. 마지막 방법은 웹 서버 자체가 사용자의 모든 요청(request)에 대하여 관련 기록을 저장하는 웹 로그(Web log) 파일을 이용하여 사용자의 웹 사용 정보를 획득하는 방법이다. 앞의 두 방법은 전반적으로 웹 서버나 네트워크의 부하를 증가시키는 반면 실시간 정보 수집이 가능하다는 장점을 가지고 있으며 웹 로그 파일을 이용할 경우 웹 서버나 네트워크에 대한 부담은 없다고 볼 수 있으나 실시간의 정보 수집이 불가능하고 또한 정보에 대한 손실 가능성이 존재한다. 현재 가장 기본적으로는 웹 로그 파일을 분석함으로써 웹 사용 정보를 추출하고 나아가 실시간 대응이나 정보 획득이 매우 중요한 경우 나머지 두 방법인 TCP/IP 패킷 스니핑(sniffing)이나 웹 서버 플러그인 방법을 채택하고 있다. 다음 절에서는 웹 사용 정보 분석의 기초로서 웹 로그 파일에 대해 좀 더 상세히 알아보고자 한다.

14.4.4 웹 로그 파일(Web Log File)의 구성

기술적으로 본다면 웹 로그 파일은 웹 브라우저와 웹 서버간의 통신 내용이 기록된 파일을 의미한다. 쉽게 설명하면 사용자가 해당 사이트에서 활동한 내역 정보가 담겨있는 서버에 존재하고 서버가 기록 관리하는 파일이다. 특히 고객의 사이트 방문 패턴, 이동 경로, 관심 분야 등 실질적 거래에 의해서만 획득되는 거래 정보 외의 활동에 대한 정보를 제공할 수 있으므로 최근 인터넷 관련 기업에게 매우 중요한 자료로서 인식되고 있으며 이의 분석이 중요한 주제로 떠오르고 있다.

이러한 웹 로그 파일의 중요성은 전자상거래(e-Commerce)의 시대가 도래하면서 가상 공간의 기업들은 한편으로 생각하면 오히려 소비자들과의 접촉 즉 접점(contact point)의 종류나 정보 획득 능력이 어쩌면 실물 시장에서보다 더 어려워졌다는 것으로 더 부각될 수 있다. 한 마디 말을 주고 받는 것도 아니고 고객의 얼굴이나 몸짓을 볼 수도 없다. 기분이 나쁜지 좋은지는 더더욱 알 수가 없는 일이다. 일반 실물 시장에서는 상품을 판매에 성공하든 하지 못하든 어쨌든 점원이 고객과의 대화를 통해 고객의 선호도, 고객의 느낌 등등의 각종 유형 무형의 정보를 획득할 수는 있었다. 단지 이렇게 점원에게 축적된 지식이 기업 관점에서 공유되거나 파악되지 못하고 대부분의 경우 단지 그 점원의 지식으로서만 존재하게 되는 것이 안타까운 일이지만 최소한 그 점원이 개인적으로라도 그 지식을 활용하여 해당 점포의 매출에 기여할 수는 있었다는 것이다. 그러나 인터넷 기업의 경우 오로지 온라인 상에서 고객과의 접촉은 고객의 해당 웹 사이트에서의 행동과 거래 내역의 추적만으로 가능하며 이러한 추적 정보는 고스란히 웹 로그 파일에 남아있게 되는데 이에 대한 분석을 소홀히 할 경우 해당 기업은 어쩌면 고객이 누구인지도 무엇을 원하는지도 모르는 상태에서 성공을 기대하기는 어려운 것이다.

이렇게 인터넷 및 전자상거래 기업의 고객 동향의 추적과 이에 따른 서비스 및 대응을 가능하게 하는 가장 기초적인 작업이 고객의 행태를 파악하는 것이며, 이러한 고객의 행태 파악에 근간이 되는 자료가 바로 고객의 웹 접속 기록인 웹 로그 파일인 것이다. 이제 이러한 배경 하에서 웹 로그 파일에 대한 기초적 지식과 구성을 소개하고자 한다. 이상에서의 웹 로그 파일은 크게 트랜스퍼 로그(transfer log or access log), 에러 로그(error log), 참조자 로그(referrer log), 에이전트 로그(agent log)의 네 가지 종류의 로그 정보들로 구성되는데 하나씩 살펴보자.

1) **트랜스퍼 로그(Transfer Log) 정보**: 트랜스퍼(transfer) 로그는 고객의 웹 사이트 방문 기록에 대응하는 정보로서 기술적으로 보면 방문이라고 하기 보다는 특정 웹 페이지에 대한 정보 요구 기록이라는 편이 보다 정확한 표현이다. 이 트랜스퍼(transfer) 로그는 접근 로그(access log)라고도 부르기도 하는데, 고객의 방문 일자, 시간, 고객의 도메인 명 또는 IP 주소, 정보 요청 방법, 정보 요청 상태 정보, 고객에게 전달된 정보 크기의 정보 등을 가지고 있다. 거의 대부분의 웹 서버들은 일곱 가지 정보 모두 혹은 일부를 저장하고 있게 된다. 또한 NCSA(National Center for Supercomputing Applications)에 의해 제안된 "Common Log Format"이라고 부르는 표준 안은 다음과 같은 정보 필드들을 제안하였으며, 대부분의 웹 서버들이 이 안을 따르고 있다.

   - IP 주소: 도메인 명(예: cosmos.chonbuk.ac.kr) 또는 IP 주소(예: 203.254.150.68)
   - 인식 필드(identification field): 현재는 항상 하이픈으로 표시함.
   - 사용자 명(authenticated username): 특정 허락된 사용자에게만 접속을 허용할 경우의 해당 ID와 패스워드(password)
   - 접속 날짜와 시간: 예) 24/May/2000:00:00:04
   - 정보 요청 방법: 요청 방법으로는 GET 또는 POST를 사용

할 수 있으며 로그 정보에는 GET의 경우 이어 요청하는 페이지 명을 마지막으로는 프로토콜과 그 버전 정보를 기록하며 대부분의 경우 이들 정보를 인용 부호로 감싸게 된다. 예를 들면 "GET /introduction.htm HTTP/1.0".

- 정보 요청에 대한 대응 상태 또는 오류 코드
- 정보 제공의 크기: 바이트 단위로 표기한다.

2) **오류 로그 파일**(Error Log File): 고객이 웹 사이트에서의 작업 중 에러가 발생했을 때 관련 정보가 error.log라는 파일에 저장 기록된다.

3) **참조자 로그 정보**(Referrer Log): 이 로그 정보는 현재 사용자의 요청(request)을 수행하고 있는 위치 정보 즉 URL을 기록한다. 예를 들어 만일 사용자가 Altavista의 검색 엔진에서 "electronic commerce"라고 요청하여 나온 결과 중 하나의 링크를 선택하여 해당 페이지에 접근했다면 그 해당 페이지를 관리하는 서버의 참조자 로그 파일에 다음과 같은 정보가 기록되게 된다. 물론 해당 페이지 파일명은 이 경우에 'index.html'이 되다.

http://www.altavista.com/cgi-bin/query?q=electronic+commerce -> /index.html

따라서 이 참조자 로그 정보는 방문객이 어떤 경로를 통해 당신의 웹 페이지에 접근했는지를 알려주고 있으며 또한 위의 예제처럼 검색 엔진을 이용하여 접근한 것이라면 어떤 키워드에 의해 접근되었는지도 알 수 있게 해 준다. 먼저 어떤 경로를 통해서 왔다는 것을 안다는 것은 인터넷이나 전자상거래 기업에 있어서 주요 고객이 어디에서 활동하거나 어떤 포탈을 사용하는 지를 파악할 수 있게 하며 나아가 이러한 정보를 광고 전략이나 타겟 마케팅(target marketing) 전략에 반영할 수도 있는 것이다. 또한 키워드의 경우 당신의 기업이 주로 어떤 키워드에 의해 접근되는지를 직접적으로는 알게 해주며, 간접적으로는 특정 키워드를 통해 검색하고 궁극적으로 당신의 사이트를 방문했다는 것은 절대적이라고 할 수는 않지만 고객 입장에서 해당 키워드의 개념과 당신의 사업 영역을 동일시 한다는 것까지도 유추해 볼 수 있을 것이다. 이 역시 고객에게 당신의 기업이 어떤 이미지로서 인식되는지를 간접적이기는 하나 암시를 주는 매우 유용한 정보일 수 있다.

4) **에이전트 로그 정보**(Agent Log): 에이전트 로그 정보는 정보를 요청한 브라우저의 이름과 버전 번호가 기록되게 된다. 요청한 브라우저의 이름과 버전 번호 및 요청 플래폼(platform) 정보를 기록하는데, 브라우저 외에도 로봇 에이전트, 스파이더(spider) 등의 정보도 기록되게 된다. 아래의 경우는 Windows 98에서의 Microsoft의 Internet Explorer 4.01를 사용하여 정보 요청을 하였을 때 기록된 에이전트 로그 정보의 한 예이다.

   Mozilla/4.0 (compatible; MSIE 4.01; Windows 98)

참조자 로그 파일과 에이전트 로그 파일 정보는 트랜스퍼 로그 파일의 추가 필드로서 추가할 수도 있으며 또한 쿠키(cookie) 정보도 그 기록을 추가할 수 있다. 앞에서도 잠시 언급했었지만 일반적으로 로그 파일은 개인 또는 특정 컴퓨터를 추적하는데 몇 가지 문제점들을 안고 있다. 이러한 문제점들을 보완하기 위해 우리는 쿠키 정보를 사용하며 이를 통해서 개인 또는 일관된 접속 기록을 추적할 수 있게 된다.

- 쿠키 정보(Cookies): 전자 상거래 기업의 웹 사이트에서 고객의 재방문 및 이동 경로를 추적하기 위해서 쿠키를 사용하던지 아니면 다른 형태의 CGI(common gateway interface) 프로그램을 이용하여 가능한데 통상적으로 쿠키(cookie)가 가장 간단한 방법이다. 쿠키는 웹 사이트가 생성하고, 그 정보는 웹 브라우저가 존재하는 컴퓨터에 쿠키 파일로서 저장된다. 이러한 쿠키 정보는 웹 브라우저가 해당 서버에 접근할 때마다 제공하게 되는데 따라서 서버에서 해당 컴퓨터 별로 유일하게 쿠키 정보를 과거에 제공했다면, 이 정보를 바탕으로 방문자가 재방문인지 여부와 과거 이력을 현재 방문자와 일치시킬 수 있게 되는 것이다. 그럼에도 불구하고 쿠키는 특정 브라우저를 확인할 수 있을 뿐 완전히 개인을 구별할 수는 없다는 단점이 있다. 그러나 회원제를 통한 로그인 절차를 가지는 웹 사이트의 경우 이러한 문제점까지도 완전히 해결할 수 있게 된다. 쿠키 정보를 특정 회원에 매칭시킨 후 이를 계속 추적하면 전체적인 개인의 이력이나 이동 경로를 완전히 파악할

수 있으며 설령 다른 컴퓨터 즉 다른 IP를 통해 접속해 오더라도 새로운 쿠키로서 대응하면서 과거의 이력을 계속 연결시켜 나갈 수 있게 된다. 이러한 쿠키는 현재 서버 측이나 클라이언트 측이든 간에 VBScript, Javascript, Java, CGI 등의 여러 형태의 기술을 통해 만들어질 수 있다. 특히 이와 같은 쿠키 정보는 고객 개인의 이력과 방문 정보 및 이동 정보들을 연결시켜주는 고리 역할을 수행하며, 이는 궁극적으로 고객의 구매 성향 즉 구매 이력을 바탕으로 다양한 마케팅이나 캠페인 활동을 가능하게 하는 중요한 역할을 수행하고 있다.

[그림 14-15]는 이상에서 소개한 웹 로그 정보들의 구성과 각 정보 단위들이 어떤 의미가 있는지를 임의의 사용자의 단일 요청(request)를 바탕으로 좀 더 도식적으로 설명해주고 있다. 그러나 이러한 웹 로그 정보 역시 비구조적(unstructured) 특성, 캐시(cache), 프록시(proxy) 서버, ISP(information service provider)의 동적(dynamic) IP 공유 등에 의한 정보 왜곡 가능성, 수많은 정보 수집 에이전트들의 창궐 등으로 인해 많은 오류 혹은 왜곡 가능성이 커짐에 따라 보다 신중하게 분석에 접근하여야 하는 필요성이 제기되고 있다[5, 7].

[그림 14-15]

웹 로그 정보의 구성과 의미 예

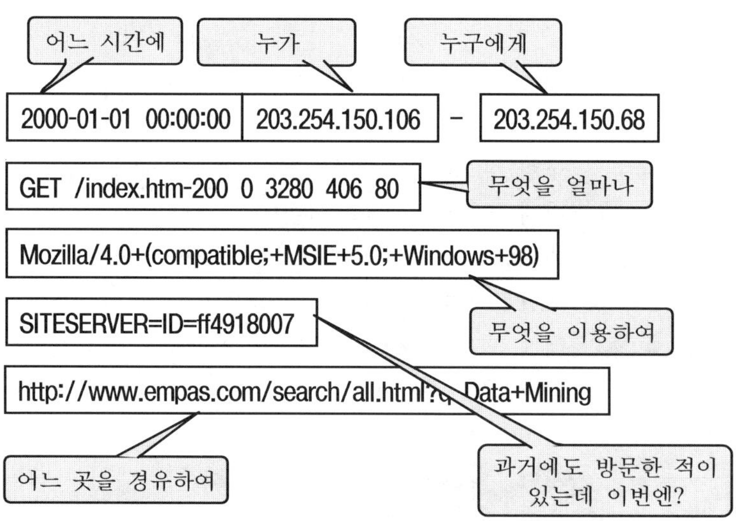

14.4.5 웹마이닝을 위한 절차, 기법 및 시스템 구성

웹마이닝 역시 절차 면에서 인터넷이나 웹에서 획득된 자료를 대상으로 한다는 것을 제외하고 데이터마이닝과 유사하다. 그러나 웹으로부터의 데이터를 처리함에 있어서 광의의 웹마이닝이든 협의의 웹마이닝이든 일반적인 데이터마이닝에 추가적인 절차가 필요하다. 다음의 [그림 14-16]은 이와 같은 일반적 데이터마이닝 절차 전에 수행되어야 할 웹마이닝을 위한 절차를 도식화하여 보여주고 있다.

[그림 14-16]
웹마이닝 절차도

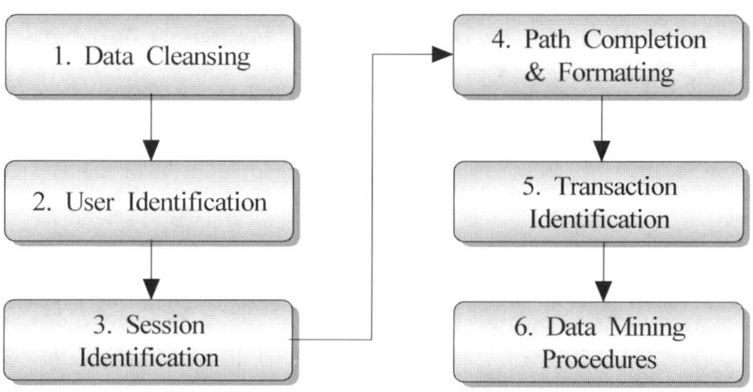

웹마이닝 역시 데이터마이닝과 같이 주어진 사용자의 인터넷 및 웹에서 수집된 관련 자료들에 대해 정화 작업 예를 들면 소실된 데이터 부분을 복구한다든지 너무 불분명하거나 필요 없는 자료를 제거하는 등의 작업들을 먼저 수행한다. 이들 데이터 클린징(data cleansing)이라 하며 이후 작업들에 대해서는 좀 더 자세히 하나씩 살펴보기로 하자.

1) **사용자 인식**(User Identification) **과정**: 사용자 인식 과정에서는 [그림 14-15]에서와 같은 웹 로그 정보에 수록된 개별 요청 자료들에 대해 각각이 어떤 사용자에 의해 발생된 것인지를 구별하고 이에 따라 사용자 별로 재분류하는 작업을 말한다. 앞에서도 언급한 바와 같이 개별 요청에 대해 어떤 사용자에 관련된 것인지를 알아내는 방법으로는 IP 정보,

쿠키 정보, 로그인 정보 나아가 사용자의 컴퓨터에 심어놓은 에이전트를 기반으로 하는 것이 가장 직접적인 방법이며 간접적인 방법으로는 참조자 로그 정보나 하이퍼링크 구조를 분석함으로써 유추할 수도 있다.

2) **세션 인식**(Session Identification) **과정**: 세션(session)이라 인터넷에 있어 한 사용자가 특정 사이트에 한번 접속하여 수행한 일련의 관련 행위들 즉 요청(request)들의 집합을 의미한다. 예를 들어 임의의 사용자가 하루 두 번 해당 사이트에 한번은 원하는 상품 정보를 얻기 위해 다른 한번은 그 상품을 구매하기 위해 접속하였다면 두 번의 세션이 발생한 것이라 할 수 있다. 세션의 인식이 어려운 점은 일반적으로 웹사이트에 대한 접속은 매 요청이 물리적으로 볼 때에는 한번의 접속과 종료를 동시에 의미하기 때문이다. 따라서 세션을 인식하기 위해서는 이들 개개의 물리적 접속 및 종료 즉 개개의 요청들을 서로의 연관성을 분석하여 하나의 의미 있는 일련의 행위로 분류하여야 한다.

3) **경로 보완**(Path Completion) **과정**: 경로 보완 과정이란 세션 안에서 사용자는 여러 웹 페이지들을 돌아다니게 되는데 브라우저 즉 서버가 아닌 클라이언트에 존재하는 메모리를 기반으로 한 이동 예를 들어 브라우저의 “뒤로(back)” 버튼을 이용하여 해당 웹 페이지를 재 방문하는 경우 서버 측에서는 이 기록이 남지 않게 되는데, 이와 같은 서버 측에서 잡아내지 못하는 경로 정보들을 해당 사이트의 하이퍼링크 구조를 바탕으로 유추하고 이를 완전하게 보완하는 작업인 것이다.

4) **트랜잭션 인식**(Transaction Identification) **과정**: 트랜잭션이란 세션 내에서 가장 작은 단위로 나누어지게 되는 단위 행위들 즉 요청들의 집합을 의미하는데 예를 들어 한 고객이 상품 A와 B를 비교하는 세션을 발생시켰고 C라는 경로 페이지를 통해 A를 본 행위와 B를 본 행위의 두 트랜잭션 (C, A)와 (C, B)로 분리될 수 있다. 이와 같이 각 개별 사용자의 단위 행위를 추출하는 과정을 트랜잭션 인식 과정이라 한다.

이상에서 소개한 다섯 단계를 거친 웹 로그 정보는 이제 정형적인 성격을 갖는 거래 데이터나 고객 정보 데이터들과 통합되고 이러한 통합된 데이터를 대상으로 전형적인 데이터마이닝 과정이 출발하게 된다. 나아가 [그림 14-4]에서 보여주고 있는 데이터웨어하우스를 기반으로 하는 데이터마이닝 시스템의 환경에 덧붙여 웹마이닝의 추가적인 특수한 절차들도 지원할 수 있는 통합적 웹마이닝 시스템 환경도 소개되고 있다.

이러한 통합적 웹마이닝 시스템 환경으로서 Cooley와 그 동료들 [5]은 이를 위한 한 대안을 제시한 바 있으며 [그림 14-17]은 이들의 제안을 바탕으로 좀 더 시스템적 측면을 구체화시킨 예를 보여주고 있다. 이 구조도에는 이제까지 각기 다루었던 여러 가지 주제들을 하나의 통합된 관점에서 바라볼 수 있게 해주고 있는데 먼저 전체적으로는 크게 세 부분으로 나누어 좌측의 자료 수집 부분, 중앙의 통합 데이터 웨어하우스, 그리고 우측의 자료 분석 부분 등이 그 것이다. 이제 먼저 왼쪽 편의 자료 수집 부분을 더 자세히 살펴보기로 하자. 이미 앞 장에서 다루었던 웹 로그 파일에 대한 분석과 이를 통하여 고객 등록 데이터베이스, 거래데이터베이스 및 제품 카탈로그 데이터베이스 등과 통합되어 하나의 거대한 통합 데이터웨어하우스를 구성하는 부분이 되며, 이제 오른 편에 있는 자료 분석 부분을 좀 더 자세히 살펴보면 데이터웨어하우스를 기반으로 하는 데이터마이닝, OLAP 등과 같은 환경을 보여주고 있다. 특히 이 그림에서는 여러 데이터마이닝 기법들 중 특별히 웹 로그 정보 분석에 많이 이용되는 네 가지 대표적인 데이터마이닝 기법들도 예시하고 있는데 이들 각각은 경로 분석, 연관 규칙 탐사 기법, 순차 패턴 탐사 기법, 군집화 및 분류 규칙 기법 등이 이에 해당한다. 특히 예시된 웹마이닝 시스템 환경에 나타난 진취적인 사항들로는 바로 데이터마이닝 기법들에 의해 얻어진 지식들에 대하여 다시 질의나 OLAP 또는 시각화 기법을 통해 보다 고급의 지식을 얻는 과정에 대한 지원 측면과 데이터마이닝에서 얻어진 지식을 자동적으로 지능형 에이전트들이 접근하여 이용하는 측면들을 들을 수 있다.

[그림 14-17]

웹 마이닝을 위한 통합 시스템 환경의 구조

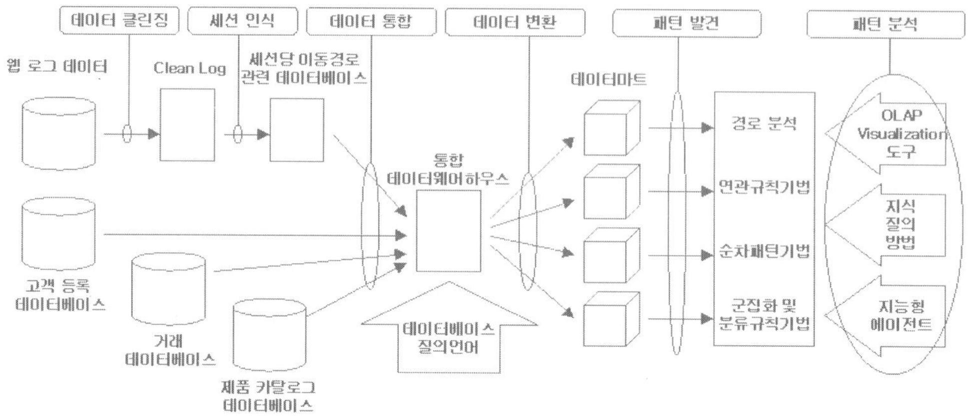

14.4.6 웹마이닝 분석 유형과 예

웹마이닝에서의 분석 유형은 크게 기초적 통계 기법들을 기반으로 한 요약(summarization) 분석과 고급 데이터마이닝 기법을 적용하는 지식 추출(knowledge extraction) 분석으로 나누어 볼 수 있다.

(1) 요약 분석(Summarization Analysis)

요약 분석은 말 그대로 임의의 통계량(statistical measurement)을 바탕으로 평균이나 분산 혹은 추세들을 도표나 그래프를 이용하여 파악하고 분석하는 것이다. 아래의 [그림 14-18]은 WebTrend사의 도구에서 제공하는 해당 웹 페이지별 방문 세션 수의 일별 통계를 추세 그래프로서 보여주고 있는 예이다.

이와 같은 기초 요약 분석에서는 어떠한 통계량을 관찰하고 분석할 것인가가 매우 중요하며 따라서 어떠한 지표들이 인터넷이나 웹 관련 기업에 있어 의미 있는 것인가 하는 문제도 간과할 수 없는 것이다. 예를 들어 전자 상거래 기업의 마케팅 관점에서는 임의의 배너 광고에 대해서만 해도 이 배너 광고를 사용자들이 얼마나 클릭했는지를 보여주는 CTR(Click Through Rate), 배너 광고가 얼마나 구매를 발생시켰는지에 대한 구매 전환율(conversion rate), 나아가 배너 광고가

[그림 14-18]

WebTrend에서 제공하는 웹 페이지당 일별 세션 수 추세 분석표

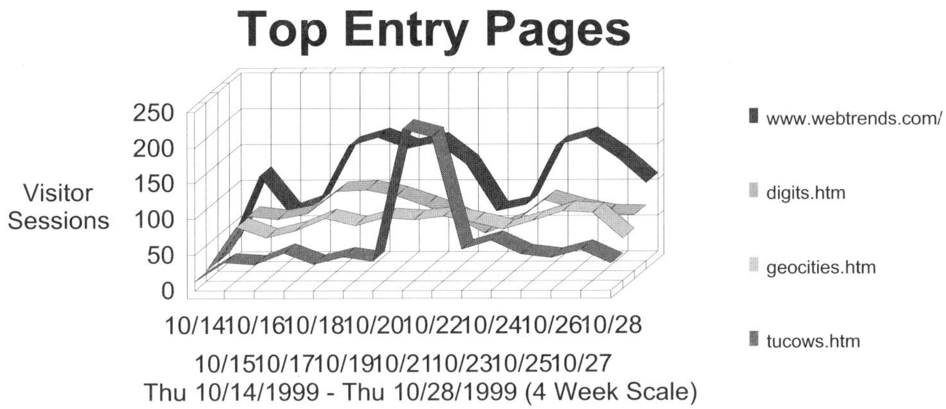

궁극적으로 어느 정도의 수익을 가져왔는지에 대한 ROI(Return On Investment) 등이 중요한 통계량이라 할 수 있다. 따라서 이러한 지표들을 인식하고 의미 있는 지표를 개발하는 것도 중요한 연구 과제라 할 수 있는데, Lee와 Podlaseck[10]은 이들 일반적 마케팅 지표 외에도 전자 상거래 판매 사이트를 하나의 실물 매장처럼 간주하고 이에 대한 매장 관리 및 제품 진열 관점에서 추가로 상품 구색(product assortment), 판매 자극(merchandising cues), 쇼핑 메타포(shopping metaphor), 웹 디자인 요소(web design feature)라는 특성이나 활동을 정의하고 이들을 평가할 수 있는 기준들을 정의하고 있다.

여기서의 상품 구색이란 특정 상품들을 구매하고 이를 진열 장소, 시간 및 가격 그리고 수량 확보 등의 의사 결정을 의미하며, 판매 자극이란 교차 판매(cross-sells) 및 Up-sells, 판촉(promotion), 추천(recommendation) 등의 판매를 촉진시키기 위해서 상품들을 군집화하거나 전시하는 하는 기법들을 말한다. 쇼핑 메타포는 고객이 원하는 상품을 쉽고 편하게 찾도록 배려 또는 수단을 제공하는 것이며, 웹 디자인 요소는 웹 사이트의 각종 이미지, 배치, 구도 등등의 디자인 특징들을 의미한다. 먼저 이들 요소들에 대한 관점에서의 평가를 위해 고객의 웹 사이트에서의 쇼핑 단계를 다음의 네 가지로 나누어 보았다.

- 제품 인식(Product Impression) 단계: 특정 제품을 전시하고 있는 웹 페이지에 대한 하이퍼링크를 인식한 단계

- 클릭쓰루(Click Through) 단계: 제품 인식 단계에서 인식된 제품의 하이퍼링크를 클릭하여 해당 제품을 전시하는 페이지를 살펴본 단계
- 장바구니(Basket Placement) 단계: 살펴본 제품을 장바구니에 담은 상태
- 구매(Purchase) 단계: 장바구니에 있는 제품을 구매한 단계

이상의 네 가지 단계들을 바탕으로 단계간 전환율(conversion rate)을 아래와 같은 지표로서 제안하였는데 이들은 각각 다음과 같다.

- Look-to-click rate: 제품 인식 단계에서 클릭쓰루 단계로 진입한 고객의 비율
- Click-to-basket rate: 클릭쓰루(click through) 단계에서 장바구니 단계로 진입한 고객의 비율
- Basket-to-buy rate: 장바구니(basket placement) 단계에서 구매 단계로 진입한 고객의 비율
- Look-to-buy rate: 최초 제품 인식 단계에서 궁극적으로 제품 구매 단계로 전환된 고객의 비율

한편 이러한 지표들은 개별 제품별로 또는 제품 군별로, 또 다른 관점에서는 페이지별로 또는 상위 하이퍼링크 별로 이들 지표들이 집계되어 계산될 때 보다 의미 있는 결과를 제공할 수 있을 것이다. 이러한 접근 방법이 매우 긍정적으로 평가되고 있으나 궁극적으로 전자 상거래 기업에 있어 이들 지표들을 웹 사이트에서의 매출 확대로 연관시키는 메커니즘을 발견하는 것이 추가적인 과제일 것이다. 이와 같은 지표들 외에도 보편적으로 많이 이용되는 요약 분석으로는 소위 웹 트래픽(traffic) 분석이라는 것이 있는데 대략 다음과 같은 항목들이 그 것이다[11].

- Hit 및 교통량 분석: 가장 기본적인 웹 로그 분석으로 웹 사이트에 대한 교통량 정보이다. 다시 말해 웹 서버에 요청한 정보 건수(hits), 열람 된 페이지의 수, 방문객 수 등이 그 것이다.
- 참조자 분석: 참조자 분석이 우리 웹 사이트를 어느 곳으로부터 왔는가에 대한 분석으로서 URL, 도메인 명, 이메일, 국가 등에 대한 통계량 분석을 말한다.

• 에이전트 분석: 에이전트 분석 역시 브라우저 종류, 플랫폼 종류, 플러그 인 등 누가 방문의 주체인지에 대한 통계량을 제공한다.
• 방문자 통계량: 방문자의 도메인, 국가, 신규 방문자 수 등등 방문자 관점에서의 통계량 분석이 이에 해당한다.

이외의 추가 분석들로는 이상에서의 통계량보다는 조금은 더 고급 정보 분석으로서 대표적으로 경로 분석(path analysis), 그룹핑(grouping), 필터링(filtering), 크로스탭(crosstab) 분석 나아가 데이터베이스를 근간으로 하는 동적 사이트의 경우에 대한 파라메터(parameter) 분석 등이 추가될 수 있는 주요한 웹 로그 정보 요약 분석들이 될 것이다.

(2) 지식 추출(knowledge extraction) 분석

이제 이상에서 요약 분석보다 더 상위 수준의 분석인 데이터마이닝 기법을 이용한 지식 추출 분석에 대해 간략하게나마 알아보자. 예를 들어 한 웹 사이트에 대표적 데이터마이닝 기법인 연관 규칙 분석을 적용한 예를 보이고자 한다. 다음의 [그림 14-19]는 임의의 한 웹 사이트의 웹 페이지들과 이들의 하이퍼링크 연결 구조를 보여주고 있다.

[그림 14-19]
예제 웹 사이트 구조

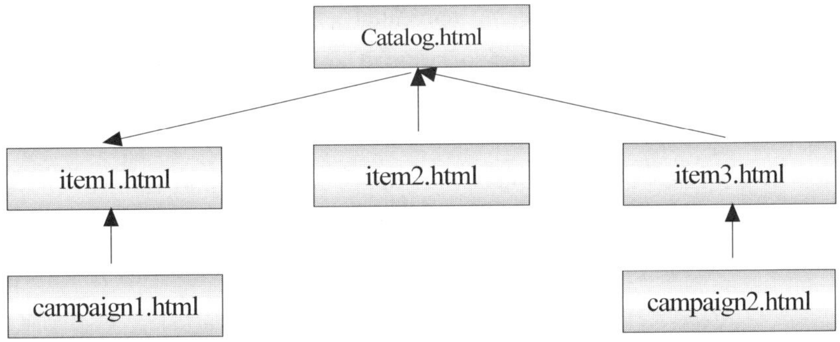

위 예제의 사이트와 관련하여 세션 혹은 트랜잭션 정보들에 대해 연관 규칙 분석을 적용한 결과로 다음과 같은 유의한 연관 규칙들이 나올 수 있다.

- Catalog.html → item1.html(40%, 80%)
- item1.html → item2.html (30%, 85%)
- campaign1.html → campaign2.html (25%, 70%)

첫 번째 연관 규칙은 40%의 경우에서 80%의 확률로 Catalog.html를 방문했던 고객이 item1.html도 방문한다는 것을 의미한다. 따라서 주력 컨텐트가 해당 사이트에서는 item1.html이라 볼 수 있으며 item1.html을 방문한 고객들은 많은 경우 item2.html을 방문하지만 반대의 경우는 유의하지 않음을 알 수 있다. 이를 통해 우리는 [그림 14-19]의 하이퍼링크 구조가 최적화되지 않았음을 알 수 있으며 고객의 편의를 위해 item1.html에서 item2.html로의 하이퍼링크를 만들어야 할 것이다. 이 경우는 campaign1.html과 campaign2.html간에서도 마찬가지로 발생한다. 현재 campaign1.html에서 campaign2.html로 이동하기 위해서는 무려 네 단계의 이동을 통하여 가능하므로 이들간에 직접적 링크를 제공함으로써 보다 효과적인 캠페인 활동을 할 수 있을 것이다. 한편 순차 패턴 탐사 기법을 적용한다면 보다 정교한 고객의 이동 패턴을 추출할 수 있으며 이를 바탕으로 고객에게 제공하고자 하는 정보의 배치를 보다 효과적을 할 수도 있을 것이다.

이외에도 단순 웹 로그 정보가 아니라 고객 프로파일 정보 및 거래 정보와의 통합 정보에 대한 분류 분석 기법을 적용한다면 우리는 다음의 몇 가지 예와 같은 분류 규칙들도 추출할 수 있을 것이다.

- item1.html ∧ item3.html → 보험업 종사자
- 나이 = 20대 ∧ 수도권 → item2.html

즉 iteml1과 item3에 관심이 있는 경우 보험업 종사자들이라는 규칙은 추가적으로 item1과 item3에 대한 팩키지 판매 캠페인을 보험업 종사자에 한하여 효과적을 할 수 있을 것이라는 아이디어를 주며 역시 두 번째 규칙은 20대이며 수도권 거주자들이 item2에 관심을 많이 갖고 있다는 지식도 여러 가지 측면에서의 전략 전술적으로 활용 가능한 지식일 것이다.

14.6 데이터마이닝 및 웹마이닝 상용 도구

이상에서 다루어 왔던 데이터마이닝과 웹마이닝을 지원하기 위한 상용 도구들로서 이들 분야의 활성화 정도만큼이나 많은 종류의 제품들이 등장하고 또한 계속적으로 개발 확장되고 있는 실정이다. 데이터마이닝 상용 도구로는 1999년의 Goebel과 Gurenwald의 조사에서만도 43개의 대표적인 상용 도구들을 들고 있으며 군소 업체나 국내 개발 제품까지 합친다면 적어도 100개 내외의 제품들이 존재할 것으로 추산되고 있다.

데이터마이닝 상용 도구는 그 공급 기업의 특성에 따라 대략 세 가지 정도로 나누어 볼 수 있는데 데이터베이스 기술을 기반으로 하는 기업의 제품 군, 통계 도구 개발 기술을 기반으로 하는 기업의 제품 군과 하드웨어적 기반을 바탕으로 하는 기업의 제품 군으로 나누어 볼 수 있다. 데이터베이스 기술 기반 기업 제품으로 가장 대표적인 것은 IBM의 Intelligent Miner이라 할 수 있으며, 통계 도구 개발 기술 기반 제품으로는 SAS의 Enterprise Miner와 SPSS의 Clemetine을 들 수 있을 것이다. 한편 하드웨어적 기술 기반 제품으로는 Silicon Graphics사의 MineSet을 들 수 있는데 물론 이외에도 대학이나 연구소 및 중소기업를 기반으로 하는 다양한 제품들이 존재한다. 예를 들어 SFU의 DBMiner, Tel Aviv 대학의 Ecobweb, Megaputer사의 PolyAnalyst 등이 그 것이라 하겠다.

웹마이닝 도구 역시 매우 다양한 종류의 상용 도구들이 존재하는데 이들 대부분의 도구 공급 업자들은 모두 좀더 고급 정보를 제공하거나 판매나 기타 영업 행위와의 연결을 시도하고 있다. 그러나 [그림 14-17]에서 제시하는 이상적 시스템 환경을 제공하는 데에는 다소 만족할 만한 수준에는 이르지 못하고 있다. 다음은 현재 대표적인 웹마이닝 도구들을 열거하고 그 간략한 특징을 소개하고 있다[11].

- 3Dstats: VRML 기술을 채택하고 있음.
- Accure Insight: packet sniffing 기술 사용.
- Auas Bazaar Analyzer: Java 기반 개발.

- Aria: 에이전트 기술을 이용하여 실시간 트래픽 조사.
- Astra: 웹 사이트 링크의 에러 체크 기능.
- Hit List Standard and Hit List Pro: 탐색 스트링 파싱(string parsing) 기능.
- net.Analysis Pro: 경로 분석에 강점을 가짐.
- NetStats: 맞춤형 리포트 기능.
- NetTracker: 자바 기반 개발.
- PressVu: 작은 규모 시스템에 적합.
- SurfReport: 이메일이나 브라우저를 통해 분석 가능.
- WebTrends: 가장 잘 알려졌으며 동시에 시장 점유율도 가장 높은 제품으로서 서버 부담을 줄이기 위해 로그 정보를 컴파일하여 백그라운드에서 작업 가능.

14.7 맺음말

1950년대 컴퓨터가 본격적으로 상업적 목적으로 이용된 이래 지금까지 막대한 데이터와 정보들이 기술의 발전에 힘입어 막대한 량으로 축적되어 왔으며 정보의 과포화 상태(information overflow)에 이르렀다. 이러한 축적된 정보의 양은 인간의 정보 분석 능력의 한계를 넘어선지 오래이며 더욱이 인터넷과 웹의 급속한 성장으로 이들 정보에 대한 접근성(accessibility)은 거의 제약이 없는 것과 다름없는 상태가 되어 있다. 다시 말해 이제는 정보가 없어서 어떤 문제를 해결하지 못하기보다는 그러한 정보를 인식하고 분석할 수 없기 때문에 해결하지 못하는 시대인 것이다. 이러한 가용 정보에 내재된 지식과 실제 우리가 인식하고 이용할 수 있는 지식 사이의 괴리(discrepancy)를 우리는 소위 지식 격차(knowledge gap)이라 한다.

이와 같은 지식 격차가 지속적으로 확대되면서 어쩌면 인간 대신 데이터나 정보로부터 유용한 지식을 추출할 수 있는 데이터마이닝이나 웹마이닝은 필수 불가결한 사항이 되어버린 지도 모른다. 그러나 아직도 우리가 이상적으로 바라는 만큼 데이터마이닝이나 웹마이닝 기술들이 현재의 지식 격차 문제를 완전히 해결할 수 있는 수준만큼 발전된 것은 아니다. 따라서 앞으로 더 나아가야 할 길이 멀며 더 연구되어야 할 부분이 많다. 그럼에도 불구하고 지식 사회로 지칭되는 현대의 치열한 기업간의 경쟁에서는 경쟁 기업에 비해 가능한 빨리 가능한 많이 고객에 대한 그리고 경쟁 환경에 대한 지식을 확보하는 것이 기업의 가장 중요한 경쟁력으로 인식되고 있으며 많은 관심과 투자가 데이터마이닝과 웹마이닝에 모아지고 있다.

따라서 인터넷 시대의 또한 지식 사회를 살아가는 기업의 미래의 구성원이 여러분은 데이터마이닝과 웹마이닝에 대하여 적어도 그 근본과 원리 그리고 기술적 추세를 익히고 따라갈 수 있는 능력을 본 장을 통해 습득하는 것은 매우 중요하다고 다시 한번 강조하며 이 장을 마무리하고자 한다.

국내사례 I : 외환 은행의 데이터마이닝 기반 e-CRM 구축 사례

국내에서의 기업에서 데이터마이닝을 기반으로 e-CRM을 적극적으로 도입이 시작된 지 아직 일천하므로 그 성과까지 명확히 밝혀진 사례는 아직 없으며 여기서는 최근 e-CRM을 구축을 시작한 외환은행의 사례를 살펴보고자 한다. 외환은행의 e-CRM 구축 프로젝트에는 국내외 7개 정보 기술 기업들이 연합으로 수행하고 있으며 FuterGroup을 중심으로 Opentech, Spectra, KoreaExpert, Wealthia, 및 후지쯔로 구성되어 각자의 솔루션이나 하드웨어를 바탕으로 역할 분담을 하여 추진 중에 있다.

이 e-CRM 프로젝트는 급변하는 인터넷과 은행권의 환경 변화에 대응하여 고객에 대한 5R(Right quality, Right service, Right time, Right quantity, Right place)의 서비스를 제공함으로써 고객의 만족을 극대화하며 동시에 외환은행으로서는 비용의 절감과 인터넷 시대의 경쟁력을 확보하고자 하는 것을 목적으로 하고 있다. 이를 달성하기 위해 수행할 세부 과제들을 다음과 같이 계획 수행하고 있다.

- 웹 사이트의 재설계 및 UI 작업
- 고객 정보 수집 체계 구축 및 데이터마트 설계 및 구현
- 웹 및 오프라인 데이터베이스 통합 OLAP 및 데이터마이닝 체계 구축
- 데이터마이닝 기반 일대일 마케팅 및 개인화 컨텐츠 관리 체계 구축
- 이메일 마케팅 체계 구축
- 이메일 응답 및 내부 대응 책임 분배 체계 구축

이들 세부 과제를 달성함에 있어 이들 세부 과제들을 밀착 연계시킴

으로써 외환은행에 있어서의 고객에 대한 웹 사이트와 이메일 채널의 통합 관리 및 정보 수집을 가능하게 할 수 있으며 이는 채널에 관계없이 단일 관점에서 고객을 바라볼 수 있게 해주며 고객에 대한 축적된 고도의 정보와 지식을 바탕으로 채널에 관계없이 일대일 마케팅, 개인화 정보 서비스 및 금융 상담 서비스를 제공할 수 있게 될 것이다. 결과적으로 웹이나 이메일을 이용하는 고객들은 보다 일관성 있고 의미 있는 외환은행을 서비스를 받을 수 있게 됨으로써 만족 수준이 높아질 것이며 은행 관점에서는 보다 많은 상품 판매 기회를 찾을 수 있게 될 것으로 기대한다([그림 14-20]은 이 프로젝트의 시스템 구성을 보여주고 있다).

[그림 14-20]

외환은행의 e-CRM 시스템 구성도

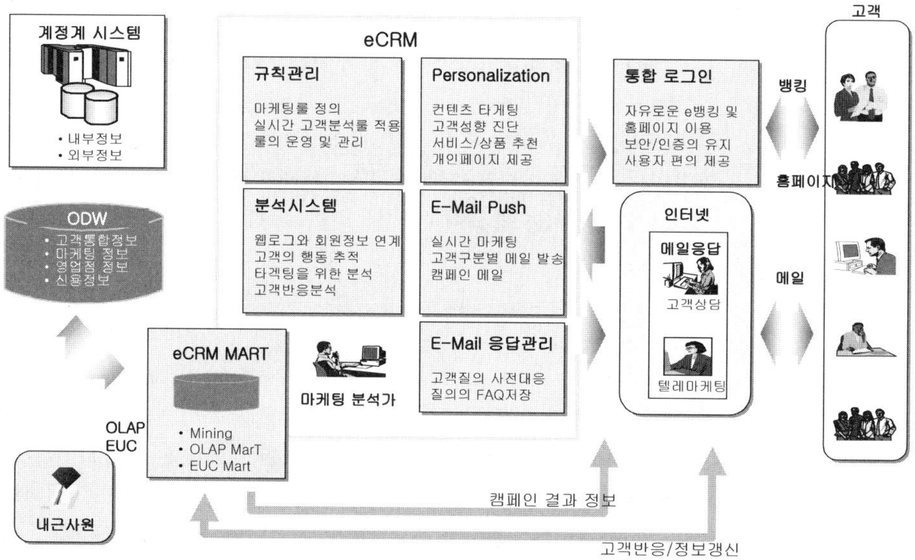

국외사례 II : Amazon에서의 웹마이닝 응용 사례

Amazon은 이미 단순 인터넷 서점에서 다양한 품목을 취급하는 종합 쇼핑몰로 탈바꿈하였다. 특기한 것은 선도적으로 웹마이닝을 기반으로 한 다양한 고객에 대한 서비스를 제공하고 있다는 점이다. 먼저 아래의 〔그림 14-21〕은 아마존에 저자가 접속하였을 때 처음 나타나는 화면으로서 접속과 동시에 저자의 프로파일, 과거 구매 이력, 및 아마존 사이트에서의 행태를 바탕으로 다양한 부문에서 상품 추천을 하고 있다는 것이다. 특히 화면 중상단에서 볼 수 있듯이 특별한 로그인 절차가 없음에도 저자를 인식하고 있다는 것을 “Hello, …” 문장에서 유추할 수 있다. 이러한 기법은 앞에서 소개한 다양한 사용자 인식 방법 중의 하나를 이용하고 있는 것으로 추정된다.

[그림 14-21]

Amazon의 맞춤 추천 사례

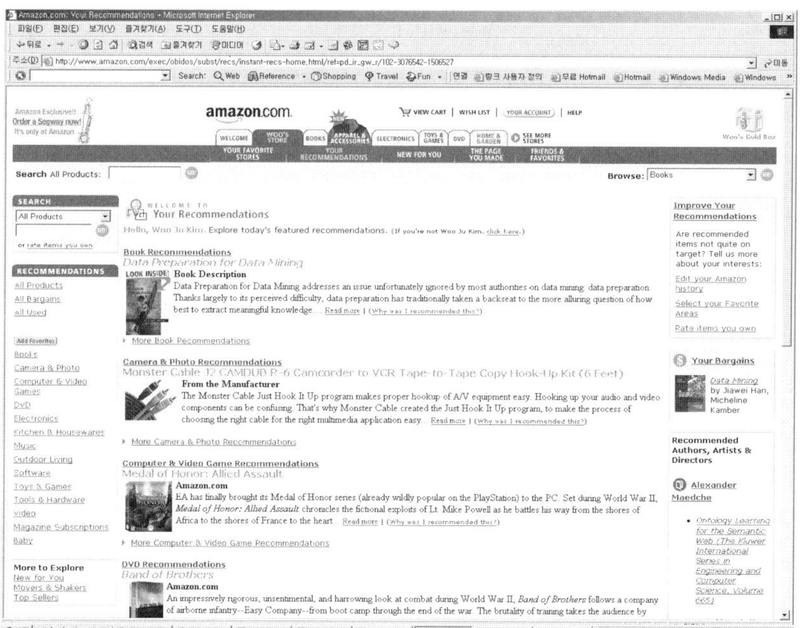

이외에도 다음 〔그림 14-22〕에 나타난 바와 같이 저자가 특정 도서에 관심을 가지고 정보를 관찰할 때 동시에 해당 제품과 또한 저자가 관심을 가질만한 도서와 팩키지 형태의 캠페인을 “Great Buy”라는 형태로 실시간 제안을 하고 있다. 이 역시 실시간 웹마이닝 기법을 이용하여 이와 같은 동적 캠페인을 수행하고 있는 것이다.

역시 그 다음에 나타나는 "Customer who bought this book also bought:"라는 항목은 저자가 선택한 도서를 구매한 고객들이 주로 구매한 대표적 도서들을 저자에게 추천함으로써 일종의 교차 판매 효과를 누리려는 기획인 것이다. 일반적으로 이와 같은 기법을 협업적 필터링(collaborative filtering)이라 부르며 데이터마이닝 기법 중 하나이며 이를 웹 사이트에서의 거래 기록을 바탕으로 웹 캠페인을 수행하고 있는 것이다.

Amazon은 앞에서도 말한 바와 같이 이렇게 데이터마이닝과 웹마이닝을 적극적으로 사이트에 운용함으로써 성공적 성과를 거두고 있는 대표적 기업으로써 앞에서 든 예외에도 다양한 응용 작업들을 수행하고 있는 것이다.

[그림 14-22]

Amazon에서의 웹마이닝 사례

주요용어

- 데이터마이닝(Data Mining)
- 데이터웨어하우스(Data Warehouse)
- OLAP(Online Analytical Processing)
- 연관규칙분석(Association Rule Analysis)
- 군집화(Clustering)
- 웹마이닝(Web Mining)
- KDD(Knowledge Discovery in Database)
- 데이터마트(Datamart)
- 의사결정나무(Decision Tree)
- 웹 로그(Web Log)
- 쿠키(Cookies)

연습문제

1. 데이터마이닝의 과정에 대한 7단계 모형의 각 과정을 열거하고 각각 설명하시오.
2. 데이터웨어하우스의 시스템적 속성을 다섯 가지를 들고 설명하시오.
3. OLAP을 위한 다차원 데이터 모델을 구현하기 위한 세 가지 대표적 데이터 스키마들을 열거하시오.
4. 〈표 14-3〉의 예에서 '나이'와 '분류'에 대한 gain() 값을 계산하시오.
5. 웹마이닝이 일반적인 데이터마이닝과 구별되는 측면 다섯 가지를 들고 설명하시오.
6. 웹마이닝의 절차에 대해 설명하시오.

참고문헌

[1] Agrawal, R. and R. Srikant, "Fast Algorithm for Mining Association Rules," *Proceedings of the 1994 International Conference on Very Large Data Bases* (VLDB' 94), Santiago, Chile, Sep. 1994, pp. 487~499.

[2] Berry, M. and G. Linoff, *Mastering Data Mining: The Art and Science of Customer Relationship Management*, Wiley, 2000.

[3] Berson, A. and S. J. Smith, *Data Warehousing, Data Mining, and OLAP*, McGraw-Hill, 1997.

[4] Breiman, L., J. Friedman, R. Olshen, and C. Stone, *Classification and Regression Trees*, Chapman & Hall, New York, 1984.

[5] Cooley, R., B. Mobasher, and J. Srivastava, "Web Mining: Information and

Pattern Discovery on the World Wide Web," *Proceedings of the 9th International Conference on Tools with Artificial Intelligence* (ICTAI '97), 1997.

[6] Goebel, M. and L. Gruenwald, "A Survey of Data Mining and Knowledge Discovery Software Tools," *SIGKDD Explorations*, vol. 1, issue 1, ACM SIGKDD, June 1999.

[7] Haigh, S. and J. Megarity, "Measuring Web Site Usage: Log File Analysis," *Network Notes* #57, Information Technology Services National Library of Canada, http://www.nlc-bnc.ca/pubs/netnotes/note57.htm, August, 2000.

[8] Hartigan, J. A., *Clustering Algorithms*, Wiley, 1975.

[9] Inmon, W. H., *Building the Data Warehouse*, 2nd ed., QED Publishing Group, Wellesley, Mass., 1996.

[10] Lee, J. and M. Podlaseck, "Visualization and Analysis of Clickstream Data of Online Stores for Understanding Web Merchandising," *Technical Paper*, IBM Institute of Advance Commerce, 2000.

[11] Mena, J., *Data Mining Your Website*, Digital Press, 1999.

[12] Menasce, D. A. and V. A. F. Almeida, *Scaling for E-Business*, Prentice Hall PTR, 2000.

[13] Quinlan, J. R., *C4.5: Programs for Machine Learning*, San Mateo, CA: Morgan Kaufmann, 1993.

[14] Weiss, S. M. and N. Indurkhya, *Predictive Data Minig*, Morgan Kaufman Publisher, 1998.

참고사이트

CRM Forum	www.crm-forum.com
HitBox	www.hitbox.com
Yep	www.yep.com
DoubleClick	www.doubleclick.com
WebTrends	www.webtrends.com
Amazon	www.amazon.com

제 15 장

에이전트

학습목표

- 에이전트의 다중적 의미와 다중적 사용에 대해서 이해한다.
- 에이전트 시스템의 기본적 구조를 이해한다.
- 에이전트의 기능을 이해한다.
- 에이전트의 개발 방법에 대한 기본지식을 가진다.

저자소개

이경전, 경희대학교 경영대학 교수, klee@khu.ac.kr
조재형, 부산외국어대학교 국제통상지역원 교수, chojh@pufs.ac.kr

차 례

15.1 에이전트의 개념

인터넷과 같은 디지털 네트워크 환경이 갖추어지면서 인공지능 및 지식시스템을 연구하는 분야에서 '에이전트'라는 용어를 많이 사용하고 있다. 기존의 에이전트라는 용어는 주로 지능 로봇(Intelligent Robot)을 연구하는 학자들이 자율적 에이전트(Autonomous Agent)라는 용어를 사용하면서 많이 언급되었으나, 최근에는 인터넷 환경에서 소프트웨어 에이전트가 매우 활발히 연구되고 있다.

영어단어로서의 에이전트(Agent)는 우리말로 번역하면 '대리인'이다. 우리말 사전에서 대리인이란, 다른 사람을 대신하는 사람으로, 법률적으로는 대리를 할 수 있는 지위에 있는 사람이고 의사결정 능력이 있는 사람이며 대리인이 한 행위의 효과는 본인에게 귀속된다고 되어 있다.

한편, 인공지능 분야에서 에이전트는 '어떤 환경 하에서 그 상황을 감지하고 행동하여 그 환경에 영향을 미치기도 하는 그 무엇'이라고 간단히 정의되며[35], 주인을 대신한다는 의미의 대리인(delegate)의 의미가 정의에 포함되지 않는 경우가 많다.

소프트웨어 관점에서 에이전트를 보면 사용자의 행동양식을 관찰하고 학습하여 정보공간에서 사용자를 대표하고 학습된 사용자의 행동양식을 기반으로 사용자가 해야 할 작업을 자동으로 수행해주는 소프트웨어라고 정의할 수 있다.

15.1.1 지식시스템과 에이전트의 관계

지식 시스템의 관점에서 본다면, 지식은 에이전트가 가진 코드화된 경험이고[39], 지식이 있는 곳에는 그 지식을 가지고 있는 에이전트가 있다고 할 수 있다. 즉, 에이전트는 지식을 가지고 이를 사용하는 주체라는 점에서 지식시스템에서 그 지위를 가진다.

지식은 일반적으로 인식주체를 필요로 하며, 정보는 그 소유자와는 별개의 독립적인 대상으로 다루어지는 반면, 지식의 경우는 그 소유자와 연관시켜 생각하는 경향이 있다[9]. 예를 들어, "그 정보 어디 있지?”라고 물으면 자연스럽지만, “그 지식 어디 있지?”라는 말은 이상하게 들리며, “그거 누가 알고 있지?”라고 하는 것이 자연스럽다는 것이다. 이렇게 지식과 주체는 결합되어 있으며, 이러한 측면에서 에이전트는 그 지식을 소유한 주체로서의 의미를 가진다. 결국, 지식시스템이란 에이전트와 그 에이전트가 가진 지식으로 구성된다고 말할 수 있다.

15.1.2 인간의 대리인으로서의 에이전트 (Agent as a Delegate of Human Principal)

매우 실용적이면서 사전적인 의미에 충실한 형태로서 에이전트의 정의는 ‘인간 사용자(principal)’를 대신하여 업무를 수행하는 어떤 것’이라고 넓게 규정될 수 있다. 검색엔진에서 사용되는 정보거미(Information Spider), 웹크로울러(Web Crawler), 비교 쇼핑 에이전트들은 모두 인터넷 환경에서 인간의 정보 검색 및 분류 행위를 대신 수행한다는 점에서 ‘인간의 대리인’으로서의 에이전트 개념에 적합하다. 인간의 대리인으로서의 에이전트 개념은 인간의 명령을 받아들이기 위한 인터페이스와 상호작용하는 인간에게 사람과 비슷한 동질감을 주는 데에 도움을 주는 인터페이스 등 인간-에이전트간의 인터페이스라는 이슈를 제기한다.

15.1.3 의사소통 및 경쟁, 협동하는 에이전트 (Agent Communicating, Competing, and Cooperating)

위에서 설명한 지식의 주체로서의 에이전트의 개념과 인간의 대리인으로서의 에이전트의 개념은 인공지능과 지식시스템 분야에서 그리 새로울 것이 없다고도 할 수 있다. 어떠한 지능 시스템을 에이전트라고 부르던, 전문가시스템이라고 부르던 간에 그 시스템은 코드화된 지식을 가지고 있고, 지능시스템의 속성상 인간을 대신하여 업무를 수행하는 속성을 기본적으로 가지고 있기 때문이다. 오히려 인공지능과 지식시스템의 비교적 새로운 분야로서 에이전트가 가지는 중요한 속성은 인간을 대신하여 활동하는 에이전트들이 그들 간에 자율적으로 의사소통하고 경쟁, 협동하는 측면이다. 이러한 에이전트의 특성을 집중적으로 연구하는 분야가 이른바 다중에이전트(Multi-agent)분야이다. 다중에이전트에서는 에이전트간의 의사소통을 위한 언어, 에이전트간의 경쟁과 협력의 구조를 담을 수 있는 프로토콜과 전략 등이 그 주요 이슈가 된다.

지금까지 다중에이전트의 구조는 아래 그림과 같이 크게 3가지로 분류되어 연구되었다[17]. Facilitators([그림 15-a]), Brokers([그림 15-b]), Matchmakers 또는 Mediators([그림 15-c])인데, Facilitators는 국지적 에이전트와 원거리 에이전트간의 중개역할을 담당한다. Brokers는 Facilitators와 비슷하나, Brokers의 경우 특정한 서비스나 임무를 해결하기 위해 시스템 상에 존재하는 다른 Brokers를 호출할 수 있다는 것이 차이점이다. 마지막으로 Matchmakers 또는 Mediators는 Brokers의 상위구조와 같으며, 이는 옐로우 페이지 에이전트, 디렉토리 에이전트의 기능을 담당한다.

[그림 15-1]

다중에이전트의 구조 : (a) Facilitator, (b) Broker, (c) Matchmaker

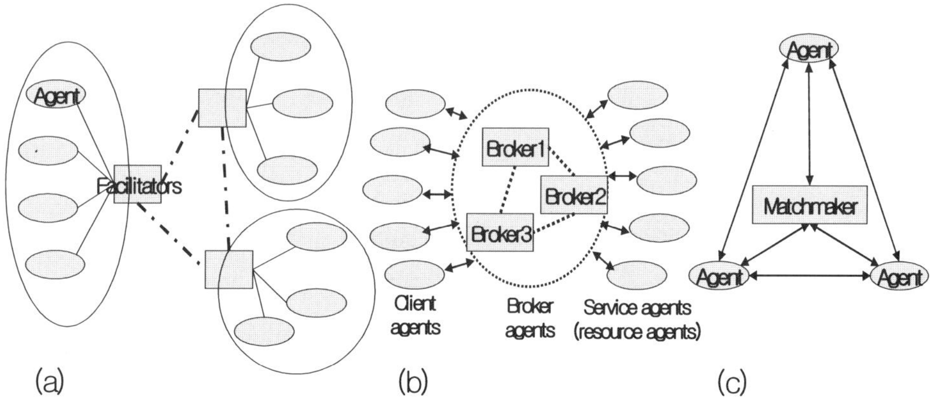

이 밖에 자율적 에이전트(Autonomous Agent)의 경우, 다른 소프트웨어 에이전트나 사람에 의해 통제되거나 관리되지 않는 에이전트로 시스템상이나 외부에 있는 시스템과 직접 연결되거나 상호대화를 하게 된다. 자율적 에이전트는 다른 에이전트나 환경에 대한 지식을 가지고 있으며, 자신의 국지적 목적을 달성하기 위해 다른 에이전트와 직접 연결하여 해결점을 찾게 된다.

15.1.4 에이전트와 객체의 차이점

최근에 분산 객체지향 시스템이 에이전트가 가진 성질 중 지능(intelligence)을 필수적으로 갖추지 않아도 된다고 가정했을 때 Java나 CORBA에 의한 분산 객체도 에이전트로 보는 경향이 있다. 그러나 에이전트와 객체(object)는 다음 표와 같이 근본적인 차이점이 있다[42].

<표 15-1>

객체와 에이전트의 차이점

	객체(Object)	에이전트(Agent)
디자인	행위(behavior) 중심	목표(goal) 중심
구성요소	속성(attribute) + 메소드(method)	자기중심(belief) + 행동법칙(behavior rule)
성질	수동적	능동적, 자동적(환경의 변화에 따른 행동 변화)
관계	결합(aggregation), 상속(inheritance)	협력, 중개
통신	메소드 호출	통신언어
장점	정형화된 시스템	분산, 이질적 환경

위 표에서 제시한 바와 같이 객체는 시스템을 디자인하는 경우 각각의 객체가 취해야 할 행동을 규정하고 다른 객체와의 관계를 설정해주어야 하는 반면, 에이전트는 전체 시스템의 목적에 따라 각각의 에이전트가 도달해야 하는 목표를 주안점으로 디자인하게 된다. 에이전트는 환경에 대해 스스로의 판단을 통해 행동을 취하므로 수동적 입장에서 호출하는 객체와는 다르다. 따라서 에이전트 사이의 관계는 호출이 아닌 요청의 개념으로 이해되어야 하며 이에 대해 에이전트는 행위의 결정 권한을 갖는다. 에이전트 사이의 통신은 에이전트 통신 언어(ACL: Agent Communication Language)를 통해 이루어지며 이것은 분산되고 이질적인 환경 내에서 수행할 수 있는 장점이 있다.

15.1.5 에이전트의 특성

에이전트의 정의가 매우 다양하고 아직 하나의 통일된 정의가 내려지지 않고 있지만, 대부분의 연구에서 에이전트가 갖추어야 할 핵심 특성 또는 속성들은 일반적으로 다음과 같이 정의하고 있다[13, 14].

- 자율성 : 특정목적에 대해 사람이나 다른 시스템의 간섭 없이 동작하며 자신의 내부행동이나 상태를 자율적으로 제어하는 능력
- 협동성 : 다른 에이전트와 협동해서 목적을 달성하려는 성질
- 정직성 : 정확한 정보를 주고받으며 이를 사용자에게 전달
- 이동성 : 특정목적을 달성하기 위하여 네트워크를 통해서 이동할 수 있는 능력
- 적응성(학습능력) : 환경이나 특정목적 등에 적응하기 위한 학습능력
- 사회성(통신능력) : 다른 에이전트(또는 다양한 시스템 자원)와 통신할 수 있는 능력
- 추론능력 : 규칙기반, 지식기반 등을 이용하여 특정영역의 문제를 해결할 수 있는 능력

이외에도 주변 환경의 변화에 단순히 반응하는 것이 아니라, 주어진 상황에서 자신의 목적에 따라 작업을 수행하는 능동성과 실세계, 사용자, 다른 에이전트 또는 네트워크 등과 같은 주변상황의 변화를 인식해 그에 대응하는 반응성 등이 있다.

이와 같이 에이전트는 특정 목적에 대하여 사용자를 대신하여 작업을 수행하는 자율적 프로세스이다. 에이전트는 독자적으로 존재하지 않고 어떤 환경의 일부이거나 그 안에서 동작하는 시스템이다. 여기서의 환경은 운영체제, 네트워크, 또는 MUD 게임 환경 등을 지칭한다. 에이전트는 지식베이스와 추론기능을 가지며 사용자, 자원, 또는 따른 에이전트와의 정보교환과 통신을 통해 문제 해결을 도모한다. 에이전트는 스스로 환경의 변화를 인지하고 그에 대응하는 행동을 취하며, 경험을 바탕으로 학습하는 기능을 가진다. 에이전트는 수동적으

로 주어진 작업만을 수행하는 것이 아니라, 자신의 목적을 가지고 그 목적 달성을 추구하는 능동적 자세를 지닌다. 또한 에이전트 행동의 결과로 환경 변화를 가져올 수 있다. 이는 에이전트의 행동이 한 번에 끝나는 것이 아니라 지속적으로 이루어진다고 볼 수 있다.

위에서 설명한 것과 같이 에이전트는 연구 개발자에 따라 다양한 의미로 사용되어 왔고, 현실에 적용될 때에도 여러 가지 다른 관점으로 수용되어왔기 때문에, 다루는 관점에 따라 매우 다양한 설명이 가능하나, 본 장에서는 앞에서 설명한 에이전트의 개념을 통합적인 관점에서 논의를 전개하고자 한다.

15.2 에이전트의 기본적 구조

에이전트는 자체의 코드화된 지식을 가지고 있으며, 다른 에이전트와 그 지식을 공유할 수 있기 위해서는 어느 정도의 표준화된 지식의 표현방법과 보통 온톨로지(Ontology)라고 불리는 표준 어휘 체계가 필요할 수 있다. 또한, 다른 에이전트들과 의사소통하기 위해서는 특정 분야 또는 보다 일반적인 분야의 에이전트를 위한 의사소통 언어 또는 프로토콜이 필요하며, 이 의사소통 프로토콜은 에이전트간의 협동, 경쟁, 협상에서 일어나는 상호작용을 포괄적으로 지원할 필요를 가진다. 또한, 에이전트와 인간간의 의사소통을 위한 인터페이스가 필요한데, 이 인터페이스를 통해서 인간은 에이전트에게 명령을 내리거나 다른 에이전트와의 협동, 경쟁, 협상 전략 등을 설정할 수 있다. 또한, 대부분의 에이전트는 외부 환경에서 계속적으로 발생하는 이벤트(예를 들어 다른 에이전트의 요청이나 응답)에 대해 이들 작업들을 일정계획하고 적절히 자신의 자원을 배분하는 기능을 내부적으로 가지게 되는데, 이들은 대부분 시간적 압력 하에서 의사결정하고 행동하게 되므로, 에이전트는 일종의 anytime algorithm기반의 심사숙고를 위한 일정 계획(deliberation scheduling) 기능을 가지고 있을 필요가 있게 된다.

<표 15-2>

에이전트의 기본 요소

구 조	설 명	주요 연구
지식표현	에이전트는 자체의 코드화된 지식을 가지고 있으며, 다른 에이전트와 그 지식을 공유할 수 있기 위해서는 어느 정도 표준화된 지식의 표현방법과 보통 온톨로지(Ontology)라고 불리는 표준 어휘 체계가 필요하다.	- KIF(Genesereth 등, 1990) - DAML(daml.org) - OIL(Fensel 등, 2001)
의사소통 언어	다른 에이전트들과 의사소통하기 위해서는 특정 분야 또는 보다 일반적인 분야의 에이전트를 위한 의사소통 언어가 필요하다.	- KQML(Finin 등, 1995) - FIPA(fipa.org)
의사소통 프로토콜	에이전트들 간의 의사소통을 위해서 특정 분야 또는 보다 일반적인 분야를 위한 의사소통 프로토콜이 필요하며, 이 프로토콜은 에이전트 간의 협력, 경쟁, 협상에서 일어나는 상호작용을 포괄적으로 지원할 필요가 있다.	- Contract Net Protocol (Smith, 1980) - Contract Net Protocol의 확장(Sandholm, Lesser, 1995 Lee 등, 2000) - Gnutella(Kan 2001) - JXTA(Gong, 2001)
심사숙고를 위한 일정계획 (deliberation scheduling)	외부 환경에서 계속적으로 발생하는 이벤트(예를 들어 다른 에이전트의 요청이나 응답)에 대해 이들 작업들을 일정계획하고 적절히 자신의 자원을 배분하는 기능을 시간적 제약 하에서 의사결정하고 행동하기 위해, 일종의 anytime 알고리즘 기반의 심사숙고를 위한 일정계획 기능을 가지고 있을 필요가 있게 된다.	- Steinmetz 등(1999) - Sadeh 등(2000) - 최적주문선정 모형 (Lee 등, 2001)
인간-에이전트 인터페이스	인터페이스를 통해 인간은 에이전트에게 명령을 내리거나 다른 에이전트와의 협력, 경쟁, 협상 전략 등을 설정할 수 있다.	- Maes(1994) - Lewis(1998)

15.2.1 에이전트의 지식 표현

서로 협동, 경쟁, 협상하는 에이전트들 간에 지식 교환 및 언어 공유의 문제는 에이전트 분야의 중요한 문제가 되므로, 이 부분에 대한 연구가 지속적으로 진행되어왔으나, 현실 응용 분야에서 적용될 수준의 온톨로지 개발은 아직 어려운 수준이고 향후에도 많은 에이전트들 간에 공유할 온톨로지가 나타날 수 있겠는가 하는 점은 논쟁의 여지가 있다[15, 32]. 에이전트의 지식 표현을 표준화하는 노력으로서 KIF(Knowledge Interface Format) 등이 있었다[14]. KIF(Knowledge Interchange Format)는 사용자, 시간과 공간, 언어 측면에서 서로 다른 환경의 시스템간의 지식교환에 사용되기 위해 고안된 형식언어이다. KIF는 선언적인 언어, 논리적으로 이해하는 언어로써 지식표현을 위한 지식 표현방법(meta knowledge representation)을 제공한다. 또한 여러가지 논리체계에 관한 표현을 제공한다. 그러나 KIF 등은 현실 시스템에 적용되지는 못하였고, 최근에는 Semantic Web의 노력의 일환으로 DAML(DARPA Agent Manipulation Language, daml.org)와 OIL[10]이라는 온톨로지가 제시되고 있는 상황이다. 한편, 특정 분야의 에이전트 응용을 위한 온톨로지 개발도 모색되었는데, 전자상거래 분야에서는 UNIK-AGENT[29], 공급 체인 관리에서는 COOL[8] 등의 온톨로지가 제시되기도 하였으나, 실용화되지는 않은 상황이다.

지식 표현의 표준을 가지는 문제 외에도 지식시스템의 지식 표현의 일반성과 추론효율성을 조화시키는 문제는 인공지능 연구의 매우 중요한 과제이다. 지식표현의 일반성을 높이면, 일반적으로 추론효율성이 떨어지고, 추론 효율성을 높이다보면 지식표현의 일반성이 떨어지게 된다. 또한, 지식 표현의 일반성을 높이는 것은 지식을 유지보수하는 문제에서도 어려움을 높일 가능성이 크다. 이러한 관점에서, 인터넷상에서 상품을 구매하는 고객의 의사결정을 지원하기 위한 이른바 판매도우미(sales agent)의 경우, 이 시스템을 도입하는 기업들의 지식 입력 및 지식의 유지보수에 드는 노력을 최소화하고, 지식과 추론시스템의 독립성을 최대한 높이기 위해, 판매 에이전트의 지식을 Excel과 같은 Spreadsheet나 관계형 Database와 같이 표(table)형태로 표현하는 방식을 생각할 수 있다. 이렇게 표형태로 입력, 관리되는 지식은 추천이라는 제한된 분야에서만 사용될 수 있다는 점에서 지식 표현과 응용 분야의 일반성은 희생되지만, 지식 표현의 용이성과 지식 유지보수의 용이성, 시스템 개발의 용이성, 추론 효율성을 높이는 장점을 가져오기도 한다.

15.2.2 에이전트의 의사소통 언어와 프로토콜

에이전트간의 의사소통을 위해 개발된 대표적인 언어로는 KQML(Knowledge Query Manipulation Language)[11]이 있는데, 이는 에이전트 간에 교환되는 메시지를 Speech-Act이론에 근거하여 개발한 것이다. KQML은 정보와 지식을 교환하기 위한 언어이자 프로토콜로 공유가능하고 재사용가능한 대규모의 지식베이스를 개발하기 위한 기법과 방법론을 목표로 하는 ARPA(Advanced Research Projects Agency; 미 고등연구계획국)의 지식 공유 노력(knowledge sharing effort)의 일환으로 개발되었다. KQML은 메시지의 형식인 동시에 메시지를 다루는 프로토콜로, 실행 시 에이전트간의 지식 공유를 지원한다. 또한, KQML은 응용 프로그램이 다른 지능형 시스템과 상호작용하고 지능형 시스템들이 협동적으로 문제를 해결하기 위해 지식을 공유하는 것을 지원한다. KQML은 한 에이전트가 다른 에이전트의 지식이나 목표에 어떤 영향을 주는 행동을 할 수 있도록 하는 일종의 허가된 오퍼레이션을 Performative라는 이름의 집합으로 정의해 놓고 있다. 이러한 Performative를 이용하여 에이전트간의 상호작용을 구현하고, Communication Facilitator라는 개체를 상정하여 이것이 에이전트간의 상호작용을 지원하는 모형을 제시하고 있는데, 매우 오랜 기간 테스트베드의 상태에 머물러 있다는 문제점도 가지고 있다.

한편 KQML에 기반하여 에이전트 의사소통 언어의 표준화를 이루기 위한 기구인 FIPA(The Foundation for Intelligent Physical Agents, fipa.org)가 설립되어 표준화 노력을 계속하고 있으나, 이들 표준 역시 현실 응용에는 널리 사용되지 않고 있는 상황이다.

한편 Contract Net Protocol[38]은 KQML이전에 개발된 일종의 협상 프로토콜로서 지금도 많은 다중 에이전트 연구에서 근간이 되는 프로토콜이다. 이 프로토콜은 관리자 에이전트와 계약자 에이전트간의 네 가지 종류의 메시지를 기반으로 한다. 먼저 관리자 에이전트가 필요한 작업에 대한 공지(Task Announcement)메시지를 계약자 에이전트에 보내면, 계약자 에이전트는 이에 대한 입찰(bidding)메시지를 보내며, 이를 다수 에이전트로부터 받은 관리자 에이전트는 적절한 계약자 에이전트에 계약체결(awarding)메시지를 보내고, 이를 받은 계약자 에이전트는 이에 대해 확인(acknowledge) 메시지를 보내는 매우 간단한 구조로 되어 있다. 너무 간단해서 이후 많은 후속 연구에서 그 확장이 시도되어왔는데[25, 37], 에이전트간의 협력, 경쟁, 협상을 위한 프로토콜의 기본이 되는 구조라고 판단된다.

한편, 에이전트 연구자들에 의해 개발되지는 않았지만, P2P(peer-to-peer) 네트워킹 분야에서 개발되어 파일 공유 분야의 애플리케이션에 사용되고 있는 Gnutella 프로토콜을 참고할 만하다. Gnutella 프로토콜은 특정한 서버의 존재 없이 순수한 peer들 간의 의사소통을 위한 프로토콜로 그 성격이 에이전트의 의사소통 프로토콜과 유사하다. Gnutella 프로토콜은 Ping, Pong, Query, QueryHit, Push의 5가지의 메시지로 구성되어 있는데, Ping은 의사소통할 Peer(Agent)가 현재 네트워크에 있는지를 확인하는 메시지이고, Pong은 Ping에 대한 답신 메시지이다. Query는 특정 정보를 가진 Peer가 있는지 검색하기 위한 메시지이고, QueryHit는 이에 대한 답신 메시지이다. Push는 정보를 가진 Peer에게 그 정보를 보내달라고 요청하는 메시지이다. 이렇게 간단한 구조로 되어 있는 Gnutella 프로토콜은 현재 Sun Microsystems의 JXTA프로젝트(jxta.org)의 근간으로 사용되고 있는데, JXTA는 P2P 네트워킹 환경을 위한 여섯 가지의 프로토콜(Peer Discovery, Peer Resolver, Peer Information, Peer Membership, Pipe Binding, Endpoint Routing Protocol)을 기반으로 되어 있다[16]. JXTA는 그 자체로 에이전트를 위한 프로토콜임을 표방하고 있지는 않으나 향후 현실적인 대안 중의 하나가 될 것으로 판단된다.

전통적인 에이전트 프로토콜과 P2P프로토콜의 전형적인 차이는 메시지를 피어 간에 라우팅할 가능성을 고려하는가 그렇지 않은가에 달려 있다. 즉, 일반적인 에이전트 프로토콜은 특정 에이전트에게 보낸 메시지가 또 다른 에이전트로 라우팅될 가능성을 고려하지 않고 설계된 것이 대부분이라면, P2P 프로토콜들은 대부분 그러한 기능을 기본적으로 채택하고 있다. 따라서, Gnutella와 Freenet 등의 대표적인 P2P 프로토콜에서는 필요 이상으로 반복적으로 메시지가 라우팅되는 것을 방지하기 위해서 메시지에 TTL(Time-To-Live)과 GUID(Global Unique Identifier)를 붙여서 메시지의 라우팅 횟수의 상한선을 설정할 수 있게 하고, 라우팅에 있어 순환이 일어나지 않도록 장치를 제공하고 있다.

15.2.3 인간-에이전트 인터페이스

인간의 대리인으로서의 에이전트 개념이 들어가 있는 지식시스템은 기본적으로 Mixed-Initiative System이 되어야 한다. Mixed-Initiative System이란 사람과 에이전트가 주도권을 서로 주고받으며 에이전트의 자율성과 인간의 통제가능성을 최적화하는 시스템이라고 정의할 수 있다. Mixed-Initiative System에서의 인간과 에이전트간의 상호작용은 인간-에이전트 인터페이스 상에서 이루어지는데, Horvitz(1999)는 Microsoft Agent 제품에서 사용된 Mixed-Initiative 인터페이스의 12가지 원리를 다음과 같이 제시하였다[20].

1) 인간이 직접 하는 것보다 가치를 많이 창출하는 상당한 양의 일을 자동화하라.
2) 인간 사용자의 목표에 대한 에이전트의 추측이 틀릴 수 있다는 점을 고려하라.
3) 인간 사용자의 관심에 관한 모형을 가지고 특정 서비스를 언제 제공할지를 잘 고려하라.
4) 비용, 편익, 불확실성이라는 관점에서 가장 이상적인 에이전트의 행동을 찾아내라.
5) 핵심적인 불확실성을 해결하기 위해서는 대화창을 사용하라.
6) 쉽게 에이전트를 가동시키고 또한 끝낼 수 있는 방법을 제공하라.
7) 에이전트가 취해야 할 적절한 행동과 시기를 잘못 선택하여 발생할 비용을 최소화하라.
8) 인간사용자의 목표가 불확실성이 높고, 다양할 경우는 그에 따라 행동을 자제하라.
9) 시스템의 결과를 향상시키는 인간-에이전트 협업의 메커니즘을 제공하라.
10) 사회적으로도 익숙하고 용인되는 인간-에이전트간 상호작용을 제공하라.
11) 최근에 일어난 상호작용에 대한 기억을 유지하라.
12) 지속적인 관찰을 통해서 학습하라.

위의 12가지 원리에도 불구하고 마이크로소프트의 오피스 소프트웨어 등을 사용할 때 나타나는 강아지 에이전트는 가끔 우리를 귀찮게 하기도 한다. 물론, 적절할 때 강아지가 나와서 도움을 받은 기억은 쉽게 잊고, 귀찮게 짖어대는 강아지를 마우스로 내쫓아 버린 기억이 더 남는지는 모르겠지만, 이러한 경험을 통해 우리는 인간-에이전트간 인터페이스를 잘 만든다는 것이 쉽지 않은 일임을 알 수 있다.

이렇게 인간과 에이전트간의 원활한 의사소통을 위한 인터페이스를 만들기 위해 지금까지 대화형 에이전트라는 분야에서 연구되어 왔다. 대화형 에이전트는 자연 언어를 사용하여 사용자와 에이전트 사이에서 정보를 주고받는 시스템으로, 대화를 통해서 사용자의 의도를 이해하고 적절한 행동을 취하여 사용자를 돕는다. 따라서 대화형 에이전트는 보다 복잡한 시스템에서 효과적인 사용자 인터페이스 역할을 할 수 있다[21]. 대화형 에이전트 구조는 사용자가 문장 등을 입력하면 이를 인식하여, 사용자 질의분석을 위해 유용한 정보를 추출한 뒤 답변을 매칭하는 형태이다. 이렇게 대화형 에이전트의 연구는 주로 사용자 질의를 분석하고 적절한 대답을 선택하는 답변 매칭 모듈의 개발에 초점이 맞추어 졌으며, 이를 위한 일반적인 기술은 아래의 표와 같다.

<표 15-3>

대화형 에이전트의 기술

기술	수행 작업 예	기술난이도	
단순패턴매칭	웹검색엔진	단순질의응답	쉬움
제한 대본기반 모델	게임	단순한 선택을 통한 대화진행	⇓
유한 상태모델	장거리전화	상태전환을 통한 제한된 유연성	
프레임기반 모델	열차정보검색	단순패턴매칭을 이용한 정보기입	
계획기반모델	부엌디자인도우미	동적주제변화	어려움

위 표의 기술을 기반으로 웹 페이지를 소개하는 가이드, 프로그램의 사용법을 알려주는 도우미, 구매가이드, 여행 가이드, 어학교육,

로봇학습 등의 분야에 대화형 에이전트가 적용되고 있다. 상업적인 제품으로는 NativeMainds사의 Nicole(http://www.nativeminds.com), Artificial Life사의 SmartBot(http://www.artificial-life.com), Virtual Personalities사의 Verbot(http://www.vperson.com) 등이 있다.

한편 인간-에이전트 인터페이스는 인간이 사용하기 쉬워야 하는 측면도 있지만, 인간의 의사가 잘못 전달되어 에이전트가 인간의 의도와 다른 행동을 하는 것을 방지해야 하는 측면도 있다. 따라서, 인간에 매우 친화적인 인터페이스를 가질수록 때로는 실수가 많은 인터페이스가 될 위험성이 있다. 또한, 인터페이스가 제공하는 선택사항이 많을수록, 그 선택을 하는 인간 자체가 실수를 할 가능성도 높아진다.

인간의 사용 편이성을 높이기 위해서는 자연어 처리 인터페이스나 음성 인식 에이전트 인터페이스가 사용될 수 있으나, 아직 자연어 이해 기술과 음성 인식 기술이 인간과 에이전트 간에 오류 없는 의사소통을 지원하기에는 부족한 것이 사실이다. 따라서, 현재 자연어 인터페이스나 음성 인식 인터페이스는 실수를 해도 큰 문제가 발생하지 않는 오락형 에이전트나 정보도우미 등에만 채용되고 있다.

[그림 15-2]는 Conversive(conversive.com)라는 회사가 제공하는 정보 제공 채팅 도우미이다. 이 회사의 경우 자연어 인터페이스와 얼굴 애니메이션, 입술움직임 동기화기술과 음성 합성 기능을 활용하여 매우 현실감있는 인간-에이전트 인터페이스를 선보이고 있으나, 아직 자연어 처리 기술의 정확도는 그리 높지 않다. 특히, 이 회사의 자연어 처리 기술은 자연어 이해 기술에 기반을 두지 않고, 정보 검색 기술에 기반하고 있어 정교한 대화처리에는 본질적 한계가 있으므로, 정보도우미나 오락형 에이전트에 사용될 가능성이 크다.

[그림 15-2]

정보 제공 채팅 에이전트

[그림 15-3]은 화면은 전자상거래분야의 자동 협상에이전트의 한 예인 Kasbah의 화면이다. Kasbah에 사용자로 등록하여 로그인하면, 사용자를 대신하여 음악상품을 사는 에이전트를 생성시킬 수 있다. 만약 자기가 팔고 싶은 음악상품이 있는 경우 음악상품을 파는 에이전트를 생성시킬 수도 있다. 예를 들어, R.E.M.이라는 그룹의 Document라는 제목의 중고 CD앨범을 사기를 원하고 있음을 표현하면, 다음화면에 사용자대신 물건을 구매해 올 에이전트의 행동지침을 설정할 수 있도록 한다. 예를 들어, 1998년 10월 12일 오후 8시까지 구매를 하기 원하는데, 기본적으로 3불에 구매하고자 하나 최대 5불까지는 지불할 용의가 있다는 의미가 되며, 시간변화에 따른 협상 가격의 추이를 표시할 수 있다. 이러한 절차를 걸쳐서 생성된 에이전트는 R.E.M.의 Document라는 앨범을 팔고자 하는 판매 에이전트를 찾아다니다가 그러한 에이전트가 발견되면 그 에이전트와 협상을 진행하면서 그 결과를 사용자에게 알려주게 되는 것이다.

[그림 15-3]

자동 협상 에이전트 Kasbah

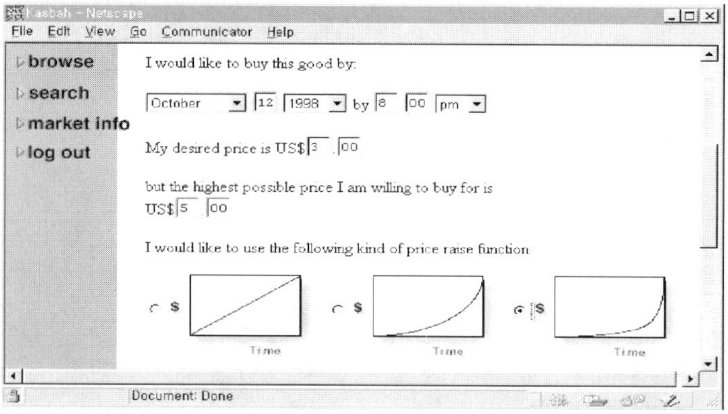

사실 위와 같은 인터페이스를 통한 가격전략 설정은 너무 간단하지 않은가라는 비판을 받을 수도 있다. 그러나, Kasbah의 개발진들은 너무 복잡한 전략 설정은 오히려 전략을 설정하는 인간이나 이를 수행하는 에이전트가 실수할 가능성을 높이게 되므로, 단순한 인간-에이전트 인터페이스를 제공한다고 설명하고 있다. 미시간대학의 전자 경매 사이트인 AuctionBot의 경우에는 경매 참가자들이 경매 전략을 자신의 에이전트에 프로그래밍 할 수 있도록 API(Application Programming Interface)를 제공하여 매년 거래 에이전트 경진대회(Trading Agent Competition)를 개최하고 있다. 스페인의 FishMarket프로젝트(Rodriguez et al., 1997)의 경우도 경매전략을 Java로 프로그래밍 할 수 있도록 되어있다.

15.2.4 에이전트의 Deliberation Scheduling

에이전트는 외부 환경에서 계속적으로 들어오는 메시지들을 자신의 메시지 큐에 보관하고, 이들 작업들을 어떠한 순서로 처리할 것인지를 동적으로 일정을 수립해야 할 필요가 있다. 이러한 작업 수행 일정과 현재 자신이 가지고 있는 자원을 가지고, 적절히 자신의 자원을 배분하는 기능을 내부적으로 가지게 되는데, 중요한 것은 이들 작업의 대부분이 시간적인 압력 하에서 의사결정을 내리고 행동하게 된다는 점이다. 따라서, 에이전트는 일종의 anytime algorithm기반의 deliberation scheduling 기능을 가지고 있을 필요가 있게 되며, 에이전트간의 협상메시지도 이러한 점이 반영될 필요가 있다. Lee et al.(2000)은 에이전트간의 협상메시지 각각에 일종의 시간 제한이라는 개념을 추가함으로써, 각 메시지가 유효한 시간을 명시적으로 부여하고 이에 따른 의미론을 정립하였다[26]. 이렇게 유효 시간이 제한되어 있는 메시지를 받은 에이전트들은 메시지의 시급성과 메시지를 처리하는 비용과 편익을 고려하여 최적화된 의사결정을 할 필요가 있다. 이때의 의사결정 알고리즘은 계산을 도중에 멈추어도 어느 정도의 성과를 내는 특성을 가지는 이른바 anytime 알고리즘의 특성을 가질 필요가 있다. Lee et al.(2004)은 Job-shop 일정계획을 하는 가상 생산 에이전트에 사용되는 유전알고리즘을 개발하여[27], 이 유전알고리즘이 anytime 알고리즘의 특성을 가짐을 확인함으로써, 시간제한이 부여된 에이전트의 의사결정방법론의 한 사례 연구를 제시하였다.

15.2.5 에이전트의 내부구조

위와 같은 에이전트는 특정 환경 내에 위치하면서 설계목적을 달성하기 위해 자율적으로 행동할 수 있는 컴퓨터 시스템 측면에서 정의하였다. 한편 에이전트가 어떤 모듈로 이루어져 있으며 각각의 모듈들이 서로 어떻게 상호작용 하는지를 나타내는 내부구조에 따라 에이전트 기본구조를 다음과 같이 분류하기도 한다[42].

- 숙고형 에이전트: 에이전트 자신과 환경에 대하여 기호 모델을 내부에 명시적으로 표현, 저장하고 이 모델 위에서 논리적 추론을 전개함으로써 자신이 취해야 할 행동들을 결정해 나가는 구조를 말한다. 숙고형 에이전트는 계획 알고리즘과 지식기반 시스템 등 많은 전통적인 인공지능 연구에서 초점이 맞추어져 왔다.
- 반응형 에이전트: 에이전트 내부에 실세계에 대한 어떠한 기호모델도 갖지 않고 대신 센서를 통해 감지한 신호 그 자체를 처리함으로써 곧바로 행동을 결정하며 복잡한 기호 추론 과정도 사용하지 않는다. 따라서 환경변화라는 자극에 대해 빠르게 반응할 수 있다.
- 혼합형 에이전트: 복잡한 추론과정 없이 환경변화에 바로 반응할 수 있는 반응형 모델과 실세계에 대한 기호모델을 바탕으로 계획을 세우거나 의사결정을 내리는 숙고형 모델을 포함하고 있다. 그러나 숙고형 모델보다 반응형 모델에 우선권을 부여함으로써 주요한 환경변화에 빠른 반응을 제공할 수 있도록 하였다.

15.3 에이전트의 유형

에이전트의 종류에 대한 분류는 아직 어떤 표준적인 분류기준이 없다. 다만 현재까지 나타난 에이전트의 능력을 위주로 학자들마다 다양하게 분류하고 있는데, 본 장에서는 주요 연구자의 에이전트 유형분류를 살펴보도록 하겠다.

<표 15-4>

에이전트 유형

에이전트 유형	주요 연구자
• Watcher Agent :자동으로 동작하며, 특정한 정보나 사건을 탐색(MIT의 Fishwrap 등) • Learning Agent : 사용자의 과거습성이나 습관 등으로부터 사용자의 선호도를 학습할 수 있는 능력(Firefly 등) • Shopping Agent : 비교쇼핑기능을 지원하여 가장 좋은 가격을 제시(Anders Consulting의 Bargain Finder 등) • Information Retrieval Agent : 정보를 검색-추출하는 기능(Architext Software의 Excite Search Engine 등) • Helper Agent : 인간의 개입 없이 특정일을 자동으로 수행(네트워크 관리 에이전트 등)	Nissen (1995)
• 지역 에이전트 : 사용자의 일정관리나 메일 필터링 기능 등 제공 • 네트워크 에이전트 : 네트워크와 관련된 업무를 대행(Web-Crawler, Spider 등) • 분산 인공지능기반 에이전트(DAI-based Agent) : 여러 개의 에이전트가 협력하여, 자연어 처리 등의 임무를 수행 • 이동 에이전트 : 네트워크를 이동하면서 임무를 수행	Magendanz et al. (1996)
• 스마트 에이전트 : 주어진 작업을 수행하기 위해 다른 에이전트와의 협력성, 자율성, 학습 능력에 중점 • 협력 에이전트 : 자율성과 다른 에이전트와 협력을 강조하는 에이전트 • 인터페이스 에이전트 : 사용자에게 스프레드시트나 운영체제와 같은 특정 어플리케이션 사용을 학습하여 사용자를 보조해주는 역할 • 모바일 에이전트 : 웹과 같은 네트워크를 돌아다니면서 외부 호스트와 상호작용하여 임무를 수행 • 정보/인터넷 에이전트 : 사용자가 원하는 정보를 적절히 수집 및 조작할 수 있도록 도와주는 기능	김인철 (2000)
[기능적 구분] • Interface 에이전트 : 사용자가 컴퓨터를 쓰기 편하도록 지원하는 에이전트 • Information/Internet 에이전트 : 지능적으로 메시지를 탐색하고 네트워크 자원을 관리 • Task 에이전트 : 사람을 도와 복잡한 의사결정과 지식을 처리하는 소프트웨어 에이전트 [속성 구분] • Reactive 에이전트 : 환경변화에 즉시 반응능력이 있는 에이전트 • Deliberative 에이전트 : 목표지도하에 활동능력을 가진 에이전트	Hess et al. (2000)

• Interactive 에이전트 : 사회협력능력이 있는 에이전트 • Hybrid 에이전트 : 즉시 반응, 목표지도하의 활동, 협력 등 종합능력의 에이전트 [행동방식 구분] • Autonomous 에이전트 : 분산 환경에서 자주감지와 행동할 수 있는 에이전트 • Multi 에이전트 : 분산 환경에서 상호협력을 통해 작업을 수행하는 에이전트 • Assistant 에이전트 : 사용자의 작업을 돕는 에이전트 [기타 특수유형] • Mobile 에이전트 : 프로그램 자체가 네트워크를 돌아다니며 수행되는 프로그램 • Believable 에이전트 : 사람과의 상호작용에서 서로 신임을 특징으로 실행(교육, 오락 에이전트 등)	Hess et al. (2000)

15.4 에이전트의 응용

2장에서는 에이전트의 기본적 구조, 3장에서는 에이전트의 유형을 살펴봄으로써, 에이전트를 개발할 경우 고려해야 할 구성 요소를 중심으로 설명하였다면, 4장에서는 에이전트가 수행하는 기능을 중심으로 에이전트가 어떻게 응용되어져 왔는지를 설명하고자 한다. 특히 인터넷 환경에서 사용되는 에이전트를 중심으로 하며, 인터넷 응용 중에서도 전자상거래 부문을 더욱 강조하여 설명한다.

인터넷 환경에서 에이전트의 주요 기능은 정보의 수집 및 검색, 필터링, 매칭, 정보 공지, 정보 모니터링, 의사소통지원, 개인화 및 추천, 의사결정 대행 및 지원, 네트워킹 등으로 구분할 수 있다[22].

에이전트의 기능을 전자상거래의 기본적인 참여자의 기능별로 분류해 볼 수도 있다. 즉, 구매자, 판매자, 중개상으로 전자상거래 참여자를 나누고 각각의 참여자가 시장에서 수행하는 기능을 중심으로 나누어 볼 수 있다.

전자상거래 에이전트는 전자상거래 각 주체마다 수행하는 업무에 따라 분류할 수 있는데, 소비자의 관점에서 본다면 구매 행위를 다음과 같이 여섯 단계로 구분할 수 있다

1) 욕구의 파악
2) 상품 탐색(무엇을 살 것인가)
3) 판매자 탐색(누구로부터 살 것인가)
4) 협상(가격, 배달조건, 애프터서비스, 지불 방식 등 거래의 조건을 결정)
5) 구매와 배달
6) 애프터서비스와 평가

위와 같이 6단계로 나누고 나면, 전자상거래 에이전트가 고객을 위해 할 수 있는 업무들을 각 단계별로 생각해볼 수 있는데, 첫번째, 욕구의 파악을 지원하기 위해서는 광고에이전트를 생각할 수 있으며, 두 번째의 상품 탐색을 위해서는 구매 지원 에이전트와 같은 것이 필요한데[29], 이를 구현하는 방법은 지식에 기반을 둔 방법, 협동적 필터링에 기반을 둔 방법, 컨텐츠에 기반한 방법 등이 있다. 세 번째 단계인 판매자 탐색을 지원하는 에이전트는 많이 사용되고 있는 비교쇼핑에이전트가 그 적당한 예(shopbinder.com, mysimon.com)이다. 네 번째 단계인 협상을 위한 에이전트는 앞에서 잠깐 살펴보았다. 5단계에 해당하는 에이전트 연구로는 Fisher et al.[12]가 있다.

15.4.1 비교쇼핑에이전트(Comparison Shopping Agent)

비교쇼핑에이전트는 전자상거래 분야에 특화된 검색 에이전트라고 할 수 있는데, 일반적인 검색엔진에 채용되어 있는 검색에이전트는 특정 분야에 대한 지식에 대한 온톨로지를 구축할 필요 없이 주로 키워드에 의한 검색을 수행하지만, 전자상거래 분야에서 사용되는 비교쇼핑에이전트는 전자상거래 분야의 웹페이지에 표시되어 있는 여러 가지 표현에 대한 지식 또는 이에 대한 해석 지능이 필요하다. 만약 상품을 판매하는 웹사이트와 이를 검색하는 비교쇼핑에이전트간에 공유하는 온톨로지가 XML또는 HTML의 tag로 어느 정도 표준화되어있다면, 비교쇼핑에이전트를 개발하는 일은 크게 어렵지 않을 것이다. 그러나, 일반적으로 가격비교를 포함한 대부분의 비교를 회피하고자 하는 성향이 많은 판매자들이 비교쇼핑에이전트에 협조적이라 하더라도 여러 기업들의 상품 표현이 다르고 비교 쇼핑에이전트간의 접근 방법도 다른 상태에서, 모든 종류의 전자상거래 사업자와 에이전트 개발자가 합의하는 온톨로지를 개발하는 것은 현재까지 불가능하였고, 앞으로도 불가능할 가능성이 많다. 결국 비교쇼핑에이전트는 소유자가 다른 에이전트간, 소유자가 다른 판매자간에 공유하는 온톨로지가 없는 상태에서 전자상거래 웹페이지를 해석하여 이를 비교가 가능할 만한 표시 형식으로 인간 사용자에게 보여줄 일종의 지능적인 프로그래밍이 필요하다. 이러한 지능적 프로그래밍 기술 외에도 비교쇼핑에이전트 기업은 전자상거래 판매자와 적대적인 사업모형을 가지지 않는 것이 좋다[23]. 결국 비교쇼핑에이전트가 판매자에게 이익이 되지 않는다면, 이들은 에이전트의 접근을 기술적으로 차단하거나, 에이전트사업자를 무단 침입으로 고소할 수도 있으며, 에이전트의 접근을 방해하기 위해 웹페이지의 표현을 자주 변경하거나, 또는 에이전트가 해석하기 어려운 이미지 등을 사용하게 되어 에이전트가 기능을 제대로 수행할 수 없게 할 것이다. 사실상, 많은 웹사이트들은 자동화된 에이전트들이 자신의 사이트를 남용하는 것에 대해서 골치를 썩고 있는 것이 사실이다. 예를 들어, Yahoo.com은 자동화된 회원가입 프로그램의 접근을 막기 위해서, 회원 가입화면에 인간만이 인식할 수 있는 이미지를 삽입하여, 인간사용자가 그 이미지의 문자열을 입력해야만 회원가입이 될 수 있도록 하고 있다.

[그림 15-4]

에이전트의 접근을 차단하기 위한 장치

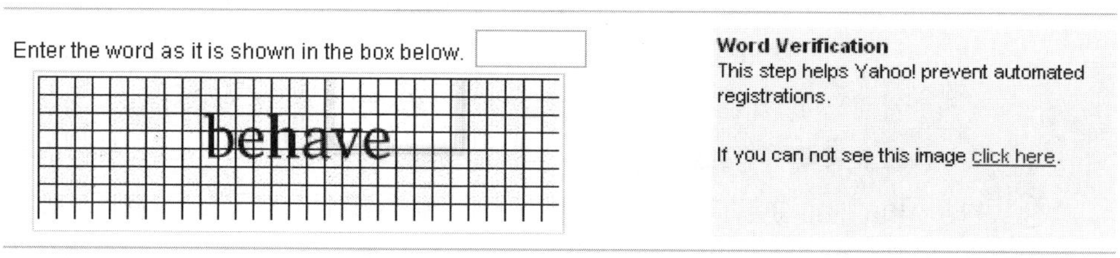

비교쇼핑에이전트를 앞서 설명한 에이전트의 기본구조라는 관점에서 설명한다면 다음과 같다. 비교쇼핑에이전트는 에이전트들 간에 자율적으로 의사소통하고 경쟁, 협동하는 측면은 없으므로, 다중에이전트 분야에 속하지 않는다. 만약, 전자상거래 웹사이트를 일종의 협동, 경쟁하는 에이전트로 간주한다면 다중에이전트라고 할 수 있으나, 지금까지는 비교쇼핑에이전트에 협동하거나 이에 대응하기 위해 에이전트를 따로 두고 있는 전자상거래 사업자는 발견되고 있지 않고 있다. 따라서, 비교쇼핑에이전트는 표준화된 지식표현이나, 의사소통언어, 의사소통프로토콜이 존재하지 않는다. 앞서 설명한바와 같이 전자상거래 사업자가 비교쇼핑에이전트와 공유하는 온톨로지가 존재할 가능성도 있으나, 현재까지 이러한 공유된 온톨로지를 사용하는 비교쇼핑에이전트는 발견되지 않았다.

다중에이전트의 성격이 약한 비교쇼핑에이전트는 심사숙고를 위한 정교한 일정계획이 필요하지는 않다. 그러나, 인간 사용자가 암묵적으로 요구하는 반응시간 이내에 결과를 산출해야 하는 요구조건은 존재한다. 비교쇼핑에이전트가 실시간 검색을 할 경우 반응시간은 오래 걸릴 수 있으나, 가장 최신의 상품 정보를 제공할 가능성이 높다. 따라서, 비교쇼핑에이전트 운영자는 실시간 검색에 따른 반응시간과 상품 정보의 최신성간의 trade-off관계를 최적화할 필요가 있다.

마지막으로 비교쇼핑에이전트 역시 인간-에이전트 인터페이스의 이슈가 있다. 현재 수준은 검색어를 입력하는 수준과 간단한 자연어 처리를 표방하는 수준이다. Clickprice.co.kr의 경우 '100만원 이상 노트북'이라고 입력하면, 100만원 이상의 노트북만을 표시하는 일종의 자연어 처리를 성공적으로 수행하나, '100만원 이상 120만원 이하 노트북'이라고 입력한 경우는 성공적으로 처리하지 못하였다.

15.4.2 다중에이전트기반의 전자상거래

대부분의 비교 쇼핑에이전트, 추천 에이전트 등은 에이전트간의 의사소통, 협동, 경쟁 이슈 등이 존재하지 않는 에이전트 응용이다. 앞서 설명한 바와 같이 이러한 에이전트들은 인공지능과 지식시스템의 비교적 새로운 분야로서 에이전트시스템이라고 부르기가 어려운 측면이 있다. 그러면, 전자상거래 분야에서 다중에이전트시스템으로 이루어질 응용들이 나타날 것인지 생각해보자. 어떠한 시스템이 다중에이전트시스템이라고 불릴 수 있는 중요기준은 그 시스템에 참여하는 에이전트들이 서로 다른 개발자 또는 운영자에 의해서 만들어지고 운용되고 있는가이다. 어떤 연구들은 같은 개발자 또는 소유자가 운영하는 모듈화된 시스템을 설계, 구현하고서 이를 (다중)에이전트시스템이라고 하는 경우가 있는데, 이는 적절하지 못한 측면이다. 다중에이전트시스템을 연구하고 개발하는 이유는 이들 에이전트들이 서로 공유하는 목적 또는 상반된 목적을 가지고 있는 주체들의 활동을 각 주체의 대리인인 에이전트가 대신하면서 본 주체의 목적을 달성시킬 수 있도록 하기 위함이기 때문이다.

이러한 다중에이전트 시스템의 징후는 굳이 에이전트시스템이라는 이름을 사용하지 않지만, 사실상 에이전트 시스템이라고 할 수 있는 분산 P2P 네트워크에서 볼 수 있다. 예를 들어 Bearshare라는 P2P 소프트웨어를 다운로드받은 사용자는 LimeWire, Mutella, Shareaza, Aquisition, xolox, mldonkey, phex, trustyfiles 등의 다른 개발자들이 개발하여 배포하는 소프트웨어와 의사소통하면서 전체 시스템을 이룬다. 이들 소프트웨어들은 Gnutella 프로토콜을 공유하고 있으며, 어느 정도 관습적으로 동의하는 온톨로지에 합의하고 있다. 이들 음악파일 P2P 네트워크에 온톨로지를 형성시키려는 노력이 Bitzi.com이라는 회사에 의해 진행되고 있다.

15.4.3 정보검색/정보여과

인터넷이라는 정보의 홍수 속에서 사용자 스스로 원하는 주제에 대한 최신의 정보를 정확하고 빠른 시간에 얻는 것은 매우 어렵기 때문에 에이전트의 도움을 필요로 한다. 인터넷 정보 검색 시 현재 많이 애용되는 검색 엔진은 사용자로부터 원하는 주제에 대한 입력을 받아 관련 웹사이트들을 찾아 출력해주는 기능을 한다. 한편 이러한 검색엔진의 한 구성요소로 사용되는 인덱싱 루틴은 탐색 로봇 또는, 웹 로봇이라 불리는 것으로서 스스로 계속해서 웹링크를 따라가면서 새로운 웹 사이트를 찾아내어 인덱스 파일을 자동 생성해주는 역할을 한다. 하지만 이러한 웹로봇들 중에서 앞서 살펴본 에이전트 시스템의 기본적인 속성들이 결여되어 하나의 완전한 에이전트 시스템으로 보기 어려운 것들이 많다. 에이전트 시스템의 모습을 갖춘 대표적인 인터넷 정보 검색 시스템으로는 WAIBA, WebAnts 등이 있다. 이 중에서 WAIBA는 변환자와 보조자에 같은 독립 프로세스를 두어 서버와 클라이언트 중간에서 수행시킴으로써 사용자의 입력이나 서버로부터의 결과를 수정하여 여러 가지 다양한 서비스를 제공한다. WAIBA가 구현한 서비스로는 웹사이트의 내용이 변했을 때 자동으로 알려주는 기능, 웹사이트의 내용에 대해 그룹원끼리 주석을 달아 서로 공유하는 기능, 웹 문서가 다른 웹 문서와 어느 정도 연관이 있는지를 나타내주는 기능 등이 있다.

15.4.4 모바일 에이전트

모바일 에이전트는 최근 개인용 휴대단말기 등의 보급과 유비쿼터스 기술의 급진전으로 부각되어, M-Commerce, U-Commerce에서 필수적인 기능으로 꼽힌다. 모바일 에이전트는 에이전트의 특징 중 이동성(mobility)이 강조된 에이전트로 클라이언트/서버 형태로 네트워크를 이용해 임무를 수행하는 일반 에이전트와는 달리 시스템 간에 코드와 현재의 에이전트 내부상태 자체가 이동하여 임무를 수행하는 에이전트이다. 즉 모바일 에이전트는 코드, 데이터, 상태 그리고 권한까지 구성되어 있다. 모바일 에이전트는 이동 시, 경로가 주어지면 모바일 에이전트 시스템과의 계속적인 상호작용 없이 다른 모바일 에이전트 시스템으로 자발적으로 이동한다. 모바일 에이전트를 생성한 본래의 에이전트 시스템은 모바일 에이전트가 주어진 임무를 마치고 결과 값을 가지고 마지막으로 되돌아오게 된다. 이러한 특징을 이용하여 모바일 에이전트 기술은 고급화된 전자상거래 서비스, 네트워크 관리 등의 다양한 분야에 적용되고 있으며, 특히 유비쿼터스 컴퓨팅 환경에서 필요한 정보를 얻고 교환하는 서비스를 제공하는 응용프로그램 개발에 적용될 수 있다. 간단히 유비쿼터스 환경에서 모바일 에이전트의 역할에 대해 살펴보자. 이동통신 기기를 이용하는 클라이언트는 자신이 원하는 정보를 검색하기 위하여 무선 네트워크를 통하여 서버에 접근한다. 하지만, 무선 네트워크는 값비싼 이용료와 접속료를 요구한다. 또한 통신도중 연결이 끊어질 수 있는 신뢰성이 현저히 떨어지는 통신이다. 이러한 환경에서 모바일 에이전트 패러다임은 장점을 발휘할 수 있다. 먼저, 사용자는 검색하고자 하는 조건을 에이전트 코드에 작성하고, 이동통신 기기를 통하여 원격서버로 모바일 에이전트를 전송한다. 사용자는 전송이 완료되면 무선 네트워크를 종료하고 자신의 다른 작업을 수행할 수 있다. 모바일 에이전트는 사용자를 대신하여 서버와 상호작용하며 작업을 수행한다. 모바일 에이전트의 작업이 완료되면 사용자에게 통지를 보내어 완료되었음을 메시지 통신한다. 사용자는 메시지를 확인한 후, 무선 네트워크에 접속하여 모바일 에이전트를 받아들인다. 그리고 무선 네트워크의 연결을 종료하고 모바일 에이전트가 수집한 정보를 확인한다. 이전의 시나리오에서 모바일 에이전트 패러다임을 이용하여 신뢰성이 보장된 서비스를 받을 수 있으며, 값비싼 무선 네트워크 이용료를 줄이고 사용자는 해당 서버와 작업에 자유로울 수 있다는 장점을 갖는다.

이러한 시나리오는 실제 일본의 한 모바일 게임에서 응용되었다. 이 게임은 사용자가 특정의 게임 캐릭터를 선정하여 금광에서 많은 금을 캐고 다른 캐릭터를 만났을 때 전투를 하게 된다. 금을 많이 캘수록 전투력은 상승하게 된다. 게임조작과 시나리오가 비교적 단순한 이 게임의 매력은 게임 캐릭터와 게임 운영이다. 게임 캐릭터의 전투력이 일상생활의 상황(context)과 연결되어있다. 예를 들어 현재 시간이 낮이거나 밤, 비가 올 때, 눈이 내릴 때 등에 따라 햇빛에 강한 캐릭터, 달빛에 강한 캐릭터, 수중전에 강하거나 빙판에 강한 캐릭터 등으로 분류된다. 그러므로 사용자는 현재의 상황에 따라 자신의 캐릭터를 이용하기 위해 게임에 접속한다. 또한 값비싼 통신료로 인하여 금을 캐는 동작은 자동으로 설정하고, 사용자는 게임을 종료한다. 만약 이때 다른 캐릭터에 의해서 공격을 당하여 생명력이 낮아지게 되면, 사용자에게 문자메시지를 보내어 게임에 다시 접속하게 하는 운영방식을 가지고 있다. 이러한 예에서도 볼 수 있듯이 비교적 단순한 기능이지만 모바일 에이전트를 활용함으로써 얻을 수 있는 컨텐츠를 지속적으로 개발하고 활용하는 것이 중요하다.

15.5 에이전트의 개발

앞서 설명한 바와 같이 에이전트의 개념이 여러 사람들에 의해서 다양하게 사용되고 여러 사람들에게 다양하게 인식되고 있어서, 에이전트 개발 도구라는 것 역시 이들 간에 대등하게 비교될 수준의 것은 아니다. 다만, 연구 등의 목적으로 지속적으로 유지되어 온 에이전트 개발도구의 대표적인 사례로는, JATLite(java.stanford.edu), Agent-

Builder(agentbuilder.com) 등이 있다. 이들은 KQML을 기반으로 하는 에이전트 개발도구로, 이른바 다중 에이전트를 개발하는 데에 사용되며, 에이전트 연구와 교육용으로 주로 활용되고 있다. 한편, Microsoft 사는 일종의 인터페이스 에이전트를 개발하기 위한 도구인 Microsoft Agent라는 제품(www.microsoft.com/msagent/)을 출시하고 있는데, 이는 웹시스템이나 PC애플리케이션에서 사용자에게 친숙한 느낌을 주기 위한 에이전트를 제공하기 위한 것이다. 또한, AgentSheets(agentsheets.com)라는 회사에서는 에이전트 기반의 시뮬레이션을 수행할 수 있는 도구를 개발하여 제공하고 있는데, 이는 인공지능분야에서 언급되는 에이전트 시스템을 개발하기 위한 도구가 아니라, 복잡계(complex system) 연구 분야에서 논의되는 이른바 에이전트기반의 시뮬레이션을 위한 도구이다.

한 가지 중요한 에이전트 개발 도구로 NQL Technologies(www.nqltech.com)가 제공하고 있는 Network Query Language가 있다. Network Query Language는 데이터베이스 분야의 SQL과 같은 스크립트 언어로 에이전트 시스템이나 미들웨어, 웹 애플리케이션을 손쉽게 개발하도록 만든 언어이다. 이 언어는 David Pallmann에 의해 개발되었는데, 마이크로소프트 출판사에서 출간된 “Programming Bots, Spiders, and Intelligent Agents in MS Visual C++”의 저자이기도 하다. 이 책은 인터넷 상의 정보를 수집하고 해석하여 사용자에게 요약, 정리된 정보를 제공하거나 사용자의 의사결정과 행동을 지원하는 인터넷에 기반을 둔 에이전트를 개발하는 현실적인 방안과 소스코드, API(application programming interface) 등을 설명하고 있는데, 에이전트를 개발하는 과정에서 발생되는 에이전트의 일정계획(scheduling), 로깅(logging), 사이트 크로울링(site crawling), 멀티쓰레딩(multithreading), 사용자인터페이스(user interface), 자료 해석(data interpretation), 이벤트 발생(events), 경고 메시지(alert)와 의사결정 지원(decision support), 통지(notification), 변화 탐지 기능(change detection), 에이전트의 성능 평가 등의 이슈를 매우 구체적으로 다루고 있다. 이에 더 나아가, Network Query Language는 클라이언트 프로그램, 서버 프로그램 등을 개발하는데 모두 사용되며, 이동 단말 지원(WAP, Palm VII and Pocket PC), Object Recognition Engine(ORE), Simple Object Access Protocol(SOAP), Open Financial Exchange(OFX) 등을 지원하며, 전자상거래, 지능형 패턴 매칭, 웹사이트 검색, XML을 이용한 정보 교환, 신경망, 퍼지논리, E-mail(POP3, SMTP, MAPI), Database I/O(ODBC, OLE DB, ADO), 멀티쓰레드와 병렬처리, Telnet 에뮬레이션, 네트워크 감시(SNMP) 등 에이전트 시스템을 개발하는데 주변의 여러 잡다한 프로그램을 쉽게 하는 것을 지원한다는 데에 특징이 있다. 에이전트에 관한 정보를 종합하고 있는 곳으로는, http://agents.umbc.edu, http://www.agentland.com/ 등이 있다.

15.6 맺음말

에이전트 시스템은 일차적으로는 Yahoo, Google, 우리나라의 Naver.com, Empas.com 등의 검색사이트 사업을 가능하게 한 핵심 기술이라고 할 수 있다. 이들 사업은 웹사이트의 정보를 수집하여 이를 DB화하고 이를 최종 사용자에게 정리하여 제공하는 일종의 에이전트 시스템을 개발한 경우가 된다.

앞서 설명한 비교 쇼핑 사이트 역시 에이전트 기술을 이용하여 사업화 한 경우이나, 검색 사이트 수준의 키워드 검색 기능 외에 해당 전자상거래 사이트가 어떠한 구조로 상품에 대한 설명과 가격 정보들을 표현하고 있는지를 인식해야 한다는 점에서 좀 더 지능적일 필요가 있다.

국내의 어떤 연구자는 웹상으로 골프장 예약을 하는 에이전트를 개발하여, 일일이 웹브라우저에서 대기하지 않고, 밤새도록 작동하는 에이전트를 이용하여 골프장 예약을 쉽게 하였다는 비공개 사례도 있다. 어쩌면 진정으로 효과를 발휘하는 에이전트들은 널리 알려지는 것이 아니라, 비공개적으로 사용되어 그 에이전트의 소유자에게 비밀스런 혜택을 제공하고 있는지도 모른다.

이렇게 에이전트는 공개적으로 또는 비공개적으로 사용되고, 한편으로는 개인적으로 사용되기도, 또는 기업용으로 사용되기도 한다. 특히, 사업의 목적으로 개발되는 에이전트시스템의 경우는 개발 초기부터 비즈니스 모델을 정확히 설정하여 접근할 필요가 있다. 예를 들어, 여러 인터넷 은행을 일일이 로그인하지 않고도 업무를 볼 수 있게 하는 이른바 스크래이핑 방식의 가상 은행 서비스의 경우도 일종의 에이전트 기술을 활용한 서비스인데, 기존 은행의 서비스 영역을 위협하는 이러한 서비스가 과연 장기적으로 지속될 수 있을 것인가에는 의문이 있다. Jin, Suh & Lee(2003)는 이러한 문제 의식에서 16개의 에이전트 기반 사업의 사례를 귀납적 학습 방법을 이용하여 분석한 결과, 에이전트 기반 사업의 성공에 가장 중요한 요인은 그 사업이 관련 사업자들과의 관계를 상호 호혜적으로 설정하고 있는가라는 점을 밝혀내었는데[23], 앞으로의 에이전트의 연구와 개발은 에이전트에 기반을 둔 시스템이 어떻게 실제적으로 사용가능할 것인가에 더욱 집중할 필요가 있다고 여겨진다.

주요용어

- 에이전트(Agent, 대리인)
- KQML(Knowledge Query Manipulation Language)
- 다중에이전트(Multiagent)
- 온톨로지(Ontology)
- FIPA
- P2P(Peer-to-Peer)
- Gnutella Protocol
- JXTA

연습문제

1. 지식시스템과 에이전트의 연관성을 설명하시오.
2. 다른 개발 주체가 개발한 에이전트와 소통하지 않는 에이전트 시스템을 진정한 에이전트라고 할 수 있을 것인가? 이에 대해 토론하시오.
3. 에이전트 언어를 열거하고, 이의 활용 상황을 조사하시오.
4. 상용화된 에이전트 개발도구를 열거하고, 각각의 특징을 설명하시오.
5. 전자상거래 환경에서 사용자 대신 어느 정도의 구매 의사 결정을 수행하도록 하는 에이전트의 인터페이스는 어떻게 될지, 그 에이전트가 다른 에이전트와는 어떠한 프로토콜이나 에이전트 언어로 의사소통하게 될지 설명하시오.
6. 인터넷 환경에서 사용자가 원하는 뉴스를 여러 정보 제공자로부터 검색해 오는 에이전트는 어떻게 될지, 그 에이전트가 다른 에이전트와는 어떠한 프로토콜이나 에이전트 언어로 의사소통하게 될지 설명하시오.
7. 에이전트를 기반으로 한 사업의 사례를 선정하고, 이 사업에서 에이전트가 어떠한 역할을 하며, 이 사업이 관련 사업자와 어떠한 관계를 맺고 있는지 설명하시오.
8. 채팅 에이전트를 하나 선택하여 사용해보고, 이의 확장가능성과 응용가능성을 이야기 해보시오.
9. P2P 소프트웨어와 에이전트의 관계에 대해서 설명하시오.

참고문헌

[1] 김인철, 에이전트 구조, 정보과학회지, 제18권 제5호, 2000
[2] 이경전, 에이전트가 만드는 온라인 비즈니스 규칙, en@ble, 6월호, 1999.
[3] 이경전, 장용식, 최형림, 김현수, 박영재, 박병주, “복잡한 의사결정과 협

상 환경을 위한 에이전트 기반 시스템: 가상생산 응용", Information Systems Review, 4(2):223-236, 2002.

[4] 이경전, 전자상거래를 위한 소프트웨어 에이전트, 정보처리학회지 1월호, 1999.2.

[5] 이경전, 진동수, 지능형 에이전트가 인터넷 사업에 미치는 영향: 사업 모형 관점에서의 분석, 한국지능정보시스템학회 논문지 6(2), pp. 49~62, 2000.

[6] 조대연, 이경전, "멀티미디어 컨텐트 유통 e-Business를 위한 P2P 플랫폼의 구조", 한국SI학회지, 2(2):53-62, 2003.

[7] 최형림, 김현수, 박영재, 박병주, 이경전, "인터넷상의 가상생산 기반 부품 판매 에이전트 개발", 경영정보학연구, 12(4):193-213, 2002.

[8] Barbuceanu, Mihai and Fox, Mark S., "COOL:A Language for Describing Coordination in Multi-Agent Systems," in *Proceedings of the First International Conference on Multi-Agent Systems* (ICMAS-95), Victor Lesser (Ed.), AAAI Press/MIT Press, San Francisco, CA, pp. 17~24(June 1995).

[9] Brown, J. and Duguid, P., *The Social Life of Information*, Harvard Business School Press, 2000.

[10] Fensel, D., Horrocks, I., Harmelen, F., McGuinness, D., and Patel-Schneider, P., OIL: An Ontology Infrastructure for the Semantic Web, *IEEE Intelligent Systems*, 16(2), MARCH/APRIL, 2001.

[11] Finin, T., Labrou, Y., and Mayfield, J., "KQML as an Agent Communication Language," *Software Agents*, Jeffrey Bradshaw (editor), AAAI/MIT Press, 1997.

[12] Fisher, K., Chaib-draa, B., Muller, J., Pischel, M. and Gerber, C., "A Simulation Approach Based on Negotiation and Cooperation Between Agents: A Case Study," *IEEE Transactions on Systems*, Man, and Cybernetics, Part C: Applications and Reviews, Vol. 29, No. 4, pp. 531~545, 1999.

[13] Franklin, S., and Graesser, A., "Is It an Agent or Just a Program?: A Taxonomy for Autonomous Agents," *Proceedings of the 3rd International Workshop on Agent Theories*, Architecture, and Language, 1996.

[14] Genesereth, M. et al. "Knowledge Interchange Format," *Technical Report*, Logic-90-04, Dept. of Computer Science, Stanford University, 1990.

[15] Ginsberg, M., "Knowledge Interchange Format: The KIF of Death," *AI Magazine*, 12(3):57-63, Fall, 1991.

[16] Gong, L., "JXTA: A Network Programming Environment." *IEEE Internet Computing*, 5:88-95, 2001.

[17] Guan, Z., "Application of Decentralized Cooperative Problem Solving in Dynamic Flexible Scheduling," *Proc. SPIE*, Vol.2620, SPIE, Bellingham, Wash.,

Aug, pp. 179~183, 1995.

[18] Guttman, R., A. Moukas, and P. Maes. "Agent-mediated Electronic Commerce: A Survey.," *Knowledge Engineering Review*, June 1998.

[19] Hess, T.J., Rees, L.P. and Rakes, T.R., "Using Autonomous Software Agents to Create Next Generation of Decision Support Systems," *Decision Sciences*, Vol.31, No.2, pp. 1~31, 2000.

[20] Horvitz, E., "Principles of Mixed-Initiative User Interfaces," *Proceedings of CHI '99*, ACM SIGCHI Conference on Human Factors in Computing Systems, Pittsburgh, PA, ACM Press. pp. 159~166, May 1999.

[21] J, Allen, et al. "Towards Conversational Human-computer Interaction," *AI Magazine*, Vol.22, No.4, pp. 27~37, 2001.

[22] Jin, D. and Lee, K, "Impacts and Limitations of Intelligent Agents to Internet Commerce," *Lecture Notes in Computer Science*, vol. 2105, pp. 33~48, 2001.

[23] Jin, D., Suh, Y., and Lee, K., "Generation of Hypotheses on the Evolution of Agent-Based Business Using Inductive Learning," *Electronic Markets*, 2003. vol. 13, no. 1, pp. 13~20, 2003.

[24] Juan A. Rodríguez-Aguilar, Francisco J. Martín, Pablo Noriega, Pere Garcia, and Carles Sierra, "Towards a Test-bed for Trading Agents in Electronic Auction Markets," *AI Communications* 11(1): pp. 5~19, 1998.

[25] Lee, J. and Lee, W., "Intelligent Agent-Based Contract Process in Electronic Commerce: UNIK-AGENT Approach," *Proceedings of '97 Hawaii International Conference on System Sciences-30*(HICSS-30), 1997.

[26] Lee, K., Chang, Y., and Lee, J., "Time-bound Negotiation Framework for Electronic Commerce Agents," *Decision Support Systems*, 28:319-331, 2000.

[27] Lee, K., Chang, Y., Choi, H., Kim, H., Park, Y., Park, B., "A Time-bound Framework for Negotiation and Decision Making of Virtual Manufacturing Enterprise," *Journal of Organizational Computing and Electronic Commerce*, Vol. 14, no.1, 2004.

[28] Lee, K., "Peer-to-Peer Electronic Commerce: A Taxonomy and Cases," *Proceedings of the 3rd International Conference on Electronic Commerce*, Wien, Austria, 2001.

[29] Lee, S. K., Lee, J. K. and K. J. Lee, "Customized Purchase Supporting Expert System: UNIK-SES", *Expert Systems with Applications*, vol. 11, no. 4, pp. 431~441, 1996.

[30] Lewis, M., "Designing for human-agent interaction," *AI Magazine*, Vol 19, No. 2, pp. 67~78, 1998.

[31] Nissen, M., *Intelligent Agent: A Technology and Business Application Analysis*, http://haas.berkeley.edu/~helimann/agents/, 1995.

[32] O'leary, D., "Impediments in The Use of Explicit Ontologies for KBS Development," *International Journal of Human Computer Studies*, 46:327-337, 1997.

[33] P. Maes, R. Guttman and A. Moukas. "Agents That Buy and Sell: Transforming Commerce as We Know It.," *Communications of the ACM*, March 1999.

[34] Pallmann, D., *Programming Bots, Spiders, and Intelligent Agents in MS Visual C++*, Microsoft Press, 1999.

[35] Russel, S. and Norvig, P., *Artificial Intelligence*, Prentice-Hall, 1995.

[36] Sadeh, D., D. Hildum, and D. Kjenstad, "Intelligent E-supply Chain Decision Support," in *Proc. International Conference on Electronic Commerce*, pp. 124~132, 2000.

[37] Sandholm, T. and Lesser, V., "Issues in Automated Negotiation and Electronic Commerce: Extending The Contract Net Framework," *Proceedings of the First International Conference on Multi-Agent Systems*, pp. 328~335, 1995.

[38] Smith, R., "The Contract Net Protocol: High-level Communication and Control in a Distributed Problem Solver," *IEEE Transactions on Computer*, 29:1104~1113, 1980.

[39] Stefik, M., *Introduction to Knowledge Systems*, Morgan Kaufmann, 1995.

[40] Steinmetz, E., Collins, J., Jamison, S., Sundareswara, R., Mobasher, B. and Gini, M., "Bid Evaluation and Selection in MAGNET Automated Contracting System," in *Agent Mediated Electronic Trading*, Lecture Notes in Artificial Intelligence (LNAI) 1571. Springer-Verlag, pp. 105~125, 1999.

[41] T. Magendanz, K. Rothermel and S.Krause, "Intellignet Agent: An Emerging Technology for Next Generation Telecommunication?," *Proc of INFOCOM 96*, pp. 464~472, 1996.

[42] Wooldridridge, M., and Jennings, N., "Intelligent Agent: Theory and Practice," *Lecture Note in Artificial Intelligence*, Springer-Verlag, 1995.

[43] Zilberstein, S., "Using anytime algorithm in intelligent systems," *AI Magazine*, 17(3):73-83, Fall, 1996.

참고사이트

20/20 WebSearch	http://www.vsn.net/2020/
Acronymics, Inc.	http://agentbuilder.com
Acses	http://www.acses.com
AgentSheets, Inc.	http://agentsheets.com
Artificial Life, Inc.	http://www.artificiallife.com
Best Book Buys	http://www.bestbookbuys.com/
Book Shopper Agent	http://www.agentsoft.com/demos/aplet/booksho.htom
CNET Shopper.com	http://www.shopper.com/
Collab.Net, Inc.	http://jxta.org
Computer ESP Bargain Agent	
	http://oracle.uvision.com/shop/
Consumer World(r)	http://www.consumerworld.org/pages/shopping.htm
Conversive Inc.	http://www.conversive.com
David Watanabe.	http://www.acquisitionx.com
Excite Shopping Channe	
	http://www.excite.com/channel/shopping
FishMarket	http://www.iiia.csic.es/Projects/fishmarket/
Free Peers, Inc.	http://www.bearshare.com
Gnucleus	http://www.gnucleus.com
Gregor Koukkoullis	http://phex.sourceforge.net
JATLite	http://java.stanford.edu
	(repair damage caused by hackers)
Intelligent agents and bots	
	http://www.agentland.com
LikeMinds	http://www.likeminds.com/
Lime Wire LLC.	http://www.limewire.com
Microsoft Agent	http://www.microsoft.com/msagent/
MLdonkey World	http://mldonkey.org
Mutella	http://mutella.sourceforge.net
MX BookFinder	http://www.mx.org/bookfinder/
MySimon	http://www.mysimon.com/
NetBuyer	http://www.zdnet.com/netbuyer/
NetMarket	http://www.netmarket.com/
Neuromedia, Inc.	http://www.neuromedia.com

NQL Technologies, Inc.	
	http://www.nqltech.com
OSMB, LLC	http://www.gnutella.com
Planet Retail	http://www.planetretail.com
RazorPop, Inc.	http://trustyfiles.com/index.php
RoboShopper	http://www.roboshopper.com
Shareaza Development Team.	
	http://www.shareaza.com
ShopFind	http://www.shopfind.com/
Shopping Doggie!	http://www.shopfido.com/
StoreSearch	http://www.storesearch.com
StreamCast Networks, Inc.	
	http://www.morpheus.com
The Bitzi Corporation	http://Bitzi.com
The DARPA Agent Markup Language Homepage	
	http://www.daml.org
The Foundation for Intelligent Physical Agents	
	http://fipa.org
The Graphical Unix Gnutella Client	
	http://gtk-gnutella.sourceforge.net
UMBC Agent Web	http://www.csee.umbc.edu/agents
UMBC Agent Web	http://agents.umbc.edu
XoloX B.V.	http://xolox.nl

제 16 장

지식시스템 개발

학습목표

- 지식시스템의 개략적인 개발 절차를 이해한다.
- 지식시스템의 계획 과정을 이해한다.
- 지식시스템의 분석 과정을 이해한다.
- 지식시스템의 설계 과정을 이해한다.
- 지식시스템의 구현 및 운영 과정을 이해한다.
- 지식경영시스템의 개략적인 구조와 개발 절차를 이해한다.

저자소개

최형림, 동아대학교 경영정보과학부 교수, hrchoi@dau.ac.kr

차 례

16.1 서 론

본 장에서는 지금까지 살펴보았던 지식시스템과 관련된 다양한 요소기술들을 토대로 하여 실제 활용 가능한 시스템을 개발하는 과정을 소개하고자 한다. 지식시스템도 궁극적으로는 전체 정보시스템의 한 구성요소로 볼 수 있기 때문에 일반적인 정보시스템의 개발에 필요한 시스템 분석 및 설계와 관련된 모든 개념이 지식시스템의 개발에도 적용될 수 있다.

그러면 지식시스템의 개발을 위하여 종래의 시스템 분석과 설계기법을 그대로 활용하면 되는가? 그렇지는 않다. 지식시스템은 기존의 정보시스템과는 구분될 수 있는 특성을 지니고 있기 때문에 종래의 시스템 분석과 설계기법을 그대로 적용시킬 수는 없으며, 다소 변형된 자신의 독특한 개발과정을 거침으로써 보다 효율적으로 시스템을 구축할 수 있다. 따라서 본서에서는 지식시스템 개발 절차를 계획단계와 개발 단계로 구분하여 설명하고 있다.

이하에서는 이러한 두 가지 단계 중 개발단계의 효율화를 위하여 기존 정보시스템 부문에서 널리 활용되고 있는 시스템 개발주기 방법과 프로토타이핑 방식을 혼합한 새로운 개발주기를 우선 소개하고, 다음으로 지식시스템의 개발을 위하여 계획단계와 개발단계에서 각각 수행되어야 할 세부내용을 살펴보기로 한다. 그리고 마지막에서는 지식시스템을 포함하는 일반적인 정보시스템 개발 방법론에 대해서도 개략적으로 살펴보기로 한다.

16.2 시스템의 개발 방법

일반적으로 지식시스템을 효율적으로 개발하기 위하여 그 개발절차를 정형화하여 사용하고 있는데, 본 절에서는 이러한 내용을 소개하고자 한다. 지식시스템의 개발도 기존의 정보시스템 개발에 사용되는 방법을 근간으로 하고 있으나, 이들 두 시스템들 간의 특성상의 차이 때문에 그대로 활용될 수는 없고 다소 변형된 독자적인 개발과정을 거치는 것이 바람직한 것으로 인식되고 있다. 따라서 본 절에서는 우선 이들 두 시스템들 간의 특성상의 차이점을 살펴본 뒤에, 기존의 정보시스템 개발에 많이 활용되고 있는 시스템 개발주기와 프로토타이핑 방식에 대해 공부하고, 이어서 지식시스템 개발을 위한 적절한 개발 절차를 소개하고자 한다.

16.2.1 지식시스템과 일반 정보시스템

여기서는 지식시스템을 개발하는데 있어 일반적인 정보시스템 개발에 사용되는 방법들을 어느 정도 활용할 수 있는지를 파악하기 위하여, 지식시스템과 일반 정보시스템을 비교하여 보도록 한다.

우선 기업에서의 일반적인 정보시스템과 지식시스템의 공통점을 살펴보면 첫째, 양 시스템이 모두 의사결정과 관리과정의 질적 향상을 궁극적인 목적으로 삼고 있다는 점이다. 둘째, 시스템의 개발에 필요한 자원과 시간을 확보하기 위하여 최고경영층과 사용자의 동의를 구하여야 한다. 마지막으로 개발과정에서 시스템 분석과 설계기법으로부터 큰 도움을 받을 수 있다는 점이다. 즉, 일반적으로 시스템 분석과 설계는 지금까지 기업에서의 정보시스템을 개발하는데 있어 무엇보다 중요한 역할을 담당해온 것으로 인식되고 있다. 이러한 시스템 분석과 설계 작업은 지식시스템의 개발에 있어서도 마찬가지로 중요한 역할을 수행하는 것으로 생각할 수 있다. 왜냐하면 기업에서의 지식시스템도 궁극적으로는 전산화된 일종의 의사결정도구로 생각하여 일반 정보시스템의 범주에 포함시킬 수 있기 때문이며, 특히 규모가 크고 전략적인 차원에서 중요성이 높은 지식시스템을 개발하고자 할 경우에는 이러한 시스템 분석과 설계의 필요성은 더욱 커지게 된다.

다음으로 기업에서의 정보시스템과 지식시스템의 차이점을 특히 분석 및 설계의 관점에서 살펴보면 다음과 같다. 첫째, 지식시스템은 정보시스템에 비하여 새롭고 아직은 많이 보급되지 못한 상태이다. 따라서 최고경영층, 전문가, 그리고 사용자들로서는 지식시스템의 목적을 정의하고 그 능력과 한계를 정확하게 파악하기 위하여 보다 심도 깊은 대화와 토의가 필요하다. 둘째, 일반적으로 정보시스템은 정형화된 업무처리부문을 주요 대상으로 하고 있으나, 지식시스템은 비구조화 혹은 반구조화된 의사결정문제를 해결하기 위하여 설계된다. 그리고 지식시스템의 개발자는 이러한 문제를 해결할 수 있는 구조를 만들어 넣어야 한다. 따라서 최종적인 지식시스템을 개발하기 위해서는 수차례의 반복과 시행착오를 거칠 수 있는 개발 방법론이 채택되어야 한다. 이러한 방법이 바로 프로토타이핑 방식이다. 셋째, 지식시스템은 해당 분야의 전문적인 지식을 보유하고 있는데, 이러한 지식은 이미 살펴본 바와 같이 상당히 복잡하고 어려운 지식획득 과정을 통해서 얻을 수 있다. 이에 비하여 정보시스템은 그 수집 및 보관 방법이 이미 잘 정의되어 있는 자료를 주로 처리하기 때문에 자료수집 과정에서의 어려움은 없다. 따라서 지식시스템을 개발하기 위해서는 지식획득을 효율적으로 수행할 수 있는 적절한 방법이 강구되어야 한다. 넷째, 지식시스템은 대개 구체적인 해답을 제시하거나, 문제를 진단하거나 특정 조치를 취하게 한다. 이에 비하여 정보시스템은 궁극적인 해답을 제시하기보다는 이를 위한 입력 자료만을 던져준다. 따라서 지식시스템의 개발에는 시스템으로부터 제공될 해답에 대한 절차검증(verification) 및 성과검증(validation)을 위한 추가적인 절차가 필요하게 된다.

16.2.2 시스템 개발주기와 프로토타이핑

상대적으로 큰 규모의 지식시스템을 개발하기 위해서는 보다 정형화된 시스템 개발단계를 사용하여야 한다. 시스템 개발주기(SDLC: System Development Life Cycle)란 소프트웨어라는 눈에 보이지 않는 상품을 개발하는데 있어 진행 상태를 모니터하고, 필요한 경우 설계변경 내지 프로젝트 중단의 조치를 취할 수 있도록 개발과정을 단계화 하여 매 단계마다 산출되는 중간산물을 점검, 확인함으로써 성공적인 시스템을 개발하자는 프로젝트 관리기법으로 볼 수 있다. 시스템 개발주기의 내용은 학자들에 따라 약간의 차이는 있으나 대개 분석, 설계, 코딩, 테스팅, 구현, 그리고 유지보수 등의 여섯 단계로 구성되는 것이 일반적인 것으로 인식되고 있다.

시스템 개발주기 접근방법은 지식시스템의 개발을 위한 정형화된 틀을 제공하기 때문에 개발과정에서 발생될 수 있는 오류나 실수의 가능성을 최소화할 수 있다는 장점을 가지고 있는 반면 다음과 같은 단점도 함께 지니고 있다는 점을 알아야 한다. 즉, 실제 운영자들이 자신의 눈으로 개발된 시스템을 확인할 수 있는 것은 완전한 시스템이 개발된 후라야 가능하다. 그리고 이 단계에 이르기까지에는 상당히 긴 시간이 소요되므로 개발과정에서 경영자로 하여금 개발에 필요한 자금투자를 유도하는데 많은 어려움이 있다.

시스템 개발주기가 지닌 문제점을 해결하기 위하여 많이 사용되는 것이 프로토타이핑(prototyping) 방식이다. 일반적으로 시스템 개발에는 불확실성이 수반된다. 특히 규모가 큰 시스템의 개발은 더욱 그러하다. 많은 인력과 자금을 투입하여 개발한 시스템이 사용자 요구를 제대로 충족시킨다는 보장이 없기 때문이다. 이러한 불확실성은 사용자 요구를 정의하기 어려운 비구조적 혹은 반구조적인 문제를 주로 다루는 의사결정지원시스템 혹은 지식시스템일수록 더욱 커진다. 이러한 상황에서 시스템개발의 한 방법론으로 등장한 것이 프로토타이핑 방식이다. 프로토타이핑이란 초기 모형을 뜻하는 것으로 개발 초기에 시스템의 모형을 간단히 만들어 사용자에게 제시하여 사용자로 하여금 실제 작동시켜 기능의 추가, 변경 내지 삭제를 요구하도록 하여 시스템을 점차적으로 개선시켜 나가도록 하는 방식을 말한다. 이렇게 함으로써 경영자와 사용자들은 짧은 시간 내에 자신들이 궁극적으로 사용하게 될 시스템을 이해할 수 있을 뿐만 아니라, 시스템 개발자의 입장에서도 대상 영역의 문제를 보다 잘 이해하게 되고, 개발범위를 잘 인식하며 향후 확장영역을 결정하는 점 등에서 큰 도움을 받을 수 있게 된다.

이러한 이유로 지식시스템의 개발에 프로토타이핑 방식이 많이 사용되고 있다. 이미 앞에서도 살펴보았듯이 지식시스템의 개발대상 영역은 주로 비구조적이거나 반구조적인 문제를 해결하는 것이다. 이러한 문제의 경우, 처음부터 사용자 요구를 정의하는 것이 불가능한 경우가 많다. 그런데 많은 인력과 자금을 투입하여 완전한 시스템을 개발한 후에 사용자의 만족여부를 판단하는 것은 너무나 위험부담이 크다. 따라서 간단한 초기 모형을 만들어 사용자의 피드백(feedback)을 받아 잘못된 부분을 수정하는 과정을 거쳐 점진적으로 완전한 기능을 갖도록 하는 개발 방법이 바람직하다.

그러면 지식시스템의 개발은 프로토타이핑 방식만으로 가능한 것인가? 그렇지 않다. 프로토타이핑 방식은 분석 단계에서의 사용자 요구를 정의하는 하나의 방법일 뿐 나머지 시스템 개발주기 전체를 포괄하는 방법은 아닌 것이다. 따라서 프로토타이핑 방식을 기존의 시스템 개발주기에 접목시킴으로써 상호보완적으로 활용할 수 있게 된다. 이러한 절충방식은 비구조적 혹은 반구조적인 문제를 다루는 의사결정지원시스템이나 지식시스템의 개발에 아주 적합한 방법으로 생각된다.

16.2.3 지식시스템 개발을 위한 절차

지금까지 살펴본 일반 정보시스템의 경우, 전체적인 정보시스템에 대한 계획을 먼저 수립한 후 이 계획을 근거로 실제 단위 시스템들에 대한 개발 작업이 수행된다. 이와 같이 계획단계를 거쳐 개발타당성이 입증된 시스템에 한하여 개발을 위한 절차에 대해 논하기 때문에 대개의 경우 계획 절차에 관한 언급 없이 바로 개발 절차에 대한 내용을 소개하고 있다. 이러한 관점에서 볼 때 지식시스템의 개발을 위해서도 계획 절차와 개발 절차를 모두 거쳐야 할 것으로 생각된다. 왜냐하면 개발경험이 많지 않으며, 개발과정이 정형화되어 있지 않은 시스템을 개발할 경우 초기 개발계획의 내용이 최종적인 시스템의 성공여부에 아주 중요한 영향을 미친다는 점을 감안해 볼 때, 지식시스템의 성공적 개발을 위해서는 효과적인 계획수립이 필연적으로 뒤따라야 하기 때문이다.

따라서 지식시스템 개발절차를 계획단계와 개발단계로 크게 나누기로 한다. 그리고 계획단계에서 수행되어야 할 세부절차를 다음 [그림 16-1]에서 볼 수 있는 바와 같이 기초 요구 분석, 문제해결 구조정의, 개발 추진계획 등으로 분류하였다.

[그림 16-1]

지식시스템 개발을 위한 계획 절차

기초요구 분석	계획 프로젝트 편성, 문제인식, 현 상황기술, 요구사항 파악, 개발환경 조사
↓	
문제해결 구조정의	문제해결구조 파악 개발방법론 선정
↓	
개발추진 계획수립	시스템 개발 계획 및 효과분석 타당성 검토 및 조정, 개발프로젝트 편성

[그림 16-2]

지식시스템의 개발 절차

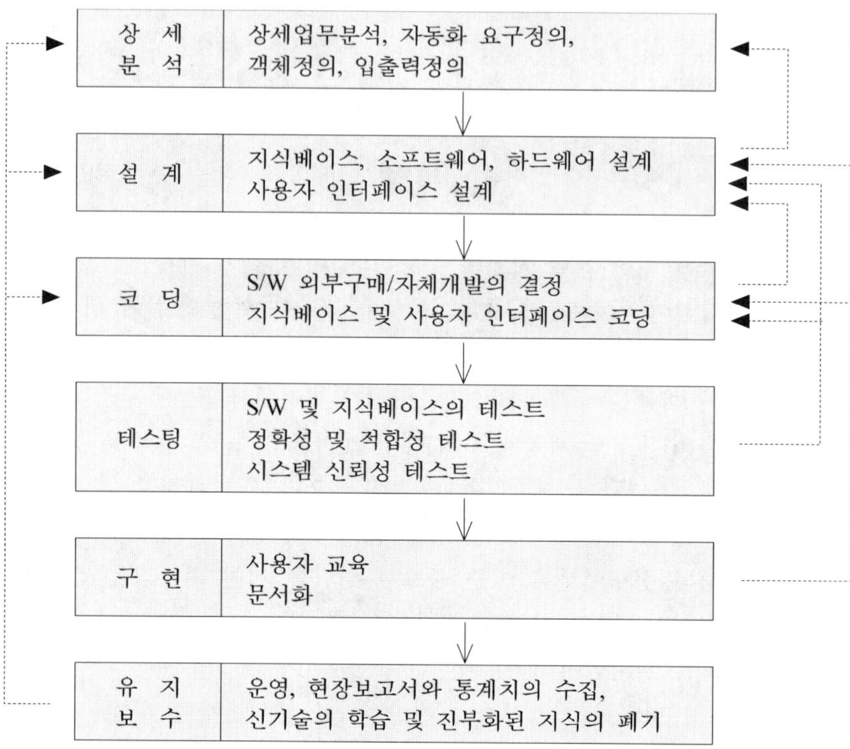

한편 개발단계에서 수행해야 할 작업을 효율화하기 위해, 지금까지 살펴보았던 프로토타이핑 방식과 기존의 시스템 개발주기 방식을 결합한 절충형 개발 방법을 제안하고자 한다. 이 방법에 의하면 시스템 개발단계들은 다음 [그림 16-2]와 같이 표현되며, 그림에서 점선으로 표시된 화살표는 해당 개발단계의 내용이 반복적으로 수행될 수 있음을 보여 주고 있다. 그러면 이하에서는 지식시스템 개발을 위한 계획 절차와 개발절차의 세부적 내용에 대해 보다 상세하게 살펴보도록 한다.

16.3 지식시스템의 계획

지식시스템 계획 수립은 정보시스템 계획수립의 결과로, 혹은 전문가 그룹 또는 최종사용자 그룹에서의 요청에 의해 어떤 업무영역이 지식시스템 구축 영역으로 결정되었을 때 이를 개발하기 위한 계획을 수립하는 것을 말한다. 이미 앞에서 살펴본 바와 같이 지식시스템은 일반 정보시스템과 비교해 볼 때 그 특성이 다르므로 개발단계도 달라진다. 즉, 정보시스템은 업무수행에 필요한 데이터와 업무수행절차가 결정되면 이를 구축하기 위한 방법으로 자료처리방법에만 의존하지만, 지식시스템으로 개발할 경우에는 대상 영역에서 사용되는 지식의 형태에 따라 다양한 시스템 개발 방법론이 적용될 수 있다. 예를 들어, 문제 성격에 따라 규칙기반 시스템, 신경회로망 시스템, 사례기반 시스템 등과 같은 다양한 방법들을 독립적으로 혹은 통합적(hybrid)으로 활용할 수 있기 때문에, 계획수립 단계에서 적절한 방법론을 결정함으로써 이후 개발단계에서 해당 방법론에 적합한 개발 절차를 따를 수 있도록 해야 할 것이다. 이러한 계획수립 과정에서 수행되는 주요 업무는 앞의 [그림 17-1]에서 보았던 바와 같이 기초 요구 분석, 문제해결구조 정의, 개발 추진계획 수립 등이다.

16.3.1 기초 요구 분석

기초 요구 분석 단계에서는 문제해결구조를 결정하기 위하여 현 상황을 개략적으로 분석하여 문제의 특성을 파악한다. 이 단계에서 수행되는 주요 업무는 다음과 같이 크게 다섯 가지로 분류할 수 있다. 우선 계획수립을 위한 프로젝트를 편성하고, 둘째 대상 영역의 문제를 정확하게 정의하고 개발될 지식시스템의 범위와 목표를 명확히 하며, 셋째 대상 업무영역에 대한 현 상황을 분명하게 기술하고, 넷째 개발될 지식시스템에 대한 요구 사항을 파악한다. 그리고 마지막으로 지식시스템을 구축하기 위한 개발 환경을 조사한다.

(1) 계획 프로젝트 편성

지식시스템 개발을 위한 계획 절차를 보다 체계화하기 위하여 계획단계에서 수행해야 할 과업을 프로젝트로 편성하여 수행하도록 한다. 여기서는 주로 다음과 같은 내용의 작업이 이루어져야 한다.

① 계획 프로젝트의 추진계획 및 범위의 결정: 지식시스템의 영역을 파악하여 계획프로젝트의 범위를 설정하고 이를 수행하기 위한 추진방향을 정의한다.

② 계획 프로젝트의 접근방법 정의: 계획 프로젝트의 범위와 목표에 대한 구현방법 및 기술을 프로젝트 관리자가 경영층에게 보고하여 승인을 얻는다. 여기에는 계획프로젝트에 참여하는 부서와 우선순위 등을 고려한 단계별 접근방법이 포함된다.

③ 계획 프로젝트의 추진계획 승인: 프로젝트 관리자는 계획프로젝트에 대한 승인 후에도 해당 프로젝트가 완료될 때까지 경영층 및 핵심요원들과의 긴밀한 의사소통을 유지하여 이들로 하여금 계속적으로 프로젝트에 참여할 수 있도록 유도하여야 한다.

④ 계획 프로젝트팀의 편성, 교육 및 책임 할당: 지식시스템 계획수립 프로젝트의 성공적 추진을 위해서는 핵심적인 기능을 보유한 요원들로 팀을 편성하는 것이 무엇보다 중요하다. 또한 프로젝트의 범위, 목적, 접근방법 등에 대한 요원들의 교육과 적절한 임무부여도 중요한 성공요인들 중의 하나이다.

여기서 그냥 프로젝트라 하지 않고 굳이 계획 프로젝트라는 표현을 사용하는 것은, 계획프로젝트에 의해 계획 절차를 마치고 개발단계에 접어들기 전에 실제 개발을 위한 개발프로젝트가 편성되어야 하는데 이러한 개발프로젝트와 구별하기 위함이다.

(2) 문제 인식

이 단계에서는 해당 영역의 문제점을 인식함으로써 해결해야 할 문제를 정확하게 정의하고 문제해결의 범위와 목표를 명확히 하여야 한다. 이 단계의 결과에 의해 이후에 수행되는 분석 작업이 좌우되기 때문에 상당히 중요한 단계라고 생각된다. 여기서는 주로 다음과 같은 작업이 수행된다.

① 문제의 정의: 지식시스템의 대상 업무영역이 무엇인가를 정

의한다.

② 문제의 범위: 정의된 문제의 대상 업무영역 중 일부를 지식시스템으로 개발할 것인지 혹은 전부를 개발할 것인지를 결정한다. 그리고 일부만을 개발할 경우 어느 영역을 포함할 것인가를 명시한다.

③ 개발목적의 정의: 현재의 문제점을 해결하기 위한 목적이 무엇인가를 정의하고, 문제해결 후의 효과에 대하여 기술한다.

④ 사용대상자의 정의: 개발될 시스템이 전문가를 대체하기 위한 것인지 아니면 지원하기 위한 것인지에 따라 사용대상자가 결정될 수 있다. 즉, 전자의 경우에는 비전문가가 사용자가 될 것이며, 후자의 경우에는 전문가가 사용자가 될 것이다.

이해를 돕기 위하여 금융기관에서의 대출자문 시스템을 예로 들어 살펴보기로 하자. 같은 대출자문 시스템이라 하더라도 고객으로 하여금 그들의 대출가능성을 스스로 체크할 수 있도록 해주는 시스템을 원할 수도 있는 반면, 그 은행에서 지금까지 대출업무를 담당하고 있던 전문가가 퇴직하게 되어 그 사람이 가지고 있던 대출관련 지식을 지식시스템으로 개발하고자 하는 목적이 있을 수 있다. 이 예에서 보면 알 수 있는 바와 같이 동일한 대상 영역을 다루는 시스템이지만 양자의 문제형태와 궁극적으로 추구하고자 하는 목적은 근본적으로 다르며, 이러한 문제형태의 차이점은 개발과정에서 야기되는 여러 가지 의사결정에 영향을 미치게 된다. 즉, 대출담당자의 역할을 대신하게 될 시스템의 경우에는 담당자의 의사결정과정을 그대로 흉내만 내면 되기 때문에 수집해야 할 지식도 해당 담당자의 지식으로 한정된다. 이에 비해 일반 고객이 사용자가 될 시스템의 경우에는 시스템의 목적이 여러 가지가 있을 수 있기 때문에 적절한 목적을 미리 설정해 두어야 한다. 즉, 대출가능성에 대하여 그저 예/아니오 형태의 답만 제시하면 되는지 아니면 다른 종류의 적절한 대안까지도 제시하도록 할 것인지 등을 사전에 결정해 두어야 한다.

(3) 현 상황 기술

수작업으로 이루어지고 있는 대상 문제영역 내에서 현 상황을 정확하게 기술하도록 한다. 그리고 현재 처리되고 있는 지식의 형태를 파악함으로써 향후 개발될 시스템에서의 문제해결 방법 결정을 위한 기초로 활용될 수 있도록 한다. 여기서는 주로 다음과 같은 작업이 수행된다.

① 현재 사용하고 있는 문제해결 수단: 현재 사용하고 있는 전문적인 문제 해결 수단을 모두 기술하는데, 여기에는 내부전문가의 도움, 외부전문가의 자문, 책자 및 규정집의 참조 등이 포함된다. 이 중 특히 전문가의 도움으로 문제를 해결하고 있는 경우, 시스템 개발 시 이러한 전문가의 지원을 받을 수 있을 것인지도 조사하여야 한다.

② 현재 사용하고 있는 문제해결 방법: 문제해결 방법을 파악하기 위해서는 입력-처리-출력(Input-Process-Output)의 관점에서 정리하는 것이 효과적이다. 즉, 문제해결을 위한 입력원천 혹은 필요 데이터가 무엇인지를 조사하고, 다음으로 문제해결 처리과정을 조사하며, 마지막으로 문제해결 후 작성되는 결과물이 무엇인지를 조사하면 된다.

③ 전문가의 지식습득 방법: 지식의 특성상 계속 변화되는 지식일 경우 전문가가 신규지식을 습득하는 방법을 조사한다. 이에는 수동 혹은 반자동 습득방법, 자동화된 도구의 사용 등이 있을 수 있다.

④ 수작업 상황의 문제해결 성능 및 시기: 문제해결에 소요되는 시간, 1일 사용횟수 등과 같은 시간적 측면과 사용하는 지식의 양과 투입인원 등과 같은 자원적 측면에서 조사가 이루어져야 한다.

⑤ 분산정도 파악: 대상 문제영역의 지역적 분산정도를 파악하여 정리한다. 이에는 지식수집장소와 문제처리장소 등에 관한 분산정도의 내용이 포함된다.

⑥ 대상 문제영역의 자동화 시스템 현황: 보유 하드웨어, 소프트웨어, 네트워크 장비들을 조사하여 정리한다.

(4) 요구 사항 파악

개발될 지식시스템에 대한 요구 사항을 파악한다. 이러한 요구사항에 따라 개발될 시스템의 규모, 성능, 타당성 등의 내용이 결정될 수 있다. 이 외에도 시스템 개발완료 후의 시스템 평가를 위한 기초자료로 활용될 수 있다.

① 개발목적에 따른 시스템 수준: 일반적으로 개발될 시스템의 수준에 따라 다음과 같이 다섯 가지로 분류하고 있는데, 궁극적으로 개발될 시스템이 이 중에서 어디에 속하는지를 미리 결정해야 한다.

- 데모용 프로토타입(Demonstration Prototype): 전체 문제영역 중 일부분만을 대상으로 개발하는 시스템으로, 이를 통해 전체시스템 개발의 가능성 여부를 파악하기 위해 사용된다.
- 연구 프로토타입(Research Prototype): 전체 문제영역을 대상으로 하여 개발되었으나 테스트 및 수정이 충분하지 못한 상태의 시스템을 말한다.
- 현장 프로토타입(Field Prototype): 어느 정도 신뢰성이 있는 시스템으로 실제 사용자 환경에서의 활용을 통하여 수정을 거치게 된다.
- 생산모델(Production Model): 질적 수준, 신뢰성, 속도, 성능 등의 면에서 거의 하자가 없는 상태의 시스템을 일컫는다.
- 상업용 시스템(Commercial System): 본격적인 양산체제로 접어든 상태를 말한다.

② 사용자 요구수준: 전문가지원용 시스템을 원하는지 아니면 초보자용 시스템을 원하는지를 파악하여야 한다.

③ 성능측면의 요구사항: 신속성, 신뢰성, 정확성, 일관성 측면에서의 요구사항을 정리한다.

④ 사용자 인터페이스 측면의 요구사항: 사용 용이성, 출력장비 구성(예: 멀티미디어) 등에 관한 요구사항을 정리한다.

⑤ 입출력 내용에 대한 요구사항: 입력내용의 관점에서는 입력 요구 데이터, 입력 종류의 타입(사용자/전문가/시스템 데이터)에

관한 사항이 정리되어야 하며, 출력내용의 관점에서는 출력 요구 내용, 출력형태, 출력대상(사용자/타 시스템) 등에 관한 사항이 정리되어야 한다.

⑥ 시스템 분산에 대한 요구사항: 입력과 출력관점에서의 시스템 사용처에 대한 요구사항이 파악되어야 하며, 지식보관처에 대한 요구, 분산된 지식의 통합정도에 대한 요구 등이 정리되어야 한다.

(5) 개발 환경 조사

현재 보유하고 있는 기술(인적 자원), 시스템 환경(하드웨어 측면), 개발도구(소프트웨어 측면), 네트워크 등의 정보시스템 기반구조(infra-structure)에 대한 조사와 확보된 예산 등을 고려해 봄으로써 지식시스템으로의 개발을 할 것인지의 여부를 결정하고, 만약 개발하기로 한다면 내부에서 자체적으로 할 것인가 아니면 외부에 용역을 줄 것인지를 결정하는 기초자료가 되도록 한다.

① 내부환경: 개발자, 사용자, 하드웨어, 소프트웨어, 네트워크의 측면에서 정리되어야 한다. 우선 개발자의 측면에서 보면 지식공학자의 존재 여부, 존재한다면 기술정도는 어떠한지에 관한 내용이 정리되어야 한다. 사용자의 측면에서는 사용자의 시스템에 대한 친숙도, 교육수준 및 전문성 정도가 파악되어야 한다. 하드웨어 측면에서는 하드웨어 구성도, 소유 장비 명세, 이용 가능한 장비내역 등이 조사되어야 한다. 소프트웨어 측면에서는 보유하고 있는 지식시스템 개발도구 명세, 개발용 프로그래밍 언어, 유사 지식시스템 보유 여부, 그리고 정보시스템 소프트웨어 내역 및 데이터베이스에 대한 조사가 이루어져야 한다. 그리고 마지막으로 네트워크의 측면에서는 기존에 설치된 네트워크의 구성도, 공공 통신서비스의 활용 정도 등에 관한 내용이 정리되어야 한다.

② 외부환경: 여기서는 외부에서의 유사 지식시스템 개발경험, 상품화된 지식시스템 개발도구에 대한 조사, 특수 요구사항 지원기술 여부에 대한 조사가 이루어져야 한다. 우선 유사 지

식시스템 개발경험을 파악하기 위하여 이러한 시스템을 사용하고 있는 사례업체를 조사하고, 해당 문제와 유사한 지식시스템 개발경험자가 존재하는지를, 그리고 해당 문제에 대한 기술적 컨설팅 지원업체가 존재하는지를 파악한다. 한편 상품화된 지식시스템 개발도구를 체계적으로 조사하기 위해서, 사용기종 및 운영체제(OS), 지식 표현형태, 추론 방법, 비용 등의 내용을 담고 있는 개발도구 비교 테이블을 작성하는 것이 바람직하다. 이러한 조사는 추론 도구와 지식획득 도구로 나누어 수행하도록 한다. 마지막으로 특수 요구사항 지원기술 여부를 판단하기 위하여 사용자 인터페이스 등에서 요구한 내용을 지원할 수 있는 기술의 현존 여부를 조사하도록 한다.

③ 시스템 설치환경: 기존 정보시스템과의 연계성 여부, 사용 중인 하드웨어 및 소프트웨어 환경, 사용자의 시스템에 대한 친숙도 등을 조사한다.

④ 비용환경: 책정된 예산규모, 투입 가능한 인력규모, 허용된 개발기간 등에 대한 조사가 이루어져야 한다.

16.3.2 문제해결구조 정의

지식시스템은 일반 정보시스템과 비교해 볼 때, 데이터의 관리 외에 지식을 추가적으로 관리해야 하기 때문에 개발과정에 있어 상황적 접근방법이 요구된다. 일반적인 정보시스템 개발과정은 계획, 분석, 설계, 구현, 시험 등의 개발주기 모델로 구성되는데 비해, 지식시스템의 개발과정에는 이외에 지식획득이라는 단계가 추가되어 이를 구현하기 위한 지식 표현구조에 따라 시스템의 구조가 크게 달라진다. 본 단계는 지식시스템 개발에 있어, 대상 문제의 특성과 지식의 특성 등을 미리 파악하도록 함으로써 적절한 개발단계와 개발전략을 결정할 수 있도록 하기 위한 것이다. 문제해결구조 정의 단계의 대부분을 차지하는 것은 지식획득인데, 이에 대한 자세한 내용은 본서 제 11장 지식획득 부분을 참조하기 바란다. 이하에서는 이러한 문제해결구조 정의과정에서 수행되는 주요 내용인 문제해결구조 파악과 개발방법론 선정에 대해 살펴보도록 한다.

(1) 문제해결구조 파악

지식시스템에 의한 문제해결구조를 파악하기 위한 방법은 단순한 문제유형의 분석에서부터 구체적인 수준의 지식 표현을 통한 분석에 이르기까지 매우 다양하다. 문제에 따라서는 이러한 모든 과정을 거쳐야만 그 구조를 파악할 수 있는 경우도 있지만 극히 일부의 정보만으로도 지식기반 시스템 혹은 신경회로망 시스템의 유형이 적합한지를 쉽게 파악할 수도 있다. 예를 들어, 문자인식 시스템의 경우 대상 영역의 전문가가 존재하지 않기 때문에 대상 영역 전문가로부터의 지식획득과 같은 일은 필요 없는 것으로 인식할 수 있다. 다음 [그림 16-3]은 대상시스템을 전체적으로 분석할 수 있는 틀(framework)을 제시하고 있다. 여기서는 어느 하나의 방법론을 결정하기보다, 가능한 방법론을 모두 추출해 보고 이들을 시스템적 요구사항과 사용자 요구사항에 비추어 비교 평가하는 것이 바람직하다. 어느 특정 방법론이 전문가의 의견에 비추어 확실하다고 판단되면 그 방법론이 추출되는 시점에서 더 이상의 분석을 하지 않고 멈출 수도 있다.

① 대상 범위의 결정: 문제해결구조의 분석을 위해서 먼저 일부 대상 영역을 선정해야 한다. 이때 선정된 대상 영역은 전체 문제를 대표할 수 있는 것이어야 한다. 왜냐하면 이를 근거로 전체적인 시스템 구조를 파악하고, 이러한 구조에 적합한 개발 방법론을 선정할 수 있기 때문이다. 문제해결구조의 파악을 위한 대상 영역의 범위를 결정할 때에는, 기초 요구 분석의 결과를 토대로 전체 문제영역 중에서 가장 어렵다고 판단되는 부분이나 데이터의 성격이나 지식의 형태가 가장 보편적이라 생각되는 부분을 선택하는 것이 좋다. 이후 단계에서는 여기서 정한 대상 범위 내에서 정보를 직접 수집하고 분석하게 된다.

② 개발될 시스템의 역할 설정: 기초 요구 분석 단계에서 도출된 문제정의 결과를 토대로 작성할 수 있으며, 필요한 경우 추가적인 조사를 할 수 있다. 시스템의 역할을 조사하는 목적은 시스템의 목표를 명확히 함으로써 문제해결구조의 절차를 결정하는데 도움을 받고자 함이다. 일반적으로 시스템의 역할은 다음과 같이 분류될 수 있다.

[그림 16-3]

문제해결구조 파악을 위한 분석틀(Framework)

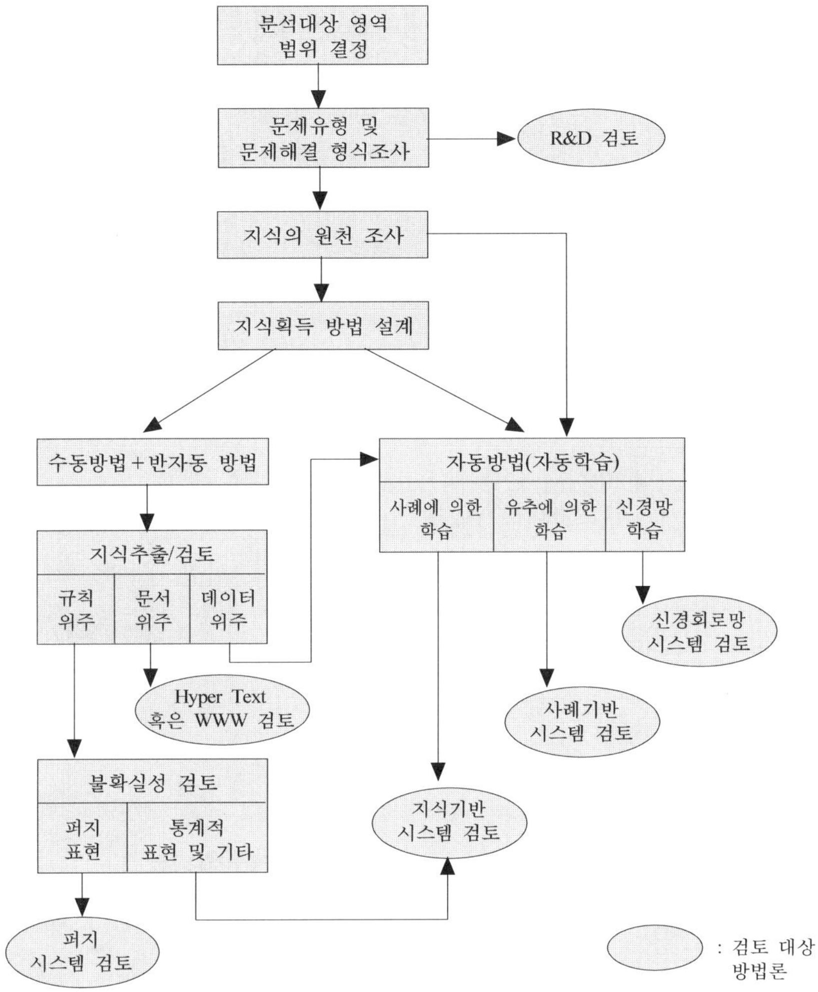

- 영역 전문가의 일을 대신하거나 지원하는 역할: 이 경우에는 영역 전문가로부터 직접 지식을 획득하는 것이 중요하다.
- 현재 업무의 개선 혹은 현재 시스템의 성능향상을 위한 역할: 이 경우에는 영역 전문가로부터의 지식획득보다 문제해결 방안의 개선을 위한 연구가 요구된다.
- 현재까지 풀 수 없었던 문제를 해결하는 역할: 이 경우에

는 문제해결을 위한 연구개발 단계가 필요하다.

③ 문제해결 방안의 형식 정의: 문제해결 방안의 형식으로 다음과 같은 유형이 있을 수 있는데 이 중 적합한 형식을 정의하여야 한다.

- 지식을 기반으로 하는 문제해결 형식: 사용자와 대상 영역으로부터 문제해결 방식을 추출할 수 있는 형태.
- 문제해결 방안을 대상 영역으로부터 추출할 수 없는 형식: 예를 들면, 신경회로망의 문제해결 방식은 특정 대상 영역의 지식에 의존적인 것이 아니라 일반적인 문제해결 방식임.
- 연구개발 형식(R&D 타입): 현재까지의 문제해결 방안으로 쉽게 해결할 수 없는 형식으로 연구개발이 필요함.

④ 지식의 원천 파악: 지식획득을 위해서는 먼저 지식의 원천을 조사해야 하는데, 지식의 원천은 대개 다음과 같이 세 가지 형태로 분류된다. 이들에 대한 자세한 내용은 제11장 지식획득 부분을 참고하기 바란다.

- 문헌 혹은 서류
- 전문가
- 사례

⑤ 지식의 획득: 이미 제11장 지식획득과 모델링 부분에서 살펴본 바와 같이, 지식획득을 위한 방법에는 수동방법, 반자동방법, 자동방법 등이 있다. 이들 각각에 대한 자세한 내용 역시 제11장을 참고하기 바란다.

⑥ 지식의 형태 파악: 대상 영역의 문제해결에 사용되는 지식의 형태가 다음 중 어디에 해당하는지를 판단하여야 한다.

- 문서(Document) 위주
- 데이터(Data) 위주
- 규칙(Rule) 위주

⑦ 지식 표현의 불확실성 파악: 지식을 표현하는데 불확실성이 있는지 파악하고, 있다면 어떤 형태로 이를 표현할 수 있는지를 정리한다. 불확실성을 표현하는 방법으로는 크게 다음

과 같은 세 가지 방법이 있는데, 이들에 대한 자세한 내용은 제13장에 소개되어 있다.

- 퍼지(Fuzzy)
- 확신도(Certainty Factor)
- 통계적 방법(Bayesian Method)

⑧ 시스템 요구사항 확인: 기초 요구 분석 단계에서 파악된 시스템 요구사항을 문제해결 관점에서 다시 정리한다.

⑨ 사용자 요구사항 확인: 기초 요구 분석 단계에서 파악된 사용자 요구사항을 문제해결 관점에서 다시 정리한다.

(2) 개발 방법론 선정

지금까지의 분석결과를 토대로 상황에 알맞은 적절한 개발 방법론을 결정하기 위한 단계이다. 여기서는 지식시스템 개발에 주로 사용되는 대표적인 방법론으로 지식기반 시스템, 사례기반 시스템, 그리고 신경회로망 개발 방법론을 중심으로 소개하고자 한다. 대상 영역에 대한 분석결과가 이러한 세 가지 방법들 중 어느 하나에 속하는 경우, 해당 방법론에 대한 수명주기모형에 따라 개발하면 된다. 그러나 대상 영역이 복잡한 경우에는 이들이 복합적으로 활용되어야 하거나, 혹은 이 세 가지 방법론만으로는 개발이 불가능할 경우가 발생할 수가 있다. 이하에서는 이러한 경우에 대한 개발 방법론을 소개하고 있다.

① 대상 문제의 시스템 유형 정의: 직전 단계인 문제해결구조 파악단계의 결과를 토대로 대상 영역의 문제를 어떻게 해결할 것인가를 정리할 수 있는데, 대개 다음에 열거된 문제해결을 위한 시스템 유형의 범주에 속한다. 이들 시스템 유형은 다음과 같이 정리할 수 있는데, 이중 문서관리위주의 시스템이나 R&D 유형의 문제에 대해서는 기존의 정보시스템 개발 방법론이나 연구개발 용역지침에 관한 자료를 참고하여야 할 것이다.

- 지식기반 시스템
- 사례기반 시스템

- 신경회로망 시스템
- 지식기반 시스템+사례기반 시스템: 사례기반 시스템이 지식기반 시스템을 지원하는 형태인데, 사례기반 시스템이 지식기반 시스템의 결과를 설명하는 역할을 하는 형태이거나 혹은 지식기반 시스템이 사례기반 시스템을 지원하는 형태일 수 있다.
- 신경회로망 시스템+사례기반 시스템: 사례기반 시스템이 신경회로망 시스템의 단점인 설명기능을 제공하는 형태를 예로 들 수 있다. 이 외에도 다양한 형태가 존재할 수 있다.
- 최적화 모형을 이용한 시스템: 지식기반 시스템에서의 추론의 방법으로 최적화 모형을 사용하는 형태와 최적화 모형 시스템에서 규칙을 사용하는 형태가 있을 수 있다. 이러한 형태의 지식시스템으로는 UNIK-PMA가 있다.
- 문서관리 시스템: 지식의 형태가 규칙이나 데이터 위주가 아니라 문서위주로 되어 있는 경우의 형태를 말한다. 이 경우에는 하이퍼텍스트(hypertext)나 WWW(World Wide Web) 등의 방법을 이용하여 해결을 시도하는 것이 바람직하다.
- R&D 유형의 시스템: 문제가 너무 복잡하여 단기간의 프로젝트로는 해결이 힘든 경우인데, 이때에는 자체적으로 수행하기보다는 외부 전문연구기관이나 전문 업체에 위탁해서 연구용역을 수행하는 것이 바람직하다.

② 적절한 방법론 선택 및 정의: 앞에서 소개된 8개의 시스템 유형 중, 지식기반 시스템, 사례기반 시스템 그리고 신경회로망 시스템 중의 어느 하나로 정의되는 문제의 경우에는 각각의 수명주기모형(상세분석, 설계, 구현, 시험 등)을 개발 방법론으로 선택한다. 한편 네 번째와 다섯 번째 유형에 속하는—지식기반 시스템, 사례기반 시스템 그리고 신경회로망 시스템이 얽혀 존재하는—시스템의 경우에는 어느 하나를 주된 방법론으로 결정할 수 있는지를 검증한다. 지식기반 시스템이나 사례기반 시스템, 신경회로망 시스템 중 어느 하나가 주된 방법론으로 대표될 수 있다면, 이 방법론을 위주로 개발하되 필요한 경우 다른 방법론을 참조하는 형태로 개발될 수 있다.

예를 들면, 위의 다섯 번째 유형과 같이 신경회로망 시스템과 사례기반 시스템이 함께 존재하는 시스템의 경우, 신경회로망 시스템 개발 방법론에 따라 개발하되 설명기능을 지원하는 사례기반 시스템 부분에 대해서는 사례기반 시스템 개발 방법론을 사용하면 된다.

16.3.3 개발 계획 수립

개발 계획 수립 단계에서는, 이제까지의 과정을 거쳐 선정된 지식시스템 개발 방법에 따른 개발비용과 시스템 운영비용을 산정하고 시스템 효과를 예측함으로써 개발타당성에 대한 검토 및 조정 작업을 수행하고, 본격적인 개발을 위한 프로젝트를 편성하게 된다.

(1) 시스템 개발계획 및 효과분석

이 단계에서는 지식시스템으로의 개발을 위한 가능한 대체안들을 파악하여 그 중 최적의 대안을 선정하고, 선정된 대안에 대하여 소프트웨어 개발비용을 산정하고, 지식시스템 운영비용을 추정하며 시스템 개발일정을 작성하게 된다. 이는 궁극적으로 지식시스템 개발의 정량적, 정성적 효과를 분석함으로써 위험을 최소화하자는 데 그 목적이 있다. 이 단계에서 수행해야 할 구체적인 내용을 살펴보면 다음과 같다.

① 시스템 개발 대체안 평가: 지식시스템 개발을 위한 가능한 여러 가지 방안들을 평가하여 최적의 방안을 선정한다. 지식시스템 개발도구를 도입하여 활용하는 것이 효과적일 경우에는 지식시스템 개발도구 도입 평가기준에 의해 도입을 추진한다. 특히 시스템 개발 대체안을 작성·평가할 때에는 지식시스템 개발계획서상에 다음 사항이 복수개로 작성·평가되어야 한다.

- 시스템 구조(아키텍처)
- 하드웨어 및 소프트웨어 요건
- 시스템 운영방향
- 시스템 이용형태

② 소프트웨어 개발비용 산정: 소프트웨어 개발비용의 경우 지식시스템 개발비 산정기준을 만들어 사용한다.

③ 시스템 운영비용 추정: 소프트웨어 개발완료 후 운영단계에서 소요되리라 예상되는 비용을 개략적으로 추정한다.

④ 시스템 개발 일정계획: 소프트웨어 개발에 필요한 소요기간을 고려하여 일정계획을 수립한다.

⑤ 시스템 효과분석: 시스템 개발완료 후 적용에 따른 정량적 및 정성적 효과를 분석한다.

⑥ 시스템 개발계획서 확정: 작성된 시스템 개발계획 분석내용을 정리하여 지식시스템 개발계획서로 확정하여 개발계획 승인부서(예를 들면, 정보시스템 계획부서)에 제출한다.

(2) 타당성 검토 및 조정

지식시스템 개발 추진계획의 내용을 조직의 전체적인 정보시스템 중장기 계획 및 연간계획과의 관련성, 경제성, 기술성, 효율성 등의 관점에서 종합적으로 타당성을 검토하고 조정하는 단계이다. 이 단계에서는 다음과 같은 내용을 다루게 된다.

① 타당성 검토: 정보시스템 계획부서에서는 요청된 지식시스템 추진계획에 대해 타당성 검토를 실시한다. 어떠한 문제를 해결하기 위한 다른 특별한 방법이 없다고 해서 그것이 지식시스템으로 해결되어야 한다는 것은 잘못된 생각이다. 현재 고려되고 있는 대상 영역의 문제를 지식시스템으로 개발하기 위해서는 이에 대한 타당성이 있다고 판단될 경우라야 할 것이다. 일반적으로 지식시스템 개발을 위한 타당성 조사에서는 정보시스템 계획과의 연계성, 운영적, 기술적, 경제적 측면에서의 검토가 이루어져야 한다.

- 정보시스템 계획과의 연계성: 전체 조직의 정보시스템 중장기 및 연간 계획과 해당 지식시스템 계획과의 연계성을 검토한다.
- 경제적 타당성: 시스템의 개발로 인하여 발생하는 유형(tangible) 및 무형(intangible)의 이익과 개발 및 운영에 소요

되는 인건비, 장비구입 및 유지보수 비용 등을 상호 비교하는 것이다.

- 기술적 타당성: 컴퓨터 중심으로 보는 것이다. 즉, 제시된 대안을 위해 사용될 기술이 실용적인가, 그러한 기술 및 기술 인력의 확보는 가능한가, 기간 내 완성이 가능한가 등을 따지는 것이다.
- 운영적 타당성: 사람 중심(people-oriented)의 검토이다. 시스템의 운영에 문제가 없겠는가를 검토하는 것으로, 제시된 대안에 대한 경영진과 사용자의 관심사항 및 수용 여부, 관리자의 지원정도, 그것이 조직구성원의 직무와 동기유발에 미치는 영향 등을 검토하는 한편 입력자료의 획득 및 정확성 여부, 자료 입출력 일정의 실현가능성 등을 조사한다.

② 사업조정 및 심의: 자체개발할 것인지 혹은 외부용역에 의해 개발할 것인지 등의 개발 방법에 대한 조정 및 심의를 수행한다. 경우에 따라서는 지식시스템 개발계획의 내용을 부분적으로 수정 또는 보완하게 된다.

③ 소프트웨어 개발 의뢰: 시스템 개발계획서의 내용을 지식시스템 정의서로서 확정 · 승인하여 정보시스템 개발부서로 개발을 의뢰한다.

(3) 개발 프로젝트 편성

앞에서 살펴보았던 계획 프로젝트의 편성과 마찬가지로, 지식시스템의 개발을 보다 체계화하기 위하여 개발단계에서 수행해야 할 과업을 프로젝트로 편성하여 수행하도록 한다.

① 개발 프로젝트의 범위 및 방법 결정: 지식시스템 추진계획을 참조하여 프로젝트의 범위를 결정하고, 시스템 개발에 사용될 방법, 도구 등을 고려하여 프로젝트의 수행방법을 결정한다.

② 개발 프로젝트의 추진계획: 개발 환경 및 사용가능한 도구, 사용자부서의 참여정도, 작업장소(단일장소 혹은 복수장소) 등을 고려하여 개발 방법, 개발 범위, 개발 공정별 추진계획,

예상문제점 및 대책, 소요예산 등의 내용을 결정한다.

③ 작업 계획: 소프트웨어 개발프로젝트 유형에 따른 개발공정별 작업순서, 작업 계획을 구성하는 세부작업 항목별 계획(일정, 투입인력), 프로젝트의 작업표준 등을 설정한다.

④ 프로젝트팀 편성: 프로젝트의 책임자 및 관리자를 결정하고, 개발공정별 투입요원과 기타 부서로부터의 지원인력을 선정하여 팀을 편성한다. 특히 외주개발의 경우에는 프로젝트의 효율적인 추진을 위하여 관리자 및 감독자로 구성된 사내 추진팀을 편성하는 것이 바람직하다. 프로젝트팀 구성요원에 대한 교육도 중요한 성공요인들 중의 하나이다.

16.4 지식시스템의 분석

지식시스템 개발계획을 수립하기 위해 시행했던 기초 요구 분석의 결과를 토대로 보다 세부적인 분석 작업을 수행함으로써 이후의 설계 작업을 원활하게 할 수 있게 한다. 이 단계에서는 현행 업무 또는 시스템에서 수행하는 업무기능, 의사결정과정 및 관련 자료들을 상세하게 조사하고 사용자의 요구정보, 자동화 업무영역, 성능, 기타 요건 등을 명시하고 업무에 대한 조사결과를 객체지향구조로 분석함으로써 신규시스템에서 수행되어야 할 자동화 처리기능, 객체 요건, 입출력 및 기타 요건 등을 정의한다. 이 단계에서 수행되는 주요 업무는 상세 업무 분석, 자동화 요구정의, 객체정의, 입출력정의 등이다.

16.4.1 상세 업무 분석

개발대상 업무별로 업무처리절차의 내용을 상세하게 기술하는데, 이는 자동화 업무영역정의를 위한 기초자료로 활용될 것이다. 그리고 대상 영역의 용어 및 관련 자료들을 수집함으로써 개발자(지식공학자)로 하여금 자신의 업무를 보다 명확히 이해하게 하고, 대상 업무의 조직적 상황을 이해하기 위해 타 업무와의 상관관계도 조사한다.

(1) 상세 업무 분석

① 상세 업무 분석 일정계획

- 대상 업무를 효과적으로 검토할 수 있도록 업무담당자와의 면담일정계획을 수립한다.
- 업무담당자에 대한 책임, 권한, 기능, 경력 등의 업무에 관한 신상내용을 파악한다.
- 관련 자료를 파악하고 조사일정계획을 수립한다.
- 면담질의서를 사전에 작성하는 등 효과적인 면담이 되도록 준비한다.

② 업무관련 자료 검토

- 면담조사를 효율적으로 진행하기 위해 업무처리절차, 지침, 규정집, 서식 등의 사전검토를 통하여 업무에 대한 지식을 미리 파악한다.
- 독자적으로 파악이 곤란한 사항에 대해서는 면담 시 질의할 수 있도록 면담질의서를 준비한다.

③ 대상 업무절차의 파악

- 자료가 파악된 후에는 업무절차를 파악하기 위해 면담을 실시한다.
- 파악된 업무절차를 입력-처리-출력(IPO)의 3단계 프로세스과정으로 분류한다.
- 면담자간에 의견이 일치되지 않을 경우에는 이를 조정하기 위한 업무담당자 회의를 소집한다.

④ 관련업무 상관관계 조사

- 대상 업무와 관련하여 업무처리상 우선순서의 관계에 놓여 있는 관련 업무를 파악한다.
- 관련업무 사이의 데이터 입출력 관계를 파악한다.
- 관련업무 사이의 업무수행결과에 따른 상호 영향력을 파악한다.

(2) 자동화 요구 정의

여기서는 자동화 대상 업무의 영역을 정의함으로써, 이후 단계에서의 소프트웨어 및 하드웨어 기능요건의 파악을 위한 기초자료를 제공한다. 이를 위해서는 자동화 기능 요구 정의, 성능 요건 정의 등의 작업이 이루어져야 한다.

① 자동화 대상 업무 영역 정의

- 업무절차 중 자동화가 요구되는 영역을 조사한다.
- 개발자와 사용자간의 자동화 업무영역에 대한 의견을 수렴한다.
- 자동화 대상 업무는 정보수집-대안설정-대안선정 등 3단계 의사결정과정을 통하여 결정될 수 있다.

② 자동화 기능 요건 정의

- 자동화 대상 업무영역에 대하여 자동화 형태를 완전 자동화할 것인지 아니면 반자동화함으로써 사용자를 지원하도록 할 것인지 등을 결정해야 한다.
- 완전자동형태의 경우, 시스템이 의사결정까지 수행하여 해결안을 제시하여야 한다.
- 사용자를 지원하는 형태의 경우, 시스템은 의사결정과정에서 사용자가 효과적으로 정보를 수집하거나 대안을 생성 · 선정할 수 있도록 지원해 주는 기능을 담당하도록 한다.

③ 성능 요건 정의

- 지식시스템이 제시할 해결안에 대한 기대수준을 정의한다.
- 지식시스템의 수행속도에 대한 기대수준을 정의한다.
- 성능 요건의 시험기준을 적중률, 제약조건 만족률, 전문가 동의율 등의 방법을 사용하여 명확하게 제시하도록 한다.

16.4.2 객체 정의

지식시스템에서 필요로 하는 모든 객체를 파악하여 정리함으로써, 차후 데이터베이스 혹은 파일구조, 지식베이스의 프레임 구조 설계를 위한 기초를 제공하도록 한다. 이를 위해 다음과 같은 작업이 수행되어야 한다.

(1) 객체 도출

- 상세 업무분석 단계에서 수집된 자료를 토대로 객체를 도출

한다.

- 서식, 자료 등의 분석을 통하여 엔터티 객체를 도출한다.
- 처리절차의 분석을 통하여 컨트롤 객체를 도출한다.
- 담당자와의 면담을 통하여 인터페이스 객체를 도출한다.

(2) 객체 정규화

엔터티 객체 정의 내용의 중복성 분리(제1정규형), 하위키(secondary key)에 종속되는 종속항목의 분리(제2정규형), 주 키(primary key)에 의존하지 않는 종속항목의 분리작업(제3정규형)을 통하여 데이터 정규화를 수행한다.

- 정규화 결과에 따라 엔터티 객체를 확정한다.

(3) 속성 정의

- 엔터티 객체의 각 속성(attribute)에 대하여 속성명, 타입, 도메인, 길이 등을 정의한다.
- 코드체계를 정의하고 호환성을 검토한다.

(4) 관계 정의

- 객체간의 계층관계, 구성관계 등을 정의하고 이를 해당 객체의 속성으로 반영한다.
- 유사 객체들의 일반화를 통하여 상속관계를 정의한다.

(5) 연산 정의

- 객체간의 협력과정을 상호 전달하는 메시지를 통하여 분석함으로써 연산 목록을 작성한다.
- 각 연산을 적절한 객체에 할당한다.
- 연산에 대한 매개변수와 타입을 정의한다.

(6) 객체모델 정의

- 객체의 속성, 연산부분을 통합하여 객체모델을 정의한다.

16.4.3 입출력 정의

신규시스템의 입출력 내용을 정의하고 사용자의 동의를 획득함으로써, 지식시스템에서 관리, 유지, 보고되어야 할 데이터의 파악을 위한 기초를 제공할 수 있도록 한다. 이러한 입출력 정의 단계에서 고려해야 할 내용은 보고서, 화면, 서식 등이다.

(1) 보고서 정의

- 보고기능의 정의로부터 필요한 보고서 목록을 정의한다.
- 보고서 표준에 따른 각 보고서의 견본을 작성한다.
- 출력매체 및 빈도수에 따른 출력방법을 정의한다.

(2) 화면 정의

• 윈도우 환경에서 그래픽 사용인터페이스(GUI)에 의한 개발 방법을 채택할 경우에는 기본메뉴화면과 입력화면 및 출력화면에 대한 정의를 위주로 하고 운영과정에서 발생하는 구체적인 양식(form) 등은 설계시 구체화하도록 한다.

(3) 서식 정의

- 입력 및 출력에 사용되는 일정한 서식의 목록을 정의한다.
- 각 서식에 대한 내용 및 사용법 등에 대한 설명을 기술한다.

16.5 지식시스템 설계

지식시스템 분석 단계를 거침으로써 해결해야 할 문제가 일단 정의되면, 다음으로 이러한 문제를 해결하기 위한 구체적인 방안이 마련되어야 한다. 이러한 과정을 설계라고 하는데 이를 통하여 개발될 시스템은 어떠한 모양을 갖게 될 것인지, 문제를 어떻게 해결하는지, 시스템의 주요 특성은 무엇인지, 다른 시스템과의 관계는 어떠한지 등을 알 수 있게 된다.

일반적으로 지식시스템의 개발을 위한 설계 단계는 대상 영역으로부터 지식을 획득하는 것으로 시작된다. 즉, 문제해결을 위한 지식을 체계적으로 정리함으로써, 이를 표현하는 적절한 방법, 추론 방법 등을 설계할 수 있게 된다. 따라서 지식베이스의 설계가 선행되어야 하며 다음으로 이를 뒷받침할 수 있는 소프트웨어 설계, 하드웨어 설계, 사용자 인터페이스 설계 등이 뒤따르게 되는데 이하에서는 이러한 설계내용들에 대하여 상세하게 살펴보도록 한다.

16.5.1 지식베이스(Knowledge Base)의 설계

여기서 이야기하는 지식베이스의 설계는 지식을 모델링하는 과정을 일컫는 것으로서 일반적으로 논리적 설계라고도 부르고 있다. 이 단계에서의 주된 내용은 이미 제11장에서 공부했던 지식획득 과정을 말하는 것으로, 이는 지식시스템을 위한 도구나 프로그래밍 언어와는 독립적으로 수행되어야 한다.

지식획득이란 여러 형태의 지식원천으로부터 필요한 지식을 추출하여 이를 구조적으로 조직화하는 과정을 말한다. 이미 앞에서도 살펴본 바와 같이 지식베이스의 구축을 위하여 지식의 수집을 책임지는 사람을 지식공학자라 하는데 이러한 지식공학자는 컴퓨터와 직접적으로 관계되는 기술보다는 오히려 대화 및 면담기술, 지식획득을 위한 그룹의 조직 및 관리, 새로운 대상 영역에 관련된 지식의 학습의지, 대규모의 신기술을 유연하게 처리하고 관리할 수 있는 능력 등이 요구된다.

이와 같은 관점에서 볼 때, 지식획득으로 대변되는 지식베이스의 논리적 설계업무는 소프트웨어와는 독립적으로 수행되는 것이 바람직하다. 이렇게 함으로써 지식모델링 과정에서 유연성과 자유성이 보장되기 때문이다. 다시 말해서 지식 표현을 위한 소프트웨어는 지식의 종류나 성격에 의해 결정되어야지 소프트웨어가 지식모델링에 영향을 미쳐서는 안된다는 말이다. 따라서 모델링 단계에서의 지식은 유사코드 형태로 표현되는 것이 바람직한데 이를 지식베이스의 논리적 설계라고 부른다.

16.5.2 소프트웨어(Software)의 설계

소프트웨어와 관련하여 첫 번째로 직면하게 되는 사항은 시스템을 소스코드(Source Code)로부터 개발할 것인지(Make) 아니면 상업화된 수많은 지식시스템 개발용 도구들 중에서 구매할 것인지(Buy)를 결정하는 것이다. 이러한 두 가지 방법은 <표 16-1>에서 볼 수 있는 바와 같이, 상호 장단점을 지니고 있어 대부분의 경우 초기 프로토타입은 값싼 개발도구를 구매하여 개발하도록 하고, 후에 사용자들이나 개발자들이 모두 해당 시스템에 익숙해지고 기존의 개발도구들이 우리의 문제를 해결하는데 적합하지 않다고 판단될 때 소스코드로부터 직접 개발하는 전략을 활용하는 것이 바람직하다.

여기서 만약 직접 개발하는 것으로 결정되면 개발자는 지식 표현 방법, 프로그래밍 언어, 그리고 프로그래밍 팀의 구성 등을 결정하여야 한다. 그런데 이러한 의사결정은 [그림 16-4]에서 볼 수 있는 바와 같이, 소프트웨어의 개발이 완료될 때까지 수차례씩 수정·반복되는 경우가 허다하다.

요즘은 지식시스템 개발을 위한 다양한 도구들이 보급되고 있어 직접 개발하는 것보다는 소프트웨어를 구매하는 경우가 상대적으로 많은데, 이러한 경우에도 지식 표현 방법을 우선 결정하고 소프트웨어 상품에 대한 평가 작업을 수행하여야 한다. 이와 같이 지식시스템 소프트웨어를 결정하는 일은 생각만큼 그렇게 쉬운 작업은 아니다. 개발도구의 선정을 효율적으로 수행하기 위해서는 적절한 체크리스트(checklist)를 사전에 마련하는 것이 바람직한데, 이를 위하여 일반적으로 고려해야 할 사항들은 <표 16-2>에서와 같이 정리할 수 있다. 한편 소프트웨어가 구매되면 다음으로 시스템의 설치와 교육훈련과정이 뒤따르게 된다([그림 16-4] 참조).

소프트웨어와 관련된 의사결정문제는 시스템 설계 단계에서의 다른 문제들, 특히 하드웨어의 결정, 지식획득의 결과 등과 매우 밀접하게 연계되어 있다.

<표 16-1>

범용도구와 지식공학용 도구의 비교

항 목	범용 도구 (LISP, Prolog, Pascal 등)	지식공학용 언어
유 연 성	높 음	낮 음
범 용 성	높 음	낮 음
개발의 난이도	어려움	쉬 움
개 발 속 도	느 림	빠 름
특 징	맞춤형	표준형
용 도	실제 운영단계에 적합(처리속도 향상)	초기 프로토타입 개발에 적합
신 뢰 성	버그 가능성이 높음	충분한 검증을 거쳤기 때문에 버그 가능성 희박

[그림 16-4]

지식시스템 개발을 위한 소프트웨어의 결정

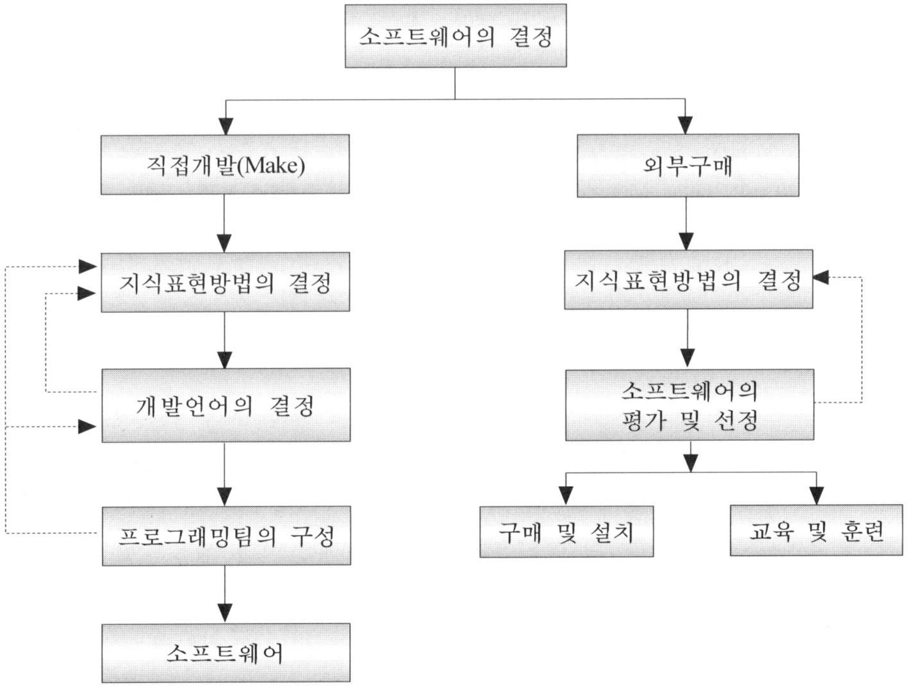

<표 16-2>

적합한 도구(쉘 포함)의 선정을 위한 체크리스트(Checklist)

점 검 항 목
1) 복합 지식표현(Multiple Knowledge Representation) 2) 추론 방법(Inferencing Approaches) 3) 가설 추론(Hypothetical Reasoning) 4) 객체지향 프로그래밍(Object-oriented Programming) 5) 진위유지 기능(Support of Truth Maintenance) 6) 다양한 디버깅 기능(Extensive Debugging Aids) 7) 그래픽 인터페이스(Graphic Interface) 8) 지식기반 모의실험(Knowledge-based Simulation) 9) 지식획득(Knowledge Acquisition) 10) 지식테스트(Knowledge Testing) 11) 불확실성의 관리(Uncertainty Management) 12) 사용자 모델(User Model) 13) DBMS 인터페이스(DBMS Interface) 14) 언어 및 운영체제 인터페이스(Language and OS Interface) 15) 개발환경(Development Environment) 16) 사용환경(Delivery Environment, Runtime Speed) 17) 가동 하드웨어(Running Hardware) 18) 교육 및 제반 지원사항(Training and Support) 19) 가격(Cost: Initial, Multiple copies, Runtime copies, Support and updates, Training)

16.5.3 하드웨어(Hardware)의 설계

요즈음 많은 인공지능 언어들과 지식시스템 개발용 도구들이 대부분의 하드웨어에서 활용이 가능해짐에 따라, 하드웨어의 선정기준은 주로 처리속도와 가격문제로 귀착되게 되었다. 대부분의 소프트웨어들이 마이크로 컴퓨터(Microcomputer), 미니 컴퓨터(Minicomputer) 혹은 워크스테이션(Workstation) 등에서 작동이 가능해졌다. 그러나 미니 컴퓨터라고 해서 마이크로 컴퓨터에 비해서 처리속도가 더 나은 것은 아니다. 즉, 어떤 미니 컴퓨터들은 자신들의 시스템 소프트웨어로 인한 오버헤더(overhead) 때문에 마이크로 컴퓨터보다 오히려 성능 면에서 뒤떨어지는 경우가 있다.

특히 소프트웨어를 직접 개발하기로 결정한 경우에는 개발에 사용될 프로그래밍 언어에 대해서 보다 나은 컴파일러를 제공하거나,

개발될 시스템에서 요구되는 그래픽, 음성합성, 네트워킹 기능 등과 같은 하드웨어 특성을 잘 갖추고 있는 하드웨어를 선정하여야 할 것이다. 그리고 특히 초기 프로토타이핑을 개발하는 과정에서는 새로운 하드웨어를 구매하는 것보다는 기존에 사용되고 있는 기계를 그대로 사용하는 것도 좋은 대안이 될 수 있다. 개발될 지식시스템의 효용성이 높으면 높을수록 하드웨어에 대한 투자는 상대적으로 큰 반대급부를 보장하게 될 것이다.

16.5.4 사용자 인터페이스(User Interface)의 설계

대부분의 지식시스템 개발도구에는 사용자가 자료를 입력하거나 시스템이 던지는 질문에 답할 수 있는 사용자 인터페이스가 제공되고 있다. 이러한 인터페이스에는 온라인 헬프(on-line help) 기능뿐만 아니라 시스템에 의해 제시되는 질문이나 답변에 개인적인 문구를 추가할 수 있는 기능 등이 포함되어 있다. 이러한 인터페이스는 초기 프로토타입에는 적합할지 몰라도 보다 정교한 인터페이스를 원하는 경우에는 활용되기 힘든 경우가 많다.

일반적으로 사용자 인터페이스로 활용되고 있는 기술들로는 메뉴(menus), 서식(forms), 그래픽(graphics), 아이콘(icons), 음성(voice), 하이퍼텍스트(hyper-text), 자연어(natural language) 등을 들 수 있다. 이 중에서 메뉴나 서식, 그래픽 등은 상대적으로 보편화되어 있으며, 아이콘의 경우에 객체(objects)를 주로 다루는 지식시스템에 있어서는 사용자에게 매우 편리한 형태의 인터페이스로 인식될 수 있다. 음성을 이용하는 방식은 다른 작업을 수행하면서 시스템을 활용해야 하는 사용자에게는 효과적으로 활용될 수 있다. 이러한 방식은 최근 들어 상당히 보편화되어가고 있는 실정이다. 하이퍼텍스트 형태는 지식시스템 분야에서 활용도 측면에서는 아직 초기 단계에 있지만 이미 상품화된 제품들이 속속 등장하고 있는 추세이다. 자연어방식은 전형적인 인공지능분야의 응용영역으로 아직 완전한 자연어 처리기가 개발되지는 않았지만, 인공지능 이외의 영역에도 부분적으로 활용되고 있다.

지식시스템의 개발이 궁극적으로 성공적이기 위해서는 사용자의 요구사항을 정확하게 인식하고 이를 만족시키기 위한 적절한 인터페이스가 제공되어야 한다. 따라서 사용자 인터페이스를 설계할 때에는 사용자가 어떠한 부류에 속하는지를 우선적으로 고려하여야 한다. 사용자 유형의 분류는 대개 다음과 같이 정리할 수 있다.

- 지속적 사용자 혹은 일시적 사용자
- 컴퓨터에 대한 개념이 있는 사용자 혹은 문외한인 사용자
- 내부 사용자 혹은 외부 사용자
- 전문적 사용자 혹은 비전문적 사용자
- 대상 영역에 정통한 사용자 혹은 초보적 사용자

결국 개발하여야 할 인터페이스의 기능은 이와 같은 사용자의 타입에 따라 달라진다. 즉, 사용자 인터페이스를 위한 기술의 선정 및 설계내용은 궁극적으로 최종사용자가 어떠한 사람인지와 개발을 위하여 책정된 자원에 따라 결정되어야 한다.

16.6 지식시스템 구현과 운영

16.6.1 코딩(Coding)

일단 설계 작업이 완료되면 다음 단계는 설계대로 코딩을 하고 테스팅하는 과정을 거치게 된다. 이러한 코딩 및 테스팅은 오류가 없는 완전한 시스템이 될 때까지 계속적인 반복과정을 거치게 된다.

지식시스템의 개발에 있어서 코딩과 관련된 주요 활동들을 살펴보면 다음과 같다.

- 쉘(추론기관)의 코딩 혹은 설치
- 지식베이스의 코딩
- 사용자 인터페이스의 코딩
- 다른 시스템과의 연계부문의 코딩

일반적으로 코딩작업의 난이도에 영향을 미치는 요인으로는 소프트웨어를 자체개발하느냐 아니면 외부로부터 구매하느냐에 대한 의사결정뿐만 아니라, 사용자 인터페이스의 복잡성 정도는 어떠한가 혹은 다른 시스템과의 연계성 정도는 어떠한가 등을 들 수 있다. 여기서 소프트웨어를 소스코드로부터 자체개발하거나 사용자 인터페이스의 설계내용이 매우 복잡한 경우에는 일반적인 정보시스템을 개발

하는데 주로 사용되는 소프트웨어 공학적 절차와 기법을 최대한으로 활용함으로써 개발될 시스템의 품질과 소프트웨어의 일체성을 확보할 수 있다.

이에 비해 외부로부터 구매하는 경우에는 지식베이스의 코딩이 가장 힘든 문제로 제기된다. 특히 지식획득 단계에서 지식에 관한 문서화가 어느 정도 잘 되어 있느냐에 따라 코딩에 소요되는 노력이 달라진다. 즉, 문서화가 잘 되어있는 경우 지식베이스의 코딩은 아주 쉽게 처리될 수 있다.

16.6.2 테스팅(Testing)

지식시스템의 개발에 있어서 테스팅의 대상이 되는 주요 항목들을 살펴보면 다음과 같다.

- 시스템 개발도구의 검증
- 지식 표현상의 문법적 오류 검증
- 지식시스템의 절차 및 성과 검증
- 지식시스템의 신뢰도 검증

① 시스템 개발도구의 검증: 여기서 이야기하는 시스템 개발도구에는 자체개발품과 외부구매품이 모두 해당된다. 특히 자체개발품의 경우에는 더욱 철저한 검증작업이 요구된다. 그렇다고 해서 외부구매품의 경우 검증작업이 전혀 필요 없는 것은 아니다. 외부구매품의 경우에는 이미 구매시점에서 시스템에서 제공되는 예제시스템이 있으면 이를 통하여 자신의 대상 영역에서 요구되는 특성을 해결할 수 있을 것인가를 검증하여야 한다. 만약 제공되는 예제시스템이 없을 경우에는 검증용으로 아주 간단한 시스템을 개발하여 사용하도록 해야 할 것이다. 이렇게 함으로써 대규모의 지식베이스를 구축하기 전에, 해당 시스템의 문제점을 사전에 파악하여 해결할 수 있을 것이다.

② 지식 표현상의 문법적 오류 검증: 구축된 지식베이스는 우선 문법적 측면에서 검증과정을 거쳐야 한다. 이러한 문법적 오류는 시스템에 따라 제공되는 수도 있지만 그렇다고 해서 완

전하게 오류를 찾아주는 것은 아니다. 따라서 개발자는 이러한 오류를 쉽게 발견하기 위한 방법을 강구하여야 한다. 대개 지식베이스가 크고 복잡해지면 오류를 찾는다는 것은 매우 어려워진다. 따라서 지식베이스를 구축할 때 보다 작은 단위로 잘게 쪼개어서 각 단위별로 시스템을 구축하도록 하는 방법을 권하고자 한다. 기존의 정보시스템을 개발하는데 사용되는 모듈화의 원리가 여기서도 적용될 수 있다. 즉, 지식베이스를 모듈화 함으로써 개발시점에서의 오류의 발견 및 수정을 용이하게 할 뿐만 아니라 사용단계에서의 유지보수 작업도 효율적으로 수행할 수 있게 된다.

③ 절차검증 및 성과 검증: 이것은 개발된 지식시스템을 전체적인 관점에서 검증하는 과정이다. 우선 성과 검증(validation) 이란 시스템의 성능을 다루는 평가의 한 부분으로 인식된다. 간단히 말하여, 성과 검증이란 올바른 시스템을 구축하였는가를 판단하는 것이다. 즉, 개발된 시스템이 받아들일 만한 정도의 의미 있는 시스템인가를 확인하는 것이다. 이를 효과적으로 추진하기 위하여 현장테스트(field test)를 수행하기도 한다. 이에 비해 절차 검증(verification)이란 시스템을 올바르게 개발하였는가를 파악하는 과정이다. 이것 또한 평가의 한 부분으로 얼마나 정확하게 시스템을 구축하였는가를 검증하고자 하는 것이다. 결국 절차 검증은 개발된 시스템의 내부적인 측면에 초점이 맞추어지는 반면 성과 검증은 시스템의 외부적인 측면에 초점이 맞추어지는 것으로 생각할 수 있다.

④ 신뢰도 검증: 지식시스템이 사용자에게 정확한 해답을 제시할 수 있기 위해서는 이러한 시스템을 구성하고 있는 모든 하위시스템(Subsystems)들이 잘 설계되고 코딩되어야 한다. 즉, 시스템이 전체적으로 신뢰도가 높아야 한다. 지식시스템의 신뢰도는 사용자들에게 얼마만큼 만족할만하게 주어진 과업을 잘 수행하느냐의 정도에 달려 있다. 지식시스템의 신뢰도에 영향을 미치는 항목을 대별해보면 다음과 같다.

- 소프트웨어 신뢰도
- 지식베이스 신뢰도
- 사용자 인터페이스 신뢰도

이론적인 관점에서 보면 전체적인 지식시스템의 신뢰도는 이러한 세 개 구성요소들의 신뢰도를 각각 합산함으로써 구할 수 있을 것으로 생각된다. 우선 지식시스템에서의 소프트웨어 신뢰도 측정을 위해서는 소프트웨어 공학에서 사용되는 일반적인 소프트웨어 신뢰도 측정방법을 활용할 수 있으며, 지식베이스의 신뢰도는 앞에서 설명되었던 절차 검증과 성과 검증 과정을 통하여 테스트될 수 있을 것이다. 마지막으로 사용자 인터페이스의 신뢰도를 측정하기 위해서 보통 현장에서 실제 시스템에 대한 사용자의 반응을 수집하는 방법을 활용하고 있으나, 이를 위한 체계적인 방법이 아직까지는 개발되지 않았다.

16.6.3 운 영

시스템에 대한 코딩과 테스팅이 완료되면 실행단계로 넘어가게 된다. 이러한 구현 단계는 시스템의 분석, 설계 및 개발 단계 못지않게 중요한 단계로 전체적인 시스템의 성공여부에 결정적인 역할을 담당할 수도 있다. 구현 단계에서 고려되어야 할 사항은 다음과 같다.

- 사용자에 의한 시스템 수용(Acceptance by the User)
- 사용자 교육(User Training)
- 시스템 전환(System Conversion)
- 문서화(Documentation)

특히 구현 단계에서는 사용자의 적극적인 참여가 필수적이기 때문에, 상기 네 가지 항목 중에서도 사용자에 대한 신규시스템의 이해 및 교육은 매우 중요하다.

(1) 사용자에 의한 시스템 수용

새로운 시스템의 수용에 관한 문제는 기술적인 문제 이상의 행동론적이며 심리적인 문제로 연계된다. 대부분의 사용자들은 새로운 시스템에 대한 불안감과 저항감을 지니고 있어 아무리 잘 만들어진 시스템이라 하더라도 선뜻 받아들여지기는 어렵다. 따라서 개발될 시스템에 관한 분위기를 개발초기부터 꾸준하게 형성시켜 나가는 것이 사용자에 의한 시스템의 수용가능성을 높이는 방법이 될 수 있다. 이와 아울러 완전하게 개발된 시스템을 실제 사용자들에게 직접 보여

줌(demonstration)으로써 신규시스템에 대한 신뢰도를 향상시키는 것도 한 가지 방안이 될 수 있다.

(2) 사용자 교육

사용자로 하여금 새로운 시스템을 수용하도록 하기 위해서는 적절한 교육이 뒷받침되어야 한다. 시스템에 친숙해짐에 따라 그 시스템의 활용도는 높아지게 되기 때문이다. 그리고 특히 사용자가 지식의 유지보수까지 책임지게 되면 이러한 심도 깊은 교육의 필요성은 더욱 높아진다. 결국 사용자에 대한 교육 및 훈련은 성공적인 시스템 구현을 위해서는 핵심적인 요소로 인식되고 있다.

(3) 시스템 전환

사용자에 의한 시스템의 수용, 사용자에 대한 교육 및 훈련이 끝나면 바로 시스템 전환 작업으로 넘어가게 된다. 일반적으로 시스템 전환을 위한 전략으로 다음과 같은 네 가지 형태를 사용하고 있는데 그 내용은 다음과 같다.

① 직접 전환(Direct Conversion): 시스템에 오류가 없다는 것이 확인되면 어떤 날을 정해서 기존방식을 폐기시키고 새로운 시스템의 가동을 시작하는 방식이다. 이러한 전환방법은 고도의 위험을 내포하고 있으나 전환비용이 들지 않는다는 장점이 있다.

② 병행 전환(Parallel Conversion): 일정기간 동안 기존방식과 새로운 시스템의 활용을 병행하는 방식이다. 기존방법을 없애기 전에 새로운 시스템이 기능상 하자가 없다는 것을 확인하기 위해서이다. 이러한 방법의 장점은 예기치 못한 오류로 인하여 야기되는 업무상의 혼란 및 경제적 손실을 최소화할 수 있다는 점이다. 그러나 대신 상당히 비싼 대가를 치러야 한다.

③ 장소별 전환(Pilot Conversion): 동일한 시스템이 여러 장소 혹은 부서에 도입되어야 할 경우에 우선 어느 한 곳에서 직접전환이나 병행전환을 통하여 시스템의 무결성을 확인한 뒤에 다른 곳에서도 도입하도록 하는 방식이다. 이 경우 최초의 실험대상이 되는 곳을 베타 테스트 혹은 파일럿 테스트 장소라

고 한다.

④ 단계적 전환(Phased Conversion): 버전(version)별로 시스템을 도입하는 방식이다. 물론 버전 번호가 올라갈수록 시스템의 기능이 확장되고 성능이 보강된다. 이는 시스템이 개발되면서 개발되는 차례대로 운영에 들어가는 방식이라 할 수 있다.

(4) 문서화

시스템 구현 단계에는 문서화과정이 반드시 포함되어야 한다. 문서화를 통해서 사용자들의 교육을 원활하게 수행할 수 있을 뿐만 아니라 향후 시스템의 유지보수를 효율적으로 수행할 수 있게 된다. 문서화의 결과는 책자 형태로 만들어질 수도 있고 시스템에 온라인 형태로 만들어질 수도 있다. 그리고 문서화는 사용자가 어떠한 계층이냐에 따라 적합한 내용으로 구성되어야 한다. 즉 시스템의 유지보수자, 시스템 운영자 혹은 시스템의 최종사용자 각 계층에 적합한 문서화가 이루어져야 한다.

16.6.4 유지보수

시스템이 사용자들에 의해 활용되는 과정에서 수행되어야 할 몇 가지 활동이 있는데 이에는 시스템의 운영, 유지보수, 시스템의 확장, 평가 등이 포함된다.

(1) 시스템 운영(Operation)

Prerau는 시스템 운영과 관련하여 다음과 같은 방식으로 추진되는 것이 바람직하다는 견해를 피력하고 있다[14]. 시스템이 고객에 대한 서비스 차원에서 사용자들에게 활용되고 있을 경우에는 시스템 운영자그룹을 결성하여 배포된 시스템의 원활한 운영을 지원해야 한다. 그렇지 않고 조직 내의 사용자들에 의해 활용되는 경우에는 운영·훈련을 책임지는 그룹을 조직하여 운영상의 문제에 대처해나가는 것이 바람직하다.

(2) 시스템 유지보수(Maintenance)

시스템의 원활한 운영을 위해서는 장기적인 관점에서의 유지보수 전담팀을 구성하고 교육시켜야 한다. 이러한 유지보수팀의 역할은 시스템의 운영상의 기능하자를 수정하는 것 외에도, 시간의 흐름에 따라 환경의 변화에 적응하기 위하여 수정되어야 하는 데이터나 지식 등을 보수하는 일도 담당하게 된다. 이 경우 유지보수를 중앙의 한 곳에서만 담당하게 할 것인지 아니면 시스템을 나누어서 이러한 기능을 분산시킬 것인지를 명확하게 하여야 한다.

또한 지식시스템이 다른 시스템의 일부로 운영되고 있는 경우에도 지식시스템의 유지보수 업무를 전체 시스템의 유지보수를 책임지고 있는 사람에게 맡길 것인지 아니면 지식시스템 유지보수 전담자를 둘 것인지도 결정해야 할 사항 중의 하나이다.

(3) 시스템 확장(Expansion)

지식시스템은 일반적인 다른 정보시스템과는 달리 문제해결 능력 면에서 계속적으로 기능이 향상되어 갈 수 있는 시스템이다. 이러한 현상은 기존의 낡고 가치 없는 지식은 폐기시키고 새로운 지식을 습득하도록 함으로써 가능해진다. 결국 지식베이스에 대한 유지보수 활동이 본 단계에서의 핵심적인 내용이 된다. 이러한 유지보수 활동은 유지보수 전담팀이나 최초개발팀에 의해 수행될 수 있다.

(4) 시스템 평가(Evaluation)

일반적으로 지식시스템에 대해서는 6개월 혹은 1년 단위로 정기적으로 평가하는 것이 바람직하다. 이러한 평가 작업에는 다음과 같은 내용이 정리되는 것이 바람직하다.

- 시스템을 유지 보수함으로써 얻을 수 있는 혜택과 이에 소요되는 비용과의 비교
- 새로운 지식을 반영하는데 있어 유지보수 작업만으로 충분히 가능한가?

이러한 항목들의 주기적인 평가는 앞으로도 계속 유지보수에 의해 시스템을 운영해 나갈 것인지 아니면 새로운 시스템의 개발로 나갈 것인지를 결정하는 기준이 된다.

16.7 지식경영시스템 개발 방법

16.7.1 지식경영과 정보기술

인간의 지식에 대한 관심과 탐구의 역사는 고대 그리스의 철학자인 플라톤과 아리스토텔레스로부터 시작하여 데카르트를 거쳐 중세의 칸트와 헤겔에 이르기까지 인식론(Epistemology)의 큰 줄기를 형성하고 있다. 근자에 이르러서는 90년대 초반의 리엔지니어링 열풍을 대체하는 새로운 경영 패러다임으로 조직학습(organizational learning) 또는 학습조직(learning organization)이라는 주제가 부각되기도 했다. 하지만 고대 그리스에서도 그랬고, 최근의 학습조직에 있어서도 지식의 중요성이 강조되고 개인이나 조직 차원에서 지식창출을 위한 부단한 노력이 경주된 반면, 조직이나 사회 또는 국가 차원의 지식전파 및 공유는 아예 불가능하거나 가능한 경우에도 고통스러울 정도로 더딘 것이 사실이다. 자동차와 배, 비행기 등의 근대 교통수단이 발달됨으로써 비로소 국가 간, 대륙 간 물류의 유통이 가능해 졌고, 또 이를 통해 본격적인 문화의 교류가 일어났듯이 물리적으로 떨어진 조직 내의 각 부서 간, 또는 전 세계에 분산되어 있는 고객사와 공급업체들까지도 연계한 지식융합(knowledge fusion)은 시공의 제약을 뛰어 넘는 정보기술 인프라의 바탕 없이는 불가능하다. 이와 같은 맥락에서 조직의 효율적이고 효과적인 지식경영을 가능케 하는 정보기술 인프라요소들을 살펴보면 다음과 같다.

(1) 지식의 창출

- 방대한 정보 및 사례 처리 능력 제공(사례기반추론, 인공신경망, 데이터마이닝)
- 다양한 정보 및 지식/의 원천 제공(외부 DB, 인터넷 등)
- 다양한 매체 및 미디어를 수용 및 동시 사용(동영상, 이미지, 음성, 문자 등)

(2) 지식의 교환 및 공유

- 다양한 통신 채널의 제공 및 지식교류의 효율성 제고(화상회의, 원격교육, 그룹웨어)
- 지식의 저장 및 조회를 통한 재활용성 제고(지식 레파지토리, 지식 맵)
- 시간적 공간적 차원을 초월한 지식베이스에의 접근성 보장(인터넷, 인트라넷)

(3) 지식의 활용

- 다양한 분석 및 의사결정 도구와의 결합(의사결정 지원시스템, 임원정보시스템 등)
- 분산된 지식자원들의 통합(전자문서관리, 워크플로우 관리)
- 지식의 표현 도구(규칙베이스, 프레임베이스, 하이퍼텍스트, 분산객체)

이와 같이 지식경영을 위한 지식경영시스템은 데이터베이스, 통신 네트워크, 전문가시스템과 같은 정보 인프라를 근간으로 지식의 획득, 공유, 전이를 위한 소프트웨어로 구성된다. 기업에 따라 지식경영시스템의 구성요소는 다를 수 있지만 일반적으로 데이터베이스 또는 지식베이스, 통신시스템, 인터페이스를 통한 고객화 기능, 탐색기능 등이 포함되고 있다.

16.7.2 지식경영시스템의 운영과정

지식경영시스템(Knowledge Management System)은 개인과 조직이 지식을 기반으로 해서 지식의 생성 · 활용 · 축적에 이르는 일련의 활동을 원활하게 할 수 있도록 정보기술을 통해 지원하는 것으로 정의할 수 있다. 즉, 조직 내 지적 자산의 가치를 극대화하기 위하여 통합적인 지식경영 프로세스를 지원하는 정보기술 시스템이다. 지식경영시스템의 일반적인 운영 과정은 다음 그림과 같다.

[그림 16-5]

지식경영시스템 운영과정

사내외에 산재해 있는 다양한 지식의 원천으로부터 지식경영의 대상이 되는 지식을 정의하고 획득하며 필요시에는 새로운 지식을 창출할 있도록 지원해야 한다. 지식의 원천으로는 개인이 보유하고 있는 경험, 노하우 등의 암묵지를 디지털화 한 자료, 개인의 정보기기에 보유되어 있는 자료, 조직의 정보시스템 등에서 산출되는 데이터 및 자료, 외부의 인터넷 및 웹 자료 등이 있다. 대상이 되는 지식 중에서 조직이 지식으로 관리 및 활용할 자료를 추출하여 지식분류체계, 지식지도에 따라 분류하고 별도의 지식저장소에 저장한다. 저장된 지식은 포털시스템 또는 사용자 인터페이스를 통하여 사용자에게 제공된다.

다양한 지식의 원천으로부터 수집된 지식은 지식저장소에 저장되고, 지식을 용이하게 구분하고 인식할 수 있는 적절한 지식분류체계를 수립하여 지식지도를 만든다. 지식지도는 지식을 필요한 사람에게 전달할 수 있도록 지원하는 도구로서, 지식을 발굴, 축적, 활용할 수 있도록 지원하기 위해서 사용되며 지식의 접근이 용이하도록 분류하는 체계이다. 또한 지식의 내용과 상호연관성을 표현함으로써 탐색적으로 지식 접근을 가능케 해준다.

축적된 지식은 사용자에 의해 활용되고 더 발전된 형태의 지식으로 진화하게 된다. 최근, 지식경영시스템은 인터넷이 보편화됨에 따라 인트라넷과 메일서비스를 포함, 사내 전자결재 등의 업무 프로세스를 포괄적으로 처리할 수 있도록 웹기반의 포털사이트 시스템으로 발전해 나가고 있다.

지식경영시스템(KMS)은 조직이 갖는 지식의 유형, 활용방식, 조직의 문화와 정보기술 환경 등에 따라 그 기능과 구조가 다양하다. 여기서는 지식경영시스템 구조의 기본으로 가장 많이 이용되는 영국의 지식경영 컨설팅 기관이 Ovum에서 제시한 모델이 있다. 여기에 대한 자세한 내용은 본서의 제4장을 참고하기 바란다.

16.7.3 지식경영시스템 개발 방법

지식경영시스템은 하나의 거대한 데이터베이스나 지식경영시스템이 아니라 여러 지식자원이 집합으로 이루어진다. 이에 따라 지식경영시스템은 이런 지식자원의 집합에서 지식을 획득, 처리, 전이하는 것을 지원하는 요소를 포함해야 한다. 효과적인 지식경영시스템을 개발하기 위해서는 첫째, 지식전이가 여러 수단을 통해 이루어질 수 있어야 한다. 둘째, 지식경영시스템의 인터페이스에 관련된 도구를 제공해야 한다. 즉, 지식의 조회, 조직, 탐색을 쉽게 할 수 있는 지원도구를 개발해야 한다. 셋째, 지식관련 활동의 효과를 증대하기 위해 사용자 개개인을 겨냥한 지식경영시스템의 고객화가 필요하다. 사용자의 프로파일과 미리 설정된 규칙을 이용해 사용자는 자신에 맞는 정보환경을 창출할 수 있어야 한다. 넷째, 사용자 편익을 최대한 고려해야 한다. 이러한 것을 고려한 지시경영시스템의 개발 절차를 살펴보면 다음과 같다.

(1) CKO 선정

현재 많은 미국의 기업이나 몇몇 유럽기업에서는 지식경영을 위해 최고지식경영자(CKO: Chief Knowledge Officer)가 필요하다는 것을 강조하고 있으며 다른 한편으로는 조직의 지식 경영은 물론 조직의 학습을 주관할 수 있는 최고학습경영자(Chief Learning Officer)가 있어야 한다고 강조하고 있다. 이들의 지위는 CIO와 같은 지위를 가지며 책임 및 역할은 다음과 같다.

- 지식경영의 정착을 위한 전도사의 역할

- 지식 경영의 하부구조를 디자인하고 구축
- 외부 정보 및 지식 제공자와의 중계역할
- 시장개발 및 신규제품 생산, 사업전략 구상 등 회사 정책에 핵심 역할
- 전문지식 경영자들의 경력을 관리하거나 지식공유의 진행 및 관리를 위한 교육실시
- 지식경영 프로세스에서 발생하는 지식의 요구와 현실의 커다란 차이를 줄이기 위한 전략을 리드

(2) 지식경영 조직의 구성

각 부서나 현장별 지식경영자를 선정하여 운영하고 이들에 의한 사내지식 전문가 그룹을 운영하며 이들의 수집된 지식의 평가 및 관리하기 위한 평가위원회를 운영하며 평가위원회는 인사담당부서와 밀접한 관계를 유지하여 개인 및 팀의 인센티브를 공정하게 관리하도록 한다.

(3) 조직 내 지식공유 기업문화 형성

기존의 관료적이고 수직적인 조직체계에서 수평적이고 네트워크적인 조직의 운영을 하기란 쉬운 일이 아니다. 따라서 무엇보다 앞에서 선정된 CKO를 축으로 경영진의 관심이 조직 내 기업문화를 형성하는 가장 근본이 되며 사원들 간에는 Team Building 등을 통해서 면대면 커뮤니케이션이 원활히 수행될 수 있도록 체계적인 홍보와 교육이 필요하다.

(4) 원활한 의사소통 창구 개설 및 지식저장 창고 구축

지식경영의 최대의 걸림돌은 바로 개인주의 문화와 사업장 간, 부서 간의 업무장벽이다. 기존 산업사화에서는 부서의 권위, 사업장들의 특성들이 중요시되고 개인의 실력에 의한 평가가 중요시되었으나 이제 지식기반 사회에서는 팀의 중요성 및 정보의 공유가 곧바로 회사의 생존과 연관이 되기 때문에 이러한 부서간 혹은 사업장간에 결려 있는 장벽을 제거해야 한다.

이러한 장벽을 없애기 위해서는 서로의 얼굴을 보며 대화할 수

있는 창구를 개설하는 것이 좋으나 지리적으로나 현실적으로 불가능한 것이 사실이다. 따라서 그룹웨어나 사내 인트라넷을 구성하여 가상의 대화창구를 개설하는 것이 현실적으로 가장 적절한 방안이라 하겠다.

또한 발생하는 지식의 저장과 관리는 어떻게 하는 것이 좋을까? 무엇보다 중요한 것은 가능한 많은 지식이 축적되어야 하고 축적된 기식을 가능한 빨리 찾을 수 있어야 하며, 시간이나 장소에 제한을 받지 않고 검색이 가능해야 한다. 이를 위해서는 체계적인 문서관리 시스템을 통해서 명시적 지식을 관리하고 인터넷을 연결하여 운영하는 것이 바람직할 것이다.

16.8 시스템 개발 방법론

최근의 정보시스템은 복잡화, 대형화, 전략정보시스템화로 발전해 오면서 과거의 개발방식으로는 대응하기가 매우 어려워졌다. 특히, 기업의 Business System은 업무의 효율을 높이는 MIS에서 정보시스템을 이용한 경쟁우위 창출의 개념인 SIS로 요구사항의 수준이 상승되면서 시스템 전략의 계획에서부터 철저한 사용자의 요구분석과 설계를 통해 자동화 Tool에 의한 개발 공정에 이르기까지 그 생산 방법의 자동화 및 체계화가 필요하게 되었다. 이것이 시스템 구축의 공학화와 이의 근거인 정보시스템 개발 방법론의 등장 배경이라 할 수 있다. 실제로 기업의 정보시스템 개발을 주 업무로 하는 시스템 통합 작업은 많은 수의 기술자와 긴 일정을 통해 수행되고 있다. 따라서 한두 명의 개발자에 의지하기 보다는 팀을 통제하며 목표로 하는 시스템을 완성해 갈 수 있는 관리와 통제 즉, 프로젝트의 관리 와 이의 바탕이 되는 개발 방법론 이 반드시 기반이 되어야 한다.

정보시스템 개발 방법론은 정보시스템을 개발하기 위한 작업방법이나, 절차, 산출물, 기법 등을 논리적으로 정리해 놓은 체계를 말한다. 마치 음식을 만들 때 요리책을 보고, 익히고, 따라하듯이, 개발자들은 방법론을 이해하고 참조하면서 시스템의 계획, 분석, 설계, 구현, 운영의 시스템 개발주기를 따라 정보시스템 개발을 수행하게 된다. 방법론은 바로 시스템 개발의 이론적 기반이라고 할 수 있다.

방법론의 내용을 구성하는 주요 구성요소로는 다음과 같은 것들이 있다.

- 작업절차: 프로젝트 수행 시 이루어지는 작업단계의 체계
- 작업방법: 각 단계별로 해야 할 일들의 구체적인 설명
- 산출물: 단계별로 만들어야 할 산출물의 목록과 작성방법, 또는 양식 등
- 기법: 각 단계별로 작업 수행 시에 소요되는 기술 또는 기법의 설명
- 관리: 프로젝트 관리자의 입장에서 수행해야 할 작업
- Tool: 상황에 따른 필요 Tool과 그 적용방법

방법론은 그 자체로는 기술이 아니지만 이를 표준화하고 이해함으로써 프로젝트의 생산성을 높이는 수단이 된다. 따라서 시스템을 개발하고 통합하는 업체의 입장에서는 방법론을 보유하는 것이 하나의 노하우고 경쟁무기가 된다.

외국의 정보시스템 컨설팅 업체 및 국내의 대표적인 SI업체들은 물론 당연히 이러한 방법론을 가지고 시스템 개발 프로젝트를 수행하고 있다. 대표적인 사례로는 METHOD/1(앤더슨 컨설팅), NAVIGATOR(언스트 앤 영), IEM(제임스마틴), 4FRONT(딜로이트), 이노베이터(삼성SDS), POS-IEM(포스데이타), SLC(LG-EDS), HIST4FRONT(한진정보통신) 등이 있다.

방법론을 만드는 것은 축적된 경험과 노하우를 오랜 기간에 걸쳐 연구하고 정리하여야 하는 작업이다. 하지만 국내 업체들의 경우, 대부분 역사가 짧고 기술력이 풍부하지 못하여 외국의 방법론을 도입하는 예가 대부분이다. 일부는 원본을 들여와 자사의 환경에 맞게 개조(customizing)하는 경우도 있다. 자체 개발의 경우도 있다고 하지만 그 내용의 신뢰성은 다소 떨어지는 것으로 파악된다.

16.8.1 패러다임에 따른 시스템 개발 방법론

위에서 언급한 상용 방법론들은 정보기술 패러다임 변화에 따라 여러 가지 유형의 개발 방법론들을 기반으로 하고 있다. 특히, 소프트웨어공학의 발전사를 보면 크게 3가지의 방법론이 출현하였음을 알

수 있는데, 구조적 분석 및 설계, 정보공학, 객체지향 방법론 등이 그것이다.

(1) 구조적 방법론(Structured Methodology)

구조적 방법론의 시작은 구조적 프로그래밍의 개념이 탄생하면서 부터이고, 구조적 프로그래밍의 탄생은 소프트웨어공학의 출범을 알리는 것이었다. 1950년대에 시작한 소프트웨어 개발의 역사는 구조적이지 못한 무원칙의 상향식 개발 방식이었다. 개발자의 손이 가는 대로 코딩을 해 나갔으며, 로직의 구성 또한 자신만이 알아볼 수 있는 그런 것이었다. 이것은 개발 생산성의 저하와 유지보수의 어려움 등 소프트웨어를 개발하는데 있어서 거의 모든 부분에 문제점을 갖게 만들었고 결국은 "소프트웨어 위기"라는 용어의 탄생을 불러왔다.

1960년대 말, GO TO"논쟁, 즉 GO TO 문을 쓰지 말고 구조적으로 프로그래밍을 하자라는 주장이 호응을 얻으면서, 분석과 설계도 구조적으로 하자라는 의견으로 확대되면서 구조적 방법론의 틀이 완성되어 갔다. 구조적 프로그래밍의 주요 개념 및 특징은 다음과 같다.

- 코드가 계층적인 형식과 제한된 구조로 작성된 순서대로 순차적으로 실행함
- 알고리즘을 기술하는 데는 순차(sequencing), 선택(selection), 반복(iteration) 구조면 충분하며, 단일입구/단일출구의 처리구조를 가짐
- 철저한 모듈화로 추상화와 정보은닉을 이루어 프로그램의 구조를 읽기 쉽게 단순화함
- 데이터 흐름 지향, 즉 프로세스 위주의 분석과 설계 방식
- 모듈의 분할과 정복에 의한 하향식 설계 방식
- SDLC의 구조를 가진 폭포수 모델이 기본
- 소프트웨어의 개발이 목표인 프로세스와 산출물의 구성
- 데이터의 구성에 대한 설계 방안이 부족
- 프로젝트 관리 및 조직, 역할 등 방법론적 다른 요소들의 정의가 없음

위의 특성들로 구조적 방법론의 단점을 추정할 수 있는데, 이것은 가장 오래 전에 규정된 방법론이며, 단순한 소프트웨어 개발을 목

표로 한다는 점에서 기인한 것이다.

(2) 정보공학 방법론(Information Engineering Methodology)

구조적 방법론은 그 후 오랫동안 소프트웨어 개발의 방법론으로 사용되어 왔지만 정보기술의 발전에 따라 새로운 방법론의 필요가 생겼다. 1970년대 이후 소프트웨어는 기업에서도 많이 응용되었고 80년대를 거치면서 경영정보시스템(MIS: Management Information System), 의사결정지원시스템(DSS: Decision Support System), 임원정보시스템(EIS: Executive Information System) 등의 형태로 발전하여 갔고, 급기야 전략정보시스템(SIS: Strategic Information System)의 수준에 이르렀다. 이것은 단지 소프트웨어 뿐 아니라 데이터베이스, 네트워크, 운영조직 등 방대한 주변 정보기술들과 연계되면서 정보시스템(Information System)이라는 개념의 한 요소에 포함되게 된 것이다. 이런 정보시스템은 그 규모도 클 뿐 아니라 구성내용도 복잡해서 개발의 조직도 커지고 개발기간도 몇 년 단위로 늘어났다. 한편으로, 정보기술은 급격히 발전해서 4GT, CASE, 등의 자동화 도구, 다이어그래밍 도구의 등장으로 이것들을 활용할 필요도 생겨났다. 80년대 중반 James Martin에 의해 정보공학(Information Engineering)의 체계가 정리되면서 정보공학은 본격적으로 활용되었다. 정보공학의 주요 개념 및 특징을 정리하면 다음과 같다.

- 소프트웨어공학의 기본적 사상, 즉 하향식, 모듈화, 분할과 정복, 폭포수 등은 동일
- 정보공학은 개별 소프트웨어가 아닌 기업에서 사용되는 정보시스템을 목표로 함
- 단순한 업무지원 시스템의 개발은 의미가 없고 기업의 경영전략을 창출하는 정보전략 계획(ISP: Information Strategy Planning) 작업이 포함됨
- 기업의 업무처리에는 안정된 데이터베이스가 중요하므로 데이터 중심의 분석과 설계를 진행
- CASE 등 자동화를 요구

정보공학은 대규모 정보시스템의 개발에 가장 적합한 방법론으로 인정되어 왔으나, 경직되고 복잡한 구조로 인해 많은 단점들이 생

겨났고, 때 맞춰 객체지향의 개념이 바람을 타고 정보공학의 영역을 허물어 가고 있다.

(3) 객체지향 방법론(Object Oriented Methodology)

모든 방법론이 그렇듯이 객체지향 방법론도 객체지향 프로그래밍으로부터 출발했다. 추상화와 캡슐화, 상속, 정보은닉 등 객체를 중심으로 프로그래밍 구조를 단순화하고 재사용성을 강화하는 프로그래밍 방식의 유용성이 증명되면서, 분석과 설계도 객체지향의 원칙을 적용하려는 것이 객체지향 분석 및 설계이다. 구조적 방법론이나 정보공학 방법론 모두 프로세스와 데이터를 분리하여 처리한다는 단점은 이를 통합하여 처리하는 객체지향의 등장에 가장 큰 배경이 되었다. 프로세스와 데이터가 분리됨으로써 이를 분석하여 설계와 개발로 연계시키는데 많은 애로를 겪어야 했으며 복잡한 기법들이 활용되어야 했다. 또한 완성된 시스템에 대한 요구사항의 확인 결과를 너무 늦게 확인할 수 있다는 점, 산출물의 양과 복잡도가 크다는 점 등 여러 가지 문제를 객체지향 개발 방법론에서는 해결하고자 하고 있다. 주요 개념 및 특징을 정리하면 다음과 같다.

- 반복적, 그리고 점증적인(Iterative and Incremental) 개발 방식
- 재사용성의 강조
- 쉽고 표준화된 표기법 존재
- 분산객체 기술의 완벽한 지원
- OODBMS(Object Oriented Database Management Systems)의 원활한 연계 등 아직 개선의 여지가 많음

최근에 많은 프로젝트들이 점차 객체지향 방법론으로 진행되고 있으며, 객체지향 모델링 언어의 표준인 UML(Unified Modeling Language)을 기반으로 RUP(Rational Unified Process) 등 상용 방법론들이 등장하여 활용되고 있다.

16.8.2 시스템 개발 방법론간의 비교

이 외에도 기술의 발전에 따라 RAD(Rapid Application Development) 방법론, 클라이언트/서버(Client/Server) 방법론, 패키지(Package) 개발 방

법론, 웹(Web) 개발 방법론 등 여러 방법론 유형들이 나올 수 있지만, 아무래도 위의 3가지가 가장 큰 주류라 하겠다. 또한 최근 들어 컴포넌트 기반 개발(CBD: Component Based Development) 방식이 큰 반향을 얻고 있다.

<표 16-3>

시스템 개발 방법론 비교

구조적 방법론	정보공학 방법론	객체지향 방법론
프로세스 모델링 중심 모듈화가 관건 일부 모듈의 재사용 가능 프로그래밍 기법에 치우침 비정형적 접근 방식, 잘 연계되지 않음 소규모 프로젝트 중심 프로그래머 중심 개발자의 능력이 프로그램의 품질을 좌우 호스트 중심, 3GL	데이터 모델링 중심 엔터티 식별이 관건 데이터의 재사용 가능 기업 전략 측면 중시, 산출물 중심 구조적인 연계 대규모 프로젝트 중심 분석가 중심 프로그래밍은 자동화될 수 있다는 확신 통합 CASE 중심	데이터와 프로세스를 함께 모델링 객체의 식별이 관건 거의 모든 것이 재사용될 기업의 전략 측면 포함 모든 단계가 Seamless하게 연결 모든 프로젝트에 적합 분석가/설계자/프로그래머 간 협동 Visual Programming과 컴포넌트에 의한 빠른 개발 방식 다양한 개발툴

주요용어

- 시스템개발주기(System Development Life Cycle)
- 프로토타이핑(prototyping)
- 지식시스템(Knowledge System)
- 지식베이스(Knowledge Base)
- 지식시스템 분석(Knowledge System Analysis)
- 요구분석(Requirement Analysis)
- 지식기반 시스템(Knowledge-based System)
- 타당성 검토(Feasibility Analysis)
- 업무분석(Business Area Analysis)
- 지식시스템설계(Knowledge System Design)
- 객체(object)
- 코딩(coding)
- 테스팅(testing)
- 성과검증(validation)
- 절차검증(verification)
- 사용자 교육(user training)
- 시스템 전환(system conversion)
- 문서화(documentation)
- 운영(operation)
- 유지보수(maintenance)
- 지식경영시스템(Knowledge Management System)
- 구조적 방법론(Structured Methodology)
- 최고지식경영자(Chief Knowledge Officer)
- 정보공학(Information Engineering)
- 객체지향 방법론(Object Oriented Methodology)

연습문제

1. 지식시스템의 개발 절차를 간략하게 소개하라.
2. 지식시스템의 개발 절차는 기존의 정보시스템 개발 절차와 다르다고 하는데 그 이유는 무엇인가?
3. 지식시스템의 개발에 활용되는 프로토타이핑 방식과 개발주기 방식의 차이점을 기술하라.
4. 지식시스템 개발을 위한 타당성조사시에 고려되어야 할 항목들을 열거하라.

5. 일반적으로 지식시스템으로 개발될 시스템의 수준을 크게 다섯 가지로 분류하고 있는데 이들의 내용을 소개하라.

6. 지식시스템 개발을 위한 분석 단계에서 수행해야 할 일들 중의 하나는 해결해야 할 문제의 성질을 파악하는 것이다. 이러한 과정에서 고려해야 할 사항에는 어떠한 것들이 있나?

7. 지식시스템 개발에 필요한 소프트웨어를 자체 개발하지 않고 외부에서 구매하기로 결정했을 경우 수행해야 할 업무들을 모두 열거하라.

8. 지식시스템의 사용자 인터페이스로 활용될 수 있는 기술들을 모두 열거하라.

참고문헌

[1] Brown, J.S. and Duguid, P. "Organizational Learning and Communities-of-Practice: Toward a Unified View of Working, Learning, and Innovation," *Organization Science*, Vol. 2, No. 1, Feb. pp. 40~57, 1991.

[2] Booch, G., *Object-Oriented Design with Application*, Redwood City, CA: Benjamin Cummings, 1994.

[3] Booch, G., *Object Solutions-Managing the Object-Oriented Project*, Reading, MA: Addison-Wesley, 1996.

[4] Coad, P., and E. Yordon, *Object-Oriented Analysis* (2nd ed), Englewood Cliffs, NJ: Prentice Hall, 1991.

[5] How, P. K. O. and Yeung, D. S., "Combining Structured Life Cycle into Expert Systems Development," *Proceedings of The First World Congress on Expert Systems*, Florida, 1991.

[6] Harman, Paul, and Mark Watson, *Understanding UML-The Developer's Guide*, San Francisco: Morgan Kaufmann Publisher, 1997

[7] Hayes-Roth, F., et al., *Building Expert Systems. Reading*, MA : Addison-Wesley, 1983.

[8] Hoffer, J. et al., *Modern Systems Analysis and Design* (2nd ed), Reading, MA: Addison-Wesley, 1999.

[9] Jackson, P., *Introduction to Expert Systems* (2nd ed.), Addison Wesley Publi- shing Co., 1990.

[10] Jeffery L. Whitten, Lonnie D. Bently, Kevin C. Dittman, *Ayatems Analysis and Design Method* (5th ed), McGraw Hill, 2002.

[11] McQuillen, N., "Expert Systems: A Software Engineering Approach," *Proceedings of The First World Congress on Expert Systems*, Florida, 1991.

[12] Nonaka, I. and Takeuchi, H. *The Knowledge Creating Company*, Oxford University Press, 1995.

[13] O'Leary, D. "Enterprise Knowledge Management," *IEEE Computer*, March pp. 54~61, 1998.

[14] Prerau, D. S., *Developing and Managing Expert Systems: Proven Techniques for Business and Industry*, Addison-Wesley Publishing Co., Reading MA., 1990.

[15] Suen, C. Y. et al., "Verifying, Validating and Measuring the Performance of Expert Systems," *Expert Systems with Applications*, June 1990.

[16] Vedder, R., and E. Turban, "Strategies for Managing Expert Systems Development," in *Managing Expert Systems*, E. Turban and J. Liebowitz, eds., Harrisburg, PA: Idea Group Publishers, 1992.

[17] Turban, E., *Decision Support and Expert Systems Management Support Sys- tems* (3rd ed.), Macmillan Publishing Co., N.Y., 1993.

[18] Van Heijst, G., Van Der Spek, R., and Kruizinga, E. "Corporate Memories as a Tool for Knowledge Management," *Expert Systems with Applications*, Vol 13, No. 1, pp. 41~54.

[19] Waterman, D. A., *A Guide to Expert Systems*, Addison-Wesley, 1986.

[20] Wigg, K.M. "Knowledge Management: Where Did It Come From and Where Will It Go?," *Expert Systems with Applications*, Vol.13, No. 1, pp. 1~14, 1997.

[21] Zahedi, F., *Intelligent Systems for Business: Expert Systems with Neural Networks*, Wadsworth Publishing Co., California, 1993.

[22] 지식관리시스템(KMS)의 아키텍처 및 구현전략 http://mofis.kaist.ac.kr/kms/Documents/YGKIM/KMS-ips.html

제 17 장

시맨틱 웹

학습목표

- WWW의 대안으로 등장한 시맨틱 웹의 출현 배경과 기능에 대해 명확히 숙지한 후, 시맨틱 웹 구현을 위한 기반 기술을 학습한다.
- 시맨틱 웹의 구현을 지원하는 도구들을 살펴보고, 시맨틱 웹 구현의 핵심 요소인 RuleML과 XRML의 개념에 대해 학습한다.
- 지능형 웹으로의 발전을 위한 기술 및 환경 등을 생각해본다.

저자소개

손미애, 성균관대학교 공과대학 시스템경영공학과 교수, myesohn@skku.edu

차 례

17.1 서 론

인터넷(Internet)과 월드와이드웹(World Wide Web)을 구현하는 기술은 사용자들의 욕구를 만족시키기 위해 끊임없이 발전하여 왔으며, 향후에도 이러한 발전 추세는 지속될 것이다. 인터넷과 웹의 등장 초기에, 사용자들은 자신의 컴퓨터 앞에 앉아서 웹 브라우저와 검색엔진을 이용해 전 세계에 흩어져 있는 다양한 정보를 찾고, 찾은 정보를 볼 수 있는 것만으로도 충분히 만족하였다. 이를 가능하게 한 기반기술에는 사용이 용이하고 이식성이 높은 HTML(Hypertext Markup Language), HTTP(Hypertext Transfer Protocol)와 URI(Uniform Resource Identifier) 등이었으며, 이 기술들은 '사람들을 위한 웹'을 구현하는 원동력이 되었다. HTML 기반의 웹은 사람들 간의 정보와 지식공유의 장으로서 역할을 충실히 수행하였다. 그러나 웹의 활용도가 높아질수록 사용자들은 웹의 정보를 단지 보고 이해하는 것만으로는 더 이상 만족하지 않고, 웹에 있는 데이터나 정보를 자신의 컴퓨터에 저장하고 싶어했으며, 그 데이터나 정보를 사람이 아닌 소프트웨어 프로그램들이 처리하는 것을 기대하게 되었다. 이러한 기대는 XML(Extensible Markup Language)과 RDF(Resource Description Framework)의 등장으로 만족되었다. 웹상의 데이터나 정보가 XML과 RDF로 표현됨으로써 사람들은 웹으로부터 의미 있는 데이터를 획득할 수 있게 되었고, 획득한 데이터를 정보로 가공한 후 의사결정에 활용함으로써 부가가치를 창출할 수 있게 되었다. 즉 웹이 '사람들을 위한 웹'에서 '데이터의 웹'으로 발전을 하게 되었으며 이 '데이터의 웹'이 바로 '시맨틱 웹(Semantic Web)'이다.

본 장에서는 시맨틱 웹의 개념과 특징을 살펴보고 현재의 웹을 시맨틱 웹으로 발전시키기 위한 기술 요소들에 대해 상세하게 소개하고자 한다. 또한 전문가시스템의 관점에서 규칙이나 사례 형태의 지식을 XML로 표현하여 공유하고자 하는 RuleML(Rule Markup Language) 노력들에 대해 간략히 소개하고자 한다. 이와 함께 '데이터의 웹'을 '지능형 웹'으로 한 단계 더 발전시킬 수 있는 새로운 시도인 확장형 규칙표식언어(XRML: eXtensible Rule Markup Language)의 특징과 구성요소, 예제 시스템 및 향후 활용방안에 대해 상세히 살펴보고자 한다.

17.2 시맨틱 웹의 개요

현재의 웹은 사람들이 읽고 이해하도록 설계된 '사람들을 위한 웹'이다. 현재의 웹에서 컴퓨터의 역할은 웹문서를 신속하게 파싱(parsing)하여 문서의 틀을 잡아주고, 문서를 다른 웹페이지와 연결시켜 주는 것과 같이 매우 제한적이며, 대부분 정보처리는 사람들의 인지에 의해 이루어진다. 예를 들어, 한국대학교 이아무개 교수의 홈페이지를 연결하는 경우를 생각해 보자. 이 홈페이지로부터 우리는 이 교수의 경력, 저서 및 강의과목 등에 대한 정보와, 홈페이지에서 하이퍼링크된 기타 웹페이지에 대한 정보만을 습득할 수 있을 뿐이다. 그러나 시맨틱 웹에서는 웹페이지가 가진 의미있는 콘텐츠들이 소프트웨어 에이전트가 이해하고 처리할 수 있는 형태로 표현되며, 소프트웨어 에이전트가 이들 웹페이지들을 로밍(roaming)하면서 사용자(사람)에게 맞춤 서비스를 제공하게 된다. 위의 예에서, 이교수와 면담을 하고자 하는 학생의 소프트웨어 에이전트는 '한국대학교, 교수, 지능정보, EC' 등과 같은 키워드뿐만 아니라, '이교수는 월요일과 수요일 오후에만 학생 면담을 하며, 월요일과 수요일 오후 중 면담 가능한 시간은 언제부터 언제'라는 정보를 얻어 사용자에게 제공하게 된다. 이상과 같이 소프트웨어 에이전트가 웹 콘텐츠를 이해하고 처리할 수 있다는 의미에서 '데이터의 웹' 또는 '시맨틱 웹'이라 하며, 기존 웹과 별개의 개념이 아니라 웹의 정보를 좀 더 정형화함으로써 사람과 컴퓨터의 협업을 가능하게 하는 확장된 웹으로 정의할 수 있다.

요약하면, 시맨틱 웹은 "컴퓨터(기계, 에이전트)가 데이터의 의미를 이해하고 해석하며, 이를 조작할 수 있는 웹"으로 정의할 수 있다. 컴퓨터가 데이터의 의미를 이해할 수 있도록 하기 위해서는 웹상에 존재하는 정보 리소스(URI)들 사이의 연관성을 표현해 주는 것이 필요하다. 이것은 관계형 데이터베이스에서 개체간의 관계를 정의하는 것과 마찬가지로, 웹 자원들 간의 관계를 컴퓨터가 이해할 수 있도록 표현해 주는 것이다. 결국 웹 데이터간의 연관성을 정의함으로써 정보로 진화되며, 이러한 데이터는 정보로 변환되며, 이 정보에 소프트웨어 에이전트의 추론이 더해져 지식으로 발전된다.

시맨틱 웹에 대한 이해를 돕기 위해 간단한 예를 들어보자. 사용자는 웹 브라우저를 통해 다음과 같은 질문을 하려고 한다.

"고속철도를 이용하여 1박 2일의 관광을 할 수 있는 장소 중 가장 저렴한 관광 여행상품은 무엇인가?"

이러한 질문에서 사용자가 가장 알고 싶은 정보는 관광상품에 대한 정보이다. 그러나 관광상품에 대한 제약조건이 있는데, 위 질문을 다시 개체 별로 나누어본다면, "고속철도", "1박2일", "가장 저렴한"과 같은 3가지 개체로 볼 수 있다. 이러한 제약조건을 만족하는 관광상품을 원하는 것이다. 개체를 소프트웨어 에이전트가 이해하기 위해서는 "고속철도"는 이동수단, "1박2일"은 여행일정, "가장 저렴한"은 여행경비로써 가장 최소의 비용임을 이해해야 한다. 그러므로 여행이라는 커다란 도메인에서 이동수단(교통수단), 일정, 비용, 여행상품에 대한 개체정의가 이루어지고, 이러한 개체간의 역할과 관계를 정확히 정의하여 최종적으로 원하는 결과를 도출할 수 있게 된다.

이상의 예를 통해 시맨틱 웹이 현재의 웹과 별도로 발전되고 있는 것이 아니라, "사람들을 위한 웹"에서 "사람과 소프트웨어 에이전트가 공유할 수 있는 웹"으로 진화된 것임을 이해할 수 있다. 이러한 진화방향을 요약하면 [그림 17-1]과 같다.

[그림 17-1]

웹의 진화방향(Berners-Lee, 2000)

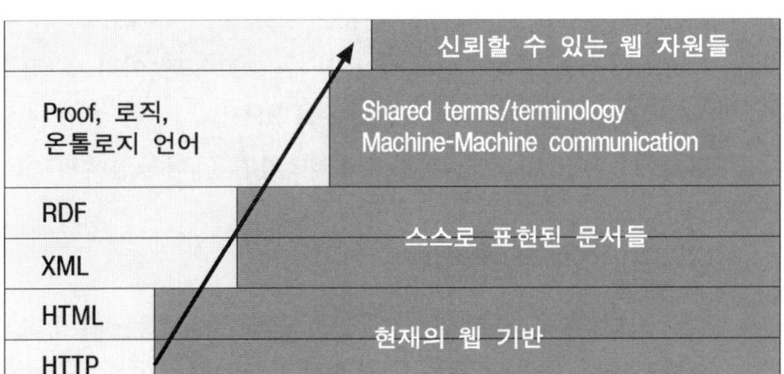

HTML, HTTP 및 URI 등이 사람들에게 보여주기 위한 웹을 구현하기 위한 기반기술이었다면, 시맨틱 웹은 XML, RDF, 온톨로지

(Ontology), 및 로직(logic) 등을 활용해 컴퓨터가 상호 신뢰하에 의사소통을 할 수 있도록 진화한 것으로써, 웹의 궁극적 목표라 할 수 있다.

시맨틱 웹을 구현하는 기반기술들의 특징을 간단히 살펴보면 다음과 같다. XML은 웹 데이터를 구조적으로 표현하는데 활용하며, DTD(Document Type Definition)와 XML Schema는 XML 문서의 구조와 데이터 타입을 정의하기 위해 사용한다. RDF는 웹 자원들간의 관계를 표현하는 데이터 모델이며, RDFS(RDF Schema)는 RDF에서 사용된 어휘집으로서의 역할을 수행하는 소형 온톨로지(lightweght ontology)이다. 이에 더해 소프트웨어 에이전트들이 상호 의사소통을 하기 위해 온톨로지가 그리고 그 온톨로지를 이용해 새로운 사실을 추론하기 위한 로직이 이용된다.

웹이 시맨틱 웹으로 성공적으로 발전하기 위한 전제조건이 (어떤) 지식의 표현과 소프트웨어 에이전트의 활용이다. 이들은 상호연관성을 가지고 발전해 나가야 하는데, 이에 대한 설명은 다음과 같다.

(1) 지식의 표현

시맨틱 웹으로 발전하기 위해서는 무엇보다도 먼저 컴퓨터 소프트웨어가 이해할 수 있는 형태로 웹페이지의 정보나 지식이 표현되어야 한다. 웹의 등장 이전부터 인공지능 분야에서는 다양한 지식 표현 방법들이 연구되었다. 그러나 이러한 지식 표현 방법은 특정 도메인과 추론엔진에서만 활용이 가능한 것으로써 '범용성(universality)'을 추구하는 웹에서의 활용은 매우 제한적이었다. 시맨틱 웹의 연구자들은 웹페이지의 데이터나 지식을 표현할 수 새로운 지식표현 방법을 강구하게 되었는바, XML과 RDF가 바로 그것이다. XML은 웹 문서를 구조적으로 표현해 주며, RDF는 URI를 갖는 웹 자원 간의 관계를 알려주게 된다. RDF에 대한 자세한 설명은 다음절에서 할 것이다.

(2) 에이전트의 활용

시맨틱 웹의 개념이 현실화되기 위해서는 웹에 산재한 정보원(information source)으로부터 정보를 수집하고, 이를 처리한 후, 그 결과를 다른 컴퓨터 소프트웨어와 교환하고 공유할 수 있는 다양한 프로그램의 개발이 이루어져야 한다. 이러한 소프트웨어 에이전트의 활용을 통해 자동화된 웹서비스가 가능해 질 것이며, 이러한 가능성은 컴퓨터가 이해할 수 있는 웹 콘텐츠의 양이 증가할수록 커질 것이다. 에이전트에 대해서는 15장에서 이미 논의한 바 있다.

소프트웨어 에이전트가 웹 콘텐츠를 활용하게 됨으로써 중요해지는 기술적 요소가 바로 '전자서명(digital signature)'이다. 전자서명을 통해 소프트웨어 에이전트가 사용할 정보에 대한 보증이 가능하며, 이는 곧 에이전트가 처리한 결과에 대한 신뢰성을 높이는 장치이기도 하다. 전자서명은 본서와는 직접 관련이 없으므로 논의 대상에서 제외하고자 한다.

17.3 시맨틱 웹의 구현을 위한 기술 요소

17.3.1 개 요

시맨틱 웹은 웹상에 존재하는 데이터들을 컴퓨터 소프트웨어가 이해하고 처리할 수 있는 형태로 표현함으로써, 전자상거래를 비롯한 다양한 응용 영역에서 자동화되고 통합된 데이터의 공유를 이루고자 하는 새로운 개념의 웹이라고 할 수 있다. 본 절에서는 시맨틱 웹을 구현하기 위한 기술 요소들에 대해 살펴보고자 한다.

[그림 17-2]는 시맨틱 웹을 구현하기 위한 단계별 기술요소를 표현한 것이다. 시맨틱 웹의 기술요소는 크게 2가지로 구분할 수 있다. 하나는 자원서술이며, 다른 하나는 지식의 표현이다. 자원서술은 웹 자원에 대한 메타데이터의 표현이다. '데이터에 대한 데이터'로 정의되는 메타데이터를 이용해 웹 데이터들 간의 관계를 정의함으로써, 기존의 전문검색 또는 키워드 검색이 가지는 한계를 극복할 수 있다. 시맨틱 웹 관련 기술 중 웹 자원들 간의 관계를 기술하기 위해 RDF가 제안된 바 있다. 다음으로 지식의 표현은 웹 정보 리소스간의 의미적 연관성을 표현하는 것으로, 시맨틱 웹에서는 이를 상호운용성이라고 정의하고 있다. 상호운용성을 달성하기 위한 시맨틱 웹의 기술요소로는 온톨로지와 로직 등이 있다.

본 장에서는, 자원서술을 위한 기술요소인 XML과 RDF를 살펴보고 다음으로 지식표현을 위한 온톨로지에 대해 설명하도록 하겠다. 마지막으로 로직은 다음절에서 더욱 구체적으로 설명하고자 한다.

[그림 17-2]

시맨틱 웹의 단계별 기반기술(Berners-Lee, 2000)

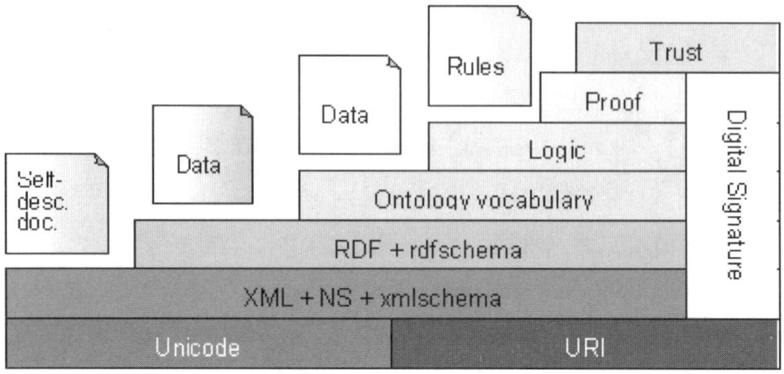

17.3.2 XML/XML Schema

시맨틱 웹은 XML을 기반으로 구현된다. XML이 갖는 가장 큰 특징은 문서에서 사용하는 태그를 사용자가 자유롭게 정의할 수 있다는 것이다. 즉, 다양한 정보를 XML이라는 일정한 형식으로 정의하고, 표준화된 방식으로 상호 교환할 수 있는 기술기반을 제공함으로써, 컴퓨터가 처리할 수 있도록 한다는 것이다. 이러한 특성은 시맨틱 웹의 구현에서 대단히 중요한 기반이다.

XML이 교환하고자 하는 내용을 표현한다면, XML DTD는 XML 문서의 구조를 정의하는 역할을 한다. DTD를 통해 교환하고자 하는 문서의 태그와 특성을 정의함으로써 문서의 틀을 만드는 것이 가능해 진다. 그러나 DTD는 시맨틱 웹에서 요구하는 수준의 데이터와 의미, 즉 객체 형태의 데이터 구조, 데이터 구조 사이의 관계, 추론을 위한 규칙, 그리고 이름공간(namespace) 등을 표현하기 위한 직접적인 장치는 없는 상태이다. 이를 보완하고자 하는 작업이 바로 XML Schema이다. DTD가 SGML(Standard Generalized Markup Language) DTD 형식을 따르는 반면 XML Schema는 XML 형식을 따르고 있으며, 다양한 데이터 형식을 제공할 뿐 아니라 사용자 정의도 가능한 특징을 가지고 있다. 그러나 태그의 사용에 대한 규칙은 DTD나 XML Schema에 의해 정의될 수 있지만, 이들 사이의 관계를 컴퓨터에게 알려줄 수 없다. 이는 XML이 문서 구조를 지정할 수 있으나, 문서 구조가 갖는 의미에 대해서는 아무것도 정의하지 못하기 때문이다. 객체 형태의 데이터 구조의 정의 및 데이터 구조간의 관계 표현을 위해 XML을 기반으로 하여 제안된 언어가 RDF이다.

17.3.3 RDF/RDF Schema

RDF는 메타 데이터를 처리하는데 필요한 기반 표준으로서, 정보를 교환하는 응용시스템 간의 상호운용성을 제공한다. RDF 데이터 모델은 웹 자원간의 상호관계를 특성과 값으로 기술하며, RDF Schema는 자원(책, 웹 페이지, 사람 등)을 기술하기 위해 필요한 특성(저자, 주제, 크기 등)을 선언해 준다. 즉, RDF Schema는 RDF 데이터 모델의 유형을 선언할 수 있는 메커니즘을 제공한다. RDF Schema는 XML DTD나 XML Schema와 비교되어 설명되고 하는데, 이들 간의 차이를 분명히 인식하는 것이 필요하다. 즉, DTD나 XML Schema는 XML문서의 구조에 대한 제약을 정의하는 반면에, RDF Schema는 RDF 데이터 모델로 표현된 문장의 해석을 위한 정보를 제공하는 것이다. 물론 RDF Schema는 이러한 제약을 표현할 수도 있다.

RDF를 프로그래밍 언어 관점에서 본다면, 웹상에서 객체를 기술하기 위한 언어로 생각할 수 있다. RDF의 최초 개발 의도가 웹상의 자원들의 관계를 기술하여 검색을 보다 원활하게 할 수 있도록 하는 것이었다 해도, 현재 RDF는 객체를 정의하고 객체 간의 관계를 기술하는 데 주로 활용되고 있다. 클래스를 정의하는 것과 클래스의 인스턴스로서 객체를 정의하는 것은 분명히 다른 일이다. 클래스를 정의하기 위해서는 클래스의 속성을 정의해야 한다. 속성의 의미와 속성이 가질 수 있는 값의 범위 그리고 클래스 간의 관계를 정의하는 것이 클래스의 정의에 필요하다. 이를 위한 언어가 RDF Schema라고 생각할 수 있다. 반면 이렇게 정의된 클래스의 정의를 이용하여 실제로 객체를 선언할 수 있도록 하기 위한 언어가 바로 RDF이다.

[그림 17-3]은 XML로 표현된 문서를 RDF에서 어떻게 이용되는지를 보여주는 예제이다. 전술한 바와 같이, XML은 임의의 문서구조를 지정할 수 있으나 문서들 간의 관계와 의미를 해석할 수 있는 능력은 갖고 있지 못하다. XML이 갖는 한계를 극복할 수 있는 것이 RDF이며, RDF에서는 문서들 관계와 의미를 표현하기 위해 URI를 이용한다.

[그림 17-3]

XML과 RDF의 사용 예제

```
<?XML version="1.0">
<employees>
        List of persons in company
        <person name="John">
                <phone>47782></phone>
        </person>
</employee>
```

XML 표현 예

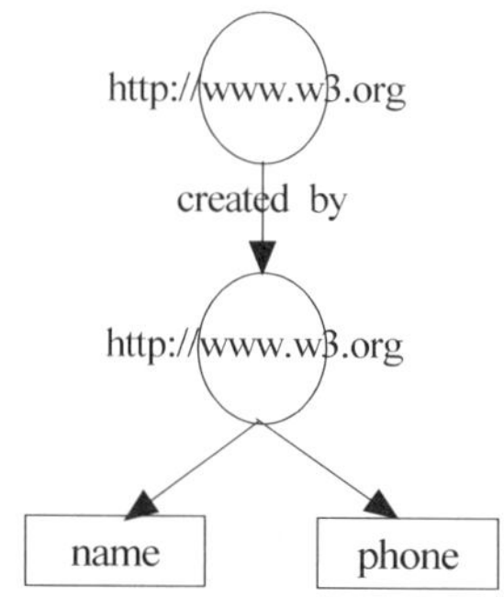

A directed labeled graph representation

항목이 3개 있는 RDF description

Object	Attribute	Value
http://www.w3.org	Created_by	#anonymous_resource
#anonymous_resource	name	"John"
#anonymous_resource	phone	47782

<자료원:
Michel Klein, X M L, RDF, and Relatives, Ieee Intelligent System, 2001>

그러나 RDF Schema로 우리가 원하는 온톨로지를 구축하기에는 다음과 같은 제한점이 노출되고 있다. 즉, RDF Schema는 클래스들 간의 역관계(inverse relation)를 표현하지 못하며, Cardinality의 표현이 자유롭지 못하고, 클래스의 부울린 조합 및 클래스의 배반관계(disjointness)를 표현하지 못한다. 이러한 한계를 극복하기 위해 RDFS를 더욱 확장하여 보다 완전한 형태의 의미를 표현하고자 등장한 것이 온톨로지 언어이다.

17.3.4 Ontology

시맨틱 웹의 이상을 실현하기 위해서 반드시 선행되어 구축되어야 할 기술 기반이 RDF와 RDFS층 상단에 위치하는 온톨로지(Ontology)이다. 철학적인 개념으로써 존재의 본질과 유형에 관한 이론을 의미하는 온톨로지는 인공지능이나 웹 관련 연구에서는 기본적으로 개념 규정을 말하며, 일반적으로 용어와 용어들 간의 관계를 표현하는 컴퓨터 판독이 가능한 공식 규정을 의미한다. 시맨틱 웹에서도 온톨로지는 특정 주제에 관한 지식 용어들의 집합으로서, 이들 용어뿐만 아니라 용어들 간의 의미적 연결 관계와 간단한 추론 규칙 등을 포함하고 있는 지식 저장소라고 할 수 있다. 시맨틱 웹에서는 몇몇의 복잡한 대규모 온톨로지 대신에 다수의 소규모 온톨로지와 이들 간의 상호 참조로 이루어진 웹을 추구한다. 이러한 소규모의 온톨로지는 온톨로지 저장소(Repository)에 보관되어 검색될 수 있으며 필요한 온톨로지를 가져와 확장하거나 특화하여 사용할 수 있게 된다. 또한 온톨로지를 웹상의 정보 검색에 이용한 온톨로지 기반 검색(Ontology-based Search)은 새로운 차원의 선택도를 갖는 정보 검색을 가능하게 할 것이다.

컴퓨터 프로그램이 XML과 RDF로 표현된 문서를 비교하거나 통합하는 경우를 생각해 보자. 컴퓨터 프로그램은 의미는 같지만 다르게 표현된 태그, 예를 들어 'address'와 'addresses'가 같은 의미임을 구분할 수 없다. 그래서 필요한 것이 '온톨로지'이다. 온톨로지에 대한 정의는 적용 분야에 따라 다양하나 웹에서는 객체의 분류(taxonomy)와 추론 규칙의 집합으로 표현된다. 분류는 객체 클래스와 클래스들 간의 관계를 정의하는 것이며, 추론 규칙은 '조건-행위'형태의 규칙을 활용해 사용자에게 추론된 결과를 되돌려 주는 요소로서 시맨틱 웹을 더욱 유용하게 해주는 도구이다.

[그림 17-4]에서는 온톨로지와 데이터, 로직과의 관계를 살펴볼 수 있다. 온톨로지는 데이터에 논리적 추론(rules)이 포함되어 있어, 특정 주제에 대한 지식용어들의 집합뿐만 아니라 용어들 간의 의미적 연결이 가능하며, 이는 곧 지식의 표현도 가능해진다. 또한 이렇게 구축된 온톨로지는 로직이 참조하거나 표현함으로써 향상된 검색기능과 에이전트의 활용가능성을 보여준다.

[그림 17-4]

온톨로지의 계층과 다른 계층과의 관계도

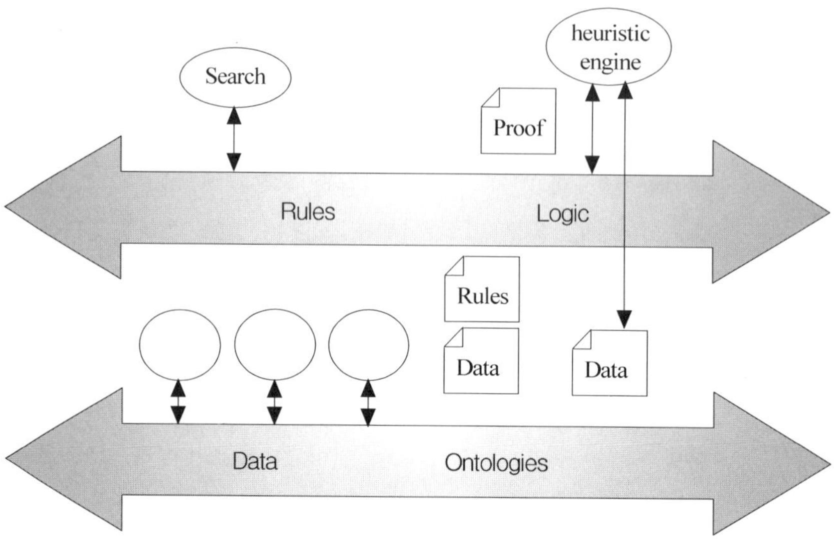

온톨로지의 유형에 관해서는 여러 분류기준이 있으나, 본 절에서는 Fensel[17]에 의한 분류기준을 살펴보면 아래의 표와 같다.

<표 17-1>

온톨로지 유형

영역 온톨로지 (Domain Ontology)	특정 영역에 적합한 지식을 포함하는 온톨로지
메타 온톨로지 (Metadata Ontology)	더블린 코어와 같이 온라인 정보원의 내용을 기술하기 위한 어휘집을 제공하는 온톨로지
일반 온톨로지 (Generic or Common sense Ontology)	세상의 모든 사물에 대한 일반적인 지식 및 개념(시간, 공간, 상태, 사건 등)을 포함하는 온톨로지
표현 온톨로지 (Representational Ontology)	특정 영역에 결부되지 않는 온톨로지로써, 무엇을 표현해야 하는가에 대한 언급없이 개체를 제공하는 온톨로지
메소드 온톨로지 (Method or Task Ontology)	특정 업무에 관한 정보를 제공하는 온톨로지

마지막으로 현재 개발되었거나, 추진되고 있는 온톨로지 언어들을 살펴보고자 한다. 현재 많은 온톨로지가 있으나 본 절에서는 가장

많은 범용성을 가진 DAML과 OWL을 소개하고자 한다.

(1) DAML(DARPA Agent Markup Language)/DAML+OIL(Ontology Inference Layer)

DAML(DAML, 2002)은 소프트웨어 에이전트가 웹 페이지에 존재하는 정보를 컴퓨터가 읽고 이해할 수 있도록 하기 위해서 XML 기술을 기반으로 고안된 의미론적 언어이다. DAML은 서로 관련 있는 웹 페이지가 동일한 의미의 태그를 상이하게 표현하거나 또는 한 태그가 서로 다른 의미로 사용되어 발생하는 의미론적 장벽(semantic barrier)을 해결하기 위한 수단으로 온톨로지에 의한 연결(ontological connection)을 제공한다는 점에서, 평범한 메타 태그와 구별된다.

DAML 이전에 이미 OIL이라고 하는 온톨로지를 정의하기 위한 언어가 개발되었으나, W3C와 DARPA(Defense Advanced Research Projects Agency)에 속한 많은 연구원들은 OIL만으로는 온톨로지를 표현하기에 부족함을 인식하고, 이를 보완할 새로운 언어의 필요성을 주장하였다. 결과적으로 RDF나 RDFS와 가지고 있었던 관계보다 의미론적으로 더욱 밀접하게 결합된 DAML+OIL이라는 언어가 탄생하게 되었다.

DAML+OIL의 목적은 웹 페이지, 데이터베이스, 프로그램 그리고 센서들 간의 의미론적 상호운영성을 가능하게 하는 것이다. 이를 위해 DAML+OIL은 컴퓨터가 쉽게 읽을 수 있고, 쉽게 이해할 수 있도록 정보를 표현하며, 온톨로지 또한 생성할 수 있는 능력을 가지고 있다. DAML+OIL은 다른 메타 태그와는 다르게 서로 관련이 있는 웹 페이지들 간의 온톨로지를 제공함으로써, 기존에 장애였던 의미론적 장벽을 극복할 수 있도록 하고 있다. 그 결과로서 단순히 웹 페이지를 가져와 디스플레이 하던 기존의 방식과는 다르게, 컴퓨터에 의해 읽혀지고, 이해될 수 있는 웹 페이지를 가질 수 있게 되었다. DAML-OIL은 발전을 거듭하다가 OWL로 통합되었다.

(2) OWL(Web Ontology Language)

DAML+OIL과 같은 언어는 표현력에서 우수하지만, 처음 접근하는 사용자, 개발자 및 개발도구 지원 등에 용이하지 않은 측면이 있다. 이를 개선하여 보편적인 이용자를 확보하기 위해 좀 더 간결하고 사용하기 쉬운 언어가 필요하게 되었다. OWL은 이러한 목적으로

DAML+OIL을 개선한 새로운 온톨로지 구축 언어이다. 또한 OWL의 하위 집합으로 제안된 OWL Lite는 OWL과 DAML+OIL의 공통적이고 유용한 부분들을 간추려 만들어졌다. OWL은 기능적인 면에서 볼 때 웹 응용프로그램을 지원하기 위해 간단하면서도 RDFS에 비해 풍부한 표현력을 가지는 언어로 볼 수 있다[8, 26].

OWL에서 제안하고 있는 유형은 OWL Lite와 OWL DL, OWL Full이 있는데, OWL Lite는 시소러스에 접근이 용이하고 단순한 면을 강조함으로써 웹 응용에 강점을 갖고 있으며, OWL DL은 Lite보다 좀 더 논리적인 표현을 위한 온톨로지이다. 마지막으로 OWL Full은 표현력에 있어서 가장 풍부하며 RDF의 자유로운 구문을 모두 허용하고 있다. OWL Full은 DL과 Lite의 모든 기능을 포함하는 관계이며 유효성 및 호환성에 있어서는 가장 완벽하다.

17.4 시맨틱 웹의 응용

(1) OWL-S

OWL-S에 관한 연구는 OWL과 온톨로지를 이용한 Semantic Web Service에 대한 예이다. OWL-S는 웹상에서 자신의 목적에 맞는 서비스를 발견하고 발견된 서비스를 사용할 뿐 아니라 이러한 서비스들을 조합하여 하나의 목적을 이룰 수 있도록 서비스를 기술하는 언어이다. 이렇게 기술된 웹 서비스는 사람에 의해 검색되고 이용되기보다는 소프트웨어 에이전트에 의해 자동화하여 처리되는 것을 기본 전제로 하고 있다. 이를 달성하기 위한 웹 서비스 기술 언어는 크게 세 가지로 구성된다.

첫째, 에이전트가 브로커를 통하여 적절한 웹 서비스를 발견할 수 있도록 웹 서비스의 내용을 기술하는 웹 서비스 검색 언어이다. 둘째, 발견된 웹 서비스를 사용하는 방법을 기술하는 웹 서비스 실행 언어로서, 웹 서비스 실행언어는 웹 서비스 실행절차를 기술한다. 마지막은 웹 서비스 조합 언어(Web service composition language)이다. 이는 하나의 복합된 업무를 수행하기 위해 각각의 웹 서비스를 어떻게 조합할 것인지를 결정할 수 있도록 웹 서비스의 입·출력을 정의하는 언어이다. 이에 더해 에이전트가 특정 목적을 달성하기 위하여 웹 서비스의 검색, 조합 및 실행을 할 수 있도록 에이전트의 실행 과정을 기술하는 언어가 필요하다.

다음 그림은 앞서 기술한 내용들의 전체 구조를 보여주고 있다.

[그림 17-5]

Semantic Web Service 구조

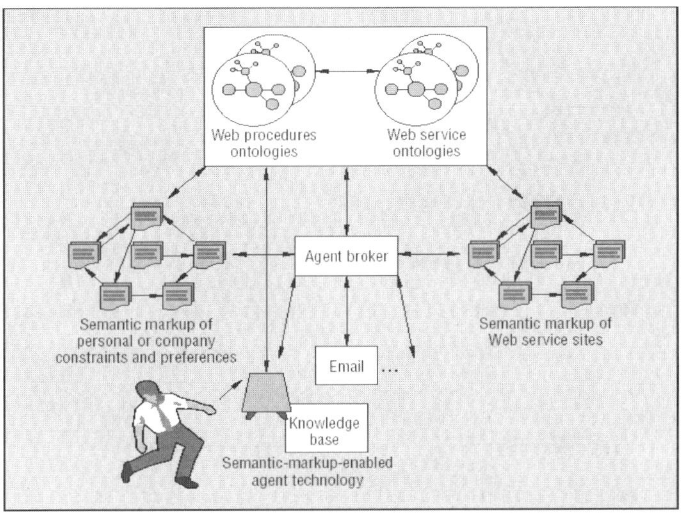

〈자료원: McIlraith, 2001〉

사용자가 특정 목적에 맞는 에이전트를 실행시키면 에이전트는 먼저 에이전트 브로커를 통하여 적절한 웹 서비스를 검색한다. 이 과정에서 에이전트는 웹상에 등록되어 있는 사용자와 관련된 기관들의 제약 조건들을 검색한다. 그리고 제약조건을 만족하는 웹 서비스만을 사용하게 된다. 제약조건은 웹 서비스의 선택뿐만 아니라 웹 서비스의 조합 및 실행에서도 사용된다. 그리고 이러한 모든 과정에서 서로 간의 의사소통을 위해 그림 상단부의 온톨로지를 공유하게 된다.

(2) Topic Map

Topic Map은 RDF와 RDFS를 이용하여 웹상에서의 지식관리 시스템을 구현한 예이다. 기본적으로 Topic Map이 구현하고자 하는 것은 지식과 정보를 연결하여 검색을 보다 원활히 하는 것이다. 이를 위해 웹상에서 Topic들을 정의하고 각 Topic들 간의 관계를 정의한다.

일반적인 지식관리 시스템에서는 지식에 대한 분류 및 지식 간의 연관 관계를 지식지도(Knowledge Map)라는 외부의 저장소에 저장한다. 그리고 사람들이 이 지식지도를 통해 보다 쉽게 지식을 검색할 수 있도록 지원하고 있다. Topic Map은 이러한 지식지도를 지식이 담겨 있는 웹 페이지와 분리하여 저장하지 않고 웹 페이지 내부에 저장한 형태라고 이해할 수 있다. 웹 페이지의 작성자들이 Topic Map에서 정의한 표준에 따라 자신의 웹 페이지에 대해 기술하면 따로 지식지도를 구축할 필요 없이 지식지도와 같은 효과를 볼 수 있는 것이다. Topic Map은 비교적 단순하면서도 유용한 시맨틱 웹의 응용을 보여주고 있다.

(3) 지능형 에이전트

시맨틱 웹을 이용한 지능형 에이전트(Intelligent Agent)는 기존의 검색엔진을 대체하여, 데이터의 검색 성능을 향상시킬 것으로 기대된다. 지능형 에이전트는 여러 개의 웹 페이지를 분석하여 개념적으로 연관되어 있는 웹 페이지들을 연결하고, 겉보기에는 연관이 없는 것처럼 보이는 웹 페이지도 의미를 파악하여 결과를 만들어 낼 수 있다. 예를 들어, 1952년에 타율이 가장 높은 선수를 알고자 할 때, 적절하게 설정된 지능형 에이전트는 1952에 관련된 내용이나 타격에 관한 용어 등의 내용으로 이루어진 웹 페이지들을 출력하는 대신 정확한 답변을 제시할 수 있다. 이와 유사한 방식으로 사용자가 특정 야구공원에 관련된 내용을 검색하고 싶다면, 지능형 에이전트는 야구공원이라는 태그가 적용된 OWL 웹 페이지를 검색하여, 그 야구공원의 규모나, 야구공원 주변의 교통정보 등을 제공할 수 있다.

몇몇 웹 사이트는 이미 이러한 정보를 내장하고 있지만, 시맨틱 웹은 이를 좀 더 웹 사이트나 검색엔진에 의존하지 않는 방식으로 처리할 수 있도록 만든다. 그리고 시맨틱 웹을 처리할 수 있는 지능형 에이전트는 보다 많은 정보를 효율적으로 처리하여 지금과는 비교할 수 없이 복잡한 기능들도 수행할 수 있게 될 것이다.

17.5 시맨틱 웹 개발도구(Tool)

다음으로 시맨틱 웹 개발도구들을 살펴보도록 하겠다. 본 절에서 소개하는 개발도구들은 대표적인 온톨로지 관련 툴이다.

(1) Protege-2000

스텐포드 의과대학의 의료정보학과에서 개발되었으며 지식기반의 구조를 작성하기 위한 도구이다. 현재 약 100여개의 프로젝트가 Protege-2000을 이용하여 추진되고 있다. 현재 Protege Beta 3.0이 웹(http://protege.stanford.edu)을 통해 무료로 배포되고 있다. Protege-2000은 온톨로지와 지식을 수정・생성할 수 있으며, 확장이 용이한 플랫폼에 독립적인 온톨로지 구축 도구이다. 이 제품의 특징은 직관적이고 사용하기 쉬운 GUI와 필요할 때 데이터베이스의 back-end를 가져와 기억장치에 캐싱하여 사용한다. 확장 가능한 플러그인 구조를 지원한다. 개발에 필요한 광범위하고 다양한 플러그인이 제공되어 개발에 용이하다. ETRI에서 개발한 ezOWL 등을 plug-in함으로써 semantic net으로의 자동변환이 가능하며, racer 등과 같은 다양한 소프트웨어들을 통합적으로 활용할 수 있다.

[그림 17-6]

Protege 운영 화면

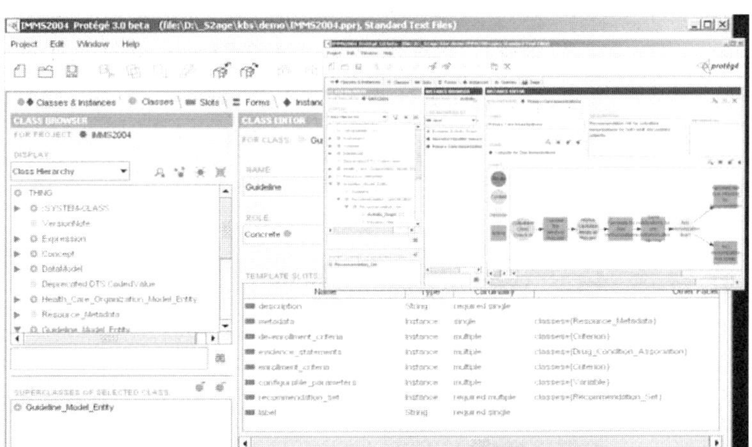

〈자료원: http://protege.stanford.edu, 2006〉

(2) OntoEdit

OntoEdit는 응용 시스템의 지식모델을 읽어 와서 적용, 설계할 수 있는 개발환경을 제공한다. 계층구조의 개념적 정의와 다중 속성이 가능하고 지역적이고 전역적인 관계를 정의할 수 있다. OntoEdit에 포함된 다른 특징들로는 다국어 사용, 개념들 간의 분리, 대칭적 관계의 기본적 Axiom정의, RDF의 import/export 기능, DAML+OIL의 import/export 기능, 추론 엔진인 OntoBroker의 데이터 포멧인 Flogic에 대한 import/export 기능 등이 제공된다.

(3) OntoWeb

OntoWeb은 지식경영과 전자상거래를 위한 온톨로지 기반의 정보교환을 위한 것이다. 다양하고 이질적인 단체 사이에서 통신 병목현상을 피하는 것이 OntoWeb 네트워크의 목표이다. OntoWeb은 European Commission에서 내는 특정 주제의 네트워크 제안의 대표적인 예로 활용되고 있다.

(4) Network Inference

영국의 Manchester에 기반을 두고 있는 사이트로 FaCT(Fast Classifier of Terminologies) 시스템의 개발로 인해 지식 표현 공동체의 선두가 되었고, W3C의 시맨틱 웹 활동의 주요 요소로 주목받았다. Network Inference에서 개발된 CerebraTM은 기계가 이해할 수 있는 메커니즘으로 기술된 논리나 추론 엔진을 사용한다. 이것은 온톨로지의 한 형태로 복잡한 개념을 표현하고 논리구조를 제약할 수 있게 한다. 최근 메타데이터를 연결하는 시맨틱 그리드(Semantic Grid) 프로젝트에서 추론엔진으로 채택되었다.

17.6 규칙표식언어(RuleML) 개발 현황

17.6.1 개 요

시맨틱 웹이 사람과 웹에서 동작하는 소프트웨어 에이전트 모두가 웹상의 정보나 서비스를 쉽게 이해하고 처리할 수 있도록 하기 위해서 제안되었음을 언급한 바 있다. 이와 같이 소프트웨어가 해석하고 처리될 수 있는 형태로 정보를 표현하는 시맨틱 웹에서는 소프트웨어 에이전트에 의한 자동화된 연역적 추론이 가능하며, 이는 시맨틱 웹의 로직 계층을 통해 구현할 수 있다. 이와 같은 자동 추론에는 그 동안 인공지능 분야에서 활발히 연구되어온 결과가 널리 활용되고 있다.

시맨틱 웹에서 추론기술은 다음과 같은 용도로 활용이 가능하다. 첫째, 소프트웨어 에이전트가 정보와 서비스를 이해하고 이를 처리할 수 있도록 한다. 시맨틱 웹에서 소프트웨어 에이전트가 정보를 이해하고 처리하기 위해서는, 기술된 온톨로지로부터 새로운 내용을 자동 추론하는 기술이 필수적이다. 둘째, 온톨로지는 여러 사람에 의해서 공동적으로 구축되는 것이 일반적이다. 이와 같이 공동작업으로 온톨로지가 구축되는 경우는 온톨로지 상에 비일관성의 문제가 생길 수 있다. 따라서 온톨로지 구축 도구는 온톨로지 상의 일관성 문제를 처리할 수 있어야 한다. 즉, 대용량의 온톨로지에 존재하는 비일관성의 문제를 수동으로 발견하고 처리하는 것은 거의 불가능하므로 이를 자동으로 처리하기 위한 추론기능이 필요하다. 셋째, 온톨로지의 중요한 활용 중 하나는 온톨로지의 통합이다. 그러므로 추론기능을 활용하여 온톨로지 간의 관계를 추론하고, 합병할 때 발생할 수 있는 비일관성의 문제를 자동으로 탐지하는 데 유용하게 사용된다.

이러한 추론의 활용도를 고려할 때 시맨틱 웹에서 추론의 기능은 더욱 중요하다고 볼 수 있다. 그러므로 이번 절에서는 이러한 추론의 정의와 대표적인 언어들을 살펴보고자 한다.

17.6.2 추론의 정의

규칙(rule)이라고 하면 보통은 체계화된 지식 정도로 생각하겠지만, 전문가 시스템에 대해 알고 있는 사람이라면 그 의미를 달리 해석할 것이다. 즉, 규칙은 가장 널리 알려진 지식 표현 방법 중의 하나이며, IF 문장과 THEN 문장으로 연결된 형태를 취하고, IF 구문의 조건이 만족되거나 발생한 상태이면 THEN 구문이 수행되거나 논리적으로 참이 되는 형태이다[6]. 이렇게 표현된 규칙은 규칙베이스에 저장되어 정방향 추론 혹은 역방향 추론 등에서 사용된다. 추론의 원리와 과정에 대해서는 전장에서 설명한 바 있다.

규칙이 일반적인 지식관리시스템에서 말하는 지식과 구별되는 가장 큰 특징은 컴퓨터가 이해할 수 있는 형태로 표현되어 있다는 것이다. 지식관리시스템에서의 지식표현 목표가 사람이 이해하기 쉽게 또 찾기 쉽게 잘 정리하는 것임 반면, 전문가 시스템에서의 규칙은 컴퓨터가 이를 이해하고 자동화된 처리를 통해 컴퓨터 스스로 결론에 도달할 수 있도록 하는 것이 목표이다.

최근 인간의 이해를 주목적으로 설계된 HTML에서 컴퓨터의 이해를 목적으로 하는 XML로의 발전은 규칙의 표현에도 많은 영향을 끼치고 있다. 과거에는 독립된 시스템에 저장되어 있던 규칙을 인터넷 상에서 자유롭게 교환 가능한 형태로 표현하고, 이를 응용한 시스템을 개발하고자 하는 연구가 인공지능 분야에서 활발히 이루어지고 있다. 다음으로 XML 형태로 규칙을 표현하여 규칙의 교환이 가능하도록 하고 이를 이용하여 여러 가지 가능성들을 제시하는 대표적인 연구에 대해 알아보고자 한다.

17.6.3 Rule Markup Language(RuleML)

RuleML은 산업체와 학계의 다양한 개인 혹은 단체로 이루어진 개방 네트워크이다. RuleML을 통해 규칙의 마크업(markup)에 대한 다양한 접근들이 서로 공유되고 있으며, 이와 같은 다양한 접근방식들 간에 상호 협력이 이루어지고 있다. RuleML에는 전 세계로부터 약 30여개의 단체가 구성원으로 참여하고 있으며, 한국에서는 한국과학기술원의 전자상거래 연구실과 전자통신연구원 등이 그 일원으로 참여하여 RuleML 발전에 기여하고 있다. RuleML에서는 XML을 활용해 규칙을 표현하고 교환하고 공유하고 위한 노력이 이루어지고 있으며, 응용분야도 법률, 수학, 공학, 전자상거래, 인터넷 상에서의 인증 등과 같이 다양함을 알 수 있다.

RuleML은 상호 협력을 위한 장을 제공하는 동시에, 다양한 접근방법들 간의 상호 의사소통이 가능하도록 어휘를 통일하고, 규칙의 표현에 있어 기본이 되는 kernel language를 제공하고 있다. RuleML 홈페이지(www.ruleml.org)를 참조하면 이 kernel language에 대한 DTD, RDF 및 자세한 설명을 얻을 수 있다.

17.6.4 Case Based Markup Language(CBML)

CBML은 XML을 이용하여 분산 CBR(Case-based Reasoning) 시스템을 구현하고자 하는 연구이다. CBR은 과거문제로부터 얻은 경험이나 지식을 사례 데이터베이스로 구축한 후, 특정 상황이나 문제가 발생하면 기존의 사례 데이터베이스에서 동일하거나 또는 가장 유사한 사례를 선택한 후, 그 사례가 제시하는 해결책으로 현 문제에 대한 답을 제시한다.

이와 같은 사례기반 추론에서 가장 중요한 것 중 하나는 사례를 적절하게 표현하는 것이다. CBML에서는 바로 이 사례를 XML을 이용하여 표현하고 있다. 인터넷 상에서 자유롭게 교환이 가능하고 또한 컴퓨터가 인식할 수 있는 XML의 형태로 사례를 표현하게 될 경우, 인터넷 상에 분산되어 있는 사례기반 추론 시스템들이 서로 사례를 교환하면서 보다 방대한 사례를 기반으로 추론을 진행할 수 있다는 장점을 기대할 수 있다. CBML 연구팀은 이와 같은 장점을 이용하여 클라이언트 측에 있는 웹기반의 사례기반 추론 시스템이 서버로부터 사례를 다운받아 추론을 진행할 수 있는 시스템을 개발하였다. 여기서 XML 형태로 사례를 표현할 수 있도록 만든 마크업 언어가 바로 CBML이다.

17.6.5 Business Rules Markup Language(BRML)

BRML은 CommonRules라고 하는 IBM의 전자상거래를 위한 비즈니스 규칙 프로젝트의 구성 요소이다. CommonRules의 목표는 실행이 가능한 비즈니스 규칙을 서로 다른 환경에 있는 컴퓨터 혹은 시스템들이 인터넷을 통해 교환하고 이용할 수 있도록 하는데 있다. 이렇게 함으로써 이미 시장에서 활용되고 있는 다양한 규칙기반의 시스템들의 활용을 극대화하는 것이 가능하다. 이를 위해 CommonRules는 다음과 같은 두 가지 기능을 제공한다.

첫째, 서로 다른 형태의 규칙을 사용하는 이기종들간의 호환성을 위해 규칙에 대한 공통된 표준 표현방법을 제공하는 것이다. 표준화된 표현방법에는 XML, 일반 텍스트, 자바 객체 등을 사용할 수 있다. 각기 다른 형태로 사용되는 규칙들에 대해 이와 같은 표준 표현방법으로 변환하는 시스템을 제공하고 또한 표준 표현방법으로 만들어진 규칙을 다시 각자의 규칙으로 변환하는 시스템을 제공한다면 상호간에 규칙을 교환하는 것이 가능해 질 것이다. BRML은 이와 같은 표준 표현방법의 XML 버전인 셈이다.

둘째, 이렇게 각기 다른 시스템들로부터 모아진 규칙들이 상호간에 충돌이 일어날 때, 이를 해결하기 위한 시스템이다. 이를 우선순위에 의한 상충해소 시스템이라 한다. 각 규칙에 우선순위를 부여함으로써 상충이 일어나는 것을 해결할 수 있다. CommonRules에서 이상의 시스템은 모두 자바 라이브러리로 제공된다.

17.6.6 Agent-Object-Relationship Markup Language(AORML)

AORML은 AOR(Agent-Object-Relationship) 모델에서 비즈니스 규칙을 표현하는데 사용된다. 따라서 AORML을 이해하기 위해서는 AOR 모델에 대한 이해가 선행되어야 한다. AOR 모델은 조직의 정보시스템을 개념적으로 모델링하기 위한 방법론이다. AOR 모델링 방법은 ER 모델링을 보완하기 위해 개발되었다. ER 모델에서의 entity가 AOR 모델에서는 agent, event, action, claim, commitment 등으로 세분화된다. AOR 모델에서 가장 중요한 점은 조직을 하나의 기관 에이전트로 보는 것이다. 이후 조직을 이루고 있는 각각의 객체들은 내부 에이전트로 정의하며, 기관과 관련을 맺고 있는 외부의 조직들은 외부 에이전트로 정의한다. 이렇게 정의된 각각의 에이전트들은 상호간에 메시지를 주고받으며 주어진 업무를 수행하게 된다. 에이전트가 수행하는 업무는 에이전트의 권한과 의무로 구분되어 정의된다. 이와 같이 정의된 모델에서는 각각의 에이전트가 특정 메시지를 받았을 때 어떻게 행동할 것인가를 정의하는 것이 주요 핵심이 된다. 이러한 행동지침을 AOR 모델에서는 비즈니스 규칙이라고 한다. 비즈니스 규칙은 비즈니스 프로세스를 정의하고 제어하는 역할을 한다. 비즈니스 프로세스는 에이전트의 비즈니스를 수행하기 위하여 수행하여야 하는 상호작용을 정의한다. 이와 같은 상호작용은 에이전트가 수행하여야 할 event, action 그리고 activity로 이루어진다.

AORML은 이상에서 말한 비즈니스 규칙을 XML 형태로 표현하기 위한 마크업 언어이다. 이 절의 개요에서 말한 규칙의 상호 교환이라는 측면에서 볼 때 AORML은 다른 연구들과 조금 동떨어진 감이 있다. 그 이유는 AORML은 단지 AOR 모델링에서 객체 역할을 하는 에이전트의 행동을 정의하는 언어일 뿐, 규칙의 교환과는 별 관계가 없기 때문이다. 그러나 이렇게 표현된 AORML 문서는 컴퓨터에 의해 자동으로 인식되어 에이전트의 업무처리를 수행하기 때문에 일부 관계가 있다고 볼 수 있으며, 또한 연구가 발전되어 에이전트 간에 서로의 업무규칙을 주고받는 형태의 시스템도 생각해 볼 수 있다.

17.6.7 Artificial Intelligence Markup Language(AIML)

RuleML과 관련된 상당수의 연구들이 기존의 연구로부터 발전되었거나 기존 연구의 한 부분인 것과 마찬가지로 AIML 또한 ALICE (Artificial Linguistic Internet Computer Entity)라는 프로젝트의 구성 요소이다.

ALICE 프로젝트는 인터넷 상에서 자연어를 이용해 대화를 하는 로봇을 개발하기 위한 프로젝트이다. 프로젝트의 구성요소에는 패턴에 대한 대용량의 데이터베이스와 AIML로 표현되는 대화를 위한 지식이 있다. 이 프로젝트의 최종목표는 전문가의 지식을 갖고 있는 개별 채팅 로봇들을 하나로 통합하여 수퍼 로봇으로 만드는 것이다. 즉 자연어로 질문을 하면 무엇이든 대답해 주는 로봇을 인터넷 상에 구축하는 것이라고 생각하면 된다. 공상과학영화에서나 나올 법한 말이지만 제한된 기능의 로봇이 벌써 몇몇 쇼핑몰에서 사용되고 있다.

AIML은 로봇이 대화를 진행할 수 있도록 대화 내용을 표현하는 간단한 패턴 매칭 언어이다. 즉, 사용자가 자연어로 문장을 입력하면 로봇이 이 문장의 패턴을 인식하고 적절한 대답을 할 수 있어야 하는데, AIML은 여기서 사용자의 문장 패턴과 이에 대한 대답을 연결하여 표현하는 역할을 한다. AIML을 XML 기반으로 만든 이유는 XML 에디터를 사용하여 쉽게 지식을 작성할 수 있고, HTML과 유사하기 때문에 사람들에게 보다 익숙하기 때문이다.

17.6.8 Relational-Functional Markup Language(RFML)

Relational-Functional Markup Language(RFML) Relational-Functional language(Relfun)을 모체로 개발된 언어이다. Relfun은 웹상에 존재하고

있는 대부분의 지식이 관계(relation)와 기능(function)에 의해 정의될 수 있다고 보고, 관계와 기능을 정의할 수 있는 언어를 만들고자 하는 데서 출발하였다. 이를 위해 call-by-value를 지원하는 로직 프로그래밍 언어를 만든 것이 바로 Relfun이다.

기존에 이미 로직을 표현하기 위한 언어로 Lisp과 Prolog가 존재하기 때문에 Relfun은 이 두 가지의 언어의 문법을 이용해 만들어졌다. 따라서 Relfun에는 Prolog-like syntax와 Lisp-like syntax의 두 가지가 존재한다. RFML은 바로 이 Relfun의 XML 버전이라 할 수 있다. 따라서 일단 웹상에 존재하는 규칙은 먼저 Relfun으로 작성이 되고 그 후에 RFML로 변환된다. 변환과정을 살펴보면, 우선 웹상의 규칙을 Prolog-like syntax로 표현한 후에 이를 다시 Lisp-like syntax로 변환하고 나서 마지막으로 RFML로 변환하는 절차를 거치게 된다. Lisp과 Prolog를 아는 사람이라면 Prolog가 자연어에 보다 가깝고 Lisp이 기계어에 보다 가깝다는 것을 알 것이다. 규칙을 변환하는 과정에서 Lisp보다 Prolog의 형태로 먼저 변환하고 Lisp을 거쳐 RFML로 표현하는 것이 바로 이러한 이유 때문이다.

17.6.9 OntoAgent

OntoAgent는 RuleML을 보다 현실적으로 적용하기 위한 연구이다. 규칙을 서로 교환하더라고 교환된 규칙을 활용하여 추론을 진행하거나 주어진 업무를 수행하는 시스템이 있지 않다면 별 효용이 없을 것이다. OntoAgent는 교환된 RuleML 혹은 RDF 형태의 문서를 에이전트가 사용할 수 있는 형태로 바꾸어 줌으로써 RuleML을 기반으로 에이전트가 동작할 수 있도록 지원하는 에이전트 플랫폼이다.

이를 위해서 OntoSQL을 이용하여 먼저 RuleML과 RDF 문서를 데이터베이스의 SQL view로 변환한다. 변환된 데이터베이스의 내용을 기반으로 에이전트는 다른 에이전트로부터의 메시지에 대해 적절한 업무를 수행하고 답신 메시지를 보내는 등의 동작을 하게 된다. OntoSQL 외에도 자바 기반의 에이전트를 위해 OntoJava를 제공하고 있다. OntoJava를 이용하면 RuleML과 RDF 문서를 Java object 형태로 변환하여 데이터베이스에 저장하는 것이 가능하다.

17.7 확장형 규칙표식언어(XRML) 소개

17.7.1 개 요

HTML은 사용의 용이성과 높은 이식성으로 인해 1990년대 웹을 발전시키는 견인차 역할을 수행하였다. 그러나 HTML로 표현된 데이터나 문서의 사용자가 사람이 아닌 소프트웨어 프로그램 또는 에이전트일 경우, 위의 특성은 더 이상 장점이 아닌 장애 요소가 되었고, 이를 극복하기 위해 등장한 것이 XML이다. 태그 집합이 고정되어 있지 않다는 XML의 장점은, 여러 응용 분야에서 XML을 기반으로 분야 나름대로의 데이터 및 문서교환을 위한 표준화 작업의 추진을 가속화시켰으며 이러한 노력은 향후에도 지속될 것으로 예상된다[24].

XRML(eXtensible Rule Markup Language)은 XML의 능력을 기반으로 하는 발전 분야로서, XML이 가지는 다음과 같은 한계를 극복하기 위해 시도된 것이다. 즉 'HTML로 표현된 웹 문서들이 지식(규칙)을 암묵적으로 내포하고 있으나, 현재의 XML로는 웹 문서의 사용자인 사람과 소프트웨어 에이전트가 동시에 활용할 수 있도록 지식을 추출한 후 일관성 있는 관리를 통해 지식의 공유를 달성하는 것이 어렵다'는 것이다. 데이터의 표현 및 교환에서 한 단계 더 발전해 웹 페이지에 내포되어 있는 암묵적인 지식을 식별하여 다양한 지식의 사용자가 공유할 수 있도록 하는 것은 웹의 발전을 위한 새로운 전기가 될 것이며, 그 도구가 확장형 규칙 표식언어(XRML)이다. XRML은 비정형화된 HTML 문서로부터 정형화된 지식과 메타지식을 추출하기 위한 언어로 정의할 수 있으며, [그림 17-7]은 HTML 및 XML과 대비한 XRML의 위상(topology)을 나타낸 것이다. 그림에서 보는 바와 같이 사람을 위한 HTML이 1세대 언어, 소프트웨어 에이전트를 위한 XML이 2세대 언어라고 한다면, 사람과 소프트웨어 에이전트가 동시에 활용할 수 있는 XRML은 3세대 언어라고 할 수 있다.

XRML이 추구하는 목표를 달성하기 위해서는 웹 페이지에 암묵적으로 내포되어 있는 지식을 용이하게 식별할 수 있어야 하고, 구조적인 양식으로의 변환을 통해 교환 가능해야 하며, 궁극적으로 다양한 응용 시스템들이 활용할 수 있어야 한다. 이를 위해 XRML은 세 가지 구성요소로서 Rule Identification Markup Language(RIML), Rule Structure Markup Language(RSML)과 Rule Triggering Markup Language (RTML)을 가지고 있다.

[그림 17-7]
웹의 발전 방향

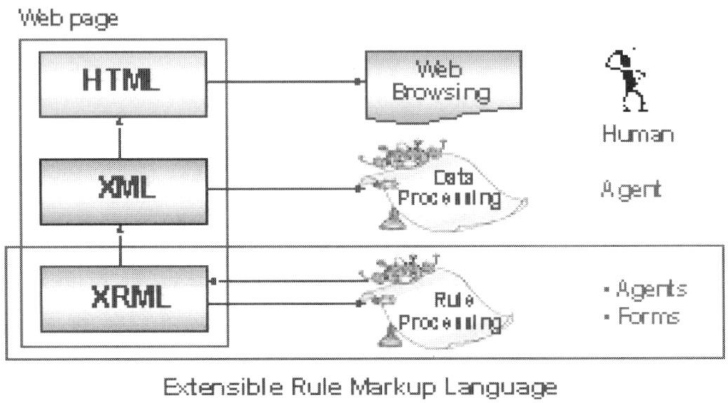

본 절에서는 새로운 개념의 표식언어인 XRML의 설계 기준과 이를 만족하는 RIML, RSML 및 RTML의 태그와 DTD를 설명하고, XRML을 폼 처리에 적용한 프로토타입인 Form/XRML에 대해 자세히 소개하고자 한다.

17.7.2 XRML의 설계 기준

웹 페이지에 암묵적으로 내포되어 있는 지식을 식별하고, 구조적인 양식을 통해 교환하며, 궁극적으로 다양한 응용 시스템들이 활용할 수 있도록 한다는 XRML의 목표를 달성하기 위해 다음과 같은 XRML 설계 기준을 제안하였다[23].

(1) 표현의 완전성(Expressional Completeness)

RSML은 RIML을 이용해 식별한 rule을 구조적인 규칙의 전형(canonical), 즉 '조건-행위(condition-action)' 형태의 규칙으로 완전하게 변환할 수 있어야 한다. 이는 RSML의 사용자인 지식기반시스템 또는 전문가시스템이 이해할 수 있는 형태로 규칙이 변환되어야 함을 의미한다. RSML 문법에서 제안하는 태그를 사용함으로써 지식기반시스템의 추론엔진이 사용할 수 있는 전형적인 규칙으로의 변환이 가능할 것이다.

(2) 연결성(Relevance Linkability)

RIML로 표현된 하이퍼텍스트와 RSML 규칙 사이의 연결 관계가 완전히 표현되어야 한다. 사람과 소프트웨어 에이전트가 웹상에서 지식을 공유하기 위해서는 이질적으로 표현된 지식, 즉 사람을 위한 HTML과 소프트웨어 에이전트를 위한 규칙간의 관계가 지식의 일관성 유지를 위해 명확히 식별되어야 한다. XRML은 RIML과 RSML간의 관계를 확인할 수 있는 태그를 설계함으로써 RSML 규칙이 RIML과 어떻게 관련되어 있는 지를 식별할 수 있도록 하였다.

(3) 일치성(Polymorphous Consistency)

웹에서의 지식은 그 용처에 따라 RSML, 규칙 또는 RIML을 포함하고 있는 하이퍼텍스트 등으로 표현될 수 있으며, 그 표현 양식에 상관없이 지식은 일관성을 유지해야 한다. 이는 지식의 일관성 유지 및 그로부터 파생되는 지식의 공유라는 측면에서 중요한 의미를 가지고 있다. 즉, 지식에 변화가 발생한 경우, 접근이 용이한 한 가지 유형의 지식만 수정하면 XRML이 가지고 있는 관계의 연결성을 통해 다양한 형태의 지식이 수정될 수 있다. 즉 XRML의 구성요소로부터 지식들은 그 형태에 상관없이 항상 동일한 지식을 유지할 수 있고 지식의 관리가 매우 용이하게 된다.

(4) 응용의 범용성(Applicative Universality)

RSML 규칙은 '조건-행위' 형태의 규칙으로 변환되어 지식기반시스템의 지식베이스에 저장되며, 이 지식베이스는 RTML을 포함하고 있는 응용 시스템들이 활용할 것이다. 즉 특정 영역에서 활용중인 응용시스템의 유형에 상관없이, 응용시스템이 RTML을 포함할 수만 있다면 RSML로부터 변환된 지식을 활용할 수 있음을 의미한다.

(5) 지식의 통합성(Knowledge Integrability)

웹에서의 지식은 다양한 형태로 존재하며, 이는 곧 지식을 표현하는 방법 또한 다양함을 의미한다. 따라서 다양한 지식 원으로부터 수집된 규칙은 단일의 형태로 표현되어야 만이 RTML을 내포하고 있는 다양한 응용 시스템들이 활용할 수 있을 것이다. XRML은 다양한 원천으로부터 수집된 지식을 RSML을 통해 전형적인 규칙으로 변환함으로써 지식의 통합성(Knowledge Integrability)을 보장한다.

(6) 상호운영성(Interoperability)

지식의 교환 및 공유를 위해서는 규칙의 표현 방법이 여러 시스템에서 인식될 수 있어야 한다. RSML을 포함한 표식언어의 장점 중 하나는 문서, 데이터, 규칙을 응용분야나 운영시스템 및 하드웨어의 특성과 상관없이 독립적으로 교환할 수 있다는 점이다. XML은 HTML의 한계를 넘어 데이터의 교환이 가능하며 일반적으로 사용되는 데이터베이스에 저장할 수 있다. XRML은 이런 XML의 특성을 그대로 유지하고 있을 뿐만 아니라 규칙의 교환과 저장도 가능하다. 또한 RSML로 표현된 규칙은 간단한 조작을 통해 기존의 지식기반시스템을 위한 규칙으로 전환할 수 있다.

17.7.3 XRML의 구성요소

(1) 규칙식별 표식언어(RIML)

RIML로 표현된 메타지식은 HTML로 표현된 웹 문서에 내포되어 있는 암묵적 지식을 식별하기 위한 것이다. 자연어로 표현된 웹 문서로부터 암묵적 지식을 추출하고, 이를 구조화된 규칙으로 표현하기 위해서는 암묵적 지식과 규칙과의 관계를 명시적으로 표현해야 한다. 이를 예제를 사용해 설명하고자 한다. 다음의 HTML문서는 한국대학교에서 시행중인 '연구예산의 지출'에 관련된 규정이다.

```
<HTML>
<p>A research account can be spent only within the limit of the contract budget, according to the following restrictions.</p>
<p>If the budgetary source is the type-P research fund, the spendable items are limited to on student's salary and expenses for data collection.</p>
</HTML>
```

상기 규정의 두 번째 문장에는 암묵적인 규칙이 내포되어 있으며, 이를 전형적인 규칙 형태로 표현해 보면 다음과 같다. 즉, 예산 집행자는 위의 규정을 다음과 같이 구조화하여 해석을 한다는 것이다.

Rule Title: Restriction of Type-P Research Fund Expenditure
IF ((budgetary source IS type-P research fund)
AND ((spendable item IS student's salary)
OR (spendable item IS expense for data collection)))
THEN expenditure IS permitted

위의 예를 통해서 알 수 있듯이 동일한 지식이라고 할지라도 상이하게 표현된 경우에는 이들 간의 명확한 관계를 식별하는 것이 용이하지 않다. XRML에서는 하이퍼텍스트가 구조화된 규칙과 어떠한 관계를 가지고 있는 지에 대한 메타규칙을 하이퍼텍스트에 추가함으로써 관계의 연결성을 보장한다. 다음의 HTML 문서는 이러한 메타규칙을 포함하고 있으며, 이를 HTML/RIML 문서로 분류한다.

```
<HTML>
<p>A research account can be spent only within the limit of the contract
budget, according to the restrictions. </p>

<RIML Version="0.5">
<Rule>
<RuleTitle> Restriction of Type-P Research Fund Expenditure </RuleTitle>
<p>If the <variable1>budgetary source<variable1> is the <value1>type-P
research fund</value1>, the <variable2>spendable items</variable2> are
limited to on <value2>student's salary</value2> and <value2>expenses for
data collection</value2>.</p>
</Rule>
</RIML>
</HTML>
```

HTML/RIML 문서 내에서 구조적인 규칙을 포함하고 있는 부분을 태그 집합 <RIML>과 </RIML>로 표시하고, 하나의 규칙과 그에 해당하는 명칭을 역시 <Rule>과 </Rule> 및 <RuleTitle>과 </RuleTitle>로 명시한다. <RIML>과 </RIML>은 여러 개의 규칙을 포함할 수 있으며 확장이 필요한 경우에도 기존의 태그 집합에 새로운 태그를 추가할 수도 있다. 이와 함께 규칙 부분에 사용된 <variable#>와 <value#> 태그는 구조적인 규칙에서 변수와 그 값을 식별하는 데 활용되며, vr(변수)과 vl(값)과 같은 약어를 사용해도 이해나 변환이 가능하다. 또한 HTML/RIML 문서는 RIML부분에 삽입된 태그를 제거함으로써 HTML 문서로 변환되어 웹 브라우저를 통해 사람에게 보여지게 된다. 다음은 이상에서 논의한 RIML의 태그와 DTD를 요약한 것이다.

```
<!ELEMENT RIML (Rule)+>
    <!ATTLIST RIML Version CDATA #Required)>
<!ELEMENT Rule (RuleTitle, (variable1*, value1*, variable2*, value2*)>
<!ELEMENT RuleTitle(#PCDATA)>
<!ELEMENT variable1(#PCDATA)>
<!ELEMENT variable2(#PCDATA)>
<!ELEMENT value1(#PCDATA)>
<!ELEMENT value2(#PCDATA)>
```

현재의 RIML에서는 정의하고 있지 않으나 'GreaterThan(GT)'나 'LessThan(LT)'와 같은 단순 연산자들을 표현하는 태그의 추가도 가능하며, 이외에도 구조적인 규칙과의 관계를 명확하게 할 수 있는 다양한 태그를 추가할 수 있다. 그러나 태그의 종류가 다양할수록 암묵적 지식을 식별하기 위한 편집 노력이 배가될 수 있음을 경계해야 할 것이다. 이러한 점에서 RSML로의 변환의 용이성과 RIML 태그의 정교성 사이에 적절한 수준의 균형이 필요하게 된다.

(2) 규칙구조 표식언어(RSML)

RIML에 의해 식별된 규칙의 파편들을 지식기반시스템이 활용할 수 있는 정형화된 규칙으로 변환하기 위해 이들을 구조적인 형태로 표현하는 것이 필요하다. RSML은 RIML에서 식별된 암묵적 규칙을 구조화된 규칙으로 표현할 수 있게 하는 XRML의 구성 요소이다.

RIML에서 식별된 규칙의 요소들이 RSML로 변환되는 과정을 살펴보자. RIML에서 식별된 규칙의 요소들을 이용해 RSML 규칙을 표현하면 1차적으로 다음과 같은 불완전한 형태의 RSML 규칙이 만들어지게 된다. 이는 XRML 편집기를 사용해 자동적으로 생성되게 된다.

```
<RSML Version="0.5">
  <Rule>
    <RuleTitle>Restriction of Type-P Research Fund Expenditure</RuleTitle>
    <budgetary source>type-P research fund</budgetary source>
    <spendable item>student's salary</spendable item>
    <spendable item>expense for data collection</spendable item>
```

```
      <expenditure>permitted</expenditure>
    </Rule>
  </RSML>
```

RIML에서 식별된 <Rule>과 </Rule> 및 <RuleTitle>과 </RuleTitle>은 원형 그대로 활용되며, <variable#>과 </variable#>에 의해 표시된 값은 RSML의 태그로, <value#>과 </value#>으로 표시된 값은 태그의 값으로 자동 변환되었다. 그러나 위의 RSML 규칙은 규칙의 구성요소만 나열되었을 뿐이며, 조건부나 결론부의 위치가 전혀 명시되어 있지 않다. 즉, HTML/RTML 문서 내 문맥의 전후관계를 반영하는 추가적인 구조화 작업이 필요함을 의미한다. 이러한 작업은 자동화가 불가능한 부분으로써, 지식관리자가 수행하게 된다. 다음은 이러한 절차를 거쳐 생성된 RSML 규칙으로, 이전의 규칙보다 상당히 정형화되어 있음을 알 수 있다. RSML 규칙에서 밑줄 부분은 지식관리자에 의해 추가 작업이 이루어진 부분이다.

```
<RSML Version="0.5">
  <Rule>
    <RuleTitle>Restriction of Type-P Research Fund Expenditure</RuleTitle>
      <IF>
       <AND>
            <budgetary source>type-P research fund</budgetary source>
       <OR>
            <spendable item>student's salary</spendable item>
            <spendable item>expense for data collection</spendable item>
       </OR>
       </AND>
      </IF>
      <THEN>
         <expenditure>permitted</expenditure>
      </THEN>
</Rule>
</RSML>
```

이상의 논의에서 알 수 있듯이 RSML과 RIML은 동전의 양면과 같다. RIML과 RSML은 상호 밀접하게 연관되어 있으며 이러한 관계의 연결성을 통해 이질적으로 표현된 지식간의 일관성 유지가 가능해지는 것이다. 즉, 웹 페이지의 변수나 그 값이 변화하면 관계의 연결성에 의거 RSML의 태그 또는 그 값에 변화가 반영되고, 이러한 변화는 즉시 지식기반시스템의 지식베이스에 저장된 규칙 또한 변경되도록 한다. 이러한 이유에서 RIML에 웹 페이지상의 암묵적 지식과 지식베이스내의 정형화된 지식을 연결해 주는 RSML 형태의 규칙이 필요한 것이다.

전술한 바와 같이 RSML 규칙은 RSML에 포함되어 있는 예약어의 수정을 통해 전형적인 규칙으로 변형될 수 있다. 이러하게 수정되어 저장된 규칙은 RTML을 포함하고 있는 응용시스템에 의해 활용된다. 다음 절에서는 응용시스템에 포함되어 지식기반시스템을 가동하는 RTML에 대해 살펴보자.

17.4.4 규칙시동 표식언어(RTML)

RTML은 지식기반시스템내의 지식베이스에 저장되어 있는 규칙을 활용하여 추론을 수행하도록 하는 조건을 명시한 언어로서, 전문가시스템, 소프트웨어 에이전트 또는 일반적인 프로그램과 같은 응용시스템에 삽입되어 필요시 능동적으로 규칙을 트리거하는 기능을 수행한다. RTML의 가치는 지식베이스에 저장된 지식을 응용시스템이 능동적으로 활용할 수 있다는 점이다. 예를 들어 워크플로우 소프트웨어서 폼을 처리하는 경우, 폼 처리에 필요한 규칙은 자바(Java)나 비주얼베이직(Visual Basic)과 같은 프로그램을 활용해 처리하였으나, 프로그램은 규칙을 다시 한 번 변환한 것으로 오류의 가능성이 높으며, 규칙이 바뀌었을 경우 대상 프로그램 코드도 바꿔야 하는 어려움이 있다는 점이 자주 거론되었다. RTML을 적용하면 지식베이스의 규칙을 수정하는 것만으로 폼의 처리가 가능하므로 기존 방법에서의 어려움을 해결할 수 있다.

RTML을 활용하기 위해서는 추론 시점(when to trigger the inference), 사용할 규칙의 명칭(which rules to use) 및 추론결과의 사용처(how to use the obtained result) 등을 표현하는 문법의 정의가 필요하다. 다음은 '연구예산 계정'의 지출을 위해 폼에 내재되어 있는 RTML 예이다.

```
<RTML Version="0.5">
  <WhenTrigger>
    <AND>
      <requisition>on</requisition>
```

```
      <budgetary source>type-P research fund</budgetary source>
    </AND>
  </WhenTrigger>
  <Bring>
    <RuleTitle>Restriction of Type-P Research Fund Expenditure </RuleTitle>
    <DataFile>Research Fund Accounts</DataFile>
  </Bring>
  <Result>
   <expenditure>permitted</expenditure >
  </Result>
</RTML>
```

RTML을 구성하는 최상위 요소와 그 의미는 다음과 같이 정의된다. <WhenTrigger>는 규칙의 트리거 조건을 나타내고, <Bring>은 추론엔진이 사용할 규칙과 데이터를 그리고 <Result>는 추론 결과로서 되돌려 받을 값을 표현하고 있다. <WhenToTrigger>와 </WhenToTrigger> 사이에는 응용시스템이 RTML을 포함시킨 목적에 따라 상이한 조건들이 포함되게 된다. 위의 예에서는 예산지출 요구의 시작 여부를 나타내는 태그인 <requisition>과 사용하고자 하는 예산 항목에 대한 태그인 <budgetarysource>를 사용하고 있다.

위의 트리거 조건이 만족된 경우 많은 규칙을 포함하고 있는 지식베이스로부터 관련 있는 지식만을 추출해 사용하기 위해서는 사용할 규칙의 명칭과 필요하다면 데이터 파일의 명칭을 명시해야 한다. 이 정보를 활용해 추론엔진은 꼭 필요한 규칙만을 선택할 수 있고, 결과적으로 추론시간도 절약할 수 있는 장점이 있다. 이를 위해 본 예제에서는 전문가시스템이 사용할 개별 규칙의 명칭을 명시하는 <RuleTitle>과 데이터 파일의 명칭인 <DataFile>을 사용하였다. RTML의 트리거에 의해 추론을 수행한 추론엔진은 그 특성에 따라 다양한 추론 결과를 산출하게 된다. 이들 결과 중에서 필요한 결과만을 되돌려 받기 위해 정의한 요소이며, 본 예제에서는 예산의 지출여부를 의미하는 <expenditure>를 사용하고 있다.

이상의 논의를 통해서 알 수 있듯이 RTML의 최상위의 3개 태그 내의 하위 태그들은 응용시스템의 활용 목적에 따라 유동적임을 알 수 있다.

17.7.5 XRML 활용가능 분야

본 절에서는 향후 XRML을 작용해 연구를 수행할 수 있는 분야들에 대해 간략히 언급하고자 한다.

(1) 자동화된 폼 처리

XRML은 그 구성요소 중의 하나인 RTML을 intelligent Form에 삽입함으로써 자동화된 폼 처리가 가능해 진다. 그러나 진정한 의미의 자동화된 폼 처리가 구현되기 위해서는 응용체계로서의 워크플로우 소프트웨어와 XRML의 결합이 필요하다. 그러므로 이들의 통합에 대한 연구가 수행되어야 할 것이다.

(2) 에이전트 기반의 기업 간 전자상거래

B2B EC는 컴퓨터 네트워크를 통한 기업 간 상거래라고 정의되며(Lee and Lee, 1997), 상거래에는 많은 데이터 및 지식의 교환이 수반된다. XML이 데이터의 교환 표준으로 등장하였으나, 기업 간 공유해야 할 지식의 교환을 가능하게 하는 표준은 이제 연구의 초기 단계이다. 이러한 분야에 XRML을 적용한다면 기업들이 지식을 공유할 수 있을 뿐 아니라, 지식의 일관성까지도 용이하게 보장받을 수 있으므로 지식관리가 자연스럽게 달성될 수 있다. 이러한 관점에서 에이전트 기반의 기업 간 전자상거래에서 XRML의 활용은 큰 반향을 일으킬 것으로 예상된다.

(3) 웹 기반의 지식기반시스템

웹 기반의 지식기반시스템은 기존의 stand-alone 방식에서 벗어나 웹 환경으로 이행함으로써 복수의 사용자를 지원하고, 지식을 공유하며, 시스템의 유지보수를 용이하게 하고자 개발되고 있다[3]. 그러나 기존의 연구나 응용 시스템들은 다양한 지식 원이 다양한 형태로 보유하고 있는 지식의 공유와, 공유된 지식을 활용한 지식기반시스템의 구축을 포함하고 있지 못하다. 이는 XRML 개념을 웹 기반의 지식기반시스템 구축에 적용함으로써 달성할 수 있는 응용 영역이므로 이에 대한 연구의 수행이 필요하다.

(4) 적용분야별 시소러스(thesaurus)

XRML은 다양한 지식 원들에 포함되어 있는 다양한 양식의 지식을 일관성 있게 유지함으로써 지식의 공유를 달성하고자 하는 하나의 표준이다. 이를 특정 분야에 적용하기 위해서는 분야별 공동체 내부의 의견 수렴을 통한 태그 집합과 DTD에 대한 시소러스가 구축되어야 한다. 이러한 표준화 작업은 XML에서도 유사하게 이루어지고 있다.

17.7.6 활용사례: Form/XRML

본 절에서는 지금까지의 논의를 폼 처리에 적용한 프로토타입인 Form/XRML에 대해 설명하고자 한다.

(1) 전반적인 구조

웹 페이지로부터 RIML과 RSML을 거쳐 지식베이스에 규칙을 저장한 후, 워크플로우 소프트웨어에 내재된 RTML이 그 규칙을 이용하여 추론을 수행하는 Form/XRML의 구조는 [그림 17-8]과 같다.

[그림 17-8]
Form/XRML의 구조

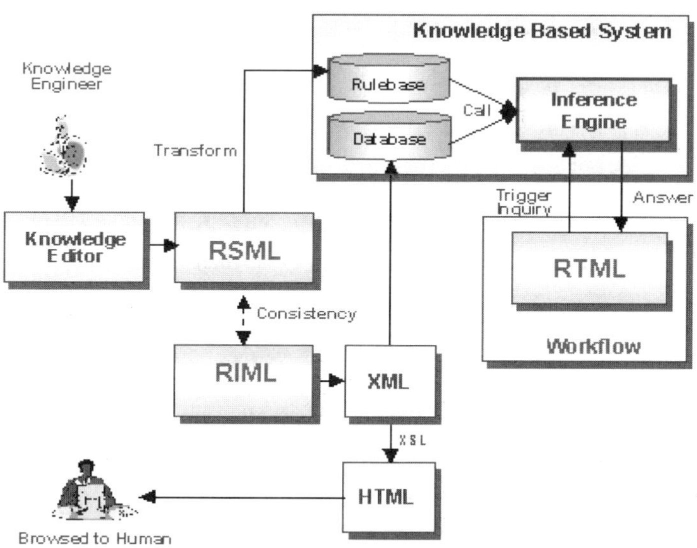

(2) 메타지식 및 지식의 추출 절차

HTML과 RSML 규칙간의 관계에 대한 메타지식은 HTML/RIML 문서의 생성을 통해 추출되며, 지식을 추출하는 것은 구조화된 RSML 규칙의 생성을 통해서 이루어진다.

1) HTML/RIML 문서 생성

웹 페이지에 내포된 암묵적인 지식으로부터 구조화된 규칙을 생성하기 위해 제일 먼저 할 일은 암묵적인 규칙을 포함하고 있는 HTML 문서를 선택하는 것이다. HTML 문서가 선택되면 HTML 문서 내에서 정형화된 규칙으로 변환될 수 있는 부분의 처음과 끝에 <RIML>과 </RIML>을 표시한다. 이후 HTML/RIML 문서를 완성하기 위해 RuleTitle, variable 및 value 태그를 문서의 적절한 위치에 표시하게 된다. 이때 variable과 value 태그가 1 대 1의 관계에 있지 않기 때문에 variable과 value 후미의 번호는 지식관리자가 추가한다.

본 프로토타입 시스템에서는 마우스의 오른쪽 버튼을 클릭함으로써 RIML의 예약어가 화면에 나타나며, 이들 중 필요한 예약어를 다시 한번 클릭하면 HTML 문서에 입력되는 방식으로 구성하였다. 이상의 작업을 통해 생성된 HTML/RIML 문서는 확장자 '*.riml' 형태로 저장된다.

2) RSML 형태의 규칙으로의 변환

전 절에서 설명한 바와 같이 저장된 RIML 형태의 규칙은 XRML이 가지고 있는 특징인 관계의 연결성에 의해 용이하게 RSML 형태의 규칙으로 변환된다. 편집기를 통해 얻어진 최초의 RSML 규칙은 구조적인 규칙의 형태를 가지고 있지 못하지만 지식관리자의 간단한 추가 작업에 의해 우리가 원하는 'if-then' 형태의 구조적인 규칙을 얻을 수 있게 된다. 이러한 맥락에서 RSML로의 변환 절차를 지식추출 과정으로 보는 것이다.

3) 전형적인 규칙으로의 변환

이미 전형적인 규칙과 유사한 RSML 형태의 규칙을 획득하였으므로, 이 변환절차는 상대적으로 간단하다. 즉 RSML 태그 중 불필요한 태그를 제거하고, 문장의 우선순위를 식별하기 위한 몇 개의 괄호를 추가함으로써 변환된 규칙을 갖게 된다. 이렇게 변환된 규칙은 규칙의 형태에 따라 다양한 확장자를 가질 수 있으며, 본 예제에서는 역방향 추론을 위한 '*.bwd'로 저장된다. 이 과정을 통해 생성된 규칙은 역방향 추론엔진인 UNIK-BWD가 사용하도록 설계되었다.

17.8 지능형 웹으로 발전

지금까지 논의된 시맨틱 웹의 특성은 다음과 같이 요약할 수 있다. 웹페이지의 데이터와 데이터에 대한 추론 규칙, 그리고 기존의 지식표현 방법으로 표현된 규칙을 컴퓨터 또는 소프트웨어 에이전트가 이해할 수 있는 형태로 표현한 후, 소프트웨어 에이전트를 활용해 웹으로부터 정제된 정보를 얻는다는 것이다. 이를 위해 데이터의 구조는 XML을 이용하고, XML로 표현된 데이터의 의미(semantics)는 RDF와 RDFS 그리고 온톨로지 등을 이용하여 표현한다. 그러나 사용의 용이성으로 인해 웹을 지금과 같이 확산시킨 HTML과 비교해 볼 때, 상대적으로 복잡한 표현방식을 가진 RDF를 활용하는 시맨틱 웹이 어느 정도의 속도로 확산될 지는 좀 더 지켜보아야 할 것으로 생각된다.

시맨틱 웹이 단순히 데이터만을 표현하는 것이 아니라 지식의 표현까지도 포괄한다는 의미에서 시맨틱 웹은 데이터의 웹에서 더욱 발전해 향후 '지능형 웹' 즉 '지식의 웹'으로 발전할 것으로 예상된다. 지능형 웹은 웹에 함축되어 있는 다양한 형태의 지식을 지능형 에이전트가 이해할 수 있도록 표현하고, 지능형 에이전트로 하여금 필요한 추론을 수행할 수 있도록 하는 것을 의미한다. 지능형 웹은 기존의 웹 및 시맨틱 웹을 모두 포괄하는 개념이라고 할 수 있다.

지능형 웹으로의 발전을 주도하는 하나의 노력이 XRML이다. XRML은 기존의 웹페이지가 많은 양의 지식을 함축하고 있다 것에 착안하여 제시된 개념이다. 즉, 사람들은 이미 웹페이지에 함축되어 있는 지식을 구조화한 후, 추론을 수행하고 그 결과를 자신의 업무에 활용하고 있다는 것이다. 웹페이지에 함축되어 있는 지식의 조각들을 식별한 후 이를 지능형 에이전트가 이해할 수 있는 구조화된 지식으로 표현한다면 기존의 웹 구조를 변화시키지 않고 지능형 웹으로의 발전이 가능해 질 것으로 예상된다. XRML 역시 XML을 이용해 데이터를 표현하며, RSML을 구조화된 규칙의 표현에 활용한다. RSML은 XML을 확장한 표식언어로서 웹의 특징인 '범용성'에 위배되지 않는 새로운 표식언어로서 미래 지능형 웹의 구현에 큰 기여를 할 것으로 기대한다.

17.9 맺음말

'정보의 바다'라고 일컬어지는 인터넷과 웹의 규모는 폭발적으로 증가하고 있다. 사람들은 많은 시간을 투자하여 웹을 서핑한 후에야 정보나 자료를 얻데 된다. 이는 현재의 웹 콘텐츠들이 사람만이 읽고 이해할 수 있도록 표현되어 있기 때문이다. 기존 웹에서 컴퓨터가 할 수 있는 일을 매우 제한적이며 이러한 의미에서 '사람들의 웹'으로 불린다. 이러한 한계를 극복하기 위해 등장한 개념이 '시맨틱 웹' 또는 '데이터의 웹'이다. 시맨틱 웹에서는 웹 콘텐츠를 소프트웨어 에이전트가 이해할 수 있는 형태로 표현함으로써, 사람들은 에이전트의 도움을 받아 잘 정제된 정보를 웹으로부터 얻을 수 있게 된다. 이를 가능하게 한 기반 기술은 XML과 데이터 의미를 표현에 활용하는 RDF이다. 이외에도 많은 기반기술이 활용되고 있으며 머지 않은 장래에 사람과 소프트웨어 에이전트의 협업이 가능한 시맨틱 웹의 실체를 볼 수 있을 것으로 예상된다.

지금까지 연구된 시맨틱 웹의 개념은 기존 웹 문서를 XML과 RDF로 완전히 새롭게 표현함으로써 구현된다. 시맨틱 웹을 구현할 수 있는 상이한 접근 방법인 XRML은 기존 웹 문서로부터 지식의 조각들은 식별하여 이를 구조화함으로써 에이전트가 활용할 수 있도록 한다는 것이다. 이들은 접근 방법은 상이하지만 웹을 지능적으로 발전시키자는 목적 면에서는 그 궤를 같이 한다고 볼 수 있다.

새로운 개념의 웹이 현실화되면 사람들은 소프트웨어 에이전트의 도움을 받아 훨씬 생산적인 업무를 수행할 수 있을 것이다. 웹이 발전하는 중간에 서 있는 우리는 발전을 주도하기 위해 노력을 아끼지 말아야 할 것이다.

주요용어

- 규칙시동 표식언어(RTML, Rule Triggering Markup Language)
- 규칙식별 표식언어(RIML, Rule Identification Markup Language)
- 규칙구조 표식언어(RSML, Rule Structure Markup Language)
- 시맨틱 웹(Semantic Web)
- 지능형 에이전트(Intelligent Agent)
- 온톨로지(Ontology)
- 인터넷(Internet)
- 월드와이드웹(World Wide Web)
- 웹 서비스 조합 언어(Web Service Composition Language)
- 확장형 규칙표식언어(eXtensible Rule Markup Language, XRML)
- Agent-Object-Relationship Markup Language(AORML)
- Artificial Intelligence Markup Language(AIML)
- Business Rules Markup Language(BRML)
- Case Based Markup Language(CBML)
- DAML(DARPA Agent Markup Language)
- OIL(Ontology Inference Layer)
- DTD(Document Type Definition)
- HTML(Hypertext Markup Language)
- HTTP(Hypertext Transfer Protocol)
- Network Inference
- Onto Agent
- OntoEdit
- OntoWeb
- OWL(Web Ontology Language)
- Protege-2000
- RDF(Resource Description Framework)
- RDFS(RDF Schema)
- Relational-Functional Markup Language(RFML)
- RuleML(Rule Markup Language)
- SGML(Standard Generalized Markup Language)
- Topic Map
- URI(Uniform Resource Identifier)
- XML(Extensible Markup Language)

연습문제

1. 시맨틱 웹이란 무엇이며, 시맨틱 웹을 구현하기 위한 기반기술의 종류를 나열하시오.
2. HTML과 XML의 차이점을 설명하시오.
3. 웹의 발전방향을 도식화하여 나타내시오.
4. XML과 XML Schema를 비교하여 설명하시오.
5. RDF와 RDF Schema를 비교하여 설명하시오.
6. "http://skku.edu/~ice 연구실의 소유자(owner)는 홍길동이고, 홍길동은 gdhong@skku.edu라는 e-mail 주소를 갖고 있다"를 directed labeled graph로 나타내시오.
7. Ontology의 5가지 유형을 나열하고 각각의 특징에 대해 설명하시오.
8. RDFS와 OWL의 차이점을 설명하시오.
9. XRML의 등장배경에 대해 설명하시오.
10. XRML의 설계기준 6가지를 상술하시오.
11. XRML의 구성요소들에 대해 상술하시오.
12. 다음 문서중 규칙을 찾아 RIML로 표시하고, RSML로 변화하시오.

```
〈HTML〉
〈!– intestinally omission〉
〈table width="100%" border="0" cellspacing="2" cellpadding="0"〉
    〈tr〉〈td colspan="2"〉
        〈b〉Choose a shipping speed:〈/b〉
        〈/td〉〈/tr〉
    〈tr valign="top"〉
        〈td valign="middle" width="99%"〉Standard International Shipping (averages 10-16 days)
        〈/td〉〈/tr〉
    〈tr valign="top"〉
       〈td valign="middle" width="99%"〉Expedited International Shipping (averages 5-9 business days)
       〈/td〉〈/tr〉
    〈tr valign="top"〉
       〈td valign="middle" width="99%"〉Priority International Courier (averages 2-4 days)
       〈/td〉〈/tr〉
〈/table〉
〈!– intestinally omission〉
〈HTML〉
```

참고문헌

[1] 강민구, 박영택, "시맨틱 웹에서의 자동추론", 정보과학회지, 제21권, 제3호, 2003.

[2] 김형도, "B2B 전자상거래@XML," 배움터, 2000.

[3] 송용욱, 이재규, "웹기반 전문가시스템의 자동 생성," 지능정보시스템학회, 2000.

[4] 시맨틱 웹 기술을 적용한 전자상거래 표준 운용체계, ECIF, 2002.

[5] 양정진, "시맨틱 웹에서의 온톨로지 공학", 정보과학회지, 제21권, 제3호, 2003.

[6] 이재규 외, "전문가시스템: 원리와 개발," 법영사, 1996.

[7] 이재규, 손미애, 강주영, "확장형 규칙 표식 언어(eXtensible Rule Markup Language): 설계 원리 및 응용," 지능정보시스템학회, 2002.

[8] 정도헌, "시소러스를 기반으로 한 온톨로지 시스템 구현에 관한 연구," 연세대학교 대학원 문헌정보학과, 석사학위논문, 2003.

[9] Alan Kotok and David R.R. Webber, *ebXML: The New Global Standard for Doing Business on the Internet*, New Riders Publishing, 2001.

[10] Ariba, *Ariba Supports Commerce XML(cXML)*, http://oasis-open.org/, 1999.

[11] Berners-Lee, T, *Semantic Web*, XML-Conference, 2000.

[12] Berners-Lee, T. Hendler, J. and Lassila, O., *The Semantic Web*, Scientific American, 2001.

[13] Boley Harold, *The Relational-Functional Markup Language RFML(Draft Specification)*, http://www.relfun.org/rfml/, 2000.

[14] Boley, H., Tabet, S. and Gerd Wagner, *Design Rationale of RuleML: A Markup Language for Semantic Web Rules*, Proc. SWWWS '01, Stanford, 2001.

[15] Boley, H., *Rule Markup Language*, http://www.dfki.uni-kl.de/ruleml/, 2002.

[16] CommerceOne, *XML Common Business Library(XCBL)*, http://xcbl.org, 1999.

[17] Fensel, D., *Ontologys: Silver Bullet for Knowledge Management and Electronic Commerce*, Springer-Verlag, 2001

[18] Firepond, *eServicePerformer Concierge*, http://www.firepond.com/SPconcierge.pdf, 2001.

[19] Gaines, R.B. and Shaw, L.G.M., "Knowledge Acquisition, Modeling and Inference Through the World Wid Web," *CPCS/KSI/KSS Report*, 1997.

[20] Grosof N. Benjamin, "Standardizing XMLRules: Rules for E-Business on the Semantic Web," invited talk. *Workshop on E-business and the Intelligent Web*, IJCAI-01, Aug 2001.

[21] Harold Boley, *Markup Languages for Functional-Logic Programming*, Proc. 9th WFLP 2000, Benicassim, Spain, Sep. 2000.

[22] Hayes Conor, Padraig Cunningham, and Michelle Doyle, "Distributed CBR using XML," *Proceedings of the workshop: Intelligent Systems and Electronic*

Commerce, Bremen, 1998.

[23] Lee, Jae K. and Mye M. Sohn, "eXtensible Rule Markup Language-Toward the Intelligent Web Platform," *Communications of the ACM*, Vol. 46, No. 5, May 2003.

[24] Li, Haifei, "XML and Industrial Standards for Electronic Commerce," *Knowledge and Information Systems*, Vol. 2, pp. 487~497, 2000.

[25] Liebowitz, J., *Knowledge Management: Learning from Knowledge Engineering*, CRC Press LLC, 2001.

[26] McGuinness A L. and Frank van Harmelen, "OWL Web Ontology Language Overview," *W3C Candidate Recommendation*, 18 August 2003. http://www.w3.org/TR/2002/WD-owl-features-20020729

[27] McIlraith A. S, Son, C, T, and Zeng H., "Sematice Web Services," *IEEE Intelligent Systems*, April/March 2001.

[28] O'Leary, E. D., "Using AI in Knowledge Management: Knowledge Management and Ontologies," *IEEE Intelligent Systems*, 1998.

[29] Robin Cover, *The XML Cover Pages? XML Articles and Papers*, http://xml.coverpages.org/XMLArticles.html, 2002.

[30] Sohn, M., *XRML version 0.5*, http://xrml.kaist.ac.kr, 2002.

[31] Worden Robert,. *XML E-Business Standards: Promises and Pitfalls*, http://www.xml.com/pub/2000/01/ebusiness/index.html, 2000.

참고사이트

Agent-Object-Relationship Markup Language (AORML)
http://tmitwww.tm.tue.nl/staff/gwagner/AORML

Artificial Intelligence Markup Language (AIML)
http://www.alicebot.org/

ART*Enterprise,
http://people.ne.mediaone.net/stabet/urml-pricai2000.html

Business Rules Markup Language (BRML)
http://www.research.ibm.com/rules/

Case Based Markup Language (CBML)
http://boffin.ucd.ie/Ulysses/CBR/CBR_CBML.htm

DARPA Agent Markup Language(DAML)
http://www.daml.org/

DAML tools http://www.daml.org/tools/

DAML/DAML+OIL/DAML-S
http://www.daml.org

Knowledge Interchange Format(KIF)
http://www.cs.umbc.edu/kse/kif/

Knowledge Query and Manipulation Language(KQML)
http://www.cs.umbc.edu/kqml/

Mapping XML to Java
http://www.javaworld.com/javaworld/jw-08-2000/jw-0804-sax_p.html

Ontology.Org
http://www.ontology.org/

Relational-Functional Markup Language (RFML)
http://www.relfun.org/rfml/

Rulem http://www.dfki.uni-kl.de/ruleml

Semantic Web
http://www.semanticweb.org, http://www.w3.org/2001/sw

Universal Rule Markup Language (URML)
http://home.comcast.net/~stabet/urml.html

XML/ XML Schema
http://www.xml.com, http://www.w3.org/XML

XML Common Business Library (XCBL)
http://xcbl.org

XRML http://xrml.kaist.ac.kr

Web-Ontology(WebOnt) Working Group
http://www.w3.org/2001/sw/WebOnt/

W3C, "Resource Description Framework(RDF)"
http://www.w3.org/RDF/

W3C, "Semantic Web"
http://www.w3.org/2001/sw/

【 찾아보기 】

ㄱ

ㄴ

ㄷ

ㄹ

ㅁ

ㅂ

ㅅ

ㅇ

ㅈ

ㅊ

ㅋ

ㅌ

ㅍ

A

B

C

D

E

F

G

H

I

J

K

L

M

N

O

P

R

S

T

U

V

W

X

저자 소개

강 주 영[본서 4장 담당]

현재 **아주대학교 경영대학 e비즈니스학부 교수**로 재직 중이며, 포항공과대학교 컴퓨터공학과에서 학사, 서울대학교 컴퓨터공학과에서 석사, 한국과학기술원 경영공학전공에서 공학박사학위를 취득하였다. 주요 관심분야는 웹기반 지능정보시스템, XRML(eXtensible Rule Markup Language), Semantic Web, RuleML, 에이전트(Agent), 지능형 웹서비스, 지능형 전자상거래 등이며 관련 분야에서 몇 편의 저서를 기술하고, 국내외 학회 및 학술지에 논문을 발표하였다. 수상경력으로는 한국지능정보시스템학회 우수논문상 수상(2002년, 2005년), 한국경영정보학회 최우수 사례상 수상(2005년) 등이 있다.

이 현 정[본서 4장 담당]

이화여자대학교 물리학과에서 학사, 전자계산학과에서 석사, 한국과학기술원(KAIST) 테크노경영대학원 경영공학 박사학위를 취득하였으며, 현재 **성균관대학교 연구교수**로 재직 중이다. 주요관심분야는 Recommendation, Decision Support Systems, Ubiquitous computing, Configuration, Customization, Comparison Shopping, Knowledge Management이며, Decision Support Systems, 한국지능정보시스템학회지 등의 학술지 및 학회지 등에 논문을 게재하였다.

송 용 욱[본서 5·6·7장 담당]

한국과학기술원에서 1990년도와 1995년도에 각각 석사 및 박사학위를 취득하였으며, 경상대학교 경영학부 교수를 거쳐 현재 **연세대학교 정경대학 경영학부 교수**로 재직하고 있다. 그의 연구분야는 전자상거래, 전자결제 및 보안, 경영분야 문제에의 전문가시스템 응용, 전문가시스템 및 수리계획법과 전자상거래의 통합 등이다. 그의 연구논문들은 Management Science, Annals of Operations Research, Expert Systems with Applications, 경영정보학연구, 한국지능정보시스템학회논문지 등에 게재되었다. 그는 "UNIK를 이용한 전문가시스템의 개발(법영사, 1996)"이라는 전문가시스템 책을 공동저술하였으며, 전문가시스템 개발도구인 UNIK의 핵심부분을 개발하였다. 또한 1998년까지 (사)국제전자상거래연구센터의 책임연구원으로 있으면서 메타랜드 전자쇼핑몰과 SET 기반 전자지불시스템을 개발한 바 있다.

서 민 수[본서 5, 7, 8, 9장 담당]

현재 **삼성 SDS SCM 사업단 수석컨설턴트**로 재직중이며 SCM 6 sigma MBB로 활동중이다. 서울대학교 산업공학과를 졸업하고(1984), 한국과학기술원(KAIST) 경영과학과에서 경영과학 전공으로 석사(1986)와 박사학위(1991)를 취득하였다. 산업과학기술연구소, 포항공대 산업공학과 겸직교수, 포스코 경영연구소 연구위원을 거쳐, Univ. of California at Irvine, Univ. of Toronto 객원교수를 지냈으며, 캐나다 TigrSoft 및 미국 OOCL에서 의사결정지원 전문가로 활동했으며, SCM 진단, 교육, 프로세스 혁신, APS 시스템 구축을 포함한 SCM 전과정에 대한 컨설팅을 수행하고 있으며, 특히 일반적 package 로 수행하기 어려운 알고리듬 개발 및 OR/AI 기법의 기업 실제 문제해결에 관심을 갖고 있다. 특히 철강, 해운, 반도체, 중공업, 석유 화학 분야 등에서 SCM과 6 sigma를 결합한 방법론을 개발하여 산업별 SCM 수준 진단 모델을 구축하였으며, 이를 이용하여 APS 도입을 위한 진단과 구축 roadmap을 포함한 SCM/APS 분야 기업 프로젝트 컨설팅 자문을 수행하고 있다.

저자 소개

류 광 렬[본서 9·12장 담당]

서울대학교에서 1979년과 1981년에 각각 전자공학 학사와 석사학위를 취득하였고, 1983년부터 1년 반 동안 충북대학교 컴퓨터공학과에서 전임강사로 근무하였다. 그 후 1992년에 University of Michigan에서 컴퓨터공학 박사학위를 취득한 다음, Ford Motor Company의 Scientific Research Lab에서 1년간 연구원으로 근무하였다. 1993년부터 현재까지 **부산대학교 정보컴퓨터공학부 교수**로 재직하고 있다. 주요 연구 관심 분야는 scheduling 최적화, 유전 알고리즘, 제약만족 탐색, 확률적 추론, 기계학습 등으로 그 동안 국내외 학술지 및 학술대회에 120 편 이상의 논문을 발표하였다.

권 순 범[본서 10장 담당]

서울대학교 경영학과를 졸업하고(1986), 한국과학기술원(KAIST) 경영과학과에서 경영정보시스템 전공으로 석사(1988)와 박사학위(1993)를 취득하였다. 현재 **국민대학교 e-비즈니스학부 교수**로 재직중이며, 한국지능정보시스템학회지 편집위원장, 한국전자거래학회지 편집위원, 국제전자상거래연구센터(ICEC) 이사직을 맡고 있다. 조달청의 G2B 전략수립(2005), 롯데유통그룹의 SCM/ e-Procurement 전략수립(2002) 등의 프로젝트를 수행했으며, LG 인화원 MBA(2004, 2005), 삼성그룹 신입사원교육(2002) 등의 산학교육을 수행하였다. 주요 관심분야는 기업의 인터넷전략, 웹서비스응용, 지능형 정보시스템 등이다. 저서로 인터넷비즈니스(박영사, 2001), 인터넷마케팅(박영사, 2003), 실시간경영을 위한 e-비즈니스(율곡출판사, 2004), 경영정보시스템원론(법영사, 2005) 등이 있으며, Expert Systems With Applications, 지능정보시스템학회지, 한국전자거래학회지 등에 논문을 싣고 있다.

박 영 재[본서 11장 담당]

부산외국어대학교에서 학사, 동아대학교에서 석사와 박사학위를 취득하고 Carnegie Mellon University의 e-SCM Lab. 방문 과학자로 박사 후 연수를 하였으며, 현재 **동명대학교 경영정보학과 교수**로 재직 중이다. 2002년 5월 한국지능정보시스템학회 춘계 학술대회에서 우수 논문상을 수상한 바 있으며 Organizational Computing and Electronic Commerce, Decision Support Systems 등의 국제 학술지를 포함하여 약 70여 편의 학술논문, 학술발표를 하였다. 전자상거래용 에이전트 애플리케이션, 자동협상 지원 및 협업 에이전트에 관한 연구들을 지속적으로 수행하고 있으며 항만정보시스템, e-Logistics 등에 관해서도 관심을 가지고 연구를 수행하고 있다.

지 원 철[본서 13장 담당]

서울대학교 경영대학 경영학과를 졸업하고, 한국과학기술원(KAIST) 산업공학과 석사, 경영과학과 경영정보학 박사를 취득하였고, 현재 **홍익대학교 정보산업공학과 교수**로 재직하고 있다. 미국 University of Illinois at Urbana-Champaign의 Beckman Institute)의 연구 교수로 활동한 바 있으며, 한국데이터마이닝학회 회장(2004~2005)을 역임하였다. 최근의 주요 연구 관심 분야는 Risk Management, Fraud Detection System, Analytical CRM 및 지능형 웹(Intelligent Web) 등의 분야에서 데이터마이닝을 활용하는 것이다. Decision Support Systems, Expert Systems with Applications, 등의 국제학술지를 포함하여 60여 편의 학술 논문, 학술 발표, 및 저서 실적이 있다.

저자 소개

신 경 식[본서 13장 담당]

연세대학교 경영학과에서 경영학사, 미국 George Washington University에서 MBA, 한국과학기술원(KAIST)에서 경영정보학 박사를 취득하였고, 현재 **이화여자대학교 경영대학 교수**로 재직 중이다. 대우증권 국제부 애널리스트, 한국과학기술원 대우교수, University of Hong Kong과 National University of Singapore의 Visiting Scholar를 역임하였고, 본교 경영연구소의 지식시스템 연구센터를 이끌고 있다. Decision Support Systems, Expert Systems with Applications, Lecture Notes in Computer Science, Applied Soft computing 등 국제학술지에 10여 편의 논문을 포함하여 50여 편의 논문을 주요 학술지 및 학술대회에 발표하였으며, 발표된 논문 중 몇 편은 Decision Sciences Institute, 한국경영정보학회, 한국지능정보시스템학회 등에서 최우수 논문으로 선정된 바 있다. 특히, 지능형 의사결정지원시스템 관련 선도적 연구 결과들을 국민은행, 우리은행, 기업은행, 조흥은행, 하나은행, 농협, 수협, 한국신용정보, 중소기업진흥공단 등 40여개의 주요 기업의 정보시스템 개발에 성공적으로 구현, 적용시킴으로써 의미 있는 산학협동의 성공사례를 쌓아나가고 있다.

김 우 주[본서 14장 담당]

연세대학교 상경대학 경영학과를 졸업하고, 한국과학기술원(KAIST) 경영과학과에서 경영정보학 석사 및 박사를 취득하였고, 현재 **연세대학교 정보산업공학과 교수**로 재직하고 있다. 미국 George Mason University의 ECEB(E-Center for E-Business)의 연구 교수로 활동한 바 있으며, 현재 대표적으로 국제 저널인 ECRA(Electronic Commerce Research and Applications)의 편집위원, 산업자원부 산하 전자거래분쟁조정위원회의 조정위원 및 웹 코리아 포럼 시맨틱 웹 분과위원장으로써 활동 중이다. 최근의 주요 연구 관심 분야는 지능형 웹(Intelligent Web)을 위한 시맨틱 웹과 웹 서비스 분야, 전자상거래 관련 분야와 데이터마이닝 및 웹 마이닝, 지식 관리 등이다. Decision Support Systems, Electronic Commerce Research and Applications, Expert Systems with Applications, New Review of Applied Expert Systems, AI Magazine 등의 국제학술지를 포함하여 약 90여 편의 학술 논문, 학술 발표, 및 저서 실적을 보이고 있다.

이 경 전[본서 15장 담당]

한국과학기술원(KAIST) 경영과학과에서 학사, 석사, 박사학위, 서울대 행정대학원에서 행정학 석사를 취득하였고, Carnegie Mellon University의 The Robotics Institute 초빙과학자, 국제전자상거래연구센터(ICEC) 책임연구원, 고려대 경영대 조교수, 서울대 행정대학원 초빙조교수를 역임하고, 현재 **경희대학교 경영대학 교수**로 재직하고 있다. 1995년과 1997년 미국 인공지능학회가 수여하는 혁신적 인공지능응용상을 2회 수상하였고, AI Magazine, Electronic Markets, European Journal on Operational Research, Organizational Computing and Electronic Commerce, Decision Support Systems, Expert Systems with Applications 등의 국제학술지에 논문을 20여편 게재하였다. 디지털 네트워크에 기반한 비즈니스 모델 연구를 통해 학술논문과 비즈니스 모델 개발, 비즈니스 메쏘드 특허 산출 등을 진행하고 있으며, 정보통신부 유비쿼터스컴퓨팅사업단과 함께 U-Commerce 연구 프로젝트를 지속적으로 진행중이다. 저서로는 e-Business 용어사전(2004, 산업자원부), 경영정보시스템원론(공저), 정보중개와 전자상거래(역서), 인터넷사업모형과 전략(역서) 등이 있다.

조 재 형[본서 15장 담당]

동아대학교 경영정보학과에서 석사, 박사학위를 취득하고, 현재 **부산외국어대학교 국제통상지역원에서 교수**로 재직중이다. IMO(International Maritime Organization) FAL 분과위원으로 활동하고 있으며, 현재 에이전트 협상을 이용한 최적화 및 할당문제에 대한 연구를 진행하고 있다. 그 외 에이전트 기술을 이용하여 항만물류 최적화 문제, 시멘틱 웹 기술을 이용한 에이전트 협상, 복합운송을 위한 3자 물류 알고리즘 및 시스템 개발에 대하여 지능정보시스템 학회, 정보시스템 학회, 항해항만학회 등에서 논문을 투고하고 연구중이다.

저자 소개

손 미 애[본서 17장 담당]

성균관대학교 공과대학 산업공학과를 졸업하고, 한국과학기술원(KAIST) 경영과학과에서 경영정보학 석사 및 박사를 취득하였고, 현재 **성균관대학교 공과대학 시스템경영공학과 교수**로 재직하고 있다. 석사학위 취득 후 한국국방연구원에서 국방 모델링 및 시뮬레이션 분야 연구를 수행하였으며, 현재 산업자원부, 육군본부 및 한국국방연구원의 자문위원으로 활동 중이다. 주요 연구 관심 분야는 시맨틱 웹, 웹서비스 및 시맨틱 웹 서비스 등과 관련된 지능형 웹(Intelligent Web), 지식경영 및 지식공학 분야이다. Communications of the ACM, Lecture Notes on Artificial Intelligence, 지능정보시스템학회 및 보전경영학회 등의 학술지에 학술 논문을 발표하였다.

편저자 소개

최 형 림[본서 1 · 11 · 16장 담당]

서울대학교에서 경영학 학사, 한국과학기술원(KAIST) 경영과학과에서 경영정보학 석사와 박사를 취득하고, 한국과학기술연구소 연구원을 거쳐 현재 **동아대학교 경영정보과학부 교수**로 재직하고 있다. 2000년도에는 미국 텍사스주립대학교에서 교환교수로 연구를 수행하였으며 한국경영정보학회 '경영정보학연구', 정보통신정책학회 '정보통신정책연구'의 편집위원이다. 한국지능정보시스템학회 회장을 역임했으며, 현재는 한국정보시스템학회 회장과 차세대물류혁신연구회 회장을 맡고 있다. 주요 연구분야는 전자상거래 환경에서의 Agent System의 개발 및 이의 항만물류산업과 금형산업에의 응용, 기업정보시스템 및 지능형 정보시스템에 관한 이론 및 기술 개발이다. 주요 저서로 '전문가시스템 원리와 개발(법영사, 1998)', '전자상거래 원론(제3판, 법영사, 2002)', '정보 네트워크의 이론과 활용(도서출판 그린, 1998)', '정보처리개론(생능, 2000)' 등이 있고, Decision Support Systems, International Journal of Intelligent Systems in Accounting, Finance and Management, The New Review of Applied Expert Systems, 지능정보시스템학회지 등에 논문을 싣고 있다.

김 현 수[본서 1 · 2 · 3장 담당]

서울대학교에서 경영학 학사, 한국과학기술원(KAIST) 경영과학과에서 경영정보학 석사와 박사를 취득하고, 현재 **동아대학교 경영정보과학부 교수**로 재직하고 있다. 1997년도와 2003년도에 미국 University of Texas at Austin 및 Carnegie Mellon University에서 방문교수로 연구를 수행하였다. 동아대학교 대학원 경영정보학과 BK21 핵심사업(1999~현재), 부산대 차세대물류 IT기술연구사업단(2004~현재) 등에 참여하고 있다. 주요 연구분야는 전자상거래 환경에서의 에이전트를 활용한 협상 방법론의 개발과 이의 항만물류망 및 공급사슬망 구성에의 응용, 지능형 정보시스템에 관한 이론 및 기술 개발이다. 주요 저서로 '전문가시스템 원리와 개발(법영사, 1998)', '전자상거래 원론(법영사, 1999)', 전자상거래 관리사 학습서(법영사, 2000)' 등이 있고, Decision Support Systems, Journal of Organizational Computing and Electronic Commerce, Com & IE, 한국지능정보시스템학회 논문지 등에 논문을 싣고 있다.

대표편저자 **이 재 규(李 在 奎)** *http:/www.mysmu.edu/faculty/jklee*

[현 직]

한국과학기술원 테크노경영대학원교수 및 Singapore Management University, School of Information System의 Associate Dean of Faculty and Research Electronic Commerce Research and Applications (Elsevier), Editor-in-Chief International Journal of Electronic Commerce 소장

[경 력]

- 서울대학교 공과대학 산업공학과 학사 및 한국과학기술원 산업공학과 석사
- University of Pennsylvania, The Wharton School 경영정보전공 박사
- 교환교수(Carnegie Mellon University; University of Texas at Austin; University of Pennsylvania; City University of Hong Kong)
- 한국경영정보학회 회장 및 한국지능정보시스템 학회 초대회장 역임
- The Third World Congress on Expert Systems(1996), International Conference on Electronic Commerce(1998, 2000, 2001), Pacific Asia Conference on Information Systems (2001, 2006) 의장 역임
- Decision Support Systems Expert Systems with Applications; International Journal of Electronic Commerce; Organizational Computing and Electronic Commerce Electronic Market 등 국제 학술지 편집위원

[주요 저서 및 논문]

- Electronic Commerce : Managerial Perspective(Prentice-Hall, 2006)
- Artificial Intelligence in Finance and Investing(Irwin, 1995)
- 전자상거래원론, 제3판(법영사, 2002); 경영정보시스템 원론, 개정판 (법영사, 2005)
- 전자상거래, 지능정보시스템 관련 국내외 논문 120여 편 게재

[주요 학술상]

- Hawaii International Conference on System Science, 전자상거래 분야 최우수 논문상(1997)
- 매경이코노미스트 상(2004) • 정보문화의 달 근정포장(2004)
- 한국경영정보학회(1997, 1999), 한국지능정보학회(2002, 2005), 한국경영과학회(2003) 최우수논문상 수상.

인터넷환경의 지식시스템

2006년 6월 10일 초판 인쇄
2006년 6월 20일 초판 발행

편저자 이재규 · 최형림 · 김현수
발행인 고 준 영
발행처 **법 영 사**

(135-280) 서울특별시 강남구 대치동 611
전화 (501)8898 FAX (501)8895
등록 1987. 11. 5 제3-125호(윤)
Homepage : www.bubyoungsa.co.kr
E-mail : bypuco@chol.com

파본은 교환해 드립니다. **정가 29,000원**

ISBN 89-7032-220-5 93500